Wissenschafts- und Technikforschung

Sozialwissenschaftliche Einführungen

Herausgegeben von
Rainer Schützeichel †

Band 9

Wissenschafts- und Technikforschung

Eine Einführung in zentrale Konzepte und aktuelle Forschungsperspektiven

Herausgegeben von
Anne K. Krüger, Jan-Felix Schrape, Cornelius Schubert und Julia Schubert

ISSN 2570-0529
ISBN 978-3-11-224588-0
ISBN 978-3-11-224589-7 (PDF)
ISBN 978-3-11-224590-3 (EPUB)
DOI https://doi.org/10.1515/9783112245897

Library of Congress Control Number: 2026940677

Bibliografische Information der Deutschen Nationalbibliothek
Die Deutsche Nationalbibliothek verzeichnet diese Publikation in der Deutschen Nationalbibliografie; detaillierte bibliografische Daten sind im Internet über https://dnb.dnb.de abrufbar.

De Gruyter Oldenbourg und Walter de Gruyter GmbH sind Teil von De Gruyter Brill.
www.degruyterbrill.com

Fragen zur allgemeinen Produktsicherheit:
productsafety@degruyterbrill.com

Inhaltsverzeichnis

Anne K. Krüger, Jan-Felix Schrape, Cornelius Schubert und Julia Schubert

Einführung in das Lehrbuch

Die Wissenschafts- und Technikforschung umfasst ein dynamisches und hochgradig heterogenes Forschungsfeld – sowohl hinsichtlich ihres Gegenstandsbereichs als auch in Bezug auf die hier versammelten disziplinären Perspektiven. Was dieses reichhaltige Forschungsfeld im Kern verbindet, ist die reflexive Auseinandersetzung mit der gesellschaftlichen Bedingtheit und den gesellschaftlichen Folgen von Wissenschaft und Technik. Die theoriegeschichtliche Genese und Ausdifferenzierung des Feldes reflektieren insofern immer auch die sich wandelnde Rolle von Wissenschaft und Technik in und für Gesellschaft.

Das vorliegende Lehrbuch bietet einen Einblick in zentrale Konzepte und aktuelle Forschungsperspektiven dieses dynamischen Forschungsfeldes. Während der Schwerpunkt des Bandes auf der soziologisch geprägten Wissenschafts- und Technikforschung liegt,[1] verdeutlichen die hier versammelten Beiträge nicht nur wichtige Nuancen innerhalb dieser Arbeiten, sondern verweisen darüber hinaus auch auf die Bedeutung der zahlreichen Verbindungen zu anderen außersoziologischen 'Mutterdisziplinen' des Forschungsfeldes, wie etwa der Anthropologie, der Philosophie, den Politik-, Kultur- oder Geschichtswissenschaften.

Vor diesem Hintergrund zeigen die Beiträge des Lehrbuchs erstens, dass sich neben dem Begriff der Wissenschafts- und Technikforschung heute auch im deutschsprachigen Raum der Begriff der Science and Technology Studies (STS) immer mehr etabliert. Auch wenn relevante Schnittmengen zwischen beiden Bezeichnungen bestehen, verstehen wir die Wissenschafts- und Technikforschung sowie die STS als je eigenständige Forschungsgemeinschaften mit wichtigen fachgeschichtlichen bzw. -kulturellen Unterschieden (siehe hierzu auch Kaldewey und Schauz 2023: 7). So haben sich die STS etwa als *interdisziplinäres*, wenn auch vor allem sozialwissenschaftlich dominiertes Forschungsfeld (bzw. sogar Fach) etabliert und grenzen sich insbesondere im anglo-amerikanischen Raum damit von Fachtraditionen wie der *History and Philosophy of Science* ab. Die deutschsprachige Wissenschafts- und Technikforschung versteht sich dagegen als dezidiert *multi-disziplinäres* Forschungsfeld, das neben soziologischen auch genuin historische, philosophische oder anthropologische Perspektiven einschließt und inso-

1 Wir geben den Band als aktueller Vorstand der Sektion für Wissenschafts- und Technikforschung in der Deutschen Gesellschaft für Soziologie heraus.

https://doi.org/10.1515/9783112245897-001

fern eine Vielzahl disziplinärer Fachtraditionen miteinander ins Gespräch bringt, jedoch nicht verschmelzen lässt. So versammeln sich in der Wissenschafts- und Technikforschung relativ eigenständige Forschungslinien: Der vorliegende Band gibt etwa Einblicke in die Forschungsperspektiven der Wissenschafts- und Techniksoziologie, der Innovationsforschung, der Wissenschafts- und Hochschulforschung, der Wissenschaftstheorie, der Einstellungsforschung und der Szientometrie.

Die Beiträge reflektieren über diese disziplinären und fachtraditionellen Nuancen hinaus zweitens den weitreichenden Gegenstandsbereich aktueller Wissenschafts- und Technikforschung. Während in den 1970er Jahren vor allem institutionalistische und wissenssoziologische Perspektiven auf Wissenschaft und Technik das Forschungsfeld dominierten, rückt seit den 1980er Jahren die Gesellschaft als entscheidender Bezugspunkt von Wissenschaft und Technik in den Blick. Wissenschaft und Technik werden nicht nur ‚an sich', sondern vor allem in ihren Wechselbeziehungen zu Politik, Wirtschaft, Medien oder gesellschaftlicher Öffentlichkeit untersucht. Insbesondere innerhalb der STS wird diese Einsicht reflexiv gewendet und seit den frühen 2000er Jahren die Frage diskutiert, inwiefern das Fach selbst ein politisches Programm vertritt bzw. vertreten sollte. Die historisch eher ‚skeptische' Haltung gegenüber wissenschaftlicher Autorität wird durch engagierte bzw. aktivistische Positionen ergänzt.

Der vorliegende Band versteht sich insbesondere als Kartierung aktueller soziologisch geprägter Wissenschafts- und Technikforschung im deutschsprachigen Raum. Mit dieser Ausrichtung ergänzt er eine Reihe kürzlich erschienener Lehrbücher: Während die Einführung in die Techniksoziologie von Roger Häußling (2019) oder das von David Kaldewey (2023) herausgegebene Lehrbuch zur Wissenschaftsforschung einen instruktiven Überblick über klassische Ansätze und zentrale Begriffe der Wissenschafts- und Technikforschung geben und die Bände *Science and Technology Studies* (Bauer et al. 2020) und *Schlüsselwerke der Science & Technology Studies* (Lengersdorf und Wieser 2014) Einblicke in die Entstehung und Ausdifferenzierung der internationalen STS bieten, dokumentiert der vorliegende Band das breite Spektrum an Themen, Konzepten und Gegenstandsbereichen, welche die aktuelle deutschsprachige Wissenschafts- und Technikforschung auszeichnen. Neben der engen Verwobenheit aller beteiligten Subdisziplinen verdeutlichen die Beiträge der soziologisch geprägten Wissenschafts- und Technikforschung insbesondere auch ihre Relevanz in der gesellschaftlichen Bearbeitung aktueller Krisen und Transformationsdynamiken. Auf diese Weise will das Lehrbuch zu der Konturierung der soziologisch geprägten Wissenschafts- und Technikforschung als bewegliches Forschungsfeld beitragen.

Dieses Lehrbuch richtet sich zunächst an Studierende, die sich gegenstandsbezogen in das Feld der sozialwissenschaftlichen Wissenschafts- und Technikforschung einarbeiten wollen, sowie an Lehrende, die die Beiträge für Seminare nutzen möchten. Zudem bietet es Einblicke für Forschende aus allen Disziplinen, die in ihrer eigenen Forschung auf Fragen und Problemstellungen stoßen, zu denen die Wissenschafts- und Technikforschung Antworten geben kann. Nicht zuletzt sind alle interessierten Leser*innen angesprochen, die die Zusammenhänge von Wissenschaft, Technik und Gesellschaft besser verstehen möchten.

Um einen leicht verständlichen Einstieg in die behandelten Themenfelder zu garantieren, sind die Beiträge in diesem Band so gestaltet, dass sie ohne tiefgreifendes Vorwissen gelesen werden können und vielfältige aktuelle Bezüge und Beispiele aufweisen. Zudem finden sich am Ende jedes Beitrags drei bis fünf Empfehlungen zur weiterführenden Lektüre, die sich zur Vertiefung des jeweiligen Themas anbieten. Die einzelnen Beiträge und Themenfelder eignen sich so nicht nur für die Diskussion in Seminaren, sondern auch als Einstieg in Hausarbeiten oder zur Themenfindung und -erkundung für Bachelor- oder Masterarbeiten.

Das Lehrbuch gliedert sich in fünf thematische Abschnitte. Der erste Abschnitt widmet sich den *Schnittstellen von Wissenschaft, Technik und Gesellschaft* und reflektiert damit ein Kernanliegen aktueller Wissenschafts- und Technikforschung. Die hier versammelten Beiträge zeigen, was es konkret bedeutet, Wissenschaft und Technik in ihrer gesellschaftlichen Einbettung und sozialen Gewordenheit zu erfassen. Sie beleuchten die vielfältigen Konstellationen und Dynamiken, welche techno-wissenschaftliche Praxis mit ihrer gesellschaftlichen Umwelt verstricken. Ein besonderer Fokus der Beiträge liegt auf der Responsivität von Wissenschaft und Technik in Bezug auf aktuelle gesellschaftliche Probleme. Die Beiträge dokumentieren auf je unterschiedliche Weise, wie techno-wissenschaftliche Praktiken, Evidenzen und Infrastrukturen in den Dienst gesellschaftspolitischer Transformation gestellt werden, und befragen die Konsequenzen, die dies für wissenschaftliche Erkenntnisproduktion hat.

Die im zweiten Abschnitt *Wissenschaft und Hochschule* versammelten Beiträge gehen auf aktuelle Perspektiven der Wissenschaftsforschung und ihre Schnittstellen mit der Hochschulforschung ein. Sowohl die Wissenschafts- als auch die Hochschulforschung beschäftigen sich mit den organisationalen Voraussetzungen wissenschaftlicher Praxis beispielsweise an Universitäten und der wissenschaftspolitischen Steuerung der strukturellen Bedingungen, unter denen Wissen produziert und vermittelt wird. Zudem beschäftigen sie sich mit Disziplinen, Fachkulturen und Interdisziplinarität, durch die die Wissenschaft und wissenschaftliches Arbeiten maßgeblich strukturiert und organisiert werden. Ein weiterer zentraler Aspekt sind Sozialisationsprozesse und akademische Karrieren. Hieran wird deutlich, dass die Produktion wissenschaftlichen Wissens eng damit zusammenhängt, wie Wissenschaftler*innen in diesen Beruf hineinsozialisiert werden, wodurch gleichzeitig auch soziale Ungleichheiten reproduziert werden. Zudem finden sich in diesem Abschnitt auch methodologische Überlegungen, die die zentrale Rolle von ethnografischen Ansätzen in der Wissenschafts- und Hochschulforschung und entsprechende Herangehensweisen verdeutlichen. Zusammengenommen zeigen die hier versammelten Beiträge, wie eng Wissenschafts- und Hochschulforschung miteinander verbunden sind.

Der dritte Abschnitt beschäftigt sich mit der *Materialität und Medialität von Wissenschaft und Technik*. Dort finden sich Beiträge, die die historische Entwicklung von Ansätzen wie Social Shaping of Technology oder von Feldern wie der Technikanthropologie beleuchten. Im Zentrum steht die Frage, wie die Materialität von Dingen im Feld der Wissenschaft- und Technikforschung verhandelt wird. Denn weder Materialität allgemein noch gegenständliche Technik im Speziellen lassen sich allein auf soziale Faktoren reduzieren. Sie sind aber auch keine autonomen Mächte, die unvermittelt auf gesellschaftliche Phänomene einwirken. Die Beiträge fragen daher nach den unterschiedlichen Mischungsverhältnissen von Mensch und Technik in modernen Gesellschaften, nach der Handlungsbeteiligung von KI-Systemen und nach den Risiken der Automatisierung in Arbeitskontexten. Sie gehen darüber hinaus auf die medialen Bedingtheiten von Wissenschaft und Technik ein. Denn ohne moderne Informationsinfrastrukturen, ohne digitale Kommunikationsplattformen oder avancierte Forschungsinstrumente sind Wissenschaft und Technik gegenwärtig kaum denkbar.

Der vierte Abschnitt des Lehrbuchs beleuchtet die *Digitalität von Wissenschaft und Technik*. Der Begriff der Digitalität bezieht sich nicht nur auf die Umwandlung analoger in digitale Daten und Prozesse, sondern auf sämtliche Wechselwirkungen zwischen Technik, Mensch und Gesellschaft. Es geht also nicht nur um die Entwicklung und gesellschaftliche Aneignung von Digitaltechnik, sondern auch um die langfristigen sozialen und kulturellen Folgen dieses soziotechnischen Wandels, der zu der Herausbildung neuartiger individueller, kollektiver und organisationaler Handlungsmuster sowie veränderten sozialen Erwartungen und Normen beigetragen hat. Das betrifft die Effektivierung und Strukturierung gesellschaftlicher Kommunikation durch digitale Plattformen und Software insgesamt, die Automatisierung manueller und kognitiver Leistungen durch intelligente Maschinen wie auch sich wandelnde sozioökonomische Machtkonstellationen, Rollenerwartungen und Austauschbeziehungen. Das betrifft aber auch die Praktiken der Wissenschaft selbst, so zum Beispiel mit Blick auf die Herstellung von Entscheidungsgrundlagen durch Simulationsmodelle oder Verfahren der algorithmischen Prädiktion sowie die Selbstbeschreibung wissenschaftlicher Aktivitäten mithilfe automatisierter statistischer Verfahren.

Der letzte Abschnitt stellt die Frage nach der Rolle von *Macht und Politik in Wissenschaft und Technik*. Zwar scheinen Macht und Politik auf den ersten Blick Vorstellungen von ‚objektiver‘ Erkenntnis und ‚neutraler‘ Technik zu widersprechen. Die Wissenschafts- und Technikforschung problematisiert diese Annahme jedoch grundsätzlich. Die in diesem Abschnitt versammelten Beiträge verhandeln dabei sowohl die politischen Prozesse und gesellschaftlichen Machtstrukturen, die die Produktion wissenschaftlichen Wissens und die Gestaltung von Technik maßgeblich beeinflussen als auch die Rolle, die wissenschaftliche Evidenzen und Technik selbst als Mittel der Politik und zur Gestaltung gesellschaftlicher Ordnung spielen. Sie nehmen den sozialen Kontext und die darin vorhandenen strukturellen Ungleichheiten, wie beispielsweise die geringeren Chancen von Frauen in der Wissenschaft und die damit verbundenen Auswirkungen auf Forschungsfragen und -gegenstände sowie die in Technik eingeschriebenen Annahmen über die Welt, in den Blick und zeigen, dass Wissenschaft und Technik nicht neutral sind, sondern normative Annahmen und gesellschaftliche Strukturen durch sie fortgeschrieben werden.

Die in diesen fünf Abschnitten versammelten Beiträge geben damit Einblicke in ganz unterschiedliche zentrale Forschungsbereiche der Wissenschafts- und Technikforschung. Alle Beiträge eignen sich einzeln als Einstieg in die jeweiligen Themen und verweisen untereinander auf gemeinsame Denklinien und Forschungstraditionen – auch über die fünf Abschnitte des Bandes hinaus. Die Beiträge greifen grundlegende Fragen auf, diskutieren sie und stellen sie in den Kontext aktueller Entwicklungen. Auf diese Weise macht das Lehrbuch Querverbindungen zwischen konkreten Forschungsthemen sichtbar und trägt selbst zur Konstitution dieses dynamischen Forschungsfeldes bei.

Literatur

Bauer, S, T. Heinemann und T. Lemke (Hrsg.), 2020: Science and Technology Studies. Klassische Positionen und aktuelle Perspektiven. 2. Aufl. Frankfurt am Main: Suhrkamp.

Häußling, R., 2019: Techniksoziologie. Opladen: Buderich/UTB.

Kaldewey, D. (Hrsg.), 2023: Wissenschaftsforschung. Berlin: De Gruyter/Brill.

Kaldewey, D. und Schauz, D., 2023: Die Wissenschaft als Gegenstand von Wissenschaft. S.3–30, in Kaldewey, D. (Hrsg.): Wissenschaftsforschung. Berlin: De Gruyter/Brill.

Lengersdorf, D. und M. Wieser (Hrsg.), 2014: Schlüsselwerke der Science & Technology Studies. Wiesbaden: Springer VS.

Teil I: **Schnittstellen von Wissenschaft, Technik und Gesellschaft**

Julia Schubert

Einleitung: Schnittstellen von Wissenschaft, Technik und Gesellschaft

Wissenschaft und Technik als Teil von Gesellschaft zu begreifen, stellt einen zentralen Ausgangspunkt der heutigen Wissenschafts- und Technikforschung dar. Im Laufe der zweiten Hälfte des 20. Jahrhunderts wurden die gesellschaftliche Bedingtheit von Wissenschaft und Technik sowie der techno-wissenschaftliche Einfluss auf Gesellschaft zu einem Kernanliegen dieses sich neu formierenden Forschungsfeldes. Damit grenzte sich die Wissenschafts- und Technikforschung einerseits von älteren Traditionen der Wissenschaftsgeschichte und -theorie ab und reagierte andererseits auf die gestiegene gesellschaftspolitische Bedeutung von Wissenschaft und Technik.

Frühe Studien des Feldes begriffen ‚Gesellschaft' vor allem als institutionelle oder ideelle Rahmenbedingung techno-wissenschaftlicher Praxis. In den 1970er Jahren rückte dann auch der vermeintlich ‚harte Kern' von Wissenschaft und Technik in den Fokus sozialwissenschaftlicher Analyse. Wissenschafts- und Technikforschende nahmen die Möglichkeitsbedingungen wissenschaftlicher Erkenntnis und ihre epistemologischen Grundlagen sowie die Funktionalität und Materialität von Technik als geniun sozial- und kulturwissenschaftliche Fragen in den Blick. Forschungsströmungen wie die *Soziologie wissenschaftlichen Wissens*, die *Laborstudien*, die *Social Construction of Technology* (SCOT) oder *Social Shaping of Technology* (SST) untersuchten Wissenschaft und Technik als Ergebnis alltäglicher, ja profaner sozialer Praxis. Seit den frühen 2000er Jahren spitzen dann insbesondere die *Science and Technology Studies* (STS) wissenschafts- und techniksoziologische Beobachtungen auf gesellschaftspolitische Forderungen – etwa nach mehr Partizipation oder Demokratisierung von Wissenschaft und Technik – zu. Die distanzierte Beobachtungshaltung, die sich noch in den anthropologisch geprägten Laborstudien epistemischer Kulturen findet, wird durch betont engagierte und aktivistische Forschungshaltungen ergänzt (siehe insbesondere Schönbauer 2026 in diesem Band). Kurzum: Gesellschaftliche Ordnung und soziale Strukturen sind nicht nur Gegenstand des zunehmend multi-disziplinären Forschungsfeldes, sondern werden auch als Anliegen der eigenen Forschung artikuliert und reflektiert.

Die im Titel dieses ersten Abschnitts anklingenden Schnittstellen markieren insofern nicht lediglich eine punktuelle Verschränkung. Vielmehr lenken die hier versammelten Beiträge unsere Aufmerksamkeit auf die vielfältigen Konstellationen und Dimensionen, in denen sich Wissenschaft und Technik heute mit ‚Gesellschaft' verschränken: von realexperimentellen Praktiken (Böschen und Groß) und

https://doi.org/10.1515/9783112245897-002

evidenzbasiertem Aktivismus (Schönbauer) über Zukunftswissen (Ibrahim) und Wissenschaftskommunikation (Jungert), bis hin zu Technikakzeptanz (Hampel und Zwick) und Sorgearbeit (Ochs und Wenten). Die Frage ist dabei weniger, ob Wissenschaft und Technik gesellschaftlich bedingt sind, sondern wie und mit welchen Effekten. Ein besonderer Fokus der folgenden Kapitel liegt auf der Responsivität von Wissenschaft und Technik in Bezug auf aktuelle gesellschaftliche Herausforderungen. Die Beiträge dokumentieren auf je unterschiedliche Weise, wie techno-wissenschaftliche Praktiken, Evidenzen und Infrastrukturen in den Dienst gesellschaftspolitischer Transformation gestellt werden, und befragen die Konsequenzen, die dies für wissenschaftliche Erkenntnisproduktion hat.

Stefan Böschen und *Matthias Groß* skizzieren die historische Expansion experimentellen Handelns. Sie zeigen, wie insbesondere seit den späten 1980er Jahren vielfältige Formen experimentellen Handels aus dem Labor 'in die Gesellschaft' diffundierten, um hier in sogenannten Reallaboren für gezielte gesellschaftliche Transformationen mobilisiert zu werden. Die Autoren beleuchten die Widersprüche dieser Dynamik und befragen die Möglichkeiten der experimentellen Konstruktion von gesellschaftlichem Wandel in solchen Reallaboren. *Sarah Schönbauer* illustriert in ihrem Beitrag die zunehmende Verflechtung von politischem Aktivismus und wissenschaftlicher Erkenntnisproduktion im Kontext von gesundheits- und umweltpolitischen Krisen und Kontroversen. Über einschlägige Arbeiten der STS rekonstruiert Schönbauer einerseits, wie wissenschaftliche Erkenntnisse die Politisierung gesundheits- und umweltpolitischer Probleme ermöglichen und strukturieren. Andereseits zeigt sie, wie gesellschaftspolitische Anliegen im Kontext dieser Probleme wiederum wissenschaftliche Erkenntnisproduktion verändern – etwa wenn Betroffene und Aktivist*innen an der Herstellung relevanter Expertisen, Evidenzen oder regulatorischer Standards beteiligt werden. *Youssef Ibrahim* rekonstruiert in seinem Beitrag die Entstehung von Forschungsfeldern wie Epidemiologie, Klimawissenschaften und sozialwissenschaftlicher Zukunftsforschung als dezidierten „Zukunftswissenschaften“. Er beschreibt die materiellen und konzeptionellen Produktionsbedingungen der Zukunftserschließung in diesen unterschiedlichen Kontexten und beleuchtet die Performativität wissenschaftlicher Auseinandersetzung mit Zukunft: Zukunft wird hier nicht nur dar-, sondern auch hergestellt.

Michael Jungert befragt in seinem Beitrag das reflexive Verhältnis der Produktion und Kommunikation wissenschaftlicher Erkenntnis. Ausgehend von den wissenschaftspolitischen Erfahrungen während der Coronapandemie diskutiert er, was geschieht, wenn gesellschaftliche Vorstellungen von Wissenschaft und Erwartungen an Wissenschaft unter Druck geraten. Jungert zeigt, wie in einer solchen Situation, die durch hohen Zeit- und Entscheidungsdruck geprägt ist, teilweise Zerrbilder wissenschaftlicher Erkenntnisproduktion in der Öffentlichkeit zirkulieren, die eine kritische Auseinandersetzung mit wissenschaftlichen Evidenzen erschweren. Um den Dialog zwischen Wissenschaft und gesellschaftlicher Öffentlichkeit zu stärken, bedarf es insofern nicht lediglich der Kommunikation wissenschaftlicher Ergebnisse, so Jungert. Von großer Bedeutung sei darüber hinaus auch eine differenzierte Kommunikation der Produktionsbedingungen wissenschaftlicher Erkenntnis und Praxis. Der Beitrag von *Jürgen Hampel* und *Michael Zwick* dokumentiert die zunehmende Soziologisierung der Einstellungsforschung. Die Autoren rekonstruieren, wie in diesem Forschungsfeld gesellschaftliche Einstellungen zu Technik zunehmend differenziert konzeptualisiert und beforscht werden. Im Zentrum des Beitrags steht hier das reflexive Verhältnis zwischen wissenschaftlicher Erkenntnisproduktion und ihrem Forschungsgegenstand. *Carsten Ochs* und *Klara-Aylin Wenten* zeigen schließlich das analytische Potential der Care- bzw. Sorge-Perspektive für die Wissenschafts- und Technikforschung auf und zeichnen nach, wie diese Perspektive die bisherigen Arbeiten des Forschungsfeldes orientiert und sensibilisiert hat. Die Autor*innen zeigen, dass Sorge nicht lediglich als Gegenstand der Wissenschafts- und Technikforschung bedeutsam ist, sondern auch als theoretisches Konzept, als Methode und als ethische Forschungshaltung zu verstehen ist. Die Autor*innen schließen damit insbesondere an die erwähnten jüngeren Perspektiven der STS an, um die ethisch und politisch engagierte Position dieser Care-Perspektive zu markieren.

Die aktuelle Wissenschafts- und Technikforschung reflektiert insofern die reichhaltige Geschichte sowie die vielfältigen Zugänge und Standpunkte ihres Faches. Das Ziel dieses ersten Teils des Lehrbuches ist es, diese Vielfältigkeit sichtbar zu machen.

Stefan Böschen und Matthias Groß

1 Reallabore: Zur Expansion und Begrenzung realexperimenteller Praktiken in Wissensgesellschaften

Einleitung

Wissenschaftlich-technische und ökologische Gestaltungen, die außerhalb der klassischen Institutionen der Wissenschaft in der weiteren Gesellschaft stattfinden, werden heute oft mit dem Label *Reallabor* ausgeflaggt. Nicht selten geht dies mit der Vorstellung einher, dass in diesen realweltlichen Laboren analog zum Laborexperiment Realexperimente stattfänden. Was hier dann jedoch jeweils mit ‚Labor' gemeint ist oder was denn Experimentelles in diesen Laboren stattfindet, wird meist nicht thematisiert. Dies ist deshalb bemerkenswert, da das Konzept der Realexperimente ursprünglich mit der These verknüpft war, dass moderne Wissensgesellschaften zunehmend in *ergebnisoffene* Prozesse gesellschaftlicher und wissenschaftlicher Gestaltung hineinlaufen. In aktuellen Debatten um Reallabore, die in den letzten Jahren an Einfluss gewonnen haben, treten hingegen Möglichkeiten der zielorientierten Problemlösung in den Vordergrund – z.B. im Rahmen von Projekten zur nachhaltigen Stadtentwicklung oder bei Prozessen zur sozial-ökologischen Transformation. Bislang wenig beachtet wird dabei der nicht triviale Zusammenhang zwischen dem Ziel, nachhaltige Systemzustände durch solche Transformationsprozesse zu erreichen, und der Form experimenteller Prozesse, die alles andere als zielfixiert, sondern ergebnisoffen sind, ja, sogar sein müssen, um (sinnvoll) als experimentell gelten zu können. Der folgende Beitrag arbeitet diesen Widerspruch heraus und eruiert Möglichkeiten der experimentellen Konstruktion von gesellschaftlichem Wandel in sogenannten Reallaboren.

Hierzu erfolgt zuerst ein historischer Rückblick auf den Zusammenhang zwischen wissenschaftlichem Arbeiten innerhalb und außerhalb naturwissenschaftlicher Laboratorien (Abschnitt 1), um daran anknüpfend aktuelle Diskussionen zu Reallaboren kritisch-konstruktiv zu beleuchten (Abschnitt 2). Fragen, die eruiert werden, schließen Diskussionen um das Verhältnis zwischen Experiment und Labor im Zuge der Expansion von verschiedenen Projektformen (transdisziplinärer) Wissensproduktion zur Lösung lokaler gesellschaftlicher Probleme ein, sie weisen aber auch auf mögliche Grenzen von Reallaboren und das darin erarbeitete Wissen hin (Abschnitt 3). Im Anschluss daran werden mögliche neue Bezüge zwischen der Wissenschaft und anderen Bereichen von Gesellschaft dargestellt (Abschnitt 4).

https://doi.org/10.1515/9783112245897-003

Der vorliegende Beitrag liefert somit zum einen eine Einführung in die Soziologie des Experiments und des Labors (vgl. Groß 2023). Zum anderen und vor dem Hintergrund der Reallaborforschung, wie sie sich in den letzten beiden Jahrzehnten entwickelt hat, werden vielfältige Formen experimentellen Handelns und deren Variationen von „Labor" herausgearbeitet. Dies soll helfen, gesellschaftstheoretische Grundlagen mit einer analytisch fundierten Science and Technology Studies (STS) zu verbinden.

Expansion experimenteller Prozesse in Wissensgesellschaften

Am Anfang stand ein großer Aufbruch. Moderne Gesellschaften, wie sie sich in der zweiten Hälfte des 19. Jahrhunderts zu entwickeln begannen, konnten in einem zuvor ungeahnten Ausmaß wissenschaftliches Wissen für Prozesse der Problemlösung mobilisieren. Sie werden daher heute auch als Wissensgesellschaften bezeichnet (vgl. Bell 1975, Stehr 2023). Es bildeten sich Expertensysteme für die Bearbeitung einer Vielzahl ganz unterschiedlicher Problemfelder heraus: Probleme der Hygiene (etwa zur Bekämpfung der Cholera), des Arbeitsschutzes (etwa in der aufkommenden chemischen Industrie), der Normung (etwa für eine bessere Passung von Industriegütern) oder der landwirtschaftlichen Produktion (Steigerung der Produktion durch Düngemittel), um nur einige zu nennen. Solchen Prozessen gesellschaftlicher Problemlösung konnte man schon seit spätestens dem frühen 19. Jahrhundert einen experimentellen Charakter zuschreiben (vgl. Brown 1997), jedoch standen – neben ethischen Fragen – zuerst der wissenschaftliche Charakter und die Leistungsfähigkeit von Wissenschaft für die Problembehandlung der Zeit im Vordergrund. Derartige Experimente wurden aufgrund ihrer Naturwüchsigkeit, also der Tatsache, dass sie oft ohne Planung stattfanden und erst im Nachhinein als Experimente deklariert wurden, auch „natürliche Experimente" genannt (Groß 2025).

Trotz dieser frühen Versuche, experimentelle Prozesse außerhalb des naturwissenschaftlichen Labors zu etablieren, blieb das Labor idealtypisch ein von der Gesellschaft abgeschirmter Bereich zur experimentellen Generierung wissenschaftlichen Wissens. Mehr noch, die Mauern des Labors schirmten die Welt von den Folgen möglicher Fehlschläge der darin vonstattengehenden Experimente ab. Das Labor wurde zur „Welt auf Probe" (Krohn/Weyer 1989: 352). In die öffentliche Arena traten allein scheinbar fertige Produkte, welche idealerweise als Erfolge der Wissenschaft gefeiert werden konnten. Das Motto der Weltausstellung von Chicago im Jahre 1933, "Wissenschaft entdeckt, Industrie setzt um, der Mensch passt sich an” (im Original: “Science Finds, Industry Applies, Man Conforms”), verdeutlicht die lineare Abfolge und die klare Trennung des Innen und Außen der Sphäre der Wissenschaft. Unsicherheiten, Nichtwissen und Risiken im Labor sowie die vielfältigen sozialen, kulturellen und ökonomischen Voraussetzungen der Wissensgenerierung konnten damit außen vor bleiben und brauchten nicht weiter problematisiert werden.

Erst in den 1970er Jahren begann die Wissenschaftsforschung einen genaueren Blick auf spezifische Bedingungen der Herstellung von Wissen in Laboratorien zu werfen und diese ein Stück weit als integrierten oder „normalen“ Teil der Gesellschaft zu verstehen. Dies gelang durch sogenannte „Laborstudien“ (vgl. Latour/Woolgar 1979, Knorr Cetina 1984, Lynch 1985) – ethnographische Analysen von Vorgängen im Labor, wobei sich diese Vorgänge als weniger besonders oder gar rationaler erwiesen als andere, „normale“ gesellschaftliche Prozesse außerhalb der wissenschaftlichen Laboratorien. An der zentralen Stellung von Laboren für die experimentelle Produktion von wissenschaftlichem Wissen änderten diese Studien jedoch nichts.

Erst mit der Nuklearkatastrophe von Tschernobyl im April 1986 begann man zumindest im deutschsprachigen Raum, wissenschaftliche Prozesse auch außerhalb der abgeschirmten Bereiche der Wissenschaft als Teil eines Großexperimentes zu verstehen (Krohn/Weingart 1986). Das wissenschaftssoziologisch Interessante war hier, dass diese Katastrophe durch einen planmäßigen Test ausgelöst worden war, bei dem experimentell überprüft werden sollte, wie bei einem überraschenden Stromausfall die Notkühlung des Reaktors funktioniert. Bei diesem Standardexperiment stieg die Temperatur der Brennelemente so stark an, dass es zu einer Explosion und somit zur Freisetzung radioaktiver Stoffe kam, welche sich über große Teile Westeuropas und weitere Regionen verteilten. Die Gesellschaften Westeuropas waren, so könnte man zugespitzt sagen, dem außer Kontrolle geratenen Labor ausgeliefert.

In einem weit beachteten Beitrag in der deutschen Kulturzeitschrift *Kursbuch* verleitete dies die Autoren Wolfgang Krohn und Peter Weingart (1986) dazu, Tschernobyl als das „größte anzunehmende Experiment“ zu klassifizieren. Entsprechend kritisch fielen in der Folge Untersuchungen zur „Gesellschaft als Labor“ aus, die Risiken experimenteller Forschung – insbesondere deren gesellschaftliche Konsequenzen und entsprechende Vorsorgemaßnahmen – in den Blick rückten (vgl. Beck 1990, Krohn/Weyer 1989, Weyer 1991, weiterführend Wynne 1992). Erst mit der Rückbesinnung auf Arbeiten von Donald Campbell zu Sozialexperimenten als Reformprozesse (vgl. Campbell 1969) und durch vereinzelte Neuinterpretationen wissenschaftssoziologischer Klassiker (z.B. Latour 2006) änderte sich die Einstellung zu Experimentierprozessen außerhalb der angestammten, institutionalisierten Orte der Wissenschaft. Es stellte sich folgende Frage: Wenn es solche Prozesse der „Laboratorisierung“ von Gesellschaft gibt und wenn diese vielleicht sogar unvermeidbar sind (vgl. Perrow 1987), erfordert das nicht zunächst die Arbeit an Konzepten, die aufzeigen, wie solche real-experimentellen Prozesse verstanden und klassifiziert werden können und wie sie in sozial verträgliche sowie demokratisch legitimierte Bahnen gelenkt und dabei weiterhin höchste wissenschaftliche Standards erfüllt werden können?

So entstand langsam das, was später als „Realexperiment“ und schließlich als „Reallabor-Forschung“ bezeichnet wurde. Beim Konzept der Realexperimente (zuerst noch vereinzelt „soziale“ oder „implizite Experimente“ genannt) ging es darum, der unvermeidlichen Unsicherheit und den Wissenslücken der gesellschaftlichen Implementierung von Wissenschaft und Technik positive Beispiele experimenteller Prozesse außerhalb naturwissenschaftlicher Laboratorien zur Seite zu stellen (siehe z.B. Herbold 1995, Krohn 1997, Groß 2003). Der Begriff „Realexperimente“ setzt der Metapher von der „Gesellschaft als Labor“ konzeptionell einen anderen Akzent entgegen. „Gesellschaft als Labor“ verweist auf eine Asymmetrie der Akteure: Es gibt wissenschaftliche Experimentator*innen und diesen Experimenten Ausgesetzte, nämlich: Bürger*innen, die gleichsam als Versuchstiere erscheinen. Darin liegt auch der normative Gehalt dieser Metapher (siehe dazu weiterführend Lemov 2005). Im Gegensatz dazu ist das Konzept der Realexperimente normativ offen, denn hier können zunächst einmal grundsätzlich alle gesellschaftliche Beteiligte als Ko-Experimentator*innen in offenen Settings mitwirken. Zudem beinhaltet der Begriff des Realexperiments eine konzeptionelle Öffnung gegenüber dem des Labors. Letzterer ist restriktiver, da er zumindest implizit ein Innen und ein Außen beschreibt, weil im Vorhinein involvierte Akteure, der damit verbundene Experimentalaufbau, die Zuschreibung von (wissenschaftlicher) Expertise, die Kontrolle der Randbedingungen sowie die Objekte des Experiments festgelegt sind. Die Befürchtung war, dass das transdisziplinäre Potential und die Offenheit für überraschende Ereignisse sowie soziale oder „naturale“ Einflüsse von außen mit der Vorstellung eines (abgeschirmten) Labors geschmälert würden (vgl. Groß et al. 2005, Groß 2010, Hoffmann-Riem 2003). Normativ ist im Begriff des Realexperiments eingelassen, dass dieses zur Lösung eines gesellschaftlichen Problems den größtmöglichen gesellschaftlichen Input mobilisieren kann und dieser Input nicht nur im Rahmen eines festgelegten Raumes, eines Reallabors, im Vorhinein einseitig von einzelnen Akteuren abgesteckt wird.

Es war also die Expansion experimenteller Prozesse in Wissensgesellschaften, die zur Entwicklung des Konzepts der Realexperimente führte. Dabei sind zwei Aspekte von Bedeutung:

Erstens hat die Abgrenzung der Konzepte „Gesellschaft als Labor“ und „Realexperiment“ sichtbar werden lassen, dass neben der konzeptionellen Bedeutung untrennbar auch normative Implikationen mit diesen Begriffen verbunden sind.

Um dies in Form von zwei ausgesuchten Fragen zu verdeutlichen: Wer sind die legitimierten Akteur*innen? Und: Wie sieht eine sozial verträgliche Ordnung des Experimentierens aus? Hier zeigt sich die analytisch-normative Doppelgesichtigkeit von Begriffen in der Wissensgesellschaft. Begriffe erlauben *analytisch* das Verstehen von Situationen; zugleich sind sie *politisch* hinsichtlich ihrer normativ artikulierten Vorstellungen davon, wie die Welt sein sollte.

Zweitens zeigt sich, dass in Realexperimenten neben Fragen des Wissens immer auch solche von Werten und Interessen bearbeitet werden. Wissenschaftliches Wissen ist eng mit den sozialen Welten des Problemlösens verbunden. Die Wissenschaft kann nicht mehr allein das Primat der Wahrheit oder Richtigkeit für sich beanspruchen, denn diese werden in Reallaboren unmittelbar mit Fragen der Verlässlichkeit, Erwünschtheit oder sogar der ästhetischen Vorlieben verknüpft, die einen normativen Rahmen für die Wissensproduktion bilden. Mit dieser Öffnung stellte sich zwischenzeitlich die gleichsam paradoxe Situation ein, dass die Wissenschaft immer bedeutsamer für die Lösung kollektiver Probleme wurde – und zugleich immer umstrittener (vgl. Göbl 2019), was sich als Relevanzparadox kennzeichnen lässt (Böschen 2013, 2023).

Reallabore: Mehr als Orte für Realexperimente

Reallabore, insbesondere in der Nachfolge der Arbeiten von Uwe Schneidewind und Ko-Autor*innen (vgl. Schneidewind 2014, 2020, Schneidewind/Singer-Brodowski 2013, Schneidewind/Scheck 2013), sind eine Option, der Öffnung der Wissensproduktion für außerwissenschaftliche Beteiligte (Stakeholder etc.) eine Form zu geben und darin zugleich das Relevanzparadox (dazu unten mehr) zu bearbeiten. Denn darin werden Reallabore als „gesellschaftlicher Kontext“ verstanden, „in dem Forscherinnen und Forscher Interventionen im Sinne von ‚Realexperimenten‘ durchführen, um über soziale Dynamiken und Prozesse zu lernen“ (Schneidewind 2014: 3). Konzeptuell wirken sie dadurch eher undeutlich, da sie lediglich zeitlich begrenzte Räume gesellschaftlicher Veränderung und Innovation abstecken, in denen idealtypisch Lernprozesse stattfinden sollen. Damit sind Reallabore jedoch anschlussfähig an Diskussionen um Prozesse der Bürgerbeteiligung, Partizipation, und öffentliche Reform- und Gestaltungsansätze (z.B. Citizen Science) sowie das breite Feld der Transdisziplinaritätsforschung (vgl. Augenstein et al. 2022, Schäpke et al. 2024). Das Bundesministerium für Wirtschaft und Klimaschutz (BMWK) versteht unter einem Reallabor „einen zeitlich und oft räumlich oder sachlich begrenzten Testraum, in dem innovative Technologien oder Geschäftsmodelle unter realen Bedingungen erprobt werden“ (BMWK 2023).

Interessant ist an dieser Stelle, wie eng Reallabore im Unterschied zur wissenschaftlich-konzeptionellen Lesart definiert werden. Hier offenbart sich eindrücklich das oben beschriebene Doppelgesicht der analytischen und politischen Bedeutung von Begriffen.

In der konzeptuellen Ungenauigkeit liegt aber möglicherweise gar die Stärke der Reallabor-Forschung, wie der Boom im vergangenen Jahrzehnt nahelegt. Reallabore scheinen ein Schlagwort der Stunde zu sein. Man findet sie (scheinbar) überall: Stadtlabore, Living Labs, (Smart) City Labs, Transition Labs, Social Innovation Labs sowie viele andere Bezeichnung sind im Umlauf (Hussey/Douglas-Jones R. 2024, Scholl/de Kraker 2021, Sharp/Raven 2021, Wanner et al. 2024). Nach den damit verbundenen Lesarten sollen in Reallaboren als gesellschaftlich relevant definierte Probleme aufgegriffen und mittels kollaborativen Handelns Lösungen erarbeitet werden (vgl. hierzu weiterführend Bleicher 2024). In Reallaboren müssen weiterhin Rahmenbedingungen hingenommen werden, die nicht immer kontrollierbar sind und aktiv sowie reflexiv mit eingebunden werden müssen. Dadurch produzieren solche Labore leicht Einzelfälle, deren Übertragbarkeit, wenn sie überhaupt angestrebt wird, die Forschenden vor neue Herausforderungen stellt. Man könnte sagen, dass experimentelle Arbeit in diesem Kontext eher den Charakter von suchenden oder gestaltenden Aktivitäten aufweist, wie sie in der explorativen Feldökologie oder auch bestimmten Strängen der Architektur vorkommen. Man plant zwar, Maß wird jedoch am Bau genommen und entsprechend muss gegebenenfalls umgeplant werden. Reallabore sind somit Möglichkeitsräume (Parodi/Beecroft 2021) oder auch Freiraumgestaltungen (Räuchle 2021), die situationsspezifisch angepasst werden können. Was in entsprechenden Schriften zum Thema dann mit „Labor" gemeint ist oder was Experimentelles in diesen Laboren stattfinden soll, bleibt bestenfalls implizit, in jedem Falle ist es begrifflich unterbelichtet.

Reallabore erlauben zwar die Produktion situativen Wissens, sollen aber zugleich wirksam für die kollektive Lösung von Problemen genutzt werden können. Eine Bearbeitungsform stellen Realexperimente, wie sie oben vorgestellt wurden, dar (z.B. Groß et al. 2005, Böschen et al. 2017, Rudek/Huang 2024). Der Bezug und die Differenz zwischen diesen beiden Konzepten sind jedoch weiterhin klärungsbedürftig und können nicht mit der einfachen Formel „Realexperimente finden in Reallaboren statt" beschrieben werden.

Das Konzept des Realexperiments plant – anders als die in Deutschland und anderswo stattfindenden Reallabore – auch ein Scheitern mit ein (zum Konzept des Scheiterns siehe weiterführend Mica et al. 2023). Ein Experiment muss, damit es ein Experiment ist, auch ein Scheitern oder zumindest das überraschende Abweichen von der Hypothese und das Auftreten nicht intendierter Nebenfolgen erlauben (Groß 2024). Um ein Beispiel zu nennen: Das Risikokalkül, das mit der Multiplikation von Höhe und Eintrittswahrscheinlichkeit eines Schadens eine rationale

Grundlage von Entscheidungen ermöglichen soll, kommt im Angesicht der Komplexität von Gefahren oder der Seltenheit oder Neuheit von Ereignissen an seine Grenzen. Diese Wissensgrenzen werden als Nichtwissen thematisch und die experimentelle Erschließung von Räumen von Nichtwissen gewinnt an Bedeutung (vgl. Groß 2014, Wehling 2024). Zu einem Scheitern kann dann auch gehören, dass die involvierten Akteur*innen mit ihren eigenen Wünschen und Zielvorstellungen im Laufe des experimentellen Prozesses einer ursprünglichen Zielsetzung (analog zur Hypothese) entgegenstehen (Krzywoszynska et al. 2018). In Realexperimenten wird so gesehen auch konsequent der Eigensinn involvierter Stakeholder anerkannt.

Allgemein dienen im Experiment Hypothesen als Spezifizierung des Nichtwissens und sind so verstanden insbesondere dann sinnvoll, wenn man sie mit Blick auf eine Falsifikation formuliert. Ein Experiment wäre dann besonders nützlich, wenn es scheitert, wenn es zeigt, dass Hypothesen unbrauchbar waren, da unerwartete Veränderungen den involvierten Experimentator*innen das eigene Nichtwissen bewusst machen und sie zwingen, Hypothesen zu verwerfen. Dieses Nichtwissen schafft den Impuls und die Grundlage für neues Wissen und damit für Lernprozesse. Diese Möglichkeit wird bei der zeitlich eng begrenzten, zielorientierten und räumlich klar definierten Suche nach Lösungen oft nicht mitgedacht. Zudem ist die Möglichkeit des Scheiterns im Rahmen von Reallabor-Prozessen meist negativ konnotiert.

Deshalb ist festzuhalten, dass Reallabore nicht einfach Orte für die Durchführung von Realexperimenten sind. Die Besonderheit von Reallaboren liegt zumeist darin, die „Veränderungen“ in Form von zu erreichenden gesellschaftlichen Problemlösungen vorab festzulegen. Auf diese Weise erhält der normativ gewünschte Sollzustand eine Vorbedingung in der Gestaltung der Experimente. Das Erwünschte (z.B. Nachhaltigkeit, Akzeptanz, Energieeffizienz) übt also einen wesentlichen Einfluss auf die Gestaltung der Experimente aus. In diesen Formen des Experimentierens tritt der Charakter geplanter „Gestaltungsprozess“ in den Fokus der wissenschaftlichen Wissensproduktion. Dabei findet eine Verlagerung auf das Erreichen politischer Ziele oder vorab gerahmter Problemlösungen im öffentlich-zivilgesellschaftlichen Raum statt. Dazu kann dann z.B. die zukünftige Umgestaltung der Verkehrsorganisation in einem Stadtteil gehören, nicht aber das realexperimentell erarbeitete Ergebnis, was z.B. die Sinnhaftigkeit oder Erwünschtheit von solchen Maßnahmen *überhaupt* in Frage stellt (vgl. für viele: Günther/Kreußlein 2023). Diese sind in nicht wenigen Fällen schlicht politisch oder normativ gesetzt. Beteiligungen innerhalb eines solchen Reallabors sind so gesehen eher mit der Hoffnung verbunden, Akzeptanz für technische und ökologische Veränderungen (z.B. im Verkehrssektor) zu fördern, wie auch der aktuelle Entwurf eines Gesetzes zur Verbesserung der Rahmenbedingungen von Reallaboren der neuen (2025) Bundesregierung zeigt (vgl. Reallabore-Gesetz unter https://www.bundestag.de).

Reallabore als gesellschaftliches Phänomen: Versuch einer Typisierung

Reallabore können als pragmatische Reaktion auf die Komplexität und unvermeidbare Unsicherheit heutiger Gestaltungsprozesse verstanden werden, durch die sich Räume zur experimentellen Selbsterprobung und kollektiven Problemlösung (häufig in urbanen Kontexten) eröffnen (siehe für viele: Haderer et al. 2024 oder Karow-Kluge 2010). Sie ergänzen Phänomene wie die Partizipative Forschung, Public Engagement oder Citizen Science (Böschen et al. 2024, Jaeger-Erben 2021, Trenks/Bögel 2024). Mit Blick auf den „quasi-experimentellen" Charakter von Reallaboren stellt sich jedoch auch eine Vielzahl von offenen konzeptuellen und praktischen Fragen. Zu diesen gehören:

(1) Mit welchen analytischen Dimensionen lassen sich verschiedene Reallaborformen charakterisieren? Von großer Bedeutung für die Gestalt von Reallabor-Settings sind etwa die treibenden Akteure (John 2024), die Formen des Experimentierens oder die Art der sozio-technischen Probleme, welche bearbeitet werden (vgl. Böschen et al. 2024).

(2) Wie fasst man die unterschiedlichen „Reichweiten" verschiedener Reallabore? Das Spektrum reicht von kleinformatigen Einzelaktivitäten (Hinterhofexperimente) bis hin zu groß angelegten poly-lokalen Transformationsaktivitäten z.B. im Rahmen der Energiewende. Dabei kommt dem Problem der Übertragbarkeit von Ergebnissen aus „Einzellaboren" eine sehr große Bedeutung zu (vgl. Pfotenhauer et al. 2021).

(3) Wie bestimmt man die besondere Form von Reallaboren? Hier kann man zum einen auf den jeweiligen experimentellen, also epistemischen Charakter verweisen, der etabliert wurde, zum anderen auf die soziale Form. Hier kann man sich heuristisch an den drei differenzierungstheoretischen Integrationsleistungen orientieren: sozial, systemisch und ökologisch. Die soziale Integrationsleistung besteht darin, eine ausreichende Kohäsion zwischen den Mitgliedern einer Gesellschaft zu gewährleisten, etwa durch eine hinreichend als gerecht wahrgenommene Verteilung von Teilhabechancen. Die systemische Integrationsleistung besteht darin, dass die funktionalen Teilbereiche von Gesellschaften untereinander ausreichend stabil koordiniert sind. Die dritte Integrationsleistung, die ökologische, nimmt heute eine immer größere Bedeutung ein (vgl. Beiträge in Sonnberger et al. 2024). Mit der Frage nach der ökologischen Integration rücken gesellschaftliche Naturbezüge und ihre produktive oder destruktive Entwicklung ins Blickfeld. Mit diesen Dimensionen lassen sich unserer Auffassung nach drei Typen von Reallaboren voneinander abgrenzen (zum Überblick siehe Tabelle 1).

Ein *erster* Typus formiert sich um klar abgegrenzte Kontexte des Experimentierens und soziale Mikroräume mit größtmöglicher Kontrolle. In diesen Reallaboren werden einzelne Produkte und Dienstleistungen im Alltag, aber auch Regulierungen zum Gegenstand des Experimentierens gemacht. Dabei geht es häufig um das effektive und kontextsensitive Design von Produkten (Hyysalo/Hakkarainen 2014), die Erkundung von Potenzialen aufkommender digitaler Technologien (z.B. Alavi/Habel 2021) oder die Konkretisierung von Technologien und deren regulativen Randbedingungen insbesondere im Feld der Energiewende (BMWi 2019). Hier stellt sich die Frage nach „Regulatory Sandboxes“ (Buocz et al. 2023) und gegenwärtig wird in Deutschland mit dem Reallabor-Gesetz geprüft, ob und wie man solche Zonen begrenzter Regulierung einrichten kann (BMWK 2024). Das geschieht im Wesentlichen durch die Nutzung von Experimentierklauseln, die es begründet erlauben, von einer geltenden Regelung abzuweichen, oder durch eine angepasste Gestaltung der Haftungsverteilung (Fietze 2022, Szyszczak 2006). Dieser Typus könnte daher als Alltags-Labor bezeichnet werden. „Experimentieren“ wird hier eher traditionell im Sinne von Pilotstudien und Feldversuchen verstanden, bei denen dann zeitnah Regeln angepasst werden können. Entsprechend werden die mit dem Reallabor verknüpften Integrationsaufgaben etwa durch Bürger*innen als Nutzer angesprochen (vgl. Hyysalo/Johnson 2024). Die Systemintegration wird vielfach auf das ökonomische Feld begrenzt und die ökologische Integration spielt zumeist keine Rolle.

Ein *zweiter* Typus von Reallaboren gruppiert sich um Aktivitäten, welche im Zusammenhang mit raumgebundenen Entwicklungen stehen, der Typus „Sozialraum-Technikum“. Diese Reallabore stellen sozial-räumliche Gebilde dar, in denen Integrationsaufgaben etwas deutlicher in den Fokus geraten. Räumlich geht es um einzelne Gebäude, Quartiere oder Städte. Solche raumgebundenen und zeitlich klar begrenzten Reallabore zeichnen sich häufig durch eine aktive Beteiligung der zuständigen Verwaltung aus. Darüber hinaus werden meist zivilgesellschaftliche Akteur*innen einbezogen (WBGU 2016). Das Experimentieren vollzieht sich hier vielfach im Kontext konkreter Planungs- und Zielsetzungsprozesse. Diese können in Form gezielter ökologischer Eingriffe und räumlicher Gestaltung vonstattengehen, etwa in so verschiedenen Bereichen wie der Regenerierung industriell kontaminierter Landschaften (Alexandrescu et al. 2014), dem Design einer neuen Landschaft in ehemaligen Tagebaugebieten (de Waal/de Wit 2012) oder der Gestaltung von Grünflächen in neuen Stadtquartieren (Haase 2022). Die Integrationsleistungen sind in diesen Fällen schon anspruchsvoller. Sie müssen eine Bandbreite von potentiell widersprüchlichen Lösungen oder Ergebnissen zulassen, werden aber restriktiv bearbeitet. In der Sozialintegration lassen sich Bürger*innen kaum mehr auf ein Rollenmuster begrenzen. Die ökologische Integration ist hier sogar oft der Anlass für die experimentellen Prozesse. Die Systemintegration bleibt begrenzt.

Ein *dritter* Typus von Reallaboren, die wir vorläufig als Realwelt-Labore bezeichnen, zeichnet sich dadurch aus, dass kontext-offen neue Handlungsmöglichkeiten für Nachhaltigkeitstransformationen erschlossen werden sollen (z.B. QuartierZukunft 2023). Die hierin stattfindenden Aktivitäten sind davon geprägt, neues Wissen zu generieren, das dann gegebenenfalls auch die ursprünglichen Zielsetzungen verändern kann. Das Experimentelle erscheint dabei vielfach als Entdeckungsverfahren und kann gelegentlich auch Strategien von Versuch und Irrtum ähneln (vgl. Parthey/Wahl 1966). Die erarbeiteten Ergebnisse bleiben häufig unpubliziert oder erscheinen in interner grauer Literatur. Ein Beispiel ist das Smart City Lab der Stadt Leipzig (siehe Eintrag unter www.leipzig.de). Diese Einrichtung versteht sich als Leipzigs digitales Innovationslabor, in dem Potentiale der Digitalisierung für eine nachhaltige und bürgerfreundliche Entwicklung der Stadt eruiert werden. Diese reichen von der Entwicklung neuer Verkehrskonzepte bis hin zur Integration intelligenter Energiesysteme. Die Kernidee scheint dabei zu sein, dass interessierte Bürger*innen, Start Ups oder bekannte Tüftler*innen die Möglichkeit erhalten, Ideen zu entwickeln und diese für die Anwendung in der Stadt zu testen. Hier kommen die anspruchsvollsten Integrationsleistungen zusammen. Man kann von einem orchestrierten Muster sprechen, denn hinsichtlich der Sozialintegration werden Bürger*innen vielschichtige Erprobungswege eingeräumt. Deren Realwelt bekommt somit einen entscheidenden Einfluss. Die ökologische Integration spielt zumindest nominell eine bedeutende Rolle, weil Nachhaltigkeit als Kollektivproblem in den Mittelpunkt gerückt wird (vgl. Weiland et al. 2017). Schließlich wird auch die Systemintegration in mehreren Dimensionen adressiert.

Tab. 1.1: Typen von Reallaboren und deren experimenteller Charakter.

Reallabor-Typus	Integrationsaufgaben	Experimenteller Charakter	Beispiele
1 Alltags-Labor	Durch Etablierung eines klar definierten Mikroraums werden punktuell Integrationsaufgaben bearbeitet.	Abgrenzbare Kontexte des Experimentierens: Randbedingungen bekannt, Wiederholbarkeit möglich, Übertragbarkeit angestrebt.	Design von Alltagsprodukten (z.B. Medizintechnik), Eruierung digitaler Technologien (z.B. für die Energiewende).
2 Sozialraum-Technikum	Das semi-offene Setting erlaubt eine begrenzt offene Bearbeitung der Integrationsaufgaben, wobei zumeist die Systemintegration nur begrenzt, wenn überhaupt, zur Geltung kommt.	Aktivitäten im Zusammenhang raumgebundener Entwicklungen; Randbedingungen wenig bekannt, Wiederholbarkeit unwichtig, aber denkbar; klare Zielsetzungen, die wenig experimentelle „Überraschungen“ erlauben.	Aktive Beteiligung von Stakeholdern als Teil städtebaulicher Planungs- und Zielsetzungsprozesse; umfasst meist einzelne Gebäude, Quartiere oder Stadtteilprojekte.

Tab. 1.1 (continued)

Reallabor-Typus	Integrationsaufgaben	Experimenteller Charakter	Beispiele
3 Realwelt-Labor	Offenes Setting, in dem oftmals sehr direkt die drei unterschiedlichen Integrationsaufgaben bearbeitet werden.	Fokus auf kontext-offene Handlungsmöglichkeiten für Nachhaltigkeitstransformationen; die Produktion neuen Wissens steht im Vordergrund, Zielsetzungen können durch experimentelle Prozesse verändert werden.	Smart City Labs von Städten, die konkrete Optimierungsprozesse im Auge haben; hier dürfen innovative Ideen ausprobiert werden. Das Nichterreichen von Zielsetzungen (Hypothesen) ist möglich.

Was alle drei Typen von Reallaboren eint, ist eine gewisse Zielorientierung, die durch eine wissenspolitische Positionierung gefördert wird. Reallabore gehen, wenn auch in unterschiedlicher Form und Reichweite, mit einer Neuordnung von Wissensproduktion durch die Integration nicht akademischer Akteur*innen einher. Somit charakterisiert der Begriff „Reallabor" besondere Formen (bürgerwissenschaftlicher) Wissensproduktion. Durch sie wird in Reallaboren eine Heterogenität unterschiedlicher (politischer) Sichtweisen im Anwendungs- und Praxiskontext erfahrbar, die ohne diese Arbeiten unsichtbar geblieben wären. Das Experimentelle wird in diesen Formen der Wissensproduktion jedoch meist mit Testen oder zielorientiertem Ausprobieren gleichgesetzt, nicht mit der Falsifizierung gesetzter Hypothesen z.B. zur Energiewende oder zum Einsatz von Elektromobilität in Innenstädten. Das Ergebnis dieser „Experimente" steht in gewisser Weise im Vorhinein fest, wie etwa Thiel und Grabher (2025) am Beispiel der Einführung autonomer Mobilität im urbanen Kontext zumindest implizit zeigen.

Da die meisten der in Deutschland durchgeführten Realexperimente in eingerichteten Reallaboren durch die Struktur der ministeriellen Forschungsförderung im Zeichen der Nachhaltigkeit stehen, müssen sie sich mit ihrer Normativität auseinandersetzen. Konnten sich klassische Experimente im Labor zumindest idealtypisch auf Werturteilsfreiheit stützen, so ziehen in Reallaboren allein durch die Einbeziehung nicht wissenschaftlicher Akteure politische, ästhetische oder auch religiöse Vorstellungen in die Prozesse der Wissensproduktion ein. Abgesehen davon ist die Ausrichtung auf das Leitbild „Nachhaltigkeit" (Bergmann et al. 2021) in der Reallaborforschung insofern problematisch, als dass Fehlschläge und Abweichungen – die in experimentellen Settings sogar erwünscht sein können – nur dann als erfolgreich betrachtet werden können, wenn sie als hilfreich für eine nachhaltige gesellschaftliche Entwicklung aufgefasst werden. Dadurch sowie durch die situationsspezifische Logik von Realexperimenten wird die Verallgemeinerungsfähigkeit der erzielten Ergebnisse schwierig, da das neue Wissen immer hinsichtlich einer wie auch immer ausgelegten „Nachhaltigkeit" bewertet werden muss.

Zumindest idealtypisch muss Realexperimenten, die im Rahmen der Reallaborforschung stattfinden, auch ein Scheitern oder zumindest das unerwartete Abweichen einer Hypothese und das Auftreten nicht intendierter Nebenfolgen erlaubt werden. Folgt man Karl Poppers Experimentverständnis (siehe auch Jungert 2026 in diesem Band), sind Hypothesen dann sinnvoll, wenn sie mit Blick auf eine Falsifikation formuliert wurden. Aushandlungen zwischen Expert*innen und Interessensvertretungen in Laborumgebungen sollten dabei auch die Möglichkeit der Falsifikation und so verstanden gelegentlich auch des Scheiterns (siehe Tabelle 1 oben) als Nicht-Zielerreichung einschließen. Dies ist wichtig, da neues Wissen vor allem aus unerwarteten Ereignissen entsteht, die helfen können, Nichtwissen weiter zu spezifizieren, sodass die Grenzen des Wissens beim Planen und Handeln berücksichtigt werden können (Groß 2014). Das bedeutet, dass die „Welt auf Probe" des traditionellen Labors, in dem die Freiheit des Scheiterns fest verankert ist, weiterhin existiert und ihre Bedeutung behält. Die traditionelle Abfolge von der eingehegten Laborforschung zur Anwendung in der realen Welt scheint hingegen heute oft umgedreht zu sein, das heißt, der Versuchsaufbau ist eingebettet in die Gesellschaft, und erst später kommt ein klar definiertes Labor oder gar naturwissenschaftliche Expertise ins Spiel. Die durch Letztere erarbeiteten Ergebnisse können dann wiederum, müssen aber nicht, in das Realexperiment eingespeist werden.

Zusammenfassung und Ausblick

Reallabore scheinen nicht nur deshalb so erfolgreich zu sein, weil durch sie Grenzen und ungenutzte Potentiale akademischer Forschung die Bedeutung und Bewertung inter- und transdisziplinärer Kooperationen vergrößern. Sie sind auch politisch beliebt, da sie politische Programme unterstützen und bürgerschaftliches Engagement als demokratisch abgesicherte Alternative zur etablierten Wissenschaft ausflaggen können. Wirkliche Alternativen, kontraintuitive Ergebnisse oder gar Ergebnisse, die dem aktuellen Zeitgeist widersprechen könnten, sind hingegen (vorerst) nicht zu erwarten.

Es kann zudem sein, dass die Verschiedenheit der Reallabor-Typen und fehlende klare Definitionen erst die Anschlussfähigkeit an unterschiedliche Diskurse aus verschiedenen Disziplinen und Praxisfeldern erlaubt. Zugespitzt formuliert: Jede oder jeder kann sich das für sich passende „Konzept" oder auch nur einen Aspekt des Reallabors aussuchen. Die Idee der Reallabore mag Anhänger*innen konzeptueller und begrifflicher Genauigkeit nicht überzeugen, sie kann aber einer Belebung der Diskussion zu unvermeidbaren Unsicherheiten bei der Implementierung neuer Technologien oder ökologischer Projekte in (Wissens-)Gesellschaften des 21. Jahrhunderts zuträglich sein.

Weiterführende Lektüre

Bergmann, M., N. Schäpke, O. Marg, F. Stelzer, D. Lang, M. Bossert, M. Gantert, E. Häußler, E. Marquardt, F. Piontek, T. Potthast, R. Rhodius, M. Rudolph, M. Ruddat, A. Seebacher und N. Sußmann (2021): Transdisciplinary Sustainability Research in Real-World Labs: Success Factors and Methods for Change. *Sustainability Science* 16: 541–564.

Groß, M. (2023): Soziologie des Labors. In: Kaldewey, D. (Hrsg.): *Wissenschaftssoziologie*. Berlin: de Gruyter, S. 133–148.

Latour, B. (2006/1983): Gebt mir ein Laboratorium und ich werde die Welt aus den Angeln heben. In: Belliger, A. und D.J. Krieger (Hrsg.), *ANThology: Ein einführendes Handbuch zur Akteur-Netzwerk-Theorie*. Bielefeld: transcript, S. 135–174.

Literatur

Alavi, S., und Habel, J. (2021): The Human Side of Digital Transformation in Sales: Review and Future Paths. *Journal of Personal Selling & Sales Management* 41(2): 83–86.

Alexandrescu, F., A. Bleicher und V. Weiss (2014): Transdisciplinarity in Practice: The Emergence and Resolution of Dissonances in Collaborative Research on Brownfield Regeneration. *Interdisciplinary Science Reviews* 39(4): 307–322. https://doi.org/10.1179/0308018814Z.00000000094.

Augenstein, K.; M. Levin-Keitel, H. Trenks, P.M. Bögel (2022): Wie entfalten Reallabore Wirkung für die Transformation? Eine embedded-agency perspective zur Analyse von Wirkmechanismen in Reallaboren. *GAIA* 31 (4): 207–214.

Beck, U. (1990): Praxis als Forschung: Wer die Gesellschaft zum Labor macht, öffnet die Wissenschaft für die Mitbestimmung. *Forschungsjournal Neue Soziale Bewegungen* 3(1): 12–20.

Bell, D. (1975): *Die nachindustrielle Gesellschaft*. Frankfurt am Main: Campus.

Bergmann, M., N. Schäpke, O. Marg, F. Stelzer, D. Lang, M. Bossert, M. Gantert, E. Häußler, E. Marquardt, F. Piontek, T. Potthast, R. Rhodius, M. Rudolph, M. Ruddat, A. Seebacher und N. Sußmann (2021): Transdisciplinary Sustainability Research in Real-World Labs: Success Factors and Methods for Change. *Sustainability Science* 16: 541–564.

Bleicher, A. (2024): The Experimental Perspective to Address Critical Infrastructure Security Issues in Times of Crisis. In: Bieder, C. et al. (Hrsg.): *Climate Change and Safety in High-Risk Industries*. Berlin: Springer, S. 29–37.

BMWi (2019): *Fortschritte und aktuelle Entwicklungen: BMWi-Bundesbericht Energieforschung*. Online unter www.bmwk.de (letzter Zugriff am 13.04.2025).

BMWK (2023): *Reallabore: Testräume für Innovation und Regulierung*. Online unter www.bmwk.de (letzter Zugriff am 13.04.2025).

BMWK (2024): *Neue Räume, um Innovationen zu erproben: Konzept für ein Reallabore-Gesetz*. Online unter www.bmwk.de (letzter Zugriff am 13.04.2025).

Böschen, S. (2013): Modes of Constructing Evidence: Sustainable Development as Social Experimentation: The Cases of Chemical Regulations and Climate Change Politics. *Nature + Culture* 8(1): 74–96.

Böschen, S. (2023): Offensiver Dilettantismus: Entgrenzung von Wissensproduktion und die Frage nach Verlässlichkeit und kollektiver Urteilsbildung. *NAL-historica* 82: 71–78.

Böschen, S.; Backhaus, J.; John, S. (2024): Reallabor. In: Sonnberger, M. et al. (Hrsg.): *Handbuch Umweltsoziologie*. Berlin: Springer, S. 507–520.

Böschen, S.; Groß, M.; Krohn W., Hrsg. (2017): *Experimentelle Gesellschaft: Das Experiment als wissensgesellschaftliches Dispositiv.* Baden-Baden: Nomos.

Brown, R. (1997): Artificial Experiments on Society: Comte, G.C. Lewis and Mill. *Journal of Historical Sociology* 10(1): 74–97.

Buocz, Th.; Pfotenhauer, S.; Eisenberger, I. (2023): Regulatory Sandboxes in the AI Act: Reconciling Innovation and Safety? *Law, Innovation and Technology* 15(2): 357–389, https://doi.org/10.1080/17579961.2023.2245678

Campbell, D.T. (1969): Reforms as Experiments. *American Psychologist* 24(4): 409–429.

de Waal, R. und A. de Wit (2012): Brown Coal, Blue Paradise: The Restoration of Opencast Coal Mines in Lusatia, Germany. In: Jorgensen, A. and R. Keenan (eds.), *Urban Wildscapes*. London: Routledge, pp. 99–110.

Fietze, D. (2022): *Experimentierklauseln für die Energiewende*. Baden-Baden: Nomos.

Göbl, M. (2019): *Die Paradoxie der Ökologie*. Baden-Baden: Nomos.

Groß, M. (2003): *Inventing Nature: Ecological Restoration by Public Experiments*. Lanham, MD: Lexington Books.

Groß, M. (2010): *Ignorance and Surprise: Science, Society, and Ecological Design*. Cambridge, MA: MIT Press.

Groß, M. (2014): *Experimentelles Nichtwissen: Umweltinnovationen und die Grenzen sozial-ökologischer Resilienz*. Bielefeld: transcript.

Groß, M. (2023): Soziologie des Labors. In: Kaldewey, D. (Hrsg.): *Wissenschaftssoziologie*. Berlin: de Gruyter, S. 133–148.

Groß, M. (2024): Ecological Surprise. In: Overdevest, C. (Hrsg.), *Encyclopedia of Environmental Sociology*. Cheltenham, UK: Elgar, S. 195–200.

Groß, M. (2025): Natural Experiments. In: Ritzer, G. et al. (Hrsg.), *The Blackwell Encyclopedia of Sociology, 2nd Edition*. Hoboken, NJ: John Wiley & Sons. https://doi.org/10.1002/9781405165518.wbeos1744

Groß, M.; Hoffmann-Riem, H. und Krohn, W. (2005): *Realexperimente: Ökologische Gestaltungsprozesse in der Wissensgesellschaft*. Bielefeld: transcript.

Günther, M., und Kreußlein, M. (2023): Nachhaltige Verkehrs- und Mobilitätsentwicklung im Reallabor: Erste Ergebnisse einer transformativen Straßenumgestaltung am Beispiel einer mittleren Großstadt. *Journal für Mobilität und Verkehr* 19: 26–35.

Haase, A. (2022): Grüne Freiräume in Ankunftsquartieren: Chancen und Herausforderungen. In: Kost, S. und C.A. Petrow (Hrsg.), *Kulturelle Vielfalt in Freiraum und Landschaft*. Heidelberg: Springer, S. 165–188.

Haderer, M.; Dannemann, H. und Blühdorn, I. (2024): Revisiting the Promise of Eco-political Experimentation: An Introduction to the Special Issue. *Sustainability: Science, Practice and Policy* 20(1): 1–12.

Herbold, R. (1995): Technologies as Social Experiments: The Construction and Implementation of a High-Tech Waste Disposal. In: Rip, A. et al. (Hrsg.), *Managing Technology in Society*. London: Pinter, S. 185–197.

Hoffmann-Riem, H. (2003): *Die Sanierung des Sempachersees: Eine Fallstudie über ökologische Lernprozesse*. München: Oekom Verlag.

Hussey, K.D., und Douglas-Jones, R. (2024): Introduction: Laboratory Times. *Time & Society* 33 (3): 237–250. https://doi.org/10.1177/0961463X241246397.

Hyysalo, S., Hakkarainen, L. (2014): What difference does a living lab make? Comparing two health technology innovation projects. *CoDesign* 10(3/4): 191–208. https://doi.org/10.1080/15710882.2014.983936

Hyysalo, S.; Johnson, M. (2024): Making sense of methods and approaches to user involvement. *The Design Journal* 27(2): 1–29. https://doi.org/10.1080/14606925.2024.2347736

Jaeger-Erben, M. (2021): Citizen Science. In: Schmohl, T. et al. (Hrsg.): *Handbuch Transdisziplinäre Didaktik*. Bielefeld: transcript, S. 45–55.

John, S. (2024): Living Labs: Knowledge Infrastructures to Forge a New Social Contract of Science. *Journal of Innovation Management* 12(3): 175–201.

Jungert, M. (2026): Wissensproduktion und Wissenschaftskommunikation: Zusammenhänge, Potentiale und Herausforderungen. S. 63–80 in: A. K. Krüger, J.-F. Schrape, C. Schubert und J. Schubert (Hrsg.), Wissenschafts- und Technikforschung. Sozialwissenschaftliche Einführungen. Berlin: de Gruyter.

Karow-Kluge, D. (2010): *Experimentelle Planung im öffentlichen Raum*. Berlin: Reimer.

Knorr Cetina, K. (1984): *Die Fabrikation von Erkenntnis: Zur Anthropologie der Naturwissenschaft*. Frankfurt am Main: Suhrkamp.

Krohn, W. und J. Weingart (1986): Tschernobyl: Das größte anzunehmende Experiment. *Kursbuch* 85: 1–25.

Krohn, W. und J. Weyer (1989): Die Gesellschaft als Labor: Die Erzeugung sozialer Risiken durch experimentelle Forschung. *Soziale Welt* 40 (3): 349–373.

Krohn, W. (1997): Rekursive Lernprozesse: Experimentelle Praktiken in der Gesellschaft. In: Rammert, W. und Bechmann, G. (Hrsg.), *Technik und Gesellschaft. Jahrbuch 9*. Frankfurt am Main: Campus Verlag, S. 65–89.

Krzywoszynska, A.; W. Matt, A. Buckley, P. Chiles, N. Gregson, H. Holmes, und J. Mawyin (2018): Opening Up the Participation Laboratory: The Cocreation of Publics and Futures in Upstream Participation. *Science, Technology, & Human Values* 43 (5): 785–809.

Latour, B. und S. Woolgar (1979): *Laboratory Life: The Social Construction of Scientific Facts*. Beverly Hills, CA: Sage.

Latour, B. (2006/1983): Gebt mir ein Laboratorium und ich werde die Welt aus den Angeln heben. In: Belliger, A. und D.J. Krieger (Hrsg.), *ANThology: Ein einführendes Handbuch zur Akteur-Netzwerk-Theorie*. Bielefeld: transcript, S. 135–174.

Lemov, R. (2005): *World as Laboratory: Experiments with Mice, Mazes, And Men*. New York: Hill und Wang.

Lynch, M. (1985): *Art and Artifact in Laboratory Science. A Study of Shop Work and Shop Talk in a Research Laboratory*. London: Routledge & Keagan Paul.

Mica, A.; M. Pawlak, A. Horolets, P. Kubicki, Hrsg. (2023): *The Routledge International Handbook of Failure*. London: Routledge.

Parodi, O.; Beecroft, R. (2021): Reallabore als Möglichkeitsraum und Rahmen für Technikfolgenabschätzung. In: Böschen, S. et al. (Hrsg.), *Technikfolgenabschätzung: Handbuch für Wissenschaft und Praxis*. Baden-Baden: Nomos, S. 374–388.

Parthey, H. und D. Wahl (1966): *Die experimentelle Methode in Natur- und Gesellschaftswissenschaften*. Berlin: Deutscher Verlag der Wissenschaften.

Perrow, C. (1987): *Normale Katastrophen: Die unvermeidbaren Risiken der Großtechnik*. Frankfurt am Main: Campus Verlag.

Pfotenhauer, S. M., B. Laurent, K. Papageorgiou, J. Stilgoe (2021): The Politics of Scaling. *Social Studies of Science* 52 (1): 3–34.

QuartierZukunft (2023): *Labor Stadt*. Online unter www.quartierzukunft.de (letzter Zugriff am 13.01.2025).

Räuchle, C., (2021): Zum Verhältnis von Reallabor, Realexperiment und Stadtplanung am Beispiel kooperativer Freiraumgestaltung. *Raumforschung und Raumordnung* 79: 291–305.

Rudek, T.D. und H.T. Huang (2024): Flexible Experimentation as a Remedy for Uncertainties: Reflexive Public Reason behind the Energy Transition in the People's Republic of China. *Energy Research & Social Science* 107: 103364, https://doi.org/10.1016/j.erss.2023.10364.

Schäpke, N., F. Wagner, R. Beecroft, R. Rhodius, P. Laborgne, M. Wanner, O. Parodi (2024): Impacts of Real-world Labs in Sustainability Transformations. Forms of Impacts, Creation Strategies, Challenges, and Methodological Advances. *GAIA* 33(1): 4–9.

Schneidewind, U. und H. Scheck (2013): Die Stadt als „Reallabor" für Systeminnovationen. In: Rückert-John, J. (Hrsg.): *Soziale Innovationen und Nachhaltigkeit*. Wiesbaden: VS Verlag, S. 229–248.

Schneidewind, U. und M. Singer-Brodowski (2013): *Transformative Wissenschaft: Klimawandel im deutschen Wissenschafts- und Hochschulsystem*. Marburg: Metropolis.

Schneidewind, U. (2014): Urbane Reallabore: Ein Blick in die aktuelle Forschungswerkstatt. *Planung neu Denken* (PND) 3: 1–7.

Schneidewind, U. (2020): Die Stadt als Reallabor: Fünf Thesen zur Rolle der Wissenschaft in urbanen Transformationsprozessen. In: U. Gerhard und E. Marquardt (Hrsg.), *Die Stadt von morgen*. Heidelberg: Heidelberg University Publishing, S. 139–142.

Scholl, C.; de Kraker, J. (2021): Urban Planning by Experiment: Practices, Outcomes, and Impacts. *Urban Planning* 6(1): 156–160.

Sharp, D.; Raven, R. (2021): Urban Planning by Experiment at Precinct Scale: Embracing Complexity, Ambiguity, and Multiplicity. *Urban Planning* 6(1): 195–207.

Sonnberger, M.; Bleicher, A.; Groß, M. (Hrsg.) (2024): *Handbuch Umweltsoziologie*. Grundlegend neue 2. Aufl. Berlin: Springer.

Stehr, N. (2023): *Moderne Wissensgesellschaften*. Heidelberg: Springer.

Szyszczak, E. (2006): Experimental Governance: The Open Method of Coordination. *European Law Journal* 12 (4): 486–502.

Thiel, J.; G. Grabher (2025): Labore und Legitimation: Auf dem Weg zur experimentellen Stadt? In: Frank, S. et al. (Hrsg.), *Soziologie in der vielschichtigen Stadt*. Wiesbaden: Springer VS, S. 133–144, https://doi.org/10.1007/978-3-658-45302-2_11

Trenks, H., Bögel, P.M. (2024): Empowering Citizens for the Energy Transition: Facilitating Role Change through Real-World Experiments. *Sustainability Science* 19: 715–737.

Wanner, M.; Augenstein, K.; von Wirth, T.; Lang, D. (2024): Impacts of Urban Real-World Labs. *GAIA* 33(1): 102–109.

WBGU–Wissenschaftlicher Beirat der Bundesregierung Globale Umweltveränderungen (2016): *Der Umzug der Menschheit: Die transformative Kraft der Städte*. Berlin: WBGU.

Wehling, P. (2024): Nichtwissen: Ein ungewöhnlicher Schlüsselbegriff der Umweltsoziologie. In: Sonnberger, M. et al. (Hrsg.): *Handbuch Umweltsoziologie*. Berlin: Springer, S. 671–686.

Weiland, S.; A. Bleicher, C. Polzin, F. Rauschmayer, J. Rode (2017): The Nature of Experiments for Sustainability Transformations: A Search for Common Ground. *Journal of Cleaner Production* 69: 30–38, https://doi.org/10.1016/j.jclepro.2017.06.182.

Weyer, J. (1991): Experiment Golfkrieg: Zur operativen Kopplung systemischer Handlungsprogramme von Politik und Wissenschaft. *Soziale Welt* 42 (4): 405–426.

Wynne, B. (1992): Uncertainty and Environmental Learning: Reconceiving Science and Policy in the Preventive Paradigm. *Global Environmental Change* 2(2): 111–127.

Sarah Schönbauer

2 Wissenschaft und Aktivismus

Einleitung

„Wissenschaftler*innen müssen auf ihre eigenen Warnungen an die Menschheit reagieren" (Gardner und Wordley 2019; Übersetzung SS). Dies forderten zwei Wissenschaftler*innen in einem Kommentar, der 2019 im Journal *Nature Ecology and Evolution* veröffentlicht wurde. Charlie Gardner, ein Naturschutzbiologe, und Claire Wordley, eine Zoologin, wenden sich hier an ihre wissenschaftlichen Kolleg*innen und fordern, dass „Wissenschaftler*innen politisch aktiv werden müssen, um sich für „planetare Notlagen, die unser Klima und unsere Ökosysteme bedrohen", einzusetzen (Gardner und Wordley: 1271; Übersetzung SS). In diesem emotionalen Aufruf zum Handeln beschreiben sie unter anderem zivilen Ungehorsam und die Teilnahme an Protesten als legitime Aktivität von Wissenschaftler*innen. Diese seien insofern notwendig, als die planetaren Krisen, allen voran der Klimawandel und der Rückgang der Biodiversität, eines Aktivismus bedürfen, der von wissenschaftlicher Glaubwürdigkeit unterstützt werde. Gerade die Präsenz von Wissenschaftler*innen würde dem Aktivismus Glaubwürdigkeit und Legitimität verleihen, so Wordley (Interview Autorin). Laut Gardner würde diese Präsenz außerdem ein mächtiges Instrument darstellen und gut zu den aktuellen planetaren Krisen passen (Interview Autorin). In ihrem Kommentar ermutigen Wordley und Gardner andere Wissenschaftler*innen auch dazu, Position zu beziehen: „als Naturwissenschaftler*innen und Mitglieder von Extinction Rebellion rufen wir unsere Kolleg*innen in der Wissenschaft dazu auf, sich uns anzuschließen und sich Aktivismus zu Herzen zu nehmen" (ibid: 1274, Übersetzung SS).

Die Reaktionen auf diesen Aufruf zu politischem Aktivismus aus der Wissenschaft waren gemischt. Eine Gruppe von Nachhaltigkeitsforscher*innen sprach sich wohlwollend zur Arbeit und den Argumenten der Autor*innen aus (Isgren et al. 2019). Diese Gruppe gab aber zu bedenken, dass es Grenzen der Vermittlung wissenschaftlichen Wissens und der Teilhabe von Wissenschaftler*innen gibt und dass andere Formen des Wissens, zum Beispiel praktisches Wissen, in sozialen Bewegungen einen größeren Effekt auf den Erfolg von Protesten hätten. Ein anderer Kommentar, verfasst von einem britischen Geographen, verwies auf die Notwendigkeit, Distanz zu normativ geprägten Lösungsvorschlägen und Aktivismus zu halten (Castree 2019). Der Verfasser argumentierte, dass es eine Neuausrichtung wissenschaftlicher Forschung brauche, die politische Ziele und Handlungsmöglichkeiten distanziert diskutiert.

https://doi.org/10.1515/9783112245897-004

Ob Wissenschaftler*innen in Ihrer Rolle als Wissenschaftler*in politisch aktiv werden sollten, und wenn ja, in welcher Form, bleibt eine umstrittene Frage. Diese Frage wird auch in der Wissenschafts- und Technikforschung seit langem diskutiert. Wissenschafts- und Technikforscher*innen haben vielschichtige und umfassende Analysen vorgelegt, um das Verhältnis zwischen Wissenschaft und Aktivismus zu beleuchten. Kernfragen solcher Analysen ermitteln zum Beispiel: Wie verhält sich Wissenschaft zum Aktivismus? Welche Verhandlungsprozesse sind in diesem Zusammenspiel sichtbar und wer ist in diese Prozesse miteinbezogen? Wie wird Expertise hier verhandelt? Und wie reflektiert die Wissenschaftsforschung ihre eigene Haltung zum Aktivismus?

Der vorliegende Beitrag diskutiert verschiedene Antworten auf diese Fragen. Dabei werde ich zunächst nachzeichnen, wie Aktivismus in der Wissenschaftsforschung beforscht wurde und einen Einblick in besonders prägende Studien des Feldes geben. Im zweiten Teil des Textes werde ich zeigen, wie sich die Wissenschaftsforschung selbst im Verhältnis zum Aktivismus positioniert. Schließlich diskutiere ich das zukünftige Verhältnis von Wissenschaft zu Aktivismus in der Wissenschaftsforschung.

Aktivismus als Gegenstand der Wissenschafts- und Technikforschung

Aktivismus ist ein zentraler Gegenstand der Wissenschafts- und Technikforschung. In Anlehnung an Begriffsdefinitionen aus der Bewegungsforschung besprechen Edward Woodhouse und Kolleg*innen Aktivismus als „eine Reihe von Methoden, die von Gruppen mit relativ geringer institutioneller Macht angewandt werden" (Woodhouse et al. 2002: 298; Übersetzung SS). Diese Gruppen würden versuchen, „die Meinung, die Politik oder die Praxis im Sinne demokratischer und anderer normativer Ziele zu beeinflussen" (ibid.). In dieser Begriffsdefinition steht Aktivismus formellen politischen Prozessen gegenüber und bezeichnet eine Reihe von unterschiedlichen Formen des Protests, wie Streiks, der Organisation von Petitionen, öffentliche Kundgebungen oder Lobbying. Ein weiterer Wissenschaftsforscher, David J. Hess (2024), unterscheidet zwischen institutionellen (Lobbying, Gerichtsverfahren) und extra-institutionellen Formen des Protests (Streiks, Boykott, Protest), wobei Aktivismus in beiden Formen vorkommen kann. Hess argumentiert, dass die Wissenschaftsforschung eine wichtige Rolle in der Erforschung von sozialen Bewegungen spielt. Erstens ermöglichen Wissenschaftsforscher*innen einen spezifischen Fokus auf die Prozesse der Wissensproduktion und die Genese von wissenschaftlichen Fakten. Zweitens fokussieren Wissenschaftsforscher*innen vor allem auf soziale, epistemische und materielle Dimensionen der Wissensproduktion. Und drittens können soziale Bewegungen durch die Beforschung von Wissenschaftsforscher*innen auch als Teil politischer Entscheidungsprozesse, als Mobilisierung von (unterschiedlichen) Expertisen, oder als Aushandlungsmoment für Gerechtigkeitsideale verstanden werden.

Im Folgenden möchte ich zunächst einige zentrale Konzepte und Theorien vorstellen, und darauf aufbauend einen Einblick in einige besonders prägende Studien aus der Wissenschaftsforschung geben. Diese Studien haben vor allem die sozialen und ökologischen Krisen, die Mitte des 20. Jahrhunderts prominent in sozialen Bewegungen thematisiert wurden, aufgegriffen. Dabei standen zwei Problembereiche im Mittelpunkt: Gesundheits- und Umweltkrisen.

Zentrale Konzepte und Theorien

Ein zentrales Konzept der Wissenschafts- und Technikforschung für das Verständnis der Wissenschaft-Aktivismus Beziehung ist Thomas Gieryns (1983) Konzept der Grenzziehung und der Grenzarbeit (*boundary work*). Gieryn konzeptualisiert die Abgrenzung von Wissenschaft und Nicht-Wissenschaft als Ergebnis von performativen und diskursiven Praktiken, die er als Grenzarbeit bezeichnet. So werden zum Beispiel verschiedene Arbeitsbereiche oder wissenschaftliche Felder abgegrenzt. Das Konzept der Grenzarbeit wurde häufig verwendet, um die Trennung zwischen akademischen Disziplinen und unterschiedlichen Professionalisierungsgraden zu beschreiben (Star und Griesemer 1989). Das Konzept unterscheidet dabei aber nicht nur zwischen Betrug und Pseudowissenschaft, sondern ist auch nützlich, um das Zusammenspiel von politischen und wissenschaftlichen Aufgaben zu untersuchen (Jasanoff 1994). Durch eine Analyse der Grenzarbeit werden normative Zuschreibungen deutlich, aber auch die Arbeit, die es von unterschiedlichen Seiten braucht, um diese Grenzen aufrechtzuerhalten, und welche Bewertungen zur Unterscheidung angesetzt werden können. Grenzarbeit ist somit ein inhärenter Bestandteil der vielfältigen Aushandlungsprozesse zwischen Wissenschaft und Aktivismus, etwa wenn die Expertise(n) unterschiedlicher sozialer Gruppen verhandelt werden.

In einem weiteren Ansatz skizziert Pielke (2007) Politik-Wissenschaft-Überschneidungen mit Idealtypen. Diese Idealtypen situieren Wissenschaftler*innen und ihre Arbeit und umfassen vier verschiedene Rollen: reine/r Wissenschaftler*in, Befürworter*in, wissenschaftliche Vermittler*n und Makler*in. Huitema und Turnhout (2009) haben diese unterschiedlichen Rollen in den Kontext der Grenzarbeit gestellt. Ihnen zufolge repräsentiert die „reine Wissenschaftler*in“ eine traditionelle Vorstellung von Wissenschaft als losgelöst von Politik, die faktenbasierte und objektive Arbeit als wesentlich hervorhebt. „Befürworter*innen“ sind Verbündete der Politik, die darauf abzielen, die politische Arbeit in eine bestimmte Richtung zu lenken. Wissenschaftler*innen, die zu dieser Gruppe gehören, würden die Verantwortung von Politikgestaltung betonen. „Wissenschaftliche Vermittler*innen“ sind Wissenschaftler*innen, die sich von der Politik distanzieren, sich aber der Bedeutung der Wissenschaft für die Schaffung politisch relevanter Fakten bewusst sind. Aus ihrer Sicht besteht zwar ein Bedarf an Interaktion, aber die Distanz zwischen beiden Bereichen ist festgelegt. Die Rolle der „Makler*in“ schließlich steht für ein Eintauchen der Politik in die Wissenschaft, ein Eintauchen, das die Bedeutung der Interaktion zwischen Wissenschaft und Politik unterstreicht und sogar zu wissenschaftlichen Bewertungen führt. Während es unmöglich ist, diese Rollen in der Praxis aufrechtzuerhalten, ist es wichtig, die jeweilige Komplexität ihrer Verflechtung zu erschließen. Im Mittelpunkt dieser Typologie steht eine Kritik an einem vereinfachten Verständnis von Wissenschaft als linearem Prozess, bei dem Grundlagenforschung finanziert wird, um sie in angewandte, für gesellschaftliche Zwecke nützliche Wissenschaft umzusetzen. Diese Positionierungs- und Grenzarbeit kann bzw. muss in Anbetracht neuer gesellschaftlicher Bewegungen, die auch die Wissenschaft betreffen, neu beleuchtet werden. Dabei stellt sich die Frage, welche (neuen) Typologien sich entwickeln und welche neue Positionierungen und Abgrenzungen oder Allianzen damit verbunden entstehen.

Ein Konzept, das sich explizit Veränderungen in wissenschaftlichen Feldern widmet, ist das Konzept der wissenschaftlich-intellektuellen Bewegungen. Scott Frickel und Neil Gross (2005) entwickelten das Konzept der „scientific intellectual movements“, kurz SIMs. SIMs agieren an der Schnittstelle von Wissenschaft, Politik und Gesellschaft, einen Umstand den Frickel auch in seinem Buch „Chemical Consequences“ (2004) beschreibt. Basierend auf Theorien aus der Bewegungsforschung, untersuchen Frickel und Gross, wie gemeinsame Forschungsagenden und Ideen gegen den Widerstand anderer wissenschaftlicher Gruppen verfolgt werden. SIMs sind inhärent politisch, nicht unumstritten, häufig gemeinschaftlich organisiert und können als episodische Phänomene auftreten. Sie brauchen allerdings Netzwerke, institutionelle Anbindungen und Möglichkeiten, um agieren zu können – zum Beispiel in Form von Forschungsprogrammen, Fördermöglichkeiten, Konferenzen oder Publikationen – und sind damit in der Wissenschaft verankert. Unter Beispiele von SIMs fallen die feministische Wissenschafts- und Technikforschung, die Entstehung der genetischen Toxikologie oder auch die Herausbildung der anfangs US-dominierten Queer-Theorie. Mithilfe dieses Konzepts können Formen des Aktivismus in der Wissenschaft und damit einhergehend Grenzziehungen ebenso erfasst werden wie institutionelle Einbettungen von Aktivismus.

Und schließlich ist ein weiterer Aspekt hervorzuheben, der eine langjährige Tradition in der Wissenschaftsforschung hat und relevant ist für die Wissenschaft-Aktivismus Beziehung: Expertise(n) und Wissensproduktion. Die Wissenschaftsforschung beforscht Konstruktionsprozesse vielfältiger Formen von Expertise, Expertisen von Lai*innen oder Wissenschaftler*innen, wie auch die damit verbundenen Aushandlungs- und Bewertungsprozesse (siehe z.B. Irwin 1995; Turner 2001; Collins und Evans 2002; Jasanoff 2005; Beck und Mahony 2018). Dabei stehen Fragen im Raum wie zum Beispiel: Wer nimmt an der Produktion von Expertise teil und wer nicht? Welche Formen von Expertise bekommen Anerkennung und Vertrauen? Welche Expertise ist sichtbar? Wie setzen sich Expert*innengremien zusammen und wie entstehen innerhalb von solchen Gremien Entscheidungsprozesse? Eine Vielzahl von Wissenschaftsforscher*innen hat sich der Beziehung von Wissenschaft zu Aktivismus entlang der Frage nach Expertise(n) genähert. Scott Frickel (2004) hat die Verbindung von Umweltproblemen und wissenschaftlichem Erkenntnisgewinn und die damit verbundene Entstehung eines neuen wissenschaftlichen Feldes untersucht. Epstein (1993) hat sich in seiner Arbeit mit HIV-Aktivist*innen beschäftigt und damit, wie deren Expertise Teil des Aushandlungsprozesses von Regulierungen im Gesundheitsbereich wurde. Ein zentrales Argument dieser Forschung ist, dass unterschiedliche Formen von Erfahrungswissen jeweils eigene Expertisen hervorbringen, die in Aushandlungsprozessen – etwa zwischen Wissenschaftler*innen und Aktivist*innen – entstehen.

Im Folgenden werden Fallstudien vorgestellt, die die Beziehung von Wissenschaft zu Aktivismus erforschen.

Fallstudien (1): Patient*innen, Viren, Epidemien

Aktivismus im Gesundheitsbereich ist ein historisch wichtiger Gegenstand der Wissenschaftsforschung. So haben sich viele Studien etwa mit den sozialen und epistemischen Auswirkungen von Epidemien beschäftigt (Epstein 1993; Jasanoff 2022) oder mit Patient*innengruppen und deren Partizipation in der Herstellung von Expertisen (Parthasarathy 2010; Rabeharisoa et al. 2014). Insbesondere die Aushandlung von Expertise-Ansprüchen unterschiedlicher sozialer Gruppen im Gesundheitsbereich ist ein Kernfokus der Wissenschaftsforscher*innen. Als eine der prominentesten Studien kann Steven Epsteins Buch „Impure Science" (1993) genannt werden. In seinem renommierten Werk spürt Epstein verschiedenen Facetten der HIV-Krise (Humanes Immundefizienz-Virus) in den 1980er Jahren nach und untersucht die involvierten gesellschaftlichen Gruppen sowie deren Rolle in der Wissensproduktion. Dabei legt er genaues Augenmerk auf die unterschiedlichen

Realitäten, die die HIV-Krise für verschiedene Akteursgruppen mit sich brachte und präsentiert eine Gegenwartsdiagnose der biomedizinischen Forschung in den 1980er und 1990er Jahren.

Steven Epstein (1992): Impure Science: AIDS, Activism and the Politics of Knowledge

In „Impure Science" beschreibt Epstein zunächst die Entstehung der Hypothese, dass das HIV-Virus ursächlich für den Ausbruch des erworbenen Immunschwächesyndroms, dem *„acquired immune deficiency syndrome"*, kurz AIDS, verantwortlich ist. Er zeigt auf, wie schwierig die Hypothesengenerierung war, von wem diese hauptsächlich in Frage gestellt wurde und welche Rolle Aktivist*innen dabei spielten. Epstein dokumentiert, dass Aktivist*innen vor allem Einfluss auf die Auswahl und Bereitstellung von Behandlungsmöglichkeiten hatten. Dabei wurde vor allem hinterfragt, welche Standards zur Betreuung und Medikation von Patient*innen gesetzt und verwendet wurden. Aktivist*innen warben im Zuge dessen erfolgreich für die Inklusion von anderen Medikamenten und veränderten damit den wissenschaftlichen Diskurs, der sich bis dahin vorrangig auf eine apolitische und „reine" Wissenschaft gestützt und somit Grenzziehungen zu politischen Entscheidungsprozessen etabliert hatte. Durch die Interventionen der Aktivist*innen, waren Wissenschaftler*innen plötzlich aufgefordert, über ihre eigene Fachkultur hinaus zu denken und alternative methodologische Ansätze miteinzubeziehen. Sie erkannten, dass es im Krisenfall einer anderen Art der Forschung bedarf, nämlich einer solchen, die Lebensrealitäten in Echtzeit anerkennt und miteinbeziehen kann. Epstein folgert daraus, dass es eine Demokratisierung von Expertise brauche. Eine solche Demokratisierung müsse unterschiedliche gesellschaftliche Gruppen – Betroffene, Politiker*innen und Wissenschaftler*innen – miteinbeziehen, um eine verantwortliche Lösungsfindung zu ermöglichen. Damit zeigt er, wie wissenschaftlicher Erkenntnisgewinn herausgefordert wird und dessen Autorität angefochten werden kann.

Epstein beschäftigt sich in seinem Buch mit der Politik der Epidemie, den Auswirkungen auf wissenschaftliche Erkenntnisprozesse sowie den Verflechtungen von wissenschaftlichem Wissen, aktivistischen Forderungen und aktivistischen Erkenntnisprozessen. Er argumentiert, dass der HIV-Aktivismus in den 1980er Jahren ein neues Licht auf soziale Bewegung und deren Verquickungen mit Wissenschaft wirft. Die HIV-Bewegung hatte es nämlich geschafft, ein entscheidender Partner im Prozess der wissenschaftlichen Erkenntnisgewinnung zu werden. Gelungen ist ihr dies unter anderem durch Allianzen zwischen Wissenschaftler*innen und Aktivist*innen, wobei letztere auf der Basis von selbst-erworbener Expertise Forderungen stellten. Während Aktivist*innen eine aktive Rolle einnahmen, wurde die Wissenschaftsarena gleichzeitig immer offener für aktivistische Forderungen und erschien in ihren Grenzen durchlässiger. Hier fand also eine Grenzarbeit zwischen Wissenschaft und Nicht-Wissenschaft statt. Gleichzeitig mussten sich Wissenschaftler*innen ständig neu positionieren, zwischen wissenschaftlichem Erkenntnisprozess und politischen Entscheidungsprozessen.

Interessant ist auch der „Expertifizierungsprozess" von Lai*innen, den Epstein beschreibt, eine Dynamik, die daran anschließend auch andere Wissenschaftsforscher*innen diagnostiziert haben. So entwirft Shobita Parthasarathy (2010) ein konzeptuelles Rahmenwerk, das die Klassifizierung, das Verstehen von aktivistischer Expertise und die Frage danach, was überhaupt als Expertise gelten kann, erlauben soll. Sie illustriert dies entlang von zwei Fällen: Forschung zu Brustkrebs-Patient*innengruppen und Forschung zur Patentierung von Lebensformen. Dabei beschreibt sie die Konditionen für den Erfolg bzw. den Misserfolg von Aktivist*innen in beiden Fällen und analysiert, wie Expertise verhandelt wird. In beiden Fällen entwarfen Aktivist*innen formale Wissenschaftstrainingsprogramme für Aktivist*innen, versuchten die Forschungspolitik zu beeinflussen, indem sie neue Beweisarten für umweltbedingte Ursachen einführten, oder griffen bürokratische Regelungen im Gesundheitsbereich an.

Auch Rabeharisoa und Kolleg*innen (2014) untersuchen die Ausgestaltung des Expert*innenwissens im Wissenschaft-Aktivismus Verhältnis. Die Autor*innen beschreiben auf der Basis ihrer empirischen Forschung aus Frankreich, Irland, Portugal und UK, wie sich unterschiedliche Gruppen mit verschiedenen Krankheiten beschäftigen. Sie entwerfen das Konzept des *evidenzbasierten Aktivismus*, mit dem sie das Zusammenwirken von Erfahrungswissen und anerkanntem Fachwissen erfassen wollen. Die Arbeit der Patient*innen, ihr evidenz-basierter Aktivismus, förderte durch den Eingang in dieses Netzwerk neue epistemische und politische Wertschätzung gegenüber Erfahrungswissen. Auch heute bleiben solche Fragen rund um Expertise, die Verhandlung unterschiedlicher Formen von Expertise, die Orte an denen Expertise ausgehandelt und erworben wird (in Patient*innengruppen, im digitalen Raum, auf der Straße), oder die Wirkmächtigkeit von Expertise in ihren verschiedenen Formaten, weiterhin drängend.

Fragen zur Stellung von Wissenschaft bzw. des Verhältnisses von Wissenschaft und Aktivismus im Gesundheitsbereich sind nach wie vor aktuell. Dies wird insbesondere in Kommentaren von namhaften Wissenschaftsforscher*innen zur 2019 ausgebrochenen COVID-19 Pandemie deutlich (Epstein und Timmermans 2021; Jasanoff 2022; Lupton 2022). Sheila Jasanoff (2022) hat argumentiert, dass die COVID-19 Pandemie eindrücklich zeigt, dass technokratische Expertise überschätzt wird und fordert eine neue Sichtweise auf das Zusammenspiel von institutionellen Mechanismen, unter anderem größere Bürger*innenbeteiligung und eine Erweiterung der Definition von Expertise und Erfahrungswissen. Diese neue Sichtweise würde demokratische Steuerung besser ermöglichen. Epstein und Timmermans (2021) beschäftigen sich mit kultureller Autorität in Gesundheitsbereichen und argumentieren, dass die Frage nach Autorität in Gesundheitsfragen gerade in Zeiten der aufkommenden COVID-19 Anti-Impfbewegung eine neue Dringlichkeit bekommt. Die seit dem Beginn der COVID-19 Pandemie aufkommende Aushandlung und Neu-Verhandlung von Expertise zeigt auch, wie wichtig reflexive Fragen aus der Wissenschaftsforschung dazu sind.

Fallstudien (2): Umwelt, Chemikalien, Landwirtschaft

Ein weiterer wichtiger Fokus innerhalb der Wissenschafts- und Technikforschung ist Aktivismus, der sich auf Umweltveränderungen und damit verbundene Themen wie Umweltverschmutzung, Landwirtschaft oder Klimawandel bezieht. Seit dem Aufkommen der ersten Umweltbewegung in den 1960er Jahren wurde deutlich, wie eng Wissenschaft mit der Beobachtung und Artikulation von Umweltproblemen verbunden ist. Das Buch der US-Amerikanerin Rachel Carson „Stummer Frühling" (1962) war maßgeblich an der Entstehung der damaligen Umweltbewegung beteiligt. In diesem Buch kritisiert Carson das früher weit verbreitet eingesetzte Herbizid „DDT" (Dichlordiphenyltrichlorethan) und dessen schädliche Auswirkungen für Mensch und Umwelt. Die sich damals formierende Umweltbewegung fand mit diesem Buch und der damit einhergehenden großen öffentlichen Aufmerksamkeit einen gemeinsamen Referenzpunkt, der sowohl der sozialen Bewegung Aufschwung verschaffte als auch politische Veränderungen mit sich brachte. Die Schädlichkeit des Herbizids war allerdings nicht unumstritten und wurde vor allem von der Industrie angefochten. Carsons Studie hat eine Vielzahl von Analysen inspiriert, die zeigen, wie eng Wissenschaft und Politik in der Artikulation und Adressierung ökologischer Probleme verstrickt sind (siehe Dunlap 1982; Frickel 2004). Dabei besetzen Wissenschaftler*innen auch immer wieder neue Positionen innerhalb der Verknüpfung von Wissenschaft und Politik. Diese Positionen sind über die Zeit veränderbar, was sich auch in Carsons Studie zeigt, insofern sich wissenschaftliche Einrichtungen in Nordamerika gegenüber umweltbezogener Forschung öffneten.

Ein besonders eindrückliches Beispiel für die Entstehung von politischer Aufmerksamkeit im Zusammenhang mit wissenschaftlichen Studien ist Scott Frickels Buch „Chemical Consequences" (2004). Frickel analysiert, wie Wissenschaftler*innen ihren Forschungsgegenstand, chemische Mutagene, als Umweltproblem formulierten. Durch diese Formulierung entstand eine Verbindung zwischen wissenschaftlichen und politischen Interessen, die in der Folge von Frickel analysiert werden konnte. Zwei von Frickels Kernaussagen sind zentral für das Verständnis der Verbindung von Wissenschaft und Aktivismus: Erstens nutzen Wissenschaftler*innen wissenschaftliche Erkenntnisse, um auf Umweltgefahren hinzuweisen. Zweitens ist Wissenschaft als soziale Praxis zu verstehen, die immer in Beziehung zu sozialen, politischen und ökologischen Kontexten betrachtet und verstanden werden muss.

Scott Frickel (2004): Chemical Consequences: Environmental Mutagens, Scientist Activism, and the Rise of Genetic Toxicology

In „Chemical Consequences“ zeichnet Scott Frickel das Entstehen der genetischen Toxikologie als interdisziplinäres Feld nach und erarbeitet essentielle methodologische und theoretische Beiträge für die Wissenschafts- und Technikforschung. Er zeigt, wie sich die Forschung zu chemischen Mutagenen entwickelte und wie diese Forschung das Verstehen von Genstrukturen und deren Funktionen beeinflusste. Das daraus neu entstandene interdisziplinäre Wissenschaftsfeld der genetischen Toxikologie beschäftigt sich mit mutagenen Chemikalien und führt Ende der 1960er Jahre zur Bildung der „Environmental Mutagen Society“, ein Ereignis, das sich in der anschließend erhöhten Publikationsleistung des Feldes zeigt. Durch dieses Ereignis wurde das Feld der genetischen Toxikologie zu einem festen Bestandteil von Regulierungsprozessen, in die es zuvor nicht eingebunden war. Die Integration in Regulierungsprozesse hatte zur Folge, dass der Fokus in der genetischen Toxikologie weniger auf wissenschaftlichem Erkenntnisgewinn lag als vielmehr darauf, sich mit Standardisierungen zu beschäftigen. Der Fokus auf Standardisierungen trug neben epistemischen Konsequenzen innerhalb des Feldes auch maßgeblich zu politischen Prozessen in den USA bei. Es entstanden neue Regulierungen wie der „Toxic Substance Control Act“, der 1976 vom US-amerikanischen Kongress verabschiedet wurde. Die Entstehung der genetischen Toxikologie in den 1960er und 1970er Jahren war durch diese Feldveränderungen auch mit der aufkommenden Umweltbewegung und deren Regulierungsforderungen für anthropogene Umwelteinflüsse, z.B. Chemikalien die in der Landwirtschaft genutzt werden, verbunden.

Darauf aufbauend hat sich Frickel eingehend mit sozialen Bewegungen beschäftigt und mit der Frage, wie sich solche Bewegungen in der Wissenschaft widerspiegeln (Frickel und Gross 2005). Die genetische Toxikologie kann als SIM verstanden werden, als wissenschaftlich-intellektuelle Bewegung, die inhärent politisch und gemeinschaftlich organisiert ist. Innerhalb dieser SIMs werden Positionen von Wissenschaftler*innen ebenso neu verhandelt, wie Grenzziehungen zwischen Wissenschaft und Nicht-Wissenschaft.

Ein weiteres Fallbeispiel ist Abby Kinchys Arbeit (2010), die die Verwendung von genetisch-modifiziertem Mais in Mexiko untersucht. Kinchy zeigt, wie mexikanische Landwirt*innen, die sich gegen die Verwendung von modifiziertem Mais aussprechen, damit beginnen, eigene wissenschaftliche Daten zu generieren und zu mobilisieren. Die untersuchten Aktivist*innen nutzten die dadurch entstehende wissenschaftliche Kontroverse, um ihrer Kritik Gehör zu verschaffen. Gleichzeitig wurde die politische Debatte um die Regulierung von genetisch-modifiziertem Mais in Mexiko stark verwissenschaftlicht, greifbar beispielsweise in Debatten zur Regulierung von Mais, die sehr häufig einen starken Bezug zur wissenschaftlichen Datenlage hatten. Diese *Verwissenschaftlichung der Politik*, wie Peter Weingart (2002) diesen Prozess nennt, zeigt wie wissenschaftliche Expertise in politische Prozesse aufgenommen wird und politische Entscheidungen legitimiert. Dabei wird Expert*innen politische Autorität verliehen. Dieser Prozess wird wiederum kritisiert, da wissenschaftliche Beschreibungen nicht ursächlich für politische Entscheidungsprozesse entworfen werden. Somit kann es auch zu einem Ausschluss anderer Akteursgruppen kommen, die wie Landwirt*innen nicht in wissenschaftliche Erkenntnisprozesse oder standardisierte Risikobewertungen eingebunden sind. Die mexikanischen Landwirt*innen aus Kinchys Fallstudie haben allerdings Taktiken entwickelt, um am politischen Entscheidungsprozess weiterhin teilzunehmen: Sie nahmen selbst an der wissenschaftlichen Datengewinnung und Analyse teil und sie formulierten das Problem des – wie sie es nannten – „kontaminiertem" Mais von einem rein technischen wissenschaftlichen zu einem sozialen Problem um.

Mit ihrer Analyse zeigt Kinchy, wie sich im Falle der Agrarwirtschaft Fragen nach Expertise mit politischen Fragen demokratischer Teilhabe verknüpfen. Zusammen mit ihrer Kollegin Aya H. Kimura (2019) geht Kinchy später noch einen Schritt weiter und argumentiert, dass eine kritische Analyse der demokratischen Teilhabe von Bürger*innen im Rahmen der Bürger*innenwissenschaft (*citizen science*) notwendig ist. Die Autor*innen geben zu bedenken, dass *citizen science* häufig vorschnell als Lösung in strittigen Umweltfragen angesehen wird. Stattdessen bräuchte es jedoch eine kritische Auseinandersetzung damit, was demokratische Teilhabe an Wissensproduktionsprozessen eigentlich bedeutet und für wen. Insbesondere die Frage danach, welche Machtverhältnisse durch Expertisen unterschiedlicher sozialer Gruppen reproduziert werden, müsste dabei näher beleuchtet werden.

Die Wissenschafts- und Technikforschung im Spannungsfeld zwischen Wissenschaft und Aktivismus

Wissenschaftsforscher*innen haben seit den 1970er Jahren ein besonderes Verhältnis zu Aktivismus. Dieses Verhältnis hat sich im Laufe der Zeit auf unterschiedliche Weise gezeigt und wurde verschiedentlich interpretiert. Steve Fuller (1997) zum Beispiel teilt die Wissenschaftsforschung in „high church" und „low church" ein, um die Beziehung des eigenen Faches zum Aktivismus besser einordnen zu können. Er trennt damit Arbeiten mit einem akademischen Fokus von denen mit aktivistischen Anliegen. In seiner ursprünglichen Definition bezeichnet „high church" vor allem den theoretischen Erkenntnisgewinn, etwa die Analyse der Wissensproduktion in den Naturwissenschaften. Im Gegensatz dazu bezeichnet Fuller „low church" als soziale Bewegung, ursprünglich initiiert, um über soziale Implikationen von (neuen) Technologien nachzudenken. Damit einhergehend beschreibt er eine reformistische oder sogar normative Haltung in der Wissenschaftsforschung, die politische Aktivität mit sich bringt. Auch wenn es zu Allianzen zwischen den beiden Fraktionen kommt, argumentiert er, dass die Ziele dennoch unterschiedlich bleiben.

Sergio Sismondo, ein prominenter Vertreter des Faches, beschreibt die Wissenschaftsforschung als „engaged program“ (2008). Sismondo argumentiert, dass das „engaged program“ einerseits mit aktivistischen Anliegen übereinstimmen kann, und andererseits auch theoretische Perspektiven miteinschließt. Das „engaged program“ stellt somit den Teil der Wissenschaftsforschung dar, der auf Reformen oder Aktivismus fokussiert und Wissenschaft und Technologie(politik) auch normativ erweitern möchte. Beispiele für diese Erweiterung sind zum Beispiel Fragen und Änderungsbestrebungen in Bezug auf Machtstrukturen und Gerechtigkeit in der Technologieentwicklung, Forderungen nach Umweltgerechtigkeit für unterschiedliche soziale Gruppen oder demokratischer Teilhabe an Innovationspolitik. Die feministische Wissenschafts- und Technikforschung bietet hier eine Vielzahl empirischer Studien, die beispielhaft solche Fragen aufarbeiten. Puig de la Bellacasa (2010, 2011, 2015) hat sich in etwa intensiv mit Fürsorge beschäftigt und marginalisierte Orte, Räume und Gruppen in den Blick genommen. Sie fragt wer an Fürsorge beteiligt ist, wer ausgeschlossen wird und wer systematisch marginalisiert bleibt. Sie plädiert für ein, wie sie es nennt, *spekulatives Engagement* und hebt die Bedeutung situierter Perspektiven hervor, auch um eine Welt zu erhalten und zu reparieren, in der ein möglichst gutes Leben geführt werden kann (vgl. Tronto 1993). Es gibt eine Vielzahl anderer Beispiele, die sich in das „engaged program“ einreihen (z.B. Reardon und Tallbear 2012; Roth et al. 2003). Die Wissenschaftsforschung hat somit einen inhärent politischen Charakter (Munk und Abrahamsson 2012).

Wissenschaftsforscher*innen haben allerdings auch hinterfragt, inwiefern zwischen den beiden Ansätzen, also einem „engaged program“ oder einer „high church“ – „low church“, Trennung unterschieden werden muss. Während David Edge (1995) überlegt, ob diese Ansätze nicht auch zusammengeführt werden können, überlegen andere Autor*innen, inwiefern es Überschneidungen zwischen den Perspektiven geben würde (Woodhouse et al. 2002). Sismondo argumentiert (2008), dass das „engaged program“ im Zusammenspiel der beiden Pole zustande kommt und lehnt eine dichotome Unterteilung ab. Stattdessen stellt er fest, dass durch deren Überwindung konstruktivistische Brücken entstehen können. Auch wenn die Entwicklungsgeschichte der Wissenschaftsforschung keine aktivistische war, war es immer ein Kernanliegen des Faches, die soziale Natur der Wissensproduktion zu verstehen sowie Wissenschaft und Technologie zu demokratisieren. Diese Demokratisierungstendenzen entstanden im Rahmen der sozialen Bewegungen der 1960er Jahre (Edge 1995) und wurden in den darauffolgenden Jahrzehnten tiefgehender in Konzeptualisierungen und Untersuchungen der Wissenschafts- und

Technikforschung ausformuliert. Einen Überblick darüber bieten zum Beispiel die seit 1995 herausgegebenen Handbücher der Wissenschafts- und Technikforschung.

In den letzten Jahrzehnten – auch geprägt durch soziale Bewegungen wie der Umweltbewegung und Bewegungen, die sich um soziale Gerechtigkeit bemühen – wurden die Debatten rund um die Positionierungen zum Aktivismus in der Wissenschafts- und Technikforschung wieder aufgenommen. Ein Beispiel dafür ist ein Beitrag von Bieszczad und Kolleg*innen (2023), die die disziplinformenden Handbücher der Wissenschafts- und Technikforschung und ihre Bezüge zum Aktivismus in einem Überblicksbeitrag untersuchen. In ihrer Recherche wird deutlich, dass die Debatte zu Wissenschaft und Aktivismus in den 1990er Jahren stark polarisiert war. Allerdings hat sich diese Debatte im 21. Jahrhundert stark verändert. Die Beziehung der Wissenschaftsforschung zu Aktivismus ist hybrider geworden. Anliegen von Wissenschaftsforscher*innen, die selbst als Aktivist*innen in den 1960 bis 1980er Jahren aktiv waren, erreichten den akademischen Diskurs und führten zur Akademisierung von aktivistischen Anliegen. Gleichzeitig wurde die Bewegungsforschung mit Anliegen aus der Wissenschafts- und Technikforschung erweitert.

Andere Arbeiten haben hinterfragt, welches Potential als auch welche Problemstellungen das Verhältnis von Wissenschaftsforschung und Aktivismus hervorruft. Woodhouse und Kolleg*innen haben konzeptuelle Überlegungen zum Zusammenspiel von Wissenschafts- und Technikforschung sowie aktivistischen Anliegen angestellt. Sie argumentieren, dass es eine „rekonstruktivistische" Agenda in STS brauche, „um einen weiten Bereich der Wissenschaft zu bezeichnen, der normativ ausgerichtet ist und aktivistische Sympathien hat" (Woodhouse et al. 2002: 299; Übersetzung SS). Die Autor*innen beziehen sich damit auch auf ihre eigenen ideologischen Verstrickungen, beispielsweise wenn es darum geht, demokratische Grundhaltungen zu verbessern oder zu erweitern, eine nachhaltige Umwelt einzufordern, soziale Gerechtigkeit oder auch Dimensionen von Herkunft, Klasse, Geschlecht, Sexualität und Nationalstaatlichkeit in die Forschung miteinzubeziehen. Woodhouse und Kolleg*innen betonen auch, dass es viele unterschiedliche Ausformulierungen statt einer einheitlichen rekonstruktivistischen Ausrichtung geben sollte und dass es Forschung braucht, die dazu beiträgt, die Transformation von Technologien besser verstehen und auch beurteilen zu können. Die Autor*innen betonen, dass Reflexivität für diese Ausrichtung unabdingbar ist, damit aktivistisch ausgerichtete Forscher*innen sich der eigenen Normativität und Positionierung wie auch ihrer Fehlbarkeit bewusstwerden, um der Komplexität des Beforschten gerecht werden zu können.

Ein Beispiel der aktiven Positionierung, die die eigene Normativität ins Zentrum stellt, ist in Max Liboirons Buch „Pollution is Colonialism" (2021) wiederzufinden. Liboiron positioniert sich als Wissenschaftsforscher*in, aber auch als anti-koloniale Aktivist*in und als Person, die die eigene Verortung wiederentdeckt. Liboiron macht in diesem Buch nicht nur die Selbst-positionierung als Wissenschaftler*in deutlich, sondern auch was das analytisch bedeutet. Da das Kernthema des Buches Umweltverschmutzung ist, wird mit der Selbstpositionierung auch auf die Beziehung zur Landschaft, zur Heimat und zum Land in dem das Forschungsobjekt und Wissenschaftler*in residieren fokussiert. Liboiron stellt fest, dass Umweltverschmutzung immer entlang von kolonialen Beziehungen reproduziert wird, und legt gerade deswegen Wert auf eine situierte Selbstpositionierung als Forscher*in und Aktivist*in. Allerdings, so Liboiron, werden koloniale Beziehungen sowohl in der Umweltwissenschaft wie auch im Aktivismus reproduziert. Um dieser Reproduktion entgegenzuwirken, geht Liboiron aktiv transparent mit feministischen und aktivistischen Ansätzen der eigenen antikolonialen feministischen Wissenschaftspraxis um.

Andere Forderungen befassen sich mit einer Neuausrichtung der Wissenschaftsforschung, wie zum Beispiel die von Sebastián Ureta und Kolleg*innen (2023): Aufgrund der ökologischen Krise führen sie den Begriff der Guerilla-Strategien ein. Mit solchen Strategien könnten Forscher*innen zum Beispiel Wissensprozesse transparenter machen, die ansonsten unsichtbar bleiben, oder sich weigern an umstrittenen Forschungsprozessen teilzunehmen oder auch zivilen Ungehorsam einzusetzen, um eine Öffentlichkeit für ökologische Probleme zu schaffen. Dabei geht es den Autor*innen um ein Plädoyer für sozial-ökologische Gerechtigkeit. Mit solchen Plädoyers sind sie nicht allein. Im Gegenteil: Tormos-Aponte und Kolleg*innen (2023) sprechen sich für politisch wirksame Koalitionen von Wissenschaftler*innen aus, um sich mit der Diversität sozialer Gruppen auseinanderzusetzen. Dabei fokussieren sie auf das Konzept der wissenschaftlichen Interessensvertretung, auch um Wissenschaft in Zeiten, in denen antidemokratische und wissenschaftsfeindliche Rhetoriken auf dem Vormarsch sind, zu verteidigen. Die Autor*innen sehen dabei vor allem in Koalitionen mit anderen sozialen Bewegungen Potential – Koalitionen, die es bei der Black-Lives-Matter-Bewegung in den USA oder im Protest gegen die erste Trump-Regierung 2016 gab (MacKendrick 2017). Sie argumentieren, dass wissenschaftliche Interessensvertretung divers ist, unterschiedliche Ziele repräsentiert, und auf unterschiedlichen Strategien und Formen des Engagements beruht. Dabei ist die Balance zwischen technokratischer Anleitung und politischer Bildung zu wahren, auch wenn diese Balance schwer zu erreichen ist.

Ausblick: Quo vadis Wissenschafts- und Technikforschung?

Wissenschaftsforscher*innen stehen, wie alle anderen Wissenschaftler*innen auch, vor einer großen Herausforderung. Welche wissenschaftliche Position kann und soll in Zeiten gesellschaftlicher und ökologischer Krisen eingenommen werden? Welche Wege können begangen werden, vom wem und wo? Gerade in Zeiten der sozialen und ökologischen Krisen stellt sich aber nicht nur die Frage nach der wissenschaftlichen Positionierung neu, sondern auch die Frage nach dem Verhältnis von Wissenschaft und Aktivismus. Bruno Latour beispielsweise fordert in seinem terrestrischen Manifest eine Zuwendung zur Erde, zu allem Terrestrischen (2018), eine Analyse die neben seinem letzten Beitrag, „Zur Entstehung einer ökologischen Klasse“ (2022) gemeinsam mit Nikolaj Schultz, als Aufruf und politischer Einspruch gelesen werden kann. Auch Andreas Malms Buch „How to blow up a pipeline“ (2021) kann als Intervention zum Umgang mit (un)sichtbaren Infrastrukturen gesehen werden, wobei das Mittel des zivilen Ungehorsams als Interventionspraxis eingeführt wird. Wohin die Verflechtung von Wissenschaft und Aktivismus perspektivisch geht, ist noch nicht abzusehen. Gewiss ist, dass es diese Verflechtung auch weiterhin geben wird. Für die Verbindung von Wissenschaft und Aktivismus gibt es unzählige aktuelle Beispiele. Im deutschsprachigen Raum gibt es die Gruppe der *Scientists for Future* (vgl. Hagedorn et al. 2019). International gibt es diverse Gruppen wie *Scientist Rebellion* oder die bereits länger etablierte Gruppe der *Union of Concerned Scientists* in Nordamerika, die sich genau wie auch einzelne Wissenschaftler*innen zur Bedeutung der Wissenschaftsfreiheit äußern, die seit der 2024 gestarteten zweiten Amtszeit des US-Präsidenten Donald Trump noch einmal deutlich verschärft in Frage gestellt wird. Wissenschaft-Aktivismus Verflechtungen sind also häufig zu finden und werden in Zukunft nicht an Bedeutung verlieren, ganz im Gegenteil ist mit einer Zunahme der Verstrickungen zu rechnen.

Die Wissenschaftsforschung hält für die Analyse dieser Beziehung, wie im Beitrag gezeigt, vielfältige Möglichkeiten bereit. Die Verhandlung von Expertise, Allianzen mit anderen nicht-wissenschaftlichen Formen von Expertise und Idealtypen von Wissenschaftler*innen können dabei ebenso wie die Grenzarbeit, die es für wissenschaftliche Felder oder soziale Gruppen braucht, analysiert werden. Die Wissenschaftsforschung legt dabei besonderes Augenmerk auf soziale, politische, epistemische und materielle Dimensionen in der Analyse. Anhand der gegenwärtigen gesellschaftlichen Entwicklung ist zudem davon auszugehen, dass es neue Grenzziehungen und ungewohnte Allianzen im Wissenschaft-Aktivismus Verhältnis geben wird. Für neue Allianzen braucht es jenseits von Idealtypen innovative Konzepte, die diese Positionierungen erfassen können, die die Grenzarbeit neu definieren, oder die ausgehandelte Expertise neu interpretieren. Es braucht also neben den bestehenden Konzepten aus der Wissenschaftsforschung eine Sensibilität für neuartige Interpretationen des Wissenschaft-Aktivismus-Verhältnis. Dabei muss vermehrt auf soziale Ungleichheiten, die sich international unterschiedlich ausgestalten, wie auch auf intersektionale Perspektiven geachtet werden. Hess (2024) argumentiert zudem, dass eine Verbindung der Bewegungsforschung und der Wissenschaftsforschung für zukünftige Analysen von Aktivismus und Wissenschaft fruchtbar wäre.

Es wird sich zeigen, wie sich das Wissenschaft-Aktivismus-Verhältnis, aber auch das Verhältnis der Wissenschaftsforschung *zu* Aktivismus gerade im Rahmen gesellschaftlicher Herausforderungen wie dem Klimawandel oder gegenwärtigen geopolitischen Veränderungen wandeln wird. Dabei wird es spannend sein zu beobachten, wie es die Wissenschaftsforschung schaffen wird, das „engaged program" weiterzuentwickeln, um auf gesellschaftliche Veränderungen bestmöglich eingehen zu können. Gleichzeitig wird es ebenso spannend sein, die inneruniversitären Auswirkungen zu verfolgen. Welche Studiengänge und Curricula braucht es in Zukunft, um auf gesellschaftliche Herausforderungen reagieren zu können? Welche Forschungsstrukturen braucht es, um eine demokratische und reflexive Grundhaltung zu fördern? Und welche anderen sozialen Gruppen müssen in Forschungsprozesse miteinbezogen werden, um diese in Zukunft konstruktiv zu gestalten? Für diese und weitere Fragen gilt es Antworten zu finden. Dabei könnte und sollte besonders der Wissenschaftsforschung eine zentrale Rolle zukommen.

Weiterführende Lektüre

Epstein, S. G., 1993: Impure science: AIDS, activism, and the politics of knowledge. Berkeley: University of California.

Frickel, S., 2004: Chemical consequences: Environmental mutagens, scientist activism, and the rise of genetic toxicology. Rutgers University Press.

Kinchy, A. J., 2010: Anti-genetic engineering activism and scientized politics in the case of "contaminated" Mexican maize. Agriculture and Human Values 27: 505–517.

Parthasarathy, S., 2010: Breaking the expertise barrier: understanding activist strategies in science and technology policy domains. Science and Public Policy 37(5): 355–367.

Sismondo, S., 2008: Science and Technology Studies and an Engaged Program. S. 13–31 in: E.J. Hackett, O. Amsterdamska, M. Lynch, und J. Wajcman (Hrsg.), The Handbook of Science and Technology Studies. MIT Press.

Literatur

Bieszczad, S. R., Dix, G. und Smit, J., 2023: If not us, who? If not now, when? – Stories and Stances on STS and Activism. EASST Review 42(1).

Beck, S., und Mahony, M., 2018: The IPCC and the new map of science and politics. Wiley Interdisciplinary Reviews: Climate Change 9(6): e547.

Carson, R., 1962: Silent spring. London: Mariner Book.

Castree, N., 2019: An alternative to civil disobedience for concerned scientists. Nature Ecology & Evolution 3(11): 1499–1499.

Dunlap, T. R., 1981: DDT: scientists, citizens, and public policy. Princeton: Princeton University Press.

Edge, D., 1995: Reinventing the Wheel. S. 3–24 in: S. Jasanoff, G.E. Markle, J.C. Petersen und T. Pinch (Hrsg.), Handbook of Science and Technology Studies. SAGE Publications.

Epstein, S. G., 1993: Impure science: AIDS, activism, and the politics of knowledge. Berkeley: University of California.

Epstein, S., und Timmermans, S., 2021: From medicine to health: the proliferation and diversification of cultural authority. Journal of Health and Social Behavior 62(3): 240–254.

Frickel, S., 2004: Chemical consequences: Environmental mutagens, scientist activism, and the rise of genetic toxicology. Rutgers University Press.

Frickel, S. und Gross, N., 2005: A General Theory of Scientific/Intellectual Movements. American sociological review 70(2): 204–232.

Fuller, S., 1997: Constructing the high church-low church distinction in STS textbooks. Bulletin of Science, Technology & Society 17(4): 181–183.

Gardner, C. J. und Wordley, C. F., 2019: Scientists must act on our own warnings to humanity. Nature Ecology & Evolution 3(9): 1271–1272.

Gieryn, T. F., 1983: Boundary-work and the demarcation of science from non-science: Strains and interests in professional ideologies of scientists. American Sociological Review: 781–795.

Hagedorn, G., Kalmus, P., Mann, M., et al., 2019: Concerns of young protesters are justified. Science 364(6436): 139–140.

Hess, D. J., 2024: Social movements, science, and technology: conflict and innovation. In: U. Felt und A. Irwin (Hrsg.): Elgar Encyclopedia of Science and Technology Studies. Cheltenham (UK)/ Massachusetts (USA): Edward Elgar Publishing.

Huitema, D., und Turnhout, E., 2009: Working at the science–policy interface: a discursive analysis of boundary work at the Netherlands Environmental Assessment Agency. Environmental Politics 18(4): 576–594.

Isgren, E., Boda, C.S., Harnesk, D. et al., 2019: Science has much to offer social movements in the face of planetary emergencies. Nature Ecology and Evolution 3: 1498.

Jasanoff, S., 1994: The fifth branch: science advisers as policymakers. Harvard: Harvard University Press.

Jasanoff, S., 2022: Uncertainty. Cambridge: MIT Press.

Kimura, A. H., und Kinchy, A., 2019: Science by the people: Participation, power, and the politics of environmental knowledge. New Brunswick, NJ: Rutgers University Press.

Kinchy, A. J., 2010: Anti-genetic engineering activism and scientized politics in the case of "contaminated" Mexican maize. Agriculture and Human Values 27: 505–517.

Latour, B., 2018: Das terrestrische Manifest. Berlin: Suhrkamp Verlag.

Latour, B., und Schultz, N., 2022: Zur Entstehung einer ökologischen Klasse: Ein Memorandum | Wie gelingt politisches Handeln in Zeiten des Klimawandels? Berlin: Suhrkamp Verlag.

Liboiron, M., 2021: Pollution is colonialism. Durham: Duke University Press.
Lupton, D., 2022: COVID societies: Theorising the coronavirus crisis. London: Routledge.
MacKendrick, N., 2017: Out of the labs and into the streets: Scientists get political. Sociological Forum 32(4): 896–902.
Malm, A., 2021: How to blow up a pipeline. London: Verso Books.
Munk, A. K., und Abrahamsson, S., 2012: Empiricist interventions: Strategy and tactics on the ontopolitical battlefield. Science & Technology Studies 25(1): 52–70.
Parthasarathy, S., 2010: Breaking the expertise barrier: understanding activist strategies in science and technology policy domains. Science and Public Policy 37(5): 355–367.
Pielke Jr, R. A., 2007: The honest broker: making sense of science in policy and politics. Cambridge University Press.
Puig de la Bellacasa, M., 2010: Ethical doings in naturecultures. Ethics Place and Environment 13(2): 151–169.
Puig de la Bellacasa, M., 2011: Matters of care in technoscience: Assembling neglected things. Social Studies of Science 41(1): 85–106.
Puig de la Bellacasa, M., 2015: Making time for soil: Technoscientific futurity and the pace of care. Social Studies of Science 45(5): 691–716.
Rabeharisoa, V., Moreira, T., und Akrich, M., 2014: Evidence-based activism: Patients', users' and activists' groups in knowledge society. BioSocieties 9: 111–128.
Reardon, J., und TallBear, K., 2012: "Your DNA is our history" genomics, anthropology, and the construction of whiteness as property. Current anthropology 53(S5): 233–245.
Roth, A. L., Dunsby, J. und Bero, L. A., 2003: Framing Processes in Public Commentary on U.S. Federal Tobacco Control Regulation. Social Studies of Science 33: 7–44.
Sismondo, S., 2008: Science and Technology Studies and an Engaged Program. S. 13–31 in: E.J. Hackett, O. Amsterdamska, M. Lynch, und J. Wajcman (Hrsg.), The Handbook of Science and Technology Studies. MIT Press.
Star, S. L., und Griesemer, J. R., 1989: Institutional ecology,translations' and boundary objects: Amateurs and professionals in Berkeley's Museum of Vertebrate Zoology, 1907–39. Social studies of science 19(3): 387–420.
Tormos-Aponte, F., Brown, P., Dosemagen, S. et al., 2023: Pathways for diversifying and enhancing science advocacy. Science advances 9(20): 1–13.
Tronto, J. C., 1993: Moral Boundaries: A Political Argument for an Ethic of Care. London/New York: Routledge.
Ureta, S., Barandiaran, J., Salazar, M., und Torralbo, C., 2023: Strength out of weakness: Rethinking scientific engagement with the ecological crisis as strategic action. Elementa, Science of the Anthropocene 11(1).
Weingart, P., 2002: The moment of truth for science: the consequences of the "knowledge society" for society and science. EMBO Reports 3: 703–706.
Woodhouse, E., Hess, D., Breyman, S., und Martin, B., 2002: Science studies and activism: Possibilities and problems for reconstructivist agendas. Social Studies of Science 32(2): 297–319.

Youssef Ibrahim

3 Die Darstellung und Herstellung von Zukunft in der Wissenschaft

Einleitung

Wirtschaftstrends, Klimawandel, internationale Sicherheit, Pandemien: Die Nachfrage für Zukunftswissen bricht nicht ab. Die Medien fordern Maßnahmen, mit denen die Wirtschaft auf einen ‚Wachstumspfad' gebracht wird. Gerichte berufen sich auf die ‚Projektionen' des Weltklimarats. Militärs wollen wissen, auf welche sicherheitsrelevanten ‚Szenarien' sie sich einstellen müssen. Regierungen entschließen sich zu ‚Vorsorgemaßnahmen' gegen künftige Krankheitserreger. Im Zentrum dieser und anderer Fragen der Zukunftsbearbeitung steht die Wissenschaft als autoritative und verlässliche Lieferantin von Zukunftswissen. Zwar werden fortlaufend in zahlreichen gesellschaftlichen Bereichen – von der alltagsweltlichen Lebensführung bis zur politischen Haushaltsplanung – Annahmen über die Zukunft angestellt. Aber wissenschaftliche Disziplinen wie beispielsweise die Ökonomik, die Klimawissenschaften, die Zukunftsforschung oder die Epidemiologie erzeugen Zukunftsentwürfe, die eine hohe soziale Anerkennung genießen: Sie versorgen die Gesellschaft mit *außeralltäglichem* Zukunftswissen. Wissenschaftliches Zukunftswissen ist, wie wissenschaftliches Wissen im Allgemeinen, als „Spezialwissen" (Berger und Luckmann 2013: 82) gesellschaftlich institutionalisiert.

Der vorliegende Beitrag beleuchtet, wie das Feld wissenschaftlicher Disziplinen mit einem ausgeprägten Zukunftsbezug (im Folgenden abgekürzt als ‚Zukunftswissenschaften') entstanden ist, wie es Auskunft über die Zukunft zu geben versucht und welchen Einfluss es möglicherweise selbst auf die Zukunft ausübt. Dafür bedient er sich der vielfältigen und weitverstreuten Forschungslandschaft in den Geistes- und Sozialwissenschaften, die zu diesem Wissens- und Wissenschaftstypus entstanden ist. Zum einen soll die Diskussion innerhalb der Wissenschafts- und Technikforschung im engeren Sinne aufgegriffen werden, indem auf detailreiche Fallanalysen von einzelnen zukunftsaffinen Disziplinen wie der Ökonomik (Morgan 2012) und interdisziplinären Forschungsfeldern wie den Klimawissenschaften (Edwards 2010) eingegangen wird. Sie adressieren klassische Fragen der Wissenschafts- und Technikforschung, etwa nach der Rolle von Technik und Infrastrukturen (siehe auch Scheer et al. 2026 und Egbert 2026, beide in diesem Band), und sind anschlussfähig beispielsweise an Theorien der (Inter-)Disziplinarität (siehe auch Rödder 2026 in diesem Band) oder kulturtheoretische Überlegungen (siehe auch Kastenhofer 2026 in diesem Band). Zum anderen werden Arbeiten

https://doi.org/10.1515/9783112245897-005

berücksichtigt, die im weiteren Sinne von Interesse für die Wissenschafts- und Technikforschung sind. Dazu gehören Beiträge aus der Gesellschaftstheorie (Opitz 2017) sowie der Geschichte und Soziologie der Zukunft (Beckert und Suckert 2021). Sie fragen etwa nach der Entstehung des gegenwärtigen Zukunftsbewusstseins, der gesellschaftlichen Rolle der Zukunftswissenschaften oder dem Wandel und der Varianz von Zukunftsvorstellungen. In dieser Perspektive ist zukunftsbezogene Forschung zwar ein Sonderfall, aber doch ein gesellschaftsweit beobachtbarer Fall von „futurework" (Fine 2007) oder von „Zukunftspraktiken" (Reckwitz 2016) und ist eingebettet in einen gesellschaftlichen und historischen Kontext, der die Zukunftsexploration begünstigt und fordert.

Im Folgenden wird zunächst skizziert, wie sich die Zeitperspektiven seit dem 18. Jahrhundert in Wissenschaft und Gesellschaft verändert haben und ein Problembewusstsein für die Zukunft als eigenständige Zeitkategorie und drängende Forschungsfrage entstanden ist (Abschnitt 1). Anschließend widmet sich der zweite Abschnitt den Produktionsbedingungen von Zukunftswissen und ihren Konsequenzen für die Darstellung von Zukunft. Demzufolge treffen die Zukunftswissenschaften infrastrukturelle, theoretische und methodische Vorkehrungen, um Zukunft als Forschungsgegenstand handhabbar zu machen. Diese Vorkehrungen schränken wiederum ein, wie und welche Zukünfte dargestellt werden. Der dritte Abschnitt stellt eine in der Forschungsliteratur diskutierte These vor, die sich auf die Folgen von wissenschaftlichen Zukunftsbeschreibungen für ihr gesellschaftliches Umfeld bezieht. Demnach könne es dazu kommen, dass die Erzeugung von Zukunftswissen in die Erzeugung von Zukunft übergeht und aus der kommunikativen Darstellung die performative Herstellung der Zukunft wird. Der Beitrag schließt mit einer Zusammenfassung der zentralen Einsichten.

Wie die Zukunft in die Wissenschaft kam

Wissenschaftliche Disziplinen, die sich der Erschließung der Zukunft verschrieben haben, sind vergleichsweise jung. Die Herausbildung der ersten Zukunftswissenschaften fällt in eine Zeit, in der sich die gesellschaftlichen Zeitperspektiven dramatisch veränderten. Diese Phase war durch einen Prozess gekennzeichnet, den der Historiker Reinhart Koselleck (1989) als Auseinandertreten von „Erfahrungsraum" und „Erwartungshorizont" beschreibt. Demnach setzte sich während der sogenannten Sattelzeit zwischen circa 1750 und 1850 die Annahme durch, dass sich die Erwartungen an die eintretende Zukunft nicht mehr verlässlich von den vergangenen Erfahrungen ableiten ließen. Während in bäuerlich-handwerklichen Gesellschaften Veränderungen kaum erlebt wurden oder sich nur schleichend und unmerklich vollzogen und die Vergangenheit daher als glaubwürdige Blaupause für die Zukunft angenommen werden konnte, nahm die Erfahrung von Wandel und Neuheit in dieser Umbruchsphase drastisch zu. Dazu gehörten unter anderem die fortschreitende Urbanisierung und Industrialisierung, die Erschließung des Globus und die Erosion der Ständeordnung. Das zunehmende Erleben von raschen Veränderungen hatte zur Folge, dass sich auch die Wahrnehmung der Zukunft veränderte. Wenn bereits in der jüngeren Vergangenheit tiefgreifende Veränderungen in Politik, Wirtschaft oder Technik zu beobachten waren, dann konnten sie umso mehr auch für die Zukunft erwartet werden. Die Zukunft verhieß Andersartigkeit, Offenheit und Unterdeterminiertheit. Erfahrungen und Erwartungen fielen auseinander und die Zukunft galt fortan als distinkte, von der Vergangenheit unterscheidbare Zeitkategorie.

Der Wandel der gesellschaftlichen Zeitperspektiven vollzog sich zeitgleich auch in der expandierenden Wissenschaft. Die Wissenschaft erlebte eine bis dahin einzigartige quantitative Zunahme des Wissens. Der Soziologe Wolf Lepenies (1978) rechnet diesem neuen „Erfahrungsdruck" zu, die bis dato bestehende Ordnung wissenschaftlicher Beobachtung infrage gestellt zu haben. Hatten zuvor räumliche Vorstellungen die Verarbeitung von neuem Wissen dominiert, wurden sie im 18. Jahrhundert durch eine zeitlich-genetische Betrachtungsweise abgelöst. So distanzierte sich etwa die Astronomie von der antiken Vorstellung einer unabänderlichen, räumlichen Systematik des Sternenhimmels und postulierte, dass es ein Wissen gibt, das „konstituiert wird durch den Zeitverlauf" (Blumenberg 1986: 127). Mit dem Verständnis der Zeit als offenem *Horizont* verlor man das Interesse an der Gleichzeitigkeit räumlicher Variationen bestimmter Phänomene und wandte sich den Veränderungen zu, die in der Vergangenheit zu beobachten waren und zukünftig möglich werden könnten. Die Meteorologie (Anderson 2005) und die Ökonomik (Esposito 2007) entstanden als neue Disziplinen, die sich dezidiert der Aufgabe verschrieben, die Kluft zwischen den gesammelten Erfahrungen und der weitestgehend unbekannten Zukunft zu überbrücken. Sie traten mit dem Anspruch an, mithilfe wissenschaftlicher Methoden und Theorien die Zukunft ‚domestizieren' zu können.

Die „Entdeckung der Zukunft" (Hölscher 2016) brach nicht ab. Stattdessen erlebte das 20. Jahrhundert einen regelrechten ‚future boom' (Seefried 2015: 308). Er drückte sich sowohl in der Herausbildung neuer Forschungsfelder als auch in der Verschiebung von Forschungsinteressen aus. Beispielsweise brachten die Nachkriegsjahrzehnte die überwiegend sozialwissenschaftliche Futurologie hervor, die in Fragen politischer und militärischer Planung, ökonomischen Fortschritts und technischer Innovation bemerkenswerte Aufmerksamkeit auf sich zog (Andersson 2018). Anfang des Jahrhunderts emanzipierte sich die Epidemiologie von der Bakteriologie und der Medizin und etablierte sich allmählich als vorhersagende Wissenschaft

(Engelmann 2021). Die sogenannte Klimatologie, die sich bis weit ins 20. Jahrhundert für die geographische Verteilung räumlich begrenzter Klimata interessiert hatte, wurde spätestens in den 1970er-Jahren von der neuen zukunftsgewandten Klima*wandel*forschung absorbiert (Heymann 2009).

Kaum eine andere Publikation steht so emblematisch für den Erfolg der Zukunftswissenschaften wie der *Limits to Growth*-Bericht (Meadows et al. 1972), der auch in diesem Jahrzehnt erschien. Er avancierte zum millionenfach verkauften und in 30 Sprachen übersetzten Bestseller (Schmelzer 2017). Im Auftrag des *Club of Rome*, eines Zusammenschlusses von einflussreichen Personen aus Wissenschaft, Wirtschaft und Politik, konstruierte der Bericht ein umfassendes Weltmodell, mit dem eine Reihe von Szenarien zum zukünftigen Wechselspiel zwischen Weltpopulation, Industrialisierung, Umweltverschmutzung, Lebensmittelproduktion und Ressourcennutzung errechnet wurde. Der Bericht läutete den Aufstieg der computergestützten Modellierung ein. Der zeitgenössische Politikwissenschaftler Richard Ashley (1983) beobachtete, dass die Weltmodellierung die Wissenschaft erfasst hatte und binnen kürzester Zeit zahlreiche Disziplinen, darunter auch seine eigene, dem Bericht nacheiferten. Heute sind die Zukunftswissenschaften ebenso wie die Computermodellierung fest im Wissenschaftssystem institutionalisiert.

Produktionsbedingungen und Darstellungsformate von Zukunftswissen

Der Zukunftsbezug stellt die Zukunftswissenschaften jedoch vor forschungspraktische Herausforderungen. Sie müssen *gegenwärtig* Wissen über Abläufe und Ereignisse generieren, die *noch nicht* eingetreten sind. In der Literatur wird deshalb von *gegenwärtiger Zukunft* im Unterschied zur *zukünftigen Gegenwart* gesprochen (Luhmann 1976; Adam und Groves 2007). Die kleine, aber entscheidende Differenz besteht darin, dass die zukünftige Gegenwart weder bekannt ist noch vorweggenommen werden kann. In gegenwärtigen *Vorstellungen* können mögliche Varianten der Zukunft lediglich erahnt, geplant, befürchtet werden – jedoch ohne Gewähr, dass diese eintreten. Ganz in diesem Sinne stellt der Wissenssoziologe Alfred Schütz (1972: 270) in seinem klassischen Aufsatz über die sozialen Bedingungen des Zukunftswissens heraus, dass „alles, was passiert, nicht genau so erwartet werden konnte, wie es passierte, und alles, was erwartet wurde, sich niemals begeben wird, wie es erwartet wurde". Wie bleiben die Zukunftswissenschaften unter diesen Bedingungen auskunftsfähig, wie machen sie die Zukunft handhabbar und wie stellen sie Wissen über etwas dar, das in jedem Fall anders sein wird, als man es gegenwärtig annimmt?

Die Zukunftswissenschaften haben im historischen Verlauf entsprechende Infrastrukturen, Theorien und Methoden entwickelt, um mit dieser Problematik umzugehen. Unter den Arbeiten, die sich mit der Rolle von *Infrastrukturen* für die Erzeugung von Zukunftswissen befassen, ist insbesondere die umfangreiche Untersuchung des Wissenschaftshistorikers Paul Edwards (2010) zu nennen, in der er die titelgebende Entstehung der klimawissenschaftlichen *Vast Machine* nachzeichnet. Darin zeigt er, welche zunächst nationalen und schließlich internationalen Anstrengungen in der Geschichte der Klimaforschung unternommen wurden, um eine planetare Infrastruktur der Wetter- und Klimaverhältnisse aufzubauen. Sie erstreckt sich über den Globus, reicht tausende Kilometer in die Höhe und die Tiefe und vermisst seit dem ausgehenden 18. Jahrhundert Wetter und Klima. Messstationen, automatisierte Registrierungsanlagen, freiwillige und hauptberufliche Beobachtende, zwischenstaatliche Abkommen und internationale Organisationen, Forschungsexpeditionen, Eiskernbohrungen, Satelliten, Tiefseemessungen – sie gehören allesamt zur klimawissenschaftlichen Infrastruktur und tragen zur Dauerbeobachtung des Planeten bei. Wie Edwards (2010: 25) bemerkt, ist die Klimaforschung mit ihrem Beobachtungsnetzwerk zwar keineswegs allein. Andere Forschungsfelder sind ebenfalls auf Beobachtungssysteme angewiesen. Beispielsweise verfügt auch die Epidemiologie seit einigen Jahrzehnten über Laborproben, Überwachungssysteme für neue Erreger und Kommunikationsschnittstellen (Thomas 2014). Gleichwohl lässt sich die Klimaforschung als Wegbereiterin und, was den räumlichen und zeitlichen Umfang ihrer Infrastruktur anbelangt, als konkurrenzloses Exemplar infrastruktureller Datensammlung hervorheben. Aus Sicht der Zukunftswissenschaften ist die kontinuierliche Dauerbeobachtung unabdingbar, um Wissen über die Zukunft zu erzeugen. Denn die einzelnen Beobachtungen lassen sich miteinander verketten und in die Zukunft extrapolieren. Weil Zukunftswissen vor allem gegenwärtiges Wissen ist, wird eine engmaschige und reichweitenstarke Gegenwartsbeobachtung als unverzichtbare Grundlage für die Zukunftsexploration angesehen.

Eine weitere bedeutsame Voraussetzung betrifft die Frage, wie diejenigen Phänomene *theoretisch operationalisiert* werden, über deren Entwicklung Zukunftswissen generiert werden soll. Wie können abstrakte Phänomene wie ‚Menschen' oder ‚Klima' so theoretisiert werden, dass Aussagen über ihr mögliches künftiges Verhalten getroffen werden können? Ein prominenter Ansatz sind *Systemtheorien*. Vom ‚Spaceship Earth' im ökologischen Diskurs (s. etwa Jasanoff 2001) über die ‚Systemrelevanz' im Kontext der Finanzkrise und der Corona-Pandemie (Kaldewey 2022) bis hin zum ‚Whole of Society'-Ansatz der Weltgesundheitsorganisation (Tratschin 2021) oder dem ‚Anthropozän' als neues erdsystemisches Zeitalter (Lövbrand et al. 2015): So unterschiedlich diese Konzeptionen im Einzelnen sein mögen, immer drückt sich darin die Vorstellung aus, dass man hier ein bestimmtes dahinterstehendes ‚System' feststellen und ‚systematisch' beobachten könne. Einerseits versucht ein solches Systemdenken, das komplexe Zusammenspiel von Subsystemen, Interdependenzen und Feedback-Mechanismen bei der Analyse zukünftiger Systemzustände zu erfassen. Andererseits stellen solche Systemtheorien vielfach auch Simplifikationen dar, wenn etwa eine gleichförmige Bewegung in die Zukunft, eine treibende Systemlogik oder herzustellende Gleichgewichtszustände angenommen werden (Andersson 2018). Das Systemdenken ist für viele Zukunftswissenschaften also sowohl eine Möglichkeit, immer komplexere gegenwärtige Zukünfte zu entwerfen, als auch eine arbeitstechnische Erleichterung der Zukunftsarbeit, weil es bestimmte Merkmale der Wirklichkeit konstant setzt und Einheitlichkeit suggeriert.

Schließlich stößt man bei der Beschäftigung mit den Zukunftswissenschaften auf die *Methoden und Technologien* der Zukunftsexploration. Bereits im Entstehungszeitraum der Zukunftswissenschaften wurde mit verschiedenen Methoden der Vorausschau experimentiert, von denen einige noch bis vor wenigen Jahrzehnten in Gebrauch waren oder sogar noch gegenwärtig üblich sind. Die Wahrscheinlichkeitsrechnung bildete eine wichtige Grundlage für die Entwicklung wirtschaftswissenschaftlicher Forschung und ist heute nicht mehr wegzudenken (Esposito 2007); die sozialwissenschaftliche Zukunftsforschung des Kalten Krieges entwickelte die sogenannte Delphi-Methode, eine Erhebungsmethode für Expert*innenwissen, die noch heute Anwendung findet (Dayé 2018); die händische Wetterkartierung war für die Meteorologie des 19. Jahrhunderts eine innovative Methode zur Extrapolation der Wetterentwicklung und wurde erst in der zweiten Hälfte des 20. Jahrhunderts durch eine Technologie abgelöst (Gramelsberger 2010), die zum bedeutendsten Werkzeug der Zukunftswissenschaften werden sollte: den Computer. Mit seiner Hilfe lassen sich vielseitig einsetzbare Modelle konstruieren, die nicht zuletzt zur Prognose oder Projektion von Zukünften herangezogen werden. Die computergestützte Modellierung findet Anwendung etwa in der Epidemiologie (Opitz 2017), Meteorologie (Fine 2007), Klimaforschung (Edwards 2010), Ökonomik (Morgan 2012) oder Technikfolgenabschätzung (Weyer und Roos 2017) und gilt vielen als zentrale Voraussetzung, um Zukunftswissen zu generieren. Sie verspricht, die „Gebundenheit an planetare und stellare Zeitabläufe" (Knorr-Cetina 1988: 88; vgl. auch Nowotny 1989: Kap. 3) zu überwinden und so zu erlauben, Entwicklungen und Entscheidungen zu kalkulieren, Grenzwerte auszuloten und Szenarien zu erstellen.

Bei einer gemeinsamen Betrachtung der drei genannten Vorkehrungen – Infrastrukturen, Theorien und Methoden –, die die Zukunftswissenschaften treffen, um Zukunftswissen zu erzeugen, fällt auf, dass sie in einem wechselseitigen Steigerungs- und Unterstützungsverhältnis stehen. Die mithilfe von Infrastrukturen gewonnenen Beobachtungsdaten können in Computermodellen weiterverarbeitet und zu Systemen aggregiert werden. Systemtheorien übersetzen verstreute Beobachtungsdaten in kohärente Datensätze und können wiederum in eine Programmiersprache übersetzt werden. Das Auflösungsvermögen von Computermodellen kann fortlaufend durch dichtere Beobachtungsdaten und durch Erweiterung um weitere Subsysteme gesteigert werden.

Jedoch zieht dies auch die Frage nach sich, welche Folgen solche umfassenden Beobachtungsinfrastrukturen, systemtheoretischen Operationalisierungen und computergestützten Modellierungen für die Darstellung von Zukunft haben. So unterschiedlich die konkreten Gegenstände der Zukunftswissenschaften sind, lassen sich doch einige Schnittmengen identifizieren. Ins Auge fällt erstens die tendenziell *holistische* Darstellung der Zukunft. Die Infrastrukturen und das Systemdenken begünstigen allumfassende und hochkomplexe Zukunftsbeschreibungen. Die Klimaforschung ist befasst mit den möglichen Zukünften *des* Klimasystems und deren Auswirkungen auf *die* Menschheit (Ibrahim 2025); die Epidemiologie und die Lebenswissenschaften zeichnen Szenarien über die zukünftige *planetare* Gesundheit (Tratschin 2021); und die Zukunftsforschung relativierte zur Zeit des Kalten Krieges die Unterscheidung von Ost und West zugunsten einer Betrachtung der *gemeinsamen* Zukunft der Welt (Rindzevičiūtė 2015).

In einem engen Zusammenhang mit einem solchen Holismus steht zweitens der *Reduktionismus*. Versteht man darunter die Übergeneralisierung einzelner Variablen als Determinanten der Zukunftsentwicklung, lässt sich reduktionistisches Denken nicht zuletzt auf den zunehmenden Gebrauch von Computermodellen zurückführen (Hulme 2011). Phänomene, die sich gut mathematisieren und formalisieren lassen, werden in den holistischen Zukunftsentwürfen häufig bevorzugt behandelt. Im Fall der Klimaforschung hat dies insbesondere der Humangeograph Mike Hulme (2011) herausgestellt und gezeigt, wie Computermodelle eine Darstellung von Zukünften befördern, in der das Klima den Weltverlauf determiniert. Während der Corona-Pandemie konnte vielfach beobachtet werden, dass die ‚Menschen' zu einer „Population von Organismen" (Anicker 2020: 177) reduziert wurden, anstatt in ihren vielfältigen Rollen analysiert zu werden; die Ökonomik generalisiert das hypothetische Modell des nutzenmaximierenden Individuums als erklärende Variable für komplexe soziale Prozesse (selbstkritisch Kirman 1992).

Zukunftsdarstellungen beinhalten drittens einen besonderen Umgang mit *Unsicherheiten*. Unsicherheiten entstehen offenkundig aufgrund der prinzipiellen Offenheit der Zukunft; sie sind aber auch Produkte von mangelhaften oder lückenhaften Beobachtungen, theoretischen Annahmen und intransparenten Computermodellen. Zum Umgang mit Unsicherheiten in der Klimaforschung findet sich eine reiche Literatur (für eine Übersicht vgl. Wehling 2022), in der verschiedene Strategien, wie etwa das Inaussichtstellen von Unsicherheitsreduktion oder die Rolle von Visualisierungen beleuchtet werden (Mahony und Hulme 2012). Im Fall der Ökonomik hat der Wissenschafts- und Technikforscher Robert Evans (1997) darauf hingewiesen, dass ökonomische Modellierungen durch die Angabe von statistischen Standardfehlern und Unsicherheitsbereichen begleitet werden.

Das führt zu einem vierten Merkmal von Zukunftsdarstellungen. Seit Mitte des 20. Jahrhunderts lässt sich eine Explosion der Pluralform *futures* beobachten (Williams 2016). Auch dies wird durch die eigenen Versuche hervorgebracht, zukünftige Ereignisse eindeutiger kalkulieren zu können, was jedoch zunehmend zu einer *Veruneindeutigung* von Zukunft in eine Vielzahl von möglichen Zukünften führt. Ein Beispiel hierfür ist, dass schon die kleinsten Veränderungen bei der Weiterentwicklung von Computermodellen im Ergebnis große Differenzen ergeben können (Guillemot 2017). Welche Eigenschaften (z. B. Grenzen) Systemen zugeschrieben werden, kann zu divergierenden Ergebnissen in Bezug auf ihre zukünftige Entwicklung führen (Milkoreit 2023). Und welche Daten erhoben oder nicht erhoben werden, verengt oder erweitert die berücksichtigten Zukünfte (Lohse und Canali 2021). So kommt es zu einer *Multiplikation von Zukünften* statt zu einer Eingrenzung auf *die* Zukunft. Sie können nur in Form von unterschiedlichen Pfaden, verschiedenen Wenn-Dann-Beziehungen, Konjunktiven und ‚möglichen', ‚wahrscheinlichen' oder ‚nicht auszuschließenden' Szenarien, kurz: nur noch im Plural dargestellt gestellt werden.

Von der Darstellung zur Herstellung der Zukunft

Wie jedoch gelangen diese Zukunftsentwürfe in die Gesellschaft und welche Konsequenzen resultieren aus diesem Wissenstransfer von Zukunftsentwürfen nicht zuletzt auch durch wissenschaftliche Beratung oder medialisierte Wissenschaftskommunikation (siehe auch Jungert 2026 in diesem Band)? Welche Folgen hat die Zunahme und Verbreitung wissenschaftlichen Zukunftswissens in der Gesellschaft? In der Wissenschafts- und Technikforschung wird hierzu eine These prominent diskutiert, die besagt, dass die Erzeugung von Zukunftswissen in die Erzeugung von Zukunft übergehen kann, indem aus der *kommunikativen Darstellung* die *performative Herstellung* der Zukunft wird. Demnach stellen die Zukunftswissenschaften nicht nur Wissen über die kommenden Dinge bereit; sie wirken auch an ihrer Herbeiführung mit.

In dem vielbeachteten Band *The Laws of the Markets* hat der Wissenschafts- und Technikforscher Michel Callon (1998) seine programmatischen Überlegungen zur Mitkonstruktion ökonomischer Zukunft durch die Wirtschaftswissenschaften dargelegt. Darin stellt er die These auf, dass die Wirtschaft nicht etwa bloß von der Ökonomik beschrieben, sondern auch von ihr *performed* wird. Demnach würden Theorien, Berechnungen, Einschätzungen und nicht zuletzt der an Universitäten ausgebildete ökonomische Nachwuchs die Investitionsentscheidungen auf dem Markt maßgeblich selbst mitbeeinflussen und damit jene Realität erzeugen, von der die Ökonomik beansprucht, sie lediglich offenzulegen. Inspiriert durch diese These legten die Soziologen Donald MacKenzie und Yuval Millo (2003) eine historische Analyse über das Verhältnis zwischen einem seinerzeit neuen Finanzprodukt (sog. Optionen) und einem komplementären wirtschaftswissenschaftlichen Modell zu seiner Preisentwicklung vor. Darin stellen sie fest, dass zum Zeitpunkt der Einführung des Finanzprodukts das Modell die Preisentwicklung nur unzureichend vorhersagte. Doch mit der Zeit verbesserte sich die Preisvorhersage. Dies geschah jedoch nicht, weil das Modell modifiziert wurde. Vielmehr passte sich die Realität an das Modell an. Durch die Verbreitung des Modells als Entscheidungsgrundlage in der Handelspraxis wurde die durch das Modell prognostizierte Zukunft herbeigeführt. Das Modell stellte performativ her, was es eigentlich nur abbilden sollte.

Im Kontext der Klimadebatte haben die Wissenschaftssoziologin Silke Beck und der Humangeograph Martin Mahony (2018) auf die Performativität von Zukunftswissen hingewiesen. Sie untersuchten, wie aus einer wissenschaftlichen Erwägung eine politische Realität wurde. Mitte der 2000er-Jahre wurde auf Bitte des Weltklimarats von den Klimawissenschaften ein neues Set an Klimaszenarien entwickelt. Als besonders schwierig erwies sich die Entwicklung eines Szenarios mit der niedrigsten Emissionsentwicklung, da das Szenario mit den nächsthöheren Emissionswerten bereits tiefgreifende Reduktionen vorsah. Um letzteres zu unterbieten, integrierte man in den emissionsärmsten Reduktionspfad Technologien (sog. Negativemissionstechnologien), deren breite Verfügbarkeit zu diesem Zeitpunkt hochspekulativ war. Gleichwohl nahm nicht nur der Weltklimarat auch dieses Szenario in seinem Bericht auf. Auch in der Politik wurde es begrüßt, da es eine hoffnungsvolle Zukunft zeichnete. So ebnete das Szenario den Weg zum Pariser Abkommen und dem Ziel, die Erhöhung der globalen Durchschnittstemperatur auf 1,5°C bis 2°C zu begrenzen. Beck und Mahony (2018) sehen darin die Ausübung einer „world-making power" durch den Weltklimarat. Indem das Szenario die Begrenzung auf 1,5°C bis 2°C als erreichbar darstellte, wirkte es bei der Herstellung des politischen Bekenntnisses zur Einhaltung des Ziels mit. Ob die Klimarealität sich an die Szenarien anpasst, bleibt jedoch abzuwarten.

Um die These an einem dritten Beispiel zu illustrieren, lohnt sich ein Blick in die Arbeit einer Gruppe um den Philosophen Philippe van Basshuysen (2021) zur Performativität der COVID-19-Modelle. Sie unterscheiden drei Wege, wie Modelle an der Herbeiführung von Zukünften mitwirken. Erstens können Modelle die wissenschaftlichen Beratungsgremien der Politik beeinflussen, indem sie ihre Empfehlungen an die Modelle anpassen. Die Maßnahmen, die den modellierten Szenarien zugrunde gelegt werden, werden dann zu realweltlichen Empfehlungen. Zweitens kann eine breite Informationskampagne (z. B. in Form niedrigschwelliger Grafiken) über die Modellierungen zu einer höheren Bereitschaft für Verhaltensänderungen führen. Die Vorschriften werden dann nicht nur durch die Politik erlassen, sondern auch tatsächlich strikt eingehalten. Auch in diesem Fall kommt es zu einer Herbeiführung der Zukunft durch die Verfügbarkeit von Zukunftswissen. Drittens können Modelle den Eintritt einer Zukunft abwenden, die sie vorhersagen. Projizieren die Modelle beispielsweise hohe Inzidenzen im Falle des Ausbleibens von politischen Maßnahmen, worauf die Politik vorsorglich mit der Verordnung von Vorschriften reagiert, haben die Modelle zwar daran mitgewirkt, eine ‚wünschenswerte' Realität herbeizuführen. Sie haben aber damit eine Zukunft vorhergesagt, die auch ihretwegen nicht eingetreten ist. Dies ist ein andersgelagerter Fall als die zuvor beschriebenen Beispiele für Performativität. Während die Fallstudien zu Markt- und Klimaprognosen zeigen, dass sich die Wirklichkeit den Modellen *angleichen* kann, illustriert der COVID-Fall, dass Performativität auch bedeuten kann, dass die Wirklichkeit *wegen der Modelle* von den Modellen *abweichen* kann. In der Forschung wird dieses Phänomen auch als *self-defeating prophecy* bezeichnet.

Zudem birgt die Verbreitung von Annahmen über die Zukunft auch gewisse Risiken. In seiner klassischen Arbeit zur Soziologie der Epidemien beschreibt der Medizinsoziologe Philip Strong (1990), dass virale Epidemien von ‚Epidemien der Angst, des Verdachts und des Stigmas' gefolgt werden können. Im Klimafall beobachtet auch der Umweltsoziologe Sheldon Ungar (1992) die Verbreitung einer Welle der ‚sozialen Angst' in Reaktion auf eine durch die Wissenschaft als Vorzeichen des Klimawandels gedeutete Hitzewelle. Einige Arbeiten weisen zudem auf die Risiken hin, die die Kommunikation von Zukunftswissen für die Wissenschaft selbst birgt (Grundmann und Rödder 2019; Weingart et al. 2000). So können kolportierte oder verzerrte Zukunftsbeschreibungen, die der Wissenschaft zugerechnet werden, ihr selbst schaden, wenn sie in dieser Form nicht eintreten (Asayama et al. 2019).

Um diesen Risiken vorzubeugen, reflektieren die Zukunftswissenschaften ihre eigene Rolle und stellen Überlegungen dazu an, wie nichtintendierte Folgen und Kollateralschäden berücksichtigt werden können. Beispielsweise stellt sich der Weltklimarat-Autor Ottmar Edenhofer gemeinsam mit dem Philosophen Martin Kowarsch (2015) eine „Kartografie" verschiedener Zukunftspfade als Ideal einer Darstellung von Zukunftswissen vor. So verschieden diese Pfade jedoch sein mögen, Zukunftswissen schränkt auch immer die Sicht auf ein Bündel von möglichen Zukünften ein (Beck und Oomen 2021). Einige Pfade gelangen zu besonderer Prominenz, andere werden erst gar nicht erkundet.

Abschließend bleibt zu betonen, dass die Darstellung von Zukunft jedoch nicht zwingend in die Herstellung der Zukunft übergehen muss. Die Berücksichtigung und überhaupt die Kenntnisnahme von wissenschaftlichem Zukunftswissen durch andere gesellschaftliche Bereiche ist nicht notwendigerweise gegeben.

Gerade solches Zukunftswissen, das sich auf langfristige Entwicklungen wie beispielsweise den Klimawandel bezieht, sieht sich mit dem Problem der *asymmetrischen Zukunftsorientierung* in der Gesellschaft konfrontiert (Ibrahim et al. 2024). In allen gesellschaftlichen Bereichen werden Annahmen über die Zukunft angestellt, aber nicht alle priorisieren die Orientierung an möglichen Zukünften. Insofern ist Zukunftsdenken ungleich verteilt. Daher sind die Zukunftswissenschaften, sofern sie durch ihre Erkenntnisse die Wirklichkeit mitgestalten wollen, auf Bedingungen angewiesen, die die Verbreitung ihres Wissens in der Gesellschaft begünstigen. Sie nutzen etwa Gelegenheitsfenster wie Extremwetterereignisse, Wahlkampfperioden oder diplomatische Anlässe, beteiligen sich an Organisationen wie dem Weltklimarat, der Weltgesundheitsorganisation oder dem Weltwirtschaftsforum, in denen die Behandlung der Zukunft auf Dauer gestellt wird, oder entwerfen greifbare Szenarien und Visualisierungen, um ihre Erkenntnisse anschlussfähig an gesellschaftliche Diskurse zu machen und Gehör zu finden.

Zusammenfassung

Der vorliegende Beitrag hat einen Einblick in die vielfältige Forschungslandschaft zur Darstellung und Herstellung von Zukunft in der Wissenschaft gegeben. Zunächst verfolgte er die Veränderungen der Zeitperspektiven in Gesellschaft und Wissenschaft vom 18. bis zum 20. Jahrhundert, die durch ein rasantes Wachstum an Erfahrungen mit sozialem Wandel angestoßen wurden. Die Vergangenheit konnte nicht mehr herangezogen werden, um Erwartungen über die Zukunft abzuleiten. Fortan erschien die Zukunft offen, anders und unbestimmt. Neue Wissenschaften entstanden, die sich die Bändigung dieser unbekannten Zukunft zur Aufgabe machten. Noch deutlicher drückte sich die neue Aufmerksamkeit für die Zukunft im 20. Jahrhundert aus. In dieser Zeit entstanden die heute sichtbarsten und tonangebenden Zukunftswissenschaften wie die Epidemiologie, die Klimawissenschaften und die sozialwissenschaftliche Zukunftsforschung.

Anschließend hat der Beitrag Beobachtungsinfrastrukturen sowie spezifische theoretische und methodische Ansätze als Produktionsbedingungen der Zukunftserschließung hervorgehoben und ausgearbeitet, wie diese die zur Verfügung stehenden Darstellungsformate von Zukünften konditionieren. Dabei zeigte sich, dass weltumspannende Infrastrukturen und systemtheoretische Operationalisierungen zur Entwicklung von holistischen Zukunftsdarstellungen wie beispielsweise des ‚Raumschiffs Erde' oder der ‚planetaren Gesundheit' beitragen. Computermodelle begünstigen eine reduktionistische Darstellung der Zukunft, in der einzelne, mathematisierbare und formalisierbare Variablen den Weltverlauf determinieren.

Zukunftsbeschreibungen sind aufgrund unvollständiger Beobachtungen, theoretischer Vorannahmen und intransparenter Modelle zudem durch einen besonderen Umgang mit Unsicherheit und eine Multiplikation der Zukünfte gekennzeichnet. Die Zukunft wird in Form von statistischen Unsicherheitsbereichen oder Visualisierungen und vorwiegend im Plural als ‚mögliche Zukünfte' dargestellt.

Zuletzt hat der Beitrag diskutiert, inwieweit die Darstellung von Zukunft in eine Herstellung der Zukunft übergehen kann. Mithilfe von Fallanalysen zu ökonomischen, klimawissenschaftlichen und epidemiologischen Modellierungen wurde illustriert, dass Zukunftsentwürfe nicht nur versuchen, die Zukunft darzustellen, sondern auch selbst daran mitwirken, Realität zu erzeugen, indem entweder konkrete Maßnahmen vorgeschlagen werden oder aber Handeln und damit verbundene Vorstellungen indirekt durch ihre Implementierung und kontinuierliche Anwendung beeinflusst werden. In solchen Fällen nimmt das Publikum nicht bloß die Zukunftsbeschreibungen zur Kenntnis, sondern stellt sie auch in seinen Investitionsentscheidungen, politischen Verhandlungen und alltäglichen Risikoverhaltensweisen in Rechnung.

Insgesamt hat der Beitrag deutlich gemacht, dass die Zukunftswissenschaften vielfältig und interdisziplinär beforscht werden. Entsprechende Studien aus der geistes- und sozialwissenschaftlichen Wissenschafts- und Technikforschung sind gekennzeichnet durch genaue Fallkenntnis, technische Expertise, innovative Fragestellungen und theoretische Bezüge sowie historische Informiertheit. Das eröffnet nicht zuletzt auch die Möglichkeit, Vergleiche zwischen unterschiedlichen Bereichen anzustellen, um die wechselseitige Beeinflussung von unterschiedlichen Forschungspraktiken studieren und den Wandel wissenschaftlicher Zugänge übergreifend nachvollziehen zu können. Zudem bieten sich auch darüber hinaus Anknüpfungspunkte beispielsweise an Gesellschaftstheorien sowie die Geschichte und Soziologie der Zukunft, die zur Untersuchung der Zukunftswissenschaften herangezogen werden können, um ein Verständnis für die soziale und historische Einbettung der Zukunftswissenschaften zu entwickeln und den Blick für die Beziehung zwischen der Wissenschaft und anderen gesellschaftlichen Entwicklungen zu schärfen.

Weiterführende Lektüre

Andersson, J., 2018: The Future of the World: Futurology, Futurists, and the Struggle for the Post-Cold War Imagination. Oxford: Oxford University Press.

Edwards, P.N., 2010: A Vast Machine: Computer Models, Climate Data, and the Politics of Global Warming. Cambridge, Mass.; London: MIT Press.

Graf, R. und B. Herzog, 2016: Von der Geschichte der Zukunftsvorstellungen zur Geschichte ihrer Generierung: Probleme und Herausforderungen des Zukunftsbezugs im 20. Jahrhundert. Geschichte und Gesellschaft 42: 497–515.

Schubert, C., 2014: Zukunft sui generis? Computersimulationen als Instrumente gesellschaftlicher Selbstfortschreibung. S. 209–232 in: A. Cevolini (Hrsg.), Die Ordnung des Kontingenten: Beiträge zur zahlenmäßigen Selbstbeschreibung der modernen Gesellschaft. Wiesbaden: Springer VS.

Literatur

Adam, B. und C. Groves, 2007: Future Matters: Action, Knowledge, Ethics. Leiden; Boston: Brill.

Anderson, K., 2005: Predicting the Weather: Victorians and the Science of Meteorology. Chicago; London: University of Chicago Press.

Andersson, J., 2018: The Future of the World: Futurology, Futurists, and the Struggle for the Post-Cold War Imagination. Oxford: Oxford University Press.

Anicker, F., 2020: Die Medizinisierung der Gesellschaft. Zeitschrift für Theoretische Soziologie 9: 173–183.

Asayama, S., R. Bellamy, O. Geden, W. Pearce und M. Hulme, 2019: Why Setting a Climate Deadline Is Dangerous. Nature Climate Change 9: 570–572.

Ashley, R.K., 1983: Eye of Power: The Politics of World Modeling. International Organization 37: 495–535.

Basshuysen, P. van, L. White, D. Khosrowi und M. Frisch, 2021: Three Ways in which Pandemic Models May Perform a Pandemic. Erasmus Journal for Philosophy and Economics 14: 110–127.

Beck, S. und M. Mahony, 2018: The Politics of Anticipation: The IPCC and the Negative Emissions Technologies Experience. Global Sustainability 1: 1–8.

Beck, S. und J. Oomen, 2021: Imagining the Corridor of Climate Mitigation – What Is at Stake in IPCC's Politics of Anticipation? Environmental Science & Policy 123: 169–178.

Beckert, J. und L. Suckert, 2021: The Future as a Social Fact. The Analysis of Perceptions of the Future in Sociology. Poetics 84: 101499.

Berger, P.L. und T. Luckmann, 2013: Die gesellschaftliche Konstruktion der Wirklichkeit: Eine Theorie der Wissenssoziologie. 25. Auflage. Frankfurt a. M.: Fischer Taschenbuch Verlag.

Blumenberg, H., 1986: Lebenszeit und Weltzeit. Frankfurt a. M.: Suhrkamp.

Callon, M., 1998: Introduction: The Embeddedness of Economic Markets in Economics. S. 1–57 in: M. Callon (Hrsg.), The Laws of the Markets. Oxford; Malden: Blackwell; The Sociological Review.

Dayé, C., 2018: How to Train Your Oracle: The Delphi Method and Its Turbulent Youth in Operations Research and the Policy Sciences. Social Studies of Science 48: 846–868.

Edenhofer, O. und M. Kowarsch, 2015: Cartography of Pathways: A New Model for Environmental Policy Assessments. Environmental Science & Policy 51: 56–64.

Edwards, P.N., 2010: A Vast Machine: Computer Models, Climate Data, and the Politics of Global Warming. Cambridge, Mass.; London: MIT Press.

Egbert, S., 2026: Algorithmische Prädiktion. S. 405–422 in: A. K. Krüger, J.-F. Schrape, C. Schubert und J. Schubert (Hrsg.), Wissenschafts- und Technikforschung. Sozialwissenschaftliche Einführungen. Berlin: de Gruyter.

Engelmann, L., 2021: A Box, a Trough and Marbles: How the Reed-Frost Epidemic Theory Shaped Epidemiological Reasoning in the 20th Century. History and Philosophy of the Life Sciences 43: 105.

Esposito, E., 2007: Die Fiktion der wahrscheinlichen Realität. Frankfurt a. M.: Suhrkamp.

Evans, R., 1997: Soothsaying or Science? Falsification, Uncertainty and Social Change in Macroeconomic Modelling. Social Studies of Science 27: 395–438.

Fine, G.A., 2007: Authors of the Storm: Meteorologists and the Culture of Prediction. Chicago; London: University of Chicago Press.

Gramelsberger, G., 2010: Computerexperimente: Zum Wandel der Wissenschaft im Zeitalter des Computers. Bielefeld: transcript.

Grundmann, R. und S. Rödder, 2019: Sociological Perspectives on Earth System Modeling. Journal of Advances in Modeling Earth Systems 11: 3878–3892.

Guillemot, H., 2017: How to Develop Climate Models? The „Gamble" of Improving Climate Model Parameterizations. S. 120–136 in: M. Heymann, G. Gramelsberger und M. Mahony (Hrsg.), Cultures of Prediction in Atmospheric and Climate Science: Epistemic and Cultural Shifts in Computer-Based Modelling and Simulation. Abingdon; New York: Routledge.

Heymann, M., 2009: Klimakonstruktionen: Von der klassischen Klimatologie zur Klimaforschung. NTM Zeitschrift für Geschichte der Wissenschaften, Technik und Medizin 17: 171–197.

Hölscher, L., 2016: Die Entdeckung der Zukunft. Göttingen: Wallstein.

Hulme, M., 2011: Reducing the Future to Climate: A Story of Climate Determinism and Reductionism. Osiris 26: 245–266.

Ibrahim, Y., 2025: Soziale Klima-Nischen. Eine historische Soziologie naturwissenschaftlicher Gesellschaftsbeschreibung. Weilerswist: Velbrück.

Ibrahim, Y., S. Rödder und M. Schnegg, 2024: World Organisations, World Events and World Objects: How Science, Politics, and the Mass Media Co-Produce Climate Futures. Globalizations 21: 70–87.

Jasanoff, S., 2001: Image and Imagination: The Formation of Global Environmental Consciousness. S. 309–337 in: C.A. Miller und P.N. Edwards (Hrsg.), Changing the Atmosphere: Expert Knowledge and Environmental Governance. Cambridge, Mass.; London: MIT Press.

Jungert, M., 2026: Wissensproduktion und Wissenschaftskommunikation: Zusammenhänge, Potentiale und Herausforderungen. S. 63–80 in: A. K. Krüger, J.-F. Schrape, C. Schubert und J. Schubert (Hrsg.), Wissenschafts- und Technikforschung.

Kaldewey, D., 2022: Was bedeutet Systemrelevanz in Zeiten der Pandemie? Berliner Journal für Soziologie 32: 7–33.

Kastenhofer, K., 2026: Wissenschaftskulturen. S. 159–180 in: A. K. Krüger, J.-F. Schrape, C. Schubert und J. Schubert (Hrsg.), Wissenschafts- und Technikforschung. Sozialwissenschaftliche Einführungen. Berlin: de Gruyter.

Kirman, A.P., 1992: Whom or What Does the Representative Individual Represent? The Journal of Economic Perspectives 6: 117–136.

Knorr-Cetina, K., 1988: Das naturwissenschaftliche Labor als Ort der „Verdichtung" von Gesellschaft. Zeitschrift für Soziologie 17: 85–101.

Koselleck, R., 1989: „Erfahrungsraum" und „Erwartungshorizont" – zwei historische Kategorien. S. 349–375 in: R. Koselleck, Vergangene Zukunft: Zur Semantik geschichtlicher Zeiten. Frankfurt a. M.: Suhrkamp.

Lepenies, W., 1978: Das Ende der Naturgeschichte: Wandel kultureller Selbstverständlichkeiten in den Wissenschaften des 18. und 19. Jahrhunderts. Frankfurt a. M.: Suhrkamp.

Lohse, S. und S. Canali, 2021: Follow *the* Science? On the Marginal Role of the Social Sciences in the COVID-19 Pandemic. European Journal for Philosophy of Science 11: 99.

Lövbrand, E., S. Beck, J. Chilvers, T. Forsyth, J. Hedrén, M. Hulme, R. Lidskog und E. Vasileiadou, 2015: Who Speaks for the Future of Earth? How Critical Social Science Can Extend the Conversation on the Anthropocene. Global Environmental Change 32: 211–218.

Luhmann, N., 1976: The Future Cannot Begin: Temporal Structures in Modern Society. Social Research 43: 130–152.

MacKenzie, D. und Y. Millo, 2003: Constructing a Market, Performing Theory: The Historical Sociology of a Financial Derivatives Exchange. American Journal of Sociology 109: 107–145.

Mahony, M. und M. Hulme, 2012: The Colour of Risk: An Exploration of the IPCC's „Burning Embers" Diagram. Spontaneous Generations: A Journal for the History and Philosophy of Science 6: 75–89.

Meadows, D.H., D.L. Meadows, J. Randers und W.W. Behrens, 1972: The Limits to Growth: A Report for the Club of Rome's Project on the Predicament of Mankind. New York: Universe Books.

Milkoreit, M., 2023: Social Tipping Points Everywhere? – Patterns and Risks of Overuse. Wiley Interdisciplinary Reviews: Climate Change 14: e813.

Morgan, M.S., 2012: The World in the Model. How Economists Work and Think. Cambridge; New York; Melbourne; Madrid; Cape Town; Singapore; Sao Paulo: Cambridge University Press.

Nowotny, H., 1989: Eigenzeit: Entstehung und Strukturierung eines Zeitgefühls. Frankfurt a. M.: Suhrkamp.

Opitz, S., 2017: Simulating the World: The Digital Enactment of Pandemics as a Mode of Global Self-Observation. European Journal of Social Theory 20: 392–416.

Reckwitz, A., 2016: Zukunftspraktiken: Die Zeitlichkeit des Sozialen und die Krise der modernen Rationalisierung der Zukunft. S. 115–135 in: A. Reckwitz, Kreativität und soziale Praxis: Studien zur Sozial- und Gesellschaftstheorie. Bielefeld: transcript.

Rindzevičiūtė, E., 2015: Towards a Joint Future beyond the Iron Curtain: East-West Politics of Global Modelling. S. 115–143 in: J. Andersson und E. Rindzevičiūtė (Hrsg.), The Struggle for the Long-Term in Transnational Science and Politics: Forging the Future. New York; Abingdon: Routledge.

Rödder, S., 2026: Disziplinen und Interdisziplinarität in der Wissenschaft(sforschung). S. 143–158 in: A. K. Krüger, J.-F. Schrape, C. Schubert und J. Schubert (Hrsg.), Wissenschafts- und Technikforschung. Sozialwissenschaftliche Einführungen. Berlin: de Gruyter.

Scheer, D., G. Gramelsberger, A. Kaminsiki, 2026: Simulation und Modellierung in der Wissenschafts- und Technikforschung. S. 423–440 in: A. K. Krüger, J.-F. Schrape, C. Schubert und J. Schubert (Hrsg.), Wissenschafts- und Technikforschung. Sozialwissenschaftliche Einführungen. Berlin: de Gruyter.

Schmelzer, M., 2017: ‚Born in the Corridors of the OECD': The Forgotten Origins of the Club of Rome, Transnational Networks, and the 1970s in Global History. Journal of Global History 12: 26–48.

Schütz, A., 1972: Tiresias oder unser Wissen von zukünftigen Ereignissen. S. 259–278 in: A. Schütz, Gesammelte Aufsätze. Band II: Studien zur soziologischen Theorie. Herausgegeben von Arvid Brodersen. Übertragung aus dem Amerikanischen von Alexander von Baeyer. Den Haag: Martinus Nijhoff.

Seefried, E., 2015: Reconfiguring the Future? Politics and Time from the 1960s to the 1980s – Introduction. Journal of Modern European History 13: 306–316.

Strong, P., 1990: Epidemic Psychology: A Model. Sociology of Health & Illness 12: 249–259.

Thomas, L., 2014: Pandemics of the Future: Disease Surveillance in Real Time. Surveillance & Society 12: 287–300.

Tratschin, L., 2021: Katastrophenkommunikation, holistische Perspektiven und die Expansion von Expertise. Welt-und Gesellschaftsentwürfe im Spiegel zukünftiger Pandemien. S. 339–362 in: S. Büttner und T. Laux (Hrsg.), Umstrittene Expertise: Zur Wissensproblematik der Politik. Leviathan Sonderband 38. Baden-Baden: Nomos.

Ungar, S., 1992: The Rise and (Relative) Decline of Global Warming as a Social Problem. The Sociological Quarterly 33: 483–501.

Wehling, P., 2022: Der Umgang mit Ungewissheit und Nichtwissen in der Klimaforschung. S. 415–424 in: Y. Ibrahim und S. Rödder (Hrsg.), Schlüsselwerke der sozialwissenschaftlichen Klimaforschung. Bielefeld: transcript.

Weingart, P., A. Engels und P. Pansegrau, 2000: Risks of Communication: Discourses on Climate Change in Science, Politics, and the Mass Media. Public Understanding of Science 9: 261–283.

Weyer, J. und M. Roos, 2017: Agentenbasierte Modellierung und Simulation: Instrument prospektiver Technikfolgenabschätzung. Zeitschrift für Technikfolgenabschätzung in Theorie und Praxis 26: 11–16.

Williams, R.J., 2016: World Futures. Critical Inquiry 42: 473–546.

Michael Jungert

4 Wissensproduktion und Wissenschaftskommunikation: Zusammenhänge, Potentiale und Herausforderungen

Einleitung

In der Coronapandemie (2020–2023) wurden in ungewohntem Ausmaß Spannungen und Missverständnisse zwischen Wissenschaft und Gesellschaft sichtbar und spürbar. Vieles davon beruhte auf unklaren Vorstellungen darüber, wie Wissenschaftler*innen zu ihren Ergebnissen gelangen und unter welchen Bedingungen diese Ergebnisse in Frage gestellt, modifiziert oder verworfen werden müssen. Dies wiederum führte zu teils überhöhten oder unrealistischen Erwartungshaltungen gegenüber Wissenschaft und Wissenschaftler*innen und sogar zu Wissenschaftsskepsis oder -leugnung in einigen Teilen der Bevölkerung (vgl. Hauswald/Schmechtig 2022).

Eine Ursache dieser Entwicklungen während der Pandemie lag in der Art und Weise, wie die wissenschaftliche Erkenntnisproduktion und deren Dynamik durch Wissenschaftskommunikation und Journalismus an eine breite Öffentlichkeit vermittelt wurden. Durch selektive Berichterstattung und Expert*Innenauswahl, den schwierigen Umgang mit Unsicherheit in der Wissenschaft, durch Vereinfachungen und Verkürzungen oder mangelnde Recherche unter massivem Zeitdruck entstanden teilweise Zerrbilder von Wissenschaft und wissenschaftlicher Erkenntnisproduktion, die eine kritisch-fundierte Auseinandersetzung mit wissenschaftlichen Entwicklungen bzw. Einschätzungen und ein reflektiertes Vertrauensverhältnis zwischen Wissenschaft und Öffentlichkeit erschwerten (vgl. Pasternack/Beer 2022, Werber 2022, Peters 2024).

Die Coronapandemie hat gezeigt, wie eng die Entstehung, Entwicklung und Vermittlung wissenschaftlicher Erkenntnisproduktion miteinander verknüpft ist. Diese Verknüpfung von Herstellung und Darstellung wissenschaftlicher Erkenntnis ist eine Kernfrage der Wissenschaftsforschung. Der vorliegende Beitrag bietet einen Überblick über zentrale Einsichten dieses reichhaltigen Forschungsgebietes. Dabei werden die folgenden Fragen im Mittelpunkt stehen: Wie entsteht wissenschaftliches Wissen? Wie unterscheidet sich die Wissensproduktion in unterschiedlichen Wissenschaftsbereichen? Und wie hängen die Produktion und die Kommunikation von wissenschaftlichem Wissen zusammen?

https://doi.org/10.1515/9783112245897-006

Der Beitrag bietet zunächst einen Überblick über zentrale Theorien und Perspektiven auf die Produktion wissenschaftlicher Erkenntnis in unterschiedlichen Wissenschaftsbereichen (Abschnitt 1). Dieser Überblick integriert Ergebnisse und Studien u.a. aus der Wissenschaftsphilosophie, Wissenschaftssoziologie, den Science and Technology Studies (STS) und der Wissenschaftsgeschichte. Abschnitt 2 präsentiert zentrale Theorien und Akteure der Wissenschaftskommunikation. Abschnitt 3 analysiert darauf aufbauend wichtige Zusammenhänge von Wissensproduktion und -kommunikation. Am konkreten Beispiel der Wissenschaftskommunikation in der Corona-Pandemie wird gezeigt, welche Auswirkungen die Berücksichtigung der Forschungsergebnisse über Wissensformen und Wissensproduktionsprozesse für eine gelingende Wissenschaftskommunikation und für das (Vertrauens-)Verhältnis zwischen Gesellschaft und Wissenschaft haben kann. Dabei spielt auch die Frage eine Rolle, welche Bedeutung der Vermittlung realistischer und differenzierter Bilder und Auffassungen von Wissenschaft(en) für ein breites Verständnis der Grundlagen und Mechanismen wissenschaftlicher Forschung, für den Dialog zwischen Öffentlichkeit und Wissenschaft und für die Fundierung von Wissenschaftskommunikation durch die disziplinübergreifende Wissenschaftsforschung zukommt.

Theorien und Konzepte der Produktion wissenschaftlicher Erkenntnis

Die Rede von „der Wissenschaft" oder die implizite Annahme einer einheitlichen Wissenschaft ist in mehrerlei Hinsicht problematisch (vgl. Hillerbrand 2022). Dieser Beitrag konzentriert sich insbesondere auf einen problematischen Aspekt der Verwendung von Wissenschaft im Singular. So suggerieren solche Annahmen, die aufgrund ihrer medialen Verbreitung starke Auswirkungen auf das Wissenschaftsverständnis der breiten Öffentlichkeit haben können, eine Uniformität von Wissenschaft bezüglich der Methoden, Gegenstandsbereiche, Theorien, Ergebnisse oder Modi der Wissensproduktion, die den Blick auf die tatsächliche Vielfalt der Wissenschaften verstellt (siehe insbesondere Elias 1985; für eine aktuelle Auseinandersetzung vgl. Hillebrand 2022).

Epistemischer Pluralismus in den Wissenschaften

Ein Konzept, mit dem sich die Wissenschaftsphilosophie dieser Vielfalt der Wissenschaften und ihrer Erkenntnisproduktion in den letzten 15–20 Jahren annähert, ist das Konzept des *epistemischen Pluralismus* – aus dem altgriechischen *epistēmē* (Erkenntnis, Wissen, Wissenschaft) und dem lateinischen *pluralitas* (Mehrzahl, Vielheit). Dieses Konzept basiert auf der Annahme, dass bei der wissenschaftlichen Annäherung an ein Phänomen Methoden, Perspektiven und Theorien aus unterschiedlichen Disziplinen und Wissenschaftsbereichen angewendet werden können und sollten (vgl. Ruphy 2016 und Coliva und Pedersen 2017 für einen umfassenden Überblick): „Epistemological pluralism recognizes that, in any given research context, there may be several valuable ways of knowing, and that accommodating this plurality can lead to more successful integrated study“ (Miller et al. 2008: 1). Die Komplexität der meisten Forschungsgegenstände ist demnach so hoch, dass die Idee, es gäbe *eine* Wahrheit zu entdecken oder eine Theorie oder gar einzelne Methode, die zu dieser einen Wahrheit führen können, unangemessen scheinen. Vielmehr können vielfältige Vorgehensweisen zu unterschiedlichen, sich nicht widersprechenden Einsichten über denselben Gegenstand führen und im Idealfall im Rahmen integrativer Forschung ein „big picture“ im Sinne eines differenzierten Gesamtbildes ergeben. Damit ist nicht gemeint, dass in wissenschaftlichen Forschungsprozessen keine Regeln gelten. Epistemischer Pluralismus impliziert demnach kein “anything goes“, sondern ein “many things go“ (Chang 2012: 561), also eine grundsätzliche Offenheit für eine Vielzahl von Forschungsperspektiven und -methoden, die aber natürlich regulären wissenschaftlichen Evaluationsprozessen unterzogen werden (Wegerhoff et al. 2022). Wissenschaftlicher Pluralismus ist demnach nicht mit einem Relativismus gleichzusetzen und geht auch nicht mit der Aufgabe wissenschaftlicher Standards einher. Vielmehr postuliert er, dass ein multiperspektivischer Blick auf wissenschaftliche Untersuchungsgegenstände diesen hinsichtlich ihrer Vielschichtigkeit und Komplexität am besten gerecht wird.

Die praktischen Konsequenzen von epistemisch pluralistischen Ansätzen bestehen darin, den Pluralismus aktiv und systematisch in die wissenschaftliche Forschung zu integrieren, um die Wahrscheinlichkeit für produktive Forschung und wissenschaftlichen Erkenntnisgewinn maximal zu erhöhen – etwa durch die vergleichende Nutzung unterschiedlicher Methoden und Theorien innerhalb von Forschungsgruppen oder durch das bewusste Kontrastieren der eigenen Forschungsperspektive mit der anderer Fächer, um Engführungen zu vermeiden und blinde Flecken in den eigenen Ansätzen aufzudecken. Eine Idee, die gegenwärtig von einigen Wissenschaftspsycholog*innen und Wissenschaftsphilosoph*innen verfolgt wird (vgl. Wegerhoff et al. 2022 und Coliva/Pedersen 2017). Pluralistische Forschung und Erkenntnisproduktion erfordern freilich eine enge Kommunikation und Zusammenarbeit über Fächergrenzen hinweg und werfen damit Fragen nach den Auswirkungen von Interdisziplinarität auf die Wissensproduktion auf, die im Folgenden im Zusammenhang mit einigen historischen und aktuellen Theorien zur Wissensproduktion betrachtet werden (vgl. auch Braun-Thürmann 2010 für einen Überblick zum Wandel in der Wissensproduktion).

Die Erklären-Verstehen-Kontroverse, der Logische Empirismus und Poppers Kritischer Rationalismus

Im Folgenden werfe ich einen Blick auf Theorien, die zentrale Unterschiede[1] in der Wissensproduktion unterschiedlicher Disziplinen zu erklären streben (für einen Überblick über Forschung zu Interdisziplinarität vgl. Jungert 2013 und 2026 sowie Rödder 2026 in diesem Band). Poppers *Kritischer Rationalismus* ist eine bis heute weit über die (Wissenschafts-)Philosophie hinaus wirkmächtige Theorie, die zudem Einfluss auf das naturwissenschaftliche Denken über Evidenz, Experiment und den Status von wissenschaftlichen Erkenntnissen genommen hat. Die Debatte um den sogenannten *Mode 1 bzw. Mode 2* der Wissensproduktion, die im folgenden Abschnitt (2.3) im Fokus steht, stellt ebenfalls einen fachübergreifend vieldiskutierten Ansatz dar und kontrastiert Poppers Perspektive zugleich mit wichtigen aktuellen Einblicken aus der Wissenschaftssoziologie und Bildungsforschung.

Vor der Beschäftigung mit Popper ist allerdings ein Blick auf eine in der Wissenschaftsforschung klassische Debatte mit Ursprung im 19. Jahrhundert hilfreich, die die Unterschiede zwischen den Wissenschaftsbereichen zu fassen und zu erklären versucht: die sog. *Erklären-Verstehen-Kontroverse*, die eng mit dem Historiker Johann Gustav Droysen (1808–1884) und dem Philosophen und Theologen Wilhelm Dilthey (1833–1911) verbunden ist (vgl. dazu etwa Apel 1982, Schurz 1990 und Schneider et al. 2008). Diese Kontroverse hängt mit dem Versuch einer Differenzierung zwischen Natur- und Geisteswissenschaften zusammen: während es in den Naturwissenschaften, so ein Grundgedanke dieser Debatte, um das Erklären im Sinne des Aufdeckens von kausalen naturgesetzlichen Zusammenhängen und damit um die Suche nach Ursachen geht (Kausalerklärungen), streben die Geisteswissenschaften nach dem Verstehen im Sinne des Offenlegens von Bedeutungs- und Sinnzusammenhängen und der Suche nach Zielen, Motiven und der Bedeutung menschlichen Handelns (teleologische Handlungserklärung). Im 20. Jahrhundert flammte diese Debatte unter neuen Vorzeichen wieder auf: Ein Ausgangspunkt war der sogenannte „Logische Empirismus"[2], der

1 Empirische Wissenschaften, die bspw. mit Experimenten, Statistik oder Computersimulation arbeiten, haben bspw. ein in methodischer, begrifflicher und theoretischer Hinsicht grundlegend anderes Verständnis von Forschung, Ergebnissen, Fortschritt und anderen für die Wissensproduktion zentralen Elementen als etwa hermeneutisch, phänomenologisch oder philologisch arbeitende Geistes, Sozial- und Kulturwissenschaften – ein Thema, mit dem sich die österreichische Soziologin Karin Knorr-Cetina unter dem Schlagwort „epistemic cultures" eingehend befasst hat (vgl. Knorr-Cetina 1999).

2 Oft auch mit „Wiener Kreis" bezeichnet, da sich viele wichtige Vertreter um den Physiker und Philosophen Moritz Schlick (1882–1936) regelmäßig in Wien trafen, dazu Stadler 2015.

versuchte, die Rationalitätsmaßstäbe der Naturwissenschaften auf die Philosophie zu übertragen und nur noch Begriffe und Sätze für zulässig hielt, die durch Beobachtung als wahr oder falsch beurteilt werden können (vgl. Kornmesser und Büttemeyer 2020: 39–52). Eine strikte und universelle Anwendung dieses Maßstabes auf die Wissenschaften führt allerdings dazu, dass viele nicht-empirische Praktiken (wie die oben genannten „verstehenden“ Zugänge) und Ergebnisse der Wissensproduktion, vor allem in den Geistes- und Sozialwissenschaften, sich nicht (mehr) als wissenschaftlich qualifizieren können.

Eine wichtige Gegenposition zum logischen Empirismus entwickelte der Wissenschaftstheoretiker Karl Popper (1902–1994): im Zentrum des *Kritischen Rationalismus* (Popper 1934) steht der Gedanke, dass alle wissenschaftlichen Erkenntnisansprüche grundsätzlich fehlbar sind. Bei der Formulierung dieser Ansprüche und wissenschaftlichen Theorien sind Wissenschaftler nach Popper zunächst völlig frei – im Gegensatz zu den strikten Vorgaben über zulässige Aussagen und Theorien im Logischen Empirismus. Diese Ansprüche und Theorien müssen sich dann jedoch unter Anwendung der Methode der *Falsifikation* bewähren: da es nach Popper keine zulässigen Methoden der Verifizierung gibt, müssen formulierte Theorien jeweils die Bedingungen angeben, unter denen sie scheitern und dadurch – etwa im Experiment – falsifiziert werden können. Da es nun nicht mehr darum geht, Theorien zu beweisen, sieht Popper eine wichtige Aufgabe der wissenschaftlichen Gemeinschaft darin, zu versuchen, Theorien zu widerlegen. Gelingt dies trotz umfassender Versuche nicht, kann eine Theorie als bis auf Weiteres nicht falsifiziert und damit als robust oder bewährt gelten. Durch den Prozess des Testens und des Aussortierens von falsifizierten Theorien geschieht nach Popper so etwas wie eine Wahrheitsannäherung, allerdings ohne daraus dauerhafte Erkenntnissicherheit ableiten zu können (vgl. dazu etwa Zahar 2013, insbesondere zur Methode der Falsifikation, und Keuth 2019: 45–63 zu den Grundgedanken in Poppers „Logik der Forschung“). Zwar nahm Popper bei seinen Überlegungen den Ausgang bei den Naturwissenschaften, verstand seine Methodologie aber als eine allgemein anwendbare, wie Jan Böhm es anschaulich zusammenfasst: „Aus jeder wissenschaftlichen Theorie oder Hypothese, die empirisch gehaltvoll ist, d.h. Aussagen über die Realität macht, lassen sich Folgerungen ableiten, die durch Beobachtung überprüft werden können. Mit Hilfe von allgemeinen Gesetzmäßigkeiten und spezifischen Randbedingungen werden Sachverhalte sowohl erklärt als auch prognostiziert. Dies gilt für Popper sowohl im Bereich der Naturwissenschaften als auch bei den Sozial- und Geisteswissenschaften. Insofern kann man von einer Einheit der wissenschaftlichen Methode sprechen“ (Böhm 2008: 365).

Wissensproduktion in Modus 1 und 2

Ein neuerer Vorschlag, wie man sich den Gemeinsamkeiten und Unterschieden der Wissensproduktion und ihrem historischen Wandel nähern kann, stammt von einer Gruppe von Bildungs- und Wissenschaftsforschern um Michael Gibbons, Helga Nowotny und Peter Scott. Sie schlugen erstmals 1994 in ihrem Buch „The New Production of Knowledge" (Gibbons et al. 1994) mit Blick auf die unterschiedlichen Arten und die gegenwärtigen Transformationen von wissenschaftlicher Wissensproduktion eine Unterscheidung zwischen *Mode 1* und *Mode 2* vor (vgl. Weingart 1997 für eine kritische Rezeption): „The transformation is described in terms of the emergence alongside traditional modes of knowledge production that we will call Mode 2. By contrast with traditional knowledge, which we will call Mode 1, generated within a disciplinary, primarily cognitive, context, Mode 2 knowledge is created in broader, transdisciplinary social and economic contexts" (Gibbons et al. 1994: 1). Mode 1 ist demnach der historisch etablierte Modus der Wissensproduktion. Er findet statt innerhalb etablierter Disziplinen und auf der Basis disziplinenspezifischer Methoden, Fragestellungen und Herangehensweisen. Welche Probleme als disziplinenspezifisch definiert und mit welchen Lösungsmethoden sie angegangen werden, bestimmen eingespielte Mechanismen und Hierarchien innerhalb fachwissenschaftlicher Communities und Disziplinen. Dadurch werden auch die Spielräume für den epistemischen Pluralismus eingeschränkt, da in diesem Modus in der Regel der Blick „nach außen", also auf andere Disziplinen mit abweichenden Methoden und andersartigen Perspektiven auf den Forschungsgegenstand, kaum geschieht. Anders verhält es sich im Fall des Mode 2: Gibbons und andere beschreiben diesen Modus als „transdisziplinär", insofern er nicht nur Methoden und Forschungsfragen verschiedener Disziplinen zusammenbringt, sondern auch auf Wissensquellen und -bestände außerhalb der wissenschaftlichen Disziplinen zurückgreift – etwa bei Unternehmen, NGOs oder anderen gesellschaftlichen Akteuren.[3] Aufgrund dieser unterschiedlichen Quellen und Akteure verschwimmen auch die üblichen akademischen Hierarchien und es können sogar Personen eingebunden werden, die über keinerlei akademische Ausbildung oder Erfahrung verfügen: „Some might have come from government laboratories, some from industry, and others from social action groups and concerned citizens, perhaps with no particular scientific training at all. In Mode 2, all have something to

3 Zwar gibt es Disziplinen, wie etwa die Soziologie, bei denen es zum normalen disziplinären Vorgehen gehört, auf solche Wissensquellen zurückzugreifen bzw. dieses systematisch zu untersuchen. In den Naturwissenschaften ist dies bspw. jedoch im disziplinären Modus in der Regel nicht der Fall.

contribute to the formation of a research agenda" (Gibbons 2013: 1286).[4] Nach Gibbons und anderen birgt Mode 2 auch ein spezifisches Potential für Innovationen bei der Wissensproduktion, da dieser im Gegensatz zum oft auf Grundlagenforschung bezogenen Modus 1 sehr stark auf Anwendungskontexte zielt. Der Begriff der Grundlagenforschung (im Englischen „basic research", „fundamental research" oder „pure research") ist dabei nicht leicht zu fassen (vgl. Kaldewey/Schauz 2018). Er wird in der Regel durch die Abgrenzung von Anwendungsforschung definiert als diejenige Forschung, die sich auf das grundlegende Verständnis von Phänomenen und Prozessen im jeweiligen Forschungsbereich konzentriert, ohne dabei konkrete „Verwendungen" für dieses Verständnis und Wissen im Blick zu haben. Anwendungsforschung wird hingegen als Forschung verstanden, die ihren Ausgang von bestimmten Anwendungszielen nimmt, etwa die Entwicklung neuer Medikamente für spezifische Krankheiten, die Übertragung biologischer Eigenschaften auf neue Materialien oder die Verringerung bestimmter Schadstoffe. Obwohl Grundlagenforschung häufig als Kategorie genutzt wird, gibt es in der Wissenschaftsforschung vergleichsweise wenig Forschung zu den Bedeutungsdimensionen und der Tragfähigkeit dieses Konzept sowie zu seiner historischen Entwicklung (vgl. dazu Calvert 2006, Schauz 2014, Baetu 2016).

Spätere potentielle Anwender*innen und Abnehmer*innen von Produkten und Innovationen – also etwa Entwickler*innen und Ingenieur*innen, Ärzt*innen und Krankenpfleger*innen oder die breite Bevölkerung als Nutzerin von Technologien – werden im Forschungsprozess von Beginn an eingebunden. Das Ziel dieser Art von Forschung und Wissensproduktion ist nicht nur verlässliches Wissen, sondern „socially robust knowledge" (Nowotny et al. 2001: 116). Das Konzept des Modus 2 unterscheidet sich durch diese Betonung von Anwendung und Interdisziplinarität auch deutlich von Poppers Falsifikationismus. Popper betrachtet den grundlegenden Prozess der wissenschaftlichen Erkenntnisgewinnung und die Frage, inwiefern dieser verlässlich, falsifizierbar und modifizierbar ist. Die Wechselwirkungen mit außerwissenschaftlichen Akteuren und gesellschaftlichen Erwartungen sind in diesem Rahmen aufgrund seines erkenntnistheoretischen und methodologischen Interesses nicht im Fokus. Nimmt man aber beide Konzepte in den Blick, so ergibt sich ein umfassenderes Bild des wissenschaftlichen Erkenntnisprozesses, das sowohl die Frage nach Methoden, Evidenz und nach der Dauerhaftigkeit von Erkenntnis als auch die Aspekte des historischen Wandels, der

4 Damit ist sowohl gemeint, dass die Forschungsagenda gemeinsam mit Akteuren außerhalb der Wissenschaft gefunden und formuliert wird, etwa wenn es um komplexe gesellschaftliche Herausforderungen geht, als auch, dass diese Akteure in den späteren Forschungsprozess eingebunden werden und gemeinsame Forschung stattfinden kann.

Wechselwirkungen zwischen Wissenschaft und Gesellschaft und der Kooperation in Forschungsprozessen erfasst.

Die von Gibbons, Nowotny und Scott angestoßene Debatte um Mode 1, 2 und auch einen möglichen Mode 3 wird gegenwärtig weitergeführt und eröffnet Einblicke in die aktuelle Wissenschaftsforschung zur Wissensproduktion (vgl. dazu etwa Gibbons 2020, Kühne und Berr 2021, Grek 2023, Brunet et al. 2025 und Nowotny und Scott 2024). In dieser Diskussion wird etwa verhandelt, ob es sich eigentlich um eine neue bzw. originelle Annahme handelt, ob die nach Ansicht von Kritikern in der Mode 2-Konzeption enthaltene Rechtfertigung von Wissenschaft durch Nützlichkeit und Anwendung problematisch ist und ob es eines Mode 3 als zusätzlicher Kategorie bedarf, die die Koexistenz und Interaktion zwischen verschiedenen Modi der Wissensproduktion umfassender einzubeziehen vermag (vgl. Carayannis/Campbell 2013).

Theorien und Konzepte der Kommunikation wissenschaftlichen Wissens

Nach diesem grundlegenden Überblick über zentrale Theorien und Konzepte zur Wissensproduktion können nun einige wichtige Theorien und Begriffe im Kontext der Wissenschaftskommunikation in den Blick genommen werden, bevor in Abschnitt 4 dann das Zusammenspiel zwischen der Produktion und Kommunikation von Wissen in den Fokus rückt.

Wissenschaftskommunikation wird als Begriff oftmals unscharf oder sehr allgemein verwendet. Zunächst unterscheidet die Wissenschaftskommunikationsforschung die *interne* oder *formale* von der *externen* Wissenschaftskommunikation. Interne Wissenschaftskommunikation bezeichnet dabei die Kommunikation und den Austausch innerhalb der wissenschaftlichen Gemeinschaft, etwa durch Konferenzen, Peer Review, Publikationen u.ä. (Könneker 2017). Diese Form der Wissenschaftskommunikation ist durch Entwicklungen wie *Open Science/Open Access* stark im Wandel begriffen.

Ich möchte mich im Folgenden insbesondere auf die externe Wissenschaftskommunikation konzentrieren, also auf die Kommunikation zwischen Wissenschaftlern und Wissenschaftsexternen in einem weiten Sinne. Als größte Wissenschaftsfördereinrichtung in Deutschland definiert die Deutsche Forschungsgemeinschaft (DFG) diese Form der Wissenschaftskommunikation wie folgt:

> Unter Wissenschaftskommunikation versteht die DFG den Dialog und Austausch zwischen der Wissenschaft und Zielgruppen außerhalb der Wissenschaft. Wissenschaftskommunika-

> tion macht deutlich, was wissenschaftliches Arbeiten kennzeichnet, zu welchen Themen und mit welchen Methoden die verschiedenen Wissenschaften arbeiten und welche Erkenntnisse sie generieren. Darüber hinaus kann Wissenschaftskommunikation zeigen, welchen Beitrag Wissenschaft zum Verständnis und zur Beantwortung gesellschaftlicher Fragestellungen leisten kann. Die Wissenschaften wiederum gewinnen im Dialog mit ihren Zielgruppen Impulse für die Forschung und ihre eigene Verortung in der Gesellschaft. Wissenschaftskommunikation beruht somit auf einem wechselseitigen Verhältnis.[5]

Ausgehend von dieser Definition möchte ich im Folgenden zunächst zentrale Akteure und dann wichtige Merkmale und Ziele von Wissenschaftskommunikation diskutieren.

Die DFG nennt in ihrer Definition insbesondere Wissenschaftlerinnen und Wissenschaftler als diejenigen, die Wissenschaftskommunikation betreiben. Das ist angesichts der Aufgabe der DFG als Forschungsfördereinrichtung verständlich. In der Praxis von Wissenschaftskommunikation wird diese allerdings häufig nicht, nicht nur oder nur indirekt von Wissenschaftler*innen betrieben. Ein wichtiger Mittler zwischen Wissenschaft und Gesellschaft ist etwa der Wissenschaftsjournalismus (vgl. Lehmkuhl 2008 zu einer Typologie des Wissenschaftsjournalismus). Wissenschaftsjournalist*innen, die selbst keine forschenden Wissenschaftler*innen sind, haben einerseits die schwierige Aufgabe, wissenschaftliche Prozesse und Ergebnisse zu vermitteln, ohne selbst in die Forschung involviert zu sein oder dem Wissenschaftssystem anzugehören (Blöbaum 2017). Andererseits sind sie, im Gegensatz zu Wissenschaftler*innen, im Idealfall dafür ausgebildet und gut darin, verständlich und anschaulich für eine breite, auch nicht-akademische Öffentlichkeit zu schreiben (bzw. visuell oder auditiv zu vermitteln) und die Komplexität wissenschaftlicher Sachverhalte in einem Maß zu reduzieren, das sowohl den wissenschaftlichen Inhalten als auch den Rezipienten gerecht wird (vgl. Lehmkuhl 2019 zu den Herausforderungen von Komplexität für den Wissenschaftsjournalismus). Weitere Akteure in der Wissenschaftskommunikation sind die Presse- und PR-Abteilungen von Hochschulen und außeruniversitären Forschungseinrichtungen und Einrichtungen wie das Nationale Institut für Wissenschaftskommunikation (NaWik) oder „Wissenschaft im Dialog“, wobei letztere nicht selbst Wissenschaftskommunikation zu eigenen Forschungsthemen betreiben, sondern u.a. Vernetzungs- und Fortbildungsangebote für diejenigen machen, die Wissenschaftskommunikation betreiben.

In der oben eingeführten Definition der DFG finden sich drei wichtige Merkmale von Wissenschaftskommunikation:

5 https://www.dfg.de/de/grundlagen-themen/entwicklungen-im-wissenschaftssystem/wisskomm (zuletzt aufgerufen am 08.07.2025)

1. die Vermittlung sowohl des Prozesses wissenschaftlicher Forschung (Methoden, Fragestellungen, Integrität) als auch ihrer Ergebnisse (Theorien, Daten, Anwendungen),
2. die Verdeutlichung der gesellschaftlichen Relevanz von Wissenschaft,
3. das wechselseitige Voneinander-Profitieren von Gesellschaft und Wissenschaft.

Vor allem im englischsprachen Raum existieren zwei Konzepte, die hinsichtlich der möglichen Ziele, Mittel und des Selbstverständnisses von Wissenschaftskommunikation hilfreich sind: *Public Understanding of Science* (*PUS*, vgl. Stilgoe et al. 2014) (manchmal auch: Public Awareness of Science) und *Public Engagement with Science* (*PES*). Beide Konzepte werden, wenn auch selten, durch das Anhängen von „and Humanities" begrifflich auf den Gesamtbereich der Wissenschaften erweitert (PUSH/PESH). Bei PUS/PUSH wird ein eher passiver Status der Zielgruppe von Wissenschaftskommunikation impliziert. Die Vermittlungs- und Lernrichtung verläuft teils einseitig von den Wissenschaften zur Gesellschaft, etwa durch die massenmediale Vermittlung wissenschaftlicher Inhalte, wobei die „scientific literacy" (auch „science literacy", vgl. Roberts 2013) einer breiten Öffentlichkeit und das Erhöhen der Akzeptanz von Wissenschaft wichtige Ziele darstellen. Die dahintersteckenden Annahmen basieren tendenziell auf einer Defizitannahme bezüglich des Wissenschaftsverständnisses der Bevölkerung, auf die durch den Transport von Wissen und die Übersetzung von Wissenschaftssprache in allgemein verständliche Formate und Sprache reagiert wird (vgl. Gregory und Miller 1998). Dieses Verständnis – oft verbunden mit dem „linear model of expertise" (Durant 2015) – und die damit verbundene Einseitigkeit sollen durch PES/PESH behoben werden: hier wird die adressierte Öffentlichkeit nicht als passive Rezipientin, sondern als aktive Mitgestalterin verstanden. Es entstehen neue Formate wie etwa „science shops" oder „stakeholder conferences" (Schäfer 2009). Ein Ansatz, der im Vergleich zu PUS/PUSH wesentlich stärker in Richtung „Science and/in Society" geht und auch „Citizen Science"-Elemente berücksichtigt, bei denen Laien etwa durch die Mithilfe bei der wissenschaftlichen Datenerhebung aktiv in die Wissenschaft einbezogen werden (Silvertown 2009, Bonney et al. 2016). Zudem werden bei PES/PESH-Ansätzen häufig partizipative Formate gewählt und die Stärkung demokratischer Strukturen durch partizipative Wissenschaft und Wissenschaftskommunikation wird mitbeabsichtigt (Chilvers 2020).

Das Zusammenspiel von Produktion und Kommunikation: der Fall der Corona-Pandemie, Fast Science und Zerrbilder von Wissenschaft

Wissenschaftskommunikation in ihren zahlreichen, gerade beschriebenen Erscheinungsformen, trägt wesentlich zu den Bildern und Auffassungen bei, die in der breiten Öffentlichkeit über Wissenschaft entstehen und vorherrschen. Diese Prozesse und die Veränderungen in der externen Wahrnehmung von Wissenschaft lassen sich in Krisenzeiten und bei starkem Wandel im Wissenschaftssystem besonders gut erkennen. Ich werfe daher im Folgenden einen Blick auf die Veränderungen von Wissensproduktion, Wissenschaftskommunikation und ihr Zusammenspiel im Kontext der Beschleunigung von Wissenschaft und Forschung im Allgemeinen („Fast Science") und im Speziellen im Context der Coronapandemie. Dies geschieht, um zu zeigen, dass diese Entwicklungen einen längeren Vorlauf haben, im Rahmen der Pandemie aber erstmals auf schlagartige Weise sichtbar und gesellschaftlich umfassend bewusst wurden.

Die Beschleunigung von Forschungsprozessen und der zunehmende Zeit- und Finanzierungsdruck sind nicht neu, sondern bereits seit Jahrzehnten zu beobachten (Baylis 2012). In der Wissenschaftsforschung werden diese Phänomene häufig unter dem Begriff „Fast Science" zusammengefasst und analysiert (vgl. Leite und Diele-Viegas 2021, Jungert 2022, Stegenga 2024). Die Coronapandemie hat jedoch viele dieser bereits vorhandenen Entwicklungen nochmals verstärkt und beschleunigt.

Dies betrifft etwa den Umfang der Wissensproduktion während der Pandemie: zwar gab es bereits zuvor die stetige Tendenz zu immer größeren Daten- und Publikationsmengen. In der Pandemie jedoch wurden diese Mengen noch einmal wesentlich größer (die Datenbank Dimensions[6] zählt aktuell über 3 Millionen Publikationen zu COVID-19 seit 2020). Im übernächsten Absatz wird deutlich, dass dieser enorme Zuwachs auch für Wissenschaftskommunikator*innen und -journalist*innen neue Herausforderungen schafft.

Während bereits die schiere Menge der Wissensproduktion zu einem einzigen Thema in sehr kurzer Zeit die Bewertung und Einordnung der Ergebnisse und Daten erschwert, kommen weitere Probleme hinzu. Durch den enormen Zeitdruck, der wiederum auf den Handlungsdruck einer globalen Pandemie zurückgeht, wurden viele etablierte Mechanismen der im positiven Sinne routinierten Wissenschaft umgangen oder verkürzt. In Anlehnung an den Wissenschaftstheoretiker Thomas

6 https://covid-19.dimensions.ai, zuletzt aufgerufen am 14.02.2025.

Kuhn (1922–1996) wurde hier die sog. „Normalwissenschaft" (Kuhn 1962/1976) zumindest in Teilen außer Kraft gesetzt.[7] Wo sonst nach bestimmten methodischen Vorgaben in spezifizierten Prozessen geforscht wurde, traten bereits nach kurzer Zeit neue Phänomene auf. Publikationen wurden in großer Zahl als „Preprints" veröffentlicht, teils ohne oder zumindest ohne hinreichende Prüfung und wissenschaftliche Qualitätssicherung durch Peer Review. Auch die Zahl der Publikationen, die aufgrund von Qualitätsproblemen nach der Veröffentlichung wieder zurückgezogen werden mussten, stieg signifikant (Jungert 2022: 32–34).

Auch hinsichtlich der Wissenschaftskommunikation hatten diese Veränderungen in der Wissensproduktion starke Auswirkungen. So mussten etwa Wissenschaftsjournalisten in Echtzeit selektieren, welche Publikationen sie zur Grundlage ihrer Berichterstattung machten und welche Aussagekraft und Evidenz sie diesen zuordnen konnten. Dadurch verlagerte sich ein Teil der sonst in der wissenschaftlichen Gemeinschaft stattfindenden Selektions- und Qualitätssicherungsmechanismen auf den Wissenschaftsjournalismus, der darauf nicht vorbereitet sein konnte.

Eine weitere Veränderung in der Wissenschaftsproduktion während der Pandemie betrifft die teils massive Umlenkung von Forschungsressourcen und die thematische Fokussierung auf COVID-19 zu Ungunsten anderer Forschungsthemen – und damit eine starke Fokussierung auf Mode 2-Forschung in einem spezifischen Bereich. Die Wissenschaftsjournalistin Elizabeth Gibney analysierte diese Problematik auf der Basis von Wissenschaftlerinterviews und kam dabei zum Ergebnis, dass die Pandemie tausende von Wissenschaftler*innen in einem vorher noch nicht bekannten Tempo und Umfang dazu brachte, ihren Forschungsfokus auf COVID-19 umzulenken und ihre Ausstattung und Geräte, die vorher anderweitig genutzt wurde, schlagartig auf diese Forschung zu konzentrieren und die ursprüngliche Forschung ruhen zu lassen. Sie schildert dabei auch die Bedenken einiger interviewter Wissenschaftler*innen, dass die Pandemie die Forschungsfinanzierung für Jahrzehnte verändern könnte (Gibney 2020: 174). Die einseitige Förderung eines Forschungsthemas kann in diesem Sinne als „schwarzes Loch" für Ressourcen und Aufmerksamkeit wirken, das Forscher*innen aus anderen Bereichen abzieht und die Wissensproduktion einseitig auslenkt, insbesondere zu

7 Kuhn charakterisiert „Normalwissenschaft" als eine Form der Wissenschaft, die im Rahmen von standardisierten Prozessen und Paradigmen forscht, wozu auch das Überprüfen von aufgestellten Hypothesen und Annahmen durch die wissenschaftliche Gemeinschaft im Rahmen des „Peer Review" gehört. In der Corona-Pandemie gerieten diese standardisierten Prozesse ins Wanken, da nicht mehr ausreichend Zeit für das normalwissenschaftliche „Abarbeiten" von Forschungsroutinen und -standards und auch nicht für das reguläre Peer Review vorhanden war, das häufig einen mehrmonatigen Umfang hat und voraussetzt, dass in ausreichender Zahl Gutachter*innen vorhanden sind, was durch die „Publikationsexplosion" während der Pandemie nicht mehr gewährleistet werden konnte.

Ungunsten von Forschungsfeldern und riskanten Projektanträgen abseits des wissenschaftlichen Mainstreams (Jungert 2022: 34).

Eine spürbare Auswirkung der veränderten Wissensproduktion und Wissenskommunikation in der Pandemie bestand in verstärkt auftretenden Zerrbildern von Wissenschaft, die mit unscharfen oder unzutreffenden Vorstellungen darüber zusammenhängen, auf welche Weise wissenschaftliche Erkenntnisproduktion abläuft und in welcher Geschwindigkeit sie zu welcher Art von Ergebnissen führt. Zu diesen Vorstellungen gehört etwa die Idee, dass Wissenschaft in konstanter, rascher und vorhersehbarer Weise verlässliche Erkenntnisse produziert, die dauerhaft gültig bleiben. Dass solche Vorstellungen aufkommen können, liegt zum einen an fehlendem Wissen über das Funktionieren von Wissenschaft und über die unterschiedlichen Erkenntnisprozesse in verschiedenen Disziplinen. Zum anderen gibt es aber auch Gründe, die die Wissenschaft selbst und die Vermittlung und Kommunikation ihrer Ergebnisse betreffen (vgl. Jungert und Schuol 2022, 15).

Zu den Faktoren, die die Wissenschaftskommunikation und insbesondere den Wissenschaftsjournalismus betreffen, zählen die einseitige Fokussierung auf wissenschaftliche Durchbrüche, Erfolgsnarrative und einzelne Wissenschaftler persönlichkeiten (Mäder 2022), das Ausblenden von Fehlern, Rückschlägen und Scheitern in den Wissenschaften (Jungert und Schuol 2022), das Ausbleiben der durchgehenden journalistischen Begleitung von wissenschaftlichen Langzeitprojekten, die Auswirkungen der „Fast Science“ (Stengers 2018) und die meist einseitige Berichterstattung über MINT-Themen zu Ungunsten der Geistes-, Sozial- und Naturwissenschaften (Scheu und Volpers 2017).

Viele dieser Probleme sind oder werden aktuell zunehmend erkannt und es entstehen gegenwärtig zahlreiche Initiativen und Forschungsprojekte, die sich diesen Aspekten widmen: Fehler und Scheitern werden in der Forschung und Wissenschaftskommunikation zunehmend thematisiert (Firestein 2015 und 2023, Jungert und Schuol 2022, Mica et al. 2023). Erste wissenschaftliche Initiativen entstehen, die das Vermitteln eines realistischen Verständnisses des Wissensproduktionsprozesses bereits in den Schulen und in der universitären Lehre angehen wollen (Hyman und Harsh 2022, Mansfield und Gunstone 2022, Ambrosino und Rivera 2023). Und im (deutschsprachigen) Wissenschaftsjournalismus gibt es zunehmende Bemühungen, auch den geistes- und sozialwissenschaftlichen Wissenschaftsjournalismus wieder zu stärken.[8]

8 Etwa durch den gegenwärtigen Aufbau einer Philosophie-Redaktion im „Science Media Center“ (https://www.sciencemediacenter.de). Vgl. dazu auch https://rhine-ruhr-research.de/die-qual-der-wahl-wie-journalismus-expertise-aus-den-sozial-geisteswissenschaften-findet/

Synthese und Fazit

Dieser Beitrag hat aufgezeigt, dass zwischen Wissensproduktion und Wissenschaftskommunikation zahlreiche wichtige Zusammenhänge bestehen, die bisher noch nicht in vollem Umfang durch die Wissenschaftsforschung adressiert werden. Der kritische Rationalismus und Falsifikationismus des (Wissenschafts-)Philosophen Karl Popper kann mit Blick auf diese Zusammenhänge einen wertvollen Beitrag dazu leisten, den Erkenntnisprozess der Wissenschaft auf realistische Art und Weise nachzuvollziehen. Er betont die grundsätzliche Fehlbarkeit und Falsifizierbarkeit aller wissenschaftlichen Theorien und gibt zugleich Kriterien dafür an die Hand, wann Theorien als robust und zumindest bis auf Weiteres wahr angesehen werden können. Auf dieser Grundlage lässt sich beispielsweise das Scheitern in den Wissenschaften richtig einordnen. Dem in Öffentlichkeit und Wissenschaftsjournalismus manchmal vorhandenen Zerrbild einer Wissenschaft, die konstant und in einer Art „maschinellem Prozess" verwertbare Wahrheiten generiert, kann ein realistischeres Verständnis einer auch einmal fehlgehenden, sich jedoch selbst-korrigierenden und kritisch evaluierenden Wissenschaft gegenübergestellt werden. Ein solches, im Popperschen Sinne geerdetes Wissenschaftsbild ist für die Wissenschaftskommunikation von großem Wert: es vermittelt Wissenschaft als Prozess und zeichnet ihre Methoden und Erkenntniswege auf, anstatt den Fokus auf einzelne Ergebnisse und Produkte zu legen. Damit können Wissenschaftskommunikatoren, seien es Wissenschaftler*innen selbst oder Wissenschaftsjournalist*innen, einen wertvollen Beitrag zum Abbau oder zur Vermeidung von Wissenschaftsskepsis und Wissenschaftskritik leisten und zugleich eine wichtige Grundlage für das gegenseitige Verstehen von Gesellschaft und Wissenschaft schaffen.

Die Theorie zu Modus 1 / Modus 2 wurde als gegenwärtig wirkmächtiger Ansatz zur Wissensproduktion aus der sozialwissenschaftlichen Wissenschaftsforschung vorgestellt. Sie ist hilfreich, um verschiedene Arten der Wissensproduktion zu unterscheiden – eine in disziplinären Grenzen und nach disziplinären Vorgaben arbeitende Modus 1-Wissenschaft und eine Wissenschaft im Modus 2, die sich inter- und transdisziplinär versteht und über die Grenzen einzelner Disziplinen, Methoden und auch über die Grenzen von Hochschulen und Forschungseinrichtungen hinweg Wege zu einer kooperativen Forschung aufzeigt, die gesellschaftliche Akteure wie Firmen, Behörden und die breite Öffentlichkeit bei der Auswahl von Forschungsfragen und bei deren Bearbeitung umfassend miteinbindet. Die Einbindung und Darstellung von Modus 2-Forschung in der Wissenschaftskommunikation kann einen wichtigen Beitrag dazu leisten, die Zusammenarbeit von Wissenschaftler*innen über Disziplingrenzen hinaus sichtbar zu machen, das Verständnis für die Komplexität von Forschungsfragen aufzuzeigen, die sich nur im Zusammenspiel verschiedener Wissenschaften bearbeiten lassen und nicht zuletzt auch dazu, die Einbindung von Bürger*innen, Wirtschaft, NGOs und weiteren Akteuren bei der Lösung drängender Gegenwartsprobleme zu verdeutlichen.

Weiterführende Lektüre

Coliva, A. und N. Pedersen (Hrsg.), 2017: Epistemic Pluralism. Basingstoke: Palgrave Macmillan.

Gibbons, M., C. Limoges, H. Nowotny, S. Schwartzman, P. Scott und M. Trow, 1994: The New Production of Knowledge. The Dynamics of Science and Research in Contemporary Societies. London: Sage.

Hauswald, R. und P. Schmechtig (Hrsg.), 2022: Wissensproduktion und Wissenstransfer unter erschwerten Bedingungen. Der Einfluss der Corona-Krise auf die Erzeugung und Vermittlung von Wissen im öffentlichen Diskurs. Freiburg i. Br.: Karl Alber.

Hillerbrand, R., 2022: Weshalb wir Wissenschaften im Plural zur Entscheidungsfindung brauchen: das Beispiel Energiewende. S. 293–338 in: Bartels, A., Lehmkuhl, D. (Hrsg.): Weshalb auf die Wissenschaft hören? Antworten aus Philosophie und wissenschaftlicher Praxis. Berlin/Heidelberg: Springer. https://doi.org/10.1007/978-3-662-65688-4_10

Popper, K., 1934: Logik der Forschung. Zur Erkenntnistheorie der modernen Naturwissenschaften. Wien: Julius Springer.

Literatur

Albert, H., 1985: Mißverständnisse eines Kommentators: Zu Norbert Elias, Das Credo eines Metaphysikers. Kommentare zu Poppers „Logik der Forschung". Zeitschrift für Soziologie 14(4), 265–267. https://doi.org/10.1515/zfsoz-1985-0402

Ambrosino, C.M. und M.A.J. Rivera, 2023: Relevance of science, conceptualization of scientists, and contextualized "failure" as mediators in the development of student science identity. CBE – Life Sciences Education, 22(4).

Apel, K. O., 1982: The Erklären-Verstehen controversy in the philosophy of the natural and human sciences. S. 19–49 in: G. Fløistad (Hrsg.), La philosophie contemporaine / Contemporary philosophy. Dordrecht: Springer https://doi.org/10.1007/978-94-010-9940-0_2

Baetu, T., 2016: The 'Big Picture': The Problem of Extrapolation in Basic Research. The British Journal for the Philosophy of Science 67:4, 941–964. https://doi.org/10.1093/bjps/axv018

Baylis, F., 2012: The Hazards of Fast Science (Bioethics Forum Essay). The Hastings Center https://www.thehastingscenter.org/the-hazards-of-fast-science/ (zuletzt aufgerufen am 16.02.2025).

Blöbaum, B., 2017: Wissenschaftsjournalismus. S. 221–238 in: H. Bonfadelli et al. (Hrsg.), Forschungsfeld Wissenschaftskommunikation. Wiesbaden: Springer VS. https://doi.org/10.1007/978-3-658-12898-2_12

Bonney, R., T. B. Phillips, H. Ballard und J.W. Enck, 2016: Can citizen science enhance public understanding of science? Public Understanding of Science 25(1): 2–16.

Böhm, J. M., 2008: Verstehen und Erklären bei Karl Popper. S. 365–390 in: W.L. Schneider, R. Greshoff und G. Kneer (Hrsg.), Verstehen und Erklären. Sozial- und kulturwissenschaftliche Perspektiven. Leiden: Brill/Fink. https://doi.org/10.30965/9783846746301

Braun-Thürmann, H., 2010: Wandel der Wissensproduktion. S. 71–88 in: D. Simon, A. Knie und S. Hornbostel (Hrsg.), Handbuch Wissenschaftspolitik. Wiesbaden: Springer VS. https://doi.org/10.1007/978-3-531-91993-5_6

Brunet, L., M. Fochler, R. Müller und L. Sigl, 2025: Modes of relevance in research. Towards understanding the promises and possibilities of doing relevance. Minerva 63, 183–203. https://doi.org/10.1007/s11024-025-09585-z

Calvert, J., 2006: What's Special about Basic Research? Science, Technology, & Human Values, 31(2), 199–220. https://doi.org/10.1177/0162243905283642

Chilvers, J. und M. Kearnes, 2020: Remaking Participation in Science and Democracy. Science, Technology, & Human Values 45(3), 347–380. https://doi.org/10.1177/0162243919850885

Coliva, A. und N. Pedersen (Hrsg.), 2017: Epistemic Pluralism. Basingstoke: Palgrave Macmillan.

Durant, D., 2015: The Undead Linear Model of Expertise. S. 17–37 in M. Heazle und J. Kane (Hrsg.), Political Legitimacy, Science and Social Authority. Knowledge and Action in Liberal Democracies. London: Routledge.

Elias, N., 1985: Wissenschaft oder Wissenschaften? Beitrag zu einer Diskussion mit wirklichkeitsblinden Philosophen. Zeitschrift für Soziologie 14(4), 268–281. https://doi.org/10.1515/zfsoz-1985-0403

Firestein, S., 2015: Failure: Why Science Is So Successful. Oxford: Oxford University Press.

Firestein, S., 2023: How Science Fails Successfully. S. 416–422 in: Mica, A. et al. (Hrsg.): International Handbook of Failure. London: Routledge.

Gibbons, M., C. Limoges, H. Nowotny, S. Schwartzman, P. Scott und M. Trow, 1994: The New Production of Knowledge. The Dynamics of Science and Research in Contemporary Societies. London: Sage.

Gibney, Elizabeth, 2020: The pandemic mixed up what scientists study – and some won't go back. S. 173–174 in: Nature 582. https://doi.org/10.1038/d41586-020-01525-z

Gregory, J. und S. Miller, 1998: Science in public. Communication, culture, and credibility. New York: Plenum.

Grek, S., 2023: The New Production of Expert Knowledge: Education, Quantification and Utopia. Cham: Springer.

Hauswald, R. und Schmechtig, P. (Hrsg.), 2022: Wissensproduktion und Wissenstransfer unter erschwerten Bedingungen. Der Einfluss der Corona-Krise auf die Erzeugung und Vermittlung von Wissen im öffentlichen Diskurs. Freiburg i. Br.: Karl Alber.

Hillerbrand, R., 2022: Weshalb wir Wissenschaften im Plural zur Entscheidungsfindung brauchen: das Beispiel Energiewende. S. 293–338 in: Bartels, A., Lehmkuhl, D. (Hrsg.): Weshalb auf die Wissenschaft hören? Antworten aus Philosophie und wissenschaftlicher Praxis. Berlin/Heidelberg: Springer. https://doi.org/10.1007/978-3-662-65688-4_10

Hyman, O. und J. A. Harsh, 2022: Planning to Fail: Teaching Strategies to Navigate Failure-Related Research Challenges in an Introductory Biology CURE. S. 24–32 in Lisa A. Corwin und Louise K. Charkoudian (Hrsg.): Confronting Failure. Approaches to Building Confidence and Resilience in Undergraduate Researchers. Gaithersburg: Council on Undergraduate Research. https://doi.org/10.18833/cf/20

Jungert, M., 2026 (im Druck): Interdisciplinarity: Theoretical and Pragmatic Challenges. In: Böhm-Schnitker, N. und Hartner, M. (Hrsg.): Handbook of Interdisciplinarity: Paradigms and Practices in Literary and Cultural Studies. Berlin/Boston: De Gruyter.

Jungert, M., 2022: Erkenntnis im Eilverfahren? Wissenschaftsphilosophische Implikationen von „Fast Science". In: R. Hauswald und P. Schmechtig (Hrsg.): Wissensproduktion und Wissenstransfer unter erschwerten Bedingungen. Der Einfluss der Corona-Krise auf die Erzeugung und Vermittlung von Wissen im öffentlichen Diskurs. Freiburg i. Br.: Karl Alber.

Jungert, M. und S. Schuol (Hrsg.), 2022: Scheitern in den Wissenschaften. Perspektiven der Wissenschaftsforschung. Paderborn: Mentis/Brill.

Jungert, M., A. Frewer und E. Mayr (Hrsg.), 2020: Wissenschaftsreflexion. Interdisziplinäre Perspektiven zwischen Philosophie und Praxis. Paderborn: Mentis/Brill.

Jungert, M., [2]2013: Was zwischen wem und warum eigentlich? Grundsätzliche Fragen der Interdisziplinarität. S. 1–12 in: Jungert, M. et al. (Hrsg.): Interdisziplinarität. Theorie, Praxis, Probleme. Darmstadt: Wissenschaftliche Buchgesellschaft.

Kaldewey, D., und Schauz, D. (2018). Basic and Applied Research: The Language of Science Policy in the Twentieth Century. Berghahn Books.

Keuth, H., 2019: Karl Poppers „Logik der Forschung". S. 45–63 in: G. Franco (Hrsg.): Handbuch Karl Popper. Wiesbaden: Springer VS. https://doi.org/10.1007/978-3-658-16239-9_3

Knorr-Cetina, K., 1999: Epistemic Cultures. How the sciences make knowledge. Cambridge, MA: Harvard University Press.

Kornmesser, S. und Büttemeyer, W., 2020: Wissenschaftstheorie: Eine Einführung. Berlin: Metzler /Springer.

Könneker, C., 2017: Wissenschaftskommunikation in vernetzten Öffentlichkeiten. S. 453–476 in: H. Bonfadelli et al. (Hrsg.): Forschungsfeld Wissenschaftskommunikation. Wiesbaden: Springer VS. https://doi.org/10.1007/978-3-658-12898-2_24

Könneker, C., 2020: Wissenschaftskommunikation und Social Media: Neue Akteure, Polarisierung und Vertrauen. S. 419–441 in: M. Jungert, A. Frewer und E. Mayr (Hrsg.): Wissenschaftsreflexion. Interdisziplinäre Perspektiven zwischen Philosophie und Praxis. Paderborn: Brill/Mentis. https://doi.org/10.30965/9783957437372_018

Kuhn, T. S., 1962/1976: Die Struktur wissenschaftlicher Revolutionen. Frankfurt a. M.: Suhrkamp.

Lehmkuhl, M., 2008: Typologie des Wissenschaftsjournalismus. S. 176–196 in: H. Hettwer, M. Lehmkuhl, H. Wormer und F. Zotta (Hrsg.): WissensWelten: Wissenschaftsjournalismus in Theorie und Praxis. Gütersloh: Bertelsmann.

Kühne, O. und Berr, K., 2021: Wissenschaft, Raum, Gesellschaft: Ein Überblick zur sozialen Erzeugung von Wissen. Wiesbaden: Springer.

Lehmkuhl, M., 2019: Komplexität der Wissenschaft als Herausforderung für den Wissenschaftsjournalismus. S. 203–212 in: B. Dernbach, A. Godulla und A. Sehl (Hrsg.): Komplexität im Journalismus. Wiesbaden: Springer VS. https://doi.org/10.1007/978-3-658-22860-6_19

Leite, L. und L.M. Diele-Viegas, 2021: Juggling slow and Fast Science. Nat Hum Behav 5: 409 https://doi.org/10.1038/s41562-021-01080-1

Mäder, A., 2022: Die Möglichkeiten des Scheiterns in der wissenschaftlichen Politikberatung – Ein Vorschlag für die Wissenschaftskommunikation. S. 165–188 in: M. Jungert und S. Schuol (Hrsg.): Scheitern in den Wissenschaften. Perspektiven der Wissenschaftsforschung. Paderborn: Brill/ Mentis.

Mansfield, J. und R. Gunstone, 2022: When failure means success: accounts of the role of failure in the development of new knowledge in the STEM disciplines. S. 137–158 in: Berry, A. et al. (Hrsg.): Education in the 21st Century: STEM, Creativity and Critical Thinking. Cham: Springer.

Mica, A., M. Pawlak, A. Horolets und P. Kubicki, 2023: FAIL! Are We Headed towards Critical Failure Studies? S. 137–158 in: A. Mica et al. (Hrsg.): International Handbook of Failure. London: Routledge.

Miller, T. R. et al., 2008: Epistemological Pluralism: Reorganizing Interdisciplinary Research. In: Ecology and Society, 13(2). http://www.jstor.org/stable/26268006

Nowotny, H., P. Scott P und M. Gibbons M, 2001: Re-thinking science: knowledge and the public in an age of uncertainty. London: Polity Press.

Nowotny, H., P. Scott, M. Gibbons, 2003: Introduction: "Mode 2" Revisited: The New Production of Knowledge. S. 179–194 in: Minerva 41(3) http://www.jstor.org/stable/41821245

Nowotny, H. und P. Scott, 2024: Mode of knowledge production. S. 338–342 in: F. Darbellay (Hrsg.): Elgar Encyclopedia of Interdisciplinarity and Transdisciplinarity. Cheltenham: Edward Elgar Publishing.

Pasternack, P. und Beer, A., 2022: Die externe Kommunikation der Wissenschaft in der bisherigen Corona-Krise (2020/2021). Eine kommentierte Rekonstruktion (HoF-Arbeitsbericht 118), unt. Mitarb. von Justus Henke, Sophie Korthase und Philipp Rediger, Institut für Hochschulforschung (HoF) an der Martin-Luther-Universität: Halle-Wittenberg. ISSN 1436–3550. ISBN 978-3-937573-83-0. Online unter https://www.hof.uni-halle.de/web/dateien/pdf/ab_118.pdf

Peters, N., 2024: Uncivil communication and epistemic trustworthiness concerns in public online discussions in response to scientists during the Covid-19 pandemic in: JCOM 23(06), A03. https://doi.org/10.22323/2.23060203

Popper, K., 1934: Logik der Forschung. Zur Erkenntnistheorie der modernen Naturwissenschaften. Wien: Julius Springer.

Roberts, D. A., 2013: Scientific literacy/science literacy. S. 729–780 in: N.G. Lederman et al. (Hrsg.): Handbook of Research on Science Education. London: Routledge.

Rödder, S., 2026: Disziplinen und Interdisziplinarität in der Wissenschaft(sforschung). S. 143–158 in: A. K. Krüger, J.-F. Schrape, C. Schubert und J. Schubert (Hrsg.), Wissenschafts- und Technikforschung. Sozialwissenschaftliche Einführungen. Berlin: de Gruyter.

Ruphy, S., 2016: Scientific pluralism reconsidered: A new approach to the (dis)unity of science. Pittsburgh: University of Pittsburgh Press.

Schauz, D., 2014: What is Basic Research? Insights from Historical Semantics. *Minerva* 52, 273–328. https://doi.org/10.1007/s11024-014-9255-0

Schäfer, M. S., 2009: From public understanding to public engagement: An empirical assessment of changes in science coverage. Science communication 30(4): 475–505.

Scheu, A. M. und A-M. Volpers, 2017: Sozial- und Geisteswissenschaften im öffentlichen Diskurs. S. 391–404 in: H. Bonfadelli et al. (Hrsg.), Forschungsfeld Wissenschaftskommunikation. Wiesbaden: Springer VS. https://doi.org/10.1007/978-3-658-12898-2_12

Schneider, W. L., R. Greshoff und G. Kneer (Hrsg.), 2008: Verstehen und Erklären. Leiden: Brill/Fink. https://doi.org/10.30965/9783846746301

Schurz, G., 1990: Erklären und Verstehen in der Wissenschaft. Berlin/Boston: Oldenbourg Wissenschaftsverlag. https://doi.org/10.1515/9783486824841

Silvertown, J., 2009: A new dawn for citizen science. Trends in Ecology & Evolution 24(9), 467–471.

Stadler, Friedrich, ²2015: Der Wiener Kreis: Ursprung, Entwicklung und Wirkung des Logischen Empirismus im Kontext. Basel: Springer.

Stegenga, J., 2024: Fast Science. The British Journal for the Philosophy of Science, 729617. https://doi.org/10.1086/729617

Stengers, I., 2018: Another science is possible: A manifesto for slow science. Cambridge: Polity Press.

Stilgoe, J., S.J. Lock, J. und Wilsdon, 2014: Why should we promote public engagement with science? Public understanding of science 23(1), 4–15. https://doi.org/10.1177/0963662513518154

Wegerhoff, D., T. Ward und L. Dixon, 2022: Epistemic pluralism and the justification of conceptual strategies in science. Theory & Psychology, 32(3), 443–466. https://doi.org/10.1177/09593543211063827

Weingart, P., 1997: From “Finalization” to “Mode 2”: Old wine in new bottles? Social Science Information, 36(4), 591–613. https://doi.org/10.1177/053901897036004002

Werber, N., 2022: Publizität in der Corona-Krise: Zum Diabolischen der Wissenschaftskommunikation. In: Hahn, K., Langenohl, A. (Hrsg.): ‚Öffentliches Leben‘: Gesellschaftsdiagnose Covid-19. Medienkulturen im digitalen Zeitalter. Springer VS: Wiesbaden. https://doi.org/10.1007/978-3-658-37440-2_3

Jürgen Hampel und Michael M. Zwick

5 Einstellungen zu und die Akzeptabilität von Technik

Einleitung

Die Vorstellung von unabänderlichen Technisierungsprozessen – dem so genanntem Technikdeterminismus – hat nicht nur in den Sozialwissenschaften Tradition (Ogburn 1969, Schelsky 1979), sie ist, wie empirische Studien ergeben haben, auch in der Öffentlichkeit präsent. Drei Viertel der Befragten des sogenannten „TechnikRadar 2022", einer Repräsentativerhebung zu technikbezogenen Einstellungen der Deutschen, glauben, dass niemand den technischen Fortschritt aufhalten könne (acatech et al. 2022:15). In den letzten 25 Jahren hat sich daran nur wenig geändert (vgl. Hennen 1997). Technik ist demnach für weite Teile der Gesellschaft ein unabänderliches Schicksal.

Ein gänzlich anderes Bild vermittelt die aktuelle Forschung zur Technikgenese. Diese zeigt, dass die Entwicklung von Technik nicht immanenten Zwängen folgt, sondern das Ergebnis eines Interaktionsprozesses zwischen gesellschaftlichen Akteuren und den jeweiligen technischen Möglichkeiten ist[1]. Sie folgt den Interessen von Akteuren und sie dient Zielen, die man befürworten, aber auch ablehnen kann. Dass die Einführung neuer Technologien ebenso ein sozialer Prozess ist wie die Technikentwicklung selbst, zeigen die gesellschaftlichen Reaktionen auf diese Prozesse, die sozialräumlich und zeitlich höchst unterschiedlichen sein können. Ein Beispiel ist die Grüne Gentechnik. In Großbritannien wurden zu Beginn der 1990er Jahre gentechnisch veränderte Lebensmittel problemlos vermarktet, um nur wenige Jahre später – wie auch in einigen anderen europäischen Ländern – zum Gegenstand heftiger Kontroversen zu werden (vgl. Durant et al. 1998, Torgersen et al. 2002). Technik setzt sich nicht einfach durch, sie muss neben den Anforderungen, die ihre Entwickler und Produzenten an sie stellen, auch gesellschaftliche Anforderungen erfüllen, um nicht zu scheitern.

Die Frage nach den gesellschaftlichen Reaktionen auf neue Technologien ist für die soziologische Analyse moderner Gesellschaften von umso größerer Bedeutung, als moderne Gesellschaften in zunehmendem Maß durch Technisierungsprozesse geprägt werden. Sie greifen in immer weitere Bereiche des Lebens ein, von der

1 Unseres Erachtens führen sowohl der Technikdeterminismus als auch die Vorstellung einer gesellschaftlichen Determinierung der Technikentwicklung zu Kurzschlüssen.

https://doi.org/10.1515/9783112245897-007

Güterproduktion über die künstliche Intelligenz (Hirsch-Kreinsen 2023) bis zur Frage der gentechnischen Disponierbarkeit des Menschen (Habermas 2001, Reich et al. 2015).

Während sich die soziologische Innovationsforschung mit den Akteuren und Institutionen beschäftigt, die Innovationsprojekte vorantreiben, befasst sich die Forschung zu Technikeinstellungen mit gesellschaftlichen Reaktionen auf solche Technisierungsprozesse und der Frage, wie wir diese Reaktionen erfassen und erklären können. Diese Forschung geht über die Akteure und Akteurskonstellationen hinaus, die im Zentrum der Aufmerksamkeit der Technikgeneseforschung stehen und integriert die Gesellschaft im weitesten Sinn in die Techniksoziologie. Zahlreiche Beispiele, von der Kernenergie über die Grüne Gentechnik bis zum autonomen Fahren zeigen, dass neue Technologien in der Öffentlichkeit zumindest toleriert werden müssen, wenn sie sich durchsetzen wollen. Die Forschung zu Technikeinstellungen hat unser Verständnis dieser Prozesse grundlegend verändert. Auseinandersetzungen um neue Technologien sind aus soziologischer Perspektive nicht zuletzt deshalb relevant, weil sie gesellschaftliche Konfliktlinien offenlegen, die sich auf die Frage erstrecken, wie wir in Zukunft leben wollen (siehe auch Gloede und Bechmann 2005). Damit ist die Forschung zu Technikakzeptanz und Technikeinstellungen das Bindeglied zwischen der Technikgeneseforschung und einer soziologischen Forschung, die gesamtgesellschaftliche Entwicklungen thematisiert.

Dieser Beitrag widmet sich diesen Fragen in vier Schritten. Wir beginnen in (1) damit, die Entwicklung dieses Forschungsgebietes nachzuvollziehen. In Kapitel (2) diskutieren wir, was der Gegenstand der Untersuchung von Technikeinstellungen ist und erläutern eine zunehmende soziologische Präzisierung des Einstellungsobjekts. Kapitel (3) zeigt auf, was wir über allgemeine Technikeinstellungen wissen, während Kapitel (4) erläutert, wie Technikeinstellungen erklärt werden. Im abschließenden Kapitel (5) werden die Ergebnisse diskutiert.

Technikakzeptanz und Technikeinstellungen – die Entwicklung eines Forschungsgebiets

In Deutschland begann die Technikakzeptanzforschung bereits in den 1960er Jahren mit dem so genannten Fluch-Segen-Indikator des Instituts für Demoskopie (IfD) in Allensbach (vgl. Hampel, Zwick 2016). Die Frage, inwieweit die deutsche Gesellschaft technikfeindlich sei, also Technik generell ablehne, stand auch im Fokus zahlreicher Studien der 1980er und 1990er Jahre (siehe etwa Jaufmann und Kistler 1988, Kistler 2005). Weitere Studien folgten, wie etwa die Analysen des

Büros für Technikfolgenabschätzung beim Deutschen Bundestag (TAB), die Einstellungen zu bestimmten technischen Entwicklungen und deren sozialen Kontext analysierten (etwa Hennen 1994, 1997, 2002). Die Zielsetzung hat sich verändert. Diese Studien zielten auf die Analyse gesellschaftlicher Reaktionen auf differenziert erhobene Technologien und versuchten dabei, zu erklären, warum manche Technologien abgelehnt werden, und andere nicht (siehe auch Abschnitte 3 und 4). Neben dem TAB ist in Deutschland in dieser Zeit in erster Linie die baden-württembergische Akademie für Technikfolgenabschätzung zu nennen, die einen interdisziplinären Projektverbund zur Wahrnehmung von Chancen und Risiken der Gentechnik koordinierte (Hampel, Renn 1999) und einige regionale Studien zur Technikwahrnehmung durchführte (Zwick und Renn 1998, 2002).

Die wissenschaftliche Beschäftigung mit Technikeinstellungen ist nicht auf Deutschland beschränkt, im Gegenteil. Bereits früh entwickelten sich Technikeinstellungen zu einem international relevanten Forschungsthema, wobei sich eine lebendige Fachdiskussion mit eigenen erfolgreichen Publikationsorganen entwickelte. Deutschsprachige und internationale Fachzeitschriften wie TATuP (Technikfolgenabschätzung in Theorie und Praxis) und Public Understanding of Science publizieren einschlägige Studien. Weitere Publikationen findet man in naturwissenschaftlichen Journalen wie SCIENCE oder NATURE, in Zeitschriften aus dem Bereich der Wissenschaftskommunikation und der Risikoforschung sowie in natur- und technikwissenschaftlichen Journalen. Diese Forschung findet mittlerweile auf allen Kontinenten statt, wobei insbesondere der asiatische Raum an Bedeutung gewonnen hat.

Von besonderer Bedeutung sind Repräsentativerhebungen der EU-Kommissionen, die sogenannten Eurobarometer, die sich einerseits mit allgemeinen Einstellungen zu Wissenschaft und Technik, in zahlreiche Spezialstudien aber auch mit ausgewählten Technologien, wie der Gentechnik oder der Digitalisierung beschäftigen.[2] Zwischen 1977 und 2021 wurden im Rahmen des Eurobarometerprogramms der EU acht Studien zu Einstellungen zu Wissenschaft und Technik durchgeführt.[3] In den USA wurde die Erfassung von Einstellungen zu Technik und Wissenschaft ein integraler Bestandteil der Science and Engineering Indicators der National Science Foundation.[4] Damit konnte sich die Untersuchung von Technikeinstellungen

---

2 Eurobarometer-Datensätze sind im Zentralarchiv für empirische Sozialforschung der wissenschaftlichen Forschung zugänglich.

3 https://europa.eu/eurobarometer/surveys/browse/all/series/27731, zugegriffen am 7.1.2025.

4 https://ncses.nsf.gov/pubs/nsb20244/public-perceptions-of-science-and-technology, zugegriffen am 7.1.2025.

an die bereits etablierte Forschung zu Wissenschaftseinstellungen anschließen, die in den USA bereits in den 1950er Jahren begann (Miller 2004).

Die internationale Erforschung von Technikeinstellungen ist eng mit der Erforschung von Wissenschaftseinstellungen und der Forschung zur Technik- und Wissenschaftskommunikation (Bauer, Schiele 2023) verbunden. Dafür gibt es Gründe: Wissenschaftseinstellungen sind nicht zuletzt relevant, weil nicht nur die Einführung von Technik Gegenstand gesellschaftlicher Kontroversen ist, sondern auch wissenschaftliche Forschungsfelder, so etwa die Evolutionsbiologie (Miller et al. 2021) oder die Klimaforschung (Nisbet, Myers 2007, Newman et al. 2018), um nur einige der diskutierten Themen zu nennen. Dass allerdings in den Eurobarometerstudien Technik und Wissenschaft zu einer einheitlichen Kategorie zusammengefasst werden (vgl. Europäische Kommission 2021), ist aus theoretischen und methodischen Gründen problematisch. Wissenschaft zielt auf Erkenntnis ab und Technik auf Anwendung. Eine Zusammenfassung beider Konzepte ist daher nur schwer zu rechtfertigen.

Während sich die Forschung zu Technik- und Wissenschaftseinstellungen international institutionalisierte (Bauer 2015; Bauer, Schiele 2023), endete sie in Deutschland mit dem Jahrtausendwechsel. Über die Gründe für diesen Abbruch kann nur spekuliert werden. Die deutsche Forschung war daher lange Zeit auf internationale Daten, etwa aus dem Eurobarometer-Programm der EU angewiesen. Erst mit der Einführung des Wissenschaftsbarometers[5] durch „Wissenschaft im Dialog“ (2022), einer wissenschaftlichen Einrichtung zur Wissenschaftskommunikation, und des sogenannten TechnikRadars[6] endete der systematische Mangel an empirischen Einstellungsstudien in Deutschland. Insbesondere das TechnikRadar ist bemüht, Technik als sozio-technisches System zu erfassen. Beide Erhebungsprogramme sind in internationale Forschungszusammenhänge eingebunden.

Methodisch sind in diesem Forschungsfeld, in Anbetracht der Fragestellung nicht überraschend, repräsentative Bevölkerungsumfragen dominant. Zusätzlich zur Surveyforschung werden auch qualitative Untersuchungen durchgeführt, von Einzelinterviews bis hin zu Fokusgruppen. Im Idealfall werden in Projekten sowohl quantitative als auch qualitative Methoden der empirischen Sozialforschung angewandt (u.a. Durant et al. 1998). Viele der empirischen Studien, etwa die deutschen

---

5 https://wissenschaft-im-dialog.de/projekte/wissenschaftsbarometer/, zugegriffen am 16.4.2025

6 Der Technikradar ist ein von der Deutschen Akademie der Technikwissenschaften, der Körber-Stiftung und des Zentrums für Interdisziplinäre Risiko- und Innovationsforschung der Universität Stuttgart (ZIRIUS) initiiertes Projekt zur wissenschaftlichen Messung von Technikeinstellunge (https://www.acatech.de/projekt/technikradar/, zugegriffem am 16.4.2025).

TechnikRadar-Erhebungen oder die Eurobarometer-Studien der EU, sind über GESIS auch der studentischen Forschung zugänglich.

Was untersuchen wir, wenn wir Technikeinstellungen untersuchen?

Jede Untersuchung setzt voraus, dass vorab präzise festgelegt wird, was untersucht werden soll. Bei abstrakten Phänomenen wie Technikeinstellungen ist diese Festlegung alles andere als trivial – und verändert sich mit dem theoretischen Verständnis dessen, was untersucht werden soll.

Einstellungen sind, so ein Lehrbuch zur Einstellungsforschung, zusammenfassende Bewertungen eines Gegenstands oder Sachverhalts (Bohner und Wanke 2002: 5). Das heißt, Einstellungen bestehen aus einzelnen Komponenten, die vom Individuum zu einer bestimmten Zeit zu einer Bewertung zusammengeführt werden. Die einzelnen Komponenten können widersprüchlich sein – man kann etwas nützlich finden, aber gleichzeitig ethisch inakzeptabel – und in ihrer Bedeutung für die Einstellungsbildung im Zeitverlauf variieren.

Was untersuchen wir, wenn wir Technikeinstellungen untersuchen? Zunächst wurde sehr allgemein nach Technik gefragt. Es bleibt allerdings unklar, woran die Befragten des Instituts für Demoskopie in den 1960er Jahren konkret gedacht haben, als sie die Frage beantwortet haben, ob „Technik“ eher „Fluch oder Segen“ sei. Waren es allgemeine Vorstellungen von Technik als Grundlage wirtschaftlichen Wohlstands? Waren es großtechnische Anlagen wie Kernkraftwerke, Chemieanlagen und Infrastrukturprojekte? Oder waren es technische Geräte wie die Waschmaschine, das Telefon und das Fernsehen, die in den 1960er Jahren zum festen Bestandteil von Haushalten wurden und den Alltag wesentlich veränderten (vgl. Glatzer et al. 1991)? Wir können es nicht wissen.

In den 1990er Jahren wurden die Forschungskategorien bereits präziser. In ihrer Überblicksstudie zur Technik- und Risikoakzeptanz unterscheiden Renn und Zwick (1997: 24) zwischen Alltagstechnik, Technik im Arbeitsleben und externer Großtechnik. Diese Unterscheidung reagierte auf die kontroversen technikbezogenen Themen der 80er und 90er Jahre, als insbesondere die sogenannte *externe Technik* zum Gegenstand gesellschaftlicher Auseinandersetzungen wurde. Wichtige Themen waren etwa die Kernenergie, der Bau bzw. Ausbau von Infrastruktureinrichtungen wie Flughäfen oder Sendeanlagen für den Mobilfunk, oder Industrieanlagen. Während der Einsatz von Alltagstechnik das Ergebnis individueller Nutzerentscheidungen ist und Technik am Arbeitsplatz höchstens Gegenstand innerbetrieblicher Verhandlungen, bedarf externe Technik gesellschaftlicher

Zustimmung. Wenn externe Technik auf gesellschaftliche Ablehnung stößt, wird sie daher häufig zu einem politischen Problem.

Die technische Entwicklung, insbesondere die Digitalisierung, hat die Trennung zwischen Alltagstechnik, externer Technik und Arbeitstechnik jedoch weitgehend obsolet gemacht. Ein und dasselbe technische Gerät kann gleichzeitig das (eigene) Sozialleben organisieren, berufliche Kommunikation ermöglichen, und ist dabei auf entsprechende großtechnische Infrastrukturen angewiesen. Zudem werden aktuell besonders kontrovers diskutierte Anwendungen von Technik, etwa im Bereich der Gentechnik von dieser Unterscheidung gar nicht erfasst. Heute differenziert sich das Feld der Technikeinstellungsforschung vielmehr entlang von konkreten Technologien aus – von der Gentechnik bis zur künstlichen Intelligenz. Statt abstrakt und generalisierend Technikeinstellungen zu thematisieren, wird in aktueller Forschung Technik als sozio-technisches System verstanden. Es geht es nicht mehr lediglich um die wahrgenommenen Eigenschaften von Technik, sondern um die sozialen Prozesse der Entwicklung, der Einführung und dem Betrieb von Technik (Dierkes 1986).

Die empirische Forschung zu Technikeinstellungen zeichnet damit einen Prozess nach, den die Techniksoziologie auch in anderen Bereichen, insbesondere der Technikgeneseforschung vollzogen hat. Technik ist nicht mehr eine von außen auf die Gesellschaft einwirkende Kraft, die einer eigenen technischen Rationalität folgt und Gesellschaften zu Anpassungsleistungen zwingt. Stattdessen werden Technikentwicklung und der Einsatz von Technik als gesellschaftliche Projekte verstanden, die gesellschaftlicher Legitimation bedürfen. Dies wirft einen völlig neuen Blick auf das Forschungsgebiet. Die Frage, welche Eigenschaften von Technik und Technisierungsprozessen für die Bewertung und Einstellungsbildung relevant sind gerät in den Blickpunkt.

Empirische Forschung zu allgemeinen Technikeinstellungen

Methodisch basiert die Forschung zu Technikeinstellungen weitgehend auf repräsentativen quantitativen Bevölkerungsstudien, meistens auf der Basis von Zufallsstichproben, die es erlauben, auf die Grundgesamtheit zu schließend. Seltener und eher ergänzend sind qualitative Studien, die etwa Leitfadeninterviews oder Fokusgruppen nutzen.

Die bereits erwähnte Fluch-Segen-Zeitreihe des IfD begann 1966 (Hampel, Zwick, 2016: 26). Damals sahen noch 78% der Deutschen Technik als segensreich an. Diese hohe Zustimmungsrate fiel bis 1987 um 30 Prozentpunkte (siehe Abb. 5.1). Gesellschaftliche Entwicklungen wie das Entstehen der Ökologiebewegung, aber auch schwere Technikunfälle machten deutlich, dass es auch unerwünschte Nebenfolgen des Technikeinsatzes gibt. Die Folge war aber nicht Ablehnung von Technik – zu allen Messzeitpunkten stagnierte der Anteil an Befragten, die in Technik vor allem einen Fluch sahen, bei maximal 12% (Hampel, Zwick 2016:26) – sondern eine Zunahme ambivalenter Einstellungen, die von 19% (1966) auf 42% (1987) anstiegen. Dass nicht die Ablehnung von Technik, sondern ambivalente Urteile zugenommen haben, ist bemerkenswert, wenn man bedenkt, dass die letzte Messung 1987, ein Jahr nach dem Reaktorunfall in Tschernobyl, durchgeführt wurde.

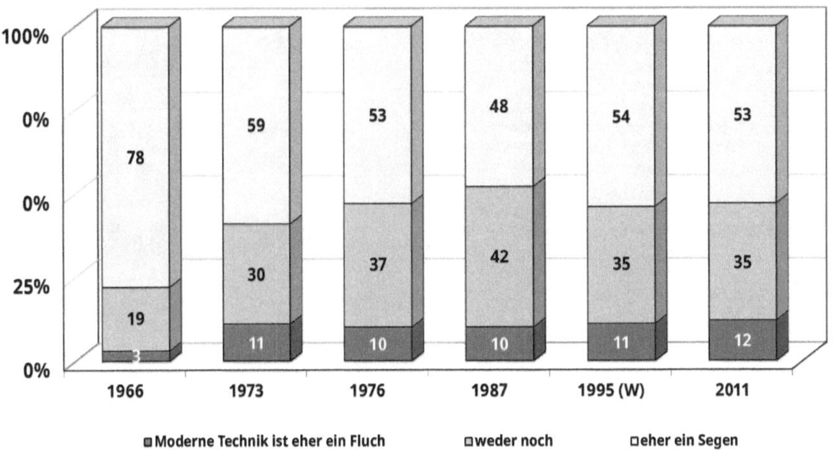

Abb. 5.1: Technik – Fluch oder Segen? Eigene Zusammenstellung auf Basis von Umfragen des Instituts für Demoskopie Allensbach, zit. in Renn/Zwick 1997: 16. 2011: IfD-Umfrage 10071. (W) Westdeutschland.

Gleichzeitig werden die Verheißungen der Technisierung zunehmend in Frage gestellt. Technik wird zwar weitgehend als unaufhaltsames Schicksal wahrgenommen (siehe Einleitung), das Versprechen der Nachkriegszeit, dass die technische Entwicklung dazu führen wird, dass nachfolgende Generationen eine höhere Lebensqualität haben werden, wird ebenso von großen Teilen der Öffentlichkeit in Frage gestellt wie die Erwartung, dass die technische Entwicklung uns helfe, zentrale Probleme der Menschheit wie Hunger, Armut oder den Klimawandel zu bewältigen (vgl. Abb. 5.2)

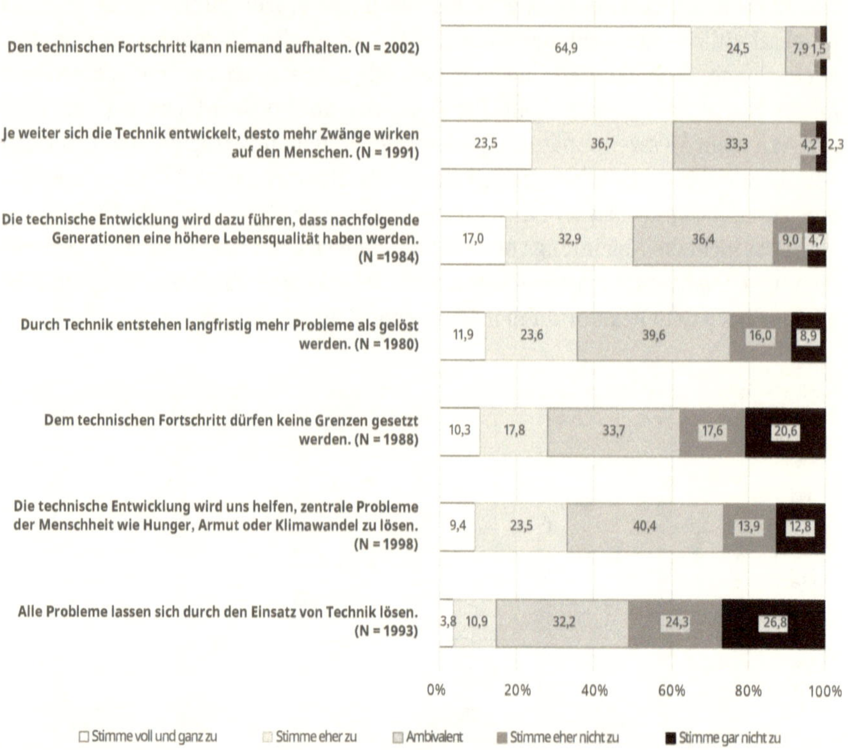

Abb. 5.2: Einstellung der Befragten zum technischen Wandel im Allgemeinen (Auswahl aus TechnikRadar 2018: 15).

Bereits in der Vergangenheit haben Surveys erhebliche Unterschiede zwischen verschiedenen Technologien ermittelt (bspw. Hennen 1997). Daran hat sich bis heute nichts geändert, wie etwa das Science and Technology Eurobarometer von 2021 (Europäische Kommission 2021) zeigt. Auf die Frage, ob die jeweilige Technik positive, negative oder keine Auswirkungen auf unser Leben haben werden, finden wir die größte Zustimmung bei erneuerbaren Energien. Solarenergie (92%) und Windenergie (87%) stoßen auf fast ungeteilte Zustimmung. Ähnlich sieht es bei Impfstoffen (86%) und der Informations- und Kommunikationstechnologie (82%) aus. Auf hohe Zustimmungswerte stoßen auch Biotechnologie und Gentechnik (70%) sowie künstliche Intelligenz (61%). Nur knapp die Hälfte der Europäer befürwortet hingegen die Kernenergie zur Energieproduktion (46%). Bei dieser Technologie sind die nationalen Unterschiede besonders ausgeprägt. Äußern in Tschechien 78% positive Erwartungen, sind es in Deutschland, dem in der Europäischen Union diesbezüglich kritischsten Land, nur 25%.

Diese Differenzierungen kann man noch weiterführen. Nicht nur Einstellungen zu verschiedenen Technologien unterscheiden sich, sondern auch zu unterschiedlichen Anwendungen bestimmter Technologien. Am besten erforscht wurde dieses Thema bei der Gentechnik, wo bereits die ersten empirischen Untersuchungen aus den frühen 1990er Jahren zwischen befürworteten medizinischen und abgelehnten landwirtschaftlichen Anwendungen unterschieden haben (vgl. u.a. Bauer 2015, Hampel 2018, Hampel et al. 2021, Dubois 2023).

Wie lassen sich Technikeinstellungen erklären?

Die Forschung zu Technikeinstellungen will nicht nur beschreiben, sondern auch erklären, warum manche Technologien auf großen gesellschaftlichen Widerstand auslösen, andere gar nicht. Dabei können wir zwischen personenbezogenen (5.5.1), technikbezogenen (5.5.2) und prozessbezogenen (5.5.3) Faktoren unterscheiden.

Personenbezogene Faktoren

Es gibt eine lange Tradition, die Ablehnung von Technik und Technikkontroversen über individuelle Faktoren zu erklären (Jaufmann und Kistler 1988, Hennen 1994, Kistler 2005, Rammstedt 2007, Fuglsang 2024). Dabei stehen neben den gängigen soziodemographischen Variablen wie Alter und Geschlecht die folgenden Erklärungsmuster im Vordergrund: Technikfeindschaft, das sogenannte Defizit Modell, Technophilie und Religiosität.

Eine gängige, vor allem von politischen Eliten geäußerte Erklärung von Technikkontroversen ist die sogenannte *Technikfeindschaft* (Rothenhäusler 2013). Dieses Erklärungsmodell beruht auf der impliziten Annahme, dass Technik aus prinzipiellen Gründen, die nicht näher erläutert werden, abgelehnt wird. Auf Technikfeindschaft berufen sich insbesondere Akteure, die Technisierungsprozesse vorantreiben wollen und dabei auf Widerstand stoßen. Karl Steinbuch, einer der Wegbereiter der Digitalisierung in Deutschland, hat bereits vor Jahrzehnten über die westdeutsche Gesellschaft geurteilt, sie sei "irrational, anti-technisch und anti-wissenschaftlich" (Steinbuch 1986, zitiert nach Gloede und Hennen 2005: 4). Auch in anderen Ländern finden sich derartige Klagen (The Royal Society 1985). Empirisch ist dieses Erklärungsmodell allerdings längst widerlegt (ua. Jaufmann, Kister 1988; Hennen 1994). Verschiedene Technologien werden mit wenigen Ausnahmen, etwa bei den Amish in den USA (Ester 2005) nicht einheitlich, sondern sehr unterschiedlich wahrgenommen.

Ein weiterer personenbezogener Erklärungsansatz ist das so genannte *Defizitmodell* (vgl. Sturgis und Allum 2004). Danach wird die Ablehnung von Technik auf unzureichendes Wissen zurückführt. Erwartet wird, dass die Menschen neue Technologien befürworten würden, wenn sie nur Bescheid wüssten. Das Defizit-Modell ist die Grundlage zahlreicher Versuche, durch verbesserte Wissenschaftskommunikation die unterstellten Informationsdefizite zu beheben und die Akzeptanz abgelehnter Technologien zu erhöhen (siehe auch Jungert 2026 in diesem Band). Auch diese Erklärung wurde durch die Forschung widerlegt. Bereits in den 1990er Jahren haben Studien zur Gentechnik gezeigt, dass sich unter den Bestinformierten sowohl die eifrigsten Befürworter als auch die entschiedensten Gegner dieser Technologie befanden. So gesehen trägt steigendes Wissen eher zu einer Polarisierung der Technikbewertung bei (u.a. Gaskell et al. 1997).

Theoretisch anspruchsvoller ist das von Zwick und Renn (1998) entwickelte Konzept der Technophilie. Aus den hoch miteinander korrelierten Variablen „technisches Interesse", „Wissen über Technik" und „Begeisterung für Technik" haben sie den sogenannten *Technophilie-Index* begründet, der sich empirisch als Prädiktor für Technikeinstellungen bewährt hat (Zwick und Renn 1998; acatech und Körber Stiftung 2018). Technophilie trägt zur Erklärung der Höhe von Zustimmung oder Ablehnung bei, erklärt aber nicht die Unterschiede der Akzeptanz verschiedener Technologien. Empirisch zeigt sich, dass das Ausmaß an Technophilie mit soziodemographischen Merkmalen variiert. Als besonders technophil erweisen sich besonders junge Männer, wohingegen sich ältere Frauen nur durch eine geringe Technophilie auszeichnen (acatech und Körber Stiftung 2018: 75).

Schließlich zeigt sich, dass vor allem bei ethisch sensiblen Sachverhalten, wie beispielsweise manchen Anwendungen im Bereich der Humangenetik, die *Religiosität* Einfluss auf die Bewertung und Akzeptanz der betreffenden technischen Anwendungen nimmt (etwa Unsworth and Voas 2017), und zwar in den USA stärker als in Europa. In einer Studie zum Genome-Editing in den USA ermittelte das Pew Research Center (2022) erhebliche Unterschiede, zwischen Religiösen und Nichtreligiösen. In anderen Ländern, wie etwa Deutschland, gab es diese Unterschiede nicht (siehe etwa Acatech/Körber-Stiftung, 2020; Hampel et al., 2021). Möglicherweise können wir hier eine Säkularisierung religiöser Moralvorstellungen beobachten.

Technikbezogene Faktoren

Statt im Individuum und dessen Eigenschaften die Ursache für Zustimmung oder Ablehnung von Technik zu sehen, hat sich die sozialwissenschaftliche Forschung zu Technikeinstellungen zunehmend der Frage zugewandt, ob es nicht die Eigenschaften der jeweiligen Technologien sind, die ausschlaggebend sind für Zustimmung oder Ablehnung.

Ein technikbezogenes Merkmal und eine zentrale Voraussetzung für Akzeptanz ist die wahrgenommene Funktionsfähigkeit, auch wenn dies auf den ersten Blick trivial erscheinen mag. Das Beispiel des autonomen Fahrens zeigt, wie weit die Einschätzungen der Funktionsfähigkeit von Entwicklern und die Einschätzungen der Öffentlichkeit auseinander gehen können (Hampel et al. 2018). Das fehlende Vertrauen in die Funktionsfähigkeit erweist sich als eine der Hauptursachen für die nur mäßige Bereitschaft, sich auf diese Technik einzulassen heraus; nur 16% der Befragten wären bereit, die Verantwortung an ein vollautonomes Fahrzeug abzugeben.

Zu den technikbezogene Merkmalen gehören Risiko-, aber auch Nutzenerwartungen, Fragen der ethischen Bewertung, der Sozial- und Umweltverträglichkeit von Technik, sowie das Instrumentarium des aus der Risikoforschung stammenden so genannten psychometrischen Paradigmas (Slovic 1992; Fischhoff et al. 2001), das es erlaubt, differenziert mit semantischen Differentialen die Einstellungen zu einem gegebenen Einstellungsgegenstand zu erfassen. Die vom psychometrischen Paradigma formulierten Listen von Urteilsdimensionen sind sehr umfangreich und wurden daher nur selten vollständig rezipiert (Renn und Zwick 1997: 91ff.). Stattdessen findet sich, etwa in den bereits erwähnten Eurobarometer-Studien, eine Beschränkung auf Nutzen- und Risikoeinschätzungen.

Die Entwicklungen der Forschung zu Technikeinstellungen, ihrer Fragestellungen und Konzepte, lassen sich am besten am Beispiel der Gentechnik erläutern, weil es hier eine umfangreiche Forschungsliteratur gibt. Eine wesentliche Rolle spielt hier das Eurobarometer-Programm der Europäischen Union.[7,8] Die Studien zielten nicht nur auf die Zustimmung oder Ablehnung, sondern versuchten, über die Erfassung von wahrgenommenen bzw. zugeschriebenen Eigenschaften von verschiedenen Anwendungen der Gentechnik Einstellungen erklären zu können Es wurde dazu jeweils gefragt, inwieweit die Anwendungen als nützlich, riskant und ethisch akzeptabel empfunden wurden (vgl. Durant et al. 1998). Ein Beispiel dafür, wie man mit einfachen Tabellenanalysen mit diesen Variablen substanzielle Ergebnisse erzielen kann, hat eine Forschergruppe um den britischen Sozialpsychologen George Gaskell entwickelt (Gaskell et al. 2004). Von theoretisch 16 möglichen

---

7 Eurobarometer sind repräsentative Erhebungen, die in allen Mitgliedsstaaten der EU und darüber hinaus auch in assoziierten Ländern zu verschiedenen Themen in regelmäßigen Abständen durchgeführt werden. Die Daten sind bei GESIS erhältlich. Eurobarometer-Befragungen erlauben daher, Technikeinstellungen in einer international vergleichenden Perspektive zu untersuchen.

8 Es handelt sich um Studien aus den Jahren 1991, 1993, 1996, 1999, 2002, 2005 und 2010.

Kombinationen aus der jeweils dichotomisierten Nutzenwahrnehmung, der Risikowahrnehmung, der Einschätzung der ethischen Akzeptabilität und der Unterstützung dieser Anwendung erwiesen sich nur drei Konfigurationen als dominant, die so genannte Unterstützungslogik (nützlich, nicht riskant, ethisch akzeptabel und Befürwortung), die Logik der risikotoleranten Unterstützer (nützlich, riskant, ethisch akzeptabel und Befürwortung) und die Ablehnungslogik (nicht nützlich, riskant, ethisch nicht akzeptabel und Ablehnung) (Gaskell et al. 2004: 188). Mit Hilfe der beiden dichotomisierten Variablen Nutzenwahrnehmung und Risikowahrnehmung konstruierten die Autoren vier Typen, die sie mit „Tradeoff", „Relaxad", „Sceptical" und „Uninterested" bezeichneten. Für jede diese Gruppe wurde ausgewiesen, wie hoch die Zustimmung zur Gentechnik ist.

Tab. 5.1: Zustimmung zu gentechnisch veränderten Lebensmitteln nach Nutzen- und Risikowahrnehmung. Quelle: Gaskell et al. 2004: 188.

		Gentechnisch veränderte Organismen stellen ein Risiko für künftige Generationen dar	
Gentechnisch veränderte Lebensmittel werden für viele Menschen nützlich sein		Stimme zu	Lehne ab
	Stimme zu	Tradeoff (18% der Fälle, 52% positive Bewertungen)	Relaxed (14% der Fälle, 81% positive Bewertungen)
	Lehne ab	Sceptical (62% der Fälle, 17% positive Bewertungen)	Uninteressiert (6% der Fälle, 27% positive Bewertungen)

Die Ergebnisse (vgl. Tab. 5.1) widerlegen das gängige Stereotyp, wonach die Ablehnung der Gentechnik eine Folge von ausgeprägter Risikosensibilität respektive einer hoher Risikozuschreibung an die Gentechnik sei. Offensichtlich basiert die Ablehnung gentechnisch veränderter Organismen auf fehlenden Nutzenerwartungen.

Prozessbezogene Faktoren

Bereits in Abschnitt 3 wurde darauf hingewiesen, dass die Untersuchung von Technikeinstellungen die Charakteristika von soziotechnischen Systemen (Ropohl 1979; Weyer 2008) berücksichtigen muss. Dabei geht es um die sozialen Prozesse der Entwicklung, der Einführung und um den Betrieb von Technik. Es geht um die soziologisch relevante Frage, inwieweit Technisierungsprozesse in einer Art und Weise stattfinden, die gesellschaftlichen Widerstand hervorrufen oder auch nicht.

Zu den prozessbezogenen Bedingungen, von denen eine maßgebliche Wirkung auf die Akzeptanz von Technik erwartet wird, gehören direkte Partizipationschancen bei Planung, Implementation und dem Betrieb technischer Anlagen. Diesbezüglich gibt es eine breite theoretische Diskussion (Bogner 2010, Renn 2013, 2021) sowie programmatische, konzeptionelle, methodische und empirische Literatur (Brettschneider und Schuster 2013, RWE 2012, VDI 2013, Flüeler 2005, Göll 2013, Widmann et al. 2015). Die Forderung nach Beteiligung stößt auf öffentliche Zustimmung. Zwei Drittel (68,7%) der Befragten des TechnikRadar 2020 (acatech, Körber Stiftung 2020: 20) stimmten der Aussage zu, dass Bürgerinnen und Bürger stärker über Technik mitbestimmen sollten. Es gibt auch Beispiele, die zeigen, welche Folgen ein Übergehen der Öffentlichkeit hat. Besonders deutlich wurde die Wirkung fehlender Einbeziehung der Öffentlichkeit, als 1996 die ersten Schiffe mit genetisch verändertem Soja Europa erreichten, ohne dass die Öffentlichkeit darüber informiert wurde und ohne dass die Produkte als gentechnisch verändert gekennzeichnet wurden. Die Folge waren heftige Reaktionen der europäischen Öffentlichkeit, die Zustimmung zur Gentechnik sank drastisch und die „years of controversy" (Gaskell, Bauer 2001) begannen.

Ein weiterer wichtiger Faktor für die Zustimmung oder Ablehnung von Technik ist Vertrauen. Moderne Gesellschaften sind auf Vertrauen angewiesen, da die Menschen in aller Regel weder über detailreiche Kenntnisse darüber verfügen, welche Risiken von Technologien zu erwarten sind, noch über Kenntnisse über die die Regularien und Verfahren ihrer Kontrolle. Um handlungs- und entscheidungsfähig zu bleiben, reduzieren sie die bestehende Komplexität durch Vertrauen. Vertrauen ist eine riskante Entscheidung (Luhmann 2000). Während Vertrauen in die *Funktionalität und Sicherheit* von Produkten, Anlagen und Infrastrukturen zu den technikbezogenen Merkmalen zählen, geht es hier in erster Linie um Vertrauen in die mit der Regulierung, Zulassung, Überwachung und gegebenenfalls auch Sanktionierung der verantwortlichen Institutionen und Akteure.

Für die Operationalisierung und Messung von Institutionenvertrauen wird empirisch das Vertrauen in die verschiedenen an Technisierungsprozessen beteiligten Akteure von Wissenschaft und Politik über Medien, Wirtschaft, Politik, Aufsichtsbehörden, Umwelt- und Verbraucherverbände bis hin zu Kirchen untersucht. In der empirischen Forschung erweist sich dieses Institutionenvertrauen als einer der stärksten Prädiktoren für die (In-)Akzeptanbilität von Technik. Seit den 1990er Jahren werden die starken Vorbehalte gegenüber der grünen Gentechnik mit institutionellen Vertrauensdefiziten erklärt (Peters 1998, Kohring et al. 2006): Akteure, denen großer Einfluss und ebenso große Verantwortlichkeit zugeschrieben wurde, genießen in der Öffentlichkeit wenig Vertrauen, während den als vertrauenswürdig wahrgenommenen Akteuren nur ein geringer Einfluss auf die Entwicklung zugeschrieben wird (Hampel et al. 2001, vgl. auch Zwick und Renn 2002). Auch in anderen Bereichen, u.a. AI in der Medizin (siehe Kerstan et al. 2024), oder diversen Digitalisierungsprojekten ist Vertrauen von entscheidender Bedeutung (u.a. Acatech, Körber Stiftung 2018).

Ausblick

Unser Beitrag sollte zweierlei deutlich gemacht haben. Erstens, dass es zur empirischen Erklärung von Technikeinstellungen und der Frage, was Technik in den Augen der Öffentlichkeit akzeptabel macht, keine einfache Antwort gibt. Als zu facettenreich erweist sich der Forschungsgegenstand. Zweitens haben wir versucht, die gesellschaftliche Koevolution der Technikakzeptanzdebatte mit techniksoziologischen Erklärungskonzepten nachzuzeichnen und die einzelnen Ansätze hinsichtlich ihrer konzeptionellen Stärken und Schwächen wenigstens rudimentär zu würdigen.

Seit den ersten empirischen Untersuchungen hat sich unser Bild, wie Technikeinstellungen und die Akzeptabilität von Technik in der Öffentlichkeit zu erklären sind, grundlegend verändert. Die einst dominanten, vornehmlich personenzentrierten Erklärungsmuster wie Technikfeindschaft, Risikoaversion oder der Verweis auf Wissensdefizite oder der Verweis auf eine Öffentlichkeit, die emotional reagiere und zu einer rationalen Technikbewertung nicht in der Lage sei, sind in der öffentlichen Diskussion immer noch nicht verschwunden. Diese Vorstellung, gesellschaftlicher Widerstand gegen Technisierungsprojekte sei die Folge von irgendwie gearteten Defiziten oder Unzulänglichkeiten der Bürger, konnte aber empirisch weitgehend als Mythos entlarvt werden.

Die einschlägige empirische Forschung hat den Blick auf das mitunter krisenhafte Verhältnis von Technikentwicklung und Gesellschaft auf eine neue Grundlage gestellt und den Fokus auf andere Sachverhalte gelegt. Technisierungsprozesse sind soziale Projekte, bei denen gesellschaftliche Akteure in einem gegebenen institutionellen Rahmen neue Technologien einführen wollen, um bestimmte Ziele zu verwirklichen. Dabei können viele Aspekte kontrovers wahrgenommen werden: die Eigenschaften einer Technik, insbesondere Nutzen-Risiko-Abwägungen, die Anwendungsziele, aber auch die Frage, wie technische Projekte projektiert, eingeführt und betrieben werden. Damit geraten andere Fragen in den Fokus: Werden die Ziele, für die Technik eingesetzt werden, geteilt oder abgelehnt? Werden die Risiken als akzeptabel eingeschätzt oder nicht? Wird die Verteilung von Nutzen und Risiken als fair wahrgenommen? Gelten die gesetzliche Regulierung und ihre Kontrolle als ausreichend? Vertraut man auf das sichere Funktionieren der Technik? Vertraut man darauf, dass die Einführung einer Technik nicht zu gesellschaftlichen Nachteilen führt? Welchen Akteuren wird getraut und welchen nicht?

Die Techniksoziologie hat die Konzepte und Methoden, diese Fragen zu beantworten. In Anbetracht der großen Herausforderungen, mit denen sich Gesellschaften heute konfrontiert sehen, wird die Bedeutung dieser Fragen noch zunehmen. Es geht hier auch um gesellschaftliche Transformationsprozesse, die massive technische Implikationen nach sich ziehen, etwa zur Bekämpfung des Klimawandels. Ihr Erfolg steht und fällt mit der Akzeptanz in der Gesellschaft, oder, um es mit Nassehi auszudrücken: "Man kann nicht gegen die Gesellschaft transformieren, sondern nur in ihr und mit ihr" (Nassehi 2024). Wo hier die Fallstricke sind und worauf zu achten ist, zeigt die Forschung zu Technikeinstellungen.

Weiterführende Lektüre

Acatech, Körber-Stiftung 2018: TechnikRadar 2018: Was die Deutschen über Technik denken. Hamburg/München https://www.acatech.de/publikation/technikradar-2018-was-die-deutschen-ueber-technik-denken/ (zugegriffen am 9.7.2025).

Bauer, Martin W. 2015: Atoms, Bytes and Genes. Public Resistance and Techno-Scientific Responses. New York, Routledge.

Gaskell, George; Allum, Nick; Wagner, Wolfgang; Kronberger, Nicole; Torgersen, Helge; Hampel, Jürgen und Bardes, Julie 2004: GM Foods and the Misperception of Risk Perception, in: *Risk Perception*, Vol. 24(1), February 2004: 185–19.

Miller, Jon D.; Laspra, Belen; Polino, Carmelo; Branch, Glenn; Ackerman, Mark S. und Pennoch, Robert T. 2024: Citizen Attitudes towards Science and Technology, 1957–2020: measurement, stability, and the Trump challenge. In: *Science and Public Polic* (51): 526–542, https://doi.org/10.1093/scipol/scad086

Literatur

Acatech, Körber-Stiftung 2018: TechnikRadar 2018: Was die Deutschen über Technik denken. Hamburg/München https://www.acatech.de/publikation/technikradar-2018-was-die-deutschen-ueber-technik-denken/catech, Körber Stiftung 2019: TechnikRadar 2019: Was die Deutschen über Technik denken. Hamburg/München https://www.acatech.de/publikation/technikradar-2019/ (zugegriffen am 7.5.2025).

Acatech, Körber Stiftung 2020: TechnikRadar 2020: Was die Deutschen über Technik denken. Hamburg/München https://www.acatech.de/publikation/technik-radar-2020/ (zugegriffen am 7.5.2025).

Acatech, Körber-Stiftung, ZIRIUS 2022: TechnikRadar 2022: Was die Deutschen über Technik denken. Hamburg/München/Stuttgart. https://www.acatech.de/publikation/technikradar-2022/ (zugegriffen am 7.5.2025).

Bauer, Martin W. 1995a (Hrsg.): Resistance to new technology – nuclear power, information technology and biotechnology. Cambridge, Cambridge University Press.

Bauer, Martin W. 1995b: 'Technophobia': a misleading concept of resistance to new technology. In: Bauer, Martin W. 1995a: 97–122.

Bauer, Martin W. 2015: Atoms, Bytes and Genes. Public Resistance and Techno-Scientific Responses. New York, Milton Park: Routledge.

Bauer, Martin W. und Schiele, Bernard 2023 (eds.): Science communication: Taking a step back to move forward. Science & You, Metz 2021. Paris, CNRS editions.

Bogner, Alexander 2010: Partizipation als Laborexperiment. Paradoxien der Laiendeliberation in Technikfragen. Zeitschrift für Soziologie 39, 2: 87–105.

Bohner, Gerd und Wanke, Michaela 2002: Attitudes and Attitude Change. London, Psychology Press

Brettschneider, Frank und Schuster, Wolfgang (Hrsg.) 2013: Großprojekte zwischen Protest und Akzeptanz: Legitimation durch Kommunikation, Wiesbaden, Springer.

Dierkes, Meinolf 1986: Einstellung des Menschen zu Technik (Die), in: International Hightech-Forum Basel (HB) (Hrsg.): Neue Dimensionen der Information: Perspektiven für die Praxis, beispielgebende Anwendungen der neuen Informationstechnologie in den Bereichen: Bankwesen, Medizin, Sprachübersetzungen, Güterströme. Stuttgart, Poller: 19–34.

Dubois, Michel 2023. ‚Changing our genes': the public image of epigenetics and gene editing in France, in: Bauer, Martin W.; Bernard Schiele (eds.): Science communication: taking a step back to move forward. Science & You, Metz, 2021. Paris, CNRS Editions S. 41–56.

Durant, John, Bauer, Martin W. und Gaskell, George 1998: Biotechnology in the Public Sphere. A European Sourcebook. London, Science Museum.

Ester, Peter 2005: Die Amish People. Düsseldorf, Patmos.

Europäische Kommission 2021: Kenntnisse und Einstellungen der europäischen Bürgerinnen und Bürger zu Wissenschaft und Technologie. Spezial-Eurobarometer 516. Brüssel. https://doi.org/10.2775/955093

Feindt, Peter H., Thomas Saretzki (Hrsg.) 2010: Umwelt- und Technikkonflikte. Wiesbaden, VS-Verlag

Festinger, Leon 1957: A Theory of Cognitive Dissonance. Stanford, Calif., Stanford University Press.

Fishbein, Martin; Ajzen, Icek 1975: Belief, Attitude, Intention and Behavior: An Introduction to Theory and Research. Reading, MA: Addison-Wesley.

Fischhoff, Baruch, Slovic, Paul, Lichtenstein, Sarah. et al. 2001: How Save is Save Enough? Psychometric Study of Attitudes towards Technological Risks and Benefits. In: Slovic, Paul (Hrsg.): The perception of risk, London: 80–103.

Flüeler, Thomas 2005: Akzeptanz durch Partizipation? Beteiligung beim Schweizer Standortauswahlverfahren für radioaktive Abfälle, in: Technikfolgenabschätzung – Theorie und Praxis 14, 3:145–148. https://www.tatup.de/index.php/tatup/article/view/3592/6493 (zugegriffen am 29.04.2025).

Fuglsang, Simon 2024: What if some people just do not like science? How personality traits relate to attitudes toward science and technology. Public understanding of science, 0 (0), S. 1–11. https://doi.org/10.1177/09636625231220341, (zugegriffen am 22.08.2024).

Gaskell, George; Bauer, M.W. und Durant, John 1998: Public perceptions of biotechnology in 1996: Eurobarometer 46.1. In: Durant, John; Bauer, Martin W. und Gaskell, George (Hrsg.): Biotechnology in the Public Sphere. A European Sourcebook. London, Science Museum. S. 189–214 in

Gaskell, George und Bauer, Martin W. 2001 (eds.): Biotechnology 1996–2000. The years of controversy. London, Science Museum.

Gaskell, George, Allum, Nick, Wagner, Wolfgang, Kronberger, Nicole, Torgersen, Helge et al. 2004: GM Foods and the Misperception of Risk Perception. In: Risk Analysis. Vol. 24(1), S. 186–194.

Gaskell, George, Stares, Sally, Allansdottir, Agnes, Allum, Nick, Corchero, Cristina and Jackson, Jonathan 2007: Europeans and Biotechnology in 2005: Patterns and Trend. Final Report on Eurobarometer 64.3. Brüssel, European Commission.

Giddens, Anthony 1995: Konsequenzen der Moderne, Frankfurt a.M., Suhrkamp.

Giddens, Anthony 1996: Risiko, Vertrauen und Reflexivität, in: Beck, Ulrich, Giddens, Anthony und Lash, Scott (Hrsg.): Reflexive Modernisierung, Frankfurt a.M., Suhrkamp: 316–337.

Glatzer, Wolfgang, Gisela Dörr, Werner Hübinger, Karin Prinz, Mathias Bös und Uwe Neumann 1991: Haushaltstechnisierung und gesellschaftliche Arbeitsteilung. Frankfurt/New York, Campus.

Gloede, Fritz und Hennen, Leonhard 2005: Technikakzeptanz als Gegenstand wissenschaftlicher und politischer Diskussion, in: Technikfolgenabschätzung – Theorie und Praxis (TATuP), 14(3): 4–12.

Göll, Edgar 2013: Effekte von Bürgerbeteiligung in Kommunen. Ein Bericht aus zwei empirischen Studien. In: Planung neu denken online 2–3/2013, Berlin: 1/8–8/8. https://www.planung-neu-denken.de/wp-content/uploads/pnd-online_2013-2-3_ebook_neu.pdf (zugegriffen am 29.04.2025).

Habermas, Jürgen 2001: Die Zukunft der menschlichen Natur. Auf dem Weg zu einer liberalen Eugenik? Frankfurt/Main, Suhrkamp.

Hampel, Jürgen und Ortwin Renn 1999: Gentechnik in der Öffentlichkeit. Wahrnehmung und Bewertung einer umstrittenen Technologie. Frankfurt/New York, Campus.

Hampel, Jürgen, und Pfenning, Uwe 1999: Einstellungen zur Gentechnik. In: Hampel, Jürgen und Renn, Ortwin (Hrsg.): Gentechnik in der Öffentlichkeit. Wahrnehmung und Bewertung einer umstrittenen Technologie. Frankfurt a. M., Campus: 28–55.

Hampel, Jürgen et al. 2001: Biotech boom and market failure: two sides of the German coin. In: Gaskell, George und Bauer, Martin W. (eds.): Biotechnology 1996–2000. The years of controversy. London, Science Museum: 191–203.

Hampel, Jürgen 2004: Die Akzeptanz gentechnisch veränderter Lebensmittel. In: Stuttgarter Beiträge zur Risiko- und Nachhaltigkeitsforschung Nr. 3. Stuttgart.

Hampel, Jürgen und Zwick, Michael M. 2016: Wahrnehmung, Bewertung und die Akzeptabilität von Technik in Deutschland. Die Problematik der Erfassung von Technikeinstellungen am Beispiel von externer Technik und Gentechnik, in: Institut für Technikfolgenabschätzung und Systemanalyse am KIT (Hrsg.): Technikfolgenabschätzung – Theorie und Praxis 25, 1: 24–38. https://www.tatup.de/index.php/tatup/article/view/419/704 (zugegriffen am 28.04.2025).

Hampel, Jürgen; Kropp, Cordula und Zwick, Michael M. 2018: Zur gesellschaftlichen Wahrnehmung des vollautonomen Fahrens und seiner möglichen nachhaltigkeitsbezogenen Implikationen. Ergebnisse einer Repräsentativbefragung, in: Technikfolgenabschätzung – Theorie und Praxis (TATuP), Bd 27, 2: 38–45. https://www.tatup.de/index.php/tatup/article/download/127/196 (zugegriffen am 7.05.2025).

Hampel, Jürgen 2018: Spotlight: Veränderungen bei der Erhebung von Einstellungen zur Gentechnik. Biotechnology in der europäischen Survey-Forschung. In: Fehse, Boris et al. (Hrsg.). Vierter Gentechnologiebericht. Bilanzierung einer Hochtechnologie. Forschungsberichte der Interdisziplinären Arbeitsgruppen der Berlin-Brandenburgischen Akademie der Wissenschaften. Baden-Baden, Nomos, S. 341–345.

Hampel, Jürgen, Constanze Störk-Biber, Michael M. Zwick und Cordula Kropp 2021: Landwirtschaft und Medizin – Antipoden bei der Wahrnehmung. In: Fehse, Boris et al. 2021: Fünfter Gentechnologiebericht. Sachstand und Perspektiven für Forschung und Anwendung. Forschungsberichte der Interdisziplinären Arbeitsgruppen der Berlin-Brandenburgischen Akademie der Wissenschaften. Baden-Baden, Nomos, S. 504–522.

Hennen, Leo 1994: Ist die (deutsche) Öffentlichkeit „technikfeindlich"? 1. Sachstandsbericht im Rahmen des Monitorings „Technikakzeptanz und Kontroversen über Technik. Büro für Technikfolgenabschätzung beim Deutschen Bundestag. TAB-Arbeitsbericht Nr. 24.

Hennen, Leo 1997: Monitoring „Technikakzeptanz und Kontroversen über Technik". Ambivalenz und Widersprüche. Ergebnisse einer repräsentativen Umfrage des TAB zur Einstellung der deutschen Bevölkerung zur Technik. Zweiter Sachstandsbericht. Büro für Technikfolgenabschätzung beim Deutschen Bundestag, TAB-Arbeitsbericht Nr. 54.

Hennen, Leo 2002: Monitoring „Technikakzeptanz und Kontroversen über Technik". Positive Veränderung des Meinungsklimas- konstante Einstellungsmuster. Ergebnisse einer repräsentativen Umfrage des TAB zur Einstellung der deutschen Bevölkerung zur Technik. Dritter Sachstandsbericht. Büro für Technikfolgenabschätzung beim Deutschen Bundestag, TAB-Arbeitsbericht Nr. 83.

Hirsch-Kreinsen, Hartmut 2023: Das Versprechen der Künstlichen Intelligenz: Gesellschaftliche Dynamik einer Schlüsseltechnologie. Frankfurt am Main, Campus.

Jaufmann, Dieter; Kistler, Ernst 1988 (Hrsg.): Sind die Deutschen technikfeindlich? Wiesbaden, Springer.

Jungert, M., 2026: Wissensproduktion und Wissenschaftskommunikation: Zusammenhänge, Potentiale und Herausforderungen. S. 63–79 in: A. K. Krüger, J.-F. Schrape, C. Schubert und J. Schubert (Hrsg.), Wissenschafts- und Technikforschung.

Kerstan, Sophie; Bienefeld, Nadine und Grote, Gundula 2024: Choosing humans over AI doctors? How comparative trust associations and knowledge relate to risk and benefit perceptions of AI in healthcar, in: Risk Analysis, 44,4: 939–957. https://doi.org/10.1111/risa.14216

Kistler, Ernst 2005: Die Technikfeindlichkeitsdebatte. Zum politischen Missbrauch von Umfrageergebnissen, in: Technikfolgenabschätzung – Theorie und Praxis 14, 3: 13–19. (https://www.tatup.de/index.php/tatup/article/view/3559, zugegriffen am 7.5.2025).

Kohring, Matthias; Meijnders, Anneloess; Midden, Cees; Öhmann, Susanna; Olofsson, Anna; Matthes, Jörg; Rusanen, Maria; Gutteling, Jan und Twardowski, Tomasz 2006: Whom to trust with Genes on the Menu? S. 60–74 in: Gaskell, George und Bauer, Martin W. (Hrsg.): Genomics & Society. Legal, Ethical & Social Dimensions. London, Earthscan.

Luhmann, Niklas 2014: Vertrauen: Ein Mechanismus der Reduktion sozialer Komplexität. Konstanz, UVK, 5. Auflage.

Luhmann, Niklas 2000: Vertrauen. Ein Mechanismus der Reduktion sozialer Komplexität, Berlin, Springer.

Maisel, Sandy L. und Buckley, Kara Z. 2005: Parties and elections in America. The electoral process, Lanham, Rowman & Littlefield.

Miller, Jon D. 2004: Public understanding of, and attitudes toward, scientific research: what we know and what we need to know. In: Public Understanding of Science (13), S. 273–294.

Miller, Jon D.; Scott, Eugenie C. und Huffaker, Jordan S. 2021: Public acceptance of evolution in the United States., 11985–2020. In: Public Understanding of Science, Vol. 31, No. 2, https://doi.org/10.1177/09636625211035919

Nassehi, Armin 2024: Kritik der großen Geste, München, C.H.Beck.

Newman, Todd, O. P., Erik C. Nisbet and Matthew C. Nisbett 2018: Climate change, cultural cognition, and media effects: Worldviews drive news selectivity, biased processing, and polarized attitudes. In: Public Understanding of Science, Vol. 27(8): 985–1002.

Nisbet, Matthew, Teresa Myers 2007: The Polls-Trends. Twenty years of public opinion about global warming. In Public Opinion Quarterly (Vol. 71 (3), pa. 444–470.

Ogburn, William F. 1969: Die Theorie der kulturellen Phasenverschiebung, in: Ogburn, William F. und Duncan, Otis D. (Hrsg.): *Kultur und sozialer Wandel. Ausgewählte Schriften, Neuwied: 134–145.*

Peters, Hans P. 1998: Das Bedürfnis nach Kontrolle der Gentechnik und das Vertrauen in wissenschaftliche Experten. S. 225–245 in: Hampel, Jürgen und Ortwin Renn (Hrsg.) Gentechnik in der

Öffentlichkeit. Wahrnehmung und Bewertung einer umstrittenen Technologie. Frankfurt/New York, Campus.

Peters, Hans P. 2008: Der Einfluß von Vertrauen auf die Einstellungen zur Gentechnik. S. 131–155 in Busch, Roger J. und Gernot Prütz (Hrsg.) Biotechnologie in gesellschaftlicher Deutung. München, Herbert Utz.

Pew Research Center 2022: AI and human enhancement: Americans' openness is tempetered by a range of concerns. https://www.pewresearch.org/science/2022/03/17/ai-and-human-enhancement-americans-openness-is-tempered-by-a-range-of-concerns/ (zugegriffen am 31.1.2025).

Rammstedt, Beatrice 2007: Welche Vorhersagekraft hat die individuelle Persönlichkeit für inhaltliche sozialwissenschaftliche Variablen? ZUMA-Arbeitsbericht, 2007/01, Mannheim. www.ssoar.info/ssoar/bitstream/handle/document/20054/ssoar-2007-rammstedt-welche_vorhersagekraft_hat_die_individuelle.pdf?sequence=1&isAllowed=y, (zugegriffen am 04.04.2025).

Reich, Jens, Heiner Fangerau, Boris Fehse, Jürgen Hampel, Ferdinand Hucho, Kristian Köchy, Martin Korte, Bernd Müller Räber, Jochen Taupitz, Jörn Walter und Martin Zenke 2015: Genomchirurgie beim Menschen. Zur verantwortlichen Bewertung einer neuen Technologie. Berlin, Berlin Brandenburgische Akademie der Wissenschaften.

Renn, Ortwin 2013. Bürgerbeteiligung bei öffentlichen Vorhaben – Aktueller Forschungsstand und Folgerungen für die praktische Umsetzung. UVP-Report 27 1+2: 38–44.

Renn, Ortwin 2021: Technikkonflikte und Partizipation, in: Grunwald, Armin und Hillerbrand, Rafaela (Hrsg.): Handbuch Technikethik, Berlin, Metzler: 477–480.

Renn, Ortwin und Zwick, Michael M. 1997: Risiko- und Technikakzeptanz. Hrsg. vom Deutschen Bundestag, Enquete-Kommission »Schutz des Menschen und der Umwelt«, Berlin, Springer.

Rogers, Everett M. 1983: Diffusion of Innovations[3ed]. New York, Free Press.

Ropohl, Günter 1979: Eine Systemtheorie der Technik. Frankfurt/Main, suhrkamp.

Rothenhäusler, Andie 2013: Die Debatte um die Technikfeindlichkeit in der BRD in den 1980er Jahren. In: Technikgeschichte Bd. 80 (4): 273–294.

RWE AG 2012: Akzeptanz für Großprojekte. Eine Standortbestimmung über Chancen und Grenzen der Bürgerbeteiligung in Deutschland, Essen.

Sawiecka, Magdalena 2008: Naturvorstellungen und Grüne Gentechnik. In: Busch, Roger J. und Prütz, Gernot (Hrsg.): Biotechnologie in gesellschaftlicher Deutung. München, Herbert Utz.

Schelsky, Helmut 1979: Auf der Suche nach Wirklichkeit. München, Goldmann.

Siegrist, Michael 2021: Trust and Risk Perception. A Cricitical Review of the Literature. In Risk Analysis, Vol. 41(3): S. 480–490. (zuerst veröäffentlicht 2.5. 2019).

Slovic, Paul 1992: Perception of Risk: Reflections on the Psychometric Paradigm, in: Krimsky, S. und Golding, D. (Hrsg.): Social Theories of Risk, London, Praeger: 117–152.

Schmid, Sabrina I. und Zimmer, René 2012: Akzeptanz von Windkraftanlagen in Baden-Württemberg, hg. vom Unabhängigen Institut für Umweltfragen, UfU-Paper 2/12, Berlin. https://www.ufu.de/wp-content/uploads/2016/10/UfU-Paper_7-2012_Schmid_Zimmer-2.pdf (zugegriffen am 29.04.2025)

Sturgis, Patric und Allum, Nick 2004: Science in society: re-evaluating the deficit model of public attitudes. In Public Understanding of Science (13), S. 55–74.

The Royal Society 1085: The Public Understanding of Science. London.

Torgersen, Helge, Jürgen Hampel, Marie-Louise von Bergmann-Winberg, Eleanor Bridgman, John Durant et al. 2002: Promise, problems and proxies: twenty-five years of debate of debate and regulation in Europe. In: Bauer, M.W., Gaskell, G. (Hrsg): Biotechnology – the making of a global controversy. Cambridge, Cambridge University Pres. S. 21–94.

Unsworth, Amy and Davis Voas 2017: Attitudes to evolution among Christians, Muslims and the Non-Religious in Britain: Differential effects of religious and educational factors. In: Public Understanding of Science, Vol. 17(1), 76–93 https://doi.org/10.1177/0963662517735430 (zugegriffen am 29.04.2025).

VDI 2013: VDI Richtlinie 7000: Frühe Öffentlichkeitsbeteiligung bei Industrie- und Infrastrukturprojekten, Verhandlungen des 26. Deutschen Ingenieurtages, Düsseldorf: 61–63.

Weyer, Johannes 2008: Soziologische Theorien der Technikgenese, in: Ders. Techniksoziologie. Genese, Gestaltung und Steuerung soziotechnischer Systeme, Weinheim.: 181–211.

Widmann, Wolfgang, Roner, Manfred und Weidner, Robert 2015: Gemeindebeteiligung als Schlüssel für regionale Akzeptanz. Das Beispiel des Stollenspeicherwasserkraftwerkes Stanzertal, in: Technikfolgenabschätzung – Theorie und Praxis 24, 3: 73–81. www.tatup-journal.de/tatup153.php. https://www.tatup.de/index.php/tatup/article/view/448/762 (zugegriffen am 29.04.2025).

Wissenschaft im Dialog 2022: Wissenschaftsbarometer 2022, Berlin. https://wissenschaft-im-dialog.de/documents/6/WiD-Wissenschaftsbarometer2022_Broschuere_web.pdf (zugegriffen am 28.04.2025).

Zwick, Michael M. und Renn, Ortwin 1998: Wahrnehmung und Bewertung von Technik in Baden-Württemberg, hrsg. Von der Akademie für Technikfolgenabschätzung in Baden-Württemberg, Stuttgart. https://elib.uni-stuttgart.de/server/api/core/bitstreams/6052d365-d915-4447-9cb8-774eccf76cdb/content (zugegriffen am 26.04.2025).

Zwick, Michael M. und Renn, Ortwin 2002: Wahrnehmung und Bewertung von Risiken. Ergebnisse des Risikosurvey Baden-Württemberg 2001. Arbeitsbericht Nr. 202 der Akademie für Technikfolgenabschätzung in Baden-Württemberg, Stuttgart. https://elib.uni-stuttgart.de/server/api/core/bitstreams/7294c63c-5089-49ff-af06-665178a68b29/content (zugegriffen am 29.04.2025).

Carsten Ochs und Klara-Aylin Wenten

6 Care: Sorge als Gegenstand, Theorie, Methode und Ethik der Wissenschafts- und Technikforschung

Einleitung

Als Gefühlspraxis („sich um etwas oder jemanden sorgen") und/oder Aktivität („für etwas oder jemanden Sorge tragen") spielt *Care* bzw. Sorge bereits seit einer ganzen Weile eine Rolle in den Sozial- und Kulturwissenschaften. Auch in der Wissenschafts- und Technikforschung (WTF[1]) hat der Fokus auf Sorge neue, kritische Perspektiven eröffnet – sei es als Gegenstand bzw. erforschte Praxis, als theoretisches Konzept, als Methode oder als ethische Haltung. So stehen nun vermehrt Fragen der Forschungsethik, emotionale Sorge-Praktiken in der Wissenschaft und Technikentwicklung sowie kritische Interventionen im Vordergrund (Mol 2008; vgl. auch Tronto 1993; wir werden weiter unten noch auf die Gründe dafür eingehen, dass sich mit der Sorge-Konzeption und -Praxis zumeist ethisch-politische Fragestellungen verbinden). Diese aktuell zu verzeichnende Konjunktur des Sorge-Konzeptes in der WTF lässt sich im Kontext einer verstärkten (Wieder-)Hinwendung einflussreicher Traditionslinien der (inter-)nationalen STS insgesamt zu politisch-ethischen Problemdimensionen von Wissenschaft und Technik verstehen (vgl. zu Perspektiven der WTF in Bezug auf Politik auch Barla 2026 in diesem Band, Schröder und Paulos 2026, Prietl et al. 2026, Schönbauer 2026 und Voß 2026, alle in diesem Band). Zwar beschäftigt sich die WTF schon lange mit dem Verhältnis zwischen Wissenschaft, Technik und politischer Öffentlichkeit (Dewey 1927) bzw. Demokratie (Winner 1980; 1992), jedoch wurden Fragen der politischen Partizipation in den 2000er Jahren neu und verstärkt auf die Tagesordnung gesetzt (Callon et al. 2001; Irwin 2001; Collins und Evans 2002; Latour und Weibel 2005). Damit im Zusammenhang standen gesellschaftliche Fragen z.B. nach Verantwortung (Klima-

1 Wir verwenden das Kürzel „WTF" hier in loser Analogie zur Abkürzung „STS", die international orientierten und zunächst vordringlich in England, Frankreich, den Niederlanden und den USA einflussreich gewordenen *Science & Technology Studies*, an denen sich der deutschsprachige Wissenschaftsdiskurs in der Frühphase zwar durchaus beteiligte (vgl. exemplarisch Knorr-Cetina 1981; Ammann und Knorr-Cetina 1991), dabei aber z.T. weniger an dem so gelabelten Forschungsfeld offensiv andockte (vgl. Bammé 2009: 11–13). Wir verweisen somit auf die mittlerweile vielfältigen Verflechtungen zwischen in erster Linie im deutschsprachigen Kontext einflussreichen Traditionslinien und den internationalen STS.

https://doi.org/10.1515/9783112245897-008

wandel; vgl. z.B. Flower und Hamington 2022), der Verteilung von Lasten und Privilegien (Care-Arbeit; vgl. z.B. Dombroski 2018) oder Verpflichtungen und Rechenschaft im Kontext epistemischer Diskurse („Post-Truth"-Zeitalter; vgl. Latour 2004). All diese Fragen wurden in der WTF aufgegriffen und resultierten in einer Reihe unterschiedlicher Perspektiven auf die Praktiken, Gegenstände, Konzeptionen und Herangehensweisen von Sorge. Weder an der Aktualität noch an der ethisch-politischen Relevanz der jeweils behandelten Fragestellungen hat sich etwas geändert – man denke nur an den Vormarsch populistischer Strömungen, die zunehmende Polarisierung von Diskursen, die Fragilität der Kranken- und Altenpflege oder den voranschreitenden Klimawandel.

Der vorliegende Beitrag wird einige der angeführten Fragen und Phänomene aufgreifen, um nachzuzeichnen, wie die Sorge-Perspektive die WTF orientiert und sensibilisiert (hat). Dabei wird zunächst ein kompakter, kursorischer Überblick über die Verwendung des Sorge- bzw. Care-Konzeptes geliefert (1). Anschließend wird mit Maria Puíg des la Bellacasas (2017) Konzeption der *Matters of Care* einer der einflussreichsten Stränge innerhalb des Forschungsfeldes aufgegriffen (2). Um die Frage zu behandeln, welche Einsichten, Erkenntnisgewinne und Fragerichtungen die Care-Perspektive eröffnet, wird dann mittels zweier exemplarischer Fallbeispiele das analytische Potential einer „sorg-samen" Forschungshaltung vorgestellt: Beim ersten handelt es sich um Verbrauchsberatung zur Installation von Photovoltaik-Anlagen und Balkonkraftwerken, beim zweiten um die (noch) stärker auf nichtmenschliche Sorge-Praxis (*nonhuman care*) abzielende „emotionale KI", die u.a. in der Pflege Anwendung findet. Hiermit soll illustriert werden, für welche Einsichten und Fragen eine Care-Perspektive sensibilisieren und welche neuen Blickrichtungen sie eröffnen kann (3). Der Gewinn der Care-Perspektive besteht somit darin, im Rahmen der WTF gleichermaßen als Gegenstand, Theorie, Methode und ethische Haltung fungieren zu können. In einem kurzen Fazit wird dieser Befund zusammengefasst und der Ertrag des Argumentationsganges diskutiert (4).

Taking Care: Begriff und Praxis der Sorge

Während der Sorge-Begriff im Sinne eines theoretischen Konzeptes u.a. auch in der Philosophie (Arendt 1960; Heidegger 1926) und in den historisch-genealogischen Forschungen Michel Foucaults (1986) eine Rolle gespielt hat, dockt die WTF – zumindest implizit, z.T. aber auch ganz explizit – v.a. an feministische (Gilligan 1984; Fisher und Tronto 1990; Tronto 1993) und marxistische (Oakley 1976; Aulenbacher und Dammayr 2014; Aulenbacher et al. 2018) Analysen der Rolle des Sorgens im Kontext *gesellschaftlicher Reproduktion* an. Im Zentrum stehen dabei stets das „Sorge-Gefühl“ einerseits und die praktischen Verrichtungen des Sorgens andererseits. Die Forschungen haben mit dieser Fokussierung zur Erhöhung der *Sichtbarkeit* und Anerkennung der *Wertigkeit* von Sorge-Praktiken sowie zur Bestimmung einer *Logik* der „ethics of care“ beigetragen.

Was den Aspekt der Sichtbarkeit angeht, so kommt hier v.a. die *Arbeit* in den Blick, die getan werden muss, um überhaupt die Grundlage dafür zu schaffen, dass finanziell entlohnte Erwerbsarbeit erbracht werden kann: die Betreuung von Kindern, die Verrichtung von Haushalttätigkeiten wie kochen, putzen, einkaufen, das Pflegen von Angehörigen – all jene Tätigkeiten, die zumeist in der familialen Privatsphäre verrichtet werden, nicht entlohnt werden und oft wenig soziale Anerkennung erhalten, dabei aber die Konstitution einer (kapitalistischen) Wirtschaftssphäre erst ermöglichen. Dieser Reproduktionscharakter der Sorge-Arbeit stand vor allem im Fokus marxistischer Forschung und wurde zunehmend von feministischen Studien durch den Blick auf die geschlechtsspezifische Formatierung solcher unsichtbaren Tätigkeiten erweitert (Hausen 1976; Pleck 1976; Meier-Gräwe 2008). Demzufolge waren es in erster Linie Frauen, die für die in puncto finanzielle Entschädigung und Reputation schlechter gestellten Tätigkeiten verantwortlich waren – in der gesellschaftlichen Arbeitsteilung fiel ihnen die „invisible work“ (Star und Strauss 1999) in der Privatsphäre zu.[2] Anerkennung und Lohn waren wiederum vor allem in der oft als männlich wahrgenommenen, öffentlichen Sphäre der Arbeit zu erwerben (Sennett 2008).

Es ist das Verdienst der feministischen Care-Ethik, die Relevanz dieser unsichtbaren Sorge-Arbeit (für die Forschung) hervorgehoben und so zur *Anerkennung ihrer Wertigkeit* beigetragen zu haben. Einen wichtigen Ansatzpunkt lieferte Carol Gilligan (1984), die als Mitarbeiterin im Team des Psychologen Lawrence Kohlberg arbeitete. Kohlberg, der die Entwicklung des Moralbewusstseins erforschte, hatte empirisch die Moralurteile seiner Probanden untersucht und daraus sechs Entwicklungsstufen abgeleitet. Die Stufen waren von Kohlberg nicht nur an Teilnehmergruppen entwickelt worden, die sich ausschließlich aus „weißen“, männlichen Amerikanern zusammengesetzt hatten; sie wurden auch als Standardmodell eines voll entwickelten Moralbewusstseins postuliert. Wie Kohlbergs nachträglich auf „Frauen“ ausgeweitete Forschungen darstellten, argumentierten „weibliche“

---

2 Wo nicht weiter spezifiziert, werden hier geschlechtsmarkierende Begriffe wie ‚Frauen‘, ‚weiblich‘ bzw. ‚Männer‘, ‚männlich‘ usw. im Sinne von soziokulturell weiblich oder männlich gelesenen Personen verwendet. Dass es zwischen diesen und außerhalb der binären Pole vielfältige weitere Geschlechtsidentitäten gibt, wird hier vorausgesetzt, jedoch geht es im obigen Kontext einzig um die soziokulturelle Formatierung von Geschlecht. Wo wir uns von derlei essentialistischen Formatierungen distanzieren, verwenden wir die Begriffe in Anführungszeichen.

Probandinnen beim Fällen moralischer Urteile tendenziell weniger mit abstrakten Normen (4. Stufe des Moralbewusstseins) oder mit der Vorstellung, es gehe bei der Klärung moralischer Fragen darum, dass die involvierten Parteien in stillschweigend-wechselseitigen „Vertragsbeziehungen" stünden (5. Stufe); genauso wenig würden sie universale Prinzipien zur Grundlage ihrer Urteile machen. Kohlberg folgerte daraus, dass das „weibliche" Moralbewusstsein praktisch unterentwickelt sei. Als Reaktion darauf entwickelte Gilligan ein alternatives Modell von Moralität, das sich an zwischenmenschlichen Beziehungen, Fürsorgeidealen und persönlicher Resonanz orientierte und das sie als „die andere Stimme" („a different voice") bezeichnete. Das anders geprägte, in der „westlichen" Kulturgeschichte weiblich konnotierte Moralbewusstsein galt damit nicht mehr als unterentwickelt, sondern wies eine eigene Wertigkeit auf. Ein wichtiger Grundstein für die Ausbuchstabierung der „ethics of care" war hiermit gelegt.

In der feministischen Ethik wurde Gilligans Intervention produktiv aufgenommen und weiterverarbeitet. In Jane Trontos politischer Theorie wurde diese *Logik des Sorgens* analytisch ausdifferenziert. Tronto unterscheidet vier Phasen des Sorgens. Zunächst das „caring about", das v.a. in der Anerkennung der Notwendigkeit des Sorge-Tragens besteht. An diesem Punkt wird die emotionale Komponente des Sorgens erkennbar, wie sie etwa im Ausspruch „I don't care" versinnbildlicht wird: während die Verneinung des Sorgens gerade die Abwesenheit des emotionalen Betroffenseins markiert („ist mir gleichgültig"), meint das „caring about" immer auch die emotionale Involviertheit. „Caring about" muss nicht, kann aber zweitens in ein „taking care" übergehen, das Übernehmen von Verantwortung für einen als bedürftig erachteten Umstand. Dies kann dann wiederum drittens in aktive Sorge-Tätigkeiten münden, in das „care giving", mit dem ein Umstand geändert wird. Weil die Sorge-Aktivitäten aufseiten der Sorge-Empfangenden auch verweigert werden können (z.B. eine kranke Person verweigert pflegerische Sorge-Tätigkeiten), gehört zum vollumfänglichen Vollzug der Sorge-Praxis also auch viertens die Annahme der Sorge: das „care receiving" (Tronto 1993: 106–108).[3]

Die Sorge ist damit als Forschungsgegenstand (Praxis) etabliert und ihre Logik analytisch durchdrungen (Theorie). Durch die Anerkennung, Relevanz und Sichtbarkeit von Sorge im gesellschaftlichen Kontext sowie die Bestimmung ihrer Logik wird nun zweierlei möglich:

Erstens kann das Konzept analytisch und normativ anders in Anschlag gebracht werden. Tätigkeiten verschiedener Art können nun daraufhin befragt

---

3 Zu berücksichtigen ist allerdings, dass es auch emotional belastende Sorge-Tätigkeiten gibt, bei denen der Versuch unternommen wird, das „care giving" (Praxis) vom „caring about" (emotionale Involviertheit) gerade abzutrennen.

werden, inwiefern sie der *Logic of Care* entsprechen, wie etwa in Mols (2008) Untersuchung des Umgangs mit Diabetes. Die so orientierte Analyse kann zudem mit der normativen Frage verknüpft werden, ob die erforschten Praktiken sich auch in hinreichendem Maße an der Sorge-Logik orientieren.

Zweitens kann verschiedenen Formen der Sorge-Praxis mit einem höheren Maß an Anerkennung und Wertschätzung begegnet werden. Betrachtet man etwa die im Kontext der „Corona-Pandemie" phasenweise extrem aufgewerteten Sorge-Tätigkeiten (Krankenhaus-Pflege, infrastrukturelles Sorge-Tragen durch Supermarkt-Mitarbeitende usw.), lässt sich dafür ein besseres analytisches Verständnis aufbringen. Umgekehrt wird das rapide Wieder-Verschwinden der Sorge-Tätigkeiten aus dem gesellschaftlichen Wahrnehmungs- und Anerkennungsfokus verstehbar und gleichermaßen kritisierbar.

Damit ist nun einiges über den Status, die Konzeption sowie die analytische Reflexion von Sorge gesagt – was aber hat all dies mit Wissenschaft und Technik und ihrer Untersuchung zu tun? Inwiefern und aus welchen Gründen wendet sich die WTF dem Sorge-Konzept zu und auf welche Weise wird eine Care-Perspektive zum methodischen Instrument der WTF?

Matters of Care – Grundzüge der Care-Perspektive in der Wissenschafts- und Technikforschung

Die WTF ist schon lange daran interessiert, Praktiken des Sorgens zu erforschen. So widmete sich etwa der *Social Worlds/Arenas*-Ansatz zunächst u.a. den Praktiken der Pflege chronisch Erkrankter und Sterbender (Corbin und Strauss 1988; Glaser und Strauss 1968), der Reproduktionsmedizin (Clarke 1987) und der bereits erwähnten „unsichtbaren Arbeit" (Star und Strauss 1999). Auch die parallel sich entwickelnde Akteur-Netzwerk-Theorie (ANT) wendete sich Sorge-Praktiken zu, zunächst im medizinischen Bereich (Mol 2002; 2008), später dann auch in der Tier- und Gesundheitspflege (Mol et al. 2010), der Pflege von Modellorganismen (Friese und Latimer 2019), digitalen Daten (Pinel et al. 2020), informationeller Privatheit (Nieves Delgado und Kocksch 2022) oder Infrastrukturen der Daseinsvorsoge (Dominguez-Guzmán et al. 2022). Diese Forschungen zeigten ein zunehmendes Interesse an der Spezifik und Heterogenität von „care practices" (Law 2010) und perspektivierten Sorge vordringlich als empirischen Forschungsgegenstand.

Auch der ANT-Vertreter Bruno Latour griff in den 2000er Jahren auf den Sorge-Begriff zurück. Er tat dies nicht zufällig, sondern vor dem Hintergrund eines Diskursklimas, das von den wieder verstärkt geführten Debatten um den

Zusammenhang zwischen Wissenschaft, Technik und den darauf bezogenen Wissens- und Wahrheitsansprüchen einerseits und der politischen Konstitution demokratischer Öffentlichkeiten, Partizipationsformen und Gemeinwesen andererseits geprägt war. Angestoßen durch die Sorge, dass eine zu einseitig kritische Haltung gegenüber Wissenschaft und Technik deren potentiell innovativen Beitrag zur sozial-ökologischen Transformation zersetzen könnte, schlug Latour vor, wissenschaftliche Fakten und technische Dinge normativ als relationale Angelegenheit des Pflegens und Kümmerns zu konzipieren: anstatt von „matters of fact" sollten wir von „matters of concern" sprechen (Latour 2004). Latour versuchte hiermit ein anderes Fakten-Verständnis zu etablieren. Wer Fakten über den menschengemachten Klimawandel als „matters of concern" betrachtet, rückt die Vielzahl an Menschen, Apparaten, Beobachtungen, Dokumenten, Konferenzen und Forschungseinrichtungen in den Vordergrund, die dafür Sorge tragen, dass diese Fakten als wissenschaftliche Tatsachen hervorgebracht und gestützt werden (vgl. zum Konzept der verteilten Handlungsträgerschaft auch Schulz-Schaeffer 2026, in diesem Band). Fakten, für die gut gesorgt wird, lassen sich nicht einfach durch eingestreute Zweifel beiseiteschieben, denn sie basieren auf einem gepflegten und umsorgten Netzwerk unterschiedlichster Dinge und Akteure. Nimmt man die gesellschaftlichen Kontroversen um den Klimawandel als Streitfragen in den Blick, so wird außerdem deutlich, dass in diesen Auseinandersetzungen wissenschaftliche Fakten, Alltagsroutinen, Vorlieben, gesellschaftliche Werte und technische Artefakte miteinander in Beziehung gesetzt werden (vgl. zur Kartographie von Kontroversen auch Beck et al. 2026, in diesem Band). Die Rolle der Technik kann man sich dabei am von Latour angeführten Fall eines SUV-Automobils vergegenwärtigen: Um einen SUV ins Rollen zu bringen, benötigt man ein weitreichendes Netzwerk, das aus Metallbauteilen, Kunst- und Kraftstoffen, Ingenieur*innen, Kompetenzen, Software-Protokollen, asphaltierten Straßen, Verkehrsordnungen usw. besteht. Weit über den SUV hinausgehend ist es dieses Netzwerk, das die Praxis des SUV-Fahrens hervorbringt.

Die Netzwerke von Dingen und Menschen bringen aber nicht nur *Praktiken* hervor, sondern tragen gleichzeitig auch *normative Konflikte* darüber aus, wie unsere Welt beschaffen sein *soll*. Sofern etwa der Klimawandel betroffen ist, mag es in diesen Debatten zunächst um die Sorgen und Belange von Klimaforscher*innen, Aktivist*innen und all jenen gehen, die für das gut gepflegte Netzwerk, das uns die Fakten zum menschengemachten Klimawandel liefert, Sorge tragen. Es geht aber auch um die „concerns" – die Belange und Sorgen – von Akteuren, deren Praktiken den Klimawandel zunächst un-intendiert betreffen, bspw. von begeistert über die Autobahn donnernden SUV-Fahrer*innen. Zwar weiß Latour ganz genau, dass die Produktion und Nutzung von Fahrzeugen dieser Art viel mehr Ressourcen verbraucht als notwendig wäre, um Mobilität zu gewährleisten. Und es geht keinesfalls darum, die sozial-ökologische Problematik, die aus der SUV-Fahrpraxis entsteht, in irgendeiner Weise in Abrede zu stellen. Dennoch warnt Latour vor einer anklagenden Kritik oder gar Denunziation der techno-wissenschaftlichen Praktiken des SUV-Fahrens und ihrer Anhänger*innen. D.h. auch WTF-Forscher*innen, die die sozial-ökologische Problematik des menschengemachten Klimawandels unter Verweis auf die gut umsorgten Netzwerke der Klimaforschung würdigen, sollten nicht mit dem Finger auf die fragwürdigen Praktiken und Akteure zeigen oder einfach die zugrundeliegende Technologie verdammen, denn erst dadurch würde die Technik zu einem „Monster" gemacht: die Gesellschaft würde sich von der von ihr entwickelten Technik so abwenden, wie sich Dr. Frankenstein in Mary Shellys berühmtem Roman vom von ihm ja selbst erschaffenen Monster abwendet. Latour zufolge soll die Gesellschaft auch ihre Monster „lieben" und sich um sie sorgen (Latour 2012). Zielführender als die kritische Denunziation der SUV-Fahrpraktiken könnte es somit sein, nach den emotionalen „concerns" zu fragen, die der Technik des SUV-Automobils überhaupt erst zur Existenz verhelfen: welche „concerns", welche Anliegen, Belange und Sorgen verbinden sich mit dieser Technik?

Latours Perspektivwechsel lässt sich am Beispiel der in Deutschland sehr schleppend vorankommenden Umstellung auf Elektromobilität illustrieren: all jene, die bereit sind, der Tatsache des menschengemachten Klimawandels Sorge zu tragen, mögen dazu tendieren, der Praxis des Autofahrens kritisch gegenüberzustehen. Während häufiges und schnelles Autofahren dann als kritikwürdige Praxis erscheinen mag, kann das E-Auto als politische Antwort auf den Klimawandel fungieren. Wird das Autofahren in diesem Zuge zur anrüchigen Tätigkeit, so sehen sich alle, die mit dieser Tätigkeit „concerns" verbinden, moralischem Druck ausgesetzt. Das E-Auto kann leicht zum *politischen Symbol* werden, das in einer Gegenreaktion von den moralisch unter Druck stehenden Akteuren Ablehnung erfährt. Vor diesem Hintergrund könnte es letztlich zielführender sein, den mit der Auto-Technik verknüpften Belangen und Leidenschaften auf unschädliche(re) Weise Rechnung zu tragen: Vielfahrer*innen könnten darauf hingewiesen werden, dass Batterie-Aufladen *kostengünstiger* als Tanken ist, den Belangen von Schnellfahrer*innen könnten mit Verweis auf das direkte Antriebs- und *Beschleunigungsverhalten* der Getriebe von E-Autos Sorge getragen werden. Wir berücksichtigen also auch die Belange der Viel- und Schnellfahrer*innen, statt sie zu verdammen; wir lieben auch unsere technischen Monster und umsorgen so die Netzwerke unserer Technologien – auf diese Art könnten wir, so die Hoffnung, zu konstruktiveren Interventionen kommen, als wenn wir das Autofahren wie von „von außen" anklagen (als ob wir nicht auch selbst in die fraglichen Netzwerke des Straßenverkehrs verstrickt wären) und so die Polarisierung der Haltungen verringern.

Wir sind also aufgerufen, auf anklagende Kritik zu verzichten und selbst „concerns", die uns fernliegen, zu berücksichtigen – aber nehmen wir der Kritik an klimaschädlichen Praktiken damit nicht die Spitze? Und benötigt die Gegenwartsgesellschaft nicht eine im besten Sinne kritische Sozialforschung, die die Problemlagen im Kontext der sozial-ökologischen Transformation sichtbar macht und sie so in die gesellschaftlichen Auseinandersetzungen einbringt? Wie lässt sich den vielen „concerns“, die in den Kontroversen zu berücksichtigen sind, Sorge tragen, ohne dass dadurch die *kritischen Standpunkte* aufgegeben werden?

Mit eben dieser Frage beschäftigen sich Maria Puíg de la Bellacasas Arbeiten zu den *Matters of Care* (Bellacasa 2011; 2017). Bellacasa folgt zunächst dem Verständnis Latours, wissenschaftliche Fakten und technische Dinge nicht isoliert zu betrachten, sondern immer als Produkte, die von Netzwerken erzeugt und aufrechterhalten werden. Gleichermaßen gesteht sie zu, dass zunächst alle Belange und Anliegen, die sich mit solchen Dingen verbinden, berücksichtigt werden sollten. Dementsprechend gelte auch für Latours Beispiel der SUV-Nutzer*innen, dass verantwortliche WTF-Forschung diese nicht einfach dämonisieren dürfe, sie würde sonst bloß dazu beitragen, SUVs und ihre Fahrer*innen als „zerstörerische Monster“ zu konstruieren, anstatt ihre mögliche Transformation zu unterstützen (Bellacasa 2017: 44–45). Aus explizit feministischer Perspektive (vgl. Haraway 2016) fragt Bellacasa aber nicht nur nach den Belangen und Sorgen, die Teil der kontroversen Fakten- und Ding-Erzeugung sind, sondern auch, welche Belange *auf Kosten welcher anderen* berücksichtigt werden: Welche Stimmen finden Gehör und welche nicht? Aus welcher gesellschaftlichen Position heraus werden diese Stimmen geäußert? Welche und wessen Sorgen werden sichtbar, als wertig angesehen, in ihren Eigenlogiken berücksichtigt und welche nicht? Welche Standpunkte nehmen wir als Forschende dabei ein (vgl. Bellacasa 2011: 91–92; 2017: 44 ff.)? Damit hebt sie hervor, dass die Netzwerke, die wissenschaftliche Fakten und technische Dinge aufrechterhalten, nicht nur aus Beziehungen verschiedenster Art geflochten werden, sondern dass diese Beziehungen auch von Machtverhältnissen geprägt sind (vgl. zum Verhältnis zwischen Wissen, Macht und Technik auch Prietl und Weber 2026, in diesem Band). In Bezug auf das SUV-Fahren müssen wir also nicht nur die Netzwerke, die der Praxis zur Existenz verhelfen, rekonstruieren und die damit verbundenen Sorgen und Belange berücksichtigen. Es geht ebenso darum, die *Qualität* dieser Beziehungen und ihrer wechselseitigen Beeinträchtigung und Privilegierung in den Blick zu nehmen. Im Falle des SUV-Fahrens werden z.T. kaum sichtbare Beziehungen zu Dingen und Akteuren geknüpft, die darum kaum gebeten haben. Bellacasa lenkt unsere Aufmerksamkeit auf diese unterbelichteten Entitäten: Wie beeinträchtigt das SUV-Fahren im Stadtverkehr Bäume, Blumen, Radfahrer*innen, Babys in Kinderwagen oder ältere Menschen? Welche Möglichkeiten haben diese, ihren Sorgen und Belangen in den gesellschaftlichen Auseinandersetzungen Gehör zu verschaffen? Über welche Möglichkeiten verfügen demgegenüber (wohlhabende) SUV-Fahrer*innen, die von der Automobilindustrie vorwiegend als

Kund*innen adressiert werden – während diese Industrie oftmals ihrerseits politisch als Arbeitsplatzgarant betrachtet wird? Welche der genannten Standpunkte machen wir als Forschende wie sichtbar, wenn wir die skizzierte Kontroverse mit den Mitteln der WTF untersuchen (vgl. Bellacasa 2017: 52)? Eine Care-Perspektive kann in dem Sinne auch das Bewusstsein für die oft unsichtbaren Praktiken der Instandhaltung („maintenance") und des Reparierens schärfen (vgl. Jackson 2014). Im Falle des SUVs betrifft das etwa Fragen, wer oder was sich um die SUVs, den Straßenverkehr, aber auch diejenigen sorgt, die zunächst von den Privilegien der Autofahrenden nicht profitieren können.

Wir können an diesem Punkt festhalten, dass Bellacasa der grundsätzlichen Haltung der WTF folgt, die hybride (d.h. aus Dingen und Einflussgrößen verschiedener Herkunft bestehende) Konstitution wissenschaftlicher Fakten und technischer Dinge in kontroversen Konstellationen zu untersuchen. Dabei berücksichtigt das Care-Konzept aber stärker die Qualität und wechselseitigen Beeinträchtigungen der Beziehungsnetze, indem es Beziehungen von vornherein als Abhängigkeits- und Machtverhältnisse versteht. Die Care-Perspektive arbeitet folglich mit einem reformierten Netzwerk-Verständnis, das auf sämtliche Aktivitäten des Erhaltens, Weiterführens, Reparierens und Umsorgens unserer gemeinsamen Welt bezogen ist, in der wir alle bestenfalls *„so gut wie nur irgend möglich leben können.* Diese Welt beinhaltet unsere Körper, unser jeweiliges Selbst, und unsere Umwelt, während wir all dies zu einem komplexen, lebenserhaltenden Netz zu verweben anstreben." (übersetzt aus Fisher und Tronto 1990: 40; kursiv i.O.).

Die Praxis des Welt-Erhaltens wird somit zum Ausgangspunkt und schließt die Sorge um sich selbst, um Andere und um die Umwelt im weiteren Sinne mit ein (vgl. zu den drei Dimensionen Henkel et al. 2016), wobei gleichzeitig von einer ethisch motivierten Veränderbarkeit der Welt ausgegangen wird. In dieser Sensibilität für andere Möglichkeiten des Zusammenlebens verbindet sich die Analytik mit der Ethik feministischer Care-Theorie. Dementsprechend thematisieren Care-Forschungen im Bereich der WTF immer auch Alternativen der soziotechnischen Konstitution von Gesellschaft, z.B. Konstitutionsweisen, in denen den Sorgen von Bäumen, Blumen, Radfahrer*innen, Babys in Kinderwägen und älteren Menschen mehr Gewicht gegenüber denen von SUV-Fahrer*innen oder der Autoindustrie eingeräumt wird. Gleichzeitig bleibt die Care-Perspektive sensibel für die Dilemmata der Welten, mit denen es die WTF zu tun hat: sie liegt damit weitgehend auf der Linie des von Donna Haraway (2016) geprägten Mottos „Staying with the Trouble"; das könnte in Bezug auf das oben diskutierte Beispiel der SUV-Kontroverse bedeuten, auch die Sorgen von Arbeiter*innen zu berücksichtigen, die in der Automobilindustrie beschäftigt sind und im Zweifelsfall um ihre Arbeitsplätze fürchten müssen.

Kursorische Anmerkungen zum „sorg-samen“ Forschen – am Beispiel von Verbrauchsberatung und *nonhuman care*

Auch wenn die Sorge-Perspektive v.a. von der feministischen Care-Ethik geprägt ist, geht sie keineswegs davon aus, dass bestimmte Tätigkeiten (z.B. Heilen) für den Erhalt des Lebens per se wichtiger wären als andere (z.B. Hausbau; s. Fisher und Tronto 1990: 40). Care-Praktiken können auch von nichtmenschlichen Wesen vollzogen werden (Multispecies Editing Collective 2017; Barnett et al. 2021) und erstrecken sich auf eine Vielzahl unterschiedlicher Sorge-„Objekte“ und Kontexte (Martin et al. 2015): Von Mikroben und Insekten (Kerr und Garforth 2016; Schrader 2015) über Dateninfrastrukturen und Technikentwicklung (Buser und Boyer 2021; Coban und Wenten 2021) bis hin zum sozial-ökologischen Bereich (Gottschlich und Katz 2020; Arora und van Dyck 2021; Whittingham und Wynberg 2021).

Um einen Eindruck davon zu vermitteln, welche Erkenntnischancen und Fragerichtungen die Care-Perspektive eröffnet, soll nun an zwei Fallbeispielen durchgespielt werden, wie dieser Ansatz Phänomenen begegnet: Das erste entstammt dem Gebiet der Verbrauchsberatung,[4] das zweite betrifft das Verhältnis zwischen menschlicher und nichtmenschlicher Sorge, wie es am Phänomen der „emotionalen KI“ erkennbar wird (Technik, die u.a. in der Pflege eingesetzt wird, um Sorge-Praktiken mithilfe von „Künstlicher Intelligenz“ zu unterstützen oder gar zu ersetzen bzw. zu simulieren).[5]

Der erste exemplarische Fall ist einem Gesamtprojekt entnommen, das u.a. Verbraucher*innenberatung zu Photovoltaik- (PV) und Steckersolar-Anlagen (sog. „Balkonkraftwerke“) untersucht. Dabei geht es insbesondere um die Beratungsaktivität einer großen, öffentlich finanzierten Beratungsorganisation. Einbezogen werden hier zwei Beratungsformate:

Erstens die Online-Beratung, die die Organisation im Zuge zweier verschiedener redddit AMAs im Herbst und im Winter 2024 vorgenommen hat. Die Website „Reddit“ ist laut Selbstbeschreibung „Heimat tausender Communities”, die

4 Einer der beiden Autor*innen untersucht die genannten Beratungspraktiken im Rahmen des vom Bundesministerium für Bildung und Forschung (BMBF) finanzierten Projektes „Die BEratung DEr NUTZenden: Zur Stärkung der informationellen Selbstbestimmung durch Arbeitsbündnisse im digitalen Verbraucherschutz“ (16KIS1891K). Im Projekt stehen v.a. Formen der digitalen Verbraucherberatung im Zentrum der Aufmerksamkeit, während Energieberatung als Kontrastfall fungiert. Wir wählen letzteren Fall hier als exemplarisches Beispiel und bedanken uns beim BMBF für die Finanzierung des Projektes.

5 Diesen Fall bearbeitet die andere der beiden Autor*innen im Rahmen ihrer WTF-Aktivitäten.

sich um alle möglichen Themenbereiche herum konstituieren.[6] Das Kürzel „AMA" steht für „Ask Me Anything": verstanden werden darunter (zumindest bei Reddit) Chat-basierte Informationsaustauschforen zu einem beliebigen Thema. Die im Kontext des vorliegenden Artikels herangezogenen AMAs fanden jeweils in einem bestimmten Zeitfenster statt, wurden von professionellen Energieberater*innen der untersuchten Beratungsorganisation betreut und standen auch nach Abschluss des AMA-Zeitfensters noch zur öffentlichen Einsicht zu Verfügung.

Zweitens eine öffentliche, per Zoom organisierte Präsentation zu PV und Balkonkraftwerken, in deren Rahmen eine professionelle Energieberaterin der o.g. Organisation live Informationen vermittelte. Die Teilnehmenden konnten dabei per Chat-Funktion Fragen stellen, die die Beraterin nach Abschluss ihres Präsentationsinputs beantwortete.

Wie justiert nun die Care-Perspektive den analytischen Blick auf das empirisch untersuchte Phänomen? Die erste Frage gilt offenkundig dem Sorge-Status der Beratung selbst: Inwiefern handelt es sich bei Verbrauchsberatung um eine Sorge-Praxis? Es lässt sich zunächst feststellen, dass der Verbraucher*innenschutz etwa zur Schuldengenerierung mitunter tatsächlich solche Züge trägt. Wenn etwa Personen, die aus den unterschiedlichsten Gründen verschuldet sind, Angebote der Schuldenberatung nutzen und sich Mitarbeitende der Organisation stellvertretend der Problematik annehmen, kommt es oftmals nicht nur zur emotionalen Solidarisierung („care about") seitens der Berater*innen. Vielmehr tragen Letztere auch Sorge für die Probleme der Beratenen und übernehmen für diese Verantwortung („taking care"). Organisieren die Berater*innen in der Folge den rechtlichen Briefverkehr zwischen Schuldner*innen und Gläubiger*innen, so resultiert der Vorgang im „care giving" und „receiving" – die Sorge-Praxis wird vollumfänglich vollzogen. Dass es sich bei derartigen Verbrauchsberater*innen auffällig oft um weiblich gelesene Personen handelt, passt da ins Bild – die nach wie vor stark weiblich konnotierte und finanziell nicht unbedingt üppig entlohnte Sorge-Arbeit wird vordringlich von entsprechend sozialisierten Menschen verrichtet.

Der klassische Verbraucher*innenschutzbereich der Schuldenberatung könnte nun im Sinne eines Kontrastfalls auf die Beratung zu PV und Balkonkraftwerken angewendet werden, indem man fragte, inwieweit letzterer Kontext auch als Sorge-Praxis einzuordnen wäre: Sorgt sich die Beratungspraxis hier um von Problemen Betroffene oder geht es darum, Konsumsubjekten eine Informationsgrundlage für ihre Verbrauchsentscheidung zu liefern? Inwiefern handelt es sich bei Beratungspraktiken zur Installation von PV-/Steckersolar-Anlagen um Sorge-Praktiken – etwa Sorge um die „Umwelt" oder die sozial-ökologische Transformation?

6 https://redditinc.com/ (11.12.24)

Mit Bellacasa (2017: 140; unsere Übersetzung) kann Sorge hier als „etwas, das individuell getan werden kann, aber immer in Verbindung mit kollektiven Unternehmungen steht", auftreten.

Und tatsächlich werden etwa bei der Betrachtung der beiden Reddit AMAs zu Balkonkraftwerken Momente der Sorge erkennbar. Nicht nur scheinen viele der Fragensteller*innen von dem Wunsch beseelt, einen Beitrag zur sozial-ökologischen Transformation (zur „Energiewende" o.ä.) zu leisten, sondern es schalten sich in die Beratungskommunikation der Verbrauchsorganisation mitunter auch eigeninitiativ Mitglieder der Reddit-Community „r/Balkonkraftwerk" ein, um Fragen zu beantworten. Dabei geht es keineswegs nur um die nach dem Konsument*innen-Modell gebildete Frage finanzieller Effizienz. Die Teilnehmenden scheinen zudem auch emotional vom Vorhaben der Installation des Balkonkraftwerks bewegt zu werden, „caring about" und „taking care" artikulieren sich in ihren diskursiven Beiträgen. Sorge für den Beratungsvorgang trägt zudem auch die Plattform Reddit selbst, die die Informationsvermittlung ermöglicht.

Die im Rahmen der Zoom-Präsentation beobachtbaren Beratungspraktiken sind recht anders gelagert. Thematisiert werden v.a. Kosten-, Effizienz- und Amortisierungsberechnungen, auf den Präsentationsfolien sind Häuser mit Gärten, Garagen und E-Autos zu sehen; rechtliche, physikalische, ökonomische Fragen werden diskutiert – Begriffe, wie „Nachhaltigkeit", „Energiewende" oder „Klimawandel" fallen hingegen nicht. Die Care-Perspektive sensibilisiert für die tendenzielle Abwesenheit der wechselseitigen ökologischen Sorge im Beratungsgeschehen. Ob dies als *defizitäre* Sorge („es geht bloß um den eigenen Geldbeutel") oder optimistischer interpretiert wird („die ökologische Sorge ist bereits so tief in den Routinen verankert, dass sie diskursiv unsichtbar bleiben kann"), wäre im Weiteren zu erforschen. Dies könnte wiederum Aufschluss über die Rolle von Nachhaltigkeit in der Verbrauchsberatung geben.

Die Care-Perspektive sensibilisiert indessen für weitere Fragerichtungen, z.B. nach den Konsequenzen, die die Installation von Balkonkraftwerken für verschiedene Entitäten mit sich bringt, z.B. für Nachbar*innen oder Tiere, die den Balkon nutzen. Welche Sorge trägt das Balkonkraftwerk für wen und welche Netzwerke machen die Praktiken der Beratung zu PV- und Steckersolaranlagen eigentlich sichtbar? Werden in der Beratung die üblicherweise unsichtbar bleibenden Instanzen thematisiert, die es überhaupt erst ermöglichen, dass sich gehobene Mittelklasse-Haushalte in Europa mit Balkonkraftwerken oder PV-Anlagen ausstatten können? Spielen endliche Ressourcen („seltene Erden", Energiebilanz) eine Rolle? Spielt es eine Rolle, wie und unter welchen Umständen diese Ressourcen gewonnen (z.B. in Minen geschürft) und die Solarpaneele produziert wurden? Wer verrichtet diese Arbeit? Wie sieht es mit dem Arbeitsschutz aus? Welche „invisible work" im globalen Süden liegt der sozial-ökologischen Transformation in Deutschland zugrunde? Auf wessen Kosten wird diese Grundlage geschaffen – und sofern an diesem Punkt problematische (etwa ausbeuterische) Interdependenzen erkennbar werden: wie wäre eine alternative Form der sozial-ökologischen Transformation realisierbar, eine, die die unsichtbar bleibenden Ungleichheiten nicht ignoriert, sondern diesen entgegenwirkt? Welche dieser Aspekte werden in der Verbrauchsberatung thematisch?

Es sind diese Fragen und Erkenntnischancen, die die Care-Perspektive über die in der WTF weit verbreitete Analyse der hybriden Konstellation soziotechnischer Phänomene (vgl. dazu auch Kropp und Schreck 2026, in diesem Band) bereithält. Sie zielt dabei nicht auf die Anklage der oft genug selbst überforderten Verbraucher*innen und Berater*innen, sondern auf das Aufzeigen anderer möglicher Welten, in denen alle Beteiligten *„so gut wie nur irgend möglich leben können."* (Fisher und Tronto 1990: 40).

Die Darstellung des ersten Falls befasste sich v.a. mit der von Menschen getragenen Sorge. Wie verhält es sich demgegenüber mit der *nonhuman care* bzw. den Beziehungen zwischen menschlicher und nichtmenschlicher Sorge? Um diese Frage zu beantworten, werden wir nun auf das zweite Fallbeispiel der emotionalen Künstliche Intelligenz (KI) rekurrieren. Inzwischen wird KI zunehmend in der Pflege eingesetzt, um vulnerablen Gruppen Unterstützung zu bieten und sich um deren Bedürfnisse zu „kümmern". KI-gesteuerte Assistenzsysteme oder Pflegeroboter sorgen bspw. für die Bereitstellung von Medikamenten oder Nahrungsmitteln, sollen so das angestellte Personal in Pflegeeinrichtungen entlasten und bei der Betreuung von Patient*innen unterstützen. Zudem werden KI-basierte Chatbots für therapeutische Zwecke eingesetzt, u.a. gestützt durch emotionale KI, also KI zur Emotionssimulation und -klassifizierung, um die emotionalen Reaktionen der Nutzer*innen zu erkennen und darauf entsprechend zu reagieren. Durch Spracherkennung analysieren Assistenzroboter oder Chatbots die Handlungen und (emotionalen) Äußerungen der Patient*innen und passen so ihre Reaktionen an, um als emotional unterstützendes Gesprächs- oder Therapie-Tool zu fungieren. In diesem Zusammenhang kann KI einerseits als eine sorgende Technologie verstanden werden, die zur Verbesserung der Lebensqualität und der Unterstützung von Menschen in pflegebedürftigen Situationen beitragen soll. KI kann also selbst als sorgender „more-than-human" Akteur untersucht werden (Barnett et al. 2021; Denis und Pontille 2015; de la Bellacasa 2017).

Andererseits kann eine Care-Perspektive auf die unsichtbare Arbeit, die die Existenz von KI-Systemen überhaupt ermöglicht, aufmerksam machen. Hierbei geht es insbesondere um Praktiken, die notwendig sind, um KI-Systeme funktionsfähig zu halten. Darunter fallen u.a. Aufgaben der Wartung und Reparatur von KI-Systemen, die oft im Hintergrund erfolgen und als nicht unmittelbar sichtbare Pflegearbeit verstanden werden. Diese Form der Arbeit stellt eine neue Dimension der Care dar, die entscheidenden Einfluss auf die Funktionsweise und Effektivität von KI-Systemen hat.

Aus einer Care-Perspektive lassen sich emotionale KI-Systeme als neue Formen der nichtmenschlichen Sorge und soziomateriellen Intimität (Latimer und López Gómez 2019) untersuchen. Hier entstehen neue intime sozio-materielle Beziehungen, die durch die Interaktionen zwischen Nutzenden und KI geprägt sind. Was wird in dieser Sorge-Beziehung als anerkannte Sorge betrachtet, welche emotionalen Praktiken werden durch KI modelliert und ist die emotionale Arbeit, die von KI geleistet wird, als gleichwertig oder legitime Form der Sorge zu verstehen? Sorge ist darüber hinaus eng mit algorithmischen Verzerrungen (*algorithmic bias*) verknüpft, was bedeutet, dass KI-Systeme potenziell diskriminierende Mechanismen verstärken können. Inwieweit führt dies zu einer Bestätigung bestehender sozialer Ungleichheiten? Eine kritische, von der Care-Theorie ausgehende Auseinandersetzung mit KI kann somit auch in der Gesellschaft dominierende Vorstellungen von (Für-)Sorge und Intimität sowie die unsichtbare Arbeit der Reparatur und Wartung von KI beleuchten.

Schluss: Zum Erkenntnispotential der Care-Perspektive

Dieser Beitrag zielte darauf ab, das innovative analytische Potential der Care-Perspektive für die WTF zu vermitteln. Care bildet schon seit langem einen zentralen *Forschungsgegenstand* der WTF, wurde aber in den letzten Jahrzehnten auch als *theoretisches Sensibilisierungskonzept* fruchtbar gemacht (vgl. die von Latour und Bellacasa angestoßenen Debatten um die wieder an kritischer Fahrt aufnehmende WTF). Dabei verfolgt die Care-Perspektive eine *ethisch-politische Stoßrichtung*, die die verschiedenen Standpunkte und Machtbeziehungen zwischen *alternativen Möglichkeiten der heterogenen (technischen, ökonomischen, ökologischen) Konstitution von Gesellschaft* sichtbar machen soll – ohne dabei aus Sorge um unsere aktuell doch arg verwundete gemeinsame Welt zu erstarren; und ohne den eigenen Standpunkt und die eigene Verstrickung in diese verletzliche und verletzte Welt zu vernachlässigen.

Die Care-Perspektive ist mittlerweile zu einem verbreiteten, grundlegenden Prinzip in der WTF geworden. Sie findet in vielen Feldern zudem als methodologisches Prinzip Anwendung, so etwa in der als „care-ful" konzipierten Infrastrukturforschung (Niewöhner 2014) oder in der Konzeption anthropologischer Forschung als „careful design" (Criado 2021). Auch in den Design-Wissenschaften selbst (Care-full Design Lab 2024), in den Diskussionen um die Gestaltung von KI-Systemen (Klumbytė et al. 2023), in der Kunst (Kasseler Kunstverein 2024) und in der interventionistischen Forschung (Zuiderent-Jerak 2015) wird die Perspektive eingenommen. Wir hoffen, mit dem vorliegenden Beitrag die Care-Perspektive in der WTF weiter zu bestärken und, dass die einen oder anderen Leser*innen die zugrundliegenden Praktiken, Gegenstände, Konzepte, ethischen Prämissen und methodischen Prinzipen aufgreifen und ihren je eigenen „sorg-samen" Forschungszwecken zuführen mögen.

Weiterführende Lektüre

de la Bellacasa, M.P., 2011: Matters of Care in Technoscience: Assembling Neglected Things, Social Studies of Science 41(1): 85–106.

Fisher, B., und J.C. Tronto, 1990: Toward a Feminist Theory of Caring. S. 35–62 in: E. Abel, und M. Nelson (Hrsg.), Circles of Care: Work and Identity in Women's Lives. Albany: State University of New York Press.

Gottschlich, D., und C. Katz, C., 2020: Caring with Nature/s: Zur transformativen Bedeutung von Care in More Than Human Worlds. Gender(ed) Thoughts, 2020(1): 7–29.

Latour, B., 2004: Why Has Critique Run Out of Steam? From Matters of Fact to Matters of Concern. Critical Inquiry 30: 225–248.

Martin, A., Myers, N. und A. Viseu, 2015: The Politics of Care in Technoscience. Social Studies of Science 45(5): 625–41.

Literatur

Amann, K. und K. Knorr-Cetina, 1991: Qualitative Wissenschaftssoziologie. S. 419–426 in U. Flick, E. von Kardorff, H. Keupp, L. von Rosenstiel, S. Wolff, Stephan (Hrsg.), Handbuch Qualitative Sozialforschung. Grundlagen, Konzepte, Methoden und Anwendungen. München: Psychologie-Verl.-Union.

Arendt, H., 1960: Vita activa oder Vom tätigen Leben. Stuttgart: Kohlhammer.

Arora, S., B. van Dyck, 2021: Refusal as Radical Care? Moving Beyond Modern Industrial Agriculture. Development 64(3–4): 252–258.

Aulenbacher, B. und M. Dammayr, 2014: Für sich und andere sorgen: Krise und Zukunft von Care in der modernen Gesellschaft. Weinheim: Beltz Juventa.

Aulenbacher, B., H. Lutz und B. Riegraf, 2018: Introduction: Towards a global sociology of care and care work. Current Sociology 66(4), 495–502.

Bammé, A., 2009: Science and Technology Studies. Ein Überblick. Marburg: Metropolis.

Barla, J., 2026: Materie und Materialismus in der Wissenschafts- und Technikforschung. S. 253–268 in: A. K. Krüger, J.-F. Schrape, C. Schubert und J. Schubert (Hrsg.), Wissenschafts- und Technikforschung. Sozialwissenschaftliche Einführungen. Berlin: de Gruyter.

Barnett, A. et al., 2021: Enacting "More-Than-Human" Care: Clients' and Counsellors' Views on the Multiple Affordances of Chatbots in Alcohol and Other Drug Counselling. The International Journal on Drug Policy 94: 102910.

Buser, M., und K. Boyer, 2021: Care goes underground: Thinking through relations of care in the maintenance and repair of urban water infrastructures. Cultural Geographies, 28(1): 73–90.

Callon, M., P. Lascoumes und Y. Barthe, 2009: Acting in an Uncertain World: an Essay on Technical Democracy. Cambridge (Mass.)/London: MIT.

Collins, H. M., und Evans, R., 2002: The Third Wave of Science Studies: Studies of Expertise and Experience. Social Studies of Science, 32(2), 235–296.

Clarke, A., 1987: Research Materials and Reproductive Science in the United States, 1910–1940. S. 323–350 in: Geison, G. (Hrsg.), Physiology in the American Context, 1850–1940. Oxford: Oxford University Press.

Coban, A. und Wenten, K.-A. 2021: Who Cares for Agile Work? In/Visibilized Work Practices and Their Eman-cipatory Potential. Nanoethics (2021) 15: 57–70.

Corbin, J., und A. Strauss, 1988: Unending Work and Care: Managing Chronic Illness at Home. University of Minnesota: Jossey-Bass Publishers.

Care-full Design Lab, 2024: Design can be transformational if done care-fully, https://www.facebook.com/carefulldesignlab/ (20.12.2024)

Criado, T., 2021: Anthropology as a careful design practice? Zeitschrift für Ethnologie 145: 47–70.

de la Bellacasa, M.P., 2011: Matters of Care in Technoscience: Assembling Neglected Things, Social Studies of Science 41(1): 85–106.

de la Bellacasa, M.P., 2017: Matters of Care: Speculative Ethics in More Than Human Worlds. Minneapolis: University of Minnesota Press.

Denis, J., und D. Pontille, 2015: Material Ordering and the Care of Things. Science, Technology, & Human Values 40(3): 338–367.

Dewey, J., 1927: The Public and Its Problems. New York: Holt Publishers.

Dombroski, K., 2018: Thinking with, Dissenting Within: Care-Full Critique for More-Than-Human Worlds, Journal of Cultural Economy 11(3) 261–264.

Dominguez-Guzmán, C., A. Verzijl, M. Zwarteveen und A. Mol, 2022: Caring for water in Northern Peru: On fragile infrastructures and the diverse work in-volved in irrigation. EPE: Nature and Space 5(4): 2153–2171.

Fisher, B., und J.C. Tronto, 1990: Toward a Feminist Theory of Caring. S. 35–62 in: E. Abel, und M. Nelson (Hrsg.), Circles of Care: Work and Identity in Women's Lives. Albany: State University of New York Press.

Friese, C., und J. Latimer, 2019: Entanglements in Health and Well-being: Working with Model Organisms in Biomedicine and Bioscience. Medical Anthropology Quarterly 33(1): 120–137.

Flower, M., und M. Hamington, 2022: Care Ethics, Bruno Latour, and the Anthropocene. Philosophies 7(2), https://doi.org/10.3390/philosophies7020031 (20.12.2024)

Foucault, M., 1986: Die Kultur seiner selber. S. 55–94 in: Ders.: Sexualität und Wahrheit. Dritter Band: Die Sorge um sich. Frankfurt/M.: Suhrkamp.

Gilligan, C., 1984: Die andere Stimme: Lebenskonflikte und Moral der Frau. München/Zürich: Piper.

Glaser, B., und A. Strauss, 1968: Time for Dying. Aldine: Aldine Publishing.

Gottschlich, D., und C. Katz, C., 2020: Relationalität, Naturgestaltung und Caring. Die Bedeutung feministischer Utopien zur Bearbeitung der sozial-ökologischen Krise. S. 303–325 in: Görgen, B., und B. Wendt (Hrsg.), Sozial-ökologische Utopien. Diesseits oder jenseits des Kapitalismus und Wachstumszwangs? Hamburg: VSA.

Haraway, D., 2016: Staying with the Trouble. Making Kin in the Chthulucene. Durham: Duke.

Hausen, K., 1976: Die Polarisierung der ‚Geschlechtscharaktere' – Eine Spiegelung der Dissoziation von Erwerbs- und Familienleben. S. 363–393 in: Conze, W., und U. Engelhardt (Hrsg.), Arbeiterexistenz im 19. Jahrhundert. Lebensstandard und Lebensgestaltung deutscher Arbeiter und Handwerker, Stuttgart: Klett-Cotta.

Heidegger, M., 1967: Sein und Zeit, Tübingen: Max Niemeyer Verlag.

Henkel, A., Karle, I., Lindemann, G., und M.H. Werner, 2016: Drei Dimensionen der Sorge. S. 21–34. In: Dies. (Hrsg.), Dimensionen der Sorge. Soziologische, philosophische & theologische perspektiven. Baden-Baden: Nomos.

Irwin, A., 2001: Constructing the scientific citizen: Science and democracy in the biosciences. Public Understanding of Science, 10(1): 1–18.

Jackson, S.J. 2014: Rethinking repair. S. 221–239 in Gillespie, T., P. J. Boczkowski und K.A. Foot (Hrsg.), Media technologies. Essays on communication, materiality, and society. Cambridge: MIT Press.

Kasseler Kunstverein, 2024: Caring in Times of Continuous Crisis Pt. I. https://www.kasselerkunstverein.de/ausstellung/kkvexh/detail/kkv/caring-in-times-of-continuous-crisis-part-i (20.12.2024)

Klumbytė, G., H. Piehl und C. Draude, 2023: Towards Feminist Intersectional XAI: From Explainability to Response-Ability. ACM Conference on Human Factors in Computing Systems CHI 23, https://arxiv.org/abs/2305.03375 (20.12.2024)

Kerr, A., und L. Garforth, 2016: Affective Practices, Care and Bioscience: A Study of Two Laboratories. The Sociological Review 64(1): 3–20.

Knorr-Cetina, K., 1981: The Manufacture of Knowledge. An Essay on the Constructivist and contextual Nature of Science. Oxford: Pergamon Press.

Latimer, J. und López Gómez, D. 2019: *Intimate Entanglements*: Affects, More-Than-Human Intimacies and the Politics of Relations in Science and Technology. The Sociological Review 67(2): 247–263.

Latour, B., 2004: Why Has Critique Run Out of Steam? From Matters of Fact to Matters of Concern. Critical Inquiry 30: 225–248.

Latour, B., 2012: Love Your monsters. Why We Must Care for Our Technologies as we Do our Children. Breakthrough journal, https://thebreakthrough.org/journal/issue-2/love-your-monsters (20.12.2024)

Latour, B., und P. Weibel (Hrsg.), 2005: Making Things Public. Atmospheres of Democracy. Cambridge (Mass.)/London: MIT.

Law, J., 2010: Care and killing: tensions in veterinary practice. S. 57–69 in: Mol, A., I. Moser und J. Pols (Hrsg), Care in Practice: On Tinkering in Clinics, Homes and Farms. Bielefeld: Transcript, pp. 57–69.

Martin, A., Myers, N. und Viseu, A. 2015: The Politics of Care in Technoscience. Social Studies of Science 45 (5): 625–41.

Meier-Gräwe, U., 2008: Familie, Ökonomie und Gesellschaft – über die Wirkungsmächtigkeit des vermeintlich Privaten. S. 113–132 in: Jurczyk, K., und M. Ochsle (Hrsg.), Das Private neu denken. Erosionen, Ambivalenzen, Leistungen. Münster: Westfälisches Dampfboot.

Mol, A., 2002: The Body Multiple. Durham: Duke.

Mol, A., 2008: The Logic of Care. Health and the Problem of Patient Choice. London/NY: Routledge.

Mol, A., I. Moser und J. Pols (Hrsg.), 2010: Care in Practice: On Tinkering in Clinics, Homes and Farms. transcript Verlag.

Multispecies Editing Collective, 2017: Troubling Species: Care and Belonging in a Relational World. RCC Perspectives: Transformations in Environment and Society 1, https://doi.org/10.5282/rcc/7768 (20.12.2024)

Nieves Delgado, A., und L. Kocksch, 2022: Privacy in Social Media: A Perspective from the Logic of Care. Techné: Research in Philosophy 26(2): 257–284.

Niewöhner, J., 2014: Perspektiven der Infrastrukturforschung: care-full, relational, ko-laborativ. S. 341–352 in: Lengersdorf, D., und M. wieder (Hrsg.), Schlüsselwerke der Science & Technology Studies, Wiesbaden: VS.

Oakley, A., 1976: The Sociology of Housework. London: Robertson.

Paulos, J. und V. Schröder, 2026: Technopolitik. S. 456–482 in: A. K. Krüger, J.-F. Schrape, C. Schubert und J. Schubert (Hrsg.), Wissenschafts- und Technikforschung. Sozialwissenschaftliche Einführungen. Berlin: de Gruyter.

Pinel, C., B. Prainsack und C. McKevitt, 2020: Caring for Data: Value Creation in a Data-Intensive Research Laboratory, Social Studies of Science 50(2): 175–197.

Pleck, E.H., 1976: Two Worlds in One: Work and Family. Journal of Social History 10(2): 178–195.

Prietl, B. und J. Weber, 2026: Wissen-Macht-Technik: Perspektiven für kritische Wissenschafts- und Technikforschung am Beispiel Künstlicher Intelligenz. S. 529–546 in: A. K. Krüger, J.-F. Schrape, C. Schubert und J. Schubert (Hrsg.), Wissenschafts- und Technikforschung. Sozialwissenschaftliche Einführungen. Berlin: de Gruyter.

Schrader, A., 2015: Abyssal intimacies and temporalities of care: How (not) to care about deformed leaf bugs in the aftermath of Chernobyl. Social Studies of Science 45(5): 665–690.

Schönbauer, S., 2026: Wissenschaft und Aktivismus. S. 29–46 in: A. K. Krüger, J.-F. Schrape, C. Schubert und J. Schubert (Hrsg.), Wissenschafts- und Technikforschung. Sozialwissenschaftliche Einführungen. Berlin: de Gruyter.

Sennett, R., 2008: Verfall und Ende des öffentlichen Lebens. Die Tyrannei der Intimität, Berlin: Berlin-Verlag.

Star, S.L., und A. Strauss, 1999: Layers of Silence, Arenas of Voice: The Ecology of Visible and Invisible Work. Computer Supported Cooperative Work (CSCW) 8: 9–30.

Voß, J.-P., 2026: Wissenschaft ist Politik mit anderen Mitteln. S. 483–504 in: A. K. Krüger, J.-F. Schrape, C. Schubert und J. Schubert (Hrsg.), Wissenschafts- und Technikforschung. Sozialwissenschaftliche Einführungen. Berlin: de Gruyter.

Whittingham, J., und R. Wynberg, 2021: Is the Feminist Ethics of Care framework a useful lens for GM crop risk appraisal in the global south? Technology in Society 64:101455. https://doi.org/10.1016/j.techsoc.2020.101455

Winner, L., 1986: Do Artifacts Have Politics? Daedalus 109/1: 121–136.

Winner, L. (Hrsg.), 1992: Democracy in a Technological Society. Dordrecht and Boston: Reidel/Kluwer.

Tronto, J.C., 1993: Moral Boundaries. A Political Argument for an Ethic of Care. NY/London: Taylor und Francis.

Zuiderent-Jerak, T., 2015: Situated Intervention: Sociological Experiments in Health Care. Cambridge (Mass.)/London: MIT.

Teil II: **Wissenschaft und Hochschule**

Anne K. Krüger

Einleitung: Wissenschaft und Hochschule

Die Beiträge, die in diesem Abschnitt versammelt sind, legen einen besonderen Fokus auf wissenschaftssoziologische Fragestellungen, die sich auch aus der Perspektive der Hochschulforschung stellen und bearbeiten lassen. Sie ermöglichen damit nicht nur einen umfassenden Einblick in den jeweiligen Gegenstand ihrer Beiträge, sondern zeigen auf diese Weise auch zentrale Schnittstellen zwischen diesen beiden Forschungsbereichen auf.

Die Hochschulforschung ist – wie auch die Wissenschaftsforschung (was nicht zuletzt auch in den anderen Abschnitten dieses Lehrbuchs deutlich wird) – ein vielfältiger Forschungsbereich, der auch durch einen starken Anwendungsbezug geprägt ist. Konzentriert man sich jedoch vor allem auf soziologisch fundierte Arbeiten, wird erstens ein Forschungsstrang deutlich, der sich mit den organisationalen Voraussetzungen für die Durchführung von Wissenschaft an wissenschaftlichen Einrichtungen wie beispielsweise Universitäten sowie mit deren politischer Steuerung beschäftigt. Besonders präsent ist diese Perspektive hier in dem Beitrag von *Roland Bloch*, der sich explizit der *organisationsbezogenen Hochschulforschung* widmet. Diese Forschungsperspektive nimmt in den Blick, wie gesellschaftliche Vorstellungen und Annahmen über rationales Handeln darauf Einfluss nehmen, wie Wissenschaft an der Organisation Hochschule durchgeführt werden kann. Sie ermöglicht dadurch Einblicke in die hochschul- und wissenschaftspolitische Steuerung der Bedingungen, unter denen Forschung und Lehre stattfinden und Wissen produziert und vermittelt wird.

Darüber hinaus geht es in der Hochschulforschung aber auch um Disziplinen und Fachkulturen, akademische Karrieren und Sozialisationsprozesse sowie um soziale Ungleichheiten, wodurch sich weitere zentrale Schnittstellen mit der Wissenschaftsforschung ergeben. Diese zeigen sich in den weiteren hier versammelten Beiträgen, deren Schwerpunkte zwar zum Teil stärker auf der Wissenschaftsforschung liegen, aber immer auch direkte Bezüge zur Hochschulforschung aufweisen. Dies zeigt sich auch in dem Beitrag von *Simone Rödder*, der sich mit der Rolle von *Disziplinen* für die wissenschaftliche Wissensproduktion beschäftigt. Er verdeutlicht die Hintergründe der Herausbildung von Disziplinen einerseits als wesentliches Ordnungsschema, anhand dessen wissenschaftliche Einrichtungen wie beispielsweise Hochschulen in Form von Fakultäten, Instituten und Fachbereichen organisiert werden können. Andererseits geht er auch darauf ein, dass sich Disziplinen auf Grundlage unterschiedlicher Erkenntnisinteressen entwickelt haben, durch die sich nicht zuletzt auch wissenschaftliche Fachgemeinschaften herausbilden konnten. Gleichzeitig diskutiert der Beitrag aber auch die Grenzen

https://doi.org/10.1515/9783112245897-009

von Disziplinen unter dem Stichwort der *Interdisziplinarität*. Interdisziplinarität ist dabei nicht nur ein bestimmter Modus der Forschung, in dem unterschiedliche Disziplinen vor dem Hintergrund einer gemeinsamen Problemstellung zusammenarbeiten. Darüber hinaus ist sie auch wissenschaftspolitisches Projekt, das gezielt zur Bearbeitung von zentralen gesellschaftlichen Herausforderungen wie beispielsweise dem Klimawandel gefördert und in Ausbildungsprogramme an Hochschulen integriert wird.

Der Beitrag von *Karen Kastenhofer* zu *Wissenskulturen* knüpft einerseits an diesen Beitrag an, indem er ebenfalls auf Disziplinen als Orte spezifischer Formen von Wissensproduktion eingeht. Gleichzeitig geht er über den Disziplinenbegriff hinaus, indem er sich übergreifend mit jener Forschung beschäftigt, die Wissenschaft als sozialen Zusammenhang begreift, der selbst maßgeblich dazu beiträgt, wie welches Wissen von Wissenschaftler*innen produziert werden kann. Dazu konzentriert sich der Beitrag insbesondere auf die Arbeiten von Karin Knorr Cetina zu *epistemischen Kulturen*, geht aber auch auf ihre Vorläufer*innen sowie auf die weiterführende Rezeption dieses Konzepts in der Wissenschaftsforschung ein. Vor diesem Hintergrund diskutiert der Beitrag zudem jene Literatur, die sich mit akademischen Organisationskulturen an Hochschulen und den Sozialisationsprozessen von Wissenschaftler*innen befasst. Er zeigt auf, wie auch solche Bedingungen entscheidenden Einfluss auf die sozialen Kontexte, theoretischen Annahmen und methodologischen Herangehensweisen und damit letztlich auf die Durchführung von Forschung nehmen, durch die wissenschaftliches Wissen hergestellt wird.

Die Beeinflussung von Wissenschaft durch soziale Bedingungen ist auch Gegenstand des Beitrags von *Julian Hamann*, der sich auf zweifache Weise mit *sozialen Ungleichheiten* in Wissenschaft und Hochschule beschäftigt. Zum einen geht es ihm um Fragen des Zugangs zu Bildung und entsprechenden Abschlüssen, zu wissenschaftlichen Karrieren und den Möglichkeiten, unter denen geforscht und gelehrt werden kann. Die Art und Weise des Zugangs hierzu kann dabei entweder Gegenstand von Privilegien sein, die man aufgrund bestimmter eigens erarbeiteter oder bereits gegebener Voraussetzungen erhält. Zugang kann aber auch aufgrund bestimmter Merkmale wie beispielsweise Geschlecht oder Herkunft verwehrt oder zumindest erschwert werden. Zum anderen geht es in dem Beitrag darum, dass Wissenschaft und Hochschule selbst zur (Re-)Produktion und (Re-)Präsentation sozialer Ungleichheit beitragen, da sie durch den Zugang und Erwerb von Bildung zentral an der Verteilung von Lebenschancen beteiligt sind und darüber hinaus auch das Wissen produzieren, das über soziale Ungleichheit vorliegt und politisch genutzt werden kann.

Der Beitrag von *Oliver Berli*, *Daniel Meyer* und *Julia Reuter* hat einerseits einen methodischen Schwerpunkt, indem die Autor*innen anhand unterschiedlicher Studien *Ethnografie* als wichtige methodische Grundlage der Wissenschafts-

und Hochschulforschung darstellen und die jeweiligen Herangehensweisen und Ansätze verdeutlichen. Andererseits bearbeiten die hier vorgestellten ethnografischen Studien zentrale Aspekte, die auch in den anderen Beiträgen angesprochen werden. So wird hier ebenso Bezug genommen auf die einschlägigen Laborstudien wie auch auf zentrale Arbeiten aus der Hochschulsozialisations- und Fachkultur- oder der organisationsbezogenen Hochschulforschung. Auf diese Weise wird deutlich, welchen zentralen Stellenwert die Ethnografie hier als Forschungsmethode bereits einnimmt. Vor diesem Hintergrund reflektieren die Autor*innen zudem die Besonderheit sowie die damit einhergehenden Herausforderungen, die sich daraus ergeben, dass sich die Forschenden hier immer auch als teilnehmende Beobachter*innen im eigenen Feld bewegen.

Zusammengenommen geben die Beiträge in diesem Abschnitt einen Einblick in zentrale Ansätze, aktuelle Forschungsgebiete und methodische Herangehensweisen in der Wissenschafts- und Hochschulforschung und verdeutlichen auf diese Weise, wie eng diese beiden Forschungsbereiche miteinander verbunden sind.

Roland Bloch

7 Organisationsbezogene Hochschulforschung

Von der Hochschul- zur Organisationsforschung und zurück

Ein wesentliches Merkmal der Hochschulforschung ist es, dass sie sich durch ihren empirischen Gegenstand definiert. Sie ist keine eigenständige Fachdisziplin; ihre Vertreter*innen gehören vielmehr etablierten Fächern größtenteils in den Sozialwissenschaften an (Winter 2014). Sie eint ein originäres Forschungsinteresse an Hochschule und Wissenschaft. Der empirische Gegenstand ist dabei keineswegs so eindeutig, wie es die Bezeichnung Hochschulforschung suggeriert. Nicht nur Hochschulen, sondern auch Studium und Lehre, Forschung und Wissenstransfer, Hochschulsteuerung und -politik werden von der Hochschulforschung untersucht (Hüther und Krücken 2016a). Diese explizit empirische Orientierung hat zudem eine große Nähe zwischen der Hochschulforschung und der Praxis an den Hochschulen befördert. Viele Studien sind in dem Sinne praxisorientiert, als sie auch konkrete Handlungsempfehlungen umfassen bzw. dies ihr vorrangiges Ziel ist (Krücken 2012). Das geht aber häufig zu Lasten der Komplexität des Gegenstands. Um „vor schrecklichen Simplikationen (...), einschließlich von Träumereien über nahezu beliebige Gestaltungsspielräume, [zu] bewahren“ (Schimank 2015: 96), bedarf es dann doch einer theoretischen Perspektive, die über den spezifischen Anwendungsbereich von Hochschule und Wissenschaft hinausweist. Eine solche Perspektive bietet die Organisationsforschung.

Dass auch die Hochschulforschung in den Sog der Organisationsgesellschaft und mit ihr der Organisationsforschung geraten ist und sich immer mehr mit organisationsbezogenen Fragestellungen befasst scheint naheliegend; schließlich ist einer ihrer zentralen Gegenstände die Universität, eine der ältesten Organisationen Europas. Allerdings unterscheidet sich die Universität der Gegenwart stark von der des Mittelalters. Ein wesentlicher Unterschied liegt dabei gerade in ihrer ‚Organisationshaftigkeit‘. Denn die mittelalterliche Universität war ein mehr oder weniger loser Verbund, während die moderne Universität typische Merkmale formaler Organisation aufweist (Kühl 2011).

Die Universität als Organisation zu untersuchen führt aber nicht automatisch zu einer theoriegeleiteten Emanzipation vom empirischen Gegenstand. Denn viele Untersuchungen, die sich der organisationsbezogenen Hochschulforschung zuordnen lassen, betonen, dass es sich bei Universitäten um spezifische Organisationen

https://doi.org/10.1515/9783112245897-010

handelt (Musselin 2007). Dementsprechend werden sie als „Sonderfall" (Wilkesmann und Schmid 2012: 10) analysiert, dem nicht mit den üblichen Organisationstheorien beizukommen ist. So werden Universitäten als „organisierte Anarchien" (Cohen et al. 1972) beschrieben: Sie haben keine klaren und eindeutigen Ziele, die sie als Gesamtorganisation verfolgen; sie kennen daher auch nicht die Mittel und Wege, um eigene Ziele erreichen zu können; und Entscheidungsprozesse verlaufen diskontinuierlich mit beständig wechselnder Besetzung von Entscheidungspositionen und -gremien. Oder Universitäten werden als „Professionsorganisationen" (Mintzberg 1989) aufgefasst, in denen Professionelle die Entscheidungsprozesse kontrollieren und es keine übergeordnete Leitungsinstanz gibt, die über das nötige Wissen verfügt, um steuernd eingreifen zu können. Eine dritte Perspektive schließlich betont lose Kopplungen als spezifisches Merkmal von Universitäten: Unterschiedliche Funktionen sind voneinander entkoppelt, Entscheidungsprozesse laufen unverbunden nebeneinander her und Ergebnisse entziehen sich einer zentralen Kontrolle (Weick 1976).

Diese Konzepte haben sich ohne Frage als fruchtbar erwiesen, um die innere Organisation von Universitäten zu verstehen. Sie können aber nur wenig dazu beitragen zu klären, was denn nun Universitäten zu Organisationen macht, wenn sie lediglich Abweichungen von etablierten Organisationsmodellen als das zentrale Merkmal von Universitäten postulieren. Alle drei Konzepte begründen, warum Entscheidungen als das zentrale Merkmal von Organisationen gerade nicht nach rationalen Standards getroffen werden, wie man es von dem Idealtypus der modernen bürokratisch verwalteten Organisation nach Max Weber erwarten würde (Hüther und Krücken 2016a: 189). Warum aber sollte man dann Universitäten als Organisationen untersuchen? Nur unter der Annahme, dass rationales Entscheiden zwar von jeglichen Organisationen erwartet wird, aber unklar ist, wie solche Entscheidungen überhaupt getroffen werden können, erscheint es sinnvoll, Universitäten als Organisationen zu untersuchen.

Im Folgenden wird zunächst mit dem soziologischen Neoinstitutionalismus eine Organisationstheorie kurz umrissen, die anbietet, nicht organisationsinterne Zweck-Mittel-Kalkulationen, sondern vielmehr gesellschaftliche Legitimität als zentralen Faktor zur Erklärung von organisationalem Handeln zu verstehen. Demnach gleichen sich Organisationen immer mehr aneinander an, und zwar vor allem deswegen, weil von ihnen erwartet wird, sich selbst als eigenständig handelnde Akteure aufzufassen. Anschließend wird dargestellt, wie diese These von der organisationalen Handlungsfähigkeit in der Hochschulforschung rezipiert wurde und einen bis heute anhaltenden Boom an darauf aufbauenden Untersuchungen ausgelöst hat. Es ist diese Perspektive auf Universitäten als eigenständig handelnden Akteuren, die im Zentrum der organisationsbezogenen Hochschulforschung steht. Die vorgestellten Studien zeigen erstens, dass sich Universitäten einerseits weltweit immer mehr aneinander angleichen. Andererseits treten dabei häufig auch die Grenzen der organisationalen Handlungsfähigkeit von Universitäten deutlich zutage. Zweitens machen sie deutlich, wie die organisationsbezogene Hochschulforschung unter Verweis auf eine strategische Handlungsfähigkeit versucht, einer nur passiven Unterworfenheit von Universitäten unter gesellschaftliche Erwartungen zu entkommen, hierbei aber aufpassen muss, nicht einem essentialistischen Akteursverständnis zu verfallen, das die organisationale Handlungsfähigkeit von Universitäten als empirisch gegeben voraussetzt. Drittens wird diskutiert, wie die Frage nach organisationaler Handlungsfähigkeit auch dafür genutzt wird, die aktive Verstrickung von Universitäten in die sie bestimmenden gesellschaftlichen Diskurse zu untersuchen.

Neoinstitutionalismus: Rationalisierung und Handlungsfähigkeit

Dass von Organisationen erwartet wird, dass sie rationale Entscheidungen treffen, ist eine Kernannahme des soziologischen Neoinstitutionalismus (Zucker 1977; Meyer et al. 1994). Denn Organisationen an sich gelten als Gehäuse der Rationalität, die traditionelle lokale Autoritäten durch formale Strukturen ersetzen (Meyer et al. 2006). Weltweit lässt sich die Entstehung ähnlicher organisationaler Strukturen beobachten und immer mehr gesellschaftliche Bereiche werden zum Gegenstand rationaler Organisation (Bromley und Meyer 2015). Um von ihrer Umwelt als legitim anerkannt zu werden, bauen Organisationen Formalstrukturen auf, die zeigen sollen, dass nach Standards entschieden wird, die als rational gelten, während die Praxis zum Teil von diesen Strukturen entkoppelt wird, um das Funktionieren der Organisation nicht zu gefährden. Zentral ist aus neoinstitutionalistischer Perspektive also nicht, ob die Formalstrukturen einer Organisation tatsächlich effizient funktionieren. Vielmehr wird gezeigt, dass Organisationen dann überleben, wenn sie als legitim anerkannt werden. Sie bekommen diese Anerkennung, indem sie Erwartungen an ihre Rationalität aus ihrer Umwelt erfüllen (Meyer und Rowan 1977). Dass Universitäten nicht rational handeln, macht sie aus neoinstitutioneller Perspektive also nicht mehr zu besonderen Organisationen. Vielmehr teilen sie dies mit anderen Organisationen, ebenso wie sie es mit anderen Organisationen teilen, dass sie aus Legitimitätsgründen den Eindruck erwecken müssen, rational zu handeln. Was dabei als rational gilt, wird zu einer Frage der Perspektive. Organisationen passen sich den Erwartungen aus ihrer Umwelt an, die vorgeben, was rationales Handeln in einer Organisation bedeutet, damit sie selbst als rationale Organisation und damit als legitim wahrgenommen werden. Zugleich kann es für die Organisation aber auch rational sein, die Erwartungen zu unterlaufen, um ihre Funktionsfähigkeit nicht zu gefährden.

Die fest institutionalisierte Überzeugung, dass Organisationen rational handeln, steht in unmittelbarem Zusammenhang mit dem, was Max Weber als die Rationalisierung der Welt beschrieben hat. Jenseits von traditionalen durch Religion und Stand geprägten Verhältnissen entstehen in der Moderne Organisationen als neue Form der Koordination sozialer Beziehungen. Sie werden aus traditionellen Sozialstrukturen herausgelöst und dadurch zu eigenständig handelnden gesellschaftlichen Akteuren. Entscheidend für ihren Akteurstatus ist, dass ihnen Handlungsfähigkeit – *actorhood*[1] – zugeschrieben wird. Handlungsfähigkeit bedeutet, dass Akteure sich selbst Ziele setzen und die Mittel bestimmen, um diese Ziele zu erreichen (Meyer und Jepperson 2000): „[T]o be an organization is to be an actor capable of autonomous action" (Bromley und Meyer 2015: 143).

Die Fähigkeit, autonom zu handeln, ist aber nicht natürlich gegeben, sondern wird Organisationen zugeschrieben. Voraussetzung für diese Zuschreibung ist erstens, dass eine Organisation als eine solche erkennbar ist. Um als (legitime) Organisation gelten zu können, bilden Organisationen Formalstrukturen aus, die allgemein als Ausweis eines bestimmten Organisationstyps anerkannt sind (Meyer et al. 2006): Sie behaupten selbst von sich, eine Organisation zu sein; zugleich müssen sie auch von anderen als eine solche anerkannt werden (Bromley und Meyer 2015). Voraussetzung dieser Anerkennung ist, dass sie die entsprechenden Merkmale aufweisen, die sie als Organisation erkennbar machen. Zweitens müssen Organisationen nachweisen, dass sie handlungsfähig sind. Dies erfordert, spezifische Sachverhalte in Zweck-Mittel-Relationen zu fassen, um einen handelnden Zugriff auf sie konstruieren zu können. Jedoch sind Organisationen nicht frei in der Wahl ihrer Ziele, sondern sehen sich beständig mit Erwartungen aus ihrer Umwelt konfrontiert. Aus Legitimitätsgründen müssen sie in zahlreichen Bereichen Handlungsfähigkeit demonstrieren, auch wenn diese nicht ihre Kernaktivitäten betreffen oder bislang nicht in ihre Verantwortung fielen (Bromley und Meyer 2021). So wird von Universitäten mittlerweile erwartet, nicht nur Forschungsergebnisse zu erzielen, sondern diese auch aktiv in die Gesellschaft zu transferieren und so für ihre gesell-

---

1 *Actorhood* ist ein schillernder Begriff im soziologischen Neoinstitutionalismus, über dessen genaue Bedeutung es nach wie vor keine Einigung gibt (Hwang et al. 2019). Für *actorhood* gibt es keinen äquivalenten Begriff in der deutschen Sprache. Einige Autor*innen übersetzen *actorhood* mit Akteurstatus, was den Zuschreibungscharakter betont. Hier wird der Begriff mit Handlungsfähigkeit übersetzt, wodurch hervorgehoben wird, dass Akteure, um als Urheber von Handlungen zu gelten, in der Lage sein müssen, entsprechendes Handeln auch hervorrufen zu können.

schaftliche Relevanz zu sorgen. Sie müssen auch hier in der Lage sein, entsprechendes Handeln hervorzurufen (Meyer et al. 1994).

Insbesondere Francisco Ramirez (2006; 2010) hat diese Perspektive auf Universitäten bezogen. Demnach ändern sich im Zuge der weltweiten Expansion von Hochschulbildung (Schofer und Meyer 2005) traditionelle Vorstellungen von Universitäten (Frank und Meyer 2020). Immer mehr Menschen partizipieren an Hochschulbildung und immer mehr Tätigkeiten in der Wissensgesellschaft erfordern einen akademischen Abschluss (Baker 2014). Universitäten öffnen sich für neue Zielgruppen beispielsweise aus nicht-akademischen Elternhäusern. Ihre Studierendenschaft wird zunehmend diverser. Sie definieren sich nicht mehr primär innerhalb nationalstaatlicher Grenzen, sondern orientierten sich an universellen Werten, internationalen Benchmarks und Exzellenzstandards. Universitäten formulieren also entsprechende Ziele und bilden formale Strukturen aus, um diese erfüllen zu können (Ramirez 2006). Damit folgen sie einem kulturellen Muster, das Fortschritt und Erfolg als eine Frage besserer Organisation begreift. Je mehr die Universität als Organisation gesehen wird, umso mehr wird sie einerseits dazu angehalten, sich an entsprechenden Umwelterwartungen zu orientieren. Andererseits wird sie erst dadurch auch als eigenständiger Akteur mit der Fähigkeit zu strategischem Handeln wahrgenommen. Die solchermaßen rationalisierte Universität verbreitet sich in der globalen Wissensgesellschaft (Frank und Meyer 2020).

Actorhood in der Hochschulforschung

Die These von der weltweiten Diffusion eines Modells der rationalisierten Universität haben Georg Krücken und Frank Meier 2006 in einem Aufsatz aufgegriffen, der den Anfang eines Booms der organisationsbezogenen Hochschulforschung in Deutschland und darüber hinaus markiert. Sie konstatierten darin die Transformation von Universitäten in organisationale Akteure, d.h. in „an integrated, goal-oriented entity that is deliberately choosing its own actions and that can thus be held responsible for what it does" (Krücken und Meier 2006: 241). Als organisationaler Akteur sei die Universität in der Lage, strategisch zu handeln und sich wettbewerblich zu positionieren. Diese These passte zur hochschulpolitischen Agenda der 1990er und 2000er Jahre. Denn Kernstück politischer Reformen des öffentlichen Sektors war die Umgestaltung von öffentlichen Einrichtungen zu "'complete' or 'real' organization[s]" (Brunsson und Sahlin-Andersson 2000: 731), also zu Akteuren, die über eine eigene Identität verfügen, hierarchisch organisiert sind und rational handeln. Damit verschiebt sich die Perspektive weg von globalen Diffusionsprozessen und hin zur politischen Gestaltung dieser Prozesse. Es sind diese unter dem Label *New Public Management* (NPM) bekannt gewordenen Organisationsreformen, die die Vorstellung von Universitäten als organisationale Akteure an die europäische[2] Hochschulforschung anschlussfähig gemacht haben.

Universitäten zwischen Konvergenz und Differenz

Wie verändert sich dadurch die Vorstellung dessen, was eine Universität ist? Und führt das zu mehr Ähnlichkeit zwischen Universitäten oder zu einer größeren Differenzierung dessen, was wir als Universität vorfinden? Aus der Perspektive der *world society* (Meyer 2010) ist die Universität eine globale Institution, hinter der unhinterfragte kulturelle Annahmen über ihre Merkmale und Zweckmäßigkeit stehen. Erst die Bezugnahme auf diese institutionalisierten Vorstellungen macht aus einer spezifischen lokalen Organisation eine Universität. Universitäten gleichen sich daher weltweit immer mehr aneinander an (Frank und Meyer 2020). Diese Konvergenz-Hypothese wurde von zahlreichen Studien in der Hochschulforschung aufgenommen (vgl. Zapp et al. 2021).

Aus der Perspektive der europäischen Hochschulforschung liegen allerdings die Triebkräfte dieser Entwicklung nicht allein in der Diffusion kultureller Muster. Es lassen sich vielmehr konkrete Reformpolitiken benennen, die das globale Modell einer rationalisierten Universität in ganz Europa durchsetzen. So wurde im Zuge des Bologna-Prozesses ein gemeinsamer Europäischer Hochschulraum mit einer einheitlichen Studienstruktur geschaffen, dessen Abschlüsse europaweit anerkannt werden und damit mobilitätsfördernd wirken sollen. Insbesondere in den kontinentaleuropäischen Hochschulsystemen wurden zugleich Organisationsreformen angestoßen, die NPM in den Hochschulsektor einführten (Braun 1999). NPM basiert auf der Vorstellung, dass privatwirtschaftliche Organisationsformen effizienter sind als staatliche Steuerung und dass sich diese Formen auf den öffentlichen Sektor übertragen lassen (Hood 1991). Kern der Organisationsreformen im Hochschulbereich ist die Stärkung der organisationalen Autonomie von Universitäten (Schimank 2005; Schimank und Lange 2009). In unterschiedlichem Ausmaß wurden die Kompetenzen der Leitung ausgebaut, den Universitäten die Kontrolle über ihre Ressourcen gegeben (Globalhaushalte, Zielvereinbarungen) und output-orientierte Steuerungselemente (wie beispielsweise leistungsorientierte Mittelverteilung) eingeführt. Durch die Reforminstrumente „erscheint die Universität zunehmend als Einheit verantwortlicher Handlungsträgerschaft" (Meier 2009:

---

2 In der US-amerikanischen Hochschulforschung und im Neoinstitutionalismus spielen der Staat und seine hochschulpolitische Agenda nur eine untergeordnete Rolle.

167; vgl. de Boer et al. 2007a). Sie wird als organisationaler Akteur adressiert und nicht mehr als Ansammlung unterschiedlicher Fachdisziplinen begriffen, die kein übergreifendes Organisationsinteresse teilen. Während beispielsweise Forschungsexzellenz traditionell innerhalb der Fachcommunities zugewiesen wurde, werden nun staatliche Exzellenz-Wettbewerbe abgehalten, in denen ganze Universitäten gegeneinander antreten und als Gesamtorganisation strategisch handeln (Krücken et al. 2025).

Allerdings zeigen Untersuchungen der Reformeffekte, dass sich empirisch nicht Konvergenz, sondern vielmehr Divergenz beobachten lässt (de Boer et al. 2007b; Paradeise et al. 2009). Bereits die Reforminstrumente zur Umsetzung bestimmter Vorstellungen einer rationalisierten Universität unterscheiden sich erheblich zwischen den Ländern und im Zeitverlauf (Capano und Pritoni 2020). Supranationale *policies* werden national unterschiedlich umgesetzt (Donina und Hasanefendic 2018). Universitäten in Europa unterscheiden sich erheblich in ihrer Autonomie, ihrer hierarchischen Steuerung und ihren Möglichkeiten, sich selbst als Organisation Ziele zu setzen (Seeber et al. 2015). In einigen Ländern müssen sie sich zu einem erheblichen Teil privat über Studiengebühren finanzieren, in anderen hingegen sind staatliche Universitäten in der Mehrzahl; die einen verfügen über ein professionelles Hochschulmanagement, das die Geschicke der Organisation auch unter nicht-akademischen Aspekten lenkt, während die anderen durch eine starke Tradition der Kollegialität und der akademischen Selbstverwaltung geprägt sind. Diese Differenzen definieren unterschiedliche Ausgangsbedingungen für die Entwicklung organisationaler Handlungsfähigkeit. Ihre Persistenz wird mit nationalen Pfadabhängigkeiten erklärt (Whitley 2012), die dem direkten politischen Zugriff entzogen sind (Musselin 2011).

Zugleich lässt sich auch innerhalb nationaler Hochschulsysteme eine Gleichzeitigkeit von Angleichung und Differenzierung beobachten. Differenzierungsprozesse haben hier paradoxerweise ihren Ausgangspunkt in Vereinheitlichungstendenzen wie beispielsweise die Angleichung unterschiedlicher Hochschultypen, die Neave (1979) für das britische Hochschulsystem als Folge eines *academic drift* der Fachhochschulen beschrieben hat. Diese glichen sich immer mehr den Universitäten an, so dass schließlich, wie auch in anderen angelsächsischen Hochschulsystemen, ein einheitlicher Hochschulsektor geschaffen wurde (Croucher und Woelert 2015). Verstärkt wird ein solcher *academic drift* auch durch die einheitlichen europäischen Studienabschlüsse, die nicht mehr nach Hochschultyp differenzieren (Witte et al. 2008). Diese „de-diversification" (Teichler 2008: 367) bereitet aber den Boden für neue vertikale Differenzierungen, die etablierte sektorale Grenzen überschreiten (Stock 2018; Trow 1984; Vaira 2009). Sie werden befördert durch kompetitive staatliche Förderprogramme wie die Exzellenzstrategie, die aktuell elf ‚Exzellenzuniversitäten' ausweist, oder durch globale Rankings, in die zwar nur eine kleine Minderheit der Universitäten in Deutschland überhaupt aufgenommen wird, was aber nichts daran ändert, dass gute Platzierungen in der Breite des Universitätssektors aspiriert werden. In Folge der Organisationsreformen – so die Vorstellung – könnten sich Universitäten nun strategisch verhalten und eigene Schwerpunkte setzen (Meier und Schimank 2010).

Die tatsächliche Autonomie der Universitäten und damit ihre organisationale Handlungsfähigkeit wird aber auch nach den Reformen in Frage gestellt. So hat die organisationsbezogene Hochschulforschung gezeigt, dass sich statt der versprochenen De-Regulierung vielmehr eine „Re-Regulierung" (Krücken 2004) der Hochschulen beobachten lässt. Denn staatliche Steuerung verschwindet nicht, sondern wird in eine indirekte „Kontextsteuerung" (Minssen und Wilkesmann 2003) bzw. „steering at a distance" (Braun 1999) transformiert. Organisationale Autonomie gebe es nur innerhalb eines „'iron curtain' of tools" (Capano und Pritoni 2020: 1008), die das Verhalten von Universitäten stark beeinflussen. Viele Untersuchungen der organisationsbezogenen Hochschulforschung kommen so zu dem Schluss, dass es sich nur um eine „regulierte Autonomie" (Enders et al. 2013) handelt, die Universitäten in die Lage versetzen soll, politische Ziele und Leistungserwartungen zu erfüllen (vgl. Degn und Sørensen 2015; Marginson 1997; Wright und Ørberg 2008).

Deutlich wird diese neue Form der Regulierung beispielsweise in den Zielvereinbarungen zwischen den Bundesländern und ihren Hochschulen in Deutschland. Die Hochschulen erhalten Ressourcen für einen festgelegten Zeitraum (Globalhaushalte), innerhalb dessen sie mit den Landesministerien gemeinsam vereinbarte Ziele erreichen müssen. Mit welchen Mitteln und mit welchem konkreten Ressourceneinsatz die Hochschulen die Ziele erreichen wollen, entscheiden sie hingegen selbst. Dies erhöhe, so die Annahme, ihre organisationale Autonomie. In der Praxis aber definieren die Bundesländer so kleinteilige Ziele und Leistungsparameter, dass kaum noch Raum für autonome Entscheidungen auf Seiten der Universitäten bleibt (In der Smitten und Jaeger 2012). Mehr organisationale Autonomie der Universitäten bedeutet hier demnach nicht den Rückbau staatlichen Einflusses und die Stärkung von eigenständiger Handlungsfähigkeit, sondern schafft neue Möglichkeiten der Kontrolle (de Boer und Enders 2017).

Universitäten zwischen Umwelterwartungen und *actorhood*

Werden Universitäten also bestimmt durch politische, ökonomische und gesellschaftliche Erwartungen oder verfügen sie selbst über eine Handlungsfähigkeit, die ihnen nicht nur zugeschrieben wird, sondern die sie auch tatsächlich ausüben können? Die bislang diskutierten Studien gehen tendenziell davon aus, dass Universitäten politische Reformen mehr oder weniger passiv umsetzen – eine Sichtweise, die zum einen die propagierten Autonomiegewinne in Frage stellt. Zum anderen blendet sie die Möglichkeit aus, dass die Reformen tatsächlich organisationales Handeln der Universitäten hervorrufen könnten. Wie Universitäten in einem Korridor von Fremd- und Eigeninteressen handeln, haben eine Reihe von Untersuchungen als strategische Handlungsfähigkeit („strategic capacity" – Thoenig und Paradeise 2016; 2018) bzw. als „strategy practices" (Frølich et al. 2017) von Universitäten analysiert. Diese Studien positionieren sich zwischen einem Umweltdeterminismus, der politische Reformen mit ihrer faktischen Umsetzung gleichsetzt, und einer managerialen Rationalität, die zwar Leitbild der Reformen ist, aber strategische Handlungsfähigkeit auf ein hauptsächlich ökonomisch definiertes Selbstinteresse verkürzt. Aus ihrer Perspektive wird vielmehr die Universität als Organisation zum entscheidenden Faktor. Sie interpretiert Umwelterwartungen und leitet daraus strategisches Handeln im Organisationsinteresse ab (Fumasoli et al. 2020). Es ist ein strategisches Handeln, gerade weil Universitäten nicht völlig frei in der Definition ihrer Ziele sind, sondern zwischen unterschiedlichen, teilweise widersprüchlichen Erwartungen und Traditionen navigieren müssen (Frølich et al. 2013). Je nachdem, wie hierarchisch ihre internen Governance-Strukturen sind, wie stark ihre organisationale Identität ausgeprägt ist und welche Position sie im jeweiligen Feld einnehmen, erweisen sich Universitäten in unterschiedlichem Ausmaß als handlungsfähig (Fumasoli et al. 2020; vgl. Frølich et al. 2017; 2019). Sie können die in sie gesteckten Erwartungen erfüllen, aber auch modifizieren oder sogar manipulieren (Huisman und Burgoa 2024). Aus dieser Perspektive auf strategische Handlungsfähigkeit gewinnen Universitäten an Handlungsmacht, ohne vollständig autonom zu sein.

Diese Studien setzen aber wiederum voraus, dass Universitäten an sich organisationale Akteure sind, die strategisch handeln können. Ihre organisationale Handlungsfähigkeit erscheint somit empirisch gegeben. Das allerdings ist fraglich. Denn die oben genannten Konzepte von Hochschulen als spezifischen Organisationen ebenso wie die ambivalenten Effekte der politischen Reformen verweisen ja gerade auf Grenzen organisationaler Handlungsfähigkeit. Gleichzeitig läuft eine strategische Handlungsfähigkeit immer Gefahr, primär auf die Schauseite von Universitäten bezogen und daher nach außen gerichtet zu sein, während die eigentlichen Kernaktivitäten in Forschung und Lehre davon entkoppelt sind (Brunsson 1989), auch weil sich diese Aktivitäten nicht vollständig durch die Organisation kontrollieren lassen (Stock 2004). Gute Lehre und originelle Forschung lassen sich nicht verordnen. Diese Eigenheiten stehen den Erwartungen aus der Umwelt an eine erfolgreiche Implementierung der Organisationsreformen an Universitäten entgegen (Hüther und Krücken 2012; 2016b; Schimank 2005; Schimank und Lange 2009). Allerdings verheißt eine solche „Entkopplung" (Meyer und Rowan 1977) eine nur trügerische Ruhe, denn hinsichtlich der Ziele und der darauf bezogenen Formalstrukturen entstehen erhebliche Inkonsistenzen (Huber und Hillebrandt 2019; Kleimann 2019; vgl. Bromley und Meyer 2015).

Diese Gemengelage lässt sich für die Universitäten so beschreiben: Von ihnen wird erwartet, dass sie eigenständig als Gesamtorganisation handeln, während sie intern über diese Handlungsfähigkeit gar nicht verfügen. Organisationale Handlungsfähigkeit ist also weder gegeben noch ist sie allein eine Frage bestimmter Governancestrukturen, sondern für Universitäten zunächst einmal ein Problem. Wenn dem organisationalen Handeln intern enge Grenzen gesetzt sind, so liegt es nahe, dass Universitäten eher bestrebt sind, sich extern, also im Umgang mit Umwelterwartungen, als handlungsfähig darzustellen. So ermöglichen es beispielsweise Mission Statements, einerseits gesellschaftlichen Erwartungen hinsichtlich der Institution Universität zu entsprechen und sich andererseits als handlungsfähiger Akteur zu legitimieren (Kosmützky 2016), indem diese Erwartungen mit organisationalen Spezifika wie beispielsweise Image, Tradition oder Fächerprofil verbunden werden (Kosmützky und Krücken 2015; Seeber et al. 2019).[3] Während Mission Statements somit eine Möglichkeit darstellen, Umwelterwartungen und Organisationsziele miteinander zu verbinden (Jungblut und Jungblut 2017), bleibt offen, welche Folgen dies für die Universitäten als Organisationen hat. Was können sie genau tun, um die zahlreichen Erwartungen an ihre Forschungsexzellenz, Lehr- und Studienqualität, Internationalität, Digitalisierung, Diversität, Gleichstellung, Personalentwicklung und Wissenstransfer zu erfüllen? Angesichts der grundrechtlich geschützten Freiheit von Forschung und Lehre bleibt auch ihnen – wie den politischen Akteuren – nur die indirekte Steuerung über Anreizsysteme, wie sie für NPM typisch sind, die aber, wie viele Untersuchungen der organisationsbezogenen Hochschulforschung zeigen, oftmals die Motivation der Organisationsmitglieder verfehlen (Bloch et al. 2014; Wilkesmann und Lauer 2020).

Wann ist eine Universität ein organisationaler Akteur?

Universitäten, so weit ist sich die organisationsbezogene Hochschulforschung also einig, sind nicht passiv gesellschaftlichen und politischen Erwartungen ausgeliefert. Aber inwiefern können sie aus diesem Umstand als Organisation an Hand-

3 In ihrer Untersuchung von Faktoren, die den Inhalt von Mission Statements britischer Universitäten beeinflussen, zeigen Seeber et al. (2019), dass Universitäten gleichen Typs ähnliche Ansprüche formulieren, aber sich umso stärker voneinander abgrenzen, je geografisch näher sie sich sind.

lungsfähigkeit gewinnen? Wie können sie konkret zu organisationalen Akteuren werden?

Neuere Forschungen zeigen, dass sich in wettbewerblichen Positionierungen von Universitäten eine eigenständige Handlungsfähigkeit manifestiert. Einerseits werden Universitäten durch Wettbewerbe als Organisationen (Frank und Meyer 2024) bzw. als „Wettbewerbsakteure" (Krücken 2017) adressiert und müssen ihre Handlungsfähigkeit unter Beweis stellen (Bloch 2021). Andererseits gewinnen sie beispielsweise an Handlungsmacht, wenn sie sich in „multiplen Wettbewerben" (Krücken 2019) positionieren. Die Entscheidung, wer mit welchem Einsatz in welchen Wettbewerben mitspielt, liegt bei den Universitäten (Krücken et al. 2025).[4] Dadurch, dass sie an bestimmten Wettbewerben partizipieren und an anderen nicht, schreiben sie selbst diesen Wettbewerben eine bestimmte Wertigkeit zu und konstruieren sie auf diese Weise mit (Bloch und Mitterle 2017; Stevens et al. 2008). Sie sind selbst daran beteiligt festzulegen, um was konkurriert wird, denn ein eindeutiges, knappes Gut, wie es ökonomische Theorien des Marktwettbewerbs voraussetzen, existiert im Wissenschaftssystem so nicht (Mitterle und Bloch 2024). Durch strategisches Verhalten können Universitäten ihre Einbettung in unterschiedliche Felder beeinflussen und so an Handlungsmacht gewinnen (Hüther und Krücken 2016b).

Woran erkennt man also, ob eine Universität ein organisationaler Akteur ist? Bei der Vorstellung einer „complete organization" (Brunsson und Sahlin-Andersson 2000) ebenso wie bei Krücken und Meiers (2006) Definition von Universitäten als organisationale Akteure handelt es sich um Idealtypen, die sich empirisch kaum in dieser Reinform werden nachweisen lassen. Immer wird man dort, wo sich organisationales Handeln der Universität beobachten lässt, zugleich auf Grenzen dieses Handelns stoßen, sei es in der Organisation der Lehre, in dem Streben nach Forschungsexzellenz oder in der Durchsetzung guter Arbeits- und Beschäftigungsbedingungen. Allerdings bleibt auch trotz dieser Unzulänglichkeiten die Universität immer noch die weltweit bestimmende Organisationsform, in der sich wissenschaftliches Arbeiten vollzieht. Ohne sie geht es offenbar nicht, aber an ihrer organisationalen Handlungsfähigkeit bestehen Zweifel. Immer wieder muss sie sich als Organisation beweisen, indem sie kollektives Handeln im Namen der

---

4 Zumindest formal trifft dies zu, denn die Universitäten bzw. ihre Leitungen sind Antragsteller*innen beispielsweise in der Exzellenzstrategie. Nichtsdestotrotz haben die Landesregierungen ein erhebliches Interesse daran, dass ihre Landesuniversitäten von einem Wettbewerb profitieren, den sie mitfinanzieren (vgl. Seidenschnur et al. 2024). Daher werden beispielsweise Universitäten in Zielvereinbarungen zur Partizipation an der Exzellenzstrategie verpflichtet. Die Universitäten stehen dann vor der Herausforderung, die Verpflichtung organisationsintern in ein erfolgversprechendes Forschungsprogramm umzusetzen.

Universität hervorruft. Dieses Handeln ist Gegenstand der organisationsbezogenen Hochschulforschung; es zu erkennen erlaubt es ihr zu bestimmen, ob eine Universität ein organisationaler Akteur ist.

Zusammenfassung

Die Hochschulforschung, die aus einem Bedarf an praktischem Wissen heraus entstanden ist, benötigt für ihre wissenschaftliche Fundierung eine solide theoretische Grundlage, die auch dazu beitragen kann, als eigenständige wissenschaftliche Fachdisziplin anerkannt zu werden. Eine solche theoretische Grundlage bietet die organisationsbezogene Hochschulforschung, die aber beständig durch die organisationalen Eigenheiten von Universitäten empirisch in Frage gestellt wird. Mit der Bezugnahme auf den soziologischen Neoinstitutionalismus gelingt es ihr, Universitäten als Organisationen zu untersuchen, indem diese Eigenheiten als Resultat gesellschaftlicher Erwartungshaltungen verstanden werden, auf die Universitäten als Organisationen reagieren müssen, um als legitim anerkannt zu werden und damit als Organisation überleben zu können. Zugleich erfordert dies aber auch anzuerkennen, dass in Universitäten, wie auch in anderen Organisationen, mitunter nicht nach als rational geltenden Standards gehandelt wird. Diese Erkenntnis sollte davor bewahren, die Handlungsfähigkeit von Universitäten als empirisch gegeben vorauszusetzen. Während sich Universitäten in der Ausbildung von Formalstrukturen und der Formulierung von Zielen immer mehr aneinander angleichen, bedeutet dies eben noch nicht, dass sie auch tatsächlich als Organisation handlungsfähig werden. Vielmehr müssen sie immer wieder unter Beweis stellen, dass sie in der Lage sind, kollektives Handeln im Sinne der Organisationsziele hervorzurufen. Zugleich verweist dieser Imperativ darauf, dass Universitäten aber gerade nicht passiv externen Erwartungen unterworfen sind, sondern aus sich selbst heraus aktiv werden müssen, um diese Erwartungen erfüllen zu können. Auf diese Weise sind sie an der Ko-Konstruktion der sie betreffenden gesellschaftlichen Erwartungen beteiligt. Universitäten und ihre Umwelt sind somit wechselseitig aufeinander bezogen – jedenfalls solange, wie eine rechtlich und politisch garantierte Wissenschaftsfreiheit die Grundlage für das Verhältnis zwischen Universitäten und ihrer Umwelt ist. Nur unter dieser Voraussetzung können Universitäten eigenständig handeln und somit als organisationale Akteure gelten.

Weiterführende Lektüre

Bloch, R., 2021: The actorhood imperative. On universities as organisational actors. European Journal of Higher Education 11 (sup1), S. 489–505.

Frank, D.J. und J.W. Meyer, 2020: The university and the global knowledge society. Princeton, Oxford: Princeton University Press.

Krücken, G. und F. Meier, 2006: Turning the University into an Organizational Actor. S. 241–257 in: G.S. Drori, J.W. Meyer und H. Hwang (Hrsg.), Globalization and organization. World society and organizational change. Oxford, New York: Oxford University Press.

Stevens, M.L., E.A. Armstrong und R. Arum, 2008: Sieve, Incubator, Temple, Hub. Empirical and Theoretical Advances in the Sociology of Higher Education. Annual Review of Sociology 34 (1), S. 127–151.

Whitley, R., 2012: Transforming Universities. National Conditions of Their Varied Organisational Actorhood. Minerva 50 (4), S. 493–510.

Literatur

Baker, D., 2014: The Schooled Society: The Educational Transformation of Global Culture. Stanford: Stanford University Press.

Bloch, R., 2021: The actorhood imperative. On universities as organisational actors. European Journal of Higher Education 11 (sup1), S. 489–505.

Bloch, R., M. Lathan, A. Mitterle, D. Trümpler und C. Würmann, 2014: Wer lehrt warum? Strukturen und Akteure der akademischen Lehre an deutschen Hochschulen. Leipzig: Akademische Verlagsanstalt.

Bloch, R. und A. Mitterle, 2017: On stratification in changing higher education: the "analysis of status" revisited. Higher Education 73 (6), S. 929–946.

Boer, H. De, J. Enders und L. Leisyte, 2007a: Public sector reform in Dutch higher education. The organizational transformation of the university. Public Administration 85 (1), S. 27–46.

Boer, H. De, J. Enders und U. Schimank, 2007b: On the Way towards New Public Management? The Governance of University Systems in England, the Netherlands, Austria, and Germany. S. 137–152 in: D. Jansen (Hrsg.), New forms of governance in research organizations. Disciplinary approaches, interfaces and integration. Dordrecht [u.a.]: Springer.

Boer, H. De und J. Enders, 2017: Working in the Shadow of Hierarchy: Organisational Autonomy and Venues of External Influence in European Universities. S. 57–83 in: I. Bleiklie, J. Enders und B. Lepori (Hrsg.), Managing universities: policy and organizational change from a Western European comparative perspective. Cham: Palgrave Macmillan.

Braun, D., 1999: Changing Governance Models in Higher Education: The Case of the New Managerialism. Swiss Political Science Review 5 (3), S. 1–24.

Bromley, P. und J.W. Meyer, 2015: Hyper-organization. Global organizational expansion. Oxford: Oxford University Press.

Bromley, P. und J.W. Meyer, 2021: Hyper-Management: Neoliberal Expansions of Purpose and Leadership. Organization Theory 2 (3), 1–20.

Brunsson, N., 1989: The organization of hypocrisy. Talk, decisions and actions in organizations. New York: Wiley.

Brunsson, N. und K. Sahlin-Andersson, 2000: Constructing Organizations: The Example of Public Sector Reform. Organization Studies 21 (4), S. 721–746.

Capano, G. und A. Pritoni, 2020: What really happens in higher education governance? Trajectories of adopted policy instruments in higher education over time in 16 European countries. Higher Education 80 (5), S. 989–1010.

Cohen, M.D., J.G. March und J.P. Olsen, 1972: A Garbage Can Model of Organizational Choice. Administrative Science Quarterly 17 (1), S. 1–25.

Croucher, G. und P. Woelert, 2015: Institutional isomorphism and the creation of the unified national system of higher education in Australia: an empirical analysis. Higher Education 71 (4), S. 439–453.

Degn, L. und M.P. Sørensen, 2015: From collegial governance to conduct of conduct: Danish universities set free in the service of the state. Higher Education 69 (6), S. 931–946.

Donina, D. und S. Hasanefendic, 2018: Higher Education institutional governance reforms in the Netherlands, Portugal and Italy: A policy translation perspective addressing the homogeneous/heterogeneous dilemma. Higher Education Quarterly 73 (1), S. 29–44.

Drori, G.S., J.W. Meyer und H. Hwang, 2009: Global organization: Rationalization and actorhood as dominant scripts. S. 17–43 in: R.E. Meyer, K. Sahlin-Andersson, M.J. Ventresca und P. Walgenbach (Hrsg.), Institutions and ideology. Bingley, UK: Emerald.

Enders, J., H. De Boer und E. Weyer, 2013: Regulatory autonomy and performance. The reform of higher education re-visited. Higher Education 65 (1), S. 5–23.

Frank, D.J. und J.W. Meyer, 2020: The university and the global knowledge society. Princeton, Oxford: Princeton University Press.

Frank, D.J. und J.W. Meyer, 2024: On university competition. Studies in Higher Education 49 (10), S. 1779–1787.

Frølich, N., T. Christensen und B. Stensaker, 2019: Strengthening the strategic capacity of public universities: The role of internal governance models. Public Policy and Administration 34 (4), S. 475–493.

Frølich, N., B. Stensaker und J. Huisman, 2017: Understanding Strategy Practices in Universities. S. 167–188 in: I. Bleiklie, J. Enders und B. Lepori (Hrsg.), Managing universities: policy and organizational change from a Western European comparative perspective. Cham: Palgrave Macmillan.

Fumasoli, T.; G. Barbato und M. Turri, 2020: The determinants of university strategic positioning: a reappraisal of the organisation. Higher Education 80 (2), S. 305–334.

Hood, C.; 1991: A public management for all seasons? Public Administration 69 (1), S. 3–19.

Huber, M. und M. Hillebrandt, 2019: "Pay for Promise" in Higher Education: The Influence of NPM on Resource Allocation in German Universities. Historical Social Research 44 (2), S. 247–269.

Huisman, J. und E. Burgoa, 2024: Revisiting organizational actorhood in higher education: the role of legitimate agency. Higher Education 87 (4), S. 1103–1117.

Hüther, O. und G. Krücken, 2012: Hierarchie ohne Macht? Karriere- und Beschäftigungsbedingungen als ‚vergessene' Grenzen der organisatorischen Umgestaltung der deutschen Universitäten. S. 27–39 in: U. Wilkesmann und C.J. Schmid (Hrsg.), Hochschule als Organisation. Wiesbaden: VS Verlag für Sozialwissenschaften-

Hüther, O. und G. Krücken, 2016a: Hochschulen: Fragestellungen, Ergebnisse und Perspektiven der sozialwissenschaftlichen Hochschulforschung. Wiesbaden: Springer Fachmedien.

Hüther, O. und G. Krücken, 2016b: Nested Organizational Fields: Isomorphism and Differentiation among European Universities. S. 53–83 in: E. Popp Berman und C. Paradeise (Hrsg.), The university under pressure. Bingley, UK: Emerald Group Publishing Limited.

Jungblut, J. und M. Jungblut, 2017: All different? All equal? differentiation of universities' mission statements and excellence initiatives in Germany. Science and Public Policy 44 (4), S. 535–545.

Hwang, H., J.A. Colyvas und G.S. Drori, 2019: The Proliferation and Profusion of Actors in Institutional Theory. S. 3–20 in: H. Hwang, J.A. Colyvas und G.S. Drori (Hrsg.): Agents, Actors, Actorhood. Institutional perspectives on the nature of agency. Bingley: Emerald Group Publishing Limited, S. 3–20.

In der Smitten, S. und M. Jaeger, 2012: Hochschulische Lehrleistungen im Kontext der W-Besoldung. Hochschulmanagement 7 (3), S. 89–97.

Kleimann, B., 2019: (German) Universities as multiple hybrid organizations. Higher Education 77 (6), S. 1085–1102.

Kosmützky, A., 2016: Mission Statements and the Transformation of German Universities into Organizational Actors. Recherches Sociologiques & Anthropologiques 47 (1), S. 41–66.

Kosmützky, A. und G. Krücken, 2015: Sameness and Difference. Analyzing Institutional and Organizational Specificities of Universities through Mission Statements. International Studies of Management & Organization 45 (2), S. 137–149.

Krücken, G., 2004: Wettbewerb als Reformpolitik: De- oder Re-Regulierung des deutschen Hochschulsystems? S. 337–356 in: P. Stykow und J. Beyer (Hrsg.), Gesellschaft mit beschränkter Hoffnung. Reformfähigkeit und die Möglichkeit rationaler Politik, Festschrift für Helmut Wiesenthal. Wiesbaden: VS Verlag für Sozialwissenschaften.

Krücken, G., 2012: Hochschulforschung. S. 265–276 in: S. Maasen, M. Kaiser, M. Reinhart und B. Sutter (Hrsg.), Handbuch Wissenschaftssoziologie. Wiesbaden: Springer Fachmedien.

Krücken, G., 2017: Die Transformation von Universitäten in Wettbewerbsakteure. Beiträge zur Hochschulforschung 39 (3–4), S. 10–29.

Krücken, G., 2019: Multiple competitions in higher education: a conceptual approach. Innovation 23 (6), S. 1–19.

Krücken, G., N. Götze und T. Seidenschnur, 2025: Lions, Game Players and Niche Providers: Universities' Positioning in Funding Competitions in Germany. Higher Education Quarterly 79 (1), S. 1–12.

Krücken, G. und F. Meier, 2006: Turning the University into an Organizational Actor. S. 241–257 in: G.S. Drori, J.W. Meyer und H. Hwang (Hrsg.), Globalization and organization. World society and organizational change. Oxford, New York: Oxford University Press.

Kühl, S., 2011: Organisationen. Eine sehr kurze Einführung. Wiesbaden: VS Verlag für Sozialwissenschaften.

Marginson, S., 1997: Steering from a distance: Power relations in Australian higher education. Higher Education 34 (1), S. 63–80.

Meier, F., 2009: Die Universität als Akteur. Wiesbaden: VS Verlag für Sozialwissenschaften.

Meier, F. und U. Schimank, 2010: Mission Now Possible: Profile-Building and Leadership in German Universities. S. 211–236 in R. Whitley, J. Gläser und L. Engwall (Hrsg.), Reconfiguring knowledge production. Changing authority relationships in the sciences and their consequences for intellectual innovation. Oxford, New York: Oxford University Press.

Meyer, J.W., 2010: World Society, Institutional Theories, and the Actor. Annual Review of Sociology 36 (1), S. 1–20.

Meyer, J.W., J. Boli und G.M. Thomas, 1994: Ontology and Rationalization in the Western Cultural Account. S. 9–27 in W.R. Scott und J.W. Meyer (Hrsg.), Institutional environments and organizations. Structural complexity and individualism. Thousand Oaks, Calif.: SAGE Publications.

Meyer, J.W., G.S. Drori und H. Hwang (2006): World Society and the Proliferation of Formal Organization. S. 25–49 in: G.S. Drori, J.W. Meyer und H. Hwang (Hrsg.), Globalization and organization. World society and organizational change. Oxford, New York: Oxford University Press.

Meyer, J.W. und R.L. Jepperson, 2000: The "Actors" of Modern Society: The Cultural Construction of Social Agency. Sociological Theory 18 (1), S. 100–120.

Meyer, J.W. und B. Rowan, 1977: Institutionalized organizations: formal structure as myth and ceremony. American Journal of Sociology 83 (2), S. 340–363.

Minssen, H. und U. Wilkesmann, 2003: Lassen Hochschulen sich steuern? Soziale Welt 54, 123–144.

Mintzberg, H., 1989: Mintzberg on Management. Inside Our Strange World of Organizations. New York: Free Press.

Mitterle, A. und R. Bloch, 2024: Beyond markets. On field competition in higher education. Studies in Higher Education 49 (10), S. 1720–1732.

Musselin, C., 2007: Are Universities Specific Organisations? S. 63–84 in: G. Krücken, A. Kosmützky und M. Torka (Hrsg.), Towards a multiversity? Universities between global trends and national traditions. Bielefeld: transcript.

Neave, G., 1979: Academic drift: Some views from Europe. Studies in Higher Education 4 (2), S. 143–159.

Paradeise, C., E. Reale, I. Bleiklie und E. Ferlie (Hrsg.), 2009: University governance. Western European comparative perspectives. Dordrecht, London: Springer.

Ramirez, F.O., 2006: The rationalization of universities. S. 225–244 in: M.-L. Djelic und K. Sahlin-Andersson (Hrsg.), Transnational governance. Institutional dynamics of regulation. Cambridge: Cambridge University Press.

Ramirez, F.O., 2010: Accounting for Excellence: Transforming Universities into Organizational Actors. S. 43–58 in: L.M. Portnoi, V.D. Rust und S.S. Bagley (Hrsg.), Higher education, policy, and the global competition phenomenon. New York: Palgrave Macmillan.

Schimank, U., 2005: 'New Public Management' and the Academic Profession. Reflections on the German Situation. Minerva 43 (4), S. 361–376.

Schimank, U., 2015: Welche Gesellschaftstheorien braucht die Hochschulforschung? Beiträge zur Hochschulforschung 37 (4), S. 80–99.

Schimank, U. und S. Lange, 2009: Germany: A Latecomer to New Public Management. S. 51–75 in: C. Paradeise, E. Reale, I. Bleiklie und E. Ferlie (Hrsg.), University governance. Western European comparative perspectives. Dordrecht, London: Springer.

Schofer, E und J.W. Meyer, 2005: The Worldwide Expansion of Higher Education in the Twentieth Century. American Sociological Review 70 (6), S. 898–920.

Seeber, M. und B. Lepori, M. Montauti, J. Enders, H. De Boer, E. Weyer et al., 2015: European Universities as Complete Organizations? Understanding Identity, Hierarchy and Rationality in Public Organizations. Public Management Review 17 (10), S. 1444–1474.

Seeber, M. und V. Barberio, J. Huisman und J. Mampaey, 2019: Factors affecting the content of universities' mission statements: an analysis of the United Kingdom higher education system. Studies in Higher Education 44 (2), S. 230–244.

Seidenschnur, T., N. Götze und G. Krücken, 2024: Multiple roles of the state – federal states and their roles in how universities compete in Germany. Studies in Higher Education 49 (10), S. 1753–62.

Stevens, M.L., E.A. Armstrong und R. Arum, 2008: Sieve, Incubator, Temple, Hub. Empirical and Theoretical Advances in the Sociology of Higher Education. Annual Review of Sociology 34 (1), S. 127–151.

Stock, M., 2004: Steuerung als Fiktion. Die Hochschule 13 (1), S. 30–48.

Stock, M., 2018: The Transition from 'Rank Equality' to Vertical Differentiation in the German Higher Education Sector. S. 149–170 in: R. Bloch, A. Mitterle, C. Paradeise und T. Peter (Hrsg.), Universities and the production of elites. Discourses, policies, and strategies of excellence and stratification in higher education. Cham, Switzerland: Palgrave Macmillan.

Teichler, U., 2008: Diversification? Trends and explanations of the shape and size of higher education. Higher Education 56 (3), S. 349–379.

Thoenig, J.-C. und C. Paradeise, 2016: Strategic Capacity and Organisational Capabilities: A Challenge for Universities. Minerva 54 (3), S. 293–324.

Thoenig, J.-C. und C. Paradeise, 2018: Higher Education Institutions as Strategic Actors. European Review 26 (S1), S57-S69.

Trow, M., 1984: The Analysis of Status. S. 132–164 in: B.R. Clark (Hrsg.), Perspectives on higher education. Eight disciplinary and comparative views. Berkeley, London: University of California Press.

Vaira, M., 2009: Towards unified and stratified systems of higher education? System convergence and organizational stratified differentiation in Europe. S. 135–153 in B. Kehm und B. Stensacker (Hrsg.), University Rankings, Diversity, and the New Landscape of Higher Education. Rotterdam, Taipei: Sense Publishers.

Weick, K.E., 1976: Educational Organizations as Loosely Coupled Systems. Administrative Science Quarterly 21 (1), S. 1–19.

Whitley, R., 2012: Transforming Universities. National Conditions of Their Varied Organisational Actorhood. Minerva 50 (4), S. 493–510.

Wilkesmann, U. und S. Lauer, 2020: The influence of teaching motivation and New Public Management on academic teaching. Studies in Higher Educaction 45 (2), S. 434–451.

Wilkesmann, U. und C.J. Schmid, 2012: Vorwort. S. 7–13 in U. Wilkesmann und C.J. Schmid (Hrsg.): Hochschule als Organisation. Wiesbaden: VS Verlag für Sozialwissenschaften.

Winter, M., 2014: Topografie der Hochschulforschung in Deutschland. Die Hochschule 23 (1), S. 25–49.

Witte, J., M. van der Wende und J. Huisman, 2008: Blurring boundaries. How the Bologna process changes the relationship between university and non-university higher education in Germany, the Netherlands and France. Studies in Higher Education 33 (3), S. 217–231.

Wright, S. und J.W. Ørberg, 2008: Autonomy and control: Danish university reform in the context of modern governance. Learning and Teaching 1 (1), S. 27–57.

Zapp, M., M. Marques und J.W. Powell, 2021: Blurring the boundaries. University actorhood and institutional change in global higher education. Comparative Education, S. 538–559.

Zucker, L.G., 1977: The Role of Institutionalization in Cultural Persistence. American Sociological Review 42 (5), S. 726–743.

Simone Rödder

8 Disziplinen und Interdisziplinarität Wissenschaft und der Wissenschaftsforschung

Einleitung

Es gibt keine allgemein anerkannte einheitliche Definition davon, was Wissenschaft auszeichnet, von anderen gesellschaftlichen Bereichen unterscheidet oder auch wie sie funktioniert. Es gibt jedoch in der Wissenschaftsforschung einen gewissen Konsens, dass der Begriff der *Disziplin* von Bedeutung ist, um die innere Ordnung der Wissenschaft zu beschreiben und um die Wissenschaft zu Forschungs-, Lehr-, Finanzierungs- und Organisationszwecken zu erfassen. Auch der Begriff der *Interdisziplinarität* als ein ‚Dazwischen' oder ‚Übergreifen' von disziplinären Grenzen verweist zunächst auf die Bedeutung der Disziplinen.

Dieser Beitrag führt in die wissenschaftssoziologische Beschäftigung mit Disziplinarität und Interdisziplinarität als Dynamiken der Wissensproduktion sowie als Bezugspunkte der Identitätsarbeit von Wissenschaftlerinnen und Wissenschaftlern ein. Im folgenden Abschnitt nähert er sich zunächst einer Begriffsdefinition von *Disziplinarität*, gibt einen kurzen Überblick über die historische Entwicklung und Etablierung des Disziplinen-Schemas und entwickelt eine theoretische Perspektive auf die Grundlagen der Disziplinendifferenzierung. Der dritte Abschnitt widmet sich der Frage, welche definierenden Gemeinsamkeiten und typisierenden Unterschiede wissenschaftlicher Einheiten die verschiedenen Konzepte und Felder der Wissenschaftsforschung jeweils in den Vordergrund stellen. Anschließend wird der Begriff der *Interdisziplinarität* definiert und unterschiedliche Motivlagen für Interdisziplinarität ebenso wie typische Formen und Anwendungsgebiete werden charakterisiert. Dabei wird die Bedeutung von Interdisziplinarität für die Bewältigung gesamtgesellschaftlicher Problemlagen wie Klimawandel oder öffentliche Gesundheit betont. Ein kurzes Fazit rundet den Beitrag ab.

https://doi.org/10.1515/9783112245897-011

Disziplinen und die Ordnung von Wissen und Wissenschaft[1]

Disziplin und *Disziplinarität* sind, wie viele bildungssprachliche Vokabeln, Lehnwörter aus dem Lateinischen. Sie stehen in einem etymologischen Zusammenhang mit *disciplina* (Erziehung, Zucht) und *discipulus* (Schüler) und tragen sowohl die Bedeutung von Regeln und Strenge in sich als auch diejenige von Jüngern oder Anhänger*innen (engl. *disciples*) (Kluge 2012: 207; Hacking 2013). Mit dem Beginn der Aus- und Binnendifferenzierung der modernen Wissenschaft wurde die vormals vor allem im militärischen Kontext genutzte Begrifflichkeit auch auf Wissenschaftszweige angewandt (Klein 1990). Der Blick auf die begrifflichen Wurzeln deutet an, dass die Bestimmung wissenschaftlicher Disziplinen (engl. *academic disciplines*) einen mehrdimensionalen Begriff erfordert. Disziplinen sind in sozialer Hinsicht Gemeinschaften von Spezialist*innen, zu deren Infrastruktur Lehrstühle an Universitäten mit dazugehörigen Ausbildungsprogrammen in Form von Studiengängen sowie Fachkonferenzen und Fachzeitschriften mit Disziplinangehörigen als Organisator*innen und Herausgeber*innen gehören (Stichweh 1984). In sachlicher Hinsicht lässt sich eine Disziplin beschreiben als ein sich selbstreproduzierender Zusammenhang von Begriffen, Theorien und Methoden, die im zeitlichen Verlauf durch Forschung bestätigt, modifiziert oder verworfen werden. Hinzu kommen Publikationen, die mittels Zitationen aneinander anschließen und einen kommunikativen Zusammenhang darstellen.

Wissenschaftshistorisch gesehen bilden sich verstärkt seit dem 18. Jahrhundert die Konturen der modernen wissenschaftlichen Disziplin heraus (Stichweh 1984). Als Voraussetzung disziplinärer Differenzierung nennt Stichweh die zunehmende Spezialisierung und das Herausbilden einer Gemeinschaft von Fachkolleg*innen (engl. *peers*), eine Institutionalisierung dieser Fachgemeinschaften in Erziehungsorganisationen, namentlich den Universitäten, sowie in Berufsrollen, und Arbeitsmärkte für Absolvent*innen, Zertifikate und die Legitimation von Forschung als innovativer Handlungsform. Clark (1974) unterscheidet anhand der Differenzierung von Spezialist*innen und Laien fünf Stadien der Institutionalisierung von Disziplinen von der einsamen Wissenschaftler*in bis zur global vernetzen ‚Big Science' als höchstentwickeltem Stadium. Der Übergang zur etablierten Disziplin hängt seiner Analyse zufolge vor allem davon ab, ob es gelingt, Amateurwissenschaftler*innen in einer Fachgesellschaft zu organisieren, über die Kontakte zu

1 Vgl. zum Folgenden Rödder 2021.

zentralen gesellschaftlichen Bereichen wie Wirtschaft, Politik und Medien auf Dauer gestellt werden können.

Jenseits der sozialen Organisation stellt sich jedoch die Frage nach der inhaltlichen Grundlage der Disziplinendifferenzierung (zum Folgenden Krüger 1987: 111f.; Kieserling 1999: 23). Zunächst wurde versucht, wissenschaftliche Disziplinen durch ihren *Gegenstand* zu definieren und so etwa die Pflanzen als Gegenstand der Biologie anzusehen. Doch Pflanzen behandeln mancherlei Disziplinen, in denen sie Heilkraut, Nahrung, Ware, Unkraut oder Kunstobjekt sein können. Auch wird nicht nur ein Gegenstand von mehreren Disziplinen behandelt, sondern jede Disziplin behandelt auch mehr als einen Gegenstand (die Biologie neben Pflanzen zum Beispiel auch Tiere). Gegenstände setzen also einen Rahmen, definieren aber noch keine Disziplin. Eine weitere Antwort auf die Frage, wonach sich Disziplinen unterscheiden, lautet: nach ihren *Methoden*. So lässt sich etwa die Mathematik anhand der Methodik des Beweises charakterisieren (Heintz 2000). Aber auch in der Physik werden mitunter Beweise geführt, und in der Mathematik wiederum mit Modellen und Simulationen geforscht. Erneut stellt sich das Problem, dass einerseits bestimmte Methoden nicht disziplinexklusiv sind und andererseits innerhalb der Disziplinen Methodenpluralismus herrscht.

Ein spezifischeres Merkmal zur Klassifikation wissenschaftlicher Disziplinen ist ihr *Erkenntnisinteresse*. So unterschied etwa der Neukantianer Windelband (1904[1894]) die Naturwissenschaften von den historischen Wissenschaften, indem er ersteren die Suche nach allgemeinen Gesetzmäßigkeiten und letzteren das Beschreiben einmaliger Individualitäten als Erkenntnisziel zurechnete. Von Erkenntnisinteressen ausgehend lassen sich Fragen formulieren, die Forschung anleiten. Einem für die damalige Biologie revolutionären neuen Interesse ging beispielsweise der Augustinerpater Gregor Mendel Mitte des 19. Jahrhunderts in seinem Klostergarten nach: Indem er systematisch mit Erbsenpflanzen experimentiere, wies er bestimmte Muster der Vererbung nach und konnte die Hypothese belegen, dass es sich bei diesen Erbmerkmalen um diskrete Einheiten handelt, die von der Elterngeneration an die Nachkommen weitergegeben werden. Jedoch sollte es fast fünfzig Jahre dauern, bis die Erkenntnisse des Mönchs in der Botanik seiner Zeit anerkannt wurden. Denn „[e]s mußte der *Maßstab* gewechselt werden, es mußte eine ganz *neue Gegenstandsebene* in der Biologie entfaltet werden, damit Mendel in das Wahre eintreten und seine Sätze (zu einem großen Teil) sich bestätigen konnten“, schreibt Foucault dazu in seinen Anmerkungen zur Ordnung des wissenschaftlichen Diskurses (Foucault 1977: 24f, Hervorhebung d. Autorin).

Wie dieser Blick in die Anfänge der Genetik und Molekularbiologie zeigt, erzeugen Disziplinen *Erkenntnisobjekte*. Sie zerlegen die Alltagsrealität auf je disziplinspezifische Weise. Aus differenzierungstheoretischer Perspektive (Heckhausen 1987; Luhmann 1992) gesehen entsteht Disziplinarität auf diese

Weise über Theorieentscheidungen. Statt auf den Gegenstand selbst kommt es auf die Unterscheidungen an, mit denen der Gegenstand beobachtet und von anderen Gegenständen abgegrenzt wird. So betrachten beispielsweise Biolog*innen sich selbst oder auch Soziolog*innen als ‚Lebewesen', während Soziolog*innen wiederum sowohl sich selbst als auch Biolog*innen als ‚Akteure' behandeln. Damit geht einher, dass es den ersteren um Entwicklung und Reproduktion als Charakteristika des Lebendigen geht, während letztere das Flirtverhalten auf Partys oder Online-Plattformen erforschen. Nach Heckhausen (1987: 132) ist es dieses „theoretische Integrationsniveau", das Disziplinarität ausmacht und mit je spezifischen Theorieentwürfen, Modellen oder anderen Arten von wissenschaftlichen Abstraktionen und Rekonstruktionen einhergeht.

Ähnliche Überlegungen finden sich bei Thomas Kuhn. In einer philosophischen Denktradition, die mit den Überlegungen Ludwig Flecks zu *wissenschaftlichen Denkstilen* (1980[1921]) in den 1920er Jahren begann, hat Kuhn den Begriff *Paradigma* vorgeschlagen, um zu beschreiben, wie sich Gemeinschaften von Spezialist*innen um einen Theorieentwurf gruppieren und diesen zur Grundlage ihres Forschungshandelns machen (Kuhn 1967; Hoyningen-Huene 2006). Er hat gezeigt, wie sich hieraus Inkommensurabilität, d.h. ein Niveau an Verschiedenheit, welches sogar das Finden von Vergleichskriterien verunmöglicht, sowohl zwischen historisch aufeinander folgenden Paradigmen einer Disziplin als auch zwischen den Disziplinen ergibt. Mit dem Verweis darauf, dass soziale Probleme erst in soziologische Probleme übersetzt werden müssen, hat auch Bourdieu (Bourdieu et al. 1991) zum Ausdruck gebracht, dass sich die Problemstellungen der Disziplinen kategorial von Alltagsphänomenen unterscheiden, und dass gerade dies die Autonomie der Wissenschaft begründe (Bourdieu 1998).

Die Ausdifferenzierung immer neuer Denkstile und Paradigmen hält auch weiterhin an. Insbesondere die Lebenswissenschaften führen exemplarisch vor, dass die Entwicklung der Wissenschaft den Weg einer zunehmenden Spezialisierung in disziplinäre und weitere subdisziplinäre Einheiten eingeschlagen hat, die so klein sein können, dass sich alle Wissenschaftler*innen vom wechselseitigen Lesen und Zitieren und von gemeinsamen Tagungsbesuchen kennen.

Debatten in der Wissenschaftsforschung

In der Wissenschaftsforschung finden sich vielfältige Antworten auf die Frage, mit welchen Konzepten und Perspektiven die Ordnung der Wissenschaft und ihre Dynamiken weiterführend beobachtet und theoretisiert werden können. Der folgende Überblick über klassische und aktuelle Debatten schließt die Disziplinen

Soziologie, Philosophie, Geschichte, Anthropologie sowie die *Science and Technology Studies* (STS) mit ein.

Die Vorschläge zur Bestimmung und Abgrenzung von Disziplinen sind zahlreich und divers. Einig sind sich die Ansätze lediglich in der Diagnose, dass die Disziplinen eine relevante Ordnungsstruktur der Wissenschaft sind, ein „Kontrollprinzip der Produktion des Diskurses" (Foucault 1977: 25). Auch dass sie einer „opportunistischen Rationalität der Spezialisierung" (Weingart 1987: 165) folgen und ihre Grenzen historisch gewachsen, wandelbar und fließend sind, stellt niemand in Abrede. Abbott bezeichnet Disziplinen aus diesem Grund metaphorisch als „Amöben" (2001). Strittig ist hingegen, ob man an den Disziplinen ihre Beharrungskraft und Stabilität positiv hervorheben soll, wozu etwa die Soziologen Stichweh (1984, 2013), Abbott (2001) und Jacobs (Jacobs 2013) neigen, oder ob sie kritisch als der Erkenntnisproduktion im Weg stehende Grenzen zu werten sind, wie es, etwa in der Tradition von Gieryn (1983) und Jasanoff (2004), viele andere Wissenschaftsforscher*innen tun. Sie legen den Fokus auf den Aspekt, dass Disziplinen durch die Wissenschaftsgeschichte gegeben seien, dass ihre Grenzen also nicht theoretische, sondern historische seien (Mittelstraß 2005: 153), die gleichwohl durch Grenzarbeit erbittert verteidigt und zur ‚natürlichen Ordnung' stilisiert werden. Schließlich finden sich so unterschiedliche Theoretiker wie Luhmann (1992) und Foucault (1977) in der Position vereint, dass die restriktiven und abstrahierenden Ordnungen der Disziplinen unabdingbar mit ihren leistungssteigernden, kreativen und legitimatorischen Funktionen verwoben sind.

Luhmann (1992: 460) sieht in der gegebenen Disziplinendifferenzierung die Notwendigkeit, auf die Vorstellung einer theoretischen Einheit der Wissenschaft verzichten zu müssen. Damit schließt er an Kontroversen an, in denen die Frage diskutiert wurde, ob Wissenschaft überhaupt als Einheit zu verstehen sei oder aber nicht vielmehr die Diversität der Disziplinaritäten als konstitutiv hervorgehoben werden sollte. Die Philosophie des Wiener Kreises (Neurath et al. 1970[1938]) etwa hat eine methodische Einheit der Wissenschaft als in logischen Prinzipien und empirischen Beobachtungen begründet postuliert. Die frühe Wissenschaftssoziologie hat sich mit dem Konzept des wissenschaftlichen Ethos (Merton 1942) vor allem der Frage und Bedeutung einer normativen Einheit der Wissenschaft gewidmet. Dagegen stellt die neuere Wissenschaftsforschung die Diversität der Wissenschaft in den Vordergrund (Galison 1996) und lehnt, wie die *Science and Technology Studies*, eine Verortung als Disziplin für sich selbst ab (Jasanoff 2016).

Die Wechselwirkungen zwischen Wissensbeständen und der sozialen Organisation der mit ihnen assoziierten Wissenschaftler*innengruppen werden auch in Ansätzen betrachtet, die im Anschluss an Snows Rede der zwei Kulturen (1967 [1959]) auf dem Kulturbegriff aufbauen und sich für die Praxis der Wissensproduktion interessieren (siehe auch Kastenhofer 2026 in diesem Band). Sie schließen zum einen an anthropologische Traditionen an und beschreiben Disziplinen als Stämme (engl. *academic tribes*, Becher und Trowler 2001: 39), die Wissensmonopole auf bestimmten Territorien verteidigen. Innerhalb der Soziologie sprechen die Laborstudien, die ihren Fokus auf die Forschungs- und Publikationspraxis legen, von „epistemischen Kulturen" (Knorr Cetina 2002). Die Verwendung des Kulturbegriffs stellt dabei auf eine Charakterisierung der Forschungspraxis als „Durchführungsrealität" (Knorr Cetina 2002: 39) von Wissenschaft ab; sie bringt damit eine Veralltäglichung der Vorstellung von Wissen sowie eine Abkehr vom Disziplinbegriff zum Ausdruck (Weingart 2003: 132).

Während die Ansätze von Stichweh (1979) aber auch Chubin (1976) die Disziplin als Einheit der Lehre, Nachwuchssozialisation, Integration und Außenorientierung kategorial von den Einheiten der Forschung unterscheiden, legen Ansätze wie der der akademischen Stämme von Becher nahe, dass der Unterschied lediglich im Institutionalisierungsgrad liegt, d.h., Spezialgebiete entwickeln sich früher oder später zu Disziplinen. „Die wissenschaftliche Disziplin wäre dann gewissermaßen die finale Form für jedes wissenschaftliche Problem von hinreichender Unendlichkeit" (Stichweh 1993: 244).

Organisationssoziologen wie Clark (1974) und Whitley (2000[1984]) halten Reputation für den zentralen Mechanismus, der die Institutionalisierung eines Feldes als epistemische Gemeinschaft (engl. *scientific community*, dt. auch wissenschaftliche Produktionsgemeinschaften, Gläser 2006) steuert. Alle wichtigen Perspektiven der Wissenschaftssoziologie diskutieren das besondere Belohnungssystem der Wissenschaft (Bourdieu 1975; Latour und Woolgar 1986; Luhmann 1970; Merton 1968; Zuckerman 1977). Dabei basieren bisherige Überlegungen primär auf einem Verständnis von Publikationen als Output wissenschaftlicher Arbeit (Knorr-Cetina 2012, insb. Kapitel 5; Merton 1973) und Rückgrat des wissenschaftlichen Kommunikationssystems (Stichweh 1977, 1984). Die Rolle des Konferenzgeschehens und akademischen Reisens für den Reputationserwerb bleibt ein Forschungsdesiderat (Rödder und Braun 2024).

In Form von Reputation drückt sich die Anerkennung wissenschaftlicher Leistung durch die Fachgemeinschaft aus. Durch Rezeption und Zitation bestätigt das Publikum der Fachkolleg*innen einen Beitrag als beachtenswert. Hier setzen bibliometrische Ansätze der Beschreibung wissenschaftsinterner Differenzierung an. Das vergleichsweise junge Forschungsfeld der Szientometrie (siehe auch Taubert 2026 in diesem Band) beruht auf der Grundannahme, dass sich intellektuelle Nähe anhand quantitativer Kennziffern und Verfahren wie der Kozitationsanalyse messen lässt. Die so vermessenen Forschungsgebiete (engl. *specialties*) werden in der Literatur gemeinhin als die zentralen Einheiten der Forschung angesehen, während den Disziplinen die Aufgabe zukommt, das dort produzierte Wissen gesellschaftsweit zu legitimieren und qua disziplinärer Identität im Sinne einer kulturellen Verbundenheit einen integrativen Ausgleich zu der immer weitergehenden Spezialisierung der Forschungsgebiete zu gewährleisten (Stichweh 1993: 249f.). Das typischerweise durch einen formalen akademischen Abschluss verbriefte Zugehörigkeitsgefühl schafft eine wissenschaftliche Identität auf disziplinärer Ebene, zu der Interaktionspräferenzen ebenso gehören wie ein bestimmter Humor, Kleidungs- und Lebensstil. So berichtet ein Soziologe in der ZEIT von „Konferenzen, auf denen sich Philosophen, Mediziner, Physiker, Informatiker und Germanisten gelegentlich höchst verständnislos gegenübersitzen und sich, wenn sie wieder zu Hause sind, wechselweise darüber mokieren, dass die anderen noch spinnerter oder schlechter angezogen sind, als man ohnehin schon geahnt hatte" (Welzer 2006). Schließlich schreibt Kaube (2014) über den Historikertag: „Historikertage sind wie Soziologentage, Germanistentage, Politologentage und Philosophentage. Zusammenkünfte der Großfamilien eben, mit Onkel Uli, Cousin Paul, Opa Gerhard und Tante Ute, Klatschbörsen und Netzwerkpflege. ‚Gute Geschäfte' wünscht man dem drittmittelstarken Kollegen beim Frühstück, trifft mittags den Verleger, spricht abends maliziös über Abwesende. Weswegen auch jetzt in Göttingen beim 50. Deutschen Historikertag fast niemand abwesend war. Es ist einfach zu riskant." Diese durch eine historische Identität gekennzeichnete Seite einer Disziplin bleibt auch dann bestehen, wenn sich innerhalb einer Disziplin Kommunikationsprobleme oder gar Brüche zwischen Schulen, Subdisziplinen und Spezialgebieten auftun, „die von ‚offiziell' interdisziplinären Problemen kaum unterscheidbar sind" (Krüger 1987: 110).

Als Hauptbefund dieses Forschungsüberblicks lässt sich formulieren, dass sich eine Zersplitterung der Arbeit über wissenschaftsinterne Differenzierung zeigt, die sich wie eine performative Bestätigung dessen liest, wovon die Literatur handelt: Die Zusammenschau der Forschungsansätze zeigt, dass auch die Wissenschaftsforschung ein intern hochgradig spezialisiertes und differenziertes Unterfangen ist.

Interdisziplinarität und die Beziehung von Wissenschaft und Gesellschaft

Aus dem hier dargelegten engen Disziplinbegriff und der daran anschließenden Diskussion ergibt sich ein Motiv für die Zusammenarbeit von verschiedenen Disziplinen, um komplexe und übergreifende Fragestellungen besser zu verstehen. Dies bezeichnet der Begriff der *Interdisziplinarität*. Unter anderem Luhmann hat darauf hingewiesen, dass das Disziplinen-Schema aufgrund seines historischen Charakters „nicht als perfekte Ordnung des Wissens begriffen werden" (Luhmann 1992: 456) kann und die Verdichtung akademischer Aufmerksamkeit innerhalb disziplinärer Grenzen Nachteile hat: „Sobald die Disziplinen wie Eisschollen auseinanderbersten und, wenn auch im Wasser, ihre eigenen Wege dümpeln: was wird dann aus dem ‚dazwischen'? Was wird aus ‚übergreifenden Fragestellungen', die nur bearbeitet werden können, wenn das Fachwissen mehrerer Disziplinen zusammenkommt?" (Luhmann 1992: 456). Von ihren Anfängen an geht disziplinäre Differenzierung daher mit der Klage einer ‚Überspezialisierung' Hand in Hand und es gibt ein forschungsgetriebenes Bemühen um Re-Integration (Abbott 2001). Interdisziplinarität ist so erstens durch den Versuch motiviert, epistemische „Sichtbehinderungen" (Luhmann 1992: 459) zu überkommen und das von den Disziplinen vernachlässigte ‚Dazwischen' wieder in die Forschung einzubringen. Interessanterweise wurde dieses Problem bereits im 19. Jahrhundert gesehen, und etwa von Auguste Comte als „große Unannehmlichkeit" beklagt (zitiert in Elias 1986: 49).

Dazu tritt zunehmend eine zweite Motivlage, die direkt an gesellschaftliche Themeninteressen und Problemlagen anschließt und versucht, zu deren Bearbeitung und Lösung beizutragen. Auch im Zentrum der so motivierten Zusammenarbeit steht die Idee, dass keine einzelne Disziplin alle Antworten liefern kann, und dass sogenannte ‚große gesellschaftliche Herausforderungen' aufgrund ihrer Komplexität disziplinenübergreifend angegangen werden müssen. Wissenschaftspolitische Diskurse werden daher seit vielen Jahren von einer normativen Perspektive geprägt, die die Disziplinen als einer problemlösenden und nützlichen Wissensproduktion im Weg stehende Hindernisse rahmt (Weingart und Stehr 2000b). Als Voraussetzung für die Adressierung gesellschaftlicher Problemlagen werden sowohl Interdisziplinarität gesehen als auch das Überschreiten der Grenze zwischen Wissenschaft und Gesellschaft durch Einbezug von Nicht-Wissenschaftler*innen. Letzteres wird häufig als transdisziplinäre, partizipative oder ko-kreative Forschung bezeichnet (siehe auch Voß 2026 in diesem Band). Inter- und Transdisziplinarität sind dann „Reparaturphänomene zur Aufhebung erkenntnisbegrenzender Disziplinarität" (Mittelstraß 1987: 152), und forschungspolitische Anreize gehen dahin, die Produktion eines solchen Wissens zu fördern (z.B. Wissenschaftsrat 2015).

In diesem Zusammenhang wird in der Literatur oft von einem Strukturwandel der Wissenschaft gesprochen (*Modus 2*; Gibbons et al. 1994). Auf das vordisziplinäre 17. und 18. Jahrhundert und das disziplinäre 19. und 20. Jahrhundert (*Modus 1*) folge nun eine postdisziplinäre Zeit (Weingart und Stehr 2000a: xi; Klein 1999), die dadurch gekennzeichnet sei, dass sich Orte, Methoden und Akteur*innen der Wissensproduktion pluralisieren und diversifizieren. Kriterien wie gesellschaftliche Relevanz und soziale Robustheit (Nowotny 2003) ergänzten die Qualitätssicherung durch die Wissenschaft in sachlicher Hinsicht, Verfahren des Einbezugs von *extended peer communities* in sozialer Hinsicht (Funtowicz und Ravetz 1993). Während die Disziplinen bislang die Akkumulation von Wissen innerhalb paradigmatischer Normalwissenschaft im Sinne Kuhns ermöglichten, zeichne sich diese „post-normale" Wissenschaft dadurch aus, dass sie von Unsicherheiten,

Wertfragen und politischen Entscheidungsnotwendigkeiten gekennzeichnet sei (Funtowicz und Ravetz 1993). Empirische Beispiele sind die Klimawissenschaften (Bray und Storch 1999; Storch und Krauß 2013) und die Forschung anlässlich der COVID-19-Pandemie (Waltner-Toews et al. 2020). Die Zusammenarbeit von Natur- und Sozialwissenschaftler*innen ist auch in Feldern wie den Neuro-, Nano- und Klimawissenschaften eine zunehmend gängige Praxis.

In der Wissenschaftsforschung gibt es sowohl klassische als auch neuere Studien, die sich mit der Praxis der Interdisziplinarität auseinandersetzen. Julie Thompson Kleins Arbeit (1990, 1996, 2010) bietet einen umfassenden Überblick und analysiert die Bedeutung von Interdisziplinarität sowohl in der Theorie als auch in der Praxis. Sie sieht Interdisziplinarität als eine Notwendigkeit für Wissenschaft und Gesellschaft, die institutionelle Unterstützung ebenso wie ein Bewusstsein für die Herausforderungen erfordert. Klein identifiziert mehrere Hindernisse für interdisziplinäres Arbeiten, darunter disziplinäre Eigeninteressen, unterschiedliche Methodologien, Kommunikationsprobleme und institutionelle Barrieren. Diese erschweren die Integration einzelner Wissensbereiche.

Der Sammelband *Investigating Interdisciplinary Collaboration: Theory and Practice Across Disciplines* von Scott Frickel, Mathieu Albert und Barbara Prainsack (2016) vergleicht die Theorie und Praxis der interdisziplinären Zusammenarbeit in verschiedenen Disziplinen und bietet empirische Einblicke in solche Kooperationen. Spannend ist etwa die Reflexion des zunehmend verbreiteten Phänomens der in eine naturwissenschaftliche Fachkultur *integrierten Sozialwissenschaft* (vergleiche zum Folgenden Rödder 2019). Ein*e ‚integrierte*r Sozialwissenschaftler*in' ist typischerweise eine Nachwuchswissenschaftler*in*, die für die Laufzeit eines Projektes in einen länger bestehenden naturwissenschaftlichen Kontext kommt (Viseu 2015; Rödder 2017). Diese Form der Interdisziplinarität lässt sich einerseits von ethnographischer Forschung in der Tradition der wissenschaftssoziologischen Laborstudien und andererseits von interdisziplinärer Zusammenarbeit in anderen problembezogenen Kontexten abgrenzen. Von den Ethnographien der Laborstudien unterscheidet sich diese Form der Interdisziplinarität dadurch, dass sich an den sozialwissenschaftlichen Hintergrund der integrierten Sozialwissenschaftlerin recht konkrete Erwartungen knüpfen. Die Erwartungen der Initiator*innen gegenüber haus- oder projekteigener sozialwissenschaftlicher Expertise umfassen neben eigenen Wissensbeiträgen typischerweise das Erleichtern inter- oder transdisziplinärer Kommunikation, das Explorieren sozialer, politischer und ethischer Dimensionen der Forschung, Lobbyarbeit für technische Innovationen sowie Wissenschaftskommunikation und Akzeptanzbeschaffung. Von anderen Formen wissenschaftspolitisch gewünschter und oft schon programmatisch als ‚exzellent' gelabelter Interdisziplinarität unterscheidet sich die *integrierte Sozialwissenschaft* durch die klare Hierarchie der beteiligten Fachkulturen. Während Naturwissenschaften wie Physik und Biologie gesellschaftlich relevante Probleme erforschen und dabei Forschungsmethoden wie Experimente und Modellierung verwenden, fungiert die Sozialwissenschaft mit ihren oft qualitativen und interpretativen Methoden als Begleitforschung und Unterstützung der naturwissenschaftlichen Forschungsarbeit.

Neben Untersuchungen in der Wissenschaftsforschung, wie Interdisziplinarität praktiziert wird, findet sich auch ein wissenschaftspolitischer Diskurs, der generell Anstoß nimmt an der institutionellen Form der Disziplinen und der Stabilisierung, die sie in den Organisationen des Wissenschaftssystems gefunden haben. In vielen nationalen Wissenschaftssystemen fungiert die akademische Disziplin nicht nur in der Forschung, sondern auch in der Hochschulorganisation und Lehre als Einheit der Strukturbildung und Binnendifferenzierung (Stichweh 1993: 235). Das Problem mit dieser Struktur lässt sich folgendermaßen zusammenfassen: „The world has problems, but universities have departments" (Brewer 1999: 328). Für die Beharrlichkeit der disziplinären Sozialstruktur der Wissenschaft macht Abbott (2001: 122) für seinen Fall der amerikanischen Forschungsuniversität eine „doppelte Institutionalisierung" verantwortlich: Erstens, die Bedeutung der Disziplinen für den akademischen Arbeitsmarkt, der vor allem in disziplinären Bahnen verlaufe, und zweitens, ihre Bedeutung für die Organisationsstruktur der Universität, die überwiegend nach disziplinären Departments gegliedert bleibe.

Die nach disziplinären Fakultäten gegliederte Universität bleibt vorerst die zentrale Institution für die Ausbildung künftiger Wissenschaftler*innen. Zu den Funktionen disziplinbasierter Studiengänge gehört, dass potentielle Arbeitgeber*innen eine ungefähre Vorstellung davon haben, über welche Qualifikationen ein*e Bewerber*in verfügt. Weil die historisch gewachsenen Fakultätsstrukturen der Universitäten nicht mit den fluiden Orientierungen aktueller Forschungsthemen übereinstimmen (so schon Heckhausen 1987: 130), treten daneben häufig temporäre oder feste interdisziplinäre Strukturen (Jacobs 2013). Um die dafür benötigten Wissenschaftler*innen auszubilden, gibt es eine zunehmende Zahl interdisziplinärer Studiengänge (Klein 2010). Gleichzeitig ist es auffallend, dass es kein Schreiben und Lehren von Interdisziplinarität ohne Klagen über dessen Schwierigkeiten gibt (Klein 1996).

Hinzufügen lässt sich, dass die disziplinäre Struktur der Universität auch Orientierung für den Wissenstransfer in gesellschaftliche Bereiche wie Wirtschaft, Politik und Medien bietet. Als Ansprechpartner für gesellschaftliche Problemlagen lassen sich zunächst Disziplinen ermitteln, auch wenn die Auseinandersetzung mit den anschließenden Forschungsfragen in den sich immer weiter differenzierenden Spezialgebieten erfolgt (Stichweh 1993: 247ff, 1979: 89ff). Als konstant verfügbare Adressen haben Disziplinen und disziplinär gegliederte

Organisationen also eine orientierende Funktion in der Kommunikation der Wissenschaft mit der Gesellschaft. Auch dies stabilisiert ihre Rolle als Ordnungsstrukturen wissenschaftlicher Organisationen.

Zusammenfassend lässt sich sagen, dass das Konzept der Interdisziplinarität aus verschiedenen Perspektiven diskutiert wird: Erstens geht es um eine normative Perspektive auf Forschungshandeln, die häufig von einer positiven Korrelation zwischen Interdisziplinarität und der Lösung gesellschaftlicher Problemlagen ausgeht. Zweitens stehen hinter dem Anspruch von Interdisziplinarität aber auch Strategien der Forschungsorganisation und -finanzierung, da Interdisziplinarität politisch erwünscht ist und gefördert wird, und drittens finden sich Versuche der Umsetzung von Interdisziplinarität in Ausbildungsprogrammen an den Hochschulen.

Fazit

Der Beitrag hat zunächst gezeigt, dass sich Disziplinen dadurch auszeichnen, dass sie die Alltagsrealität auf ihre eigene und je disziplinspezifische Art und Weise abstrahieren, und dass dieses Vorgehen innerhalb einer bestimmten Gruppe von Fachwissenschaftler*innen geteilt wird. Analytische Abstraktionen steigern also das Auflösungsvermögen der Disziplinen, aber sie zerlegen damit unsere Alltagsgegenstände und Themen. Dadurch fallen Fragestellungen, die komplexere Zusammenhänge betreffen, zwischen die Disziplinen, und das sind oftmals gerade diejenigen, für die sich die Gesellschaft interessiert. So ist beispielsweise das politische Interesse an der Rolle des Ozeans im Klimawandel ein Problem, das einer *Integration* der Erforschung seiner Physik, Chemie und Biologie und Wirtschaft bedarf. Geht man von solchen komplexen Problemstellungen aus, wird klar, dass Forschungsinteressen wie Klima- oder auch Pandemieforschung notwendigerweise interdisziplinär sind. Interdisziplinarität kann sowohl als Versuch gesehen werden, epistemische Sichtbehinderungen zu überkommen und von den Disziplinen vernachlässigte Themen in die Forschung wiedereinzubringen, als auch als Ansatz, an gesellschaftliche Problemlagen anzuschließen und zu deren Bearbeitung beizutragen.

Resümiert man sowohl die hier dargestellte Wissenschaftsforschung als auch die wissenschaftspolitischen Statements, fällt auf, dass Disziplinarität oftmals entweder zugunsten von mehr Interdisziplinarität bekämpft oder aber gegenüber zu starken Forderungen nach Interdisziplinarität verteidigt wird (Jacobs 2013; Hacking 2013). Dabei spielt nicht zuletzt auch die Verwendung von räumlichen und geopolitischen Metaphern zur Beschreibung der Disziplinen, ihrer Zusammenhänge und Wechselbeziehungen eine zentrale Rolle: Die Rede ist von Stämmen auf Territorien (Becher und Trowler 2001), einer „Landschaft unabhängiger Wissensmonopole“ (Knorr Cetina 2002: 14), Grenzen und Grenzarbeit (Gieryn 1983), Königtümern sowie im Englischen von silos (Jacobs 2013), borderland (Marcovich und Shinn 2011) und turf. Um vom häufig impliziten Nullsummen-Denken wegzukommen – ein Mehr an Interdisziplinarität sei nur durch ein Weniger an Disziplinarität zu haben und umgekehrt – sei dem die weniger verbreitete Metaphorik familiärer Beziehungen entgegengesetzt: „Sie [die Disziplinen] sind Individuen, die in der Geschichte der Wissenschaften erwachsen, die in Deszendenzbeziehungen zueinander stehen, Familien bilden, sich auseinanderleben und mit unterschiedlichem Glück neue Verbindungen eingehen können“ (Krüger 1987).

Es bleibt ein aktuelles und spannendes Forschungsinteresse der Wissenschaftsforschung, wie sich disziplinäre Räume und interdisziplinäre Zwischenräume (Eyal 2012) in Zukunft weiter entwickeln werden, und mit welchen Konzepten dies beobachtet und theoretisiert werden kann. Insbesondere die Frage nach den Einheiten wissenschaftsinterner Differenzierung und aktuellen Dynamiken von Disziplinarität und Interdisziplinarität beschäftigt Wissenschaft, Wissenschaftspolitik und Wissenschaftsforschung gleichermaßen. Einschlägig ist etwa die Frage, ob in Zukunft an die Stelle der auf der Grundlage disziplinärer Differenzierung in Fakultäten gegliederten Universität eine Organisationsstruktur in interdisziplinäre Cluster und Zentren tritt, die auf das Beobachten und Bearbeiten eines gesellschaftlich relevanten Themas hin ausgerichtet sind wie beispielsweise Klimawandel und Biodiversitätsverlust.

Weiterführende Lektüre

Frickel, S., M. Albert und B. Prainsack (Hrsg.), 2016: Investigating Interdisciplinary Collaboration: Theory and Practice across Disciplines: ch. 1. Rutgers: Rutgers University Press.

Gibbons, M., C. Limoges, H. Nowotny, S. Schwartzman, P. Scott und M. Trow, 1994: The new production of knowledge. The dynamics of science and research in contemporary societies. London, Thousand Oaks, New Delhi: Sage.

Klein, J.T., 1996: Crossing boundaries. Knowledge, disciplinarities, and interdisciplinarities. Charlottesville, VA: University Press of Virginia.

Krüger, L., 1987: Einheit der Welt – Vielheit der Wissenschaft. S. 106–125 in: J. Kocka (Hrsg.), Interdisziplinarität. Theorie, Praxis, Probleme. Frankfurt am Main: Suhrkamp.

Stichweh, R., 1979: Differenzierung der Wissenschaft. Zeitschrift für Soziologie 8: 82–101

Literatur

Abbott, A., 2001: Chaos of Disciplines. Chicago, London: University of Chicago Press.

Becher, T. und P. Trowler, 2001: Academic tribes and territories. Intellectual enquiry and the culture of disciplines. Buckingham: Open University Press.

Bourdieu, P., 1975: The specificity of the scientific field and the social conditions of the progress of reason. Social Science Information 14: 19–47.

Bourdieu, P., 1998: Vom Gebrauch der Wissenschaft. Für eine klinische Soziologie des wissenschaftlichen Feldes. Konstanz: UVK.

Bourdieu, P., J.-C. Chamboredon und J.-C. Passeron, 1991: Soziologie als Beruf. Wissenschaftstheoretische Voraussetzungen soziologischer Erkenntnis. Berlin, New York: de Gruyter.

Bray, D. und H. von Storch, 1999: Climate science: An empirical example of postnormal science. Bulletin of the American Meteorological Society 80: 439–456.

Brewer, G.D., 1999: The Challenges of Interdisciplinarity. Policy Sciences 32: 327–337.

Chubin, D.E., 1976: The Conceptualization of Scientific Specialties. Sociological Quarterly 17: 448–476.

Clark, T.N., 1974: Die Stadien wissenschaftlicher Institutionalisierung. S. 105–121 in: P. Weingart (Hrsg.), Wissenschaftssoziologie II. Frankfurt am Main: Athenäum Verlag.

Elias, N., 1986: Was ist Soziologie? München: Juventa.

Eyal, G., 2012: Spaces between Fields. S. 158–182 in: P.S. Gorski (Hrsg.), Bourdieu and Historical Analysis: Duke University Press.

Fleck, L., 1980[1921]: Entstehung und Entwicklung einer wissenschaftlichen Tatsache. Frankfurt am Main: Suhrkamp.

Foucault, M., 1977: Die Ordnung des Diskurses. Inauguralvorlesung am Collège de France. Frankfurt a. M., Berlin, Wien: Ullstein.

Frickel, S., M. Albert und B. Prainsack (Hrsg.), 2016: Investigating Interdisciplinary Collaboration: Theory and Practice across Disciplines: ch. 1. Rutgers: Rutgers University Press.

Funtowicz, S.O. und J.R. Ravetz, 1993: The Emergence of Post-Normal Science. S. 85–123 in: R. von Schomberg (Hrsg.), Science, Politics and Morality: Scientific Uncertainty and Decision Making. Dordrecht: Kluwer Academic Publishers.

Galison, P., 1996: Introduction. S. 1–33 in: P. Galison und D.J. Stump (Hrsg.), The Disunity of Science. Stanford: Stanford University Press.

Gibbons, M., C. Limoges, H. Nowotny, S. Schwartzman, P. Scott und M. Trow, 1994: The new production of knowledge. The dynamics of science and research in contemporary societies. London, Thousand Oaks, New Delhi: Sage.

Gieryn, T.F., 1983: Boundary-Work and the Demarcation of Science from Non-Science: Strains and Interests in Professional Ideologies of Scientists. American Sociological Review 48: 781–795.

Gläser, J., 2006: Wissenschaftliche Produktionsgemeinschaften. Die soziale Ordnung der Forschung. Frankfurt am Main: Campus.

Hacking, I., 2013: Verteidigung der Disziplin. S. 193–206 in: M. Jungert, E. Romfeld, T. Sukopp und U. Voigt (Hrsg.), Interdisziplinarität. Theorie, Praxis, Probleme. Darmstadt: Wissenschaftliche Buchgesellschaft.

Heckhausen, H., 1987: "Interdisziplinäre Forschung" zwischen Intra-, Multi- und Chimären-Disziplinarität. S. 129–145 in: J. Kocka (Hrsg.), Interdisziplinarität. Theorie, Praxis, Probleme. Frankfurt am Main: Suhrkamp.

Heintz, B., 2000: Die Innenwelt der Mathematik. Zur Kultur und Praxis einer beweisenden Disziplin. Wien, New York: Springer.

Hoyningen-Huene, P., 2006: Context of Discovery versus Context of Justification and Thomas Kuhn. S. 119–131 in: J. Schickore und F. Steinle (Hrsg.), Revisiting Discovery and Justification. Dordrecht: Springer.

Jacobs, J.A., 2013: In defense of disciplines. Interdisciplinarity and specialization in the research university. Chicago: University of Chicago Press.

Jasanoff, S., 2004: The idiom of co-production. S. 1–12 in: S. Jasanoff (Hrsg.), States of Knowledge: The Co-Production of Science and Social Order. London: Routledge.

Jasanoff, Sheila. 2016. The f loating ampersand: STS past and STS to come. Engaging Science, Technology, and Society 2: 227–237.

Kastenhofer, K., 2026: Wissenschaftskulturen. S. 159–180 in: A. K. Krüger, J.-F. Schrape, C. Schubert und J. Schubert (Hrsg.), Wissenschafts- und Technikforschung. Sozialwissenschaftliche Einführungen. Berlin: de Gruyter.

Kaube, J., 2014: Die These vom Sonderweg war ja selbst einer. Frankfurter Allgemeine Zeitung, 29.09.2014: 9.

Kieserling, A., 1999: Kommunikation unter Anwesenden. Studien über Interaktionssysteme. Frankfurt am Main: Suhrkamp.

Klein, J.T., 1990: Interdisciplinarity. History, theory, and practice. Detroit: Wayne State University Press.

Klein, J.T., 1996: Crossing boundaries. Knowledge, disciplinarities, and interdisciplinarities. Charlottesville, VA: University Press of Virginia.

Klein, J.T., 1999: Mapping Interdisciplinary Studies: The Academy in Transition. Washington, DC: Association of American Colleges & Universities.

Kluge, F. (Hrsg.), 2012: Etymologisches Wörterbuch der deutschen Sprache. Berlin, Boston: de Gruyter.

Knorr Cetina, K., 2002: Wissenskulturen. Frankfurt am Main: Suhrkamp.

Knorr-Cetina, K., 2012: Die Fabrikation von Erkenntnis: zur Anthropologie der Naturwissenschaft. Frankfurt am Main: Suhrkamp.

Krüger, L., 1987: Einheit der Welt – Vielheit der Wissenschaft. S. 106–125 in: J. Kocka (Hrsg.), Interdisziplinarität. Theorie, Praxis, Probleme. Frankfurt am Main: Suhrkamp.

Kuhn, T.S., 1967: Die Struktur wissenschaftlicher Revolutionen. Frankfurt am Main: Suhrkamp.

Latour, B. und S. Woolgar, 1986: Laboratory Life: The Construction of Scientific Facts. Princeton: Princeton University Press.

Luhmann, N., 1970: Selbststeuerung der Wissenschaft. S. 232–252 in: N. Luhmann (Hrsg.), Soziologische Aufklärung. Aufsätze zur Theorie sozialer Systeme. Opladen: Westdeutscher Verlag.

Luhmann, N., 1992: Die Wissenschaft der Gesellschaft. Frankfurt am Main: Suhrkamp.

Marcovich, A. und T. Shinn, 2011: Where is disciplinarity going? Meeting on the borderland. Social Science Information 50: 582–606.

Merton, R.K., 1942: Science and technology in a democratic order. Journal of Legal and Political Sociology 1: 115–126.

Merton, R.K., 1968: The Matthew Effect in Science: The reward and communication systems of science are considered. Science 159: 56–63.

Merton, R.K., 1973: The Sociology of Science: theoretical and empirical investigations. Chicago: University of Chicago Press.

Mittelstraß, J., 1987: Die Stunde der Interdisziplinarität? S. 152–158 in: J. Kocka (Hrsg.), Interdisziplinarität. Theorie, Praxis, Probleme. Frankfurt am Main: Suhrkamp.

Mittelstraß, J., 2005: Methodische Transdisziplinarität. Technikfolgenabschätzung – Theorie und Praxis 24: 18–23.

Neurath, O., R. Carnap und C.W. Morris, 1970[1938]: Foundations of the Unity of Science. Toward an International Encyclopaedia of Unified Science. Chicago: University of Chicago Press.

Nowotny, H., 2003: Democratising expertise and socially robust knowledge. Science and Public Policy 30: 151–156.

Rödder, S., 2017: The Climate of Science-Art and the Art-Science of the Climate: Meeting Points, Boundary Objects and Boundary Work. Minerva: 1–24.

Rödder, S., 2019: Fachkulturübergreifende Interdisziplinarität in soziologischer Perspektive. Soziologische Revue 42: 633–640.

Rödder, S., 2021: Disziplinarität in: T. Schmohl und T. Phillip (Hrsg.), Handbuch Transdisziplinäre Didaktik. Bielefeld: transcript.

Rödder, S. und M. Braun, 2024: Academic Air Travel: Debates, Tensions and the Need for a Sociology of Science Perspective. Sociology Compass 18.

Snow, C., 1967 [1959]: Die zwei Kulturen. "Rede Lecture". Literarische und naturwissenschaftliche Intelligenz. Stuttgart: Ernst Klett Verlag.

Stichweh, R., 1977: Ausdifferenzierung der Wissenschaft – Eine Analyse am deutschen Beispiel. Bielefeld: Forschungsschwerpunkt Wissenschaftsforschung.

Stichweh, R., 1979: Differenzierung der Wissenschaft. Zeitschrift für Soziologie 8: 82–101.

Stichweh, R., 1984: Zur Entstehung des modernen Systems wissenschaftlicher Disziplinen. Physik in Deutschland 1740–1890. Frankfurt am Main: Suhrkamp.

Stichweh, R., 1993: Wissenschaftliche Disziplinen. Bedingungen ihrer Stabilität im 19. und 20. Jahrhundert. S. 235–250 in: J. Schriewar, E. Keiner und C. Charle (Hrsg.), Sozialer Raum und akademische Kulturen. Frankfurt am Main: Peter Lang.

Stichweh, R., 2013: Die Unhintergehbarkeit von Interdisziplinarität. Strukturen des Wissenschaftssystems der Moderne. Karthause Ittingen, Warth.

Storch, H. von und W. Krauß, 2013: Die Klimafalle. Die gefährliche Nähe von Politik und Klimaforschung. München: Hanser.

Taubert, N., 2026: Bibliometrie und Szientometrie. S. 483–503 in: A. K. Krüger, J.-F. Schrape, C. Schubert und J. Schubert (Hrsg.), Wissenschafts- und Technikforschung. Sozialwissenschaftliche Einführungen. Berlin: de Gruyter.

Viseu, A., 2015: Caring for nanotechnology? Being an integrated social scientist. Social Studies of Science 45: 642–664.

Voß, J.-P., 2026: Wissenschaft ist Politik mit anderen Mitteln. S. 483–503 in: A. K. Krüger, J.-F. Schrape, C. Schubert und J. Schubert (Hrsg.), Wissenschafts- und Technikforschung. Sozialwissenschaftliche Einführungen. Berlin: de Gruyter.

Waltner-Toews, D., A. Biggeri, B. de Marchi, S. Funtowicz, M. Giampietro, M. O'Connor, J.R. Ravetz, A. Saltelli und van der Sluijs, Jeroen P, 2020: Post-Normal Pandemics: Why Covid-19 Requires A New Approach To Science. https://steps-centre.org/blog/postnormal-pandemics-why-covid-19-requires-a-new-approach-to-science/.

Weingart, P., 1987: Interdisziplinarität als List der Institution. S. 159–166 in: J. Kocka (Hrsg.), Interdisziplinarität. Theorie, Praxis, Probleme. Frankfurt am Main: Suhrkamp.

Weingart, P., 2003: Wissenschaftssoziologie. Bielefeld: transcript Verlag.

Weingart, P. und N. Stehr, 2000a: Introduction. S. xi–xvi in: P. Weingart und N. Stehr (Hrsg.), Practising Interdisciplinarity. Toronto: University of Toronto Press.

Weingart, P. und N. Stehr (Hrsg.), 2000b: Practising Interdisciplinarity. Toronto: University of Toronto Press.

Welzer, H., 2006: Nur nicht über Sinn reden! Stets wird "Interdisziplinarität" gefordert. Doch in der Praxis trennen Geistes- und Naturwissenschaftler Welten. Ein Erfahrungsbericht. Die Zeit, 27.04.2006. https://www.zeit.de/2006/18/B-Interdisziplinaritt_xml (23.4.2025).

Whitley, R., 2000[1984]: The intellectual and social organization of science. New York: Oxford University Press.
Windelband, W., 1904[1894]: Geschichte und Naturwissenschaft. Rede Zum Antritt Des Direktorats Der Kaiser-Wilhelms-Universität Strassburg Gehalten Am 1. Mai 1894. Straßburg.
Wissenschaftsrat, 2015: Zum wissenschaftspolitischen Diskurs über Große gesellschaftliche Herausforderungen. Positionspapier.
Zuckerman, H.A., 1977: Scientific Elite. Nobel Laureates in the United States. New York: The Free Press.

Karen Kastenhofer

9 Wissenschaftskulturen

Eine einleitende Vignette: Wissenschaftskultur, disziplinäre Sozialisation und Gemeinschaft

Mein erstes Projekt in der Wissenschafts- und Technikforschung untersuchte die Frage, wie man zu Wissenschaftler*innen ‚gemacht' wird und was das Wissenschaftler*innensein je nach Disziplin in der Praxis bedeutet.[1] Dazu führte ich zusammen mit einer Kollegin teilnehmende Beobachtungen in universitären Lehrveranstaltungen in den Studiengängen Physik, Biologie, Geschichtswissenschaft und Literaturwissenschaft durch. Im Sommersemester 2000 saßen wir zu zweit in einem Praktikum der Universität Wien für Biologiestudierende im ersten Studienabschnitt. Das Praktikum sollte den angehenden Biolog*innen die Bandbreite biologischer Wissenschaft in einem *hands-on* Ansatz vermitteln. So war der aktuelle Abschnitt der Verhaltensbiologie gewidmet. Uns Teilnehmer*innen wurden Glaskäfige mit je drei Mehrschweinchen zugeteilt. Wir sollten in Zweierteams alle Interaktionen zwischen diesen Tieren für fünfzehn Minuten protokollieren. Zumindest für meine Kollegin und mich eine ernüchternde Erfahrung. Da saßen wir nun mit Schreibstift, einem Blatt Papier und einer Stoppuhr und machten Striche in Spalten. Die einzige Herausforderung bestand darin die Konzentration zu halten, während in unseren Augen wirklich nichts Spannendes passierte. Das änderte sich für uns allerdings nach Ende der Aufgabenstellung. Sobald die Pause ausgerufen war, griffen einzelne Studierende wie selbstverständlich über die Käfigwände und begannen Versuchstiere zu streicheln. Der Rest der Studierenden nahm das kurz zur Kenntnis und wendete sich dann ab. Die anwesenden Tutor*innen tauschten Blicke aus. Ich selbst war peinlich berührt: Wie konnten diese Studierenden so aus der Reihe fallen? Ich war mir sicher, dass sie in den Augen der Tutor*innen nun als angehende Wissenschaftler*innen abgeschrieben waren. Die Distanz zu den Versuchsobjekten war kompromittiert; darüber hinaus würden zukünftige, invasivere Versuche bestimmt an der affektiven Aufladung der Versuchstiere scheitern. In einer der nächsten Einheiten stand immerhin die Sektion einer toten Ratte im Programm. Ob in den Tutor*innen Ähnliches vorging? Würden sie diese Studie-

1 Forschungsprojekt "Science as Culture: Wissenschaftskulturen im Vergleich", durchgeführt 1999–2001 an der Universität Wien, für weitere Details siehe Arnold und Fischer (2004).

https://doi.org/10.1515/9783112245897-012

renden in Zukunft noch ernst nehmen? An diese Situation erinnerte ich mich auch wieder, als uns einige Zeit später ein Zoologie-Professor im Interview erzählte: „Wir hatten immer genügend Personal [im Sezierkurs], um die kollabierenden Studenten wiederzubeleben. Es ist uns nie einer liegen geblieben. Ich glaube, das war eine Übersensibilität. Sehr viele haben geglaubt, da lernt man, wie man den Goldhamster zu Hause betreut; nicht, wie man ihn aufschneidet." (I 14,3, siehe auch Kastenhofer 2004: 121).

Diese Vignette aus einer teilnehmenden Beobachtung im universitären Alltag Biologiestudierender illustriert die enge Verschränkung gleich mehrerer Prozesse: einerseits die Vermittlung von Wissen und von Fähigkeiten zum weiteren Wissenserwerb, andererseits aber auch wissenschaftliche Sozialisation, Enkulturation und Initiation. Manches mag dabei fachspezifisch sein, anderes spezifisch für eine bestimmte Ausbildungsphase, einzelnes eventuell sogar eine lokale Besonderheit; vieles hat aber auch über einzelne Karrierestadien und lokale Kontexte hinaus Bedeutung und Bestand. Um die Situation als Geschichte bedeutsam zu erzählen, sind konkrete praktische Abläufe wie auch werdende und stabilisierte disziplinäre Identitäten und Zugehörigkeiten, materiale Praktiken und Subjekt-Objekt-Konstellationen und auch die affektive Dimension zu berücksichtigen. Unser subjektives Erleben der Situation als teilnehmende Beobachter*innen dient ebenso als wertvolle interpretative Ressource, wie auch das von uns vermutete Erleben aller anderen Beteiligten, deren beobachtete Reaktionen und erzähltes In-Bedeutung-Setzen. All diese Aspekte ermöglichen es zu rekonstruieren, wie hier disziplinäre Identitäten, akademische Zugehörigkeiten und epistemische Kulturen bestätigt oder in Frage gestellt, mobilisiert und tradiert, aktualisiert und moduliert oder auch abgelehnt und gebrochen werden. So hatten das Sezieren am toten Tier wie auch invasive Tierversuche auch nach unserer Studie weiterhin Bestand. Es entwickelte sich an derselben Universität aber auch ein alternativer verhaltensbiologischer Forschungsansatz, der das Wohl der Versuchstiere ins Zentrum rückte und damit auch andere Erkenntniswege, Fragestellungen und Erkenntnisse wie auch Positionierungen und Selbstverständnisse ermöglichte. Dieser neue Ansatz wurde zehn Jahre nach unserer Studie an einer anderen Wiener Universität mit einer eigenen Professur gewürdigt und dort als eigenes Institut verstätigt.[2] Heute, weitere fünfzehn Jahre später, ist die Leitung bereits an eine nächste Wissenschaftler*innen-Generation übertragen.

Unser eigenes Projekt zur Rekonstruktion von Wissenschaftskulturen kombinierte gleich mehrere wichtige Forschungstraditionen: Es baute erstens auf Soziali-

2 Messerli Forschungsinstitut für Mensch-Tier-Beziehung der Veterinärmedizinischen Universität Wien: https://www.vetmeduni.ac.at/messerli-forschungsinstitut

sationsstudien der Hochschulforschung auf, wie sie in den 1970er und 80er Jahren insbesondere in Deutschland und Großbritannien, aber auch in den USA entwickelt wurden (siehe auch Berli, Meyer und Reuter 2026 in diesem Band). Zweitens war es durch wissenschaftssoziologische und wissenschaftsanthropologische Arbeiten zu Universitätskulturen, Campuskulturen und Forschungskulturen informiert, die sich in den USA seit den 1960er Jahren etablierten. Sharon Traweek kombiniert in ihrem vielbeachteten Band *Beamtimes and Lifetimes: The World of High Energy Physicists* (1992[1988]) diese beiden Perspektiven. Drittens bezog es sich auf Arbeiten der Wissenschaftssoziologie, die in den Blick rückten, wie wissenschaftliches Wissen durch bestimmte Forschungspraktiken erzeugt wird. Besonders hervorzuheben ist hier die vergleichende Rekonstruktion und Diskussion *epistemischer Kulturen* von Karin Knorr Cetina (2002 [1999]). Diese konzeptionellen, theoretischen und methodologischen Hintergründe werden in diesem Kapitel, beginnend mit Knorr Cetinas *epistemischen Kulturen*, vorgestellt. Sie werden in Folge um weitere wichtige Ansätze wie Haas' *epistemische Gemeinschaften* (Haas 1989, 1992) oder Wengers *Praxisgemeinschaften* (Wenger 1999) ergänzt und mit aktuellen Neukonzeptionen, Forschungsfragen und Anwendungsfeldern in Bezug gesetzt. Abschließend werden wechselseitige Verknüpfungen und Differenzen, wichtige Leerstellen und vielversprechende Weiterführungen diskutiert.

Die Konzeption *epistemischer Kulturen* durch Karin Knorr Cetina

Im Zuge des sogenannten *practice turn* bzw. *cultural turn* ab den 1970er Jahren begann die Wissenschafts- und Technikforschung sich zunehmend den materialen Praktiken und sozio-kulturellen Dimensionen wissenschaftlicher Wissensproduktion zuzuwenden (Pickering 1992, Schatzki et al. 2001). Es galt ein allzu idealistisches Bild von Wissenschaft durch genaue, ethnographische Darstellungen des realen Forschungsalltags zu ersetzen (exemplarisch: Latour 1987) und so auch die ideellen Produkte und sozialen Aspekte von Wissenschaft besser zu verstehen. In der Hochphase dieses Interesses an Forschungspraxis wurde ein Band publiziert, der in Folge zu einem zentralen Bezugspunkt für das Verständnis von *Wissenschaftskulturen* werden sollte: Karin Knorr Cetinas Monographie *Epistemic Cultures: How the Sciences Make Knowledge* (1999, deutsche Übersetzung 2002). *Epistemische Kulturen*, so ihre vielzitierte Definition in diesem Band, bezeichnen Kulturen der Erzeugung, Bewertung und Rechtfertigung von Wissen, verstanden als „Amalgame und Arrangements von Mechanismen und Elementen, die miteinander durch Affinität, Notwendigkeit und historische Koinzidenz verbunden sind, und in einem gegebenen Feld bestimmen, was wir wissen und wie wir es wissen“ (ebd.: 1; Übersetzung der Autorin). In einem späteren Text führt sie dies weiter aus: „Mit ‚epistemisch‘ sind dabei die Wissensstrategien und Maschinerien gemeint, die auf die Herstellung von ‚Wahrheit‘ als eines der wichtigsten Ziele des Unternehmens Wissenschaft gerichtet sind“ (Knorr Cetina 2018: 31).

Im Vergleich zu Ansätzen der Sozialisationsforschung oder auch Bourdieus Arbeiten zu wissenschaftlichem Feld und Habitus (siehe dazu Unterkapitel 4) ging es der Soziologin Knorr Cetina nicht vorrangig um die Produktion, Stabilisierung und Qualität von wissenschaftlichen Feldern oder Wissenschaftler*innen, sondern von wissenschaftlichem Wissen und wissenschaftlicher Expertise. Dennoch werden auch hier – in Anklang an den *practice* oder *cultural turn* – „Mechanismen, Elemente und Arrangements“ relevant, die auch als Komponenten von *Wissenschaftskulturen* verstanden und mit gesamtgesellschaftlichen *Wissenskulturen* in Beziehung gesetzt werden können. Wissenschaftliche Fakten, so eine von Knorr Cetinas zentralen Botschaften, sind – wie schon der Begriff ‚factum‘ vorgibt – gemacht (Knorr Cetina 1981). Epistemische Praktiken und Arrangements der Wissensproduktion können sich dabei innerhalb der Wissenschaften erheblich unterscheiden. Die moderne Differenzierung und der Autonomieanspruch von Wissenschaft resultieren mitunter in einer Fragmentierung (*disunity*) von Wissenschaft in eine „Landschaft (...) unabhängiger epistemischer Monopole“, die somit „erheblich verschiedenartige Produkte hervorbring[en]“ (Knorr Cetina 1999: 4). Dennoch und gerade deshalb stellen ‚Fakten‘ nicht beliebige, frei erfundene oder rein subjektive Wahrheiten dar, wie das aktuelle Post-Truth Positionen unterstellen mögen. Sie sind nicht mehr und nicht weniger als durch die materialen, sozialen und kulturellen Dimensionen epistemischer Praktiken mitbedingt.

Die unterschiedlichen epistemischen Praktiken und Kulturen rekonstruiert und illustriert Knorr Cetina anschaulich anhand zweier Laborstudien in der Molekularbiologie und der Teilchenphysik. In der vergleichenden Auswertung der beiden Laborstudien befasst sie sich mit den jeweiligen Rollen von Forschungssubjekten, Forschungsobjekten und technischen Instrumenten in Forschungsprozessen und den jeweiligen sozialen und epistemischen Ordnungen, Zeitstrukturen und Kooperationsformen. Sie greift zu diesem Zweck auf Feldforschungen zurück, die durch mehrere Wissenschaftssoziolog*innen und -anthropolog*innen ab 1984 in einem molekularbiologischen Labor in Heidelberg und später am Max-Planck-Institut in Göttingen sowie ab 1987 am Kernforschungszentrum CERN in Genf durchgeführt wurden und sich in einer Vielzahl weiterer Publikationen niederschlugen. Methodologisch wie konzeptionell betont Knorr Cetina ihren vergleichenden Ansatz: Die Rekonstruktion einer Wissenschaftskultur wird erst durch den verfremdenden Vergleich mit einer anderen Wissenschaftskultur möglich; erst betrachtet durch die Linse einer anderen Kultur wird das alltäglich Unsichtbare einer Kultur sichtbar und scheinbar Selbstverständliches bedeutsam (vgl. auch Amann und Hirschauer 1997). Eine solch „komparative Optik“ eröffnet somit keineswegs *absolut* gegebene „essenzielle“ Eigenschaften einer Wissenschaftskultur, sondern „relative“ Unterschiede zwischen Wissenschaftskulturen (Knorr Cetina 1999: 4).

Auch wenn ihr Vergleich von Molekularbiologie und Hochenergiephysik es nahezulegen scheint, stellt sich Knorr Cetina allerdings gegen eine allzu vereinfachende Gleichsetzung von wissenschaftlichen Disziplinen und epistemischen Kulturen. Subdisziplinen unterschiedlicher Fächer, ja sogar unterschiedlicher Fachbereiche wie Sozialwissenschaften, Geisteswissenschaften, Naturwissenschaften oder Technikwissenschaften könnten einander näherstehen als Subdisziplinen ein und desselben Faches. Diese Einschätzung teilen auch andere Autor*innen (Arnold 2004, Becher 1989, Knorr Cetina und Reichmann 2015). Sie hat für eine äußerst kritische Rezeption des populären Essays von C. P. Snow zu den „zwei Kulturen“ von Geisteswissenschaft und Naturwissenschaft (Snow 1961[1959]) in der Wissenschaftssoziologie gesorgt, wurde aber für maßgebliche spätere Einsatzfelder des Wissenschaftskultur-Konzeptes kaum praktisch wirksam. Die später etwa häufige Mobilisierung des Konzeptes zur Erklärung interdisziplinärer Kooperationshindernisse fokussiert (wie auch schon Knorr Cetina 1999) zwar auch eher auf relative bilaterale Differenzen denn auf verallgemeinerbare Ähnlichkeitsordnungen; sie deutet jedoch auch wieder in Richtung größerer Kommunikations- und Kooperationshindernisse zwischen unterschiedlichen Fachbereichen, etwa zwischen Geistes- und Naturwissenschaften, denn zwischen Disziplinen oder Subdisziplinen innerhalb eines Fachbereichs. Eine zufriedenstellende Bearbeitung dieser Fragestellung steht derzeit noch aus.

Interessant sind diesbezüglich auch Art und Bedeutung der disziplinären Differenz zwischen soziologischer Wissenschaftsforscherin und beforschten Molekularbiolog*innen bzw. Hochenergiephysiker*innen. Bei Knorr Cetina kommt hier auch die affektive und soziale Dimension der Laborforschung selbst zur Sprache. So schreibt sie recht wortgewaltig, das Feld der Hochenergiephysik könne die anziehende Kraft von Sirenen ausstrahlen, manchmal aber auch den Charme eines Insektenschutzmittels. Und: es habe ihr eigenes Feld, die Soziologie, ununterbrochen als das Andere in Frage gestellt, indem *ihr* Labor, *ihre* epistemischen Abläufe, *ihre* Theorieverwendung in Vergleich mit jenen der Physik gestellt wurden. Dieser Abgleich der Disziplinen, so Knorr Cetina, sei die wirklich essenzielle Frage zwischen ihr und ihren Gastgebern gewesen. „The strangeness, the struggle, the recognition of difference, and the question of how to evaluate an alternate world – it all relates to this meeting of disciplines, and my being in the middle of it", resümiert sie am Ende des Bandes (Knorr Cetina 1999: 267–8). Die Rolle persönlichen Erlebens, eigener wissenschaftlicher Identität und disziplinärer Zugehörigkeit bleibt im Haupttext allerdings eher eine Leerstelle, vielleicht auch gerade als Teil dieser konstanten Anstrengung um Erkennen und Anerkennen von Differenz und eigenen epistemologischen Ansprüchen angesichts einer ‚harten' Naturwissenschaft.

Durch den Fokus auf Forschungspraktiken und die vergleichende Rekonstruktion der Herstellung von *Wissensmaschinerien* zeigt Knorr Cetina die Fragmentierung von Wissenschaft in unterscheidbare Wissenschaftskulturen auf. Ein allzu essentialistisches Verständnis von Fachkulturen oder auch epistemischer Gemeinschaften lehnt sie jedoch explizit ab und ersetzt es durch das Konzept *transepistemischer Forschungsarenen* (Knorr Cetina 1982). Auch eine erste kritische Auseinandersetzung mit den Voraussetzungen, Qualitäten und Implikationen der engen Zusammenarbeit von Wissenschaftsforscher*innen und Laborwissenschaftler*innen im Rahmen von Laborstudien findet sich bereits in ihren Texten. Sie hat damit einen zentralen Beitrag für die in den 1970er Jahren beginnenden Debatten, Differenzierungsansprüche und Emanzipationsbewegungen der Wissenschafts- und Technikforschung geleistet.

Frühe Rekonstruktionen von Wissenschaftskulturen in der Wissenschaftsanthropologie

Zwei weitere einschlägige Arbeiten wurden bereits etwas früher aus kulturanthropologischer Perspektive verfasst: zum einen Sharon Traweeks vielbeachtete Studie *Beamtimes and Lifetimes* (1992, erstmals 1988 publiziert) und zum anderen eine hierzulande weniger bekannte Arbeit von Max Charlesworth, Lyndsay Farrall, Terry Stokes und David Turnbull (Charlesworth et al. 1989). Traweek (1992) widmete sich Teilchenphysiker*innen am *SLAC National Accelerator Laboratory* in Kalifornien und an der *KEK High Energy Accelerator Research Organization* in Japan. Charlesworth und Kolleg*innen (1989) untersuchten eine immunologische Forschungsgruppe am *Walter and Eliza Hall Institute of Medical Research* in Melbourne, Australien. Beide Arbeiten zeichnen sich im Vergleich zur Wissenschaftssoziologie der 1980er, mit ihrer noch deutlich erkennbaren Nähe zur Wissenssoziologie, durch einen breiteren Blick auf die untersuchten Wissenschaftskulturen aus. Sie fokussieren nicht primär auf die Herstellung von Fakten und daran geknüpfte epistemologische Fragen, auf Wissenschaftskulturen als Kulturen der Wissenserzeugung und auf Fakten als Produkte sozio-technischer Konstruktion. Die Anthropolog*innen interessieren sich demgegenüber allgemeiner dafür, wie Kultur und Gemeinschaftlichkeit von Kollektiven aussehen, gelebt und verhandelt werden, die sich der Wissenserzeugung (in unterschiedlichen Fachbereichen, an unterschiedlichen Institutionen, in unterschiedlichen Ländern) verschrieben haben.

So wie sich Knorr Cetinas Arbeit (2002 [1999]) ganz explizit in der Wissenschaftssoziologie ihrer Zeit und ihrer Zuwendung zu Praktiken und Kulturen verortete, sind für diese beiden Arbeiten die Traditionen und Traditionsbrüchen der Kulturanthropologie ihrer Zeit maßgeblich: Es geht hier ganz explizit auch um Fragen des *studying down* oder *studying up*, also des Beforschens eines nach Sozialstatus unter- oder übergeordneten Feldes (Charlesworth et al. 1989). Die Anthropolog*innen beforschen nun nicht mehr Ethnien in fernen Kulturkreisen, die ohne viel Gegenwehr als ‚primitiver' dargestellt und behandelt werden können. Sie finden sich in biomedizinischen Labors wieder, die ihren eigenen Arbeitsfeldern gar als epistemisch überlegen gelten, weil sie zu den ‚härtere Wissenschaften' mit ‚robusteren' Ergebnissen gezählt werden. Wie wirken sich solchermaßen umgekehrte Statusgefälle in der Beforschung epistemischer Kulturen aus? Wie lässt sich diese, damals noch neue ‚repatriierte Anthroplogie', die nicht das Fremde beforscht, sondern das Eigene befremdet (Traweek 1992, vgl. auch Amann und Hirschauer 1997) praktisch umsetzen?

Die Kulturanthropolog*innen nähern sich den zu untersuchenden wissenschaftlichen Gemeinschaften dementsprechend bewusst und vorsichtig, auch wenn sie nun ‚gleich um's nächste Eck' zu finden sind: Charlesworth et al. (1989) beginnen mit einem Kapitel zu „entering the institute", Traweek (1992) mit einem Kapitel zu „touring the site". Dem vorangestellt sind Reflektionen zu ihrer eigenen Position, Mitgliedschaft und Rolle in Bezug auf die untersuchten (westlichen) wissenschaftlichen Gemeinschaften. „Das Ziel des Feldforschers ist es", schreibt Traweek, „herauszufinden, was diese Gemeinschaft als Wissen begreift, als sinnvolles Vorgehen, als gute Sitte; wie ihre Mitglieder unvorhersehbare Informationen, störende Handlungen und beunruhigende Motive ausweisen" (Traweek (1992[1988]: 8; Übersetzung der Autorin). Sie zielt darauf ab, „das Common Sense Weltbild der Physiker*innen herauszufinden, was jeder in der Gemeinschaft weiß und was jeder Neuankömmling lernen muss, um sich auf vernünftige Weise zu verhalten, um ernst genommen zu werden", um zu verstehen, „wie junge Physiker*innen in Japan und den U.S. das Ethos ihrer Gemeinschaft lernen; wie sie sofort für andere als Hochenergiephysiker*innen erkennbar werden; wie eine junge Person gutes physikalisches Urteil, Verbindlichkeit und Vertrauenswürdigkeit zeigt; wie Physiker*innen, Forschungsausstattung und Daten als verlässlich und vertrauenswürdig bewertet werden; warum diese Eigenschaften in der Gemeinschaft so hoch bewertet werden; und was passiert, wenn diese Erwartungen enttäuscht werden" (ebd.; Übersetzung der Autorin). Als vorrangiges Ziel gilt es Traweek dabei herauszufinden, wie man in der untersuchten Gemeinschaft als vollwertiges Mitglied anerkannt wird („what counts as being the right kind of person" Traweek (1992[1988]: 8).

Charlesworth et al. (1989) fokussieren noch stärker auf das institutionelle Umfeld und die Lebenswelt der beforschten Gemeinschaft, indem sie untersuchen, „wie diese gemacht und wie in ihnen gelebt wird; wie sie zusammenhängen und funktionieren; wie sie strukturiert sind; wie deren implizite Regeln und Konventionen bestimmen, was wertvoll und wichtig ist und was nicht (und sogar was wahr und was unwahr ist), und wie diese der Gruppe ermöglichen festzustellen, wer dazugehört und wer nicht" (Charlesworth et al. 1989: 5). Vieles davon findet sich auch in Traweeks (1999) Darstellung der Welt der Hochenergiephysiker*innen wieder. So widmet sie etwa ein vielbeachtetes Kapitel zu „Pilgrim's Progress" der Sozialisation, Enkulturation und Initiation von Fachnoviz*innen. Und auch wenn Traweek (1992) wie später Knorr Cetina (2002 [1999]) eine vergleichende Rekonstruktion unterschiedlicher Kulturen am SLAC-Labor in Kalifornien und an der KEK-Forschungsstätte in Japan anbietet, so dient hier der Vergleich nicht so sehr der Herausarbeitung disziplinärer bzw. feldspezifischer, sondern organisations- bzw. länderspezifischer Besonderheiten und Übereinstimmungen. Allen drei Arbeiten gemeinsam ist, dass sie später mitunter auch kritisch daraufhin befragt wurden, inwiefern die theoretischen Überlegungen (etwa zum Kulturbegriff) und methodologischen Reflexionen (etwa zur Beziehung von Forschenden und Beforschten) nicht nur Randnotizen blieben, sondern den empirisch-analytischen Kern der Arbeit auch maßgeblich mitprägen konnten. Beide Aspekte bleiben bis heute wichtige Reflexionshorizonte für die ethnographische Rekonstruktion von Wissenschaftskulturen (siehe auch Berli, Meyer und Reuter 2026 in diesem Band).

Campus-Kulturen, tertiäre Sozialisation und Fachkulturen in der Hochschulforschung

Bereits lange vor diesen beiden frühen wissenschaftsanthropologischen Arbeiten beginnt die Forschung zu wissenschaftlicher und professioneller Sozialisation im tertiären Bildungsbereich sowie zu Campus- oder College-Kulturen (siehe auch Berli, Meyer und Reuter 2026 in diesem Band). Exemplarisch seien hier etwa die US-amerikanischen Campus-Studien von Clark (etwa Clark 1970), die Sozialisations-Studie *Boys in White: Student Culture in Medical School* (Becker et al. 1961) und eine fächervergleichende Studie zu *Fields of Study and the People in Them* (Bereiter und Freedman 1962) genannt. Bis heute am meisten rezipiert ist in diesem Kontext aber wohl Tony Bechers Studie zu universitären Fächerkulturen unter dem Titel *Academic Tribes and Territories*, die zuerst 1989 und 2001 nochmals in einer um neues empirisches Material erweiterten Fassung veröffentlich wurde (Becher 1989,

Becher und Trowler 2001). Becher steht dabei in Austausch mit den Hochschulforschern Ludwig Huber in Deutschland und Burton Clark in den USA.

Die empirische Basis von Becher (1989) und Becher und Trowler (2001) bilden Interviews mit 221 Akademiker*innen aus 12 Disziplinen in den USA und Großbritannien. Hinzu kommen eine mehrjährige ethnographische Studie an einer englischen Universität sowie eine Studie zu 24 Akademiker*innen in Kanada und England (Becher and Trowler 2001: 26). Die Autoren widmen sich in all diesen Erhebungen spezifischen disziplinären Eigenheiten, wie etwa Epistemologien, Karrierewegen, Verhaltensmustern, Reputation, Anerkennung und Wertesystemen. Die Faktizität und Relation von „Stamm" („tribe") und „Stammesgebiet" (territory") sowie von Fachgemeinschaft und Disziplin als „primary units of membership and identification within the academic profession" (Clark 1987: 7) wird allerdings nicht problematisiert. Darin stehen diese Autoren zu Knorr Cetinas (1982, 2002 [1999]) Konzeption in Kontrast, indem sie davon ausgehen, dass Disziplinen und Subdisziplinen bestimmte Identitäten und kulturelle Attribute zugeschrieben werden können. Nicht nur C. P. Snows (1961[1959]) berühmte Rede von den „zwei Kulturen", auch die vergleichende Heuristik von Becher (1989) wurden daher in Folge als zu deterministisch kritisiert (vgl. Unterkapitel 2). Die Ordnung der Ähnlichkeiten muss allerdings auch in Becher und Trowlers Wahrnehmung nicht unbedingt der organisationalen Differenzierung an den Universitäten entsprechen: Subdisziplinen unterschiedlicher Fächer und Fakultäten können einander – zumindest bezüglich bestimmter Eigenschaften – stärker ähneln als Subdisziplinen innerhalb derselben Disziplin. Becher (1989) unterscheidet Disziplinen entlang *kognitiver* und *sozialer* Dimensionen. Der *kognitiven* Dimension ordnet er die Gegensatzpaare „hart/weich" und „rein/angewandt" zu; der *sozialen* Dimension die Ausprägungen „konvergent/divergent" (uniforme Standards und stabile Eliten versus volatile Standards und intellektuelle Devianz) und „urban/rural" (intensive Interaktion vieler Forschenden versus geringe Interaktion weniger Forschenden) (zur Kritik und Verteidigung dieser Kategorisierung vgl. Trowler 2014).

Der Fokus auf Praktiken und der Zusammenhang zwischen tertiärer Sozialisation und akademischem feldspezifischem Habitus nahm jedoch zeitgleich auch in der Hochschulforschung – nicht zuletzt unter dem Einfluss von Bourdieus Reproduktions-, Habitus- und Feldtheorien (siehe auch Bourdieu 1975, Bourdieu und Wacquant 1996) – eine zunehmend explizite Rolle ein. Insbesondere ab den 1980er Jahren widmeten sich Hoschulforscher*innen in Deutschland, Großbritannien und den USA disziplinären Sozialisations- und Initiationsprozessen und ihrer Bedeutung für soziale bzw. disziplinäre Reproduktion und interdisziplinäre Verständigung. In Deutschland ist hier etwa die hochschulpädagogische und biographische

Habitus-Forschung zu nennen.[3] Etwas später kommen noch Fragen zur Rolle von Geschlecht und Geschlechternormen in der tertiären Sozialisation und akademischen Initiation hinzu.[4]

Im Jahr 2003 legte die Wissenschaftssoziologin Sandra Beaufaÿs eine besonders lesenswerte Studie zur Sozialisation Chemie- und Geschichtestudierender vor (siehe auch Hamann 2026 in diesem Band). In *Wie werden Wissenschaftler gemacht?* widmet sie sich „fachkulturelle[n] Besonderheiten bei der Konstituierung der Akteure des Feldes“, um „gleichzeitig die allgemeinen Prinzipien des Feldes und die Besonderheiten der Akteure zu erfassen“ (Beaufaÿs 2003: 20). Sie folgt dabei, wie auch Arnold und Fischer (2004), einem vergleichend rekonstruktiven Ansatz und arbeitet mit leitfadengestützten Interviews, teilnehmender Beobachtung und fotografischer Dokumentation. Sie widmet sich den Räumen und Orten universitärer Lehre, Professor*innen als Torhüter*innen (‚gate keeper‘) sowie den sozialen Organisationsformen und Alltagspraxen wissenschaftlicher Forschung und Lehre. Analytisch nimmt Bourdieus Konzept der *illusio* eines sozialen Feldes einen zentralen Stellenwert ein. Die *illusio* entspricht dem Glauben an und der Investition der Akteure eines sozialen Feldes in das „Spiel“ dieses Feldes. Sie gibt als „praktischer Sinn“ vor, was in diesem Feld als maßgeblich und selbstverständlich anerkannt gilt und ermöglicht es, Zugehörigkeit zu erkennen und zu signalisieren (vgl. etwa Bourdieu und Wacquant 1996). „Im wissenschaftlichen Alltag“, so Beaufaÿs, „wird die Haltung eingeübt, die aus Doktorandinnen und Doktoranden Wissenschaftler ihres Faches werden lässt. Sie erwerben so ihren Glauben an das Spiel und an die Bedeutsamkeit der Interessenobjekte, die im wissenschaftlichen Feld wirksam sind“ (Beaufaÿs 2003: 242). Geschlecht dient Beaufaÿs als „Indikator, da über den Ausschluss von Frauen die selektiven Folgen des feldspezifischen Glaubens sichtbar werden“ (ebd.: 21) und sich die *illusio* des untersuchten Feldes als männlich dominierter Glaube entpuppt. „So werden gänzlich geschlechtslos erscheinende Gegenstände und Tätigkeiten, wie die historische Quelle und das biochemische Experiment zu Herausforderungen, die mit männlichem Heldenmut bewältigt werden wollen“ (ebd.: 242).

Die Forschung zu Universitätskulturen hat sich in den letzten 50 Jahren zwar zunehmend auch anderen Leifragen zugewandt, ist aber keinesfalls abgebrochen. Bourdieus politische Frage nach der sozialen Reproduktion über akademische Aus-

---

3 Etwa Apel (1989), Huber und Vogel (1984), Liebau und Huber (1985), Engler und Friebertshäuser (1989), Frank (1990), Huber 1990, Huber (1991) oder Krais (1996).

4 Bereits früh Frakele und Pauritsch (1987); dann etwa Schaeper (1997), Schultz (1991), Wetterer (1992), Orland und Scheich (1995), Nägele (1998), Krais (2000) und Götschel und Daduna (2001); in weiterer Folge dann etwa Beaufaÿs (2003) und Heintz et al. (2004).

bildung wurde durch Fragen des (Über-)Lebens an akademischen Institutionen abgelöst. Hier ist insbesondere die Forschung zu einem allgemeinen Wandel universitärer Organisationskultur hin zu einer „managerial" oder „entrepreneurial university" (Slaughter und Leslie 1997, Henkel 2000) zu nennen und zu neuen metrischen Bewertungsregimes im tertiären Bildungsbereich (Wilsdon et al. 2016). Felt und Kolleg*innen (2009) untersuchen etwa Forschungskulturen als Lebensräume, womit auch die Lebbarkeit akademischen Alltags kritisch zur Diskussion gestellt wird. In einer aktuellen Arbeit fokussiert Felt (2025) zudem auf Zeitstrukturen und „Chronopolitiken" von Wissenschaft. Damit zeigt sie auf, dass über zeitliche Regimes auch Macht ausgeübt wird. Sie verweist auf Asynchronitäten und zeitliche Fragmentierungen, die Machtgefälle und Ausgrenzungen verstärken können.

Auch Sharon Traweek hat gemeinsam mit Knut Sørensen kürzlich eine neue vergleichende Studie zu den beiden Universitäten NTNU in Norwegen and UCLA in Kalifornien vorgelegt (Sørensen und Traweek 2022). In dieser aktuellen Studie stehen akademische Autonomie, Kollegialität, Subjektformation und Karriere „im Schatten von Exzellenz-Regimes und neoliberalen Interventionen" im Zentrum (ebd.: Kapitel 3). Insbesondere arbeiten Sørensen und Traweek den „Double Bind disziplinierter Entrepreneure" zwischen akademischem und unternehmerischem Leitbild heraus (ebd.: Kapitel 4) und diskutieren den Umgang der beiden Organisationen mit diesem Spannungsverhältnis.

Von der epistemischen zur technoepistemischen Kultur?

Knorr Cetinas (2002 [1999]) Begriff der *epistemischen Kultur* bzw. *Wissenskulturen* setzt voraus, dass die von ihr rekonstruierte Kultur primär eine Kultur der *Erkenntnis*produktion ist.[5] Seit Latours Laborforschung (1987) hat sich der Fokus der Wissenschaftssoziologie jedoch, inspiriert durch den Fokus auf Praktiken und Kulturen wie auch durch technikphilosophische Überlegungen, um eine weitere Komponente erweitert, nämlich jene der instrumentellen bzw. technischen Praxis.

5 Auch die akademische Sozialisationsforschung fokussiert auf zukünftige Subjekte der Erkenntnisgewinnung, wie die Wissenschaftsanthropologie auf Gemeinschaften und Kulturen fokussiert, die sich der Erkenntnisgewinnung verschrieben haben. Diesen beiden Richtungen geht es damit aber nicht immer um ein besseres Verständnis von Erkenntnisprozessen und -produkten. Es kann auch etwa um Fragen sozialer Reproduktion, Geschlechtergerechtigkeit oder hochspezialisierte Lebenswelten gehen.

Latour spricht dementsprechend auch nicht nur von Wissenschaft, sondern auch von Technowissenschaft (*technoscience*) (siehe hierzu auch Prietl und Weber 2026 in diesem Band). Während der Umgang mit Technik zuerst nur als notwendige Praxis im Dienste der Erkenntnisgewinnung verstanden wurde, wird der technischen Dimension zunehmend eine eigenständige Rolle zugesprochen, so dass Erkenntnisgewinnung und Technikentwicklung nicht nur notwendig miteinander verknüpft werden, sondern sogar zueinander in Konkurrenz treten können. Es geht es um technische Praxis im Dienste der Erweiterung technischer Möglichkeiten sowie um Leitwerte technischen Funktionierens, technischer Kontrolle und technischer Präzision.

Um diese kleine, feine Differenz zwischen epistemischer Orientierung einerseits und technischer Orientierung andererseits bzw. auch einer hybriden Orientierung technowissenschaftlichen Engineerings besser zu verstehen, lohnt es, nochmal konzeptionell auszuholen. Nicht nur epistemische Praktiken, sondern auch unterschiedliche Stile, Orientierungen und transepistemische Paradigmen, die über die ausschließlich epistemische Ebene hinausgehen, wurden in der Wissenschafts- und Technikforschung mehrfach diskutiert und vergleichend rekonstruiert. Der polnische Immunologe und Erkenntnistheoretiker Ludwik Fleck prägte den Begriff des *Denkstils* wie auch den eng daran geknüpften Begriff des *Denkkollektivs* (Fleck 1983[1947]). Demnach folgen unterschiedliche *Denkkollektive* unterschiedlichen Wahrnehmungsgewohnheiten oder eben *Denkstilen*, denn „wir schauen mit den eigenen Augen, wir sehen mit den Augen des Kollektivs" (Fleck 1983 [1947]: 154). Fleck unterschied damit ein individuelles bloßes „Schauen" von kollektivierten, interpretierenden Sehgewohnheiten. Der Wissenschaftsphilosoph und Wissenschaftshistoriker Thomas Kuhn entwickelte diese Beobachtung weiter zu seiner Konzeption *wissenschaftlicher Paradigmen* und widmete sich insbesondere der Erklärung historischer *Paradigmenwechsel*, die einer wissenschaftlichen Revolution in einem bestimmten Fachgebiet gleichkommen (Kuhn 1962).

Der Wissenschaftshistoriker Ian Hacking (1983) hingegen, und das ist nun in Zusammenhang mit dem Verständnis von Technowissenschaft besonders relevant, stellte zwei zeitgleiche wissenschaftliche Argumentationsstile (*styles of scientific reasoning*) und praktische Ambitionen gegenüber: *Repräsentation* und *Intervention*. Er knüpfte damit nicht zuletzt an eine langanhaltende Debatte darüber an, wie Repräsentation und Intervention zueinander stehen. Diese Debatte wird wissenschaftshistorisch gern mit Francis Bacon und seiner Maxime „scientia est potentia" in Bezug gesetzt, die Repräsentation bzw. Verstehen funktional mit Intervention, also veränderndem Eingriff verschränkt. Hacking schließt sich dieser Sichtweise mehr oder weniger an: Auch wenn zwischen (erkenntnisgestützter) Repräsentation und (technischer) Intervention unterschieden und deren Geschichte jeweils für sich genommen historisch rekonstruiert werden kann, sei Wissenschaft doch immer mit beiden Zielen verknüpft: „We represent and intervene. We represent in order to intervene, and we intervene in the light of representations" (Hacking 1983: 31). Die Debatte um das Verhältnis von Repräsentation und Intervention, die sich nichts weniger als Vermögen, Funktion, Aufgabe und Anspruch von Wissenschaft in der Gesellschaft widmet, entfachte um die Jahrtausendwende im Kontext der sogenannten *emergierenden Technowissenschaften* erneut: Setzt Wissenschaft primär auf Wissen oder auf Können? Hat sich die diesbezügliche Prioritätensetzung eventuell auch über die Zeit geändert, so dass Wissenschaft zwar früher vor allem um Erkenntnis, Verstehen und Orientierungskompetenz rang, heute aber vor allem an ihrem technischen Potenzial gesellschaftliche Probleme zu bearbeiten oder gar zu lösen gemessen wird? Hacking (1983) lehnt dieses ‚entweder wissenschaftliche Erkenntnis oder technische Intervention' explizit ab, da für ihn beides funktional notwendig verknüpft ist. Dieser Standpunkt ist auch bei Latour (1987) maßgeblich. Nordmann und Kollegen veröffentlichten 2011 jedoch einen Band zur sogenannten *epochal break*-These und stellen das Entweder-oder bzw. ein epistemisches Früher und technowissenschaftliches Später zur Diskussion. Technik wäre in manchen technowissenschaftlichen Konstellationen demnach weit mehr als ein Mittel im Dienste der Erkenntnis.

Mit der Diskussion dieser These waren sie nicht die ersten. Stokes widmete sich dieser Frage schon 1997 und verknüpfte sie mit forschungspolitischen Logiken der Nachkriegsära. Er bot eine Unterscheidung zwischen *reiner Grundlagenforschung, reiner angewandter Forschung* und *anwendungsinspirierter Grundlagenforschung* an. Ebenso bot der Wissenschaftshistoriker John Pickstone (1993) eine Abfolge unterschiedlicher Paradigmen an, die er anhand der Medizingeschichte entwickelte: Die Geschichte der Medizin seit dem 18. Jahrhundert könne sinnvoll entlang vier koexistierender und wechselwirkender *sozio-kognitiver Typen* modelliert werden, nämlich der *biographischen Medizin*, der *analytischen Medizin*, der *experimentellen Medizin* und der *Techno-Medizin*. Diese Typen sind Pickstones Auffassung nach sukzessive entstanden und werden in zunehmend komplexen sozialen und kognitiven Strukturen der rezenten Medizin reproduziert. Dies sei auch über die Medizin hinaus für Wissenschaft, Technik und Medizin (science, technology and medicine (STM)) generalisierbar als *gelehrte STM* (*„savant STM"*), *analytische STM*, *experimentelle STM* und *TechnoWissenschaft* (*„techno-science"*) (Pickstone 1993: 434, Übersetzung der Autorin, später ausführlicher ausgearbeitet in Pickstone 2001).

Wie aber sind solch techno-epistemische Kulturen charakterisiert? Wie werden sie stabilisiert? Diese Debatte ist gegenwärtig bei weitem nicht entschieden. Empirische Arbeiten scheint es insbesondere zu zwei besonderen Ausprägungen zu geben: einerseits zu *techno-epistemischen Kulturen* von TechnoWissenschaften wie Nanotechnologie oder Synthetischer Biologie (vgl. etwa Kastenhofer 2013), andererseits zu *sozio-epistemischen Kulturen* „Post-Normaler Wissenschaften" (vgl. Funtowicz und Ravetz 1992) wie der Nachhaltigkeitsforschung. In jedem Fall verändert sich der Blick auf Wissenschaftskulturen, wenn die interessierenden ‚Maschinerien' nicht (primär oder alleine) solche der Wissensproduktion sind, als solche verstanden und als solche bewertet werden. So verändert sich etwa die Bedeutung von Nichtwissen in Forschungskontexten, in denen Kontrolle über einen Objektbereich vorrangiger ist als dessen kognitive Durchdringung. Während in epistemischen Kontexten Nichtwissen einem Versprechen auf weitere Erkenntnisoptionen gleichkommt, gerät Nichtwissen im technischen Kontext zum Risiko des Kontrollverlustes. Mit dieser Einschätzung lässt sich auch besser verstehen, warum sich Wissens- und Wissenschaftsforschung zunehmend Nichtwissen als neuem Themenbereich zuwenden (vgl. etwa Wehling 2006).

In und über die akademische Welt hinaus: *epistemische Gemeinschaften* und *Praxisgemeinschaften*

In den eingangs vorgestellten Ansätzen der Wissenschaftssoziologie und Fachkulturenforschung spielt die Frage nach epistemischen Gemeinschaften eine untergeordnete Rolle: In der vergleichenden Rekonstruktion epistemischer Kulturen bzw. Wissenskulturen (Knorr Cetina 2002 [1999]) muss kein respektives Kollektiv definiert oder gar abgegrenzt werde. Knorr Cetina (1982) lehnt eine solche Option sogar deutlich ab. Im Fall von Studien zu Campus- und Fächerkulturen ist die Bestimmung des interessierenden Kollektivs bereits organisatorisch vorgegeben und daher ebenfalls nicht diskussionswürdig. Kultur interessiert zudem in beiden stark durchorganisierten Fällen (als Forschungsteam, Department, Universität) weder als durch Gemeinschaft stabilisiert noch als Gemeinschaft stabilisierend. In den vorgestellten Sozialisations-, Enkulturations- und Initiationsstudien werden hingegen Ein- und Ausgrenzungsarbeit, Zugehörigkeit und Fremdheit zu maßgeblichen Dimensionen von Wissenschaftskultur. Im Folgenden will ich noch einmal weiter ausholen, um die Konzeption epistemischer Gemeinschaften und ihre Relevanz für das Verständnis von Wissenschaftskulturen in der Wissenschaftsforschung vorzustellen.

Das Interesse an wissenschaftskulturellen Kollektiven trat in der Literatur der Wissenschafts- und Technikforschung schon sehr früh auf. Ludwik Flecks Konzept der *Denkkollektive* als Vertreter eines *Denkstils* (Fleck 1983[1947]) wurde bereits genannt. Explizit und systematisch wieder aufgegriffen wurde der Blick auf wissenschaftskulturelle Kollektive in der Wissenschafts- und Technikforschung aber auch später noch mehrfach. Zu nennen sind hier etwa eine frühe Arbeit des U.S.-amerikanischen Wissenschaftssoziologen Nicholas C. Mullins (1972), die die historische Herausbildung des wissenschaftlichen Spezialgebietes der Molekularbiologie nachzeichnet.[6] Forschungsspezialgebiete (*specialties*) bilden hier, wenn man so will, eine Mischform: Sie sind nicht so formal organisiert wie Departments, Fakultäten oder Universitäten, aber doch formaler als viele andere Formen von Gemeinschaft. Sie stellen „institutionalisierte Cluster dar, die planmäßige Prozesse für Training und Rekrutierung in Rollen entwickelt haben, die institutionell als diesem Spezialgebiet zugehörig definiert sind. (...) Mitglieder können ein Paradigma und ein Set von Vorstellungen darüber teilen, welche generelle Arbeit in diesem Feld zu leisten ist, auch wenn sie bezüglich mancher Details abweichen" (Mullins 1972: 74, Übersetzung der Autorin). Mullins skizziert einen Entwicklungspfad von einer Paradigmengruppe über Kommunikationsnetzwerk und Cluster hin zu eben einer *specialty*. Seit der Jahrtausendwende und mit dem oben bereits erwähnten Phänomen der *emergierenden Technowissenschaften* flammte das Interesse an der historischen Entwicklung und auch dem soziologischen Verständnis solcher *specialties* als epistemische Gemeinschaften in der Wissenschaftsforschung wieder auf. Meyer und Molyneux-Hodgson (2010) publizierten etwa einen Beitrag zur Entstehung der Synthetischen Biologie als neuer epistemischer Gemeinschaft in den 2000er Jahren.

In beiden Fällen wird deutlich, dass sich hier unter einem neuen Label eine neue Forschungsrichtung und Forschungsgemeinschaft etabliert, die an entsprechende Visionen und Erwartungen gekoppelt sind. Zugleich stellt sich die analytische wie forschungspolitische Frage, ab wann und über welche Stabilisierungsprozesse eine epistemische Gemeinschaft als eigenständige Gemeinschaft gelten kann und wie Zugehörigkeit praktiziert wird und feststellbar ist. Der Fokus liegt hier insbesondere auf rezenten Förderregimes, die auf die Förderung bestimmter Forschungsgemeinschaften und die Realisierung ihrer wissenschaftlichen und gesellschaftlichen Versprechungen abzielen (vgl. auch Merz und Sormani 2016). In der Literatur wird dieses enge Wechselspiel von emergierenden Technowissenschaften, Wissenschaftspolitik und medialer Öffentlichkeit auch als *Versprechensgemeinschaften* (*communities of promise*; Brown 2003) gefasst und mit der Literatur einer „sociology of hopes and expectations" verknüpft (vgl. ebd.).

Konzeptionell kommen Meyer und Molyneux-Hodgson (2010) zu dem Schluss, dass epistemische Gemeinschaften nicht als essenzielle, stabile und eingrenzbare

6 Mullins' (1982) beinahe ausschließlicher Fokus auf die Phagen-Gruppe in seiner historischen Rekonstruktion wurde später kritisiert und für die Geschichte der Molekularbiologie revidiert.

Einheiten verstanden werden sollten, sondern als *moving targets*. Um diese Gemeinschaften fassen zu können, sei es entscheidend, „den Diskursen und Praktiken von Wissenschaftler*innen zu folgen, die darauf abzielen ihre Gemeinschaften aufzubauen, zu ordnen oder zu ändern“ sowie „die Dynamiken und die unterschiedlichen Modi des Ordnens, der Existenz und des Konfektionierens zu untersuchen“ und zu rekonstruieren, „wie diese Gemeinschaften zu Orten politischer Arbeit gerieten“ (Meyer und Molyneux-Hodgson 2010: Paragraph 4.2; Übersetzung der Autorin).

Abseits der Wissenschafts- und Technikforschung findet sich zudem ein etwas anderes Konzept epistemischer Gemeinschaften, das durch den Politikwissenschaftler Peter Haas (1989; 1992) ursprünglich zum besseren Verständnis überstaatlicher, evidenz-informierter politischer Koordination – etwa im Kontext mediterraner Umweltpolitik (Haas 1989) – vorgestellt wurde. Haas definiert epistemische Gemeinschaften als „network[s] of professionals with recognized expertise and competence in a particular domain and an authoritative claim to policy-relevant knowledge within the domain or issue-area" (Haas 1992: 3). Diese Netzwerke aus Expert*innen und politischen Akteuren „artikulieren die kausalen Zusammenhänge komplexer Probleme, helfen Staaten ihre Interessen vor diesem Hintergrund zu identifizieren, rahmen die Themen kollektiver Debatte, definieren zentrale Verhandlungspunkte und schlagen bestimmte politische Optionen vor“ (Haas 1992: 2; Übersetzung der Autorin). In dieser Konzeption werden epistemische Gemeinschaften explizit von disziplinären Gemeinschaften unterschieden. Nicht nur basieren Haas' *epistemic communities* auf transdisziplinären Kollektiven von Individuen, mit Mitgliedern aus Wissenschaft wie auch Politik, Wirtschaft oder Zivilgesellschaft. Sie basieren im Gegensatz zu wissenschaftlichen Kollektiven auch auf geteilten ideologischen Überzeugungen und politischen Interessen (Haas 1992: 18), womit sie wiederum sozialen Bewegungen nahestehen.[7]

Ein ebenso eher lose mit der Wissenschafts- und Technikforschung verknüpfter Begriff ist jener der *Praxisgemeinschaften* (*communities of practice*) von Jean Lave und Etienne Wenger (Lave und Wenger 1991, Wenger 1999). Er ist in diesem Kontext bemerkenswert, weil er ebenso wie die Arbeiten von Haas für spezifische Fallstudien besonderes empirisches Erklärungspotenzial nachweisen konnte. Dabei bringt er auch eine stark anthropologische Perspektive ein, die anderen Arbeiten fehlt. Lave und Wenger haben die Praxis von Hebammen, Schneider*innen oder Versicherungsmitarbeiter*innen weitab des akademischen Feldes untersucht und auf dieser empirischen Basis Einsichten formuliert, die auch auf epistemische Pra-

7 Die Bezugnahme auf soziale Bewegungen in der Rekonstruktion emergierender Technowissenschaften hat im Übrigen neuerdings auch Konjunktur (vgl. etwa Raimbault und Joly 2021).

xisgemeinschaften übertragen werden können. Wenger (1999) spricht von einem spezifischen Typus von Gemeinschaft, der nicht über tertiäre Bildung, Sozialisation und Enkulturation, sondern über das anhaltende Verfolgen einer gemeinsamen Unternehmung mit der Zeit entsteht (Wenger 1999: 72). Zusammenhalt (*coherence*) resultiert hier aus gemeinsamer Praxis durch geteilte Lernerfahrungen und „Repertoires, wie Dinge gemacht werden", wie auch aus gemeinsamem Engagement in einer Unternehmung und Investitionen in die eigene Identität (Wenger 1999: 49, 97). Praxisgemeinschaften brauchen einige Zeit, um zu entstehen. Sie können Reproduktionszyklen durchlaufen und weiterbestehen, auch lange nachdem eine Gruppe offiziell aufgelöst ist (Wenger 1999: 96). Wenger bietet auch eine ausführliche Darstellung des Zusammenhangs von Gemeinschaft, Zugehörigkeit und Identität an. Damit bietet dieser Ansatz weiteres Potenzial für die Konzeption epistemischer Gemeinschaft in der Wissenschafts- und Technikforschung und könnte noch einiges zur Klärung und Präzision beitragen. Auch mögliche Verknüpfungen dieses Ansatzes mit neueren Arbeiten zu akademischen *personae* und Identitäten (etwa Kastenhofer und Molyneux-Hodgson 2021) erscheinen vielversprechend.

Wissenschaftskulturen im 21. Jahrhundert: aktuelle und zukünftige Fragestellungen

Der Beitrag hat gezeigt, dass die Konzeption von *Wissenschaftskulturen* in der Wissenschafts- und Technikforschung eine lange Geschichte hat, die von Flecks *Denkstilen* über Knorr Cetinas *epistemische Kulturen* bis hin zu den *Versprechensgemeinschaften* der Technowissenschaften der 2000er Jahre reicht und in unterschiedlichen Forschungstraditionen in verschiedenen empirischen und disziplinären Kontexten – wie der Wissens- und Wissenschaftssoziologie, Wissenschaftsanthropologie, Wissenschaftsgeschichte und Wissenschaftsphilosophie, Sozialisations- und Hochschulforschung und Politikwissenschaft – genutzt wird. Ebenso divers sind die Phänomene, die mit diesem Konzept besser verstanden werden sollen, und die Botschaften, die daran geknüpft werden.

War es zu Beginn die Erkenntnis, dass auch wissenschaftliche Fakten ‚gemacht' sind, dass diese Herstellung von Wissen zwar nicht beliebig, aber doch in historische, organisationale und kulturelle Kontexte eingebettet ist, und dass die Produkte von Wissenschaft damit (auch) unhintergehbar sozial sind, so sind es später Fragen nach der Bedeutung von sich wandelnden Innovationsregimes und deren Wirken auf Wissenschaft als Gemeinschaft, aber auch als Lebensraum. Daran knüpft auch die Frage an, wodurch der Wandel von Wissenschaftskulturen, ihren Subjekten und Kollektiven beeinflusst wird. Antworten darauf befördern forschungspolitische

Interessen Wissenschaftskulturen und Wissenschaftsgemeinschaften gezielt zu steuern und dazu passende Visionen und Akteure zu mobilisieren.

Deutlich wird in all diesen Ansätzen, dass Wissenschaft jedenfalls kein monolithisches epistemisches Projekt darstellt, auch wenn sie vielleicht (noch) eine gemeinsame epistemische Orientierung eint. Durch die wissenschaftskulturelle Linse betrachtet, erweist sich Wissenschaft nicht nur als thematisch spezialisiert und organisatorisch differenziert, sondern vor allem auch als kulturell diversifiziert. Zudem greift das in gegenwärtiger Wissenschaftspolitik so beliebte Verwalten von Wissenschaft in Hinblick auf ‚Köpfe' (oder ‚brains') in gleich mehrfacher Hinsicht zu kurz: Als mindestens ebenso wichtig erweisen sich Hände (Praktiken), akademische Sozialformen und Sozialisierung, professionelle Lebenswelten, Visionen und Selbstverständnisse.

Weiterführende Lektüre

(1) Knorr Cetina, K., 1999: Epistemic Cultures: How the Sciences Make Knowledge. Cambridge, MA: Harvard University Press. / Knorr Cetina, K., 2002: Wissenskulturen. Ein Vergleich naturwissenschaftlicher Wissensformen. Frankfurt am Main: Suhrkamp.

(2) Traweek, S., 1992[1988]: Beamtimes and Lifetimes: The World of High Energy Physicists, Taschenbuchausgabe. Cambridge, MA: Havard University Press.

(3) Beaufaÿs, S., 2003: Wie werden Wissenschaftler gemacht? Beobachtungen zur wechselseitigen Konstitution von Geschlecht und Wissenschaft. Bielefeld: transcript Verlag.

(4) Felt, U., 2025, Academic Times. Contesting the Chronopolitics of Research. Singapur: Palgrave Macmillan.

(5) Wenger, E., 1999: Communities of Practice. Learning, Meaning, and Identity. Cambridge: Cambridge University Press.

Literatur

Amann, K. und S. Hirschauer, 1997: Die Befremdung der eigenen Kultur. Ein Programm. S. 7–52 in: S. Hirschauer und K. Amann (Hrsg.), Die Befremdung der eigenen Kultur: Zur ethnographischen Herausforderung soziologischer Empirie. Frankfurt/Main: Suhrkamp.

Apel, H., 1989: Fachkulturen und studentischer Habitus. Eine empirische Vergleichsstudie bei Pädagogik- und Jurastudierenden. ZSE 1: 2–22.

Arnold, M. und R. Fischer (Hrsg.), 2004: Disziplinierungen. Kulturen der Wissenschaft im Vergleich. Wien: Turia + Kant.

Arnold, M., 2004: Disziplin & Initiation: Die kulturellen Praktiken der Wissenschaft. S. 18–52 in: M. Arnold und R. Fischer (Hrsg.), 2004: Disziplinierungen. Kulturen der Wissenschaft im Vergleich. Wien: Turia + Kant.

Beaufaÿs, S., 2003: Wie werden Wissenschaftler gemacht? Beobachtungen zur wechselseitigen Konstitution von Geschlecht und Wissenschaft. Bielefeld: transcript Verlag.

Becher, T., 1989: Academic Tribes and Territories. Intellectual Enquiry and the Cultures of Disciplines. Milton Keynes, Bristol: SRHE&Open University Press.

Becher, T. und P. R. Trowler, 2001: Academic Tribes and Territories. Intellectual Enquiry and the Cultures of Disciplines, 2nd edition. Buckingham, UK: SRHE and Open University Press.

Becker, H. S., B. Geer, E. C. Hughes und A. L. Strauss, 1961: Boys in White: Student Culture in Medical School. Chicago: University of Chicago Press.

Bereiter, C. und M. B. Freedman, 1962: Fields of Study and the People in Them. S. 563–596 in: N. Sanford (Hrsg..), The American College: A Psychological and Social Interpretation of the Higher Learning. New York: John Wiley & Sons.

Berli, O., Meyer, D. und Reuter, J., 2026: Ethnografie der Hochschule. S. 199–216 in: A. K. Krüger, J.-F. Schrape, C. Schubert und J. Schubert (Hrsg.), Wissenschafts- und Technikforschung. Sozialwissenschaftliche Einführungen. Berlin: de Gruyter.

Bourdieu, P., 1975: The specificity of the scientific field and the social conditions of the progress of reason. Social Science Information 14(6): 19–47.

Bourdieu, P., 1993: Narzisstische Reflexivität und wissenschaftliche Reflexivität. S. 365–373 in: E. Berg, und M. Fuchs (Hrsg.), Kultur, soziale Praxis, Text. Die Krise der ethnographischen Repräsentation. Frankfurt am Main: Suhrkamp.

Bourdieu, P. und L. J. D. Wacquant, 1996: Reflexive Anthropologie. Frankfurt a.M.: Suhrkamp.

Brown, N., 2003: 'Hope against hype: Accountability in biopasts, presents and futures'. Science Studies 16(2): 3–21.

Charlesworth, M., L. Farrall, T. Stokes und D. Turnbull, 1989: Life Among the Scientists. An Anthropological Study of an Australian Scientific Community. Oxford, Melbourne, Auckland, New York: Oxford University Press.

Clark, B. R., 1970: The Distinctive College: Antioch, Reed & Swarthmore. Chicago: Aldine Publishing Company.

Clark, B. R., 1987: The Academic Life: Small Worlds, Different Worlds. Princeton, NJ: The Carnegie Foundation for the Advancement of Teaching.

Crombie, A. C., 1994: Styles of Scientific Thinking in the European Tradition, Vol. I-III. London: G. Duckworth & Co.

Engler, S. und B. Friebertshäuser, 1989: Statuspassage Hochschule im Kontext gesellschaftlicher Reproduktion. Hochschulausbildung 7, 131–153.

Felt, U. (Hrsg.), 2009: Knowing and living in academic research: convergences and heterogeneity in research cultures in the European context. Prague: Institute of Sociology of the Academy of Sciences of the Czech Republic.

Felt, U., 2025, Academic Times. Contesting the Chronopolitics of Research. Singapur: Palgrave Macmillan.

Fleck, L., 1983 [1947]: Schauen, sehen, wissen. S. 147–174 in: Ludwik Fleck, Erfahrung und Tatsache (gesammelte Aufsätze hg von Schäfer, L. und Schnelle). Frankfurt/Main: Suhrkamp.

Frakele, B., E. List, E. und G. Pauritsch (Hrsg.), 1987: Über Frauenleben, Männerwelt und Wissenschaft. Wien: Verlag für Gesellschaftskritik.

Frank, A., 1990: Hochschulsozialisation und akademischer Habitus. Eine Untersuchung am Beispiel der Disziplinen Biologie und Psychologie. Weinheim: Deutscher Studien Verlag.

Funtowicz, S. O. und J. R. Ravetz, 1992: The good, the true and the post-modern. Futures 24(10): 963–976.

Götschel, H. und H. Daduna (Hrsg.), 2001: Perspektivenwechsel. Frauen- und Geschlechterforschung zu Mathematik und Naturwissenschaften. Mössingen-Talheim: Talheimer Verlag.

Gläser, J., 2006: Wissenschaftliche Produktionsgemeinschaften. Die soziale Ordnung der Forschung. Frankfurt & New York: Campus.

Haas, P. M., 1989: Do regimes matter? Epistemic communities and Mediterranean pollution control. International Organization 43(3): 377–403.

Haas, P. M., 1992: Introduction: epistemic communities and international policy coordination. International Organization 46(1): 1–35.

Hacking, I., 1983: Representing and Intervening: Introductory Topics in the Philosophy of Natural Science. Cambridge & New York: Cambridge University Press.

Hagstrom, W., 1965: The Scientific Community. New York: Basic Books.

Hamann, J., 2026: Soziale Ungleichheit in Wissenschaft und Hochschule. S. 181–198 in: A. K. Krüger, J.-F. Schrape, C. Schubert und J. Schubert (Hrsg.), Wissenschafts- und Technikforschung. Sozialwissenschaftliche Einführungen. Berlin: de Gruyter.

Heintz, B., M. Merz und C. Schumacher (Hrsg.), 2004: Wissenschaft, die Grenzen schafft. Bielefeld: transcript Verlag.

Henkel, M., 2000: Academic Identities and Policy Change in Higher Education. London: Jessica Kingsley.

Huber, L., 1990: Disciplinary Cultures and Social Reproduction. European Journal of Education 25: 241–261.

Huber, L., 1991: Fachkulturen. Über die Mühen der Verständigung zwischen den Disziplinen. Neue Sammlung 31(1): 3–24.

Huber, L. und U. Vogel, 1984: Studentenforschung und Hochschulsozialisation. S. 107–153 in: D. Goldschmidt, U. Teichler und W.-D. Webler (Hrsg.), Forschungsgegenstand Hochschule. Überblick und Trendbericht. Frankfurt & New York: Campus Verlag.

Kastenhofer, K., 2004: Sehen lernen und sichtbar machen. Lehrkultur und Wissenschaftspraxis der Biologie. S. 91–126 in: M. Arnold und R. Fischer (Hrsg.), Disziplinierungen: Kulturen der Wissenschaft im Vergleich. Wien: Turia + Kant.

Kastenhofer, K., 2013: Two sides of the same coin? The (techno)epistemic cultures of systems and synthetic biology. Studies in History and Philosophy of Biological and Biomedical Sciences 44(2): 130–140.

Kastenhofer, K. und S. Molyneux-Hodgson (Hrsg.), 2021: Community and Identity in Contemporary Technosciences. Cham: Springer.

Knorr Cetina, K., 1981: The Manufacture of Knowledge – An Essay on the Constructivist and Contextual Nature of Science. Oxford: Pergamon Press.

Knorr Cetina, K., 1982: Scientific Communities or Transepistemic Arenas of Research? A Critique of Quasi-Economic Models of Science, Social Studies of Science 12(1): 101–130.

Knorr Cetina, K., 1999: Epistemic Cultures: How the Sciences Make Knowledge. Cambridge, MA: Harvard University Press.

Knorr Cetina, K., 2002: Wissenskulturen. Ein Vergleich naturwissenschaftlicher Wissensformen. Frankfurt am Main: Suhrkamp.

Knorr Cetina, K., 2018: Wissenskulturen: Von der Naturwissenschaft zur Musik. S. 31–51 in: B. Brabec de Mori und M. Winter (Hrsg.), Auditive Wissenskulturen: Das Wissen klanglicher Praxis. Wiesbaden: Springer.

Knorr Cetina, K. und W. Reichmann, 2015: Epistemic Cultures. S. 873–880 in: J. D. Wright (Hrsg.), International Encyclopedia of the Social & Behavioral Sciences, 2. Auflage. Oxford: Elsevier.

Krais, B., 1996: The academic disciplines: social field and culture. Comparative Social Research (Supplement 2): 93–111.

Krais, B. (Hrsg.), 2000: Wissenschaftskultur und Geschlechterordnung. Über die verborgenen Mechanismen männlicher Dominanz in der akademischen Welt. Frankfurt am Main: Campus.
Kuhn, T., 1962: The Structure of Scientific Revolutions. Chicago: University of Chicago Press.
Latour, B., 1987: Science in action. How to follow scientists and engineers through society. Cambridge, MA: Harvard University Press.
Lave, J. und E. Wenger, 1991: Situated Learning: Legitimate Peripheral Participation. Cambridge: Cambridge University Press.
Liebau, E. und L. Huber, 1985: Die Kulturen der Fächer. Neue Sammlung 3(1985): 314–339.
Merz, M. und P. Sormani (Hrsg.), 2016: The Local Configuration of New Research Fields. On Regional and National Diversity. Cham: Springer.
Meyer, M. und S. Molyneux-Hodgson, 2010: Introduction: the dynamics of epistemic communities. Sociological Research Online 15(2): 109–115.
Mullins, N. C., 1972: The development of a scientific speciality: the phage group and the origins of molecular biology. Minerva 10(1): 51–82.
Nägele, B., 1998: Von ‘Mädchen’ und ‘Kollegen’. Zum Geschlechterverhältnis am Fachbereich Chemie. Müssingen-Talheim: Talheimer Verlag.
Orland, B. und E. Scheich (Hrsg.), 1995: Das Geschlecht der Natur. Frankfurt am Main: edition suhrkamp.
Pickering, A. (Hrsg.), 1992: Science as Practice and Culture. Chicago & London: The University of Chicago Press.
Pickstone, J. V., 2001: Ways of Knowing. A New History of Science, Technology and Medicine. Chicago: University of Chicago Press.
Pickstone, J. V., 1993: Ways of Knowing: Towards a Historical Sociology of Science, Technology and Medicine. The British Journal for the History of Science 26(4): 433–458.
Prietl, B. und Weber, J., 2026: Wissen-Macht-Technik: Perspektiven für kritische Wissenschafts- und Technikforschung am Beispiel Künstlicher Intelligenz. S. 529–546 in: A. K. Krüger, J.-F. Schrape, C. Schubert und J. Schubert (Hrsg.), Wissenschafts- und Technikforschung. Sozialwissenschaftliche Einführungen. Berlin: de Gruyter.
Raimbault, B. und P.-B. Joly, 2021: Emergence of technoscientific fields and the new political sociology of science. S. 85–106 in: K. Kastenhofer und S. Molyneux-Hodgson (Hrsg.), Community and Identity in Contemporary Technosciences. Cham: Springer.
Schatzki, T. R., K. Knorr Cetina und E. v. Savigny (Hrsg.), 2001: The Practice Turn in Contemporary Theory. London: Routledge.
Schaeper, H., 1997: Lehrkulturen, Lehrhabitus und die Struktur der Universität. Eine empirische Untersuchung fach- und geschlechtsspezifischer Lehrkulturen. Weinheim: Deutscher Studien Verlag.
Schultz, D., 1991: Das Geschlecht läuft immer mit. Die Arbeitswelt von Professorinnen und Professoren. Pfaffenweiler: Centaurus Verlag.
Slaughter, S. und L. L. Leslie, 1997: Academic Capitalism: Politics, Policies, and the Entrepreneurial University. Baltimore & London: Johns Hopkins University Press.
Snow, C. P., 1961 [1959]: The Two Cultures and the Scientific Revolution. The Rede Lecture 1959, 7. Druckausgabe. New York: Cambridge University Press.
Sørensen, K. H. und S. Traweek, 2022: Questing Excellence in Academia: A Tale of Two Universities. London & New York: Routledge, Taylor & Francis Group.
Stokes, D. E., 1997: Pasteur’s Quadrant: Basic Science and Technological Innovation. Washington, D.C.: Brookings Institution Press.
Traweek, S., 1992[1988]: Beamtimes and Lifetimes: The World of High Energy Physicists, Taschenbuchausgabe. Cambridge, MA: Havard University Press.

Trowler, P., 2014: Academic Tribes and Territories: the theoretical trajectory. Österreichische Zeitschrift für Geschichtswissenschaften 25: 17–26.

Wehling, P., 2006: Im Schatten des Wissens? Perspektiven der Soziologie des Nichtwissens. Konstanz: UVK Verlagsgesellschaft.

Wenger, E., 1999: Communities of Practice. Learning, Meaning, and Identity. Cambridge: Cambridge University Press.

Wilsdon, J., L. Allen, E. Belfiore, P. Campbell, S. Curry, S. Hill, R. Jones, R. Kain, S. Kerridge, M. Thelwall, J. Tinkler, I. Viney, P. Wouters, J. Hill und B. Johnson, 2016: The Metric Tide. The Independent Review of the Role of Metrics in Reseach Assessment & Management. London: SAGE.

Ziman, J., 2000: Real Science: What it is and what it means. Cambridge: Cambridge University Press.

Julian Hamann

10 Soziale Ungleichheit in Wissenschaft und Hochschule

Was ist soziale Ungleichheit?

Trotz formaler Gleichstellung und politischer Bemühungen um Inklusion bleibt soziale Ungleichheit eine prägende Struktur moderner Gesellschaften. Sie manifestiert sich etwa in Bildung, Einkommen und Gesundheit und wird durch verschiedene Prozesse und Mechanismen wie etwa Diskriminierung stabilisiert. Definitorisch liegt soziale Ungleichheit vor, wenn Menschen – verstanden als Träger*innen sozialer Merkmale und Zugehörige sozialer Gruppen – dauerhaft einen ungleichen Zugang zu sozialen Positionen oder Ressourcen haben und dies systematisch mit vorteilhaften oder nachteiligen Handlungs- und Lebensbedingungen verbunden ist. Schematisch lassen sich folgende Strukturebenen sozialer Ungleichheit unterscheiden (Solga et al. 2009):

- *Determinanten* sind Merkmale, die die Zugehörigkeit zu sozialen Gruppen definieren und die sich unter bestimmten Bedingungen als vorteilig oder nachteilig erweisen. Das können zugeschriebene Merkmale wie etwa Geschlecht und soziale Herkunft oder erworbene Merkmale wie zum Beispiel Bildung oder Familienstand sein.
- *Mechanismen oder Prozesse* sozialer Ungleichheit lassen Merkmale oder die Zugehörigkeit zu Gruppen in einer Art und Weise relevant werden, dass daraus systematisch Vor- oder Nachteile erwachsen. Beispiele sind Mechanismen der Diskriminierung oder der Sichtbarmachung.
- *Dimensionen* sozialer Ungleichheit bezeichnen Arten von Vor- oder Nachteilen, die aus der Kombination spezifischer Determinanten und Mechanismen entstehen. Das können zum Beispiel Einkommen, Prestige, Bildung oder Beschäftigungsverhältnisse sein.
- *Auswirkungen* sozialer Ungleichheit sind die dauerhaften Konsequenzen der Vor- oder Nachteile. Es kann sich hier etwa um Einkommensungleichheiten, Armutsrisiken oder Unsichtbarkeit handeln.

Diese schematische Annäherung legt bereits nahe, dass sich je nach Analyseperspektive unterscheidet, was Determinante, was Dimension und was Auswirkung sozialer Ungleichheit ist. Bildung kann etwa sowohl eine Determinante als auch eine Dimension als auch eine Auswirkung sozialer Ungleichheit sein.

https://doi.org/10.1515/9783112245897-013

Für die soziologische Wissenschafts- und Technikforschung – und auch für die angrenzende soziologische Hochschulforschung – ist soziale Ungleichheit aus zwei Gründen ein zentraler Gegenstand. Zum einen sind der Zugang zu hochschulischen Bildungsabschlüssen und wissenschaftlichen Karrieren, die Möglichkeiten zur Produktion wissenschaftlichen Wissens oder die Entwicklung und Anwendung technischer Infrastrukturen strukturell ungleich verteilt. Wie auch in anderen Gesellschaftsbereichen sind Zugangschancen, Auswahlverfahren und Leistungskriterien in der Wissenschaft und in Hochschulen von sozialen Privilegien und Diskriminierungen durchzogen. Es geht damit um die Untersuchung der *(Re-)Produktion* sozialer Ungleichheit in und durch Wissenschaft und Hochschule.

Zum anderen ist soziale Ungleichheit ein zentraler Gegenstand, weil Wissenschaft und Hochschulen auch maßgeblich an ihrer *(Re-)Präsentation* beteiligt sind: Die Hochschule trägt als Teil des Bildungssystems nicht nur zur strukturell ungleichen Verteilung von Lebenschancen bei. Sie vermittelt auch Wissen über soziale Ungleichheit. Ungleichheiten erscheinen etwa plausibel, wenn sie auf Zertifikate, Zeugnisse und Nachweise zurückgeführt werden können, die wiederum als Resultat unterschiedlicher Anstrengungen und Begabungen interpretiert werden. Auch die Wissenschaft trägt zum Verständnis sozialer Ungleichheit bei. Sie produziert Statistiken über Einkommens- und Vermögensverteilungen und liefert einschlägige Begriffe, Konzepte und Bilder. Im Folgenden werden zunächst theoretische Zugänge und empirische Befunde zur (Re-)Produktion vorgestellt und dann die (Re-)Präsentation sozialer Ungleichheit genauer beleuchtet.

Zugänge zur (Re-)Produktion sozialer Ungleichheit in Wissenschaft und Hochschule

Die Forschung über die (Re-)Produktion sozialer Ungleichheit in Wissenschaft und Hochschule ist so umfassend, dass sie hier nicht erschöpfend dargestellt werden kann. Im Folgenden werden daher ausgewählte theoretische Perspektiven sowie diesen Perspektiven zuzuordnende empirische Zugänge und Befunde behandelt.[1] Berichtet wird bewusst sowohl aus der Wissenschafts- wie auch aus der Hochschulforschung, weil die historisch gewachsene Trennung der beiden Forschungsfelder

---

1 Diese Form der Darstellung soll nicht den Eindruck erwecken, dass sich theoretische Perspektiven und empirische Arbeiten immer gut sortiert kombinieren. Es ist möglich, dass sich empirische Forschung auf mehrere theoretische Perspektiven bezieht oder dass ein theoretischer Referenzpunkt überhaupt nicht ersichtlich ist.

mit Blick auf den Untersuchungsgegenstand soziale Ungleichheit nicht zielführend ist (Hamann et al. 2018). Für den folgenden Überblick wird die oben formulierte Definition sozialer Ungleichheit genutzt, da sie deutlich macht, dass die jeweiligen Zugänge soziale Ungleichheit unterschiedlich konzipieren und jeweils andere Schwerpunkte setzen.

Feld-, Kapital- und Habitustheorie

Pierre Bourdieus Feld-, Kapital- und Habitustheorie ist ein zentraler theoretischer Zugang zur Analyse der (Re-)Produktion sozialer Ungleichheit in Wissenschaft und Hochschule. Bourdieu (1992) versteht die Wissenschaft als ein soziales Feld, in dem Akteur*innen um wertvolle Ressourcen wie Deutungsmacht und Sichtbarkeit, aber auch um Stellen oder Forschungsgelder konkurrieren. Die Theorie differenziert verschiedene Arten von Ressourcen in kulturelles Kapital (z.B. Fachwissen), soziales Kapital (z.B. Netzwerke), ökonomisches Kapital (z.B. Drittmittel) und symbolisches Kapital (z.B. Auszeichnungen). Bezogen auf die eingangs genannte Definition sozialer Ungleichheit handelt es sich bei den Kapitalsorten um *Determinanten* sozialer Ungleichheit. Ihre ungleiche Verteilung kann gleichzeitig als eine *Dimension* sozialer Ungleichheit beschrieben werden, wenn sie etwa Unterschiede in der Sichtbarkeit oder der finanziellen Ausstattung von Wissenschaftler*innen mit sich bringt. Was genau wertvolle Ressourcen sind und nach welchen Regeln um diese konkurriert wird, ist Gegenstand feldinterner Auseinandersetzungen und Strategien. Als Resultat dieser Dynamiken sind Felder sowohl vertikal hierarchisiert – hier können sich Positionen zum Beispiel aufgrund der Anzahl von Publikationen oder der Höhe der eingeworbenen Drittmittel unterscheiden – als auch horizontal differenziert – hier können sich Positionen beispielsweise danach differenzieren, ob internationale Fachzeitschriften oder Monografien die wichtigste Publikationswährung sind, um in der Wissenschaft Karriere zu machen.

Die beschriebenen Dynamiken und Feldstrukturen können beispielhaft am Feld der US-amerikanischen Soziologie studiert werden (Warczok und Beyer 2021). Empirisch lassen sich zwei Achsen identifizieren, die das Feld aufspannen: Eine erste Achse strukturiert die US-Soziologie entlang der *Menge* des Kapitals, das für Sichtbarkeit und Definitionsmacht sorgt. Am dominanten Pol dieser Achse finden sich Personen, die anerkannte Fellowships oder Drittmittel vorweisen können, deren Bücher bei prestigeträchtigen Verlagen veröffentlicht oder in andere Sprachen übersetzt wurden. Am dominierten Pol dieser Achse finden sich Personen, deren Forschung nicht in anerkannten Fachzeitschriften veröffentlicht und nur selten zitiert wird, deren Arbeit nicht international sichtbar ist und die keine Preise erhalten haben. Quer zu dieser ersten Achse verläuft eine zweite Achse, entlang der die US-Soziologie nicht nach dem Volumen, sondern nach der *Art* des Kapitals strukturiert ist: Am einen Pol dieser Achse finden sich Personen, die rein wissenschaftliche Anerkennung vorweisen können, etwa anhand von Preisen oder Publikationen in angesehenen Fachzeitschriften und Verlagen. Am anderen Pol der Achse liegen Personen, deren Kapital eher institutioneller oder ökonomischer Natur ist und zum Beispiel in Form von Gremienmitgliedschaften oder Drittmitteln vorliegt. Die Pointe einer solchen feldanalytischen Perspektive, wie sie übrigens auch für die deutsche Soziologie vorliegt (Schmitz et al. 2019), besteht nicht nur darin zu rekonstruieren, nach welchen Prinzipien disziplinäre Felder ungleich strukturiert sind. Vielmehr kann auch gezeigt werden, dass methodische und thematische Präferenzen – mit anderen Worten: die akademischen Dispositionen der Akteur*innen des Feldes – eng mit solchen Strukturen korrespondieren.

Hochschulen spielen in dieser Theorieperspektive eine wichtige Rolle, weil sie formale Bildungsabschlüsse und Prestige institutionalisieren (Bourdieu und Passeron 1979). Die Zugehörigkeit zu renommierten Hochschulen verschafft Wissenschaftler*innen Zugang zu symbolischem Kapital, was nicht nur soziale Ungleichheiten innerhalb des akademischen Feldes reproduziert, sondern auch die soziale Reproduktion privilegierter Positionen in anderen Gesellschaftsbereichen ermöglicht. Darüber hinaus stehen Hochschulen aber auch miteinander im Wettbewerb. Besonders konzentriert wird dieser Wettbewerb zum Beispiel in der deutschen Exzellenzinitiative (seit 2018 Exzellenzstrategie), für die empirisch rekonstruiert wurde, wie das Label wissenschaftlicher Exzellenz und die damit einhergehenden Fördermittel entlang der bestehende Ressourcenausstattung von Universitäten vergeben werden (Münch 2007). Dieses Verteilungsmuster führt zu einer Monopolisierung materieller und symbolischer Ressourcen und reproduziert somit die bestehende soziale Ungleichheit im Feld. Die empirische Analyse legt nahe, dass einige Universitäten trotz hoher Drittmitteleinnahmen relativ ineffizient in ihrer Publikationsleistung pro Kopf abschneiden, während kleinere Universitäten mit weniger Ressourcen hinsichtlich ihres Publikationsoutputs oft effizienter sind. Feldtheoretisch unterstreicht das die relative Autonomie des wissenschaftlichen Feldes, in dem ökonomisches Kapital nicht direkt in wissenschaftliches Kapital transferierbar ist.

Neben dem Kapital- und dem Feldbegriff ist auch der *Habitusbegriff* zentral für Bourdieus Theorie. Das Konzept beschreibt die verinnerlichten Dispositionen, die das Denken und Handeln von Individuen prägen. In der Theoriearchitektur Bourdieus hängen die drei Begriffe untrennbar miteinander zusammen, weil sich die Feldposition nach der Kapitalausstattung richtet und wiederum die zukünftige Allokation von Ressourcen beeinflusst, während der Habitus mit hoher Wahrscheinlichkeit der Feldposition entspricht und gleichzeitig die Strategien zur Akkumulation von Kapital strukturiert. Ein studentischer Habitus, der Erfolge im akademischen Feld wahrscheinlich macht, wird bereits stark durch familiäre Sozialisation und frühzeitige Bildung strukturiert. Differenzen im Habitus manifestieren sich etwa in unterschiedlichen Studienfachentscheidungen, Studienorientierungen oder dem Zugang zur hochschulischen Lebenswelt (Grunau 2017). Im Rahmen wissenschaftlicher Karrieren ermöglicht der Habitus beispielsweise ein Gespür dafür, zur richtigen Zeit auf den richtigen Forschungsgegenstand zu setzen oder gute Publikationsorte zu wählen. Empirische Studien weisen zudem darauf hin, dass der wissenschaftliche Habitus vergeschlechtlicht ist (siehe auch Mader 2026 in diesem Band). Das äußert sich etwa in der Vorstellung, dass Wissenschaft eine Lebensform sei, die den ganzen Menschen verlange und der man sich als Person verschreibe: Sich bis spät abends im Labor zu zeigen, Meetings am Freitagnachmittag abzuhalten oder bei Konferenzen wichtige Netzwerke in der Kneipe zu pflegen sind symbolische Praktiken, die mit geschlechtsspezifisch verteilter Care-Arbeit konkurrieren (Beaufaÿs 2003).

Theorien rationaler Entscheidung

Ein nicht weniger zentraler theoretischer Zugang zur Analyse der (Re-)Produktion sozialer Ungleichheit in Wissenschaft und Hochschule sind Theorien rationaler Entscheidung, wie sie beispielsweise von Raymond Boudon (1974) formuliert wurden. Rational Choice-Theorien gehen davon aus, dass Entscheidungen von Akteur*innen auf der Grundlage *subjektiv rationaler Kalküle* getroffen werden. Mit dem Interesse, menschliches Handeln als Resultat rationaler – und das heißt hier: nutzenmaximierender oder kostenminimierender – Entscheidungen zu erklären, bewegt sich dieser Erklärungsansatz zunächst auf der handlungstheoretischen Ebene. Doch auch gesellschaftliche Institutionen und Strukturen geraten in den Blick, weil sie als Folgen oder Aggregationen individueller Handlungen und Motive aufgefasst werden. Aus der Aggregation einzelner Entscheidungen folgt die gesellschaftstheoretische Frage, wie soziale Ordnung möglich ist, wenn Einzelne vor allem ihren individuellen Nutzen verfolgen. Eine zentrale Erkenntnis ist in diesem Zusammenhang, dass das rationale Handeln Einzelner nicht zwingend zu einer rationalen Gesellschaft – oder zu einem rationalen Wissenschafts- und Hochschulsystem – führen muss. Rationale Handlungen können Konsequenzen haben, die sowohl für alle Beteiligten wie auch aus systemischer Perspektive unerwünscht, ineffizient oder dysfunktional sind. Die Expansion des Hochschulsystems kann etwa als Resultat individueller Bildungsentscheidungen verstanden werden, das auch auf systemischer Ebene erwünscht ist. Die als *leaky pipeline* bezeichnete Abnahme des Anteils weiblicher Beschäftigter mit jeder höheren beruflichen Qualifikationsstufe in der Wissenschaft mag dagegen ein Ergebnis individuell rationaler Karriereentscheidungen sein, das aber insgesamt zu geschlechtsspezifischen Ungleichheiten führt, die normativ unerwünscht und für Wissenschaft und Hochschule dysfunktional sind. Bestimmte Varianten von Rational Choice-Theorien würden bei diesem Beispiel davon ausgehen, dass die *Präferenzen*, die rationalen Karriereentscheidungen zugrunde liegen, nicht von vornherein gegeben sind, sondern dass soziale Interaktionen und Strukturen im Hochschulsystem auf individuelle Präferenzen einwirken (Raub und Voss 1990). Bildungs- und Karriereentscheidungen sind aus dieser theoretischen Perspektive also auf der einen Seite von Wünschen und Präferenzen und auf der anderen Seite von Kosten- und Nutzenkalkulationen sowie Erfolgsaussichten beeinflusst. Die für Entscheidungen kalkulierten Kosten können etwa monetärer Art sein; ein für das Studium notwendiger Umzug kann aber auch soziale Kosten mit sich bringen. Der Nutzen eines Studiums oder einer Karriere in der Wissenschaft kann beispielsweise anhand von Aufstiegschancen oder Gehaltsunterschieden bemessen werden. Den dritten entscheidungsrelevanten Faktor, die Erfolgsaussichten, schätzen rationale Akteur*innen anhand von vorherigen Bildungserfolgen, aber auch der Möglichkeit familiärer Unterstützung ab.

Bildungs- und Karriereentscheidungen sind ungleichheitsrelevant, weil sowohl die Leistungsperformanz, die solche Entscheidungen informiert, als auch die Entscheidungen selbst abhängig sind von Determinanten sozialer Ungleichheit, also etwa von sozialer Herkunft oder Geschlecht. Boudon (1974) zeigt dies mit Bezug auf das schulische Bildungssystem, wo erstens der sozioökonomische Status von Familien und die damit einhergehenden Ressourcen sich auf die schulischen Leistungen von Kindern auswirken (*primäre Herkunftseffekte*). Zweitens führen herkunftsspezifische Bildungsaspirationen und Entscheidungskalküle auch unabhängig von tatsächlich erbrachten Leistungen zu unterschiedlichen Bildungsentscheidungen beispielsweise hinsichtlich des Besuchs weiterführender Schulen oder der Entscheidung für ein Hochschulstudium (*sekundäre Herkunftseffekte*). Bezogen auf die zu Beginn genannte Definition sozialer Ungleichheit handelt es sich bei primären und sekundären Herkunftseffekten um *Mechanismen* sozialer Ungleichheit.

In empirischen Anwendungen wird diese Theorieperspektive dann auch auf Wissenschaft und Hochschule übertragen. Entsprechende Arbeiten befassen sich zum Beispiel mit herkunftsspezifischen Bildungs- und Karriereentscheidungen von Studierenden (Rochat und Demeulemeester 2001). Sie zeigen, dass Studierende aus sozial benachteiligten Schichten die Kosten des Hochschulbesuchs als höher einschätzen, und zwar sowohl in finanzieller Hinsicht hinsichtlich direkter Studienkosten und entgangenem Einkommen als auch mit Blick auf die sozialen Risiken, die beispielsweise ausbleibender Studienerfolg mit sich bringen würde. Der erwartete langfristige Nutzen eines Hochschulabschlusses, insbesondere in Bezug auf Einkommen und soziale Mobilität, wird demgegenüber von Studierenden aus höheren sozialen Schichten als sicherer und bedeutender wahrgenommen. Individuen aus privilegierten sozialen Schichten nehmen auch ihre Erfolgsaussichten aufgrund von kulturellem Kapital und institutionellen Unterstützungsmechanismen als höher wahr. Diese unterschiedlichen Wahrnehmungen führen dazu, dass die soziale Herkunft einen Einfluss auf die Wahrscheinlichkeit hat, mit der ein Studium aufgenommen oder abgebrochen, eine akademische Laufbahn oder eine andere Karriere verfolgt wird.

Mit Blick auf die eingangs angeführte Definition sozialer Ungleichheit werden aus der Rational Choice-Perspektive neben der sozialen Herkunft auch noch weitere *Determinanten* fruchtbar gemacht. Eine Analyse der Bildungs- und Karriereentscheidungen von Männern und Frauen in der Wissenschaft zeigt beispielsweise, wie diese Entscheidungen von geschlechtsspezifischen Faktoren beeinflusst werden (Lörz und Mühleck 2019). So gilt für Männer und Frauen, dass Elternschaft die Erfolgswahrscheinlichkeit einer Karriere in der Wissenschaft negativ beeinflusst. Frauen und Männer unterscheiden sich aber in ihren Einschätzungen und Präferenzen, was auf unterschiedliche soziale Normen und strukturelle Zwänge zurückzuführen ist. So nehmen Frauen wissenschaftliche Karrieren oft als mit höheren persönlichen Kosten (z.B. hinsichtlich der Vereinbarkeit von Beruf und Familie) und geringeren Erfolgsaussichten verbunden wahr. Männer hingegen bewerten die langfristigen Erträge einer wissenschaftlichen Laufbahn positiver. Frauen schätzen ihre Erfolgschancen in der Wissenschaft oft niedriger ein, insbesondere in stark kompetitiven Bereichen. Dies hängt mit strukturellen Barrieren wie geringerer Förderung durch Netzwerke und Mentor*innen zusammen. Auch geschlechtsspezifische Rollenerwartungen beeinflussen die Entscheidungen: Frauen entscheiden sich häufiger für Karrierewege, die als besser mit privaten Verpflichtungen vereinbar wahrgenommen werden, was den Verbleib in der Wissenschaft erschwert.

Post- und dekoloniale Theorien

Die Feld-, Kapital- und Habitustheorie wie auch Theorien rationaler Entscheidung sind seit Jahrzehnten fester Bestandteil eines ungleichheitssoziologischen Theoriekanons der, wie die meisten wissenschaftlichen Kanons, vor allem Westliche[2] Perspektiven repräsentiert. Demgegenüber stehen post- und dekoloniale Theorieperspektiven, deren Kanonisierung aktuell noch ausgehandelt wird. Dieses Gefälle in der akademischen Anerkennung sagt nichts über das analytische Potenzial des Theorieangebots aus, ist aber selbst ein Ausdruck sozialer Ungleichheit in Wissen-

2 Weil Begriffe wie ‚Westlich' oder ‚Globaler Süden' in diesem Zusammenhang nicht nur geografische Bezeichnungen, sondern soziale Kategorien sind, werden sie hier groß geschrieben.

schaft und Hochschule. Anders als die beiden zuvor behandelten Theorien handelt es sich bei post- und dekolonialen Theorien nicht um einen kohärenten Ansatz, sondern um eine Perspektive, innerhalb derer wiederum verschiedene Theorienansätze verfolgt werden können. Post- und dekoloniale Theorien eröffnen kritische Perspektiven auf die Westlichen – und das heißt hier vor allem: angloamerikanischen und europäischen – Grundlagen von Wissenschaft und Hochschulen. Zentral sind dabei miteinander verwobene theoretische Konzepte wie das der *akademischen Abhängigkeit*, das sich auf die ungleiche Verteilung institutioneller und materieller Ressourcen bezieht, oder das Konzept der *Pluriversalität*, das darauf abzielt, verschiedene Kolonialgeschichten in ein universelles Projekt der Abkopplung von moderner Rationalität einzubinden (Patel 2018).

Der Vielfalt und Heterogenität post- und dekolonialer Ansätze kann hier nicht genüge getan werden. Gemeinsam ist den verschiedenen Theorieperspektiven aber ein Fokus auf die auch nach der formalen Dekolonisation fortwährende Dominanz kolonialer Strukturen in der Produktion wissenschaftlichen Wissens. Bezogen auf die eingangs formulierte Definition thematisieren die entsprechenden Ansätze dabei zum einen *Mechanismen* – etwa Marginalisierung, (De-)Legitimierung oder (Un-)Sichtbarmachung – und zum anderen *Auswirkungen* sozialer Ungleichheit wie zum Beispiel globale Wissenshierarchien und Hegemonien (Reuter und Villa 2010).

Die von postkolonialen Ansätzen kritisierten Prozesse der Privilegierung und Universalisierung westlicher Theorien und Methodologien bei gleichzeitiger Marginalisierung oder Besonderung wissenschaftlichen Wissens aus dem Globalen Süden wurden auch für die Soziologie untersucht (Boatcă und Costa 2010). Das unterstreicht, dass postkoloniale Theorien nicht zuletzt Instrumente der fachlichen Selbstreflexion und einer Neuschreibung der jeweiligen Fachgeschichte sind. So geraten *epistemische Ungerechtigkeiten* in den Blick, die Westliche Perspektiven als universell und rational markieren, während Wissenssysteme aus nicht-Westlichen Kontexten als partikular oder irrational abgewertet werden. Empirisch zeigen sich solche anhaltenden globalen Hierarchien in den Lehrplänen, Forschungsaktivitäten und Theoriekanons der Westlichen Soziologie. Sie beruhen auf binären Unterscheidungen – etwa Universalismus vs. Partikularismus oder Objektivität vs. Subjektivität – die das frühe soziologische Denken prägten und auch heute noch den epistemologischen Rahmen der Disziplin beeinflussen (Go 2017). Diese epistemischen Strukturen legen nicht nur fest, was als gültiges Wissen gilt, sondern bestimmen auch, wer als legitime*r Wissensproduzent*in fungieren kann. Zusätzlich zu postkolonialen Kritiken arbeiten auch dekoloniale Beiträge heraus, dass nicht-Westliche Wissenssysteme durch den Westlichen Kolonialismus und die globale Hegemonie Westlicher Rationalität systematisch marginalisiert werden. Sie ziehen daraus die Konsequenz, die Produktion wissenschaftlichen Wissens von kolonialen Epistemen zu entkoppeln und marginalisierte Denktraditionen sichtbarer zu machen.

Neben Diskussionssträngen, die eher die epistemische Dimension adressieren, fokussieren neuere empirische Ansätze aus post- und dekolonialer Perspektive auch *materielle und infrastrukturelle Aspekte.* Aktuelle Beispiele sind etwa der eingeschränkte Zugang, den Wissenschaftler*innen aus dem Globalen Süden zu Forschungskollaborationen und Publikationsnetzwerken haben oder die exkludierende Wirkung von *open access*-Gebühren. Dabei kommt es mitunter auch zu einer differenzierteren Bewertung von Publikationsmodellen, die aus Westlicher Perspektive unseriös und bedrohlich (*predatory*) erscheinen, für Wissenschaftler*innen aus dem Globalen Süden aber eine Alternative zu einer kolonialen Ökonomie der Kredibilität und Sichtbarkeit versprechen (Mills und Robinson 2021). Insbesondere in Lateinamerika werden seit Jahrzehnten Diskussionen über eine Loslösung von Publikationsinfrastrukturen und Bewertungssystemen geführt, die an den Institutionen des Globalen Nordens ausgerichtet sind (Vessuri et al. 2014). Ein historisches Beispiel für materielle und infrastrukturelle Hürden sind Mobilitätsprogramme, mit denen ausgewählte Wissenschaftler*innen aus dem Globalen Süden in die kolonialen Zentren reisten, um dort ausgebildet zu werden (Cramer 2023). Diese Programme haben die Herausbildung einer unabhängigen lokalen Forschungsinfrastruktur erschwert, eröffneten aber zugleich Räume für Widerstand, beispielsweise wenn die kolonialen Zentren durch die Mobilitätsprogramme zu Orten antikolonialer Bewegungen wurden.

Theorien mittlerer Reichweite

Während die drei bisher behandelten theoretischen Ansätze in sich mehr oder weniger kohärente Perspektiven darstellen oder zumindest auf geteilten Annahmen basieren, liegt die Gemeinsamkeit von Theorien mittlerer Reichweite allein in ihrem Abstraktionsniveau und der beanspruchten *Reichweite der Aussagen.* In diesem Unterkapitel werden ausgewählte Perspektiven vorgestellt, die spezifische Phänomene beleuchten, die für ein Verständnis der (Re-)Produktion sozialer Ungleichheit in Wissenschaft und Hochschule zentral sind. Mit Blick auf die zu Beginn formulierte Definition sozialer Ungleichheit geht es im Folgenden also vor allem um die Frage, welche *Mechanismen oder Prozesse* bestimmte Merkmale in einer Art und Weise relevant werden lassen, dass aus ihnen dauerhafte Vor- oder Nachteile entstehen.

Ein in der soziologischen Wissenschafts- und Hochschulforschung klassischer Mechanismus zur Erklärung sozialer Ungleichheit ist der *Matthäus-Effekt*

(Merton 1968). Er beschreibt die kumulativen Vorteile, durch die etablierte Akteur*innen aufgrund früherer Erfolge überproportional von weiterer Anerkennung profitieren. Dies führt zu einer Häufung von Ressourcen, die bestehende Ungleichheit fortschreibt und verstärkt. So können bereits erfolgreiche Wissenschaftler*innen ihre Reputation durch zusätzliche Fördermittel und Publikationen weiter ausbauen. Gleiches gilt für anerkannte Universitäten, denen es aufgrund ihrer Sichtbarkeit und Ressourcen leichter fällt, ihren herausgehobenen Status aufrechtzuerhalten. Empirisch zeigt sich dieser Effekt etwa, wenn Forschende früh in ihrer Karriere Drittmittel einwerben. Entsprechende Studien legen nahe, dass Forschende, deren Anträge in einer Förderlinie knapp über der Bewilligungsschwelle liegen, in den Jahren nach diesem ersten Drittmittelerfolg mehr als doppelt so viele weitere Drittmittel einwerben wie jene, deren Anträge in der gleichen Förderlinie nur knapp unter der Finanzierungsschwelle liegen (Bol et al. 2018). Entscheidend für den Matthäus-Effekt ist dabei, dass die verbesserten Finanzierungschancen der Gewinner*innen in nachfolgenden Wettbewerben nicht auf Leistungen zurückzuführen sind, die durch die vorangegangene Förderung ermöglicht wurden. Das deutet darauf hin, dass die frühzeitige Förderung selbst ein Vorteil für die Erlangung späterer Förderungen war. Ähnliche Effekte zeigen sich auch für eine andere Dimension sozialer Ungleichheit, nämlich Sichtbarkeit: Publikationen bereits hoch zitierter Autor*innen erhalten durch deren größere Sichtbarkeit exponentiell mehr Zitationen (Angermuller und Hamann 2019).

An der Rezeption des Konzepts *Matthäus-Effekt* lässt sich ein weiterer ungleichheitsrelevanter Effekt aufzeigen: Die klassische Referenz für den Matthäus-Effekt ist die oben zitierten Publikation von Robert K. Merton (1968) in der Fachzeitschrift *Science*. Das Konzept wurde jedoch gemeinsam von Merton und seiner damaligen Frau Harriet Zuckerman (2011) entwickelt – was Merton in der zweiten Auflage des Artikels auch bereitwillig einräumte. Zuckermans Arbeit über Nobelpreisträger*innen lieferte wichtiges empirisches Material für die Studie. Die Anerkennung für das klassische sozialwissenschaftliche Konzept des Matthäus-Effekts wurde jedoch vor allem Merton zuteil. Die Tendenz, wissenschaftliche Anerkennung eher Männern als Frauen zuzusprechen, hat Margaret Rossiter (1993) als *Matilda-Effekt* beschrieben. Historisch wird dieser Effekt illustriert durch Nobelpreise, bei denen etwa Lise Meitner oder Jocelyn Bell Burnell trotz entscheidender Beiträge übergangen wurden, während ihre männlichen Kollegen geehrt wurden. Einen aktuelleren Hinweis auf den Matilda-Effekt liefert eine Studie aus der Kommunikationswissenschaft: Über verschiedene Länder hinweg konnte empirisch rekonstruiert werden, dass Arbeiten von Frauen zwar häufiger angesehen wurden, im Vergleich zu Arbeiten von Männern aber signifikant weniger Zitationen erhielten (Rajkó et al. 2025).

Neben Matthäus- und Matilda-Effekten können auch Mechanismen der *sozialen Schließung* soziale Ungleichheit (re-)produzieren. Diese Theorie mittlerer Reichweite beschreibt Prozesse, mit denen Akteur*innen Ressourcen, Prestige oder Macht monopolisieren und andere Akteur*innen davon ausschließen (Mackert 2004). Wichtig ist, dass diese theoretische Perspektive auch graduelle Formen der Exklusion umfasst. Für die Übertragung auf soziale Ungleichheit in Wissenschaft und Hochschule lassen sich viele empirische Beispiele anführen. Beispielsweise kann die Regulierung des Zugangs zu Fachzeitschriften – also zu Publikationen, einer wertvollen und begehrten Ressource für Sichtbarkeit und Prestige – laut einer klassischen wissenschaftssoziologischen Studie interpretiert werden als ein Prozess, bei dem es nicht nur um die inhaltliche Qualität von Manuskripten und um ihre Passung zum Profil der Zeitschrift geht, sondern auch um Faktoren, die nach der eingangs formulierten Definition als *Determinanten* sozialer Ungleichheit bezeichnet werden können: die institutionelle Affiliation der Autor*innen, ihr Geschlecht oder ihre Seniorität (Crane 1967). Auch der Zugang zu Professuren ist durch eine graduelle soziale Schließung reguliert, in deren Rahmen Kandidat*innen nicht nur anhand ihrer Qualifikation und Passung, sondern auch aufgrund nicht-meritokratischer Determinanten wie beispielsweise ihrem Geschlecht (van den Brink und Benschop 2014) bewertet und dadurch diskriminiert werden.

Zugänge zur (Re-)Präsentation sozialer Ungleichheit durch Wissenschaft und Hochschule

Im vorherigen Kapitel hat sich gezeigt, wie umfassend und vielschichtig die theoretische und empirische Forschung über die (Re-)Produktion sozialer Ungleichheit in Wissenschaft und Hochschule ist. Verglichen damit sind Zugänge zur *(Re-)Präsentation sozialer Ungleichheit* durch Wissenschaft und Hochschule überschaubarer. Die Forschung zu diesem Themenkomplex geht von der Annahme aus, dass Repräsentationen die objektive Welt nicht nur widerspiegeln, sondern selbst verstrickt sind in die Art und Weise, wie Phänomene sozialer Ungleichheit erfahren und verstanden werden. Von dieser Grundannahme ausgehend lassen sich vier Arten der wissenschaftlich produzierten und in Hochschulen vermittelten Repräsentation sozialer Ungleichheit unterscheiden.

Zu nennen sind erstens die *Metaphern*, die zur Beschreibung sozialer Ungleichheit herangezogen werden. Grundsätzlich sind der Fantasie beim Gebrauch von Metaphern in wissenschaftlicher Literatur keine Grenzen gesetzt, man denke nur an den ‚Flaschenhals' vor der Professur (der bezeichnet, dass der Stellenmarkt ab der Professur enger wird) oder die bereits erwähnte ‚*leaky pipeline*'. Dennoch fällt auf, dass wissenschaftliche Beschreibungen sozialer Ungleichheit sehr häufig auf räumliche Veranschaulichungen zurückgreifen (Barlösius 2005). Das drückt sich beispielsweise in räumlichen Relationen und Positionsbezeichnungen aus, wenn von ‚Ober- und Unterschicht', ‚hohen Bildungsabschlüssen', ‚niedrigen Einkommen' oder ‚Mittelklasse' die Rede ist. Die räumliche Metaphorik setzt sich fort in Begriffen sozialer ‚Barrieren', ‚Aufstiegen' und ‚Mobilität'. Zahlreiche empirische Beispiele für die räumlichen Metaphern, die das Verständnis sozialer Ungleichheit leiten, finden sich etwa in den Arbeiten Bourdieus (1987): Die Gesellschaft wird hier als sozialer Raum dargestellt, in den Positionen und Lebensstile projiziert werden. Gesellschaftliche Teilbereiche werden als Felder beschrieben, Klassen und ihre Fraktionen als in einem Über- und Unterordnungsverhältnis stehend verstanden. Es liegt auf der Hand, dass solche sprachlichen Veranschaulichungen soziale Ungleichheit nicht nur darstellen, sondern sie als ein räumlich zu verstehendes Phänomen wesentlich vermitteln und erfahrbar machen.

Neben Metaphern sind *bildliche Darstellungen* eine zweite Art der Repräsentation sozialer Ungleichheit, die sich in wissenschaftlichen Publikationen und Lehrbüchern findet (Barlösius 2005). Balken- und Tortendiagramme, Punktwolken und Netzwerke, aber auch ethnografische Fotos und Videos machen soziale Ungleichheit zum einen visuell zugänglich, und zwar in der Regel unmittelbarer, als dies bei geschriebenem Text der Fall ist. Zum anderen verfügen viele bildliche Darstellungen auch über eine große Suggestivkraft, weil sie Nähe und Distanz, links und rechts, oben und unten oder Zu- und Abnahme mit einer geradezu trügerischen Selbstevidenz abbilden. Es ist nicht zuletzt diese Evidenz, die bildliche Repräsentationen sozialer Ungleichheit zu einem beliebten Vehikel werden lassen, mit denen wissenschaftliche Inhalte einem breiteren Publikum vermittelt werden. Geradezu klassische bildliche Formate, die das illustrieren, sind die Bevölkerungspyramide oder der Bildungstrichter (Stifterverband für die Deutsche Wissenschaft 2021), der die Bildungsbeteiligung von Personen über verschiedene Bildungsstufen von der Grundschule bis zur Promotion in Abhängigkeit ihrer sozialen Herkunft vermittelt. Dass die Überzeugungskraft bildlicher Repräsentationen bereits früh erkannt wurde, zeigen die erst vor Kurzem breiter rezipierten Datenvisualisierungen von William Edward Burghardt Du Bois (Battle-Baptiste und Rusert 2018) oder die so genannte Bolte-Zwiebel als Schichtenmodell der frühen Bundesrepublik (Bolte 1967).

Drittens wird soziale Ungleichheit über *theoretische Begriffe, Modelle und Konzepte* repräsentiert, die in der Forschung entwickelt und in Hochschulen vermittelt werden (Barlösius 2005). Wie der Blick auf soziale Ungleichheit hier geformt wird, hat bereits das vorhergehende Kapitel verdeutlicht – auch die eingangs formulierte Definition sozialer Ungleichheit ist in dieser Hinsicht nicht unschuldig. Die Rolle, die Begrifflichkeiten für die Vorstellung sozialer Ungleichheit spielen, illustrieren auch klassische Konzepte: Mit dem auf Karl Marx (1869) zurückgehenden Klassenbegriff wird ein Bild sozialer Ungleichheit vermittelt, in dem sich gesellschaftliche Gruppierungen stark voneinander abgrenzen und in einem antagonistischen Verhältnis zueinander stehen. Begrifflich entschärft wurde diese Repräsentation gesellschaftlicher Ungleichheitsverhältnisse durch Helmut Schelskys (1953) Konzept der nivellierten Mittelstandsgesellschaft. Im Zuge des Wirtschaftswunders habe die bundesrepublikanische Nachkriegsgesellschaft die Spannungen zwischen Ober- und Unterschicht überwunden und es sei zu einer Vereinheitlichung der Lebenslagen hin zur Mitte gekommen. Dass konzeptuell-begriffliche Deutungsangebote der (Ungleichheits-)Forschung nicht immer umfassender, gesellschaftstheoretischer Natur sein müssen, zeigt ein weiteres Beispiel: In seiner Studie zum Konzept der *underclass* rekonstruiert Loïc Wacquant (2022), wie aus den in den 1970er Jahren stattfindenden sozialwissenschaftlichen und politischen Debatten über *race* und Armut in den Metropolen der USA der Begriff der *Unterklasse* entstanden ist. Dieser Begriff soll die destruktive Devianz beschreiben, mit der arme Schwarze für den Verfall amerikanischer Großstädte verantwortlich gemacht wurden. Wacquants Studie unterstreicht, dass Repräsentationen sozialer Ungleichheit nicht in einer weitgehend autonomen Wissenschaft entworfen werden und dann in einer davon unabhängigen gesellschaftlichen Sphäre ein Eigenleben entwickeln. Vielmehr handelt es sich bei Begriffen wie *underclass* um Ko-Produktionen, die von der Wissenschaft als empirische Tatsache ins Leben gerufen, von medialen Diskursen verbreitet, durch die Forschungsfinanzierung philanthropischer Stiftungen forciert, durch Anhörungen des Kongresses ratifiziert werden – um dann, als politisch wichtiges Thema, wieder von der Forschung aufgegriffen zu werden.

Einen zentralen Stellenwert für die Repräsentation sozialer Ungleichheit nehmen viertens wissenschaftliche *Methoden* ein. In der empirischen Sozialforschung hat sich weitgehend die Einsicht durchgesetzt, dass Methoden keine unschuldigen Instrumente sind, mit denen Phänomene wie soziale Ungleichheit nur entdeckt und abgebildet werden. Das verdeutlichen entsprechende Reflexionen für ganz unterschiedliche methodische Zugänge (Schmitz und Hamann 2022): So ist für qualitative Interviews und Ethnografien die Frage aufgeworfen worden, inwiefern das dort geltende methodologische Prinzip der Offenheit bei den Beforschten narrative Kompetenzen voraussetzt, wodurch Personen ohne die dafür notwendigen kulturellen Ressourcen beschämt und überfordert werden. Das hat Konsequenzen dafür, welche gesellschaftlichen Gruppen von der qualitativen Forschung auf welche Art und Weise sichtbar gemacht werden (Schiek 2017). Methoden der standardisierten Sozialforschung sind wiederum an der Repräsentation sozialer Ungleichheit beteiligt (Igo 2008), wenn groß angelegte Umfragen vermitteln, entlang welcher Merkmale sich eine Population in Gruppen einteilt (z.B. ist viel über die Geschlechterverteilung und wenig über die soziale Herkunft der Professor*innenschaft bekannt), was als Durchschnitt zu gelten hat (z.B. mit Blick auf die Wochenarbeitszeit wissenschaftlicher Mitarbeiter*innen) und zu welchen Themen es statistische Repräsentationen einer ‚öffentlichen Meinung' gibt (z.B. zu Einschränkungen von Wissenschaftsfreiheit, aber nicht zu Diskriminierungen aufgrund von sozialer Herkunft).

Diskussion und Fazit

Wissenschaft und Hochschulen sind in zwei Hinsichten mit Fragen der sozialen Ungleichheit verschränkt: Zum einen wird soziale Ungleichheit in Wissenschaft und Hochschulen entlang diverser Determinanten, durch verschiedene Mechanismen und auf unterschiedlichen Dimensionen (re-)produziert. Zum anderen sind Wissenschaft und Hochschulen wesentlich an der (Re-)Präsentation sozialer Ungleichheit beteiligt, weil sie Orte sind, an denen Wissen über Ungleichheiten produziert und vermittelt wird. Offen ist die Frage, in welchem Verhältnis die (Re-)Produktion und die (Re-)Präsentation sozialer Ungleichheit in und durch Wissenschaft und Hochschulen stehen, wie sich also sozialstrukturelle Gegebenheiten und ihre Darstellung und Vermittlung zueinander verhalten. Diese erkenntnistheoretische Frage kann hier nicht abschließend beantwortet werden. Es lassen sich aber zumindest zwei gedankliche Stoßrichtungen unterscheiden.

Eine erste Stoßrichtung stellt die Frage, wie eng soziale Ungleichheit und ihre Repräsentationen miteinander verwoben sind. Angesichts der bisherigen Ausführungen ist sowohl die völlige Entkopplung (im Sinne eines radikalen Konstruktivismus) wie auch die exakte Übereinstimmung (im Sinne eines radikalen Realismus) unwahrscheinlich. Konkret heißt das zum Beispiel: Als grafische Repräsentation sozialer Ungleichheit führt der Bildungstrichter kein von den empirischen Gegebenheiten unabhängiges Eigenleben; er liefert aber auch kein exaktes und umfassendes Abbild herkunftsspezifischer Bildungsungleichheit. Es kann vielmehr davon ausgegangen werden, dass sozialstrukturelle Gegebenheiten relativ unabhängig davon sind, wie sie methodisch erforscht, visuell dargestellt oder didaktisch vermittelt werden, und dass andersherum Metaphern, grafische Darstellungen oder Konzepte einen relativen Eigensinn haben gegenüber den von ihnen repräsentierten empirischen Verhältnissen sozialer Ungleichheit. Für das hypothetische Beispiel bedeutet das, dass der Bildungstrichter bestimmte Relevanzen setzt. Er unterscheidet etwa Akademikerkinder von Nichtakademikerkindern – besonders Letztere stellen eine sehr heterogene Gruppe dar – oder geht von spezifischen Operationalisierungen sozialer Herkunft aus, wenn er auf den Bildungshintergrund, aber auf nicht das Einkommen oder Vermögen der Eltern abstellt.

In einer zweiten gedanklichen Stoßrichtung kann das Verhältnis von (Re-)Produktion und (Re-)Präsentation sozialer Ungleichheit hinsichtlich seiner Qualität betrachtet werden. Denkbar ist zum Beispiel, dass sich Repräsentationen sozialer Ungleichheit den empirischen Phänomenen, die sie abbilden sollen, methodisch geleitet immer weiter annähern. Davon ist auszugehen, wenn man Methoden – oder die Visualisierung von Forschungsergebnissen – als Instrumente versteht, die von der wissenschaftlichen Gemeinschaft im Modus der rationalen Kritik immer weiter entwickelt und verbessert werden. Eine andere Art des Verhältnisses von sozialer Ungleichheit und ihrer Repräsentation beschreibt das der Verschleierung. Dieser ideologiekritischen Perspektive folgend lenken wissenschaftliche Konzepte und Metaphern den Blick auf bestimmte Aspekte, lassen aber andere Sachverhalte im Dunkeln. Mit Blick auf das oben genannte Beispiel hieße das, dass der Fokus des Bildungstrichters auf den Bildungshintergrund der Eltern von den dahinterstehenden ökonomischen Verhältnissen als eigentlicher Ursache von Bildungsungleichheiten ablenkt. Drittens ist vorstellbar, dass soziale Ungleichheit durch die Art und Weise, wie sie von Wissenschaft und Hochschulen repräsentiert wird, plausibilisiert und legitimiert wird. Für das hypothetische Beispiel des Bildungstrichters könnte ein entsprechendes Argument so aussehen, dass soziale Ungleichheit durch diese Art der Repräsentation ganz grundsätzlich zu einer Frage individueller Bildungsbeteiligungsquoten – und nicht etwa struktureller Umverteilungen – gemacht wird.

Der zentrale analytische Stellenwert beider gedanklichen Stoßrichtungen liegt auf der Hand. Für die Zukunft ist der soziologischen Wissenschafts- und Hochschulforschung daher zu wünschen, dass Fragen der (Re-)Präsentation sozialer Ungleichheit sowohl für sich genommen als auch in ihrem Verhältnis zu Fragen der (Re-)Produktion sozialer Ungleichheit empirisch umfassender erforscht werden.

Weiterführende Lektüre

Barlösius, E., 2005: Die Macht der Repräsentation. Common Sense über soziale Ungleichheiten. Wiesbaden: VS Verlag.

Boudon, R., 1974: Education, Opportunity and Social Inequality. Changing Prospects in Western Society. New York: Wiley.

Bourdieu, P., 1992: Homo academicus. Frankfurt/M.: Suhrkamp.

Merton, R.K., 1968: The Matthew Effect in Science. Science 159: 56–63.

Reuter, J. und Villa, P.I. (Hrsg.), 2010: Postkoloniale Soziologie. Empirische Befunde, theoretische Anschlüsse, politische Intervention. Bielefeld: transcript

Literatur

Angermuller, J. und J. Hamann, 2019: The celebrity logics of the academic field. The unequal distribution of citation visibility of Applied Linguistics professors in Germany, France, and the United Kingdom. Zeitschrift für Diskursforschung 1: 77–93.

Barlösius, E., 2005: Die Macht der Repräsentation. Common Sense über soziale Ungleichheiten. Wiesbaden: VS Verlag.

Battle-Baptiste, W. und B. Rusert, 2018: W. E. B. Du Bois's Data Portraits: Visualizing Black America. Hudson: Princeton Architectural Press.

Beaufaÿs, S., 2003: Wie werden Wissenschaftler gemacht? Beobachtungen zur wechselseitigen Konstitution von Geschlecht und Wissenschaft. Bielefeld: transcript.

Boatcă, M. und S. Costa, 2010: Postkoloniale Soziologie: ein Programm. S. 69–90 in: J. Reuter und P.I. Villa (Hrsg.), Postkoloniale Soziologie: Empirische Befunde, theoretische Anschlüsse, politische Intervention. Bielefeld: transcipt.

Bol, T., M. de Vaan und A. van de Rijt, 2018: The Matthew effect in science funding. Proceedings of the National Academy of Sciences 115: 4887–4890.

Bolte, K.-M., 1967: Deutsche Gesellschaft im Wandel. Opladen: Leske + Budrich.

Boudon, R., 1974: Education, Opportunity and Social Inequality. Changing Prospects in Western Society. New York: Wiley.

Bourdieu, P., 1987: Die feinen Unterschiede. Kritik der gesellschaftlichen Urteilskraft. Frankfurt/M.: Suhrkamp.

Bourdieu, P., 1992: Homo academicus. Frankfurt/M.: Suhrkamp.

Bourdieu, P. und J.-C. Passeron, 1979: The Inheritors. French Students and their Relation to Culture. Chicago, London: University of Chicago Press.

Cramer, M., 2023: Colonial Scholars and Anti-Colonial Agents: Politics of Academic Knowledge Production Between the West Indies and London in the Mid-20th Century. Sociology Lens 36: 208–222.

Crane, D., 1967: The Gatekeepers of Science: Some Factors Affecting the Selection of Articles for Scientific Journals. The American Sociologist 2: 195–201.

Go, J., 2017: Decolonizing Sociology: Epistemic Inequality and Sociological Thought. Social Problems 64: 194–199.

Grunau, J., 2017: Habitus und Studium. Rekonstruktion und Typisierung studentischer Bildungsorientierungen. Wiesbaden: Springer VS.

Hamann, J., D. Kaldewey, N. Bieletzki, R. Bloch, T. Flink, M. Franzen, A. Graf, M. Hölscher, I. Hülsmann, A. Kosmützky, A.K. Krüger, A. Mayer, F. Meier, R. Müller, S. Priester, M. Reinhart, S. Rödder, C. Schneickert und K. Serrano Velarde, 2018: Aktuelle Herausforderungen der Wissenschafts- und Hochschulforschung. Eine kollektive Standortbestimmung. Soziologie 47: 187–203.

Igo, S., 2008: The Averaged American: Surveys, Citizens, and the Making of a Mass Public. Cambridge: Cambridge University Press.

Lörz, M. und K. Mühleck, 2019: Gender differences in higher education from a life course perspective: transitions and social inequality between enrolment and first post-doc position. Higher Education 77: 381–402.

Mackert, J., 2004: Die Theorie sozialer Schließung. Das analytische Potenzial einer Theorie mittlerer Reichweite. S. 9–24 in: J. Mackert (Hrsg.), Die Theorie sozialer Schließung. Tradition, Analysen, Perspektiven. Wiesbaden: Springer.

Mader, E., 2026: Feministische Wissenschafts- und Objektivitätskritik. S. 505–528 in: A. K. Krüger, J.-F. Schrape, C. Schubert und J. Schubert (Hrsg.), Wissenschafts- und Technikforschung. Sozialwissenschaftliche Einführungen. Berlin: de Gruyter.

Marx, K., 1869: Der achtzehnte Brumaire des Louis Bonaparte. Hamburg: Otto Meißner.

Merton, R.K., 1968: The Matthew Effect in Science. Science 159: 56–63.

Mills, D. und N. Robinson, 2021: Democratising Monograph Publishing or Preying on Researchers? Scholarly Recognition and Global 'Credibility Economies'. Science as Culture 31: 187–211.

Münch, R., 2007: Die akademische Elite. Zur sozialen Konstruktion wissenschaftlicher Exzellenz. Frankfurt/M.: Suhrkamp.

Patel, S., 2018: Sociology through the „South" prism. S. 31–47 in: E. Fiddian-Qasmiyeh und P. Daley (Hrsg.), Routledge Handbook of South-South Relations. London: Routledge.

Rajkó, A., C. Herendy, M. Goyanes und M. Demeter, 2025: The Matilda Effect in Communication Research: The Effects of Gender and Geography on Usage and Citations Across 11 Countries. Communication Research 52: 209–232.

Raub, W. und T. Voss, 1990: Individual interests and moral institutions: an endogenous approach to the modification of preferences. S. 81–118 in: M. Hechter, K.-D. Opp und R. Wippler (Hrsg.), Social institutions: their emergence, maintenance, and effects. New York: Aldine.

Reuter, J. und P.I. Villa, 2010: Provincializing Soziologie. Postkoloniale Theorie als Herausforderung. S. 11–46 in: J. Reuter und P.I. Villa (Hrsg.), Postkoloniale Soziologie. Empirische Befunde, theoretische Anschlüsse, politische Intervention. Bielefeld: transcript.

Rochat, D. und J.-L. Demeulemeester, 2001: Rational choice under unequal constraints: the example of Belgian higher education. Economics of Education Review 20: 15–26.

Rossiter, M.W., 1993: The Matthew Matilda Effect in Science. Social Studies of Science 23: 325–341.

Schelsky, H., 1953: Wandlungen der deutschen Familie in der Gegenwart. Darstellung und Deutung einer empirisch-soziologischen Tatbestandsaufnahme. Dortmund: Ardey.

Schiek, D., 2017: Qualitative Verfahren und die Untersuchung sozialer Benachteiligung. S. 35–58 in: L. Behrmann, F. Eckert, A. Gefken und P.A. Berger (Hrsg.), Doing Inequality. Prozesse sozialer Ungleichheit im Blick qualitativer Sozialforschung. Wiesbaden: Springer.

Schmitz, A. und J. Hamann, 2022: The Power/Method-Nexus in Sociological Research. The American Sociologist 53: 415–436.

Schmitz, A., C. Schmidt-Wellenburg, D. Witte und M. Keil, 2019: In welcher Gesellschaft forschen wir eigentlich? Struktur und Dynamik des Feldes der deutschen Soziologie. Zeitschrift für theoretische Soziologie 2019: 245–276.

Solga, H., P.A. Berger und J. Powell, 2009: Soziale Ungleichheit – Kein Schnee von gestern! Eine Einführung. S. 11–45 in: H. Solga, P.A. Berger und J. Powell (Hrsg.), Soziale Ungleichheit. Klassische Texte zur Sozialstrukturanalyse. Frankfurt/M.: Campus.

Stifterverband für die Deutsche Wissenschaft, 2021: Vom Arbeiterkind zum Doktor. Der Hürdenlauf auf dem Bildungsweg der Erststudierenden. Essen: Stifterverband.

van den Brink, M. und Y. Benschop, 2014: Gender in Academic Networking: The Role of Gatekeepers in Professorial Recruitment. Journal of Management Studies 51: 460–492.

Vessuri, H., J.-C. Guédon und A.M. Cetto, 2014: Excellence or quality? Impact of the current competition regime on science and scientific publishing in Latin America and its implications for development. Current Sociology 62: 647–665.

Wacquant, L.D., 2022: The Invention of the „Underclass". A Study in the Politics of Knowledge. Cambridge: Polity Press.

Warczok, T. und S. Beyer, 2021: The logic of knowledge production: Power structures and symbolic divisions in the elite field of American sociology. Poetics 87: 101531.

Zuckerman, H., 2011: The Matthew Effect Writ Large and Larger: A Study in Sociological Semantics. S. 121–164 in: Y. Elkana, A. Szigeti und G. Lissauer (Hrsg.), Concepts and the Social Order: Robert K. Merton and the Future of Sociology. New York: Central European University Press.

Oliver Berli, Daniel Meyer und Julia Reuter

11 Ethnografie der Hochschule

Einleitung

Die Ethnografie der Hochschule als Forschungsprogramm begreift Hochschulen als Feld, das ‚fremde' Mikrokosmen beherbergt, in denen eigene Spielregeln in Form sozialer wie kultureller Logiken herrschen. In methodischer Hinsicht wird das Leben an Hochschulen eher kleinteilig und ‚von unten' beforscht, um der praktischen Vielgestaltigkeit, Kontingenz und Implizitheit dieser Logiken Rechnung zu tragen. Auf diese Weise wird Hochschule als etwas sichtbar, das sich im Zusammenspiel unterschiedlicher Akteursgruppen, Settings, Artefakte und Infrastrukturen in der sozialen Praxis vollzieht. Damit erweitert die Hochschulethnografie die auf statistische Analysen und Kennzahlen setzende quantitative Hochschulforschung um neue Einblicke und Erkenntnisse.

Strenggenommen gibt es nicht die eine Ethnografie der Hochschule im Sinne eines institutionalisierten, kanonisierten Forschungsfeldes, sondern eher eine Vielzahl an ethnografischen Forschungen zu Wissenschaft und Hochschule, die unterschiedliche Startpunkte aufweisen. Dies sind neben Arbeiten aus der Hochschulsozialisations- und Fachkulturforschung (siehe auch Kastenhofer 2026 in diesem Band) auch wissenschaftssoziologische Laborstudien (siehe auch Voß 2026 in diesem Band) und organisationssoziologische Forschungsarbeiten zu Hochschulen (siehe auch Bloch 2026 in diesem Band). Häufig sind die Studien, auf die wir im Folgenden eingehen, nicht dezidiert als Hochschulforschung ausgeflaggt. Aber sie stellen in vielerlei Hinsicht wichtige Wegbereiter und Impulsgeber einer ethnografischen Hochschulforschung dar. Dieses Forschungsprogramm skizzieren wir anhand ausgewählter Pionierstudien, ihren jeweiligen Forschungsfragen, methodischen Zugängen und analytischen Perspektiven. Zugleich sensibilisieren wir für die besonderen Herausforderungen einer Ethnografie der Hochschule, die sich für Forschende aufgrund ihrer jeweiligen Feldposition, des gewählten Gegenstandes oder der eingesetzten Methode ergeben.

Ethnografie als Methode der Beschreibung der eigenen Kultur

Die Ethnografie gilt klassischerweise als eine Forschungsmethode, die den Blick auf soziale und kulturelle Welten lenkt, die als ‚fremd' gelten. Dieses spezifische

https://doi.org/10.1515/9783112245897-014

Verständnis von Ethnografie hängt eng mit ihren historischen Wurzeln in der ethnologischen Kulturanalyse zusammen (zur Geschichte der Ethnologie siehe Petermann 2004). Zur Vorgeschichte dieser Entwicklung gehören koloniale Entdeckungs- und Eroberungsreisen, an denen Personen unterschiedlicher Professionen – nicht nur der Wissenschaft – teilnahmen. Im Übergang vom 19. zum 20. Jahrhundert entwickelte sich die Ethnologie jedoch allmählich zu einer akademischen Disziplin, die nicht mehr primär auf Reiseberichte und andere Quellen aus entfernten Ländern zurückgriff, sondern von ihren Vertreter*innen zunehmend eigene Feldforschung vor Ort einforderte. Mit dieser Wende hin zur Feldforschung wurden Ethnograf*innen zu Übersetzer*innen indigener Stimmen und Autor*innen fremder Kulturen. Als fremd wurden dabei zuvorderst außereuropäische Gesellschaften angesehen, die in unterschiedlicher Intensität untersucht wurden. Die erkenntnistheoretischen wie forschungspraktischen Probleme und Herausforderungen dieser ethnologischen Praxis wurden in der Folge intensiv diskutiert (vgl. Clifford und Marcus 1986). Diese Debatte führte jedoch weniger zu einer dauerhaften Abwertung der Ethnologie – und mit ihr der ethnografischen Methode –, als vielmehr zu ihrer produktiven Neuerfindung.

Neben dieser ethnologischen Traditionslinie konnte sich ethnografische Forschung auch in der Soziologie etablieren. Zwar betrachtete die Gründungsgeneration der Soziologie ethnologische Literatur zunächst vor allem als Inspirationsquelle für die eigene Theoriearbeit, doch entstanden bereits Anfang des 20. Jahrhunderts erste genuin soziologische Ethnografien.[1] Diese zeichneten sich dadurch aus, dass sie Phänomene in der *eigenen* Kultur mittels ethnografischer Methoden untersuchten. Prominent ist etwa die Beschreibung von sozialen Milieus, Einwanderungsgruppen oder städtischen Vierteln in der Stadtforschung der *Chicago School of Sociology* (vgl. Lindner 2007; Berli und König 2015). Schon damals galt das Prinzip der Feldforschung und mit ihr die teilnehmende Beobachtung und Perspektivenübernahme als zentraler Bestandteil jeder Gemeindestudie, auch wenn das Aufsuchen und Umschauen in den Lebenswelten der Anderen in methodischer Hinsicht noch wenig ausbuchstabiert war. Dahinter steckte die Prämisse, dass sich Forschende dem Gegenstand in seiner lokalen Situiertheit und in seinen situativen Relevanzen auszusetzen haben (vgl. Breidenstein et al. 2020: 41ff.). Zudem beinhaltete die ethnografische Feldforschung nicht nur Beobachtungsdaten, sondern integrierte auch Zensus-, Interview- und Textdaten – je nachdem, wie sich das Feld

---

1 Unter den soziologischen Gründungsvätern sei in diesem Zusammenhang auf Émile Durkheim verwiesen, der zur Veranschaulichung seiner Theoretisierung verschiedener Gesellschaftsformen extensiv auf ethnologische Literatur zurückgriff (vgl. Bogusz und Delitz 2013).

präsentierte und welche Form von Daten gerade verfügbar waren. Ein Umstand, der in der Literatur mit dem Begriff des „feldspezifischen Opportunismus“ (ebd.: 39) beschrieben wird.

Seit diesen Anfängen im Umfeld der *Chicago School* hat sich die soziologische Ethnografie vielfach weiterentwickelt und ausdifferenziert. So beschränkt sich die gegenwärtige ethnografische Forschung nicht nur auf die Erkundung urbaner Phänomene, sondern kommt in nahezu allen Teilbereichen der Disziplin zur Anwendung (z.B. Bildung, Medizin, Religion). Der Nutzen einer ethnografischen Sozialforschung im Sinne einer Ethnologie der eigenen Gesellschaft liegt auf der Hand: die Komplexität spätmoderner Gesellschaften mit all ihren eigensinnigen, symbolisch mehr oder weniger deutlich voneinander abgegrenzten kulturellen Sinnwelten, Praktiken und Riten verstehend nachzuvollziehen.

Eine der wesentlichen Grundannahmen, die in der späteren soziologischen Indienstnahme ethnografischer Methoden zum Ausdruck kommt, lautet, dass es Fremdheit mitten im modernen Alltag und damit mitten im scheinbar Bekannten und Vertrauten zu entdecken gibt. Eine Ethnografie der eigenen Kultur ist damit zuallererst auch eine „Befremdung der eigenen Kultur“ (Amann und Hirschauer 1997). Mit dieser „ethnologischen Leitidee des Entdeckens“ (Breidenstein et al. 2020: 29) ließen sich fortan sämtliche Gemeinschaften und Felder zu potenziellen ethnografischen Gegenständen erklären. Gleichzeitig wurde damit bereits eine zentrale Herausforderung der soziologischen Ethnografie benannt, nämlich ein künstlicher Bruch mit eigenen Vorannahmen und vertrauten Weltsichten bzw. ihrer systematischen Reflexion im Forschungsprozess. Die besondere Konstellation des Verhältnisses von Vertrautheit und Fremdheit in der soziologischen Variante ethnografischer Forschung wird stellenweise auch unter dem Stichwort von Nähe und Distanz verhandelt. Letztere Begriffe bezeichnen jedoch nicht nur die besondere Einstellung von Ethnograf*innen gegenüber dem Forschungsgegenstand – so zu tun, als sei er fremd – und ihrer sozialen Positioniertheit als Teilnehmende *und* Beobachtende, sondern auch eine analytische Strategie. Denn das beherzte Eintauchen, Integrieren und Engagieren im Feld bedarf einer ebenso entschlossenen Begrenzung, um die notwendige intellektuelle Distanz zur unmittelbaren Erfahrung des *going native* zu gewährleisten.

Ethnografie in und zu Hochschulen

Trotz der soziologischen Aufmerksamkeit für kulturelle Sinnwelten in der eigenen Gesellschaft im Allgemeinen und ethnografischer Arbeiten zu Milieus, Szenen und Subkulturen im Besonderen blieben ethnografische Methoden in der deutschsprachigen Hochschulforschung lange Zeit ein vernachlässigtes Erkenntniswerkzeug. Dies mag mit ihrer vergleichsweise späten Institutionalisierung im Rahmen der Bildungsexpansion der 1960er und 1970er Jahre, ihrer engen Kopplung an politische Problemdefinitionen und ihrer starken Anwendungsorientierung zusammenhängen (vgl. Hamann 2022: 39). Entsprechend war sie an Fragen der Eigengesetzlichkeit ‚kleiner' kultureller Welten und ihrer theoretischen wie methodischen Erforschung wenig interessiert; nicht zuletzt, weil sich diese nur schwerlich auf vorab definierte gesellschaftliche Problembezüge anwenden ließen (ebd.: 45). Stattdessen spielten von Anfang an außerwissenschaftliche politische wie wirtschaftliche Erwägungen eine große Rolle. Hochschulen wurden vor allem unter der Prämisse von Reform, Wirtschaftlichkeit, Kapazität, Quoten oder Innovation betrachtet. Damit einhergehend wurde Hochschulforschung zuvorderst als umfragebasierte Großforschung im Rahmen einer bildungspolitischen Berichterstattung, Evaluations- und Transferforschung gedacht. Dies hatte auch forschungsökonomische Vorteile, denn im Gegensatz zu zeitaufwendigen Ethnografien verhießen standardisierte Befragungen ein zeitlich planbareres Vorgehen.

Darüber hinaus haftete der Ethnografie in der Hochschulforschung von Anfang an die Vorstellung einer *insider research* an, also einer Forschung, die durch die tendenzielle Nähe und besondere Vertrautheit der Ethnograf*in mit ihrem Feld bzw. Forschungsgegenstand und dem damit verbundenen Eigeninteresse gekennzeichnet sei (vgl. Schweitzer 2022), gleichwohl sich diese Fragen für andere Hochschulforscher*innen und methodische Zugänge ebenso stellen sollten. Nichtsdestotrotz besitzt das implizite Wissen der Forscher*innen in einer Forschung, die sich im Wesentlichen um soziale Praktiken und Wissensbestände im Feld der Hochschule dreht, eine andere Relevanz und Notwendigkeit, das unmittelbare Verstehen selbstkritisch zu reflektieren (vgl. Hamann 2022: 42).

Die Vorbemerkung zum Desiderat und zur Problematik ethnografischer Hochschulforschung darf jedoch nicht darüber hinwegtäuschen, dass es ethnografische Studien hochschulischer und wissenschaftlicher Praktiken sowie kultureller Welten auf dem Campus bereits lange gibt, auch wenn sie noch nicht unter dem Label einer „ethnografischen Hochschulforschung" firmierten (vgl. Berli et al. 2022: 28; Meyer et al. 2022; international siehe z.B. Pabian 2014; Wieser und Pilch Ortega 2020). Diese Ethnografien unterscheiden sich zwar aufgrund ihrer Beheimatung in der Hochschulsozialisations-, Fachkultur- und Wissenschaftsforschung sowohl im Hinblick auf ihre Fragestellungen und ihren Gegenstand als auch im Hinblick auf ihr Verständnis und ihre Indienstnahme ethnografischer Methoden. Wir nutzen hier jedoch die Bezeichnung *Ethnografie der Hochschule* als Sammelbegriff, um deutlich zu machen, welches Spektrum des wissenschaftlichen Arbeitens und hochschulischen Alltags auf diese Weise beobachtbar gemacht und untersucht werden kann. Im Folgenden werden wir drei zentrale Forschungslinien einer so verstandenen Ethnografie der Hochschule anhand exemplarischer Studien vorstellen: (1.) Arbeiten aus der Studierenden- und Hochschulsozialisationsforschung, (2.) die wissenschaftssoziologische Forschungstradition der Laborstudien und der Erforschung der Produktion wissenschaftlichen Wissens sowie (3.) Studien zur Praxis der wissenschaftlichen und nicht-wissenschaftlichen Beschäftigten im Berufsfeld Hochschule.

Studentische Kultur und Campusleben

Die Studierenden- und Hochschulsozialisationsforschung nimmt Hochschulen vorrangig als Orte der Identitätsbildung in den Blick und beleuchtet das Innenleben der Hochschule aus der Perspektive der Studierenden. Dabei werden Hochschulen nicht nur als Ausbildungsstätten betrachtet, sondern auch als Lebensräume, in denen junge Erwachsene unter Einfluss spezifischer Studien-, Fach- und Organisationskulturen ihre eigene Identität entwickeln.

Bereits in den 1950er Jahren führten Howard Becker, Blanche Geer, Everett Hughes und Anselm Strauss mit *Boys in White* (1961) eine der ersten ethnografischen Studien über Medizinstudierende durch. Indem sie Studierende an der Medical School der University of Kansas über einen längeren Zeitraum in ihrer Ausbildung und ihren Tagesablauf verfolgten, konnten sie zeigen, wie angehende Mediziner*innen in einer doppelten Organisation aus Hochschule und Krankenhaus sozialisiert werden und allmählich in die ärztliche Profession hineinwachsen. Diese Studie legte den Grundstein für weitere ethnografische Arbeiten über Professionalisierungsprozesse, allen voran im Lehramtsstudium (zuletzt z.B. Leonhard 2025). Auffällig ist dabei die Erkenntnis, dass der Übergang zwischen Studium und Beruf häufig fließend ist. Praktika, Famulaturen oder Referendariate stellen Schlüsselmomente der beruflichen Sozialisation dar und werden im Sinne eines *follow the students* auch in der Hochschulethnografie mitberücksichtigt (vgl. Pille 2013; Freis 2021).

Neben derartigen Professionalisierungsprozessen werden im Feld der Studierenden- und Hochschulsozialisationsforschung häufig auch spezifische Fach- und Lernkulturen untersucht. In *The Language of Law School* (2007) zeigt Elizabeth Mertz, wie Studierende durch den Erwerb der juristischen Fachsprache in die Welt der Rechtswissenschaft eingeführt werden. Als empirisches Anschauungsmaterial dienen ihr Unterrichtsdiskussionen zwischen Lehrenden und Studierenden, die sie an acht unterschiedlichen Universitäten aufgezeichnet und auf ihre sprachliche Dynamik hin untersucht hatte. Demnach drehe sich ein Großteil der Seminarinteraktion darum, mitgebrachte Sprachgewohnheiten abzugewöhnen und durch juristisches Denken, Argumentieren und Sprechen zu ersetzen. Ein anderes Beispiel ist die Studie von Jan Nespor (1994), welche die Lernkulturen in der Physik und im Management untersucht und zu dem Ergebnis kommt, dass sich beide Fächer in ihren räumlichen und zeitlichen Strukturen unterscheiden. Während Physikstudierende mit zunehmendem Wissen immer tiefer in ihr Fach eintauchen und sich damit immer auch ein Stück weit von der Welt absondern, ist die Erfahrung von BWL-Studierenden genau umgekehrt, insofern diese aktiv dazu aufgefordert werden, in Kontakt mit der Wirtschafts- und Unternehmenswelt zu treten. Dass Lern- und Studienkulturen immer auch durch lokale, nationale und digitale Kontexte geprägt sind, verdeutlichen die Fallstudien von Judith Ricken (2011) und Tanya Tyagunova (2017; 2022) im Vergleich zwischen deutschen, schwedischen und belarussischen Hochschulen. Anhand so unterschiedlicher Praktiken wie dem Lernen mit Altklausuren, dem Stellen von Fragen oder dem vorzeitigen Verlassen des Seminarraums werden darin länderspezifische Lernkulturen und studentische Interaktionsmuster sichtbar.

In der amerikanischen Hochschulforschung stand schon früh fest, dass zur Hochschulkultur auch ein aktives Campus- und Vereinsleben gehört, das für die Prägung von Studierenden mitunter bedeutsamer ist als der offizielle Lehr- und Forschungsbetrieb (vgl. Waller 1937; Becker et al. 1968). Jenseits curricularer Verpflichtungen eröffnet sich für Studierende auf dem Hochschulcampus ein kreativer und sozialer Raum, ein Ort der Ermöglichung und des Erwachsenwerdens; hier können sie Freundschaften knüpfen, intime Beziehungen eingehen, berauschte Nächte erleben oder sich in einer der unzähligen Studierendeninitiativen engagieren. Zugleich manifestieren sich auch im Campusleben soziale, ethnische und geschlechtliche Ungleichheiten. In ihrer Langzeitethnografie *Paying for the Party* (2013) zeigen Elizabeth Armstrong und Laura Hamilton am Beispiel amerikanischer Sororities, wie das teure Partyleben und die damit verbundenen Netzwerke privilegierte Studierende systematisch begünstigen und dadurch bestehende Klassenunterschiede weiter verstärken. Die Studie basiert auf einer Kohorte von 53 Studentinnen, die über fünf Jahre lang von den beiden Autorinnen in ihrem Alltag – vom gemeinsamen Lernen übers Fernsehschauen und Pizzaessen bis zum Zurechtmachen für Partys – begleitet wurden (ebd.: 5f.).

Im Vergleich zu den Vereinigten Staaten gibt es in Deutschland deutlich weniger ethnografische Studien über das Campusleben. Dies könnte an den kulturellen Unterschieden zwischen den beiden Hochschulsystemen liegen. Während amerikanische Colleges mit ihrem Campussystem als Inbegriff einer geschlossenen Lebenswelt betrachtet werden können, sind deutsche Universitäten stärker in städtische Wohnungsmärkte, Freizeitgelegenheiten und Infrastrukturen eingebunden. Dennoch lassen sich auch für den deutschsprachigen Raum Ethnografien identifizieren, die sich der gesamten Studien- und Campuserfahrung widmen. Beispielsweise gibt es deutschsprachige Ethnografien zu Riten der hochschulischen

Initiation und Studienkultur in Marburg (Friebertshäuser 1992), Raumnutzungsmustern von Studierenden in Karlsruhe (Gothe und Pfadenhauer 2010), beruflichen Sozialisationsprozessen von BWL-Studierenden in einer Kölner Hochschulgruppe (Meyer 2022) sowie zu diversen weiteren Einzelaspekten des universitären Lebens wie sie in einem Lehrforschungsprojekt in Frankfurt am Main zutage befördert wurden – von der Bibliothek als Ort des Forschens und Lernens über Studienzweifel und Studienabbrüche bis hin zu studentischen Wohnformen (Richter und Friebertshäuser 2019).

Produktion wissenschaftlichen Wissens

Eine weitere wichtige Inspirationsquelle für eine Ethnografie der Hochschule stellt die ethnografische Forschung zur Produktion wissenschaftlichen Wissens dar. Als Teil der Science and Technology Studies entstehen Ende der 1970er Jahre eine ganze Reihe von Untersuchungen, denen heute Klassikerstatus zugesprochen wird. Diese stilbildenden Laborethnografien (Latour und Woolgar 1986; Knorr Cetina 1984; Lynch 1985; Traweek 1988; siehe auch Kastenhofer 2026 und Voß 2026, beide in diesem Band), die durch ihren kritischen Impetus und ihre kulturtheoretisch informierte Perspektive bis heute eine Differenz zur quantitativ ausgerichteten Hochschulforschung markieren, zeichnen sich durch drei Aspekte aus: Erstens setzen sie weniger auf die Erklärungskraft etablierter Konzepte, sondern stellen diese infrage und entwickeln alternative Konzepte zur Beschreibung wissenschaftlicher Praktiken. Laborethnografien betrachten theoretische Ansätze und Konzepte wie Natur und Kultur, Wissenschaft und Technologie nicht als Voraussetzung, sondern als Teil der zu untersuchenden Wirklichkeit. Dies geschieht, zweitens, mit den Mitteln der Ethnografie und der qualitativen Sozialforschung. Diese methodische Ausrichtung erlaubt es, der alltäglichen Erkenntnisproduktion in naturwissenschaftlichen und technischen Laboren nahezukommen. Drittens verabschieden sie damit die Vorstellung, dass der naturwissenschaftlichen und insbesondere der mathematischen Erkenntnisproduktion ein epistemischer Sonderstatus zuzuweisen ist, da diese frei von sozialen Einflüssen sei. Somit ist die Ausrichtung auf diese Wissenschaften auch von strategischer Bedeutung für die Etablierung der Science and Technology Studies.

Eine zentrale Pionierstudie stellt Bruno Latours und Steve Woolgars *Laboratory Life* (1986) dar, in der es um den Alltag der Wissensproduktion eines Labors am Salk Institute for Biological Studies im kalifornischen La Jolla geht. Woolgar und Latour nehmen einen anthropologisch-distanzierten Blick auf die Praxis der mikrobiologischen Forschung ein und nutzen ethnografische Methoden, um den wissenschaftlichen Alltag zu beschreiben. Sie spielen dabei auch mit den Konventionen des ethnografischen Berichts. So ist das zweite Kapitel nicht zufällig mit *An Anthropologist Visits the Laboratory* betitelt. Die Bedeutung der Studie liegt im Wesentlichen darin, dass die Betonung der alltäglichen Praxis die Frage nach der Geltung wissenschaftlichen Wissens neu stellt. Denn der Alltag, den Latour und Woolgar beschreiben, ist chaotischer als erwartet und folgt selten den Idealisierungen wissenschaftlicher Praxis wie sie in Lehrbüchern und Forschungspublikationen zu finden sind.

Ähnlich wie Latour und Woolgar untersucht Karin Knorr Cetina in *Die Fabrikation von Erkenntnis* (1984) die komplexen Arbeits- und Entscheidungsprozesse in naturwissenschaftlichen Laboren, die Teil eines Forschungsinstituts in Berkeley waren. In ihrer Studie wird deutlich, wie stark die Prozesse im Labor durch Kontingenzen und Kontexte geprägt sind. Die begleiteten Akteure wägen ab, sie improvisieren, sie gehen mit Instrumenten um und übersetzen ihre Ergebnisse in wissenschaftliche Papiere. Die Rolle von Rahmenbedingungen und Kontexten der Forschung im Labor, wie etwa nationale Kooperationen oder Finanzierungsmöglichkeiten der Infrastruktur, rekonstruiert sie dabei konsequent in mikrosoziologischer Manier, etwa indem sie das Selbstdarstellungs- und Kollaborationsverhalten oder die Konsensfindungsprozesse der Forscher*innen in den Blick rückt.

Auch Michael Lynch hat mit *Art and Artifact in Laboratory Science* (1985) eine klassische Laborstudie zu einer besonderen Forschungskultur – der neuro- und elektrophysiologischen Forschung – vorgelegt, die jedoch stärker als die bereits genannten Arbeiten eine ethnomethodologische Perspektive einnimmt. Damit geht der Anspruch einher, die epistemischen Praktiken im Labor in ihren praktischen Vollzügen und ihren technischen Details nachvollziehen zu können. Dieser Anspruch zeigt sich unter anderem in der von ihm gewählten textuellen Darstellungsweise. Methodologische Überlegungen, zahlreiche und detaillierte Datenauszüge und feinteilige Auslegungen dieser Datenauszüge sollen dazu dienen, der Praxis im Labor analytisch gerecht zu werden. Dies ist eine Vorgehensweise, die nicht auf ungeteilte Zustimmung stößt. So wirft Bruno Latour (1986) in einer Besprechung der Studie die Frage auf, ob der ethnomethodologische Anspruch der Beschreibung der lokalen Praxis im Labor die Wissenschaftsforschung – beispielsweise mit Blick auf legitime Daten und deren Deutung – nicht übermäßig einenge (siehe auch Krey 2014).

Die ethnografische Betrachtung naturwissenschaftlicher Forschung ist auch in Sharon Traweeks Studie *Beamtimes and Lifetimes* (1988) Ausgangspunkt ihrer Analyse. Ihr Interesse gilt der Welt der Hochenergiephysik und hier insbesondere der Weltsicht der Protagonist*innen dieser Disziplin, ihrer Gemeinschaft und ihren Räumen sowie ihrer fachlichen Sozialisation. Neben ihren Daten zum Stanford Linear Accelerator Center kann sie auf Daten aus Japan zurückgreifen, um Vergleiche zwischen diesen beiden Kontexten anzustellen. Im Gegensatz zu den bisher erwähnten Studien unterstreicht sie unter anderem die Bedeutung des Geschlechts für die beobachteten sozialen Phänomene. So entwirft sie beispielsweise ein Modell der stufenweisen Sozialisation der (rein männlichen) Physiker, das unter anderem thematisiert, welche Deutungsmuster und Emotionen in dieser Sozialisation kultiviert werden. So lernen die Studierenden die Entdeckungen ihrer Disziplin als Taten großer Forscher kennen, mit denen sie sich nicht vergleichen können (Traweek 1988: 75). Die moralischen Erzählungen, die in dieser Gemeinschaft zirkulieren, sind demnach nicht geschlechtsneutral. Vielmehr sind die in ihnen transportierten Vorstellungen von Erfolg und Scheitern vielfach mit geschlechtsspezifischen Stereotypen verbunden (ebd.: 105).

Stand in dieser Generation vor allem die naturwissenschaftliche und technische Konstruktion von Fakten im Fokus, gibt es in den vergangenen Jahrzehnten auch immer wieder Untersuchungen, die sich den Geistes- und Sozialwissenschaften und ihren Arbeitsweisen und -umgebungen – etwa Archiven und Bibliotheken – zuwenden. Diese Untersuchungen sind in Vorgehen und Anspruch wahrnehmbar durch die genannten Klassiker der Laborethnografie beeinflusst. In diesen Studien werden dann beispielsweise die soziologische Erkenntnisproduktion (Engert 2022), die Praktiken der Textarbeit (Krey 2020), das gemeinsame Interpretieren in Datensitzungen (Berli 2021) oder die Arbeit und das Selbstverständnis des *homo ethnographicus* (Meier zu Verl 2018; Niermann 2021) aufgesucht, beobachtet und analytisch aufgeschlossen. Mehrheitlich ermöglichen diese Untersuchungen somit detaillierte Einblicke in elementare Praktiken geistes- und sozialwissenschaftlicher Arbeit und bespielen damit ein thematisches Feld an der Schnittstelle von Science and Technology Studies und empirisch fundierter Methodologie.

Insgesamt stellen die ethnografischen (Labor-)Studien einen Ansatz dar, Wissenschaften im Plural als Kultur und Praxis zu denken und Wissensproduktion als Prozess beobachtbar zu machen. Zugleich fordern sie dazu auf, die räumlichen, materiellen und zeitlichen Aspekte der Produktion wissenschaftlichen Wissens in den Blick zu nehmen. Damit erschweren sie einerseits eine Reduktion wissenschaftlicher Praxis auf statistisch berechenbare Kennzahlen und soziologische Generalkategorien, ermöglichen andererseits aber Erkenntnisse, die über die idealisierten Darstellungen von Wissenschaft hinausgehen.

Akademische und bürokratische Praxis im Feld der Hochschule

Von Relevanz für eine Ethnografie der Hochschule ist schließlich auch die akademische Praxis der wissenschaftlichen und nicht-wissenschaftlichen Beschäftigten im Berufsfeld Hochschule. Zu denken ist hier nicht nur an die Lehrstühle und Institute mit ihren Professor*innen, Doktorand*innen und Habilitand*innen, sondern auch an die Verwaltungsangestellten, Hochschulmanager*innen und all jene, die häufig nur als Zulieferer oder Gäste wahrgenommen werden, ohne die der Hochschulbetrieb aber nicht aufrechterhalten werden könnte, wie beispielsweise Campus Recruiter oder externe Lehrbeauftragte.

Wie sich das akademische Leben zwischen den unterschiedlichen Statusgruppen, Instituten und Disziplinen abspielt, lässt bereits ein Blick auf die Buchtitel der ersten Ethnografien zu diesem Themenfeld erahnen, allen voran Burton Clarks *The Academic Life. Small Worlds, Different Worlds* (1987), Tony Bechers *Tribes and Territories* (1989) und Pierre Bourdieus *Homo academicus* (1988). Einen besonderen Stellenwert nimmt dabei Bourdieus umfassende Untersuchung des französischen Hochschulsystems ein, das einen nachhaltigen Einfluss auf die deutschsprachige Hochschulethnografie gehabt hat. In einer äußerst umfangreichen Zusammenstellung verschiedener Datensorten zeigt Bourdieu, wie Wissenschaft als ‚Kampffeld' funktioniert, wie Akteure um ihre Positionen und um die Definition legitimer Spielregeln ringen. Auch wenn Bourdieu keine klassische Ethnografie vorlegt, ist sein Blick auf die alltäglichen Anerkennungskämpfe im wissenschaftlichen Feld deutlich von einem ethnografischen Erkenntnisinteresse geprägt. Ihm geht es darum, Verborgenes, Implizites und systematisch Ausgeblendetes in der akademischen Praxis zu entdecken. Ähnlich wie Becher zeigt Bourdieu, wie disziplinäre und fachbereichsbezogene Territorien kulturell markiert werden, um distinktive Rangordnungen und Zugehörigkeiten zu reproduzieren, die der Illusion von Freiheit und Leistungsgerechtigkeit in der Wissenschaft unmittelbar entgegenstehen. Die Trennung des Sozialen vom Wissenschaftlichen erscheint damit obsolet.

Anknüpfend an Bourdieu erschienen in den Folgejahren eine Reihe von Studien, in denen die soziale Dimension der Wissenschaft, prominent etwa die geschlechterungleichen Herstellungsbedingungen wissenschaftlicher Karrieren und Erkenntnissubjekte, beforscht wurden (siehe auch Hamann 2026; Mader 2026; Prietl und Weber 2026 in diesem Band). Die Untersuchungen der wechselseitigen Hervorbringung von Geschlecht und Wissenschaft in Anlehnung an Bourdieu schwanken dabei zwischen Sozioanalyse, Praxeologie und Ethnografie, je nachdem wie stark sie die soziale Strukturiertheit, den praktischen Eigensinn oder die feld- bzw. kulturspezifische Einbettung sozialen Handelns betonen (z.B. Krais 2000; Engler 2001). Eine dezidiert ethnografische Studie stellt dabei Sandra Beaufaÿs' Untersuchung *Wie werden Wissenschaftler gemacht* (2003) dar, die die geschlechterspezifische Konstruktion wissenschaftlicher Persönlichkeiten zum Thema macht. Mithilfe eines Feldvergleichs zwischen Biochemie und Geschichtswissenschaft präpariert sie anhand zahlreicher Beobachtungen und Interviews zu Arbeitsformen, -orten, Tagesabläufen und Zeitstrukturen sowie Leistungsindikatoren und Selbstdarstellungspraktiken heraus, wie Wissenschaftlerinnen in diesen Fächern systematisch zu Fremdlingen der akademischen Kultur gemacht und ihre Leistungen in der Konsequenz weniger anerkannt werden.

Unter dem Stichwort Bildungsaufstieg finden sich in der Hochschulforschung zudem vereinzelt autoethnografische Beiträge, beispielsweise von Professor*innen aus nicht-akademischen Herkunftsmilieus (Reuter et al. 2020), die die Dialektik von sozialer Herkunft und Wissenschaft thematisieren und damit ebenfalls an die französische Tradition soziologischer Selbstversuche anknüpfen (vgl. Bourdieu 2002; Eribon 2016). Zudem liegen Arbeiten zum wissenschaftlichen Hochschulpersonal vor, in denen über die ungleiche Feldsozialisation hinaus die Frage nach den Möglichkeiten einer autoethnografischen, d.h. auf Wahrnehmungs-, Bewertungs- und Handlungsschemata fokussierten Reflexion gestellt wird. Mithilfe kollaborativer Formate, die Selbstbeobachtungen als Daten nutzen, geht es beispielsweise um die Reflexion der eigenen Rolle als Lehrkraft und Mechanismen der Ein- und Ausschließung durch implizite Denkgewohnheiten und Rollenverständnisse (z.B. AEDiL 2021).

Neben der Interaktion von Professor*innen und akademischem Mittelbau, Lehrenden und Studierenden zeichnet sich die Organisation Hochschule aber auch durch die Besonderheit der Koexistenz von wissenschaftlichem und nicht-wissenschaftlichem Personal aus. Hier müssen bürokratische Prozesse, Hierarchien und Verwaltungsvorgänge in beständigem Abgleich mit wissenschaftlichen Kriterien, einer weisungsfreien Forschung und juristischen Sonderregelungen im Wissenschaftsbereich gebracht werden. Die Ethnografie hat in den letzten Jahren damit begonnen, derartige Interdependenzen verstärkt in den Blick zu nehmen. Zu nennen sind hier etwa Untersuchungen, die sich am Beispiel von Hochschulreformen der „boundary work“ zwischen verschiedenen Statusgruppen widmen (Crona und Parker 2012; Wright et al. 2019) oder Aushandlungsprozesse in Zulassungskomitees erkunden, also jenen Stellen, die über die Vergabe von Studienplätzen entscheiden und dabei zwischen konkurrierenden Anforderungen – darunter Leistung, Diversität, einflussreichen Eltern, aber auch sportlichem Talent – abwägen müssen (Stevens 2007; Posselt 2016).

Ein besonderes Augenmerk verdient schließlich auch die zunehmende Ökonomisierung der Hochschule, also die Einführung markt- und wettbewerblicher Elemente in Verwaltung, Lehre und Forschung. Aufbauend auf einer mehrjährigen Ethnografie an einer US-amerikanischen Universität beschreibt Gaye Tuchman (2009), wie eine neue Klasse von Hochschuladministrator*innen beginnt, Hochschulen wie Unternehmen zu führen und damit traditionelle Bildungswerte zugunsten marktorientierter Ziele verdrängt. Komplementär dazu zeigt Laura Glauser (2016), wie Hochschulabsolvent*innen in Career Services lernen, sich im Sinne eines „unternehmerischen Selbst“ zu optimieren. Entsprechende Coaching-Angebote umfassen etwa Strategien des positiven Denkens, Seminare zum

Zeit- und Selbstmanagement, Bewerbungsmappen-Checks oder die Arbeit am eigenen beruflichen Profil. Dazu passt auch die Ethnografie von Lauren Rivera (2015), die untersucht, wie Investmentbanker*innen, Unternehmensberater*innen und Jurist*innen an Eliteuniversitäten sozialisiert und über externe Campus Recruiter in hochbezahlte Einstiegspositionen vermittelt werden.

Chancen und Herausforderungen einer Ethnografie der Hochschule

Die Fülle an ethnografischen Pionierarbeiten und Schlüsselstudien in und zu Hochschulen macht deutlich, dass das Feld der Hochschule eine beträchtliche Anzahl an Themen und Materialien bereithält, die sich ethnografisch erforschen lassen. Gleichzeitig gibt es wenig methodische Vorgaben, geschweige denn Standardisierungen, da Ethnografie häufig als eine nicht-standardisierbar Forschungsstrategie verstanden wird. Der hier im Fokus stehende Praxisbegriff macht jedoch deutlich, dass auch soziale Ordnungen, Körper, Sprache, Artefakte und Räume miteinbezogen und an die Praktiken rückgebunden werden müssen, die Gegenstand der teilnehmenden Beobachtung und nicht zuletzt ihr ethnografisches Markenzeichen sind (vgl. Budde 2015: 15ff.; Röhl 2022). Konsequenterweise beziehen die oben vorgestellten Studien unterschiedliche Datenformate wie qualitative Interviews, Dokumentenanalysen und teilweise sogar standardisierte Befragungen mit ein. Darüber hinaus gibt es nationale wie internationale Vergleichsstudien, Querschnittsstudien ebenso wie längsschnittlich angelegte Hochschulethnografien, lokale Einzelfallstudien ebenso wie Untersuchungen, die eher auf die Beschreibung weitreichender Strukturen und Prozesse im Feld abzielen. Diese Vielzahl an Anwendungsgebieten hält die Frage nach dem Ethnografischen der Ethnografie permanent virulent und macht neben methodischen Reflexionen grundsätzlich ein Nachdenken über das Verhältnis von Theorie und Empirie notwendig.

Neben der fehlenden methodischen Standardisierbarkeit stellt zweitens die Uneindeutigkeit des Feldes Hochschule eine Herausforderung von Ethnografien der Hochschule dar. Denn zusätzlich zur akademischen Praxis mit ihren Akteuren, Situationen, Artefakten und räumlichen Arsenalen gibt es immer auch eine über die gegenwärtige Praxis hinausweisende sozial- und kulturhistorische Bedingtheit des Feldes Hochschule. Sowohl die Institution Hochschule als auch das akademische Leben insgesamt blicken in modernen Gesellschaften auf eine lange Geschichte und entsprechende Prägungen, Reformen und Ausdifferenzierungen zurück (vgl. Richter und Friebertshäuser 2022: 61), die Hochschule ausschließlich im Plural denken lässt. Der Vergleich amerikanischer mit deutscher Campuskultur, die Unterscheidung von Universität und Fachhochschule oder traditionsreicher Universitäten und Neugründungen machen dies mehr als deutlich. Oder anders formuliert: Was Hochschule ist, muss in jeder ethnografischen Forschung erst einmal bestimmt werden.

Diese Mehrdeutigkeit zeigt sich drittens im zugrunde liegenden Wirklichkeitsbegriff ethnografischer Hochschulforschung. Indem Ethnografien durch ihren Fokus auf Praktiken das soziale Miteinander an Hochschulen sehr kleinteilig beforschen, gehen sie davon aus, dass sich selbst hinter vermeintlich hoch kodifizierten, formalisierten Prozessen oder Settings wie beispielsweise Laboren das Vielfältig-Soziale akademischer Wirklichkeit entdecken lässt. Sie interessieren sich in ihrem entdeckenden Anspruch gerade nicht nur für das reibungslose Gelingen im Sinne eines standardisierten Prozessablaufs, sondern für die eigenwillige Alltagspraxis und ihren vielen kleinen Zwischenfälle auf den sogenannten „Hinterbühnen".[2] In Ethnografien der Hochschule ist die Hochschule zwar ein besonderes (Kultur-)Feld mit eigenen Feldkräften, aber es wird deutlich, dass es hier um soziale Praxis geht, dass es also menschelt und Sympathien und Antipathien, Animositäten und Empfindlichkeiten, Deutungen und Zuschreibungen jenseits der ‚puren Vernunft' und des Erkenntnisdrangs den Alltag bestimmen bzw. diese sogar zentral beeinflussen können.

Damit ist viertens eine gewisse Spannung oder auch ein Loyalitätskonflikt ethnografischer Hochschulforschung angesprochen. Denn eine ethnografische ‚Nabelschau' des eigenen Arbeitskontextes, die Widersprüche zwischen Ansprüchen und Wirklichkeiten offenlegt, macht nicht nur Freude und Freund*innen (vgl. Schultheis 2022: 300f.). Zwar erscheint das Insiderwissen im Hinblick auf den Feldzugang und die Mitspielkompetenz unter forschungspragmatischen Gesichtspunkten durchaus nützlich. Die hohe Vertrautheit kann aber neben dem Risiko, dass Wissensbestände und Praktiken im Feld nicht ausreichend infrage gestellt werden, auch forschungsethische Probleme aufwerfen (vgl. Hamann 2022: 46). Schließlich agiert der *homo ethnographicus* in einer Art Doppelrolle, wenn er die eigene professionelle Lebenswelt erforscht, seine Forschung aber ohne Rücksicht auf identitäre Verbundenheit und Loyalität betreiben soll (vgl. Schultheis 2022: 301).

2 Zu denken wäre in diesem Zusammenhang etwa an Orientierungsprobleme von Erstsemestern angesichts fachspezifischer Spielregeln, Verfehlungen von Vorgesetzten gegenüber Doktorand*innen, rassistische Diskriminierungserfahrungen von Nachwuchswissenschaftler*innen in interkulturellen Seminarsettings oder Befindlichkeiten ausscheidender Professor*innen, für die der Übergang in den Ruhestand – und damit der Austritt aus ihrem vertrauten Bezugssystem – eine echte Herausforderung darstellt (vgl. Berli und Reuter 2023).

Möglicherweise liegt fünftens in der Sichtbarmachung der ‚Irrationalität' der Akteure oder auch der Relevanz ‚profaner' Wissens- und Praxisformen für die Funktion von Wissenschaft ein zentraler analytischer Mehrwert ethnografischer Untersuchungen in und zu Hochschulen. Schließlich wird damit direkt wie indirekt auf den Kontrast zum öffentlichen Bild von Hochschulen als ‚Kathedralen der Vernunft' verwiesen. Der analytische Mehrwert geht vielfach auch mit einer spezifischen Form der Darstellung des Sozialen einher. Denn der Tonfall von ethnografischen Texterzeugnissen ist häufig erzählerisch, ihre Sprache exemplarisch und weniger abstrakt, der Rekurs auf die Empirie auf Anschaulichkeit und Konkretion hin gewählt. Es geht ihnen darum, die ‚fremde' Kultur der Hochschule inklusive ihrer schweigsamen Aspekte lesbar zu machen und sie für ein Publikum zu übersetzen (zur textuellen Performanz siehe Strübing et al. 2018: 93f.). Um ihrem wissenschaftlichen Anspruch zu genügen, müssen sich Ethnografien zugleich von journalistischen Reportagen abgrenzen und dürfen nicht mit diesen verschmelzen. Dies machen sie, indem sie beispielsweise nicht nur eine dichte und gut lesbare Beschreibung eines bestimmten Falls anbieten, sondern von konkreten empirischen Befunden generalisieren und im Sinne einer „theoretischen Empirie" auch zu einer allgemeineren Theorieentwicklung beitragen (vgl. König und Wernet 2024).

Zusammenfassung und Ausblick

Der Ethnografie als Methode kommt innerhalb der Wissenschafts- und Hochschulforschung eine bedeutsame Rolle zu. Sie findet sowohl in der wissenschaftssoziologischen Forschungstradition der Laborstudien und der Erforschung der Produktion wissenschaftlichen Wissens Verwendung, in Arbeiten aus der Studierenden- und Hochschulsozialisationsforschung als auch in Studien zur akademischen Praxis der wissenschaftlichen und nicht-wissenschaftlichen Beschäftigten im Berufsfeld Hochschule. In diesem Beitrag haben wir uns darauf konzentriert, deutlich zu machen, wie hochschulische Praxis anhand konkreter Settings, Praktiken und Akteursgruppen ethnografisch aufgeschlossen und dargestellt werden kann. Gerade mit Blick auf die institutionalisierte Hochschulforschung verschwinden hier Forschende, Studierende und Verwaltungsangestellte nicht hinter statistischen Analysen und Kennzahlen, sondern werden in ihrer Komplexität und Eigenartigkeit dargestellt. Darüber hinaus wird in Ethnografien die in anderen Forschungsansätzen häufig vernachlässigte Dingwelt thematisiert, also die Verschränkung von Studierenden und Forschenden mit Räumen, Materialitäten und Infrastrukturen – vom Anstellen in der Mensa über die Allgegenwärtigkeit von Büchern bis hin zum gekonnten Umgang mit hochsensiblen Laborinstrumenten.

Indem die Ethnografie der Hochschule konkrete Orte und Situationen von Forschung, Lehre und Verwaltung zum Dreh- und Angelpunkt ihrer Herangehensweise – und nicht abstraktere Begriffe wie Wissenschaft, Technik oder Bildung – macht, wird der Blick auf Aspekte gelenkt, die unter der Aufmerksamkeitsschwelle quantitativer Hochschul- und institutionalisierter Wissenschaftsforschung liegen. Dieser Blick könnte weiterführend beispielsweise auch auf die mithin wenig beachtete Rolle von Lehrenden als Transmitter wissenschaftlicher Erkenntnisse an Studierende gerichtet werden oder auf die Funktion von Verwaltungsangestellten an Hochschulen, die nicht nur die institutionelle Rahmung wissenschaftlichen Wissens festlegen, sondern es zugleich bürokratisch einhegen. So eignet sich die Ethnografie der Hochschule gleichermaßen zur thematischen Erneuerung und konzeptionellen Herausforderung der Wissenschafts- und Hochschulforschung.

Weiterführende Lektüre

(1) Meyer, D., J. Reuter und O. Berli (Hrsg.), 2022: Ethnografie der Hochschule. Zur Erforschung universitärer Praxis. Bielefeld: Transcript.

(2) Breidenstein, G., S. Hirschauer, H. Kalthoff und B. Nieswand, 2020: Ethnografie. Die Praxis der Feldforschung. 3. Auflage. München: UVK.

(3) Armstrong, E. A. und L. T. Hamilton, 2013: Paying for the Party. How College Maintains Inequality. Cambridge/Mass.: Harvard University Press.

(4) Krey, B., 2020: Textarbeit. Die Praxis des wissenschaftlichen Lesens. Berlin: De Gruyter.

(5) Tuchman, G., 2009: Wannabe U. Inside the Corporate University. Chicago: University of Chicago Press.

Literatur

Amann, K. und S. Hirschauer, 1997: Die Befremdung der eigenen Kultur. Ein Programm. S. 7–52 in: S. Hirschauer und K. Amann (Hrsg.), Die Befremdung der eigenen Kultur. Zur ethnographischen Herausforderung soziologischer Empirie. Frankfurt/M.: Suhrkamp.

Armstrong, E. A. und L. T. Hamilton, 2013: Paying for the Party. How College Maintains Inequality. Cambridge/Mass.: Harvard University Press.

Autor:innengruppe AEDiL, 2021: Corona-Semester reflektiert. Einblicke einer kollaborativen Autoethnographie. Bielefeld: WBV.

Beaufaÿs, S., 2003: Wie werden Wissenschaftler gemacht? Beobachtungen zur wechselseitigen Konstitution von Geschlecht und Wissenschaft. Bielefeld: Transcript.

Becher, T., 1989: Academic Tribes and Territories. Intellectual Enquiry and the Cultures of Disciplines. Milton Keynes: Open University Press.

Becker, H. S., B. Geer und E. C. Hughes, 1968: Making the Grade. The Academic Side of College Life. New York: Wiley.

Becker, H. S., B. Geer, E. C. Hughes und A. L. Strauss, 1961: Boys in White. Student Culture in Medical School. Chicago: University of Chicago Press.

Berli, O., 2021: „Maybe this is Speculative Now“ Negotiating and Valuing Interpretations in Qualitative Research. Human Studies 44: 765–790.

Berli, O. und A. König, 2015: Migration und Stadt im Fokus der Chicago School of Sociology. Urbane Lebenswelten zwischen Segregation und Integration am Beispiel von Harvey W. Zorbaughs „The Gold Coast and the Slum“. S. 61–75 in: J. Reuter und P. Mecheril (Hrsg.), Schlüsselwerke der Migrationsforschung. Pionierstudien und Referenztheorien. Wiesbaden: Springer VS.

Berli, O. und J. Reuter, 2023: Schlüsselübergabe an Universitäten. Beobachtungen zum Übergang von Professor*innen in den Ruhestand. Österreichische Zeitschrift für Soziologie 48: 533–543.

Berli, O., J. Reuter und D. Meyer, 2022: Ethnografie der Hochschule. Ein Forschungsprogramm. S. 9–37 in: D. Meyer, J. Reuter und O. Berli (Hrsg.), Ethnografie der Hochschule. Zur Erforschung universitärer Praxis. Bielefeld: Transcript.

Bloch, R., 2026: Organisationsbezogene Hochschulforschung. S. 125–141 in: A. K. Krüger, J.-F. Schrape, C. Schubert und J. Schubert (Hrsg.), Wissenschafts- und Technikforschung. Sozialwissenschaftliche Einführungen. Berlin: De Gruyter.

Bogusz, T. und H. Delitz (Hrsg.), 2013: Émile Durkheim. Soziologie – Ethnologie – Philosophie. Frankfurt/M.: Campus.

Bourdieu, P., 1988: Homo academicus. Frankfurt/M.: Suhrkamp.

Bourdieu, P., 2002: Ein soziologischer Selbstversuch. Frankfurt/M.: Suhrkamp.

Breidenstein, G., S. Hirschauer, H. Kalthoff und B. Nieswand, 2020: Ethnografie. Die Praxis der Feldforschung. 3. Auflage. München: UVK.

Budde, J., 2015: Reflexionen zur Bedeutung von Handlung und Praktik in der Ethnographie. Zeitschrift für Qualitative Forschung 16: 7–24.

Clark, B. R., 1987: The Academic Life. Small Worlds, Different Worlds. Princeton: Carnegie Foundation for the Advancement of Teaching.

Clifford, J. und G. E. Marcus (Hrsg.), 1986: Writing Culture. The Poetics and Politics of Ethnography. Berkeley: University of California Press.

Crona, B. I. und J. N. Parker, 2012: Learning in Support of Governance. Theories, Methods, and a Framework to Assess How Bridging Organizations Contribute to Adaptive Resource Governance. Ecology and Society 17(1): 32.

Engert, K., 2022: The Body of Knowledge. Fieldwork and Conceptualization in Social Inquiry. London: Routledge.

Engler, S., 2001: „In Einsamkeit und Freiheit“? Zur Konstruktion der wissenschaftlichen Persönlichkeit auf dem Weg zur Professur. Konstanz: UVK.

Eribon, D., 2016: Rückkehr nach Reims. Berlin: Suhrkamp.

Freis, M., 2021: Ethnographie im Praxissemester. Soziale Arbeit am Lernort „Praxis“ studieren. Münster: Waxmann.

Friebertshäuser, B., 1992: Übergangsphase Studienbeginn. Eine Feldstudie über Riten der Initiation in eine studentische Fachkultur. Weinheim: Juventa.

Glauser, L., 2016: Das Projekt des unternehmerischen Selbst. Eine Feldforschung in der Coachingzone. Bielefeld: Transcript.

Gothe, K. und M. Pfadenhauer, 2010: My Campus – Räume für die „Wissensgesellschaft“? Raumnutzungsmuster von Studierenden. Wiesbaden: VS.

Hamann, J., 2022: Zum Fremdeln zwischen Ethnografie und Hochschulforschung. S. 39–58 in: D. Meyer, J. Reuter und O. Berli (Hrsg.), Ethnografie der Hochschule. Zur Erforschung universitärer Praxis. Bielefeld: Transcript.

Hamann, J., 2026: Soziale Ungleichheit in Wissenschaft und Hochschule. S. 181–197 in: A. K. Krüger, J.-F. Schrape, C. Schubert und J. Schubert (Hrsg.), Wissenschafts- und Technikforschung. Sozialwissenschaftliche Einführungen. Berlin: De Gruyter.

Kastenhofer, K., 2026: Wissenschaftskulturen. S. 159–180 in: A. K. Krüger, J.-F. Schrape, C. Schubert und J. Schubert (Hrsg.), Wissenschafts- und Technikforschung. Sozialwissenschaftliche Einführungen. Berlin: De Gruyter.

Knorr Cetina, K., 1984: Die Fabrikation von Erkenntnis. Zur Anthropologie der Naturwissenschaft. Frankfurt/M.: Suhrkamp.

König, H. und A. Wernet, 2024: Rezensionen. Ethnografie der Hochschule. Zur Erforschung universitärer Praxis. Sozialer Sinn 25: 203–221.

Krais, B. (Hrsg.), 2000: Wissenschaftskultur und Geschlechterordnung. Über die verborgenen Mechanismen männlicher Dominanz in der akademischen Welt. Frankfurt/M.: Campus.

Krey, B., 2014: Michael Lynch. Touching paper(s) – oder die Kunstfertigkeit naturwissenschaftlichen Arbeitens. S. 171–180 in: D. Lengersdorf und M. Wieser (Hrsg.), Schlüsselwerke der Science & Technology Studies. Wiesbaden: Springer VS.

Krey, B., 2020: Textarbeit. Die Praxis des wissenschaftlichen Lesens. Berlin: De Gruyter.

Latour, B., 1986: Reviews. Will the Last Person to Leave the Social Studies of Science Please Turn on the Tape-Recorder? Social Studies of Science 16: 541–548.

Latour, B. und S. Woolgar, 1986: Laboratory Life. The Construction of Scientific Facts. Princeton: Princeton University Press.

Leonhard, T. (Hrsg.), 2025: Lehrer:in werden. Trajektorien in den Lehrberuf. Bad Heilbrunn: Klinkhardt.

Lindner, R., 2007: Die Entdeckung der Stadtkultur. Soziologie aus der Erfahrung der Reportage. Frankfurt/M.: Campus.

Lynch, M., 1985: Art and Artifact in Laboratory Science. A Study of Shop Work and Shop Talk in a Research Laboratory. London: Routledge.

Mader, E., 2026: Feministische Wissenschafts- und Objektivitätskritik. S. 505–527 in: A. K. Krüger, J.-F. Schrape, C. Schubert und J. Schubert (Hrsg.), Wissenschafts- und Technikforschung. Sozialwissenschaftliche Einführungen. Berlin: De Gruyter.

Meier zu Verl, C., 2018: Daten-Karrieren und epistemische Materialität. Eine wissenschaftssoziologische Studie zur methodologischen Praxis der Ethnografie. Stuttgart: J. B. Metzler.

Mertz, E., 2007: The Language of Law School. Learning to „Think Like a Lawyer". Oxford: Oxford University Press.

Meyer, D., 2022: Organisiertes Engagement. Das Innenleben studentischer Vereinigungen. S. 173–192 in: D. Meyer, J. Reuter und O. Berli (Hrsg.), Ethnografie der Hochschule. Zur Erforschung universitärer Praxis. Bielefeld: Transcript.

Meyer, D., J. Reuter und O. Berli (Hrsg.), 2022: Ethnografie der Hochschule. Zur Erforschung universitärer Praxis. Bielefeld: Transcript.

Nespor, J., 1994: Knowledge in Motion. Space, Time and Curriculum in Undergraduate Physics and Management. London: Falmer.

Niermann, D., 2021: Etablierte Außenseiter_innen. Zur Sozialfigur des „Homo Ethnographicus" in der gegenwärtigen US-amerikanischen Soziologie. Zeitschrift für Soziologie 50: 8–25.

Pabian, P., 2014: Ethnographies of Higher Education. Introduction to the Special Issue. European Journal of Higher Education 4: 6–17.

Petermann, W., 2004: Die Geschichte der Ethnologie. Wuppertal: Peter Hammer Verlag.

Pille, T., 2013: Das Referendariat. Eine ethnographische Studie zu den Praktiken der Lehrerbildung. Bielefeld: Transcript.

Posselt, J. R., 2016: Inside Graduate Admissions. Merit, Diversity, and Faculty Gatekeeping. Cambridge/Mass.: Harvard University Press.

Prietl, B. und J. Weber, 2026: Wissen – Macht – Technik. Perspektiven für kritische Wissenschafts- und Technikforschung am Beispiel Künstlicher Intelligenz. S. 529–545 in: A. K. Krüger, J.-F. Schrape, C. Schubert und J. Schubert (Hrsg.), Wissenschafts- und Technikforschung. Sozialwissenschaftliche Einführungen. Berlin: De Gruyter.

Reuter, J., M. Gamper, C. Möller und F. Blome (Hrsg.), 2020: Vom Arbeiterkind zur Professur. Sozialer Aufstieg in der Wissenschaft. Autobiographische Notizen und soziobiographische Analysen. Bielefeld: Transcript.

Richter, S. und B. Friebertshäuser (Hrsg.), 2019: Studieren – Forschen – Praxis. Erziehungswissenschaftliche Erkundungen im Feld universitären Lebens. Frankfurt/M.: Goethe-Universität Frankfurt.

Richter, S. und B. Friebertshäuser, 2022: Einblicke und neue Perspektiven. Ethnografische Annäherungen an das Feld Hochschule. S. 59–79 in: D. Meyer, J. Reuter und O. Berli (Hrsg.), Ethnografie der Hochschule. Zur Erforschung universitärer Praxis. Bielefeld: Transcript.

Ricken, J., 2011: Universitäre Lernkultur. Fallstudien aus Deutschland und Schweden. Wiesbaden: VS.

Rivera, L. A., 2015: Pedigree. How Elite Students Get Elite Jobs. Princeton: Princeton University Press.

Röhl, T., 2022: Überschneidungen und Grenzziehungen. Dinge der Hochschule im Schnittfeld sozialer Welten. S. 193–210 in: D. Meyer, J. Reuter und O. Berli (Hrsg.), Ethnografie der Hochschule. Zur Erforschung universitärer Praxis. Bielefeld: Transcript.

Schultheis, F., 2022: Ein ethnografischer Selbstversuch im double bind. S. 299–311 in: D. Meyer, J. Reuter und O. Berli (Hrsg.), Ethnografie der Hochschule. Zur Erforschung universitärer Praxis. Bielefeld: Transcript.

Schweitzer, J., 2022: Zwischen Forschung und Organisation. Zur Reflexion von Subjektivität und rollenbedingter Involviertheit in der (ethnografischen) Hochschulforschung. Forum Qualitative Sozialforschung 23(3): 6.

Stevens, M. L., 2007: Creating a Class. College Admissions and the Education of Elites. Cambridge/Mass.: Harvard University Press.

Strübing, J., S. Hirschauer, R. Ayaß, U. Krähnke und T. Scheffer, 2018: Gütekriterien qualitativer Sozialforschung. Ein Diskussionsanstoß. Zeitschrift für Soziologie 47: 83–100.

Traweek, S., 1988: Beamtimes and Lifetimes. The World of High Energy Physicists. Cambridge/Mass.: Harvard University Press.

Tuchman, G., 2009: Wannabe U. Inside the Corporate University. Chicago: University of Chicago Press.

Tyagunova, T., 2017: Interaktionsmanagement im Seminar. Empirische Untersuchungen zu studentischen Partizipationspraktiken. Wiesbaden: Springer VS.

Tyagunova, T., 2022: Brauchbare Operationalisierungen. Prüfungsbezogene Interaktionen von Studierenden im Internet. S. 127–150 in: D. Meyer, J. Reuter und O. Berli (Hrsg.), Ethnografie der Hochschule. Zur Erforschung universitärer Praxis. Bielefeld: Transcript.

Voß, J.-P., 2026: Wissenschaft ist Politik mit anderen Mitteln. S. 483–503 in: A. K. Krüger, J.-F. Schrape, C. Schubert und J. Schubert (Hrsg.), Wissenschafts- und Technikforschung. Sozialwissenschaftliche Einführungen. Berlin: De Gruyter.

Waller, W., 1937: The Rating and Dating Complex. American Sociological Review 2: 727–734.

Wieser, C. und A. Pilch Ortega (Hrsg.), 2020: Ethnography in Higher Education. Wiesbaden: Springer VS.

Wright, S., S. Carney, J. B. Krejsler, G. B. Nielsen und J. W. Ørberg, 2019: Enacting the University. Danish University Reform in an Ethnographic Perspective. Dordrecht: Springer.

Teil III: **Materialität und Medialität von Wissenschaft und Technik**

Cornelius Schubert

Einleitung: Materialität und Medialität von Wissenschaft und Technik

Die Zusammenhänge von Materialität, Medialität und Gesellschaft waren in den letzten vierzig Jahren eines der umstrittensten Themen in den *Science and Technology Studies* (STS) und darüber hinaus. Nachdem sich sozialwissenschaftliche Ansätze bis in die 1970er Jahre nur ab und zu mit diesen Fragen auseinandergesetzt hatten, kamen insbesondere aus den STS ab den 1980er Jahren immer wieder neue Impulse, materielle und mediale Wirkmächtigkeiten systematisch in den Blick zu nehmen. Im Zentrum standen dabei meist materiale Artefakte, d.h. Dinge und Sachen wie etwa Fahrräder, Brücken, Kühlschränke, Türschließer oder auch wissenschaftliche Instrumente.

Grob gesprochen teilten sich die Diskussion innerhalb der STS in zwei Perspektiven. Die eine Perspektive betonte die soziale Herstellung von Sachtechnik. Insbesondere Ansätze wie *Social Construction of Technology* (SCOT) oder *Social Shaping of Technology* (SST) hoben hervor, dass Technik nicht allein auf Grundlage physikalischer Gesetzmäßigkeiten entwickelt wird, sondern dass soziale Bedingungen einen entscheidenden Einfluss auf technisches Design haben. Damit wurde materiale Technik zum genuinen Gegenstand sozialwissenschaftlicher Forschung und diese Perspektive hat bis heute – etwa mit Blick auf Verzerrungen im maschinellen Lernen bei KI-Systemen – nicht an Relevanz verloren. Die andere Perspektive weist darauf hin, dass Technik und Gesellschaft ebenso wenig allein durch soziale Faktoren bestimmt sind. Auch materiale Wirkmächtigkeiten sind demnach für die Zusammenhänge von Technik und Gesellschaft relevant. Der prominenteste Ansatz ist hier die *Actor-Network Theory* (ANT), die die Handlungsbeteiligung bzw. Handlungsträgerschaft von materialer Technik hervorhebt. In den STS hat diese Perspektive, insbesondere über neuere Strömungen wie den *New Materialism*, weiterhin hohe Attraktivität. Außerhalb der STS hat zudem die *Actor-Network Theory*, vor allem durch die Arbeiten von Bruno Latour, in den letzten zwanzig Jahren deutlich an Popularität gewonnen. Die allgemeine Frage ist also nicht mehr, ob, sondern wie Materialität und Medialität von Wissenschaft und Technik mit Gesellschaft in Wechselwirkung stehen und wie sich diese Verhältnisse analytisch und empirisch fassen lassen.

Die Diskussion in den STS ist dabei mit weiteren Debattenkreisen verwoben. So zum Beispiel mit der Entwicklung praxistheoretischer Konzepte im Zuge des *Practice Turn*. Diese verweisen darauf, dass Sozialität häufig materiell gebunden ist, d.h. in menschlichen Körpern oder gegenständlicher Technik eingeschrieben.

https://doi.org/10.1515/9783112245897-015

Die Verbindungen von menschlichen Körpern und gegenständlicher Technik sind auch zentrale Themen *feministischer Ansätze*, die auf die Ungleichheiten und Machtverhältnisse in den Verschränkungen von Körpern und Technik hinweisen. So wird heute verstärkt von *materiell-semiotischen* Zusammenhängen gesprochen, um die komplexe Verwobenheit von Materialität und Bedeutung zu betonen. In der etablierten Sprechweise von *sozio-technischen Systemen* schwingt hingegen noch eine deutlichere Trennung von Sozialem auf der einen und Technischem auf der anderen Seite mit. Praxistheoretische und feministische Überlegungen kritisieren solch einfache Trennungen und argumentieren für die Analyse der wechselseitigen Verschränkungen.

Die Fragen der Medialität von Wissenschaft und Technik sind dabei mit den Fragen der Materialität verwandt. Medien können eben auch als materielle technische Arrangement gedacht werden, etwa im Fall von Informationsinfrastrukturen, Kommunikationsplattformen oder von Forschungsinstrumenten. Aus Sicht der STS geht es um die spezifischen Formen der Vermittlung, also wie Medien und Technik in Handlungskontexte eingebettet sind und diese transformieren.

Die Beiträge dieses Teils befassen sich mit unterschiedlichen Aspekten der Rolle von Materialität und Medialität in Wissenschaft und Technik und nehmen die Fäden der oben genannten Diskussion auf. So lassen sich die Entwicklungen des Forschungsstands nachvollziehen und an empirischen Beispielen verdeutlichen. Neben Überblicken zu einzelnen Ansätzen finden sich Anwendungsfälle und thematische Auseinandersetzungen, die sich alle dazu eignen, weiter in die jeweiligen Themen einzusteigen.

Anna Pillinger eröffnet diesen Teil mit einem Überblick über den Ansatz der *Social Shaping of Technology* (SST) und aktualisiert ihn im Lichte gegenwärtiger Entwicklungen. SST war eine der ersten Perspektiven, die die soziale Gestaltung von Technik in den 1980er Jahren in den Fokus rückten. Das Interesse lag darin, die wechselseitige Gestaltung bzw. *Ko-Konstitution* von Technik und Gesellschaft genauer beschreiben und verstehen zu können. Insbesondere standen dabei Fragen von Macht, Herrschaft und Ungleichheit im Zentrum und damit ein genuin sozialwissenschaftlicher, auch feministisch geprägter, Zugang zu technischen Arrangements. Der Beitrag skizziert die Entwicklung des Ansatzes, stellt seine Schwerpunkte heraus und bezieht ihn auf neuere Entwicklungen im Feld von Arbeit.

Jan Loheit und *Mariana Schütt* widmen sich in ihrem Beitrag den Zusammenhängen zwischen Mensch und Technik aus Perspektive der *Technikanthropologie*. Technik wird darin nicht „als bloßes Werkzeug, sondern als *konstitutives Moment menschlicher Selbst- und Weltverhältnisse*" verstanden. Der Beitrag bietet einen Rückblick auf Vorläufer und Gründungsideen technikanthropologischen Denkens, darunter Karl Marx und Ernst Kapp, und nimmt eine Standortbestimmung entlang neuerer Denkrichtungen vor, etwa mit André Leroi-Gourhan und Arnold Gehlen. Einblicke in die Kritische Theorie sowie aktuelle Entwicklungen, unter anderem bei Donna Haraway und Bruno Latour, runden die Zusammenschau ab. Die Grundthese bleibt, dass die empirischen Vermischungen von Mensch und Technik eine dichotome Unterscheidung in zwei getrennte Sphären nicht plausibel erscheinen lassen.

Josef Barla umreißt die zentrale Fragestellung um *Materie und Materialität in der Wissenschafts- und Technikforschung*. Entlang von drei prominenten theoretischen Zugängen geht er auf die unterschiedlichen Perspektiven und Ansatzpunkte ein. Über Langdon Winner und seine Studie zur Politik von Artefakten verweist er darauf, dass gesellschaftliche Machtverhältnisse und technische Arrangements nicht getrennt voneinander gedacht werden sollen. Mit Bruno Latour und dessen Abhandlung über die Entdeckung von Mikroben hebt er die Zusammenhänge von Materialität und Bedeutung hervor. Unter Rekurs auf Karen Barad und ihren Ansatz des agentiellen Realismus nimmt er die aktuelle Diskussion um den sogenannten neuen Materialismus auf. Die Antwort auf die Frage nach Materie und Materialität besteht vor dem Hintergrund dieser Lektüre in einer stark prozesshaften Perspektive, die die Wirkmächtigkeit von Materialität ernst nehmen kann.

Ingo Schulz-Schaeffer ergänzt diese Diskussion um die *Handlungsträgerschaft von Technik* und skizziert hierzu ein Konzept *verteilten Handelns*. Dort geht es vor allem um neuere Technologien, die das Potential besitzen, auch nicht vorgeplante Aktionen durchzuführen. Das Konzept entstammt der soziologischen Diskussion um künstliche Intelligenz, die in der Wissenschafts- und Technikforschung bereits seit den 1990er Jahren an Fahrt aufgenommen hat. Der Ausgangspunkt für die Überlegungen ist die Debatte um die Handlungsträgerschaft von Technik und darum, wie sie sich in der Wissenschafts- und Technikforschung entwickelt hat. Entgegen einer starken Gleichsetzung von menschlichen und technischen Handlungsvollzügen werden die Ähnlichkeiten und Unterschiede zwischen beiden betont und in einem konzeptuell-theoretischen Ansatz zusammengeführt.

Cordula Kropp und *Amelie Schreck* steuern den dritten Beitrag in diesem Zusammenhang bei. Sie erläutern den Begriff der *soziotechnischen Konstellationen* und beziehen ihn auf die *Risiken der Automatisierung*. Sie beginnen mit der Entstehung des Begriffs der soziotechnischen Systeme nach dem zweiten Weltkrieg und verfolgen von da aus die Entwicklung bis hin zu heutigen soziotechnischen Ansätzen. Dabei geben Sie einen dichten Überblick über die Diskussionsbeiträge in der Wissenschafts- und Technikforschung und konzentrieren sich anschließend auf die Frage der Automation in Arbeitskontexten. Dabei heben Sie insbesondere die Risiken der Automatisierung hervor, die trotz – oder gerade wegen – der zunehmenden Digitalisierung kaum abnehmen und daher durch eine reflektierte und verantwortungsvolle Gestaltung gemindert werden sollten.

Philip Roth und *Christina Laut-Berger* eröffnen den letzten Abschnitt dieses Buchteils, der sich insbesondere mit der Medialität von Wissenschaft beschäftigt. Sie gehen der Frage nach, welche Bedeutung *medienvermittelter Kommunikation* in der Wissenschaft zukommt. Der Beitrag setzt an der Beobachtung an, dass wissenschaftliche Forschung in der Regel nicht alleine von Einzelpersonen, sondern im Team und mit verteilten Aufgaben geleistet wird. Ohne moderne Kommunikationsmedien ist moderne Wissenschaft in dieser Form schlicht nicht denkbar. Darüber hinaus spielen auch andere Medien, etwa Forschungsinstrumente, eine bedeutende Rolle. Der Beitrag gibt damit einen Einblick in die praktische Forschungsarbeit heutiger Wissenschaft und stellt die Frage – analog zur Materialität –, welche Rolle der Medialität von Forschung in diesem Zusammenhang zukommt.

Ronja Trischler konzentriert sich vor diesem Hintergrund auf die *Bilder in und von Wissenschaft und Technik.* Am Beispiel einer Tiefseeexpedition zeigt sie, wie mittels eines Tauchroboters Bilder vom Tiefseegrund gemacht und gedeutet werden. Neben diesen wissenschaftlichen Bildern werden Bilder der Expedition auch auf Instagram gepostet. Beide Bildpraktiken lassen sich als Frage der Repräsentation verstehen. Wie wird der Meeresboden durch die vom Tauchroboter gemachten Bilder repräsentiert? Sind die Bilder gut genug, um die Forschungsfragen zu beantworten? Die Bilder für Instagram haben eine andere Funktion. Hier kann gefragt werden, wie wissenschaftliche Forschung für eine breitere Öffentlichkeit repräsentiert wird. Wie lassen sich die Forschungspraktiken und die neuen Erkenntnisse im Medium der Social-Media-Plattform für ein nicht-wissenschaftliches Publikum vermitteln? So taucht der Beitrag ein in die Bedeutung von Bildern in der Wissenschaft- und Technikforschung und darüber hinaus.

Anna Pillinger

12 The Social Shaping of Technology – revisited

Einleitung

> Wenn Technik in die Schlagzeilen gerät – wie im Falle der Atomwaffen und der Kernkraft, des Mikrochips und der Reagenzglasbabys – dann fühlen wir uns oft machtlos, den Kurs der Dinge beeinflussen zu können. (MacKenzie und Wajcman 1985: 2, eigene Übersetzung)

In den 1980er Jahren prägen Donald MacKenzie und Judy Wacjman den Ansatz des *Social Shaping of Technology* (SST)[1], um dem Ausgeliefertsein gegenüber Technik und mehr noch – dem Technikdeterminismus, also der Vorstellung davon, dass Technik ihrer eigenen Logik folgend, als unabhängiger Faktor begriffen, gesellschaftlichen Wandel hervorbringt – ein Konzept entgegenzusetzen, welches die aktive Gestaltung von Technik hervorhebt (MacKenzie und Wajcman 1985; Williams 2019). Programmatisch gilt hierfür das einleitende Essay im gleichnamigen Sammelband von Donald MacKenzie und Judy Wajcman. Der Ansatz stellt sich als „Bündelungsversuch“ (Häußling 2014: 235) derjenigen sozial- und geisteswissenschaftlichen Ansätze und Forscher*innen dar, die den bis dato vorherrschenden Technikdeterminismus in Frage stellten. Sie vereinen darin Arbeiten aus verschiedenen Disziplinen, wie den Politikwissenschaften, der Philosophie, der Soziologie oder der Geschichte, die sich dem Wechselspiel zwischen Gesellschaft und Technologie annehmen. Diese diskutieren sie entlang dreier thematischer Felder: Produktionstechnologien, Reproduktionstechnologien/Haushaltstechnologien und Militärtechnologien (MacKenzie und Wajcman 1985). Insbesondere die Beiträge der zweiten Auflage (MacKenzie und Wajcman 1999), wenn auch nicht ausschließlich, werden heute mit der Wissenschafts- und Technikforschung in Verbindung gebracht und finden sich auf den Literaturlisten in den STS-Studiengängen häufig

1 Da das Originalwerk nie ins Deutsche übersetzt wurde scheint es keine einheitlichen Übersetzungen des Vokabulars, die den Ansatz ausmachen zu geben. Es wird sowohl mit *soziale Technikgestaltung* (Paulitz 2005) als auch mit *sozialer Geformtheit von Technologie* (Häußling 2014) übersetzt. Oftmals wird das englische Original genutzt.

Anmerkung: Ich danke Cornelius Schubert und Thanu Thiengthepvongsa für die sorgfältige Lektüre und die hilfreichen Hinweise sowie Klara-Aylin Wenten für den wertvollen Austausch.

https://doi.org/10.1515/9783112245897-016

wieder, allen voran Donna Haraway, Thomas Hughes, Bruno Latour, Trevor Pinch, Nelly Oudshoorn, Lucy Suchman oder Langdon Winner.

Sind die eingangs erwähnten Technologien zwar nicht unbedingt diejenigen, die es heute auf die Titelseiten von Zeitungen schaffen, so gibt es andere, die zu Protagonist*innen, ja sogar Hauptdarsteller*innen technikdeterministischer Vorstellungen werden. Seit einiger Zeit ist es (wieder?) die sogenannte Künstliche Intelligenz, heute konkreter Large Language Modelle (LLM), wie ChatGPT, die Titelseiten schmücken. So titelt beispielsweise *Der Spiegel* in der Ausgabe vom März 2023: „Künstliche Intelligenz. Die neue Weltmacht. Wie ChatGPT und Co. unser Leben verändern". Welche Technologien hier ins Rampenlicht gerückt werden ändert sich mit der Zeit, die technikdeterministische Logik bleibt aber oft die gleiche, weshalb der Ansatz des *Social Shaping of Technology* seither nicht an Aktualität verloren hat.

Dieses Kapitel soll den Ansatz des *Social Shaping of Technology* behandeln, der in Großbritannien seinen Ursprung hat. Wenn er auch nicht an Aktualität verloren hat, kam ihm vor allem in der deutschsprachigen Rezeption eher wenig Bedeutung zu. Einerseits, da sich die deutschsprachige Soziologie seit den 1970er Jahren selbst am Technikdeterminismus abarbeitete (Pfeiffer 2018) und andererseits, da sich laut Häußling (2014: 235) unter dem Ansatz des *Social Shaping of Technology* keine einheitliche Theorie oder Methodik fassen lässt. Dies scheint aber auch in der deutschsprachigen Wissenschafts- und Technikforschung der Fall zu sein.[2]

Dabei stellt SST einen theoretischen Ansatz dar, der in Debatten rund um *Digitalisierung von Arbeit*, *Künstlicher Intelligenz* oder der sogenannten *twin green and digital transition* wertvolle Dienste erweisen kann. Zwar unterscheiden sich die technischen Artefakte oder Terminologien, dennoch verlaufen die Debatten oft ähnlich und die Logik des Technikdeterminismus, wenn auch in der Gestalt des Technosolutionismus (Morozov 2013; Nachtwey et al. 2023) nimmt wieder an Fahrt auf. Technische Lösungen sollen für soziale Probleme eingesetzt werden, so das technosolutionistische Versprechen, welches sich zumindest teilweise in der Vorstellung, die grüne Wende mit der digitalen Wende zu koppeln, versteckt. So soll die Klimakrise durch Technik bearbeitet oder sogar gelöst werden (Kovacic et al. 2024).

Die Grundaussage des Ansatzes hat sich zwischen der ersten und zweiten Auflage des Sammelbands weiterentwickelt und lässt sich nun wie folgt zusammenfassen.[3] Technologie und Gesellschaft sind ko-konstitutiv und untrennbar miteinander verbunden. Sie sind keine getrennten Sphären, die sich jeweils beeinflussen, son-

2 Eine nennenswerte Ausnahme für den deutschsprachigen Raum bildet *Techniksoziologie* (Häußling 2014), in dem SST in einem Unterkapitel behandelt wird.

3 Während die Autor*innen 1985 vor allem die soziale Geformtheit von Technologie hervorhoben, korrigieren sie sich 1999 und stellen klar, dass der Technikdeterminismus eine „partielle Wahrheit"

dern bedingen sich gegenseitig (MacKenzie und Wajcman 1999: 23). Der Ansatz bietet ein Werkzeug, um diese Ko-Konstitution und die soziale Geformtheit der Technik sowie die Rückwirkung von Technik auf Gesellschaft aufzuschlüsseln und zu analysieren.

Ziel des Beitrages ist es, den Ansatz des *Social Shaping of Technology* für das Verständnis vom Zusammenspiel zwischen Technik und Gesellschaft aufzuarbeiten und dabei seine Aktualität hervorzuheben. Dazu wird wie folgt vorgegangen: Zunächst wird geklärt, was unter Technikdeterminismus verstanden wird, worin seine Probleme liegen und weshalb der Blick auf die Technik und ihre Materialität trotzdem wichtig ist (1). Danach folgt ein Überblick über den Ansatz des *Social Shaping of Technology* selbst (2) bevor dieser im Feld der Wissenschafts- und Technikforschung eingeordnet wird (3) und aktuelle Bezugnahmen darauf dargestellt und ausgelotet werden (4). Dies geschieht exemplarisch, aber keineswegs zufällig, für das Themenfeld Arbeit, hat der Ansatz doch mitunter auch dort seine Wurzeln. Der Beitrag schließt mit einer kurzen Zusammenfassung ab (5).

Entgegen dem Technikdeterminismus?

Wenn das erklärte Ziel der Herausgeber*innen und Autor*innen des Sammelbands *The Social Shaping of Technology* ist, dem Technikdeterminismus ihrer Zeit ein Konzept entgegenzusetzen, dann muss zuerst geklärt werden, was überhaupt unter Technikdeterminismus verstanden wird. MacKenzie und Wajcman fassen Technikdeterminismus als diejenige Vorstellung auf, in der Technik als unabhängiger Faktor begriffen wird, der dann gesellschaftliche Veränderungen hervorbringt (MacKenzie und Wajcman 1985: 4). Stellen wir uns also Technologie und Gesellschaft als zwei Sphären vor, dann wäre Technikdeterminismus die Annahme, die Sphäre der Technologie forme die Sphäre der Gesellschaft, Technik determiniere also die Gesellschaft. Damit wird Technik zu einer unabhängigen Variablen, die lediglich durch wissenschaftlichen Fortschritt und Pfadabhängigkeiten geformt wird. Ein Beispiel für Technikdeterminismus wäre die These, dass Automatisierung notwendigerweise zu Massenarbeitslosigkeit führt. Den Technikdeterminismus begreifen die Autor*innen bestenfalls als grobe Vereinfachung (MacKenzie und Wajcman 1999: 4). Sie lehnen ihn nicht gänzlich ab, sondern bezeichnen ihn als Teilwahrheit, denn sie halten fest, dass Technologie und ihre Materialität

---

(MacKenzie und Wajcman 1999: 3, eigene Übersetzung) enthält und die Materialität der Technik auch von Relevanz ist.

durchaus eine Rolle spielen. MacKenzie und Wajcman (1999: 5) kritisieren am Technikdeterminismus vor allem, dass diese Vorstellung vom Wechselverhältnis von Gesellschaft und Technologie, nämlich als eine, in der Technologien gesellschaftliche Veränderungen hervorbringen, zu einer Passivität im Umgang mit Technologie führt – kurz: Statt Technologien zu gestalten, passt man sich ihnen an.

Dass mit dem Aufkommen von SST und anderen Konzepten aus der Wissenschafts- und Technikforschung dem Technikdeteterminismus immer noch kein Ende gesetzt wurde, hält auch Wyatt (2023) fest. Sie problematisiert allerdings das reine Aufzeigen von technikdeterministischen Betrachtungsweisen und entwirft stattdessen eine Typologie des Technikdeterminismus, die ein nuanciertes Verständnis ermöglicht (Wyatt 2023: 28). In ihrer Typologie diskutiert sie auch den Technosolutionismus (Morozov 2013), der aktuell in Debatten um die Klimakrise virulent scheint. Der Technosolutionismus ist die Vorstellung davon, dass für komplexe gesellschaftliche Situationen klar definierte Probleme formuliert werden können, welche dann durch die richtige technische Lösung beseitigt werden können (Morozov 2013: 6). Die Vorstellung, es gäbe diese technischen Lösungen für soziale Probleme, ist nicht neu. Unter der Bezeichnung des technologischen Fixes geht sie zurück auf den Physiker und selbst-ernannten König der Technikoptimisten Alvin Weinberg (Rosner 2004; Weinberg 1967). Diese Denkweise macht beispielsweise die Klimakrise zu einem berechenbaren und bearbeitbaren Problem, welches lediglich durch erneuerbare Energiesysteme oder Elektroautos gelöst werden soll. Diese vermeintlichen oder vereinfachten Lösungen stellen aber oft neue Probleme dar wie erhöhten Ressourcenverbrauch für die Produktion von Batterien (Sikirica und York 2024). Der Technosolutionismus wird von manchen Forscher*innen als Art des Technikdeterminismus begriffen (Wyatt 2023), folgt aber zumindest einer ähnlichen Logik. In der Sphäre der Gesellschaft wird ein Problem ausgemacht und die Sphäre der Technologie hält eine Lösung bereit, die dann auf die Gesellschaft wirkt und ihre Probleme zu bearbeiten vermag.

Kritik am Technikdeterminismus heißt aber nicht, die Technik aus dem Blick zu verlieren, denn wie MacKenzie und Wajcman hervorheben: „Technology matters“ (MacKenzie und Wajcman 1999: 5). Das betonen die Autor*innen insbesondere in der zweiten Auflage des Essays. Die Materialität heben sie unter anderem auch durch die gewählte Metapher des „shapings“ also der Gestaltung/Formung hervor. Damit grenzen sie sich vom Konzept der *Social Construction of Technology* (SCOT) (Bijker et al. 1987) und der Metapher der Konstruktion ab, die sie für missverständlich halten. Sie schreiben etwas spitzzüngig: „Was bei der sozialen Geformtheit von Artefakten geformt wird, ist kein bloßes Gedankenzeug sondern hartnäckige physische Realität“ (MacKenzie und Wajcman 1999: 18, eigene Übersetzung). Dennoch inkludieren sie SCOT mit einem Beitrag von Ronald Kline und Trevor Pinch in ihrem Sammelband und heben insbesondere die interpretative Flexibilität sowie die Rolle der Nutzer*innen (siehe Seibt in diesem Band) in den Aushandlungsprozessen um die Techniknutzung hervor (MacKenzie und Wajcman 1999: 21).

Der Ansatz des Social Shaping of Technology

Die Grundaussage des *Social Shaping of Technology* Ansatzes wurde bereits in der Einleitung vorweggenommen und reiht sich in gängige Vorstellungen vom Zusammenspiel (oder der Untrennbarkeit) von Technik und Gesellschaft ein, die in der Wissenschafts- und Technikforschung vorherrschen. Sie lautet: Technologie und Gesellschaft sind ko-konstitutiv. Es handelt sich hier nicht um zwei getrennte Sphären, die sich (jeweils) einseitig beeinflussen. Sie sind untrennbar miteinander verbunden und bedingen sich gegenseitig (MacKenzie und Wajcman 1999: 23).

Doch wie sieht diese Ko-Konstitution von Technik und Gesellschaft aus? Diese Frage stellen sich nicht nur Studierende im Bereich der Wissenschafts- und Technikforschung. Der Ansatz lässt sich hierfür gut anwenden, denn er gibt ein Werkzeug für die Betrachtung an die Hand, wie Technik sozial geformt wird und darüber hinaus formend wirkt. Dafür heben sie vier Aspekte hervor, wie und wo diese Gestaltung stattfinden kann: Wissenschaft und Technologie, Ökonomie, Geschlecht und soziale Ungleichheiten und der Staat sowie Politik.

Zunächst halten die Autor*innen fest, wie *Wissenschaft und Technologie* selbst Technologie formen. Sie argumentieren, dass manche Erfindungen unvermeidlich werden und nennen hierfür exemplarisch die Erfindung des Dampfbootes, welches unausweichlich erscheint, sobald das Boot und die Dampfmaschine entwickelt wurden (MacKenzie und Wajcman 1999: 8). Dabei dekonstruieren sie auch das Bild des (männlichen) Genies, dem losgelöst vom weltlichen Geschehen ein Licht aufgeht. Vermeintlich neue Technologien sind oft lediglich Modifikationen vorhandener Technologien, welche in einer Entwicklungsreihe von Technologien stehen.

Auch sind technologische Entwicklungen und *Ökonomie* kaum voneinander zu trennen. Die Frage nach dem Erfolg oder den Zielen von Technikeinsatz hängt zumeist mit dem Reduzieren von Kosten und dem Steigen von Gewinnen zusammen, dies steht zum Beispiel auch in direktem Zusammenhang mit Personalkosten. So gilt der Technikeinsatz im Gegenwartskapitalismus beispielsweise als berechtigt, wenn es Personal und/oder Personalkosten spart (MacKenzie und Wajcman 1999: 14). Wäre das gesellschaftliche Ziel eine Vollbeschäftigung oder die gänzliche Abschaffung von Arbeit, sähen erfolgreich gewertete Technologien anders aus.

In den (vergeschlechtlichten) Personalkosten und der Bewertung von Arbeit, stellt sich auch die Ko-Konstitution von *Geschlecht und soziale Ungleichheiten* und Technologie dar. Die geringere Anerkennung und Entlohnung von feminisierten

Tätigkeiten, kann sich auch in der Technikgestaltung manifestieren, wenn beispielsweise eine Tätigkeit monetär so abgewertet ist, dass sich der Einsatz von Technik, wie Automatisierung nicht lohnt (MacKenzie und Wajcman 1999). Ein weiteres Beispiel findet sich bei Winner (1980), der beschreibt, wie die Brücken des Architekten Robert Moses in Bezug auf *race* und *class* Ungleichheiten verstärken. Dieses recht populäre Beispiel zeigt, wie Brücken per Design politisch werden, wenn sie beispielsweise zu niedrig gebaut werden und daher die Busse des öffentlichen Verkehrs nicht passieren können und mit ihnen marginalisierte Gruppen, die sich kein eigenes Auto leisten können oder keines zur Verfügung haben (Winner 1980; siehe dazu auch Barla 2026 in diesem Band).

Auch der *Staat* spielt eine zentrale Rolle in der Technikentwicklung, wie zum Beispiel bei staatlichen Investitionen in Militärtechnologien, oder durch öffentliche Förderungen für Technikentwicklung. Dies wird besonders deutlich bei der Betrachtung der Geschichte des Internets (Wyatt 2004; Haraway 1985). Auch Regulationen formen so die Technologien oder ihren Einsatz, wie die Datenschutzgrundverordnung oder der AI Act der Europäischen Union.

Meist gibt es aber keine einzelne und dominante prägende oder formgebende Kraft (MacKenzie und Wajcman 1999: 23), vielmehr greifen diese ineinander und hängen voneinander ab. Die Autor*innen heben hervor, dass „die ‚Formgebung' nicht immer als direkt und bewusst verstanden werden soll – als eine einfache Prägung des menschlichen Willens auf die materielle Welt" (MacKenzie und Wajcman 1999: 16, eigene Übersetzung). Außerdem ist die soziale Gestaltung von Technik nicht nur beschränkt auf die Herstellung, sondern auch auf die Anwendung von Technik (MacKenzie und Wajcman 1985; Häußling 2014), denn politische und soziale Aushandlungsprozesse, wie beispielsweise am Arbeitsplatz, sind maßgeblich dafür, *welche* Technologien überhaupt eingesetzt werden, *wie* sie eingesetzt werden (Wajcman 2006: 777) und *was* daraus folgt.

The Social Shaping of Technology: Ursprünge und Verortung

Nachdem Einblicke in die Ausführungen von MacKenzie und Wajcman gegeben wurden, sollen die Ursprünge kurz näher beleuchtet sowie eine Verortung innerhalb der Wissenschafts- und Technikforschung skizziert werden. Diese Debatten werden von Williams und Edge (1996) detailliert dargelegt und besprochen, indem sie den wachsenden Forschungsstand, insbesondere in Großbritannien und Europa in den 1980er und 1990er Jahren, untersucht haben.

Den Ursprung der SST Perspektive sehen auch Williams und Edge (1996) in der Herausbildung einer Kritik am Technikdeterminismus. SST als Antwort auf den Technikdeterminismus richtete sich nicht nur gegen die Wahrnehmung von Technik in der breiteren Öffentlichkeit, sondern auch gegen akademische Konzeptionen des Zusammenspiels zwischen Gesellschaft und Technologie (Williams 2019). Dies diskutieren sie im Übrigen auch für kritische Forscher*innen der *Labour Process Theory*, einem Ansatz aus der Arbeitsforschung, denn auch ihnen diagnostizierten sie Technikdeterminismus. Diese gehen zwar davon aus, dass Technologie im Arbeitsprozess aus dem Widerspruch zwischen Kapital und Arbeit entsteht, die Auswirkungen wurden aber in der Vergangenheit oft auf die sogenannte „Deskilling These", also die Annahme, dass Technikeinsatz zu Dequalifizierung führe, verkürzt. Laut Williams und Edge (1996) hat SST – in Großbritannien – seine Wurzeln in „der Soziologie des wissenschaftlichen Wissens (...), der Soziologie der Industrieorganisation, Technikpolitikforschung (insbesondere diejenige mit einem Hintergrund in ‚politischer Ökonomie'), und gewisse Ansätze in der Ökonomie technischen Wandels" (Williams und Edge 1996: 868ff., eigene Übersetzung).

Diese Traditionen finden sich auch – zumindest teilweise – in der Zusammenstellung des Sammelbands wieder, so wurden auch Auszüge aus Schriften von Karl Marx oder Harry Braverman nachgedruckt, die für das Zusammenspiel von Arbeit und Technik instruktiv sind und verdeutlichen, dass auch hier die soziale Geformtheit der Technik von Bedeutung ist (MacKenzie und Wajcman 1999; Marx 1999; Braverman 1999). Auch Howcroft und Taylor (2023: 3) heben die marxistischen Ursprünge des Ansatzes hervor, verweisen aber ebenso auf seine feministischen Ursprünge – immerhin gilt Judy Wajcman als zentrale Vertreterin der feministischen Technikforschung. Diese werden auch dadurch augenscheinlich, da nicht nur Technisierung von Produktion, sondern parallel dazu immer auch Technisierung der Reproduktion in Betracht gezogen und analysiert werden.

Frühe Studien, die sich mit dem SST und den Entscheidungs- und Aushandlungsprozessen von Technikeinsatz beschäftigen tun dies im Feld der Technikgeschichte (Williams 2019: 142). Namensgebend für den Untertitel der ersten Ausgabe von *The Social Shaping of Technology – How the refrigerator got its hum* (MacKenzie und Wajcman 1985) ist Ruth Schwartz Cowans (1985) Arbeit zu Hausarbeit und Technik, in der sie zeigt, wie sich aufgrund wirtschaftlicher Wettbewerbsfähigkeit der elektrische Kühlschrank gegenüber dem Gaskühlschrank durchsetzen konnte. Auch David Noble (1985) untersucht die Auswirkungen der Wahl einer Maschine gegenüber einer anderen und zwar für die Produktionsarbeit, wo die Wahl zugunsten des Managements auf die Numerical Control (N/C) Maschine fiel, die im Gegensatz zum sogenannten Record-Playback System weniger von der qualifizierten Arbeit der Beschäftigten abhing. Während beim Record-Playback System die Person an der Maschine die Bewegungen vorgab, die dann aufgezeichnet wurden, lag die Kontrolle bei der N/C Maschine beim Management.

Die großzügige Bündelung unter dem „Etikett“ (Häußling 2014: 235) des *Social Shaping of Technology*, weist darauf hin, dass es zwischen den einzelnen Theorien aus der Wissenschafts- und Technikforschung Konvergenzen gibt (Wajcman 2006; Häußling 2014; Williams und Edge 1996). Neben diesen Konvergenzen können aber auch Divergenzen festgestellt werden. Diesen Divergenzen und „Dilemmas“ nehmen sich Williams und Edge (1996) an, wenn auch mit einem Augenzwinkern, wenn sie festhalten, dass „ihre Relevanz außerhalb des Felds möglicherweise unklar ist“ (Williams und Edge 1996: 889, eigene Übersetzung). Sie geben einerseits die Unterschiede in der empirischen Forschung an und die dort untersuchten Ebenen (Mikro-, Meso-, Makro-Ebene). Andererseits stellt sich die Frage, welche Ansprüche aus Perspektive des SST an die Politik gestellt werden können, wenn Technikdeterminismus strikt abgelehnt wird (Williams und Edge 1996: 889ff.). Außerdem herrscht Uneinigkeit, wenn es um die Frage nach Sozialstrukturen, wie Klasse und Geschlecht, oder um Macht geht (für Ausführungen siehe Williams 2019: 145ff.).

Schließlich verorten sie SST in der Wissenschafts- und Technikforschung und blicken dabei (aus heutiger Sicht) in die Zukunft. Sie führen aus, dass „die Phase der ‚Konvergenz‘ [...] möglicherweise zu einer Periode der Differenzierung führen könnte“ (Williams und Edge 1996: 892, eigene Übersetzung). Dies lässt sich an den aufkommenden STS Studiengängen und der dort angebotenen Konzept- und Theorienvielfalt ablesen. Zuletzt scheint es allerdings so, als würde dem SST innerhalb der Wissenschafts- und Technikforschung nur mehr ein geringerer Stellenwert zukommen. Stattdessen finden sich aktuelle Bezüge unter anderem und weiterhin in der Arbeitsforschung, wo SST auch seine Ursprünge hat.

The Social Shaping of Technology heute? Aktuelle Bezüge am Beispiel Arbeit und Technik

In der Ausdifferenzierung der verschiedenen Konzepte aus der Wissenschafts- und Technikforschung scheint der Ansatz des *Social Shaping of Technology* etwas in den Hintergrund geraten zu sein. Ein Themenbereich, in dem der Ansatz zuletzt wieder an Bedeutung gewonnen hat oder darauf verwiesen wird, ist in der Beforschung des Themenfeldes der Technisierung von Arbeit. Dies lässt sich auf den dort wiederaufkommenden Technikdeterminismus zurückzuführen, wenn man Debatten zur Automatisierung oder Digitalisierung von Arbeit verfolgt (Kropp und Schreck 2026 in diesem Band).

Die Frage, ob es „diesmal wirklich anders [ist]“ (Wajcman 2019: 22) stellt sich mit Blick auf aktuelle Digitalisierungsdiskurse rund um die Zukunft der Arbeit und ihrer Automatisierung erneut. Einmal mehr wird der Ruf laut, über einen Technikdeterminismus (in der Arbeitsforschung) hinauszukommen, trotz der ständigen Bemühungen, ihn abzulehnen (Joyce et al. 2023; Thompson und Laaser 2021). „Das Gespenst des Technikdeterminismus geht einmal mehr um in der Arbeits- und Beschäftigungsforschung“ halten Joyce et al. (2023: 146, eigene Übersetzung) fest, wenn es auch kein harter Technikdeterminismus ist, Technik also nicht als einzige und vorherrschende prägende Kraft verstanden wird. Im Zuge dieser Bemühungen wird auch der Ansatz des SST in aktuellen Debatten vermehrt wiederentdeckt und aufgegriffen (Joyce et al. 2023; Howcroft und Taylor 2023; Thompson und Laaser 2021; Pfeiffer 2018), sodass die Verbindungen (Wajcman 2006) zwischen Wissenschafts- und Technikforschung und der Arbeitsforschung verstetigt werden können. Blickt man also auf die Ursprünge des Ansatzes zurück, erscheinen die Verbindungslinien schon vorgezeichnet, wenn sie auch nicht immer sichtbar sind oder sichtbar gemacht werden. Für die deutsche Industriesoziologie stellt Pfeiffer (2018: 252f.) fest, dass Ansätze wie SST, welche auch die Materialität von Technik (als sozial geformt) in den Blick nehmen keine oder eine geringe Rolle spielen, es aber an der Zeit ist „Technik wieder ernst [zu] nehmen“ (Pfeiffer 2010: 252). Diese Aufforderung wird auch von Thompson und Laaser (2021) getätigt, wenn auch mit ihrer eigenen Konzeption davon wie Technik im Arbeitsprozess untersucht werden soll. Im Weiteren sollen zwei Schlaglichter auf diejenige Forschung geworfen werden, die sich aktuell dem Ansatz bedient, um die Schnittstelle zwischen Arbeit und Technik zu beleuchten.

So widmet sich ein ganzes Heft in der Zeitschrift *New Technology, Work and Employment* den gesellschaftlichen Beziehungen digitaler Technologien und der Zukunft von Arbeit. Es bemüht sich damit – einmal mehr – den Technikdeterminismus zu überwinden (Joyce et al. 2023). Der Beitrag von Howcroft und Taylor (2023) in diesem Heft nimmt die Debatten um die Zukunft von Arbeit mit dem Ansatz des *Social Shaping of Technology* unter die Lupe und fragt danach, was Automatisierung und die damit verbundenen und vorhergesagten Effekte formt. Dabei heben sie hervor, dass sich nicht nur Technologie und Gesellschaft gegenseitig bedingen, sondern auch Technologie und Arbeitsorganisation wechselseitig konstitutiv sind. Während Technologien von bestimmten Arbeitsformen und Arbeitsteilungen geprägt sind prägen Vorstellungen davon, die Arbeitsorganisation zu verändern, technische Entwicklungen (Howcroft und Taylor 2023: 4). Sie intervenieren in gängigen Debatten rund um die „Zukunft der Arbeit“ und problematisieren dabei Vorhersagen, wie Massenarbeitslosigkeit oder Technik-Utopien ohne Arbeit (Howcroft und Taylor 2023: 14f.)

Der Ansatz wird auch in der Analyse von Digitalisierung im Bereich der Sorgearbeit (Ochs und Wenten 2026 in diesem Band) angewandt (Aulenbacher und Pillinger 2024). Dort kann aufgezeigt werden, wie Ökonomisierungsprozesse sich in die digitalen Dokumentationssysteme fortschreiben sowie sorgeethische Vorstellungen von menschlicher Sorge von manchen Sorgearbeiter*innen zu Abwehrhaltung gegenüber dem Einsatz von sogenannten Pflegerobotern führt. Aber auch die Materialität der Technik wird zum Thema, wenn die Limitationen der Technikentwicklung dargelegt werden, wie beispielsweise die Spracherkennung bei Dialekten oder Akzenten sowie Hygieneaufgaben in der Robotik (Aulenbacher und Pillinger 2024). Sorgetechnologien werden auch in den Blick genommen, wenn aus der Perspektive der feministischen Technikforschung, die eng mit dem Ansatz des *Social Shaping of Technology* verknüpft ist, beforscht wird, wie durch Digitalisierung Bewegung in die Vergeschlechtlichung der feminisierten Tätigkeit kommt (Fahimi 2022; Weber 2020).

Zusammenfassung

Der Beitrag sollte einen Ansatz aus den Anfängen der Wissenschafts- und Technikforschung aufarbeiten, der im deutschsprachigen Raum oftmals übersehen wird. Es wurde aufgezeigt, dass sich Debatten rund um Technik wiederholen, wenn es auch heute um andere Artefakte geht, als beispielsweise in der eingangs zitierten Textpassage. Damit hat der Ansatz des *Social Shaping of Technology* nicht an Aktualität eingebüßt. Der Technikdeterminismus, also die Vorstellung davon, Technik determiniere Gesellschaft, wurde erläutert und seine Bedeutung dargelegt. Dabei bildete die Kritik an ihm den gemeinsamen Nenner der verschiedenen Forschungsstränge, die MacKenzie und Wajcman unter dem Schirm des *Social Shaping of Technology* versammelten. Wenn auch der Glaube an die Determiniertheit durch Technik an vielen Stellen abgelöst worden ist, kommt er doch zum Tragen, wie beispielsweise im Technosolutionismus, der einer ähnlichen Logik folgt. Es folgte eine Darstellung des Ansatzes des SST und wie darin die Ko-Konstitution von Gesellschaft und Technik nach MacKenzie und Wajcman (1999) analysiert werden kann, nämlich entlang der vier miteinander verstrickten Aspekte: Wissenschaft und Technologie, Ökonomie, Geschlecht und soziale Ungleichheiten sowie Staat und Politik. Zentral sind dabei immer die Aushandlungsprozesse, die in die Technologien miteinfließen, die uns umgeben und unser Leben sowie unsere Arbeit gestalten, denn was dabei herauskommt, ist nicht im Vorhinein ausgemacht. Trotzdem spielt die Materialität eine wichtige Rolle, wie die sogenannte *Guns and Roses Debate* veranschaulicht, ist es doch viel einfacher, mit einer Pistole jemanden zu töten als mit

20 Rosen (Williams 2019: 142). Außerdem wurde ein Blick zurück geworfen in die Entstehungsgeschichte des Ansatzes und seine Einbettung. Das hilft auch dabei zu verstehen, wo und wie der Ansatz über die letzten Jahrzehnte hinweg bis heute angewandt wird, wie beispielsweise in der Arbeitsforschung. Aktuelle Bezüge fanden sich beispielsweise in der Analyse von der Entwicklung und dem Einsatz von Sorgetechnologien. Der Beitrag hatte zum Ziel, den Ansatz wieder etwas in den Vordergrund zu bringen und aufzuzeigen, an welchen Stellen er ein wertvolles konzeptionelles Werkzeug sein kann.

Weiterführende Lektüre

(1) MacKenzie, D. und J. Wajcman (Hrsg.), 1999: The social shaping of technology. Buckingham: Open University Press.
(2) Williams, R., 2019: The Social Shaping of Technology (SST). S. 138–162 in: T.L. Pittinsky (Hrsg.), Science, Technology, and Society. Cambridge: Cambridge University Press.
(3) Wajcman, J., 2006: New connections: social studies of science and technology and studies of work. Work, Employment and Society 20: 773–786.
(4) Häußling, R., 2014: Techniksoziologie. Stuttgart, Baden-Baden: UTB.

Literatur

Aulenbacher, B. und A. Pillinger, 2024: Ambivalent, hierarchisch, umstritten: Digitalisierung in der Altenbetreuung und -pflege. Kurswechsel 2/2024: 31–40.

Barla, J., 2026: Materie und Materialität in der Wissenschafts- und Technikforschung. S. 253–268 in: A. K. Krüger, J.-F. Schrape, C. Schubert und J. Schubert (Hrsg.), Wissenschafts- und Technikforschung. Sozialwissenschaftliche Einführungen. Berlin: de Gruyter.

Bijker, W.E., T. Hughes und T. Pinch (Hrsg.), 1987: The Social Construction of Technological Systems. Cambridge, Massachusetts: MIT Press.

Braverman, H., 1999: Technology and capitalist control. S. 158–160 in: D. MacKenzie und J. Wajcman (Hrsg.), The social shaping of technology. Buckingham: Open University Press.

Fahimi, M., 2022: Caring 4.0 Geschlechter(un)ordnungen in der digitalen Pflegearbeit. S. 200–217 in: M. Kastein und L. Weber (Hrsg.), Care-Arbeit und Gender in der digitalen Transformation. Weinheim: Beltz Juventa.

Haraway, D., 1985: A manifesto for Cyborgs: Science, technology, and socialist feminism in the 1980s. Socialist Review 80: 65–108.

Häußling, R., 2014: Techniksoziologie. Stuttgart, Baden-Baden: UTB.

Howcroft, D. und P. Taylor, 2023: Automation and the future of work: A social shaping of technology approach. New Technology, Work and Employment 38: 351–370.

Joyce, S., C. Umney, X. Whittaker und M. Stuart, 2023: New social relations of digital technology and the future of work: Beyond technological determinism. New Technology, Work and Employment 38: 145–161.

Kovacic, Z., C. García Casañas, L. Argüelles, P. Yáñez Serrano, R. Ribera-Fumaz, L. Prause und H. March, 2024: The twin green and digital transition: High-level policy or science fiction? Environment and Planning E: Nature and Space 7: 2251–2278.

Kropp C. und A. Schreck, 2026: Soziotechnische Konstellationen und Risiken der Automatisierung. S. 285–303 in: A. K. Krüger, J.-F. Schrape, C. Schubert und J. Schubert (Hrsg.), Wissenschafts- und Technikforschung. Sozialwissenschaftliche Einführungen. Berlin: de Gruyter.

MacKenzie, D. und J. Wajcman (Hrsg.), 1985: The Social Shaping of Technology: How the Refrigerator Got Its Hum. Milton Keynes: Open University Press.

MacKenzie, D. und J. Wajcman (Hrsg.), 1999: The social shaping of technology. Buckingham: Open University Press.

Marx, K., 1999: The machine versus the worker. S. 156–157 in: D. MacKenzie und J. Wajcman (Hrsg.), The social shaping of technology. Buckingham: Open University Press.

Morozov, E., 2013: To save everything, click here. The folly of technological solutionism. New York: Public Affairs.

Nachtwey, O., J. Truffer und T. Seidl, 2023: Der solutionistische Geist des digitalen Kapitalismus. S. 458–475 in: T. Carstensen, S. Schaupp und S. Sevignani (Hrsg.), Theorien des digitalen Kapitalismus. Arbeit, Ökonomie, Politik und Subjekt. Berlin: Suhrkamp.

Noble, D., 1985: Social choice in machine design: the case of automatically controlled machine tools. S. 109–124 in: D. MacKenzie und J. Wajcman (Hrsg.), The Social Shaping of Technology: How the Refrigerator Got Its Hum. Milton Keynes: Open University Press.

Ochs, C. und K.A. Wenten, 2026: Care: Sorge als Gegenstand, Theorie, Methode und Ethik der Wissenschafts- und Technikforschung. S. 101–118 in: A. K. Krüger, J.-F. Schrape, C. Schubert und J. Schubert (Hrsg.), Wissenschafts- und Technikforschung. Sozialwissenschaftliche Einführungen. Berlin: de Gruyter.

Paulitz, T., 2005: Veränderungen sind Sache der Politik. Im Gespräch. Die feministische Techniksoziologin Judy Wajcman über Technowissenschaften, Cyberfeminismus und globale Transformationen von Arbeit. Freitag, 23.12.2005: 21. https://www.ifs.tu-darmstadt.de/media/ifs/ag_kultur__und_wissenssoziologie_ifs/downloads_ifs/Paulitz_Wajcman.pdf (3.4.2024).

Pfeiffer, S., 2018: Technisierung von Arbeit. S. 231–261 in: F. Böhle, G.G. Voß und G. Wachtler (Hrsg.), Handbuch Arbeitssoziologie : Band 2: Akteure und Institutionen. Wiesbaden: Springer Fachmedien.

Rosner, L. (Hrsg.), 2004: The Technological Fix. How People Use Technology To Create and Solve Problems. New York, London: Routledge.

Schwartz Cowan, R., 1985: How the refrigerator got its hum. S. 201–218 in: D. MacKenzie und J. Wajcman (Hrsg.), The Social Shaping of Technology: How the Refrigerator Got Its Hum. Milton Keynes: Open University Press.

Sikirica, A. und R. York, 2024: The Climate Change Crisis and the Limits of Technological Solutions. S. 331–342 in: S. Brechin und S. Lee (Hrsg.), Routledge Handbook of Climate Change and Society. London: Routledge.

Thompson, P. und K. Laaser, 2021: Beyond technological determinism: revitalising labour process analyses of technology, capital and labour. Work in the Global Economy 1: 139–159.

Wajcman, J., 2006: New connections: social studies of science and technology and studies of work. Work, Employment and Society 20: 773–786.

Wajcman, J., 2019: Automatisierung: ist es diesmal wirklich anders? S. 22–35 in: F. Butollo und S. Nuss (Hrsg.), Marx und die Roboter. Vernetzte Produktion, Künstliche Intelligenz und lebendige Arbeit. Berlin: Dietz.

Weber, L., 2020: Digitalisierung, Geschlechtliche Zuweisungsprozesse und De/Professionalisierung in der Care-Arbeit. S. 55–77 in: K. Becker, K. Binner und F. Décieux (Hrsg.), Gespannte Arbeits- und Geschlechterverhältnisse im Marktkapitalismus. Wiesbaden: Springer Fachmedien Wiesbaden.

Weinberg, A., 1967: Can Technology Replace Social Engineering? American Behavioral Scientist 10: 7–10.

Williams, R., 2019: The Social Shaping of Technology (SST). S. 138–162 in: T.L. Pittinsky (Hrsg.), Science, Technology, and Society. Cambridge: Cambridge University Press.

Williams, R. und D. Edge, 1996: The social shaping of technology. Research Policy 25: 865–899.

Winner, L., 1980: Do Artifacts Have Politics? Daedalus 109: 121–136.

Wyatt, S., 2004: Danger! Metaphors at Work in Economics, Geophysiology, and the Internet. Science, Technology, & Human Values 29: 242–261.

Wyatt, S., 2023: Technological Determinism. What it is and Why it Matters. S. 26–33 in: G.J. Robson und J.Y. Tsou (Hrsg.), Technology ethics. A philosophical introduction and readings. New York, London: Routledge.

Jan Loheit und Mariana Schütt

13 Problemkreise der Technikanthropologie

Einleitung

„Werden Menschen bald zu Cyborgs?“ – unter diesem Titel diskutierte eine ARTE-Dokumentation 2025 die Frage, inwieweit technologische Entwicklungen dazu führen könnten, dass sich das Menschsein fundamental verändert. Im Zentrum standen Forschungsfelder wie künstliche Organe, Neuroprothesen und Hirn-Computer-Schnittstellen. Wenngleich viele dieser Technologien sich noch im experimentellen Stadium befinden und ihre Wirksamkeit ebenso wie ihre ethische Tragfähigkeit umstritten sind, deuten sie auf Grenzverschiebungen, die das Verhältnis von Bio- und Technokörper, von menschlichen Selbst- und Weltverhältnissen, ja das Humanum selbst betreffen. Die Rede vom ‚Ende des Menschen‘ ist nicht neu. Aber die Entwicklungen auf dem Gebiet der Techno- und Biowissenschaften haben den posthumanistischen Traum von der „Absetzung des Anthropos“ (Braidotti 2014: 80) ebenso wiederbelebt wie die transhumanistische Vision seiner Optimierung. Der Diskurs reicht von Utopien einer „artübergreifenden Ökogerechtigkeit“ (Haraway 2017: 30) über Vorstellungen der physischen Selbstüberschreitung durch ‚Mind-Upload‘ bis zu einem *Akzellerationismus*, der das Technokapital zum Vollstrecker eines kosmischen Willens erklärt und die terrestrischen Naturschranken durch die Kolonisierung des Weltraums überwinden will.

Unbestreitbar ist wohl, dass die menschliche Existenzweise, grundlegend eingebettet in gesellschaftliche Naturverhältnisse, immer schon durch Technik vermittelt ist. Artefakte, Symbole und Werkzeuge konstituieren unsere Umweltbeziehungen. Doch was bedeutet es, Mensch zu sein, wenn biologische, sensorische und soziale Fähigkeiten nicht nur technisch ergänzt, sondern zunehmend technisch mitgeformt werden? Welche Begriffe stehen zur Verfügung, um diesen Prozess angemessen zu beschreiben? Solche Fragen stehen im Zentrum der Technikanthropologie. Sie begreift Technik nicht als bloßes Werkzeug, sondern als *konstitutives Moment menschlicher Selbst- und Weltverhältnisse*. Dabei führen viele Debatten auf Positionen zurück, die selbst nicht im Horizont einer Technikanthropologie entwickelt wurden, deren Relevanz sich jedoch im Nachhinein erschließt. Karl Marx etwa stellt die Naturalformen der Technik, d.h. ihre konkret-nützliche Seite, nicht in den Mittelpunkt seiner Überlegungen. Er analysiert vielmehr die ökonomische Formbestimmtheit, die Technik in historisch-spezifischen Produktionsverhältnissen erhält. Dennoch bieten seine Kritik am abstrakten Humanismus und sein Verständnis des Menschen als *gesellschaftliches Wesen* wichtige Impulse für technikanthropologisches Denken. Andere klassische Positionen wie die von Ernst Kapp

https://doi.org/10.1515/9783112245897-017

(1877) und Arnold Gehlen (1940/1950) rücken die Technik deutlicher ins Zentrum. Kapp entwirft mit seiner Theorie der *Organprojektion* ein Modell, in dem technische Artefakte als Veräußerlichungen körperlicher Strukturen erscheinen. Gehlen wiederum beschreibt Technik als *Entlastungssystem* eines instinktreduzierten Wesens, das durch kulturelle Stabilisierung überlebensfähig wird. Diese Ansätze bilden den historischen Rahmen für die systematische Auseinandersetzung mit Technik als Bedingung menschlicher Existenz.

Der vorliegende Beitrag rekonstruiert Problemkreise der Technikanthropologie und macht verschiedene theoretische Perspektiven auf das Verhältnis von Mensch und Technik zugänglich. Im Zentrum steht die Frage, wie sich das Humanum unter dem Einfluss technischer Vermittlung jeweils konstituiert – historisch, epistemisch und gesellschaftlich. Ausgehend von klassischen Entwürfen, die Technik als *Organprojektion* oder *Entlastungsmittel* deuten, wird gezeigt, wie sich die Anthropologie des Menschen mit der Technisierung seiner Lebenswelt verschränkt. Anschließend werden kritisch-diagnostische Positionen – bei Günther Anders, Theodor W. Adorno und Max Horkheimer – diskutiert, die das Verhältnis von Technik und Subjekt unter den Bedingungen sozialer Herrschaft analysieren. Abschließend wendet sich der Beitrag neueren Ansätzen zu, die eine *symmetrische* oder *posthumanistische Anthropologie* vorschlagen und damit traditionelle Grenzziehungen zwischen Mensch, Tier, Maschine und Umwelt grundlegend in Frage stellen.

Technik und Menschwerdung: Zur historischen Konstitution des Humanums

Ein Ausgangspunkt technikanthropologischer Überlegungen liegt in der Frage nach dem Verhältnis von Technik und Menschwerdung. Sie übersteigt die Fragen der biologischen Anthropologie. Charles Darwin hatte, wie schon Marx rühmend hervorhob, der Naturwissenschaft zwar mit seinem Hauptwerk, dem *Ursprung der Arten* (1859), die „Geschichte der natürlichen Technologie“ erschlossen, indem er das Interesse erstmals systematisch auf die naturgeschichtliche Genese der „Pflanzen- und Tierorgane als Produktionsinstrumente für das Leben der Pflanzen und Tiere“ lenkte (Marx 1867/1977, MEW 23: 392, Fn. 89). Aber die Humangenese schreibt eine andere Geschichte. Sie lässt sich nicht allein aus der biologischen Evolution ableiten. Sie beginnt dort, wo sich der Übergang von den phylogenetischen Mechanismen der Evolutionsgeschichte zur historisch-gesellschaftlichen Entwicklung vollzieht. Den Übergang ermöglicht die komplexe, gleichursprünglich einsetzende Koevolution von Werkzeugproduktion, Sprache, ästhetischem Verhalten und sozialer Organisation. Klaus Holzkamp hat in seinem Grundlagenwerk der Kritischen

Psychologie die entscheidende Rolle herausgearbeitet, die dabei dem Funktionswechsel von der Ad-hoc-Zurichtung natürlich vorfindbarer Hilfsmittel zur sozialen Werkzeugherstellung zukommt. Mit der sozialen Werkzeugherstellung, die allgemein zweckmäßige, auf „kooperative Brauchbarkeit" hin konzipierte Arbeitsmittel hervorbringt, entstehen „planende Voraussicht" und „generalisierte Realitätskontrolle". Sie impliziert also, dass die menschliche Naturaneignung „von vornherein und notwendig in den Prozess der kollektiv-vorsorgenden Lebenssicherung durch die Sozietät einbezogen ist" (Holzkamp 1985: 176f.).

Bereits für Marx liegt das Spezifische der Menschwerdung nicht im biologischen Wesenskern, sondern in der Arbeit – verstanden als bewusste Naturaneignung durch kooperative Praxis. Er begreift den Menschen als *gesellschaftliches Wesen*, dessen Fähigkeiten sich durch die Herstellung und den Gebrauch von Werkzeugen nach außen verlagern. Lucien Séve spricht daher von der „Außermittigkeit" des menschlichen Wesens (Séve 2016 [1969]: 163). Im Prozess der Nach-außen-Verlagerung vergegenständlicht sich das menschliche Gattungsvermögen in einer materiellen, symbolisch erschlossenen *Geräte- und Wissensumwelt*, die eine eigene Entwicklungsgeschichte entfaltet und sich im Lauf der Menschheitsgeschichte zu einer globalen Technosphäre verselbständigt hat, die das Leben der Einzelnen als *Gesellschaftskörper* wesentlich bestimmt. Dennoch bleibt die leibliche Verfasstheit, die körperliche Organisation des Menschen für Marx Ausgangspunkt seiner materialistischen Analyse (vgl. Fracchia 2021, Bd. I: 216–245). Das Mensch-Natur-Verhältnis ist, noch vor aller soziokulturellen Vermittlung, grundlegend durch die körperliche Organisation bedingt. Sie ist, wie Marx sagt, die „erste Voraussetzung aller Menschengeschichte", weil sie die Grundbedingung dafür darstellt, dass Menschen, im Unterschied zu den Tieren, „anfangen, ihre Lebensmittel zu produzieren" (Marx und Engels 1845/46, MEW 3: 21). Die körperliche Organisation der Menschen ist deshalb entscheidend, weil sie ein neuartiges Organismus-Umwelt-Verhältnis ermöglicht, in dem nicht mehr die organismische Selektion, d.h. die Weitergabe und Rekombination von Mutationen und Genen, dominant ist, sondern die Werkzeugselektion: „Indem die Werkzeuge durch Selektion akkumuliert und kombiniert werden, schieben sie sich von Anfang an zwischen die Individuen und ihre Umwelt bzw. zwischen den Menschen und die Natur – als ‚künstliche Umwelt' oder ‚künstliche Organe' des Menschen, vermittels derer er sich die Natur aneignet oder seine Objekte determiniert" (Beurton 2018: 617).

Im Unterschied zu Ansätzen, die das Menschsein aus einem transzendentalen Vernunftbegriff, einem moralischen Gesetz oder einer inneren Geistnatur herleiten, ist für die *materialistische Technikanthropologie* das Humanspezifikum also weniger durch das menschliche Bewusstsein als vielmehr durch die Art der Werkzeugherstellung bestimmt. Technik wird demnach nicht als Ausdruck eines bereits bestimmten menschlichen Wesens konzipiert, sondern die Konstitution des

Menschlichen ist in materialistischer Perspektive in und durch Praxis bestimmt – als historisch variable, körperlich und gesellschaftlich vermittelte Formung von Weltverhältnissen, die auf die evolutionäre Herausbildung von Fähigkeiten wie Sach- und Sozialintentionalität, gegenseitiger Perspektivenübernahme und Symbolgebrauch zurückgeht.[1] Mit Marx kann man sagen, dass die ‚künstliche Umwelt' der Menschen den ‚Leib' ihrer Subjektivität bilden. Das Augenmerk der materialistischen Technikanthropologie richtet sich daher auf die Aneignungswirklichkeit der durch Arbeit vermittelten Existenzbedingungen. Die „Arbeitsmittel" sind für Marx „nicht nur Gradmesser der Entwicklung der menschlichen Arbeitskraft, sondern auch Anzeiger der gesellschaftlichen Verhältnisse, worin gearbeitet wird" (1867/1977, MEW 23: 195). Technik interessiert ihn hierbei nicht als solche; seine Fragen richten sich, besonders in seinem Hauptwerk, auf deren ökonomische, durch die Eigentumsordnung gesetzte Formbestimmung. Marx wirft ein Licht auf das Schicksal des menschlichen Daseins als Natur- und Gesellschaftskörper, indem er die historischen Modifikationen untersucht, die das Verhältnis zwischen den „unorganischen Bedingungen" des gesellschaftlichen Stoffwechsels mit der Natur und den „lebenden und tätigen Menschen" betreffen (1857/58, MEW 42: 397).

Der französische Anthropologe André Leroi-Gourhan (1964/65) stellt die *Koevolution von Hand, Werkzeug, Ästhetik, Sprache und sozialer Organisation* in den Mittelpunkt seiner Überlegungen. Die Auffassung, wonach der entscheidende Moment des Übergangs zur menschlichen Lebensweise in der Werkzeugherstellung liegt, fundiert er in seiner umfassenden Auswertung paläoanthropologischer Funde. Die Werkzeugherstellung erweise sich schließlich als „einziger Ausweg für ein Wesen, das in seiner Hand und seinem Gebiss vollständig waffenlos dasteht" (Leroi-Gourhan 1964/65: 120). Werkzeuge sind demnach nicht nur technische Hilfsmittel, sondern *künstliche Organe*, die zwischen Mensch und Umwelt treten und ein neuartiges, technisch vermitteltes Weltverhältnis hervorbringen. Die Wirkungen, die von der dynamischen Form menschlich-kollektiver Weltgestaltung ausgehen, übersteigen die individuelle Wahrnehmung. Leroi-Gourhan fordert daher

---

1 Die evolutionäre Anthropologie geht heute davon aus, dass „die entscheidenden Neuheiten in der Evolution des Menschen alle auf die eine oder andere Weise Anpassungen an eine besonders kooperative, geradezu hyperkooperative Lebensform waren" (Tomasello 2020: 423). Michael Tomasello hat in diesem Zusammenhang argumentiert, dass der entscheidende Unterschied zwischen dem Menschen und anderen Primaten nicht in der bloßen Nutzung von Werkzeugen liegt – auch Schimpansen verwenden bekanntlich Stöcke, Blätter oder Steine als Hilfsmittel –, sondern in der *kulturellen Weitergabe* und *kooperativen Struktur* dieser Praktiken. Menschliche Werkzeugproduktion beruht laut Tomasello auf gemeinsamer Intentionalität, geteilter Aufmerksamkeit und der Fähigkeit zur koordinierten Arbeitsteilung. In dieser Perspektive entsteht Technik nicht aus individueller Kreativität, sondern aus sozial eingebetteter Praxis.

eine „Biologie der Technik“ (ebd.), die den sozialen Körper als ein vom zoologischen Körper unabhängiges Wesen zu begreifen versteht.

Technik als anthropologische Notwendigkeit: Ernst Kapp und Arnold Gehlen

Während marxistische und evolutionstheoretische Perspektiven Technik als Moment gesellschaftlicher Reproduktion oder als Ergebnis biologischer Anpassung analysieren, betonen andere Ansätze deren anthropologische Notwendigkeit. Technik erscheint hier nicht nur als historisch-kontingente Praxis, sondern als Antwort auf eine grundsätzliche Unvollständigkeit oder Offenheit menschlicher Existenz. Einen ersten systematischen Entwurf in dieser Richtung lieferte Ernst Kapp mit seiner 1877 veröffentlichten Schrift *Grundlinien einer Philosophie der Technik*. Darin entwickelt er die Theorie der *Organprojektion*, der zufolge technische Artefakte als Veräußerlichungen (Projektionen) körperlicher Strukturen zu verstehen sind: die Axt als Projektion des Arms, das Schiff als Projektion der Haut, das Alphabet als Projektion des Sprachapparats. Kapp denkt den Menschen nicht als abgeschlossene Naturform, sondern als ein Wesen, das sich durch technische Hervorbringungen zu sich selbst in Beziehung setzt. Als Spiegel der leiblichen und geistigen Vermögen des Menschen sei Technik symbolische Auslagerung des eigenen Körpers. Die technischen Artefakte sind nach Kapp nicht nur vergegenständlichte Zwecke, sondern dienen zugleich als Medium menschlicher Selbsterkenntnis. In der vermittels „Werkzeug und Gerätschaft“ angeeigneten und im Aneignungsprozess modifizierten „Außenwelt“ lerne der Mensch, „sich selbst [zu] wissen und [zu] begreifen“, und dies nur, weil er, im Unterschied zum Tier, „in seinen Werkzeugen künstliche Organe zu schaffen“ verstehe (Kapp 1877/2015: 119).

Während Kapp Technik primär als Ausdruck und Spiegel bereits vorhandener körperlich-geistiger Vermögen begreift, verschiebt sich bei dem Philosophen und Soziologen Arnold Gehlen (1940/50) der Akzent: Technik erscheint ihm nicht als symbolische Selbstvergewisserung, sondern als notwendige Reaktion auf eine konstitutive biologische Unvollständigkeit des Menschen. Der Mensch sei, so Gehlen, biologisch unterausgestattet, ein Wesen ohne ausgeprägte Instinkte, mit unspezifischer Anatomie, ein (biologisches) „Mängelwesen“ also, das gezwungen ist, seine Lebensumwelt künstlich zu stabilisieren. Sprache, soziale Organisation und Technik dienen als ein „System der produktiven Entlastungen“ (Gehlen 1940/50: 280). Ähnlich wie Kapp begreift Gehlen die technischen Entlastungsmittel als Analogfunktionen des menschlichen Organismus, die ihn vom trieb- und umweltgebundenen Tier unterscheiden. Institutionen und Artefakte sind in dieser Perspektive keine zufälligen Erfindungen, sondern Ausdruck eines anthropologischen Anpassungsdrucks, der Kultur als Kompensationsleistung organisiert.

Die Kultur der Menschen ist ihre Natur, könnte man mit Gehlen sagen. Sie ist „Inbegriff der Sachmittel und Vorstellungsmittel, der Sach- und Denktechniken, einschließlich der Institutionen" (ebd.: 88). In dieser Perspektive wird Technik zur Voraussetzung kultureller Dauer und kollektiver Lebensform. Sie dient der Entlastung individueller Handlungskapazitäten und schafft Spielräume für Symbolisierung, Arbeitsteilung und Reflexion. Doch mit Gehlens Verschiebung der Perspektive, von der historisch-gesellschaftlichen Praxis zur vermeintlich überzeitlichen anthropologischen Notwendigkeit, droht eine folgenreiche Naturalisierung: Technik erscheint nicht länger als umkämpftes soziales Feld, sondern als funktionale Antwort auf eine universale menschliche Überforderung. Er liefert damit ein Deutungsmuster, das bestehende gesellschaftliche Ordnungen stabilisiert und legitimiert. Als aktiver Unterstützer des deutschen Faschismus entwickelte Gehlen eine anthropologische Konzeption, die auf Ordnung, Disziplin und Führung ausgerichtet ist. Seine Theorie vom „nicht festgestellten Wesen" des Menschen zielt nicht auf Emanzipation, sondern auf „Selbstzucht, Erziehung, Züchtung" (ebd.: 30) und damit auf die Notwendigkeit von Institutionen, die das instabile Subjekt binden, normieren und lenken. Als Lebensaufgabe sieht er daher, „in sich selbst eine Herrschafts- und Führungsgesetzlichkeit der Bedürfnisse und Interessen großzuziehen" (ebd.: 64). Was bei Kapp noch als symbolische Rückbindung des Menschen an seine leiblich-geistigen Vermögen gedacht war, wird bei Gehlen zur Legitimationsfigur einer auf Disziplin und Entlastung zielenden Kulturtheorie. Kultur wird zur Zuchtordnung, Technik zur Herrschaftsstruktur.

Technik als Herrschaft: Kritische Theorie und Günther Anders

Während Gehlen Technik als anthropologisch notwendige Reaktion auf leiblich-kognitive Defizite begreift, richtet sich die *Kritische Theorie* gegen eine solche Verallgemeinerung. Sie betrachtet Technik nicht als neutrale Entlastung, sondern als Ausdruck gesellschaftlicher Verhältnisse – insbesondere von sozialer Herrschaft, Verdinglichung und Naturbeherrschung. In ihrer *Dialektik der Aufklärung* (1947) analysieren Theodor W. Adorno und Max Horkheimer die Aufklärung als Geschichte der Rationalisierung und damit als die Geschichte einer zunehmenden Unterwerfung von Natur unter die instrumentelle Vernunft. Technik ist für sie kein reines Werkzeug zur Erleichterung des Lebens, sondern ein Medium, durch das sich ein repressives Verhältnis zur Welt durchsetzt. Aus der Sicht von Adorno und Horkheimer ist der Mensch wie kein anderes Wesen in der Lage, seine eigene Natur und seine Umwelt zu unterwerfen. Seine „Maschinen, Chemikalien, Organisationskräfte" gehören zu ihm wie die „Zähne zum Bären" (1947/2006: 254). Der Satz erinnert zwar an Kapps Konzept der Organprojektion. Doch anders als dieser deuten Adorno und Horkheimer deren Wirkungen nicht vornehmlich als progressiven Erkenntnisprozess, sondern als ein Verhängnis. Der Mensch verschwände im kapitalistischen Produktionsprozess „vor dem Apparat [...], den er bedient" (ebd.: 4), die Menschen würden dadurch ihres sinnlichen Erfahrungsspektrums beraubt: „Je komplizierter und feiner die gesellschaftliche, ökonomische und gesellschaftliche Apparatur, auf deren Bedienung das Produktionssystem den Leib längst abgestimmt hat, umso verarmter die Erlebnisse, deren er fähig ist" (ebd.: 43). Das bedeutet auch, dass die konkrete Technik, so wie sie entstanden ist, nicht von ihren gesellschaftlichen Bedingungen getrennt werden kann. Sie ist vergegenständlichtes Wissen zur Beherrschung von innerer und äußerer Natur, und im selben Maße, in dem sich das Denken technisch vergegenständlicht, werde es selbst maschinell. Die „Versachlichung des Geistes" (ebd.: 35), schließen Adorno und Horkheimer, lasse die Beziehungen des Individuums zu sich und zu anderen verkümmern.

Als historisch geronnene Form der *instrumentellen Vernunft*, die auf Kontrolle, Effizienz und Verfügbarmachung zielt, degradiert Technik nach Adorno und Horkheimer das Subjekt selbst zur Funktion. Die Individuen werden zum Anhängsel der Maschinen. Diese Diagnose spitzt Günther Anders radikal zu. In seinen *Thesen zum technischen Zeitalter* und besonders in *Die Antiquiertheit des Menschen* (1956/1980) beschreibt er eine anthropologische Asymmetrie innerhalb der Mensch-Technik-Verhältnisse: Der Mensch sei zum Diener der Geräte (Anders 1980: 79), zum „Hofzwerg seines eigenen Maschinenparks" geworden (Anders 1956: 39). Durch die Tatsache, dass er, im Unterschied zu der von ihm geschaffenen Artefaktwelt, *„geworden"* und nicht *„gemacht"* ist (ebd.: 38), wird er seiner eigenen Unvollkommenheit inne. Darin besteht nach Anders die *prometheische Scham* des Menschen im Industriezeitalter. Die Anspielung auf Prometheus verweist auf die griechische Mythologie. Prometheus entwendet den Göttern das Feuer und schenkt es den Menschen. Bei Anders wird diese Heilsfigur umgekehrt: Der Mensch werde durch Technik nicht erhoben, sondern von ihr beschämt. Er erlebt seine Schöpfung nicht als Fortschritt, sondern als Maßstab, an dem er sich selbst als unzulänglich empfindet. Den Einwand, dass die Menschen die Geräte schließlich erschaffen und daher Stolz, nicht Scham empfinden müssten, lässt Anders nicht gelten. Durch die Zerstückelung des Produktionsprozesses einerseits und den Fakt, dass ein Großteil der Menschen überhaupt nicht dessen Teil ist, bleibe der *Homo Faber* in diesem Zusammenhang nur eine leere Formel. Die Idee vom *Homo Faber* stellt den Menschen als schöpferisches Wesen in den Mittelpunkt, das seine Umwelt aktiv gestaltet. Doch diese Vorstellung, meint Anders, sei unter den Bedingungen der Technokratie obsolet. Technik sei zum „Subjekt der Geschichte“ geworden; die Menschen seien nur mehr „mitgeschichtlich“ (Anders 1980: 9). In der *„Geschichte der Verdinglichung* des Menschen“ sei damit eine neue Phase erreicht, da „der Mensch die Überlegenheit der Dinge anerkennt, sich mit diesen gleichschaltet, seine *eigene Verdinglichung bejaht*“ (Anders 1956: 44).

Im Verhältnis des Menschen zu seinem eigenen Körper werde dies besonders deutlich: „Unser Leib von heute ist der von gestern, noch heute der Leib unserer Eltern, noch heute der Leib unserer Ahnen [...]. Er ist morphologisch konstant; moralisch gesprochen: unfrei, widerspenstig und stur; aus der Perspektive der Geräte gesehen: konservativ, unprogressiv, antiquiert, unrevidierbar, ein Totgewicht im Aufstieg der Geräte“ (ebd.: 48). Anders versteht den Leib jedoch als plastisch genug, sich an die Gerätewelt anzupassen: „Was aus dem Leib werden soll, ist [...] jeweils durch das Gerät festgelegt; durch das, was das Gerät verlangt“ (ebd.: 54). In diesem Anpassungsprozess büße er jedoch zunehmend seine sinnliche Potenz ein. Die Erfahrungsfähigkeit der Menschen werde beschnitten. Die Entgrenzung technischer Produktivität stellt nach Anders eine Gefahr für das ethische und leibliche Weltverhältnis des Menschen dar. Technik wird hier nicht nur als gesellschaftlich vermittelt, sondern als entfremdend erfahren – als Macht, die sich der Verfügung des Menschen entzieht. Während Gehlen Technik als Ordnungsleistung interpretiert, beschreibt Anders sie als *Desorientierungskraft* einer Moderne, die ihre eigenen Bedingungen nicht mehr durchschaut, geschweige denn kontrolliert. Die *Kritische Theorie* und Anders bieten damit eine Gegenposition zu anthropologischen Funktionszuschreibungen von Technik.

Symmetrische und posthumanistische Perspektiven: Latour und Haraway

In der gegenwärtigen Technikanthropologie trifft man häufiger auf die Unterscheidung zwischen symmetrischen und asymmetrischen Anthropologien bzw. Ontologien. Als asymmetrische Anthropologien werden solche verstanden, die den Menschen in einer hervorgehobenen Stellung sehen. Als symmetrisch gelten Theorien, die eine anti- oder posthumanistische Richtung einschlagen. Darstellungen über die Geschichte des technikanthropologischen Denkens betonen zumeist die besondere Stellung des 18. Jahrhunderts, das eine neue Form der „anthropologischen Selbstbefragung“ eingeleitet habe (Heßler und Liggieri 2020: 14). Vom 18. bis in das 20. Jahrhundert hinein sei eine „asymmetrische Grenzziehung zwischen Menschen und Maschinen“ vorgenommen worden, die „mit einem Anthropozentrismus“ einhergehe (ebd.). Doch diese Sicht wird bereits in der frühen französischen Sozialanthropologie unterlaufen. So argumentiert etwa Marcel Mauss in seinem Vortrag *Les techniques du corps* von 1934, dass auch leibliche Bewegungen kulturell vermittelt sind; er stellt damit die klare Trennung zwischen Mensch und Technik in Frage (ebd.: 12). Auch die Kybernetik der 1940er und 1950er Jahre mit ihrem Fokus auf Regelkreise, Informationsverarbeitung und Rückkopplung gilt vielen als ein früher Schritt hin zu einer posthumanen Anthropologie, in der biologische und technische Systeme nicht mehr trennscharf voneinander abgegrenzt sind. Ihre Rezeption war auch im deutschsprachigen Raum äußerst wirkmächtig. In der DDR wurde sie als Leitwissenschaft der Planbarkeit aufgegriffen, in der Bundesrepublik stand sie im Zentrum systemtheoretischer und bildungspolitischer Debatten. International fand sie zudem in Projekten wie *CyberSyn* in Chile unter Salvador Allende ihren Niederschlag, und zwar als Versuch, mittels kybernetischer Netzwerke eine demokratisch-sozialistische Wirtschaftsplanung zu realisieren.

Besonders relevant für die Techniksoziologie und die *Science and Technology Studies* (STS) sind die Arbeiten Bruno Latours. Sie reichen von empirischen Forschungsprojekten wie seiner Studie zum Pariser Planungsprojekt der U-Bahn-Automation (1969–1987) namens Aramis (Latour 1992) bis zu systematischen Begründungsversuchen einer Neuen Soziologie (Latour 2010), die auf seiner *symmetrischen Anthropologie* aufbauen (Latour 1991/2008). Latours Anthropologie gilt als ein wesentlicher Beitrag für ein anti-anthropozentrisches Denken. An ihrem Anfang steht die Einsicht, dass Mensch und Technik sich nicht mehr getrennt betrachten lassen, „sondern nur in ihrer wechselseitigen Verbindung und Verschränkung" (Schmidgen 2020: 199). Dabei stellt Latour weder die Technik noch den Menschen in den Mittelpunkt, sondern die Vermittlung zwischen ihnen. Seine Akteur-Netzwerk-Theorie (ANT) zielt darauf, die Mensch-Ding-Verhältnisse als Akteur-Aktanten-Beziehungen und damit als Teil vernetzter Konfigurationen zu begreifen, in denen Handlungsmacht relational verteilt ist. Latours Symmetrieprinzip versucht, theoriegeschichtlich tradierte und analytisch bewährte Unterscheidungen zwischen Subjekt und Objekt, Natur und Gesellschaft, Technik und Kultur aufzulösen. Latour zieht keine klaren Grenzen zwischen dem Menschlichen und dem Technischen.

Henning Schmidgen erkennt in Marx einen Vorgänger dieser Auffassung, nachdem bereits im *Kapital* das Fabrikwesen als „‚übergreifendes Subjekt' einer Formation" auftrete, „in der die Arbeiter als ‚bewusste Organe' des Produktionsprozesses weitgehend symmetrisch neben den ‚bewusstlosen Organen' der Maschinen stehen" (Schmidgen 2022: 134). Tatsächlich kann mit Marx, der bereits in seinem Frühwerk vom „gegenständlichen Wesen" des Menschen spricht (Marx 1844, MEW 40: 541), von einer bestimmten Symmetriebeziehung zwischen den Menschen und ihren Produktionsmitteln wie überhaupt zu der von ihnen gestalteten Umwelt ausgegangen werden. Entscheidend aber ist die formanalytische Differenzierung, die

Marx vornimmt. Die Naturalform der Mittel, d.h. ihre konkret-nützliche Seite, wird durch ihre ökonomische Formbestimmtheit überlagert. Sie begründet ein Herrschaftsverhältnis, durch das „im Rahmen der Eigentumsverhältnisse die involvierten Sachen mit technischer und die Personen mit ökonomischer Gewalt ins dynamische Arrangement des Kapitals gezwungen“ werden (Haug 2015: 332). Die flache Ontologie, die Latour mit seiner *symmetrischen Anthropologie* begründet, macht sich blind gegen den dadurch bedingten Herrschaftscharakter der soziotechnischen Artefaktwelt. Es sei, behauptet Latour, geradezu unmöglich, „in unseren Beziehungen zu nichtmenschlichen Wesen von irgendeinem Beherrschen zu sprechen“, geschweige denn von „ihrer angeblichen Herrschaft über uns“ (Latour 2002: 214). Überhaupt erteilt Latour der Technikkritik, wie wir sie im vorangegangenen Abschnitt kennengelernt haben, eine schneidende Absage: „Wie sollte der *anthropos* von den Maschinen bedroht sein? Er hat sie gemacht, er hat in ihnen Unterkunft gefunden, er hat seine eigenen Glieder auf ihre Glieder verteilt, er konstruiert seinen eigenen Körper mit ihnen“ (Latour 2008: 183).

Eine vergleichbare, aber – in Hörweite zu Marx – herrschaftskritisch ausgerichtete Perspektive entwickelt Donna Haraway in ihrem berühmten *Cyborg-Manifest* (2017 [1984], siehe auch Mader 2026 und Prietl und Weber 2026 in diesem Band). Der Cyborg steht bei ihr nicht nur für eine technische Figuration, sondern für eine politische Metapher hybrider Identität: Weder ganz Mensch noch ganz Maschine, weder Natur noch Kultur, unterwandert der Cyborg alle Grenzziehungen, mit denen die westliche Moderne ihre Ordnung stabilisiert hat. Haraway fordert, diese Grenzziehungen – insbesondere jene zwischen Mensch und Tier, Körper und Maschine, Frau und Mann – aufzubrechen und durch ein Denken in relationalen, situativen, gegenständlich vermittelten Konfigurationen zu ersetzen. Der Begriff des *Cyborgs* setzt sich aus den ersten Silben der Wörter ‚cybernetic‘ und ‚organism‘ zusammen. Es handelt sich also um jenes „Körpermodell“, das nach Hannelore Bublitz geradezu quasi-religiöse Züge annimmt, indem es eine „friktionslose Verbindung von biologisch-organischen und technisch-kybernetischen Komponenten“ heraufbeschwört: „Technik wird […] zur Metapher eines vollständig modellierbaren und (re-)konstruierbaren Körpers, dessen Bausteine, die DNA, biotechnologisch austauschbar sind. Dieses DNA-Modell löst den christlichen Leidenskörper ab; es lässt den lebendigen Leib gewissermaßen hinter sich und löst sich von körperlicher Materie“ (Bublitz 2018: 23). Haraway verwendet den Begriff des Cyborgs allerdings sowohl affirmativ als auch kritisch. Einerseits beschreibt sie die ‚Cyborgisierung‘ des Menschen als Produkt kapitalistisch geprägter Entwicklungen in der Informations- und Biotechnologie und damit als Teil eines globalen Herrschaftssystems, das Körper und Subjektivität technisch formt und kontrolliert. Andererseits sieht sie in diesem Prozess das Potenzial, die Auflösung überkommener Grenzziehungen mit neuen emanzipatorischen Denkweisen und Allianzen zu verbinden. Kommunikations- und Biotechnologie, welche den menschlichen Körper auf eine neue Art und Weise formten, wiesen dabei die Gemeinsamkeit auf, die „Welt in ein Codierungsproblem“ zu übersetzen (Haraway 2017 [1984]: 283). Komplexe biologische und soziale Prozesse werden zunehmend in digitale oder genetische Codes überführt und einer „Informatik der Herrschaft“ (ebd.) unterworfen.

Beide Positionen – Latours poststrukturalistisch inspirierte Netzwerkontologie und Haraways feministisch-materialistische Kritik an binären Ordnungen – markieren einen Bruch mit anthropozentrischen Technikvorstellungen. Sie fordern eine Neuvermessung dessen, was als das Menschliche gilt, indem sie technologische, tierische, körperliche und mediale Elemente als gleichwertige Bestandteile hybrider Konfigurationen in den Blick nehmen.

Technikanthropologie in gegenwärtigen Konstellationen

Mit Blick auf die neuen Zwischenzonen, in denen sich das Verhältnis von Leben, Materialität und Artefakthaftigkeit radikal neu bestimmt, kann Technik nicht länger als externe Ergänzung biologischer Körper begriffen werden. Schmidgen argumentiert, dass der Begriff *Cyborg* keine Zukunftsvision sei. Vielmehr sei der Mensch bereits zum Cyborg geworden. Der alltägliche Umgang mit digitalen Medien belege, „wie stark der informatisch codierte Körper mit den und für die Projektionen und Extensionen seiner Organe lebt“ – etwa durch Smartphones, die Augen und Ohren in Kameras und Mikrofone auslagern, oder durch allgegenwärtige taktile Praktiken wie digitales Scannen, Tracken und Tracen (Schmidgen 2022: 136). Schmidgens Beobachtungen zur Auslagerung menschlicher Sinnesfunktionen durch digitale Medien erinnern in vielem an Kapps Theorie der *Organprojektion*. Doch während Kapp in dieser Projektion vor allem ein Medium der Selbsterkenntnis und symbolischen Rückbindung sah, tritt in der zeitgenössischen ‚Cyborgisierung‘ eine neue Qualität hinzu: Die körperlichen Funktionen werden nicht nur externalisiert, sondern zunehmend informatisch codiert, vernetzt und in globale technische Infrastrukturen eingebunden, die durch die zunehmende Undurchschaubarkeit ihrer algorithmischen Steuerung zu einer Diffusion von Verantwortung und Haftung beitragen: „Die Reaktivität automatisierter Entscheidungssysteme und soziodigitaler Neukonfigurationen gefährdet die menschliche Autonomie und politische Gestaltungskraft“ (Kropp und Braun 2021: 25). Das Verhältnis von Mensch und Technik verschiebt sich grundlegend. Technik ist nicht mehr nur eine Umgebung, in der sich Menschen bewegen; sie selbst werden vielmehr zur Umgebung der Technik. Diese „Verkehrung“ des Mensch-Maschine-Verhältnisses wird von „anthropophilen Akzeptanzoffensiven“ begleitet (Rieger 2019: 190). Ausgerechnet durch die auf Benutzerfreundlichkeit zielende Gestaltung technischer Systeme werden Menschen immer stärker in technische Umgebungen integriert. Neben Sehen und Hören werden zunehmend auch andere Sinnesmodalitäten wie Tasten, Schmecken und Riechen in die Gestaltung technischer Schnittstellen einbezogen.

Die Technik kolonisiert die Erfahrungswelt der Menschen. Gleichzeitig verschieben sich die humanen Handlungskompetenzen zugunsten einer technikzentrierten Logik. Das gilt zumal für den Phänomenbereich, den Nicole Karafyllis (2019) mit dem Begriff der *Biofakten* bezeichnet. Biofakte sind weder eindeutig natürlich noch eindeutig künstlich. Es handelt sich um hybride Entitäten, deren ontologischer Status zwischen Organismus und Artefakt liegt. Beispiele reichen von gentechnisch veränderten Pflanzen über gezüchtete Gewebe bis hin zu sogenannten ‚künstlichen Embryonen‘: „Im Zentrum des Biofakt-Konzepts steht die technische Modellierung des Wachsenden, denn Biofakte wachsen selbst, aber nicht mehr von selbst. Sie haben in ihrer Genese technische Anteile, ohne sie als solche zu zeigen. Die Schnittstelle zwischen Natur und Technik hat sich gleichsam verwachsen“ (Karafyllis 2019: 111). Doch trotz dieses Verwachsens hält auch Karafyllis – im Unterschied zu Latour oder Haraway – an der Unterscheidung zwischen Natur und Kultur fest. Die Unterscheidung sei unabdingbar, um *Biofakte* auf ihre Technogenese hin befragen zu können.

Schluss

Technikanthropologie ist kein einheitliches Theoriegebäude, sondern ein offenes Problemfeld. Die Bandbreite der Perspektiven reicht von der Utopie menschlicher Emanzipation bis zur Dystopie einer Emanzipation vom Menschen, ja von der Menschheit. Die verschiedenen Ansätze verdichten sich derart zu politisch-epistemologischen Gegensätzen. In ihnen spiegeln sich die realen Kämpfe der Gegenwart. Die Einsicht, dass Technik das Menschsein konstitutiv prägt, verbindet alle Ansätze der Technikanthropologie. Ihre Perspektivenvielfalt gründet in der Multidimensionalität dieser Prägung, die evolutionäre, gesellschaftliche, symbolische, leibliche und epistemische Aspekte umfasst. Konflikte entzünden sich vor allem an der jeweiligen Gewichtung und spezifischen Artikulation von Fragen anthropologischer Konstanz, sozialer Herrschaft und hybrider Konfiguration. „Auf jeden Fall sind“, wie Jutta Weber hervorhebt, „Kategorien des Menschlichen und des Maschinellen im 21. Jahrhundert uneindeutig“ (Weber 2019: 219). Die Herausforderung besteht darin, „allzu simplizistischen Vorstellungen von Rationalitäten“ zu entgehen, um der in den Technologien reflektierten „Verteilung von Macht und Verantwortlichkeit“ auf die Spur zu kommen (ebd.: 219f.). Technikanthropologie bietet dafür ein Ensemble möglicher Ansätze. Im von Martina Heßler und Kevin Liggieri herausgegebenen Handbuch finden sich einige solcher Ansätze versammelt. Vielen der hier genannten Anthropologien und ihren Quellen – allerdings mit der unverständlichen Ausnahme von Marx – werden darin eigene Darstellungen gewidmet. Letztlich aber empfiehlt es sich, selbst den Weg zu den Quellen zu gehen, deren Aktualisierung/Historisierung angesichts der aktuellen, durch die Technikentwicklung bewirkten Grenzverschiebungen dringender denn je zu sein scheint.

Weiterführende Lektüre

Braun, K., und C. Kropp (Hrsg.), 2021: In digitaler Gesellschaft. Neukonfigurationen zwischen Robotern, Algorithmen und Usern, Bielefeld: transcript.

Fracchia, J., 2021: Bodies and Artefacts. Historical Materialism as Corporeal Semiotics, 2 Bde., Chicago IL: Haymarket Books.

Heßler, M., und K. Liggieri (Hrsg.), 2020: Technikanthropologie. Handbuch für Wissenschaft und Studium, Baden-Baden: Nomos.

Séve, L., 2016 [1969]: Die Welt ändern – das Leben ändern. Marxismus und Theorie der Persönlichkeit, Hamburg: Argument Verlag.

Schmidgen, H. (Hrsg.), 2022: Symmetries of Touch. Reconsiderung Tactility in the Age of Ubiquitous Computing, Special Issue, Body and Society 28 (1–2).

Literatur

Adorno, Th.W. und M. Horkheimer, 1947: Dialektik der Aufklärung. Amsterdam: Querido.

Adorno, Th.W., 2002: Ontologie und Dialektik (1960/61). Nachgelassene Schriften, Abt. IV: Vorlesungen, Bd. 7, hgg. v. Rolf Tiedemann. Frankfurt/M: Suhrkamp.

Anders, G., 1980: Die Antiquiertheit des Menschen (1956). Bd. 1: Über die Seele im Zeitalter der zweiten industriellen Revolution. München: Beck.

ARTE 2025: Werden Menschen bald zu Cyborgs?, https://www.arte.tv/de/videos/115510-013-A/werden-menschen-bald-zu-cyborgs/, abgerufen am 18.04.2025.

Beurton, P., 2018: Menschwerdung, S. 613–621 in: Wolfgang Fritz Haug et al. (Hrsg.), Historisch-kritisches Wörterbuch des Marxismus, Bd. 9/I, Hamburg: Argument-Verlag.

Braidotti, R., 2014: Posthumanismus. Leben jenseits des Menschen. Frankfurt/M-New York: Campus.

Braun, K., und C. Kropp, 2021: Einleitung. In digitaler Gesellschaft: Herausforderungen, Risiken und Chancen einer demokratischen Technikgestaltung. S. 7–34 in: dies. (Hrsg.): In digitaler Gesellschaft. Neukonfigurationen zwischen Robotern, Algorithmen und Usern, Bielefeld: transcript.

Bublitz, Hannelore, 2018: Das Archiv des Körpers. Konstruktionsapparate, Materialitäten und Phantasmen, Bielefeld: transcript Verlag.

Fracchia, J., 2021: Bodies and Artefacts. Historical Materialism as Corporeal Semiotics, 2 Bde., Chicago IL: Haymarket Books.

Gehlen, A., 2016: Der Mensch: Seine Natur und seine Stellung in der Welt (1940/1950), hgg. v. Karl-Siegbert Rehberg. Frankfurt/M: Klostermann.

Haraway, D., 2017 [1984]: Lieber Cyborg als Göttin! Für eine sozialistisch-feministische Unterwanderung der Gentechnologie. [In veränderter Fassung 1985 als „A Cyborg Manifesto" im Socialist Register veröffentlicht] Hamburg: Argument Verlag.

Haraway, D., 2017: Anthropozän, Kapitalozän, Plantagozän, Chtulozän: Making kin, sich Verwandte machen. S. 35–123 in: D. Haraway, Monströse Versprechen. Die Gender- und Technologie-Essays. Hamburg: Argument Verlag.

Haug, W.F., 2015: Mensch, Natur und Technik im Hightech-Kapitalismus. Teil I: Digitalisierung des Subjekts bei Bruno Latour. Das Argument 313, 57 (3), 315–337.

Heßler, M. und K. Liggieri, 2020: Einleitung: Technikanthropologie im digitalen Zeitalter. S.11–29 in: Dies. (Hrsg.), Technikanthropologie. Handbuch für Wissenschaft und Studium, Baden-Baden: Nomos.

Holzkamp, K., 1983: Grundlegung der Psychologie, Frankfurt/M-New York: Campus.

Kapp, E., 2015 [1877]: Grundlinien einer Philosophie der Technik. Zur Entstehungsgeschichte der Kultur aus neuen Gesichtspunkten, hgg. v. H. Maye und L. Scholz. Hamburg: Meiner Verlag.

Karafyllis, N.C., 2019: Interaktionen in der Technosphäre und Biofakte. S. 106–113 in: Liggieri, K. und O. Müller (Hrsg.), Mensch-Maschine-Interaktion. Stuttgart: J.B. Metzler.

Latour, B., 2008: Wir sind nie modern gewesen. Versuch einer symmetrischen Anthropologie (1991). Frankfurt/M: Suhrkamp.

Latour, B., 1992: Aramis, ou l'Amour des Techniques, Paris: La Découverte.

Latour, B., 2002: Die Hoffnung der Pandora. Untersuchungen zur Wirklichkeit, Frankfurt/M: Suhrkamp.

Latour, B., 2005: Reassembling the Social. An Introduction to Actor-Network-Theory. Oxford: Oxford University Press.

Latour, B., 2010: Eine neue Soziologie für eine neue Gesellschaft. Frankfurt/M: Suhrkamp.

Leroi-Gourhan, A., 1984 [1964/65]: Hand und Wort. Die Evolution von Technik, Sprache und Kunst. Frankfurt/M: Suhrkamp.

Mader, E., 2026: Feministische Wissenschafts- und Objektivitätskritik. S. 505–527 in: A. K. Krüger, J.-F. Schrape, C. Schubert und J. Schubert (Hrsg.), Wissenschafts- und Technikforschung. Sozialwissenschaftliche Einführungen. Berlin: de Gruyter.

Marx, K., 1968 [1844]: Ökonomisch-philosophische Manuskripte. Marx-Engels Werke, Bd. 40, hg. v. IML beim ZK der SED, Berlin: Dietz Verlag.

Marx, K., 1983 [1845/46]: Die Deutsche Ideologie. Kritik der neuesten deutschen Philosophie in ihren Repräsentanten, Feuerbach, B. Bauer und Stirner, und des deutschen Sozialismus in seinen verschiedenen Propheten. Marx-Engels Werke, Bd. 3, hg. v. IML beim ZK der SED, Berlin: Dietz Verlag.

Marx, K., 1983 [1857/58]: Grundrisse der Kritik der politischen Ökonomie. Marx-Engels Werke, Bd. 42, hg. v. IML beim ZK der SED, Berlin: Dietz Verlag.

Marx, K., 1962 [1867, ^{2}1872]: Das Kapital. Kritik der politischen Ökonomie. Erster Band. Buch I: DerProduktionsprozess des Kapitals, Marx-Engels Werke, Bd. 23, hg. v. IML beim ZK der SED, Berlin: Dietz Verlag.

Mauss, M., 1936: Les techniques du corps. Journal de Psychologie 32 (3–4), 271–293.

Prietl B. und J. Weber, 2026: Wissen-Macht-Technik: Perspektiven für kritische Wissenschafts- und Technikforschung am Beispiel Künstlicher Intelligenz. S. 529–545 in: A. K. Krüger, J.-F. Schrape, C. Schubert und J. Schubert (Hrsg.), Wissenschafts- und Technikforschung. Sozialwissenschaftliche Einführungen. Berlin: de Gruyter.

Rieger, S., 2019: Mensch-Maschine-Schnittstellen in der Biotechnologie. S. 190–197 in: K. Liggieri und O. Müller (Hrsg.), Mensch-Maschine-Interaktion. Handbuch zu Geschichte – Kultur – Ethik. Berlin: J.B.Metzler.

Schmidgen, H., 2019: Maschinenwelten. Zur Einführung. S. 329–332 in: A. Ziemann (Hrsg.), Grundlagentexte der Medienkultur. Wiesbaden: Springer VS.

Schmidgen, H., 2020: Bruno Latour. S. 199–206 in: M. Heßler und K. Liggieri (Hrsg.), Technikanthropologie. Handbuch für Wissenschaft und Studium, Baden-Baden: Nomos.

Schmidgen, H., 2022: Nachwort. Kritische Organologie. S. 133–162 in: D. Deleule und F. Guery, Der produktive Körper, Leipzig: Merve.

Séve, L., 2016 [1969]: Die Welt ändern – das Leben ändern. Marxismus und Theorie der Persönlichkeit, Hamburg: Argument Verlag.

Tomasello, M., 2020: Mensch werden. Eine Theorie der Ontogenese. Berlin: Suhrkamp.

Weber, J., 2019: MenschMaschine. S. 318–324 in: M. Heßler und K. Liggieri (Hrsg.), Technikanthropologie. Handbuch für Wissenschaft und Studium, Baden-Baden: Nomos.

Josef Barla

14 Materie und Materialität in der Wissenschafts- und Technikforschung

„‚Matter', we will soon realize, is a highly politicized interpretation of causality."
(Latour 2005: 76)

Einleitung

Die Frage nach der Rolle von Materie und Materialität gehört zu den Grundfragen der Wissenschafts- und Technikforschung. Seit ihren Anfängen in den 1970er Jahren haben Forschungen in diesem Feld gezeigt, dass wissenschaftliches und technisches Wissen nicht losgelöst von den Dingen, Apparaten, Räumen und Praktiken verstanden werden kann, die an seiner Entstehung maßgeblich beteiligt sind. Frühe Studien über die Bedeutung von Versuchsanordnungen in Laboratorien (Knorr-Cetina 1983), über großtechnische Systeme wie das Eisenbahnnetz (Hughes 1983) oder über die Organisation industrieller Produktionssysteme (Noble 1986) haben deutlich gemacht, dass materielle Artefakte nicht einfach als passive Objekte oder bloße Hintergründe menschlichen Handelns fungieren, sondern an der Herstellung von Wissen und sozialen Strukturen teilhaben. Diese Arbeiten haben dabei nicht nur gezeigt, dass Materialität und Sozialität keine Gegensätze darstellen, sondern in der Folge auch den Fokus auf die Praktiken verschoben, die an der Hervorbringung und Stabilisierung unserer sozio-materiellen Welten beteiligt sind (vgl. Latour 1987; Traweek 1988; Pickering 1995; Law und Mol 1995; Law 2004). Materialität, so die auf den ersten Blick überraschende Erkenntnis, verweist nicht so sehr auf eine feste Substanz, aus der die Welt besteht, sondern stellt vielmehr einen „relationalen Effekt" (Law 2010: 173) dar – etwas, das kontinuierlich in Praktiken erzeugt und laufend umgestaltet wird. Vor diesem Hintergrund lassen sich die theoretischen Neuorientierungen der letzten zwei Jahrzehnte – etwa im Kontext des sogenannten *Material Turn* – auch als Weiterentwicklungen dieser Perspektiven verstehen. Wenn materielle Dinge heute beispielsweise als ‚wirkmächtig' (Barad 2007) oder ‚eigensinnig' (Rheinberger 2015) beschrieben werden, dann knüpfen solche Ansätze an eine lange Tradition innerhalb der Wissenschafts- und Technikforschung an – und zeigen zugleich, wie unverändert zentral die Auseinandersetzung mit Materie und Materialität für das Verständnis wissenschaftlicher und technischer Praktiken geblieben ist.

https://doi.org/10.1515/9783112245897-018

Vor dem Hintergrund dieser Erkenntnisse verfolgt dieses Kapitel ein doppeltes Ziel. Zum einen soll ein Überblick über die Diskussion von Materie und Materialität in der Wissenschafts- und Technikforschung bereitgestellt werden. Über drei zentrale Beiträge zur Frage der Materie und Materialität im Kontext von Technik und Wissenschaft wird die Entwicklung des Verständnisses von Materie durchleuchtet und unterschiedliche Facetten und Dimensionen von Materialität in der Wissenschafts- und Technikforschung herausgearbeitet. Zum anderen soll auf eine Perspektivenverschiebung in Teilen der Wissenschafts- und Technikforschung eingegangen werden, die Materie zunehmend als ein relationales und prozesshaftes Phänomen verhandelt. Anstatt Materie als Substanz zu begreifen, die in unterschiedlichen Kontexten angerufen und mit Bedeutung aufgeladen wird, schlagen Arbeiten aus dieser Stoßrichtung vor, die Praktiken der wechselseitigen Hervorbringung von Materie und Bedeutungen zu untersuchen. Dabei wird nicht nur die Vorstellung einer verteilten Handlungsfähigkeit (*agency*) betont (Schulz-Schaeffer 2026 in diesem Band), sondern auch das Argument unterbreitet, dass Phänomene wie beispielsweise technische Artefakte im Straßenverkehr, Mikroben in der Landwirtschaft oder menschliche Körper in medizinischen Kontexten nicht einfach gegeben sind, sondern durch „materiell-diskursive Praktiken“ (Barad 2007; Haraway 2024 [1988]) hervorgebracht werden – Praktiken, an denen nicht nur menschliche Akteure beteiligt sind.

Materie und Materialität in der Wissenschafts- und Technikforschung

Im Folgenden soll die Auseinandersetzung mit Materie und Materialität in der Wissenschafts- und Technikforschung anhand dreier Schlüsselperspektiven nachgezeichnet werden. Diese Perspektiven stehen exemplarisch für drei einflussreiche theoretische Zugänge zu der Rolle von Materie und Materialität: die ordnungsstiftende Macht materieller Artefakte (2.1), die Bestimmung von Materialität durch Praktiken (2.2) sowie das Verständnis von Materie als ein relationales Beziehungsgefüge (2.3). Eine solche Darstellung erhebt dabei nicht den Anspruch, der Komplexität und Vielschichtigkeit der Diskussionen gerecht zu werden, mit der Fragen der Materie und Materialität im vergangenen halben Jahrhundert in der Wissenschafts- und Technikforschung behandelt wurden. Ziel ist es vielmehr mit diesem Kartierungsvorschlag zentrale theoretische Strömungen zu konturieren, über die unterschiedliche Verständnisse von Materie und Materialität in der Wissenschafts- und Technikforschung artikuliert wurden – und die auch gegenwärtige Debatten weiterhin prägen.

Die ordnungsstiftende Macht materieller Artefakte: Langdon Winners Brücken

Der US-amerikanische Politikwissenschaftler Langdon Winner gilt mit seinem einflussreichen Aufsatz *Do Artifacts Have Politics?* (1980) als einer der ersten, der sich explizit mit der Materialität technischer Artefakte und deren gesellschaftlichen Implikationen auseinandergesetzt hat. Aus einer politikwissenschaftlichen Perspektive argumentiert Winner darin gegen zwei weit verbreitete Annahmen in der Auseinandersetzung mit Technik. Zum einen kritisiert er den sogenannten Technikdeterminismus[1] – also die Vorstellung, dass technische Entwicklungen einer eigenen, quasi naturgesetzlichen Logik folgen und damit automatisch bestimmte gesellschaftliche Veränderungen nach sich ziehen würden. In diesem Zusammenhang wendet er sich insbesondere gegen das Verständnis von Technik als einem „Sachzwang", das etwa in den Arbeiten des deutschen Soziologen Helmuth Schelsky (1965) prominent vertreten war: Demnach ließe sich die Entwicklung und Einführung neuer Technologien kaum oder gar nicht politisch gestalten, da sie als unausweichlich gelten. Die Einführung neuer Technologien in soziale Kontexte übe einen Zwang auf gesellschaftliche Entwicklungen und Strukturen aus, da sie als alternativlos erscheinen und politische Aushandlungsprozesse verdrängen. Zum anderen problematisiert Winner auch sozialdeterministische Ansätze, denen zufolge Technik lediglich ein Ausdruck gesellschaftlicher Interessen und Machtverhältnisse sei, ohne jedoch selbst eine eigenständige Wirkung zu entfalten. Gegen beide Sichtweisen macht Winner geltend, dass technische Artefakte *selbst* politisch sein können – sei es durch die Art und Weise, wie sie gesellschaftliche Handlungsmöglichkeiten strukturieren, oder durch die politischen und ökonomischen Entscheidungen, die bereits in ihrem Design angelegt sind. Vor diesem Hintergrund geht es Winner darum, Technik in ihrer materiellen Dimension und gestaltenden Kraft ernst zu nehmen.

Indem Winner (1980: 127; Übers. JB) argumentiert, dass „‚Technologien' Mittel sind, um Ordnung in unsere Welt zu bringen", unterscheidet er zwischen zwei Weisen, wie technische Artefakte politische Eigenschaften verkörpern können. Zum einen können Werte, Normen und Interessen intentional in technische Artefakte eingeschrieben werden, um gezielt soziale Effekte zu erzeugen. Ein prominentes Beispiel dafür sind die knapp zweihundert bemerkenswert niedrig konstruierten Brücken entlang des *Long Island Parkways*, die zwischen 1920 und 1970 durch den New Yorker Stadtplaner Robert Moses errichtet wurden. Diese Brücken waren so

1 Für eine umfassende Diskussion der verschiedenen Spielarten des Technikdeterminismus vgl. Bimber (1990).

niedrig erbaut, dass Busse unter ihnen nicht passieren konnten, was insbesondere ärmere und Schwarze Bevölkerungsgruppen daran gehindert haben soll, öffentliche Naherholungsgebiete wie *Jones Beach* zu erreichen, da sie auf den öffentlichen Nahverkehr angewiesen waren. Indem sich Winner auf Robert Caros (1974) Biografie zu Moses stützt, gelangt er zu dem Schluss, dass die Brücken in ihrer bestehenden Gestalt auch mit der Intention konstruiert worden wären, sozial benachteiligte Gruppen auszugrenzen und deren Marginalisierung technologisch zu verfestigen (Winner 1980: 123). In der Folge erweitert Winner diesen Befund um weitere Beispiele, wie industrielle Maschinen, die zur Schwächung von Gewerkschaften eingesetzt wurden, oder landwirtschaftliche Erntemaschinen, die gezielt manuelle Arbeitskräfte verdrängt haben sollen, und verdeutlicht damit, dass es ein Fehler wäre, technologische Entwicklung mit Effizienzsteigerung gleichzusetzen.

Winner zufolge gibt es jedoch noch eine weitere Weise, wie technische Artefakte politische Qualitäten verkörpern könnten. Bestimmte Technologien müssten als „inhärent politisch" angesehen werden, da ihr intendierter Betrieb spezifische soziale und politische Strukturen erfordere und ihre Einführung zwangsläufig bestimmte Formen sozialer Organisation mit sich brächte. Ein Beispiel dafür sind Kernkraftwerke, deren Betrieb aufgrund der hohen Komplexität und Risiken eine zentralisierte Steuerung sowie hierarchisch organisierte, hochqualifizierte Arbeitskräfte erforderlich mache (Winner 1980: 130). Dieses Erfordernis einer zentralisierten Autorität ergäbe sich aus den materiellen Eigenschaften der Technologie *selbst* und ließe keine Interventionen zu – weder auf der Ebene des technischen Designs noch auf der sozialen Ebene (Winner 1980: 134).

Durch die starke Betonung des weitreichenden Einflusses technischer Artefakte auf soziale Strukturen, stellt sich die Frage, ob Winner nicht implizit doch eine Form des technologischen Determinismus vertritt. Eine solche Lesart übersieht allerdings, dass ihm keineswegs die Idee vorschwebt, dass technische Artefakte die Gesellschaft determinieren würden. Stattdessen betont Winner, dass in dem Moment, in dem sich soziale Akteur*innen für ein bestimmtes Design oder einen bestimmten Einsatz (bewusst oder unbewusst) entscheiden, die ursprüngliche Flexibilität materieller Artefakte aufgehoben wird und damit die Tatsache, dass es auch anders hätte kommen können aus dem Blickfeld gerät. So schreibt Winner (1980: 128; Übers. JB) im Fall inhärent politischer Technologien zwar, dass „sich für diese zu entscheiden, bedeutet, sich für eine bestimmte Lebensform zu entscheiden", beharrt zugleich aber darauf, dass es sich hierbei in den seltensten Fällen wirklich um eine Frage technischer Notwendigkeit handle (Winner 1980: 133). Inhärent politische Technologien erscheinen Winner zufolge oftmals nur deshalb determinierend, weil in ihrer gesellschaftlichen Einbettung moralische und politische Rationalitäten hinter technischen Rationalitäten und Erwartungen zurückgesteckt werden. Debatten über die sozialen Konsequenzen einer gegebenen Technologie verschwinden so beispielsweise hinter Debatten um technologische oder ökonomische Effizienz.

Winner verdeutlicht, dass die Betrachtung technischer Artefakte in ihrer Materialität stets auch bedeutet, soziale und politische Machtverhältnisse mitzudenken. Anstatt technische Artefakte lediglich als neutrale Objekte zu begreifen, die ge- oder missbraucht werden, erlaubt ein solcher Zugang in den Blick zu nehmen, wie technische Artefakte gesellschaftliche Ordnungen materialisieren und stabilisieren. Winners Vorschlag fungiert in diesem Sinne als ein Korrektiv zu Ansätzen, die nahelegen, „dass technische *Dinge* überhaupt keine Rolle spielen" (Winner 1980: 122; Übers. JB), sondern lediglich der soziale und ökonomische Kontext, in den diese eingebettet sind. Diese Ideen blieben jedoch nicht unangefochten. Ein Hauptkritikpunkt war etwa, dass Winner davon auszugehen scheint, dass es gleichsam eine Garantie dafür gäbe, dass technische Artefakte wie intendiert funktionieren und die in den Artefakten enthaltenen Interessen und Skripts sich entfalten.[2] Trotz des starken Fokus auf technische Artefakte in ihrer materiellen Form blieb zudem die Frage nach der Materie und des Verhältnisses von Materialität und Sozialität zunächst wenig beachtet. Stattdessen erscheint Materialität als stabil und beständig – eine Annahme, die mit dem Aufkommen der „materiellen Semiotik" in der Wissenschafts- und Technikforschung bald schon hinterfragt wurde.

Materialität und Sozialität als Praxis: Bruno Latours Mikroben

Während frühe Beiträge wie die von Winner vor allem die politischen Dimensionen technischer Artefakte betonen, richtet sich das Interesse in der Folge stärker auf die Praktiken, in denen Bedeutung und Materialität untrennbar miteinander verwoben sind. Einen wichtigen Beitrag in diesem Zusammenhang stellt die „materielle Semiotik" dar, wie sie insbesondere vom britischen Soziologen John Law (2013; 2023) entwickelt wurde. Im Unterschied zu einer umfassenden Theorie versteht Law darunter eine offene Sammlung von Werkzeugen und Denkweisen, mit denen sich untersuchen lässt, wie sich soziale und materielle Elemente in konkreten Praktiken

2 Ferner wurde kritisiert, dass Winners Diskussion über Moses Brücken ignoriere, dass dieser sich zumindest in Teilen an geltende Vorgaben gehalten haben könnte und selbst den Bau des *Long Island Expressway* in Auftrag gegeben hat, über den die meisten Strandzugänge erreichbar seien (vgl. Joerges 1999). Steve Woolgar und Geoff Cooper (1999: 438) sprechen in diesem Zusammenhang gar von einer „urban legend" und weisen darauf hin, dass die Strecke seit den 1990er Jahren zumindest teilweise von öffentlichen Bussen befahren wird.

wechselseitig formen. Dabei geht es nicht mehr nur darum, ob technische Objekte politisch sind, sondern um die Frage, wie Bedeutungen und materielle Formen in ihren jeweiligen Kontexten gemeinsam entstehen – und welche Machtverhältnisse dabei wirksam werden. Als einer der wichtigsten Vertreter dieser Denkströmung, die in der Folge unter der Bezeichnung der Akteur-Netzwerk Theorie (Latour 1987, 2010; Callon 1984)[3] Prominenz erfahren hat, gilt der französische Soziologe Bruno Latour. Anstatt technische Artefakte als bloße Werkzeuge oder passive Objekte zu betrachten, geraten diese in Latours Arbeiten als „Vermittler" (Latour 2002: 234) in den Blick. Mitunter erscheinen sie dabei sogar als dasjenige Element, das unsere sozio-materielle Realität zusammenhält (Latour 2006a). Latours ebenso provokanter wie radikal neuer Vorschlag bestand darin, Technik nicht länger vornehmlich als Substantiv zu denken – das heißt als ein Artefakt oder Objekt –, sondern als einen Prozess, eine Praxis oder eine Befähigung zu begreifen, die dennoch in ihrer Materialität und ihren Wirkmächtigkeit ernst zu nehmen ist:

> Wir verstehen jetzt, daß Techniken als solche nicht existieren, daß es nichts gibt, was sich philosophisch oder soziologisch als ein Objekt, ein Artefakt oder ein Stück Technik bestimmen läßt. [...] Das Hauptwort ‚Technik' – oder seine aktualisierte Version ‚Technologie' – dient meist nur dazu, die Menschen von den vielfältigen Versammlungen zu trennen, mit denen sie die unterschiedlichsten Kombinationen eingehen (Latour 2002: 233).

Vor diesem Hintergrund rückte Materialität als aktives und mitgestaltendes Element in der Produktion des Sozialen in den Fokus. Das Argument war, dass es erst die Technik ist, die sozialen Interaktionen und Handeln eine materielle Beständigkeit verleiht (Latour 2002; 2006a). Der ebenso radikale wie oft missverstandene Aspekt dieser Perspektive bleibt nach wie vor die Idee, „Objekte zu Beteiligten an der Handlung zu machen" (Latour 2010: 121). Das Ziel bestand jedoch nicht darin, technischen Artefakten oder Objekten *an sich* Handlungsfähigkeit zuzuschreiben; vielmehr zielte diese Intervention darauf ab, die Natur der Handlungsfähigkeit als etwas grundlegend Relationales neu zu verhandeln. Wie Alain Pottage (2012: 168) treffend bemerkt, kommt es aus dieser Perspektive nicht auf „die einfache Materialität" von Dingen an, etwa „ihre Masse, Dichte oder räumliche Definition –, sondern auf die ‚Materialität' als die Art von Handlungsfähigkeit, die ihnen verliehen, entlockt oder zugeschrieben wird". Handlungsfähigkeit wird damit als etwas Verteiltes neuverhandelt – als ein Effekt von Begegnungen und Beziehungen[4] –, während sie dennoch materiell verankert bleibt. Im Zuge dieser Perspektivenverschiebung hiel-

3 Für einen Überblick zur Akteur-Netzwerk Theorie vgl. Schubert (2019).

4 Für eine Adaption dieser Idee siehe auch Werner Rammert und Ingo Schulz-Schaeffers (2002) Begriff der „verteilten Handlungsträgerschaft".

ten Materie und Materialität in einem doppelten Sinne Einzug in die Wissenschafts- und Technikforschung: Einerseits wurden die Praktiken der Materialisierung sozialer Ordnungen und Formationen untersucht sowie der Anteil technischer Artefakte daran. Zum anderen wurden die Praktiken in den Fokus genommen, durch die das Materielle sozialisiert wird (vgl. Latour 2002). In diesem Zusammenhang macht Henning Laux auf die bemerkenswerte Rolle des Topos der Materialität in Latours Arbeiten aufmerksam. Für Latour erweist sich das Nachdenken über Materialität als ein „Gerüst", um letztlich die Unterscheidung zwischen Materialität und Sozialität an sich zu überwinden, um so „einen unverstellten Blick auf die ‚regionale Ontologie'[5] der modernen Gesellschaft zu erlangen" (Laux 2017: 192).

Diese Positionen zeichnen sich jedoch durch einen weiteren bemerkenswerten Vorschlag aus. Dieser findet sich in der Idee, dass materielle Artefakte (oder „nichtmenschliche Wesen" in Latours Terminologie) an den Praktiken der Herstellung von Wissen und Welten mitbeteiligt sind (Kropp und Schreck 2026 in diesem Band). Latour verdeutlicht diese Überlegungen anhand unzähliger Beispiele. Eines der prominentesten darunter ist die Auseinandersetzung mit Louis Pasteurs Arbeit zur Erforschung des Anthrax-Bazillus (Latour 1988; 2006b). Bis in das 19. Jahrhundert hin war der Anthrax-Bazillus als solcher unbekannt und die Ursache von Milzbrand häufig auf Umweltfaktoren wie „Miasmen" (Halliday 2001) zurückgeführt, also schädliche Ausdünstungen, die aus dem Boden oder aus stehenden Gewässern stammten. Vertreter der miasmatischen Theorie argumentierten, dass lokale klimatische und hygienische Bedingungen entscheidend für die Entstehung von Krankheiten seien. Parallel dazu gewannen Ansätze an Bedeutung, die auf die Existenz mikroskopisch kleiner Lebewesen verwiesen, die durch Kontakt übertragen werden und Krankheiten auslösen können. Als ein früher Vertreter der „Keimtheorie"[6] hat Pasteur durch seine Forschung zur Fermentation und zum Gärprozess

5 Unter ‚regionaler Ontologie' versteht Latour eine spezifische Seinsweise, die durch eigene Bedingungen, Praktiken und Geltungsansprüche charakterisiert ist. Damit hebt er hervor, dass es nicht eine universale Wirklichkeit gibt, sondern verschiedene „Existenzmodi" (Latour 2014), die jeweils eigene Verfahren der Verifikation, Formen der Evidenz und Arten der Weltbeziehung mit sich bringen. Dieses Argument sollte jedoch keineswegs als Relativismus missverstanden werden. Latour geht es nicht darum, dass alle Perspektiven auf die Welt gleichermaßen wahr oder gültig seien, sondern darum, aufzuzeigen, dass wissenschaftliche Tatsachen in heterogenen Netzwerken stabilisiert werden, die nicht allein aus menschlichen Akteur*innen bestehen, sondern beispielsweise auch Dinge, technische Artefakte und Institutionen umfassen.

6 Die Keimtheorie besagt, dass „eine jede Krankheit durch einen spezifischen identifizierbaren Erreger verursacht wird – einer sogenannten ‚Krankheitsentität' (wie beispielsweise einem Parasiten, Virus oder Bakterium)" (Attenborough 2011: 95; Übers. JB). Sie gilt heute als Eckpfeiler der modernen Biomedizin.

gezeigt, dass Mikroorganismen entscheidende Akteure in biochemischen Prozessen sind (vgl. Pasteur 1995 [1861]). Dennoch fehlten ihm zunächst die experimentellen Beweise, um den spezifischen Erreger der Milzbrandkrankheit zu identifizieren. Erst durch die Entwicklung kontrollierter Experimente im Labor, wie dem Kultivieren von Mikroorganismen auf Nährmedien, konnte Pasteur die mikrobiologische Grundlage des Milzbrandes belegen.

In seiner wissenschaftshistorischen Auseinandersetzung mit Pasteur beschreibt Latour (1988; 2006b) detailliert, wie dieser Proben von infizierten Tieren auf Bauernhöfen sammeln und ins Labor bringen ließ. Dieser Schritt – das „Verkleinern" oder „Übersetzen" des Feldes ins Labor – war entscheidend, da es Pasteur erst erlaubte, unter kontrollierten Bedingungen zu arbeiten. Erst im Labor gelang Pasteur etwas, das bislang nicht möglich war, nämlich den Bazillus in Isolation *hervorzubringen*: „Dank Pasteurs Kultivierungsmethode ist der Bazillus von allen Konkurrenten befreit und wächst so exponentiell; die starke Vermehrung endet dank Kochs späterer Methode in solch großen Kolonien, dass sie für das aufmerksame Auge des Wissenschaftlers ein klares Muster erkennen lassen" (Latour 2006b: 108). Unter dem Mikroskop war es Pasteur im Labor möglich, stäbchenförmige Bakterien zu beschreiben, die heute als *Bacillus anthracis* bekannt sind, und so zu zeigen, dass diese Bakterien durch die Bildung langlebiger Sporen auch unter ungünstigen Bedingungen überleben und Epidemien ausbrechen können. Pasteur demonstrierte die Übertragbarkeit des Bazillus, indem er infiziertes Blut gesunden Tieren injizierte, die daraufhin ebenfalls erkrankten. Wie Latour herausarbeitet, beruhte Pasteurs Erfolg auf einem doppelten Übersetzungsprozess: Einerseits brachte er das Feld ins Labor, wo der Bazillus isoliert und kultiviert werden konnte; andererseits führte er das im Labor gewonnene Wissen zurück ins Feld, indem er Impfungen entwickelte, die den Bazillus kontrollierten und langfristig zur Bekämpfung der Krankheit beitrugen.

Latours Auseinandersetzung mit Pasteur ist bemerkenswert, weil sie gleich zwei weit verbreitete Annahmen über das Verhältnis von Wissenschaft und Gesellschaft herausfordert: Erstens widerspricht Latour der Vorstellung, dass Pasteur den Anthrax-Bazillus einfach *entdeckt* habe. Stattdessen zeigt er, dass der Bazillus aus spezifischen Praktiken im Labor *hervorgegangen* ist: „Der Bazillus ging ebenfalls triumphierend aus dieser unmöglichen Prüfung hervor. Selbst wenn er unendlich weit vom Tier entfernt wurde, verursachte der Bazillus weiterhin die Krankheit. Er wurde somit zum einzigen Erreger der Krankheit" (Latour 1988: 76; Übers. JB). Der Anthrax-Bazillus ist für Latour weder etwas, das in der Natur ‚da draußen' entdeckt wird, noch ist er eine bloße *soziale* Konstruktion; vielmehr geht seine Emergenz aus konkreten materiellen und semiotischen Praktiken hervor, an denen er selbst beteiligt ist. Diese Praktiken ermöglichen es dem Bazillus in Erscheinung zu treten und Pasteur, ihn zu isolieren und seine Eigenschaften zu stabilisieren. In gewisser Weise ließe sich sagen, dass erst die Performanz des Bazillus sein materielles Sein hervorbringt. Das heißt, dass der Anthrax-Bazillus erst durch das spezifische Zusammenspiel der Praktiken im Laboratorium in seiner materiellen Wirkmächtigkeit für Pasteur erfahrbar wird. Seine Existenz wird somit nicht vorausgesetzt, sondern innerhalb einer bestimmten experimentellen Anordnung erzeugt. Als Folge dieser Praktiken erweitert sich Latour zufolge das Spektrum der wirkmächtigen Entitäten: Ein bislang unbekannter Akteur, der Anthrax-Bazillus, tritt auf den Plan und wird allgegenwärtig. Zweitens kritisiert Latour die Vorstellung, dass Labor und Gesellschaft getrennte Orte seien. Die Frage „wo das Laboratorium und wo die Gesellschaft *ist*", verfehle den Punkt, da das Labor ein Ort der Übersetzung sei, an dem das Soziale und das Materielle miteinander verschränkt werden – das heißt, menschliche und nichtmenschliche Akteure ‚Eigenschaften untereinander austauschen' (Latour 2002: 246 ff.). In diesem Sinne ließe sich auch nicht sagen, dass die Gesellschaft wissenschaftliches Wissen *anwende*, vielmehr verändere sich die Gesellschaft selbst grundlegend durch die Emergenz des Anthrax-Bazillus (Latour 2006b: 117). Der Anthrax-Bazillus wird in der Folge zu einem neuen sozialen Akteur, der die Gesellschaft um seine Eigenschaften und Fähigkeiten erweiterte, etwa indem neue Institutionen und Hygienevorschriften notwendig werden, aber auch neue Dinge möglich werden, wie zum Beispiel die Immunisierung gegen Krankheiten oder die Haltbarmachung von verderblichen Lebensmitteln (Pasteurisierung).

Materie als Beziehungsgefüge: Karen Barads Apparate

In jüngerer Zeit lässt sich in Teilen der Wissenschafts- und Technikforschung eine weitere Zuspitzung eines solchen performativen und relationalen Verständnisses von Materie und Materialität beobachten. Trotz unterschiedlicher theoretischer und methodischer Ausrichtungen hat sich ein Korpus von Arbeiten herausgebildet, der häufig unter dem Begriff „neue Materialismen" zusammengefasst wird (Braidotti 1991; Haraway 1995; Barad 2007). Gemeinsam ist diesen Ansätzen das Anliegen, Materie nicht länger als passives Objekt zu betrachten, sondern als etwas, das aktiv an der Entstehung und Gestaltung von Wirklichkeit beteiligt ist. Anstatt Realität als etwas zu verstehen, das von sich aus gegeben ist und lediglich erkannt oder beschrieben werden muss, betonen diese Perspektiven, dass wissenschaftliche Praktiken bestimmte Wirklichkeiten erst mithervorbringen (vgl. Barla 2019; Hoppe und Lemke 2021). In der Wissenschaftsphilosophie und Erkenntnistheorie wird häufig eine Unterscheidung zwischen Realität und Wirklichkeit getroffen. Realität bezeichnet dabei das, was unabhängig von menschlicher Wahrnehmung oder Bewusstsein existiert – die Welt ‚an sich'. Wirklichkeit hingegen bezieht sich auf die Weise, wie diese Realität durch Wahrnehmung, Sprache, Kultur und sozialen Praktiken erfahrbar und bedeutungsvoll wird. Die neuen Materialismen stellen diese Trennung infrage und unterlaufen sie bewusst. Realität wird dabei weder als ein ontologischer Bereich ‚da draußen' begriffen, der unabhängig und getrennt von menschlicher Existenz existiert, noch als etwas prinzipiell Unerreichbares, das nur durch soziale oder kulturelle Konstruktionen vermittelt zugänglich wird. Die neuen Materialismen sind daher in erster Linie als Antwort auf die verbreitete Auffassung zu verstehen, dass Materie passiv ist und dass Wissen über die Welt aus der Distanz gewonnen werden könne. Ihr Fokus liegt weniger auf der Frage nach dem Wesen der Materie, sondern vielmehr darauf, wie Materie produziert wird und selbst produktiv wirkt.

Als einer der prominentesten Vorschläge innerhalb der neuen Materialismen gilt Karen Barads Rahmenwerk des *agentiellen Realismus*. In Auseinandersetzung mit dem Denken von Niels Bohr, insbesondere dessen epistemologische Überlegungen zur Natur der Beobachtung in der Quantenphysik, entwirft Barad (2007: 144) eine relationale Ontologie,[7] die auf der Annahme basiert, dass die Praxis des Messens aktiv an der Konstitution des beobachteten Phänomens beteiligt ist. Aus dieser Überlegung ergeben sich für Barad zwei zentrale Konsequenzen: Zum einen fungieren wissenschaftliche Beobachtungen nicht als bloße Spiegelung einer bereits existierenden Realität, zum anderen wird das Subjekt der Erkenntnis als distanzierte, unabhängige Beobachterin grundlegend infrage gestellt. Vor diesem Hintergrund betont Barad (2003; 2007), dass Realität nicht aus bereits existierenden Entitäten besteht, die lediglich auf ihre Entdeckung warten, sondern durch Intra-Aktionen[8] *spezifiziert* wird: „Messungen sind handlungsmächtige Praktiken, die nicht einfach enthüllen, sondern performativ sind: Sie tragen zur Konstituierung des Messergebnisses bei und sind ein konstitutiver Teil dessen" (Barad 2012: 20). Da wir als Subjekte der Erkenntnis die Welt nicht einfach aus der Ferne beobachten, lassen sich Fragen der Verantwortung und Rechenschaft für das Wissen und die Welten, die wir als Teil dieser mit hervorbringen, nicht von unseren Erkenntnisprakti-

7 Unter Ontologie versteht man in der Philosophie die Lehre vom Sein, also die Frage danach, was existiert und wie das, was existiert, beschaffen ist. Klassische ontologische Ansätze gehen häufig davon aus, dass Entitäten unabhängig voneinander existieren und stabile Eigenschaften besitzen. Relationale Ontologien hingegen betonen, dass Entitäten nicht unabhängig bestehen, sondern stets aus Relationen hervorgehen und nur in diesen bestimmbar sind.

8 Mit dem Begriff der „Intra-Aktion" betont Barad die wechselseitige Konstitution von verschränkten Agenzien. Im Gegensatz zum Begriff der Interaktion, „der davon ausgeht, dass es separate individuelle Agenzien gibt, die ihrer Interaktion vorausgehen, erkennt der Begriff der Intra-Aktion an, dass unterschiedliche Akteure nicht vorausgehen, sondern erst aus ihrer Intra-Aktion hervorgehen" (Barad 2007: 33; Übers. JB).

ken abtrennen: „Ein performatives Verständnis wissenschaftlicher Praktiken […] berücksichtigt die Tatsache, dass Wissen nicht aus distanzierter Betrachtung und Repräsentation hervorgeht, sondern aus der direkten materiellen Begegnung mit der Welt“ (Barad 2007: 49; Übers. JB).[9]

Im Herzen des *agentiellen Realismus* steht das Konzept des „Apparats“, das Barad in Auseinandersetzung mit Bohrs Überlegungen und Michel Foucaults Konzept des „Dispositives“ (im Englischen oft als „apparatus“ übersetzt) weiterentwickelt. Während Bohr Apparate vornehmlich als Messgeräte in Laboratorien verstand, rekonzeptualisiert Barad (2003, 2007) sie als „materiell-diskursive Praktiken“. In diesem Sinne sind Apparate keinesfalls mit instrumentellen Anordnungen oder statischen Strukturen gleichzusetzen; vielmehr begreift sie Barad als dynamische Praktiken, die Materie und Bedeutungen hervorbringen. Indem Apparate „agentielle Schnitte“[10] vollziehen, führen sie Unterscheidungen ein, die zuvor nicht festgelegt waren. Dadurch lösen sie sowohl semantische (bedeutungsbezogene) als auch ontische (seiensbezogene) Unbestimmtheit auf und bringen so überhaupt erst ein Phänomen in seiner Materialität hervor (Barad 2012: 35). Apparate verfügen in diesem Sinne über keine intrinsischen Grenzen, da sie nicht auf konkrete Objekte reduzierbar sind. Stattdessen spezifizieren Apparate Grenzen und Unterscheidungen *innerhalb* von Phänomenen, wodurch bestimmte Eigenschaften des Forschungsgegenstandes intelligibel gemacht werden, während andere ausgeschlossen bleiben. Die Bedeutungen und Grenzen, die Apparate spezifizieren, sind daher niemals absolut, sondern nicht trennbar von den jeweiligen Apparaten, die sie hervorbringen. Für Barad ist Handlungsfähigkeit daher nicht auf menschliche Subjekte beschränkt, sondern entsteht in Beziehungen. Deshalb beschreibt der Begriff des Apparats bei Barad nicht nur, wie Machtverhältnisse in wissenschaftlichen und gesellschaftlichen Kontexten wirksam werden, sondern verweist auch auf jene Schnittstellen, an denen sich die Unterscheidungen zwischen Mensch und Nicht-Mensch, zwischen Materie und Diskurs, erst ausbilden und zur Disposition stehen (vgl. Barla 2019). Grenzziehungen sind dabei jedoch keine willkürlichen Entscheidungen menschlicher Subjekte, sondern werden innerhalb von Apparaten hervorgebracht:

---

9 Für eine Diskussion des methodologischen Potenzials von Barads Repräsentationalismuskritik siehe Barla (2021).

10 Im Gegensatz zu cartesianischen Schnitten, die absolut sind, erzeugen agentielle Schnitte lokale Demarkationslinien, mit der ontisch unbestimmte Phänomene eine vorläufige (relative) Bestimmtheit erlangen. Den Hintergrund bildet die Vorstellung, dass Relata ihren Relationen nicht vorausgehen, sondern erst aus Intra-Aktionen hervorgehen (vgl. Barad 2003: 815).

> Die besondere Konfiguration, die ein Apparat annimmt, ist weder eine willkürliche Konstruktion unserer Wahl, noch ist sie das Ergebnis kausal deterministischer Machtstrukturen. Menschen konstruieren nicht einfach verschiedene Apparate, um bestimmte Wissensprojekte zu ermöglichen, sondern sind selbst wesentliche Teile der fortwährenden Rekonfiguration der Welt (Barad 2007, 184; Übers. JB).

Apparate sind somit nicht nur analytische Werkzeuge, sondern auch ethisch-politisch bedeutsame Schnittstellen, an denen sich Materialität und Erkenntnis laufend rekonfigurieren. Folglich sind wir für Barad stets mitverantwortlich für die Welten, in denen wir leben – nicht, weil wir diese beliebig hervorbringen könnten oder sie Produkte unseres Geistes wären, sondern weil sie aus konkreten Praktiken hervorgehen, an deren Gestaltung wir beteiligt sind.

Um diese abstrakten Überlegungen zu veranschaulichen, verwendet Barad (2007: 189 ff.) unter anderem das Beispiel des piezoelektrischen Wandlers in der fetalen Ultraschallbildgebung. Dabei handelt es sich um eine Komponente der Ultraschallsonde, die Ultraschallwellen sowohl aussendet als auch empfängt. Der Wandler besteht aus einem piezoelektrischen Kristall, der elektrische Energie in mechanische Schwingungen umwandelt, die sich dann als Schallwellen durch den Körper ausbreiten. Diese Wellen werden reflektiert und erzeugen Daten, die in eine visuelle Darstellung des Fötus auf dem Ultraschallbildschirm umgewandelt werden. Entscheidend ist, dass der piezoelektrische Kristall nicht einfach einen bereits vorhandenen Fötus aufspürt, vermisst und darstellt, sondern aktiv an der Materialisierung des Fötus als diskrete, beobachtbare Entität beteiligt ist. Der Fötus wird zu einem Phänomen, das durch die Intra-Aktion des Kristalls, der Schallwellen, des schwangeren Körpers, die Expertise und Handlungen der involvierten Geburtshelfer*innen sowie des breiteren soziokulturellen Kontextes (einschließlich kultureller, religiöser und juristischer Diskurse) geformt wird (Barad 2007: 204).

Barad veranschaulicht mit dem Beispiel, dass Apparate sowohl die Objekte der Beobachtung als auch die Bedingungen ihrer Verständlichkeit erzeugen. Anstatt den Fötus als ein bereits feststehendes ‚Objekt' zu begreifen, das lediglich auf seine akkurate Repräsentation wartet, spezifiziert der piezoelektrische Wandler (als Teil konkreter Apparate) bestimmte Trennlinien, sogenannte „agentielle Schnitte". Durch diese wird der Fötus aus seiner ‚mütterlichen Umgebung' herausgelöst und als eigenständige Entität materialisiert. Diese Praktiken der Grenzziehung sind dabei nicht neutral, vielmehr verstärken sie vorherrschende kulturelle Vorstellungen über den Fötus als eigenständiges Subjekt, während sie zugleich den Körper der Schwangeren verdinglichen und auf die Funktion des Gebärens reduzieren. Barad macht damit sichtbar, dass nicht nur Diskurse oder gesellschaftliche Normen, sondern auch materielle Bedingungen – wie etwa die Technik selbst – an der Erzeugung von Phänomenen (hier des Fötus) mitsamt ihren Bedeutungen beteiligt sind. In diesem Zusammenhang erweitert Barad Judith Butlers Konzept der Performativität, das vor allem die Rolle sprachlicher und normativer Praktiken in der Produktion vergeschlechtlichter Körper betont. Während Butler (1997) dabei die diskursiven Zwänge in den Mittelpunkt stellt, unterstreicht Barad (2007: 152), dass auch die materiellen Eigenschaften von Apparaten mitentscheiden, welche Formen von Körpern und Bedeutungen möglich werden – und welche zugleich ausgeschlossen werden. Barads Analytik des Apparats legt der Wissenschafts- und Technikforschung damit ein Werkzeug in die Hand, mit dem sich miteinander verschränkte Praktiken der Hervorbringung von Materie und Bedeutung beforschen lassen. Im Zentrum des agentiellen Realismus steht somit ein performativer Materialismus, in dem Materie durch das definiert wird, was sie *tut*.

Schluss: Von der Materie zur Materialisierung

„Matter matters. But how does this happen?", fragt John Law (2010: 173) und verdeutlicht damit, dass die Frage nach Materie und Materialität in der Wissenschafts- und Technikforschung alles andere als trivial ist. Der Schwenk von Materie als Substanz zu einem relationalen Verständnis von Materie und Materialität legt zunächst die vielschichtigen Praktiken frei, die an der Hervorbringung und Stabilisierung von Realitäten beteiligt sind. Der Vorschlag, Materie als einen relationalen Effekt von Praktiken zu begreifen, impliziert in diesem Sinne, dass etwas materiell *wird*, weil es einen Unterschied macht. Zugleich bedeutet es aber auch, dass „[m]atter that does not make a difference does not matter" (Law 2010: 173). Auf eine grundlegende Weise lässt sich Materie somit nicht von den Praktiken trennen, die sie jeweils hervorbringen. Nicht nur materialisieren sich Praktiken auf unterschiedliche Weise, auch ist es von Bedeutung, welche Bedeutungen und Materialitäten stets ausgeschlossen oder aufgeschoben werden. Obgleich ihrer unterschiedlichen Schwerpunktsetzung verdeutlichen die in diesem Kapitel besprochenen Beiträge in diesem Sinne, dass das Interesse an Materie und Materialität nicht nur theoretischer Natur ist, sondern selbst in einem sozialen und historischen Kontext steht. Ereignisse und Phänomene wie der anthropogene Klimawandel, die Covid-19-Pandemie oder der allgegenwärtige Einsatz von künstlicher Intelligenz und Algorithmen mit ihren oft unvorhersehbaren und weitreichenden Auswirkungen verdeutlichen die Dringlichkeit, Materie als dynamisch, prozesshaft und als mitbeteiligt an der Herstellung von Wissen und Welten zu berücksichtigen. Dies gilt insbesondere für Fragen der technologischen und wissenschaftlichen Materialität, die zunehmend als eine Unbekannte erscheint, „die die Gesellschaft aus ihrer naturwissenschaftlichen Beschreibung heraus zu beherrschen trachtete und die jetzt eine potentiell unbeherrschbare Eigendynamik an den Tag legt“ (Henkel 2017: 280). Die Wissenschafts- und Technikforschung steht daher vor der schwierigen Aufgabe, Materie und Materialität in ihrer Prozesshaftigkeit und mitunter auch Eigensinnigkeit zu beforschen, wenn sie verstehen möchte, wie nicht nur Wissen, sondern auch Welten durch materiell-diskursive Praktiken kontinuierlich hervorgebracht, stabilisiert und destabilisiert werden.

Weiterführende Lektüre

Latour, B. 2014: *Existenzweisen. Eine Anthropologie der Modernen*. Berlin: Suhrkamp.

Law, J., 2004: *After Method: Mess in Social Science Research*. London: Routledge.

Mol, A. 2002: *The Body Multiple: Ontology in Medical Practice*. Durham und London: Duke University Press.

Pinch, T. J. und W. E. Bijker, 2012: *The Social Construction of Technological Systems. New Directions in the Sociology and History of Technology*. Cambridge: MIT Press.

Literatur

Attenborough, F., 2011: The Monad and the Nomad: Medical Microbiology and the Politics and Possibilities of the Mobile Microbe. *Cultural Geographies* 18(1): 91–114.

Barad, K., 2003: Posthumanist Performativity: Toward an Understanding of How Matter Comes to Matter. *Sings: Journal of Women in Culture and Society* 28(3): 801–831.

Barad, K., 2007: *Meeting the Universe Halfway: Quantum Physics and the Entanglement of Matter and Meaning*. Durham: Duke University Press.

Barad, K., 2012: *Was ist das Maß des Nichts? Unendlichkeit, Virtualität, Gerechtigkeit*. Ostfildern: Hatje Cantz.

Barla, J., 2019: *The Techno-Apparatus of Bodily Production*. Bielefeld: transcript.

Barla, J., 2021: Beyond Reflexivity and Representation: Diffraction as a Methodological Sensitivity in Science Studies. *Distinktion: Journal of Social Theory* 24(3): 444–466.

Bimber, B., 1990: Karl Marx and the Three Faces of Technological Determinism. *Social Studies of Science* 20(2): 333–351.

Braidotti, R., 1991: *Patterns of Dissonance. A Study of Women and Contemporary Philosophy*. Cambridge: Polity.

Butler, J., 1997: *Körper von Gewicht*. Frankfurt am Main: Suhrkamp.

Callon, M., 1984: Some Elements of a Sociology of Translation: Domestication of the Scallops and the Fishermen of Saint Brieuc Bay. *The Sociological Review*, 32(1): 196–233.

Caro, R., 1974: *The Power Broker. Robert Moses and the Fall of New York*. New York: Alfred A. Knopf.

Halliday, S., 2001: Death and Miasma in Victorian London: An Obstinate Belief. *BMJ*. 323(7327): 1469–1471.

Haraway D., 1995: *Die Neuerfindung der Natur. Primaten, Cyborgs und Frauen*. Frankfurt am Main: Campus.

Haraway, D., 2024 [1988]: Situiertes Wissen. Die Wissenschaftsfrage im Feminismus und das Privileg einer partialen Perspektive. S. 271–304 in: K. Hoppe und F. Vogelmann (Hrsg.), *Feministische Epistemologien. Ein Reader*. Frankfurt am Main: Suhrkamp.

Henkel, A., 2017: Die Materialität der Gesellschaft. Entwicklung einer gesellschaftstheoretischen Perspektive auf Materialität auf Basis der Luhmannschen Systemtheorie. *Soziale Welt* 68(2–3): 279–299.

Hoppe, K. und T. Lemke, 2021: *Neue Materialismen zur Einführung*. Hamburg: Junius.

Hughes, T., 1983: *Networks of Power: Electrification in Western Society, 1880–1930.* Baltimore: Johns Hopkins University Press.

Joerges, B., 1999: Do Politics Have Artefacts? *Social Studies of Science* 29(3): 411–431.

Knorr-Cetina, K., 1981: *The Manufacture of Knowledge*. Oxford: Pergamon Press.

Kropp C. und A. Schreck, 2026: *Soziotechnische Konstellationen und Risiken der Automatisierung*. S. 285–303 in: A. K. Krüger, J.-F. Schrape, C. Schubert und J. Schubert (Hrsg.), Wissenschafts- und Technikforschung. Sozialwissenschaftliche Einführungen. Berlin: de Gruyter.

Latour, B., 1987: *Science in Action. How to Follow Scientists and Engineers through Society*. Cambridge, MA: Harvard University Press.

Latour, B., 1988: *The Pasteurization of France*. Cambridge, MA: Harvard University Press.

Latour, B., 2002: *Die Hoffnung der Pandora*. Frankfurt am Main: Suhrkamp.

Latour, B., 2005: *Reassembling the Social. An Introduction to Actor-Network-Theory.* Oxford: Oxford University Press.

Latour, B., 2006a: Technik ist stabilisierte Gesellschaft. S. 369–397 in: A. Belliger und D.J. Krieger (Hrsg.), *ANThology. Ein einführendes Handbuch zur Akteur-Netzwerk-Theorie*. Bielefeld: transcript.

Latour, B., 2006b: Gebt mir ein Laboratorium und ich werde die Welt aus den Angeln heben. S. 103–134 in: A. Belliger und D.J. Krieger (Hrsg.), *ANThology. Ein einführendes Handbuch zur Akteur-Netzwerk-Theorie*. Bielefeld: transcript.

Latour, B., 2010: *Eine neue Soziologie für eine neue Gesellschaft.* Frankfurt am Main: Suhrkamp.

Latour, B. 2014: *Existenzweisen. Eine Anthropologie der Modernen*. Berlin: Suhrkamp.

Laux, H., 2017: Die Materialität des Sozialen: Vier Lösungsansätze für ein soziologisches Bezugsproblem im Werk von Bruno Latour. *Soziale Welt* 68(2–3): 175–197.

Law, J., 2004: *After Method: Mess in Social Science Research.* London: Routledge.

Law, J., 2010: The Materials of STS. 173–190 in: D. Hicks. und M.C. Beaudry (Hrsg.), *The Oxford Handbook of Material Culture Studies*. Oxford: Oxford University Press.

Law, J., 2013: Akteur-Netzwerk-Theorie und materielle Semiotik. S. 21–48 in: T. Conradi, H. Derwanz und F. Muhle (Hrsg.), *Strukturentstehung durch Verflechtung. Akteur-Netzwerk-Theorie(n) und Automatismen*. Paderborn: Fink.

Law, J., 2023: Material Semiotics, in: P. Atkinson (Hrsg.), *Sage Research Methods Foundations*. London: SAGE, <https://doi.org/10.4135/9781529751079747550>.

Law, J. und A. Mol, 1995: Notes on Materiality and Sociality. *Sociological Review* 43(2): 274–284.

Noble, D., 1986: *Forces of Production: A Social History of Industrial Automation*. Oxford: Oxford University Press.

Pasteur, L., 1995 [1861]: Mémoire sur la fermentation appelée lactique. *Mol Med* 1, 599–601.

Pickering, A. 1995: *The Mangle of Practice: Time, Agency, and Science*. Chicago: University of Chicago Press.

Pottage, A., 2012: The Materiality of What? *Journal of Law and Society* 39(1): 167–83.

Rammert, W. und I. Schulz-Schaeffer, 2002: Technik und Handeln: Wenn soziales Handeln sich auf menschliches Verhalten und technische Artefakte verteilt. S. 11–64 in W. Rammert und

I. Schulz-Schaeffer (Hrsg.), *Können Maschinen handeln? Soziologische Beiträge zum Verhältnis von Mensch und Technik*, Frankfurt am Main: Campus.

Rheinberger, H.-J., 2015: Über den Eigensinn epistemischer Dinge. S. 147–162 in: H.P. Hahn (Hrsg.), *Vom Eigensinn der Dinge. Für eine neue Perspektive auf die Welt des Materiellen*. Berlin: Neofelis.

Schelsky, H., 1965: Der Mensch in der wissenschaftlichen Zivilisation. S. 439–480 in: H. Schelsky, *Auf der Suche nach Wirklichkeit: Gesammelte Aufsätze*. Düsseldorf und Köln: Eugen Diederichs Verlag.

Schubert, C., 2019: Akteur-Netzwerk Theorie. S. 1–24 in: Apelt, M., et al. (Hrsg.), *Handbuch Organisationssoziologie*. Wiesbaden: Springer VS. <https://doi.org/10.1007/978-3-658-15953-5_16-1>

Schulz-Schaeffer, I., 2026: Handlungsträgerschaft von Technik und verteiltes Handeln. S. 269–283 in: A. K. Krüger, J.-F. Schrape, C. Schubert und J. Schubert (Hrsg.), Wissenschafts- und Technikforschung. Sozialwissenschaftliche Einführungen. Berlin: de Gruyter.

Traweek, S., 1988: *Beamtimes and Lifetimes: The World of High Energy Physicists*. Cambridge, MA: Harvard University Press.

Winner, L., 1980: Do Artifacts Have Politics? *Daedalus* 109(1): 121–136.

Woolgar, S. und G. Cooper, 1999: Do Artefacts Have Ambivalence? Moses' Bridges, Winner's Bridges and Other Urban Legends in S&TS. *Social Studies of Science* 29(3): 433–449.

Ingo Schulz-Schaeffer

15 Handlungsträgerschaft von Technik und verteiltes Handeln

Einleitung

Sind technische Artefakte Akteure, sind sie also Handelnde? Wenn Roboter oder eine KI in Science-Fiction-Filmen als Handelnde auftreten, dann werden sie häufig als Wesen dargestellt, die wie menschliche Personen ein Bewusstsein und eine eigene Persönlichkeit besitzen oder entwickeln und die eigene Ziele haben, die sie verfolgen. So weit sind die technischen Artefakte, die uns heute zur Verfügung stehen, allerdings bei weitem noch nicht, auch nicht die generative KI, deren Fähigkeiten uns seit der Einführung von ChatGPT und DALL-E in Erstaunen versetzt. Auch heute noch gilt: Roboter und Künstliche Intelligenzen mit eigenem Bewusstsein und eigenen Zielen sind Science-Fiction. Vor diesem Hintergrund könnte man meinen, dass es eigentlich klar ist, dass technische Artefakte keine Akteure sind. Das sieht die sozialwissenschaftliche Wissenschafts- und Technikforschung allerdings ganz anders. Hier ist die vorherrschende Sichtweise, technischen Artefakten Handlungsträgerschaft bzw. „Agency" zuzubilligen und sie als handlungsfähige Entitäten zu betrachten.

Die zentrale Stoßrichtung der sozialwissenschaftlichen Wissenschafts- und Technikforschung bestand und besteht darin zu zeigen und zu erforschen, dass und wie wissenschaftliches Wissen und technische Artefakte als Ergebnisse sozialer Prozesse entstehen. Diese Forschung hat anfangs ein recht enges Konzept des Sozialen zu Grunde gelegt. Dabei ist zu wenig in den Blick gekommen, dass die Gegenstände der wissenschaftlichen und technischen Produktionsprozesse ebenfalls Einfluss auf diese Prozesse ausüben. Mit Blick auf Prozesse der Technikentwicklung heißt dies, dass die technischen Artefakte zwar einerseits in sozialen Prozessen geformt und gestaltet werden, dass sie andererseits mit ihren jeweiligen Eigenschaften und Merkmalen aber auch ihrerseits soziale Prozesse und Verhältnisse formen und verändern können. Beobachtungen und Überlegungen dieser Art haben zu dem so genannten „material turn" in der sozialwissenschaftlichen Wissenschafts- und Technikforschung geführt. Die Betrachtung technischer Artefakte als Handelnde ist ein Ausdruck dieses *material turns* (Barla 2026 in diesem Band).

Der vorliegende Beitrag will klären, was es bedeutet und warum und in welcher Weise es sinnvoll ist, technische Artefakte als Handelnde zu betrachten und technisches Wirken als ein Handeln. Dazu stellt der Beitrag im ersten Schritt den Perspektivwechsel in der sozialwissenschaftlichen Technikforschung und den Sci-

https://doi.org/10.1515/9783112245897-019

ence and Technology Studies (STS) hin zur Betrachtung technischer Artefakte als Akteure kurz dar (Abschnitt 2). Anschließend lenkt der Beitrag den Blick auf die Verteiltheit des Handelns auf menschliche Akteur*innnen und technische Artefakte. Er stellt dem schwachen Handlungsbegriff der Akteur-Netzwerk-Theorie das Konzept des gradualisierten Handelns gegenüber, das anknüpfend an das soziologische Grundverständnis dessen, was Handeln ausmacht, zwischen drei Ebenen verteilten Handelns unterscheidet (Abschnitt 3). Wie sich die Delegation und Substitution der Handlungsbeiträge von Menschen und von Artefakten auf jeder dieser drei Ebenen verteilten Handelns analytisch erfassen lässt, wird in den Abschnitten 3–5 dargestellt. Abschließend diskutiert der Beitrag, inwiefern verteiltes Handeln in sozio-technischen Konstellationen ein Sonderfall sozio-materieller Arrangements ist und was dies für die Frage der Handlungsträgerschaft von Technik bedeutet.

Der Perspektivwechsel hin zur Agency technischer Artefakte

Den größten Einfluss auf die Entstehung der Betrachtung von Technik als Akteurin hat die Akteur-Netzwerk-Theorie gehabt. Der von ihr maßgeblich vorangetriebene Perspektivwechsel resultiert aus der Forderung, die Entstehung sozio-technischer (und allgemeiner: sozio-materieller) Zusammenhänge „symmetrisch“ zu analysieren. Das heißt, es soll kein Unterschied gemacht werden zwischen allen denjenigen Einwirkungen, die die Entstehung des betreffenden Zusammenhangs, des resultierenden Akteur-Netzwerkes, beeinflussen, gleichgültig, ob sie von menschlichen Akteur*innen ausgehen oder von anderen Entitäten. Dementsprechend besteht Michel Callon und Bruno Latours allgemeines Symmetrieprinzip darin, „nicht zwischen natürlichem Realismus und sozialem Realismus zu wechseln, sondern Natur und Gesellschaft als gemeinsames Resultat einer anderen Aktivität zu begreifen, die für uns interessanter ist. Wir nennen sie Netzwerkbilden.“ (Callon und Latour 1992: 348, eigene Übersetzung)

Der Forderung nach symmetrischer Analyse liegt die folgende Überlegung zu Grunde: Wer ein Phänomen auf natürliche, technische, soziale oder sonstige Faktoren zurückführt, setzt diese Faktoren zwangsläufig als Gegebenheiten voraus. Allgemeine Symmetrie im Sinne von Callon und Latour bedeutet dagegen, alle solche Faktoren selbst wiederum als erklärungsbedürftig zu betrachten (Callon 1986: 200; Latour 1987: 143–144). Es muss also offengehalten werden und der empirischen Beobachtung überlassen bleiben, welche Faktoren wie auf welche anderen Faktoren einwirken. Nur so kann die Entstehung des betreffenden Phänomens symmetrisch erklärt werden. Symmetrische Beobachter*innen dürfen dementsprechend nur voraussetzen, dass da Entitäten sind, die aufeinander einwirken, und dass die betrachteten Phänomene das Resultat dieser Einwirkungen sind.

Vor diesem Hintergrund ist für die Akteur-Netzwerk-Theorie „jedes Ding, das eine gegebene Situation verändert, indem es einen Unterschied macht, ein Akteur" (Latour 2007: 123, vgl. auch 1988: 303; Callon 1991: 140). Die Akteur-Netzwerk-Theorie verwendet mithin einen Handlungsbegriff, der jegliche verändernde Wirksamkeit als Handeln fasst. Der Vorteil eines solchen schwachen bzw. minimalistischen Handlungsbegriffs (Rammert und Schulz-Schaeffer 2002: 44–45; Schulz-Schaeffer 2023: 13) besteht darin, dass er es erlaubt, das Zusammenspiel und die Verwobenheit menschlich und dinglich herbeigeführter Wirkungen unverstellter in den Blick zu bekommen und damit auch die Mitwirkung der Dinge an der Formung, Erhaltung und Veränderung sozialer und gesellschaftlicher Prozesse und Strukturen. Genau das ist die Absicht, die die Akteur-Netzwerk-Theorie mit dieser Begriffs- und Beobachtungsstrategie verfolgt (Schulz-Schaeffer 2014, 2017).

Die Akteur-Netzwerk-Theorie schlägt damit eine Lösung für ein Problem vor, das auch früher schon in der philosophischen und soziologischen Beschäftigung mit Technik thematisiert worden war: das Problem wie sich die Mitwirkung technischer Artefakte an sozialen Prozessen und Hervorbringungen theoretisch erfassen und methodisch berücksichtigen lässt. Im deutschsprachigen Diskurs war diese Frage bereits früh von Hans Freyer adressiert worden. Er entwickelte ein Konzept des Mithandelns von Technik. Der Kern dieses Konzeptes besteht darin, technische Artefakte als Objektivationen von Handlungsbestandteilen zu betrachten. Aus der Sequenz der Handlungsschritte, die erforderlich sind, um ein bestimmtes Handlungsziel zu erreichen, werden einzelne Handlungsschritte herausgelöst, und es wird ein technisches Artefakt entwickelt, das in der Lage ist, diese Handlungsschritte auszuführen. Das Mithandeln der Technik besteht dann dementsprechend darin, dass man bei der Durchführung der betreffenden Handlung diese Handlungsschritte nun dem betreffenden Artefakt überlassen kann (Freyer 1966: 59ff.). Dieser Konzeption des Mithandelns von Technik liegt die Beobachtung zu Grunde, dass technische Artefakte Aktivitäten durchführen können, die vergleichbaren menschlichen Aktivitäten entsprechen, und vergleichbare Wirkungen herbeiführen können. Diese Beobachtung steht im Widerspruch zu der Theorietradition der Soziologie, nur menschliche Personen als soziale Akteur*innen zu betrachten. Sie führte schon früh zu dem Ruf danach, die „Exkommunikation" (Linde 1972: 13) der Sachen aus der Soziologie zu überdenken und die „Technikvergessenheit der Soziologie" (Rammert 1998) zu beenden.

Handlungsbeiträge im verteilten Handeln

Technik ist nicht erst in der Gegenwart allgegenwärtiger Bestandteil des menschlichen Lebens. Aber für die Gegenwart gilt diese Aussage noch umfassender und uneingeschränkter als für jede Vergangenheit. In unserer Gegenwart gibt es kaum einen Lebensbereich, in dem technische Artefakte keine Rolle spielen, und kaum eine Tätigkeit, die nicht in der einen oder anderen Weise technisch erzeugte Wirkungen einbezieht. Das kann sich jede*r Leser*in für sich selbst leicht veranschaulichen: Rufen Sie sich die letzten 24 Stunden in Erinnerung und versuchen Sie eine Ihrer Handlungen zu finden, die Sie nur mit den Ressourcen Ihres eigenen Körpers und ohne Einbeziehung von Gegenständen durchgeführt haben, die einen Beitrag zur Durchführung dieser Handlung geleistet haben. Sie werden wenig finden und kaum eine Handlung, die aus verschiedenen Handlungsschritten besteht. Im Normalfall ist Handeln in unserer gegenwärtigen Gesellschaft verteiltes Handeln, ein Handeln, das auf menschliche und artefaktische Handlungsbeiträge verteilt ist, also auf Handlungsbeiträge, die von Menschen und von technischen Artefakten beigesteuert werden.

Wenn im Normalfall an der Durchführung von Handlungen neben menschlichen Akteur*innen auch technische Artefakte beteiligt sind, stellt sich die Frage, in welcher Weise Handlungen verteilt sind bzw. verteilt sein können und um welche Arten von Handlungsbeiträgen es dabei geht. Für die Beantwortung dieser Frage ist der schwache Handlungsbegriff der Akteur-Netzwerk-Theorie zwar in einigen Hinsichten nützlich, aber nicht ausreichend. Er ist nützlich, um zu zeigen, dass bereits einfachste technische Artefakte wesentliche Beiträge zur Entstehung und Stabilisierung sozialer Zusammenhänge leisten. So sind denn auch viele der Protagonist*innen in den Beispielen der Akteur-Netzwerk-Theorie einfachste Techniken: Der Schlüsselanhänger, der dem Wunsch des Portiers, dass die Gäste ihre Hotelschlüssel an der Rezeption abgeben sollen, zur Verwirklichung verhilft; die Bodenschwelle, die die Geschwindigkeitsbegrenzung wirksamer durchsetzt als das Geschwindigkeitsbegrenzungs-Schild; oder auch der hydraulische Türschließer, der Türen mit der Behutsamkeit eines gut ausgebildeten Butlers schließt (Latour 1988, 1991, 1992, 1996).

Die menschliche Handlungsfähigkeit ist aber nicht darauf beschränkt, verändernd wirksam zu werden, sondern besteht darüber hinaus darin, das verändernde Wirken in einer Weise mit Sinn zu verbinden, die es ermöglicht, die verändernde Wirksamkeit zu planen, zu steuern und an Zielen zu orientieren. Und auch die zunehmend intelligentere Technik führt zu komplexeren Formen der sinnhaften Steuerung des Verhaltens technischer Artefakte bis hin zur eigenständigen Verhaltensplanung und Zielbestimmung. Für die Analyse verteilten Handelns reicht der schwache Handlungsbegriff der Akteur-Netzwerk-Theorie deshalb nicht mehr aus.

Der entscheidende methodische Vorteil des schwachen Handlungsbegriffs für die Analyse verteilten Handelns ist, dass er es erlaubt, die artefaktischen und die menschlichen Handlungsbeiträge auf derselben analytischen Ebene vergleichbar zu machen und in diesem Sinne ohne Vorfestlegungen des Beobachtungsstandpunktes symmetrisch zu analysieren. Um Verhältnisse verteilten Handelns, an denen intelligentere Technik beteiligt ist, symmetrisch analysieren zu können, bedarf es eines Handlungsbegriffs, der weniger schwach ist als derjenige der Akteur-Netzwerk-Theorie, aber es dennoch weiterhin erlaubt, die menschlichen und die artefaktischen Handlungsbeiträge jeweils auf derselben analytischen Ebene miteinander zu vergleichen. Das Konzept des gradualisierten Handelns (Rammert und Schulz-Schaeffer 2002; Schulz-Schaeffer und Rammert 2023), das im Folgenden vorgestellt wird, dient genau einer solchen Analyse verteilten Handelns.

Den Ausgangspunkt der Analyse bildet das soziologische Grundverständnis dessen, was es bedeutet zu handeln. Dieses Grundverständnis fasst Anthony Giddens wie folgt zusammen. Handeln ist erstens gekennzeichnet durch die „Fähigkeit [...] ‚einen Unterschied herzustellen' zu einem vorher existierenden Zustand oder Ereignisablauf" (Giddens 1992: 66). Ein zweites Merkmal ist, dass Akteur*innen „in jeder Phase einer gegebenen Verhaltenssequenz anders hätte handeln können" (Giddens 1992: 60). Ein drittes Merkmal schließlich ist, die Akteur*innen „in der Lage sind, für ihr Handeln in aller Regel eine Erklärung abzugeben, wenn sie danach gefragt werden" (Giddens 1992: 56).

An dieses Grundverständnis von Handeln und Handlungsfähigkeit anknüpfend betrachtet das Konzept des gradualisierten Handelns die hier genannten drei Merkmale als drei unterschiedliche Ebenen des Handelns. Die unterste Ebene ist demnach die Ebene der verändernden Wirksamkeit, die mittlere Ebene die des Auch-anders-handeln-Könnens, und die voraussetzungsvollste dritte Ebene ist die Ebene des intentionalen Handelns (Rammert und Schulz-Schaeffer 2002: 44). Entscheidend für das Konzept des gradualisierten Handelns ist es, dass die drei Ebenen in einem gewissen Umfang unabhängig voneinander vorkommen können, d.h. es gibt neben dem Handeln, das alle drei Ebenen umfasst, auch ein Handeln, das nur die ersten beiden Ebenen umfasst oder auch sich nur auf die unterste Ebene beschränkt.

Dies gilt offenkundig für das Verhalten technischer Artefakte. Aber dies gilt – und das ist für die Analyse der Delegations- und Substitutionsverhältnisse im verteilten Handeln von wesentlicher Bedeutung – in einem gewissen Umfang auch für menschliches Handeln. Auch dort gibt es eine Vielzahl von Tätigkeiten des verändernden Wirkens, die stets in der gleichen Weise durchgeführt werden und bei denen die Fähigkeit des Auch-anders-handeln-Könnens wenig erforderlich ist. Und sofern die Fähigkeit des Auch-anders-handeln-Könnens für die kompetente Handlungsdurchführung erforderlich ist, impliziert dies in vielen Fällen nicht bereits auch die Fähigkeit, auf Handlungsziele Bezug nehmen zu können. Das Konzept des gradualisierten Handelns ermöglicht es, das Hin und Her der Delegation und Substitution von menschlichen und artefaktischen Handlungsbeiträgen im verteilten Handeln nicht nur auf der Ebene der verändernden Wirksamkeit – auf die der schwache Handlungsbegriff der Akteur-Network -Theorie beschränkt ist – in einer unvoreingenommenen symmetrischen Weise in den Blick zu bekommen, sondern auch für die Ebenen des Handelns, die durch komplexere Formen der Einbeziehung von Handlungssinn gekennzeichnet sind.

Die aktualisierte Fassung des Konzeptes des gradualisierten Handelns (Schulz-Schaeffer und Rammert 2023) zielt darauf, die unterschiedlichen Konstellationen des Zusammenwirkens von Handlungswirksamkeit und Handlungssinn noch genauer in den Blick zu bekommen. Dazu legt es ein dezidiert handlungstheoretisches Verständnis zugrunde, wonach Handlungen an der Verwirklichung von Zielen orientierte Verhaltenssequenzen sind. Die Durchführung selbst, das Handeln also, bezieht seinen Sinn demnach aus dem Handlungsziel und ist erfolgreich, wenn es gelingt, das Handeln (bewusst oder routinemäßig) so zu planen, zu steuern und zu kontrollieren, dass das Handlungsziel erreicht wird (Luckmann 1992: 48ff.). Nach diesem Verständnis von Handeln als einem sinnhaften Geschehen ist es ebenso möglich, dass der Handlungssinn stillschweigend und routinemäßig zur Geltung kommt, wie auch, dass es sich um bewusste Sinngebung handelt. Es handelt sich mithin um ein handlungstheoretisches Verständnis, das praxistheoretische Überlegungen mit einbezieht (Schulz-Schaeffer 2010; Schulz-Schaeffer und Rammert 2023). Ausgehend von diesem Verständnis sinnhaften Handelns lassen sich Akteur*innen durch drei Merkmale charakterisieren: Sie sind 1) als effektive Handlungssubjekte fähig, verändernde Wirksamkeit auszuüben, sind also in der Lage, die Veränderungen in Raum und Zeit herbeizuführen, die erforderlich sind, um das betreffende Handlungsziel zu erreichen (effektive Handlungsdimension). Sie sind 2) regulative Handlungssubjekte, insofern sie die Steuerungsgewalt und Kontrolle über die Handlungsdurchführung besitzen (regulative Handlungsdimension); und sie sind 3) intentionale Handlungssubjekte, das heißt es sind ihre Zielsetzungen, von denen sich die Schritte der Handlungsdurchführung ableiten (intentionale Handlungsdimension) (Schulz-Schaeffer 2023: 11).

Wieder geht es aus der Perspektive des gradualisierten Handlungsbegriffs darum, in welcher Weise diese drei Handlungsdimensionen auf den unterschiedlichen Handlungsebenen zum Tragen kommen. Die Auseinandersetzung mit dieser Frage führt zu einigen weiterführenden Erkenntnissen mit Blick auf jede der drei Ebenen des gradualisierten Handelns:

Handeln als verändernde Wirksamkeit

In der ursprünglichen Fassung des Konzepts gradualisierten Handelns waren die Autoren noch der Auffassung, dass die Handlungsebene der verändernden Wirksamkeit im Wesentlichen deckungsgleich ist mit dem schwachen Handlungsbegriff der Akteur-Network-Theorie (Rammert und Schulz-Schaeffer 2002: 44–45). Die handlungstheoretische Analyse zeigt, dass dies nicht zutrifft. Vielmehr zeigt sich, dass jede Delegation einer Tätigkeit – gleichgültig, ob die Tätigkeit an eine Maschine oder einen Menschen übertragen wird – sowohl die effektive wie auch die regulative Handlungsdimension betrifft. Die Aufgabe, eine bestimmte Veränderung herbeizuführen, lässt sich nicht delegieren, ohne zugleich auch die Durchführungssteuerung abzugeben (Schulz-Schaeffer und Rammert 2023: 42; Schulz-Schaeffer 2023: 13–15). Dies ergibt sich zwingend aus der Sinnbezogenheit des Handelns: Wenn veränderndes Wirken dadurch zu einem Handlungsbeitrag wird, dass es zur Verwirklichung eines Handlungsziels beiträgt, das dem Handeln seinen Sinn gibt, dann kann dieses verändernde Wirken nicht delegiert werden, ohne zugleich auch zu delegieren, dass dieses verändernde Wirken als Handlungsbeitrag zu der betreffenden Handlung durchgeführt wird. Dies sicherzustellen, ist aber genau das, was die regulative Handlungsdimension ausmacht. Um ein Beispiel zu geben: Frisch gebrühten Kaffee herzustellen, ist ein weit verbreitetes und häufig verfolgtes Handlungsziel. Zu diesem Zweck wird die Tätigkeit des Kaffeeaufbrühens in vielen Haushalten an eine Filterkaffemaschine delegiert. Das verändernde Wirken dieser Tätigkeit ist die Umwandlung von heißem Wasser in heißen Kaffee (und von Kaffeepulver in Kaffeesatz, aber das ist nur eine Nebenfolge der Handlung und nicht Bestandteil des Handlungsziels). Diese Umwandlung kann die Maschine aber nur dann im Sinne des Handlungsziels durchführen, wenn sie in der Lage ist, den Fluss des heißen Wassers so zu steuern, dass es in den Filter läuft (und nicht daneben), und so, dass der Filter nicht überläuft. Wäre die Maschine zu dieser Steuerungsleistung nicht fähig, könnte das verändernde Wirken nicht an sie delegiert werden.

Art und Umfang der Delegation der Durchführungssteuerung und -kontrolle kann höchst unterschiedlich sein. Die einfachsten Formen der Handlungssteuerung sind diejenigen, bei denen die Art und Weise der Handlungsdurchführung einem festen Ablauf folgt und unabhängig von den Gegebenheiten der konkreten Handlungssituation stets in mehr oder weniger identischer Form erfolgt. Das Ablaufschema kann durch eingelebte Gewohnheiten repräsentiert werden, durch strikte Routinen oder soziale Normen oder auch durch organisationale, administrative oder technische Verhaltensvorschriften unterschiedlichster Art. Im Beispiel des Kaffeekochens könnte der Zeitpunkt des morgendlichen Kaffeetrinkens eine eingelebte Gewohnheit sein; es könnte eine strikte Routine sein, den Kaffeebehälter von seinem festgelegten Standort zu holen und aus ihm das Kaffeepulver in den Filter zu füllen; es könnte eine soziale Norm sein, nur Biokaffee zu verwenden; beim Kaffeekochen auf der Arbeit könnte es eine organisationale Regel sein, dass diese Tätigkeit von bestimmten Beschäftigten übernommen werden muss, und es könnte eine administrative Vorschrift sein, dass dies nur in der Teeküche und nicht in den Büros stattfinden darf. Bei den technischen Verfahrensvorschriften, an denen sich die Artefakte orientieren, kann man von Algorithmen sprechen, wobei dieser Begriff hier nicht nur zur Bezeichnung software-technisch realisierter Verfahrensvorschriften dienen soll, da sachtechnisch objektivierte Verfahrensvorschriften auch in der mechanischen oder elektrotechnischen Verkopplung von Gerätekomponenten niedergelegt sein können (Schulz-Schaeffer 2008a: 30).

Handlungsschritte, die bereits bei menschlicher Handlungsdurchführung einem festen Ablaufschema folgen, lassen sich am einfachsten an technische Artefakte delegieren. Diese Form der Ablaufsteuerung lässt sich bereits physisch in Form ineinandergreifender mechanischer Teile implementieren. Bei software-technischer Realisierung stellt sie die simpelste Form der imperativen Programmierung dar. (Die imperative Programmierung ist dadurch gekennzeichnet, dass die Computerprogramme als eine Abfolge von Befehlen geschrieben werden, die der Computer Schritt für Schritt abarbeitet.) Dieser einfachen Delegations- und Substitutionsverhältnisse halber entsteht schnell der – falsche – Eindruck, dass hier nur die effektive Handlungsdimension im Spiel ist. Tatsächlich ist in Gestalt dieser einfachsten Formen der Handlungssteuerung auch die regulative Handlungsdimension involviert (Schulz-Schaeffer und Rammert 2023: 42).

Handeln als sinnhafte Verhaltenssteuerung

Die einfachsten Formen des Auch-anders-handeln-Könnens unterscheiden sich von der zuvor angesprochenen Form der Durchführungssteuerung nur dadurch, dass das vorgegebene Ablaufschema an bestimmten Punkten Verzweigungen enthält, an denen zwischen unterschiedlichen Handlungsoptionen gewählt werden muss. Welche dieser Optionen gewählt werden soll, ist im einfachsten Fall aber ebenfalls vorgegeben und orientiert sich typischerweise an bestimmten Gegebenheiten der betreffenden Handlungssituation (Schulz-Schaeffer und Rammert 2023: 43–44). Handlungsbeiträge, die auf dieser Form des Auch-anders-handeln-Könnens beruhen, lassen sich in vielen Fällen recht einfach an Technik delegieren. Entsprechende Artefakte benötigen nicht zwingend Software, sondern lassen sich auch mechanisch realisieren. (Ein Beispiel sind handelsübliche Heizungs-Thermostate, die die Warmwasserzufuhr zu den Heizkörpern je nach Raumtemperatur mechanisch entweder erhöhen oder verringern.) Im Fall softwaretechnischer Realisierungen erfordern solche Artefakte keine avancierte Softwaretechnik, sondern es reicht ebenfalls die einfache imperative Programmierung (Schulz-Schaeffer und Rammert 2023: 43).

Komplexere Formen des Auch-anders-handeln-Könnens entstehen, wenn die Kriterien für die Wahl zwischen den verfügbaren Handlungsoptionen nicht fest vorgegeben sind, sondern aus Informationen über die konkreten Handlungssituationen abgeleitet werden müssen, oder wenn die Handlungsoptionen selbst nicht fest vorgegeben sind, sondern aus Informationen über die konkreten Handlungssituationen entwickelt werden müssen, oder wenn beides zugleich der Fall ist. Diese Formen des Auch-anders-handeln-Könnens sind gefragt, wenn die einzelnen Handlungssituationen sich so stark voneinander unterscheiden, dass sich ein situationsangemessenes Verhalten nicht mehr auf der Grundlage durchgängig vordefinierter Verfahrensabläufe realisieren lässt. Das Navigationsgerät ist ein Beispiel hierfür. Es wäre ebenso unsinnig wie unmöglich, im Navigationsgerät für jede Route, die ein Nutzer erfragen könnte, einen vorprogrammierten Algorithmus vorzuhalten. Realisierbar wurden Navigationsgeräte erst, als es möglich wurde, sie mit den erforderlichen Informationen über das Wegenetz zu versorgen sowie mit den relevanten Kriterien der Bewertung möglicher Wegstrecken und diese Geräte dann selbst die verfügbaren Handlungsoptionen berechnen und auswählen zu lassen (Schulz-Schaeffer und Rammert 2023: 43–44).

Ein weiterer Unterschied in der Komplexität des Auch-anders-handeln-Könnens besteht schließlich darin, ob das erforderliche situationsbezogene Wissen bereits als gesammeltes Wissen irgendwo vorliegt (etwa als Expertenwissen in den Köpfen der Spezialist*innen oder in den Wissensdatenbanken der Computer) oder ob es in der jeweiligen Situation selbst generiert werden muss (Schulz-Schaeffer und Rammert 2023: 44; zu den Formen der informationsverarbeitenden und informationsgenerierenden Handlungssteuerung technischer Abläufe vgl. auch Schulz-Schaeffer 2008a: 34ff.).

Für die Analyse verteilten Handelns ist es darüber hinaus wichtig, zwischen zwei Aspekten regulativer Handlungsfähigkeit zu unterscheiden, der Steuerung und der Kontrolle. Etwas zu steuern ist der Vorgang, mit dem ein Vollzug an einem Plan orientiert wird, in unserem Fall also: die Handlungsdurchführung am Handlungsentwurf. Etwas unter Kontrolle zu haben bedeutet dagegen, die Übereinstimmung oder Abweichung von Plan und Verwirklichung sehen zu können und im Fall einer Abweichung eingreifen zu können (Schulz-Schaeffer 2019: 192–193, 2023: 19). Dort, wo mit einem Handlungsschritt nur die einfachste Form der verändernden Wirksamkeit verbunden ist (oder die einfachste Form des Auch-anders-handeln-Könnens), existiert neben der Handlungssteuerung eine Handlungskontrolle nur in dem Sinne, dass eine möglichst abweichungsfreie Orientierung des Artefaktes an dem Algorithmus sichergestellt wird, der im technischen Artefakt verkörpert vorliegt. Diese Form der Handlungskontrolle lässt sich im Fall der Delegation entsprechender Handlungsbeiträge an technische Artefakte besonders zuverlässig erreichen, die dann – außer sie gehen kaputt – gar nicht anders können als sich an den in ihnen implementierten Algorithmen zu orientieren. Wir haben es hier allerdings mit einer Minimalform von Handlungskontrolle zu tun. Sie ist darauf beschränkt, beim eigenen, selbstgesteuerten Verhalten keine Abweichungen vom Handlungsplan vorkommen zu lassen. Diese Minimalform der Handlungskontrolle beinhaltet aber noch nicht die Fähigkeit, anderweitige handlungsrelevante Abweichungen – veränderte Umstände der Situation etwa – erkennen und einbeziehen zu können. Entscheidend ist zudem, dass sich diese Form der Handlungskontrolle nur auf das Teilstück der Handlung erstreckt, das in dieser Weise an das Artefakt delegiert ist. Eine weiterreichende Handlungskontrolle bezüglich dessen, wie gut dieses Teilstück in die Handlung hineinpasst, so wie sie in der konkreten Situation durchgeführt werden muss, ist damit nicht verbunden. Die Delegation von Handlungsbestandteilen an menschliche oder artefaktische Handlungsträger*innen, von denen nicht mehr als diese Formen der Handlungssteuerung und -kontrolle erwartet wird, ist dementsprechend an mindestens eine der folgenden beiden Bedingungen gebunden: (1) Die Handlungssituationen, für die der betreffende Handlungsbeitrag vorgesehen ist, lässt sich so zurichten, dass zu kontrollierende Abweichungen zwischen Handlungsplan und -durchführung nicht in relevantem Umfang auftreten können; oder (2) es sind andere Akteur*innen vorhanden, die die weiterreichende Handlungskontrolle übernehmen (Schulz-Schaeffer und Rammert 2023: 44).

Handeln als Zielverwirklichung

Die bewusstseins- und reflektionsfähige menschliche Person, die nicht nur gesellschaftlich bereits vorliegende, d. h. gesellschaftlich objektivierte Sinnmuster erlernen und anwenden kann, sondern auch zu eigenständiger Erfahrungsbildung und eigenen Sinnsynthesen befähigt ist, vermag individuelle und originelle Handlungsabsichten und Handlungsziele zu entwickeln, wie man es voraussichtlich noch auf lange Zeit von keiner noch so hochentwickelten Künstlichen Intelligenz erwarten kann. Für diese höchste Ausprägung intentionalen Handelns existiert verteiltes Handeln bis auf Weiteres nur in der Science-Fiction. Im gesellschaftlichen Alltag sind die Handlungsziele menschlicher Akteur*innen allerdings in ihrer großen Mehrheit weit weniger individuell und originell als es die emphatische Vorstellung der menschlichen Person als Persönlichkeit nahelegt. Für einen Großteil der Handlungssituationen im gesellschaftlichen Alltag existieren im gesellschaftlichen

Wissensvorrat kulturell objektivierte Situationsdefinitionen, die den Akteur*innen sagen, worum es in den betreffenden Situationen geht, was die zulässigen Handlungsmittel und Handlungsoptionen sind und welche Handlungsziele sich in den jeweiligen Situationen verfolgen lassen (Goffman 1977: 19; Esser 2001: 263).

Die Orientierung des Handelns an Handlungszielen, die als objektivierte Sinnmuster vorliegen, ist die wesentliche Grundlage für die Analyse verteilten Handelns auf der Ebene des intentionalen Handelns. Im Kern ist die Technisierung von Handlungen nichts anderes als die Entwicklung und Bereitstellung typischer Handlungsmittel für typische Handlungsziele (Schulz-Schaeffer 2008b: 711–712, 2023: 16). Jedes technische Artefakt, das entwickelt wurde oder wird, um menschliches Handeln in der einen oder anderen Weise zu unterstützen, enthält zugleich eine technisch objektivierte Vermutung über die korrespondierenden Handlungsziele seiner Nutzer*innen. Technisierung bedeutet, dass die technischen Handlungsmittel bereitstehen, bevor die jeweiligen Nutzer*innen in der aktuellen Situation das zugehörige Handlungsziel zu verfolgen beginnen. Weil aber die technischen Handlungsmittel auf Handlungsziele bezogen sind, bedeutet dies, dass die technisch objektivierte Bereitstellung dieser Handlungsmittel es ermöglicht, nahelegt oder manchmal auch geradezu aufdrängt, die zugehörigen Handlungsziele zu verwirklichen, und damit in indirekter Weise gewissermaßen auch eine technische Objektivierung dieser Handlungsziele darstellt (Schulz-Schaeffer und Rammert 2023: 46).

Die Analyse des verteilten Handelns auf der intentionalen Ebene basiert also auf dem Befund, dass ein großer Teil der Handlungsziele, an denen die Akteur*innen sich im gesellschaftlichen Alltag orientieren, in Form objektivierter Sinnmuster vorliegt. Sie liegen aber nicht nur als im gesellschaftlichen Wissensvorrat kulturell objektivierte Sinnmuster vor, sondern auch als im Ensemble der verfügbaren technischen Artefakte technisch objektivierte Sinnmuster. Dieser Befund bildet die Grundlage dafür, Ähnlichkeiten und Möglichkeiten der wechselseitigen Substitution zwischen menschlichem Handeln und technischen Aktivitäten nun auch auf der obersten Ebene des gradualisierten Handlungsbegriffs, der Ebene des intentionalen Handelns, identifizieren und analysieren zu können (Schulz-Schaeffer und Rammert 2023: 47–48).

Der sinnhafte Zusammenhang zwischen dem Handlungsziel und der Handlungsdurchführung hat noch eine zweite Implikation für das verteilte Handeln auf der Ebene des intentionalen Handelns. Die zunehmend intelligenten Formen des Auch-anders-handeln-Könnens technischer Artefakte legen den Vergleich mit menschlichem Expertentum nahe: So wie die erfahrene Taxifahrerin das Fahrziel des Kunden besser zu erreichen vermag als er es selbst könnte, so auch das hochentwickelte Navigationsgerät. Bei menschlichen Expert*innen führt dieses Kompetenzgefälle wegen des Sinnzusammenhanges zwischen Handlungsziel und Handlungsdurchführung dazu, dass im Auftrag handelnde Expert*innen gegebenenfalls besser wissen als die auftraggebenden Kund*innen, welche Handlungsziele in deren Interesse sind oder nicht. Dies gilt für technisch implementierte Expertise entsprechend (Schulz-Schaeffer 2023: 20–22). Mit der zunehmenden Leistungsfähigkeit und Verbreitung maschinenlernender Empfehlungssysteme und generativer KI wird dieses Kompetenzgefälle, das sich auf Handlungsziele auswirkt, auch im Bereich der technisch delegierten Handlungsdurchführung zunehmend relevant. Für die Analyse der Delegation und Substitution von Handlungsbeiträgen im verteilten Handeln in der intentionalen Handlungsdimension wird dieser Gesichtspunkt zukünftig ganz sicher zunehmend an Bedeutung gewinnen.

Schlussbetrachtung: In welcher Weise sind technische Artefakte Handelnde?

Wenn man die emphatische Vorstellung der menschlichen Person als autonome und selbstbestimmte Persönlichkeit zu Grunde legt, dann sind selbst die avanciertesten technischen Systeme noch weit davon entfernt, als Handelnde gelten zu können. Ein solcher starker Handlungsbegriff ist jedoch ganz ungeeignet, die vielfältigen Delegations- und Substitutionsverhältnisse zwischen menschlichen und artefaktischen Handlungsbeiträgen in den Blick zu bekommen. Bei der Analyse des verteilten Handelns hilft er dementsprechend nicht weiter. Wenn man dagegen den schwachen Handlungsbegriff der Akteur-Netzwerk-Theorie zu Grunde legt, wonach jedes Ding, das verändernd wirksam wird, ein Akteur ist, dann sind bereits die einfachsten technischen Artefakte ganz ohne Frage Handelnde. Auf dieser Grundlage lassen sich Delegations- und Substitutionsverhältnisse zwischen menschlichem und artefaktischem Handeln zwar in den Blick nehmen. Der Nachteil dieser Begriffsstrategie ist allerdings, dass Handeln und Bewirken deckungsgleiche Begriffe werden und man auf den Begriff des Handelns und den des Akteurs dann auch verzichten könnte.

In der Soziologie (und nicht nur dort) ist der Begriff des Handelns dagegen deshalb wichtig, weil er nicht einfach ein Bewirken, sondern eine spezifische Form des Bewirkens bezeichnet: ein solches Bewirken, das sinnhaft herbeigeführt wird. In diesem Sinne definiert bereits Max Weber, dass ein Verhalten erst dann als Handeln gelten solle, „wenn und insofern als der oder die Handelnden mit ihm einen subjektiven Sinn verbinden" (Weber 1972: 1). Diese Vorstellung vom Handeln als einem sinngesteuerten Verhalten ist nicht nur für die soziologische Handlungstheorie in der Tradition Webers prägend. Auch die Praxistheorie teilt diese Vorstellung – mit dem Unterschied, dass es aus der praxistheoretischen Perspektive vor allem auf den Sinn ankommt, der in den sozialen Praktiken selbst verkörpert ist und weniger auf die Intentionen individueller Akteur*innen (Reckwitz 2003: 293; Schulz-Schaeffer 2010: 320–321). Der vorherrschende Aktivitätstypus des menschlichen Handelns ist demnach das Gewohnheitshandeln, in dem der in den sozialen Praktiken sedimentierte Handlungssinn meist stillschweigend zum Tragen kommt. Dass der Handlungssinn nicht bewusst intentional vorliegen muss, sondern auch den Routinen des Alltages stillschweigend zu Grunde liegt, ist in neueren handlungstheoretischen Ansätzen ebenfalls berücksichtigt.

Von entscheidender Bedeutung für das Verständnis verteilten Handelns ist es, dass die Verhaltensabläufe technischer Artefakte ebenfalls sinnhaft gesteuert sind. Ein technischer Ablauf, der entwickelt und sozial angeeignet wird, um bestimmte Handlungsbestandteile bestimmter Handlungen zu übernehmen, ist durch den Handlungssinn dieser Handlungsbestandteile orientiert und gesteuert. Der hydraulische Türschließer Latours lässt sich deshalb mit einem gut geschulten Butler vergleichen, weil in der Mechanik seines Schließmechanismus ein Handlungssinn zum Ausdruck kommt, der dem Handlungssinn der entsprechenden Tätigkeit des Butlers vergleichbar ist. Aus diesem Grund ist es keine Anthropomorphisierung („Vermenschlichung"), sondern eine gegenstandsangemessene Betrachtungsweise, wenn wir alle Dimensionen menschlichen Handelns, die effektive, die regulative und die intentionale, zu Grunde legen, um menschliche und artefaktische Aktivitäten auf allen drei Handlungsebenen auf ihre Verteiltheit hin zu untersuchen.

In dieser Hinsicht besteht ein großer Unterschied zwischen technischen Artefakten und anderen nichtmenschlichen Entitäten, ein Unterschied, den die Rede von der material agency überdeckt. Sozio-technische Konstellationen sind eine Sonderform sozio-materieller Arrangements. Innerhalb sozio-materieller Arrangements mit anderen nichtmenschlichen Entitäten (mit Bakterien und Viren etwa) ist die Beobachtung der verändernden Einwirkung der Elemente aufeinander die einzige Beobachtungseben, auf der sich Prozesse des Netzwerkbildens beobachten lassen. Hier reicht der schwache Handlungsbegriff der Akteur-Netzwerk-Theorie aus. Für die Analyse verteilten Handelns in sozio-technischen Konstellationen sind dagegen auch die aus dem soziologischen Handlungsbegriff abgeleiteten sinnbezogenen Handlungsdimensionen erforderlich.

Weiterführende Lektüre

Latour, B., 1996: Der Berliner Schlüssel. Erkundungen eines Liebhabers der Wissenschaften. Berlin: Akademie Verlag.

Latour, B., 2007: Eine neue Soziologie für eine neue Gesellschaft. Einführung in die Akteur-Netzwerk-Theorie. Frankfurt/Main: Suhrkamp.

Rammert, W. und I. Schulz-Schaeffer, 2002: Technik und Handeln. Wenn soziales Handeln sich auf menschliches Verhalten und technische Abläufe verteilt. S. 11–64 in: W. Rammert und I. Schulz-Schaeffer (Hrsg.), Können Maschinen handeln? Soziologische Beiträge zum Verhältnis von Mensch und Technik. Frankfurt/Main u.a.: Campus.

Schulz-Schaeffer, I., 2023: Technology and Action. A Theory of Action Analysis. S. 9–35 in: C. Schubert und I. Schulz-Schaeffer (Hrsg.), Berlin Keys to the Sociology of Technology. Wiesbaden: Springer VS.

Schulz-Schaeffer, I. und W. Rammert, 2023: Technology, Action and Practice: The Concept of Gradual Action Revisited. S. 37–68 in: C. Schubert und I. Schulz-Schaeffer (Hrsg.), Berlin Keys to the Sociology of Technology. Wiesbaden: Springer VS.

Literatur

Barla, J., 2026: Materie und Materialität in der Wissenschafts- und Technikforschung. S. 253–268 in: A. K. Krüger, J.-F. Schrape, C. Schubert und J. Schubert (Hrsg.), Wissenschafts- und Technikforschung. Sozialwissenschaftliche Einführungen. Berlin: de Gruyter.

Callon, M., 1986: Some Elements of a Sociology of Translation: Domestication of the Scallops and the Fishermen of St Brieuc Bay. S. 196–232 in: J. Law (Hrsg.), Power, Action and Belief. A New Sociology of Knowledge? London u.a.: Routledge & Kegan Paul.

Callon, M., 1991: Techno-Economic Networks and Irreversibility. S. 132–161 in: J. Law (Hrsg.), A Sociology of Monsters: Essays on Power, Technology and Domination, Sociological Review Monograph 38. London u.a.: Routledge.

Callon, M. und B. Latour, 1992: Don't Throw the Baby Out with the Bath School! A Reply to Collins and Yearley. S. 343–368 in: A. Pickering (Hrsg.), Science as Practice and Culture. Chicago u.a.: University of Chicago Press.

Esser, H., 2001: Soziologie. Spezielle Grundlagen, Bd. 6: Sinn und Kultur. Frankfurt/Main u.a.: Campus.

Freyer, H., 1966: Theorie des objektiven Geistes. Eine Einleitung in die Kulturphilosophie. Stuttgart: Teubner.

Giddens, A., 1992: Die Konstitution der Gesellschaft. Grundzüge einer Theorie der Strukturierung. Frankfurt/Main u.a.: Campus Verlag.

Goffman, E., 1977: Rahmen-Analyse. Ein Versuch über die Organisation von Alltagserfahrungen. Frankfurt/Main: Suhrkamp.

Latour, B., 1987: Science in Action. How to Follow Scientists and Engineers through Society. Cambridge, Mass.: Harvard University Press.

Latour, B., 1988: Mixing Humans and Nonhumans Together. The Sociology of a Door-Closer. Social Problems 35: 298–310.

Latour, B., 1991: Technology is Society Made Durable. S. 103–131 in: John Law (Hrsg.), A Sociology of Monsters: Essays on Power, Technology and Domination. London u.a.: Routledge.

Latour, B., 1992: Where are the Missing Masses? The Sociology of a Few Mundane Artifacts. S. 225–258 in: W.E. Bijker und John Law (Hrsg.), Shaping Technology; Building Society. Studies in Sociotechnical Change. Cambridge, Mass. u.a.: The MIT Press.

Latour, B., 1996: Der Berliner Schlüssel. Erkundungen eines Liebhabers der Wissenschaften. Berlin: Akademie Verlag.

Latour, B., 2007: Eine neue Soziologie für eine neue Gesellschaft. Einführung in die Akteur-Netzwerk-Theorie. Frankfurt/Main: Suhrkamp.

Linde, H., 1972: Sachdominanz in Sozialstrukturen. Tübingen: J. C. B. Mohr.

Luckmann, T., 1992: Theorie des sozialen Handelns. Berlin u.a.: de Gruyter.

Rammert, W., 1998: Technikvergessenheit der Soziologie? Eine Erinnerung als Einleitung. S. 9–28 in: W. Rammert (Hrsg.), Technik und Sozialtheorie. Frankfurt/Main u.a.: Campus Verlag.

Rammert, W. und I. Schulz-Schaeffer, 2002: Technik und Handeln. Wenn soziales Handeln sich auf menschliches Verhalten und technische Abläufe verteilt. S. 11–64 in: W. Rammert und I. Schulz-Schaeffer (Hrsg.), Können Maschinen handeln? Soziologische Beiträge zum Verhältnis von Mensch und Technik. Frankfurt/Main u.a.: Campus.

Reckwitz, A., 2003: Grundelemente einer Theorie sozialer Praktiken. Eine sozialtheoretische Perspektive. Zeitschrift für Soziologie 32: 282–301.

Schulz-Schaeffer, I., 2008a: Formen und Dimensionen der Verselbständigung. S. 29–53 in: Albert Kündig und Danielle Bütschi (Hrsg.), Die Verselbständigung des Computers. Zürich: vdf Hochschulverlag.

Schulz-Schaeffer, I., 2008b: Technik als sozialer Akteur und als soziale Institution. Sozialität von Technik statt Postsozialität. S. 705–719 in: Karl-Siegbert Rehberg (Hrsg.), Die Natur der Gesellschaft. Verhandlungen des 33. Kongresses der Deutschen Gesellschaft für Soziologie in Kassel 2006. Frankfurt/Main u.a.: Campus.

Schulz-Schaeffer, I., 2010: Praxis, handlungstheoretisch betrachtet. Zeitschrift für Soziologie 39: 319–336.

Schulz-Schaeffer, I., 2014: Akteur-Netzwerk-Theorie. Zur Ko-Konstitution von Gesellschaft, Natur und Technik. S. 267–290 in: Johannes Weyer (Hrsg.), Soziale Netzwerke. Konzepte und Methoden der sozialwissenschaftlichen Netzwerkforschung. München u.a.: De Gruyter/Oldenbourg.

Schulz-Schaeffer, I., 2017: Akteur-Netzwerk-Theorie: Einführung. S. 271–291 in: S. Bauer, T. Heinemann und T. Lemke (Hrsg.), Science and Technology Studies. Klassische Positionen und aktuelle Perspektiven. Frankfurt am Main: Suhrkamp.

Schulz-Schaeffer, I., 2019: Die Autonomie instrumentell genutzter Technik. Eine handlungstheoretische Analyse. S. 181–205 in: Hartmut Hirsch-Kreinsen und Anemari Karačić (Hrsg.), Autonome Systeme und Arbeit. Perspektiven, Herausforderungen und Grenzen der Künstlichen Intelligenz in der Arbeitswelt. Bielefeld: transcript.

Schulz-Schaeffer, I., 2023: Technology and Action. A Theory of Action Analysis. S. 9–35 in: C. Schubert und I. Schulz-Schaeffer (Hrsg.), Berlin Keys to the Sociology of Technology. Wiesbaden: Springer VS.

Schulz-Schaeffer, I. und W. Rammert, 2023: Technology, Action and Practice: The Concept of Gradual Action Revisited. S. 37–68 in: C. Schubert und I. Schulz-Schaeffer (Hrsg.), Berlin Keys to the Sociology of Technology. Wiesbaden: Springer VS.

Weber, M., 1972: Wirtschaft und Gesellschaft. Grundriß der verstehenden Soziologie, 5., revidierte Aufl., besorgt von Johannes Winckelmann. Tübingen: Mohr.

Cordula Kropp und Amelie Schreck

16 Soziotechnische Konstellationen und Risiken der Automatisierung

Einleitung

Große Sprachmodelle schreiben Bewerbungen und Abschlussarbeiten, Roboter bauen Häuser, Computer steuern Flugzeuge und optimieren den Nahverkehr. In immer mehr Bereichen stellen „intelligente" Technologien die überlegene Handlungsfähigkeit von Menschen infrage. Müssen wir ihnen in der Soziologie einen Platz als gleichwertige Akteure einräumen? Schaffen Algorithmen und Robotik die Arbeit ab? Leben wir in einer transhumanen Cyborg-Gesellschaft? Und falls diese Fragen zumindest teilweise bejaht werden müssten, welche Gestaltungs- und Interventionsmöglichkeiten wären aus soziologischer Perspektive in den Blick zu nehmen?

Das Zusammenspiel von menschlichen und technischen Agenten findet als Mensch-Maschine- oder Mensch-Robotik-Interaktionen viel Aufmerksamkeit: Übliche Fragen sind, wie beide Seiten aufeinander bezogen werden können, welche Sicherheitsvorkehrungen zu berücksichtigen sind und ob Maschinen, künstliche Intelligenz (KI) oder Robotik die Kontrolle übernehmen. Für ihre Beantwortung sind drei Punkte wesentlich:

1. Mensch-Maschine-Interaktionen entfalten sich nicht im luftleeren Raum, jenseits sozialer und ökonomischer Gemengelagen, sondern entstehen eingebettet in gesellschaftliche und organisatorische Strukturen. Diese Bedingungsgefüge beeinflussen ihre Entwicklung und Weiterentwicklung in den Verwendungszusammenhängen. Es gilt also die Konstellationen ihrer Entwicklung, Implementation und Adaptation in den Blick zu nehmen.
2. Die lange Geschichte des Nachdenkens über menschenähnliche Automata und ihre gesellschaftliche Rolle beginnt schon in der Antike (Aylett und Vargas 2021: 10). Zentrale Strukturmerkmale der Ankündigung und Gestaltung von Automatisierung sind im Kontext langfristiger Erfahrungen zu diskutieren.
3. Viele der großen Ankündigungen und Versprechungen werden nicht umstandslos realisiert, sondern bleiben hinter den Erwartungen zurück oder verursachen neue Probleme und Risiken (Hirsch-Kreinsen und Krokowski 2024). Eine genaue Betrachtung der sich entwickelnden Optionen, Nebenfolgen und Wirkungen ist also notwendig.

https://doi.org/10.1515/9783112245897-020

Für die Betrachtung der Bedingungsgefüge, langfristigen Entwicklungen und der damit verbundenen Chancen und Risiken liefern Konzepte der Wissenschafts- und Technikforschung zu soziotechnischen Systemen und Konstellationen analytische Kategorien. Sie helfen, die Entwicklung und Etablierung automatisierter Technologien sozial- und demokratieverträglich zu gestalten. Dazu führt der Beitrag im ersten Teil in diese Konzepte ein. Er zeigt auf, inwiefern sie mit spezifischen Denkschulen und Fragestellungen verbunden sind, in Deutschland besonders mit der Arbeits- und Industriesoziologie und internationaler mit der breiteren Wissenschafts- und Technikforschung. Im zweiten Abschnitt werden die konzeptuellen Überlegungen auf gegenwärtige Automatisierungsprozesse und Gestaltungsanlässe bezogen, im dritten Teil auf intendierte und nicht-intendierte Verschiebungen von Definitions- und Handlungsmacht, Ent- und Belastung von Nutzenden und spezifische Risiken der Verantwortungs- und Entscheidungszurechnung.

Soziotechnische Systeme, Konstellationen und Konfigurationen

Im Zuge der Industrialisierung veränderten Prozesse der Mechanisierung und Automatisierung die Arbeitsorganisation im primären (Landwirtschaft) und sekundären (Industrie) Sektor und erlangten Aufmerksamkeit in Bezug auf die Organisation von Fabriken, Militär und Bergbau. Auf der Suche nach sozialen und sozialpsychologischen Auswirkungen der zunehmenden Mechanisierung und Arbeitsteilung untersuchte das auf Organisationsentwicklung spezialisierte Londoner *Tavistock Institut of Human Relations* nach dem zweiten Weltkrieg den britischen Steinkohleabbau (Trist und Bamforth 1951). Ihre vielzitierte Studie stellte heraus, dass Bergleute in einer der untersuchten Gruben Möglichkeiten gefunden hatten, die neuen Technologien zu integrieren, ohne ihre auf gemeinsamer Verantwortung basierenden Arbeitsgruppen aufzugeben. Dank dieser Einbettung erreichten sie höhere Leistungen bei weniger Aus- und Unfällen als Gruben ohne vergleichbare Form der soziotechnischen Integration.

Das Konzept des soziotechnischen Systems und seine Motive

Seither betont das Konzept des soziotechnischen Systems, dass für eine verantwortliche und flexible Einführung neuer Technologien nicht nur Technik und Aufgabenbereiche optimiert, sondern auch die soziale Organisation – am besten durch die Integration des Erfahrungswissens der Nutzenden – angepasst werden muss. Trist forderte (1978, insb. S. 42), die Arbeitsorganisation nicht allein auf die Erfüllung der maschinellen Funktionsbestimmung auszurichten, sondern Arbeitssysteme, Arbeitsgruppen und die sich weiterentwickelnde, organisationsinterne Funktionsplanung in den Mittelpunkt zu rücken und von einer Komplementarität von Arbeitskräften und Maschinen auszugehen. Auf diese Weise sollen menschliche Fähigkeiten der Selbststeuerung und Kooperation, der Identifikation mit den Aufgaben (*commitment*) und der Innovationsfähigkeit erhalten bleiben.

Der Technikphilosoph Günter Ropohl (2009, zuerst 1979) und der Technikhistoriker Thomas Hughes (1986) stellen zudem die enge und interdependente Verflechtung der technischen und sozialen Komponenten heraus, eingebettet in kulturelle und organisatorische Zusammenhänge. Diese Wechselwirkungen machten nicht nur eine funktionale Analyse, sondern auch normative Überlegungen ihrer Gestaltung notwendig, damit soziotechnische Systeme den Menschen dienen und die Lebensqualität verbessern anstatt sie einer einseitigen Kontrolle zu unterwerfen. Am Fallbeispiel des Computers betont Ropohl, dass das Verhältnis zwischen Mensch und Maschine nicht nur durch einzelne Nutzende und Nutzungen geprägt werde, sondern ebenen-übergreifend Bedeutung erlange. Auf der Mikroebene individueller Handlungen werde ein Zuwachs an Freiheit erfahren und zugleich organisierter Sachzwang. Auf der Mesoebene industrieller Organisationen führe die weitgehende Sachdominanz zu Arbeitsteilung, -zerlegung und -substitution, also dem Verlust spezifischer Betätigungsfelder. Und auf gesellschaftlicher Ebene sah er eine sich vertiefende Entwicklung großtechnischer Systeme wie der Elektrifizierung voraus, die schließlich „soziotechnische Globalsysteme" (Ropohl 2009: 190) hervorbrächte. Inwiefern mit der Entstehung großtechnischer Systeme im Infrastrukturbereich eine spezifische Entwicklungsdynamik pfadabhängig entsteht, durch die frühere Entscheidungen spätere bedingen, hat Hughes (1986) aufgezeigt.

Ropohl (2009) betont, dass gegenüber diesen Zusammenhängen eine rein aufgabenbezogene Erörterung soziotechnischer Systeme die Beurteilung ihrer grundsätzlichen Brauchbarkeit und den technikethischen Anspruch der Reversibilität aus den Augen verliere. Es gelte aber dem sorglosen Ersatz menschlicher Fähigkeiten und Prioritäten und damit der Beherrschung soziotechnischer Systeme allein durch sachtechnische Zwänge vorzubeugen. Zugleich wies er darauf hin, dass die Automatisierung mit dem Prinzip des von menschlichen Arbeitskräften unabhängigen Vollzugs sachtechnischer Programmierungen darauf ziele, „die menschliche Komponente der Beherrschbarkeit zu minimieren und durch gesteigerte Zwangsläufigkeit der Sachfunktion" die technische Beherrschung zu verbessern. Dabei stünden sachtechnische und menschliche Komponenten „in reziprokem Verhältnis" zueinander. Bis heute wird diskutiert, inwiefern sich technische und soziale Kompetenzen ergänzen oder durchdringen und ob Technisierung, Digitalisierung und Automatisierung zu polarisierten Prozessen der De- und Requalifizierung führen (Kern und Schuhmann 1970; Hartmann und Wischmann 2017). Zur Debatte steht also, ob Automatisierung mit Robotern oder KI menschliche Fähigkeiten der Problemlösung erweitern, verändern, verbessern oder verringern.

Den Fokus des Tavistock-Instituts auf eine „menschlichere" Gestaltung der Beziehungen und Wechselwirkungen zwischen technischen und sozialen Systemen teilt die Arbeits- und Industriesoziologie. Sie verfolgt das Ziel der Verringerung von arbeitsbedingten Belastungen und der Erweiterung sinnstiftender Handlungsspielräume als Gegenpol zum stärker instrumentellen, tayloristisch-fordistischen Managementansatz. In Deutschland verband sich diese Forschungstradition mit dem Ansatz der „Humanisierung der Arbeitswelt" durch Gewerkschaftspolitik und staatliche Reglementierungen und international mit der entstehenden Debatte über Ergonomie für Arbeitsschutz und Unfallverhütung (Pfeiffer 2018; Kleinöder et al. 2019). Das Konzept soziotechnischer Systeme stärkte Ansätze zur selbst-organisierten Gruppenarbeit für eine möglichst flexible soziotechnische Reorganisation von Arbeit in der Modernisierung von Industriebetrieben. Um langfristig robuste und zufriedenstellende Arbeitsplätze zu sichern, wurden technischen Kriterien der Effizienz, Vorhersagbarkeit, Quantifizierbarkeit und Kontrolle soziale Kriterien der verantwortlichen Autonomie der Fachkräfte, der Anpassung technischer Systeme an die Arbeitsaufgaben und des Erhalts sinnvoller Aufgaben zur Seite gestellt (Walker 2015). Kontrastiert wird in diesem Sinne ein Unterschied zwischen technischer Auto*matisierung* als „Selbst-Tätigkeit" und menschlicher Auto*nomie* als „Selbst-Bestimmung" bzw. Selbst-Regulierung (vgl. Brödner 2019: 89).

Der Einzug von Computern, elektronischer Datenverarbeitung (EDV) und Internet in die Arbeitswelt bescherte dem Fokus auf soziotechnische Systeme zur Jahrtausendwende einen zweiten Frühling. Diesmal stand die gleichzeitige Verfolgung von ergonomischer, flexiblerer Arbeitsgestaltung und Produktivitätssteigerung im Vordergrund. Potenziale für Entlastung und individuelle Entwicklungsmöglichkeiten sollten Akzeptanz schaffen. Aus der Informationswissenschaft und der auf „Human Factors" konzentrierten Organisationspsychologie entwickelte sich ein eigenständiges Feld der Untersuchung von Mensch-Maschine-, Mensch-Computer- und Mensch-Roboter-Interaktionen (HMI, HCI, HRI). Zuerst ging es vor allem um die Entwicklung geeigneter Schnittstellen, um das „Mensch-Maschine-System" (Johannsen 1993) an die kognitiven und psychischen Fähigkeiten und Grenzen von Beschäftigten anzupassen. Bald wurden in der multidisziplinären Forschung auch ethische, philosophische und soziale Fragestellungen behandelt.

Aus technikwissenschaftlicher Perspektive gerieten die objektivierbaren Aspekte des Arbeitshandelns und ihre Optimierung in den Vordergrund, während die notwendigen organisatorischen Mikrohandlungen zur Aufrechterhaltung von Abläufen, zum Umgang mit unerwarteten Störungen und Abweichungen sowie zur

Bewältigung der täglich erfahrenen Anforderungen als „unsichtbare Arbeit" wieder in den Hintergrund rutschten (Böhle und Rose 1992; Star und Strauss 1999). Die Arbeits- und Industriesoziologie reagierte in der Tradition der Marxschen Entfremdungsthese darauf einerseits mit kritischen Überlegungen zur Entgrenzung und Subjektivierung von Arbeit als digital ermöglichter und betrieblich forcierter „Vernutzung subjektiver Leistungen und Potenziale der Beschäftigten" (Kleemann 2012: 6). Andererseits mit Interesse am subjektivierenden Arbeitsvermögen, das für die Erreichung der Ziele der Technikverwendung und insbesondere hochautomatisierter Systeme wesentlich sei (Böhle und Rose 1992). Sie wies darauf hin, dass digitale Technologien zwar mehr Freiheit und Mitbestimmung versprechen, aber die spezifischen Voreinstellungen und der gleichzeitige Abbau kollektiv bestimmter Arbeitsverhältnisse einer selbstbestimmten Arbeit und Technikaneignung entgegenstehen. Das Arbeitsvermögen wird als ein Potenzial begriffen, das neben individuellem Erfahrungswissen auch von technischen Systemen geprägt ist, die auf seine Kontrolle und Ersetzung zielen (Pfeiffer 2018). Viele Untersuchungen stellen die anspruchsvollen Aufgaben der Überwachung und Stabilisierung programmgesteuerter Anlagen und Prozesse heraus, die oft ohne Vorbereitung nötig werden, mehr als nur technisches Wissen verlangen und mit neuen Belastungen und Risiken einhergehen (Huchler 2022). Für den verlässlichen Betrieb unter realen Bedingungen, so zeigt sich, verlangt die Automatisierung der Maschinen viel menschliche, teils einfache, teils hochqualifizierte Interventionen. Deshalb ist „Technostress" (Brod 1984) Teil der früh angekündigten Ironien der Automatisierung (Bainbridge 1983). Er kann durch zusätzliche Aufgaben, Unsicherheiten, Kompetenzmängel im Umgang mit digitalen Technologien und fehlende Unterstützung zu gesundheitlichen Problemen und geringerer Arbeitszufriedenheit führen.

Obwohl sich das Konzept soziotechnischer Systeme zunächst auf Arbeits- und Militärkontexte bezog, beeinflusste es auch das Nachdenken über sozialen Wandel insgesamt (Karafyllis 2019). Organisationssoziologisch steht es für das Ineinandergreifen technischer, infrastruktureller, institutioneller, sozio-ökonomischer und kultureller Aspekte, die sich wechselseitig prägen und langfristig auf soziale Praktiken rückwirken, wie beispielsweise die routinierte Nutzung von Informationstechnik zeigt (Leonardi 2012). Wie verändern sich aber Gesellschaften, in denen die „Informatik der Herrschaft" immer feiner und unsichtbarer, die „Kontrollstrategien" hinter Begriffen wie Kostenzwang, Normalverteilung oder Freiheitsgrade umso mächtiger werden (Haraway 1985)? Gehorcht ihre Entwicklung weiterhin kapitalistischen Akkumulationsgesetzen (Staab 2019) oder entfalten Technikentwicklung und Technosphäre davon unabhängig ihre eigene dominante Logik (Rosol et al. 2017)? Und vor allem: Sind Mensch-Robotik-Interaktionen nur ein neuer Ausdruck von Werkzeuggebrauch oder führen sie in neuartige Konstellationen und Konfigurationen menschlicher Handlungsfähigkeit?

Studien zu soziotechnischen Konstellationen und ihrer (Re-)Konfiguration

Studien zu soziotechnischen Konstellationen untersuchen empirisch, wie die Verflechtungen zwischen menschlichen, technischen und hybriden Handlungsträgern konfiguriert werden. Was ändert sich, wenn zum Beispiel Baufachkräfte durch Bauroboter und digitale Assistenzsysteme wie Exoskelette oder AR-Brillen unterstützt werden (Wortmeier und Kropp 2021)? Aus Sicht der Wissenschafts- und Technikforschung (Science and Technology Studies, STS) beziehen sie „das technische System" nicht als Black-Box ein, sondern verfolgen, wie technische Komponenten in sozialen Prozessen entstehen (Bijker et al. 1986) und absichtsvoll durch ein *„heterogeneous engineering"* der Gestaltung verschiedener Komponenten (Law 1987) zu neuen Systemen arrangiert werden. Während der Technikdeterminismus technologische Entwicklungen als alleinige Triebkraft des gesellschaftlichen Wandels sieht, betont dieser konstruktivistische Ansatz die Verwobenheit und Ko-Konstruktion soziotechnischer Konstellationen und ihre Anpassbarkeit und interpretative Flexibilität. Nun rücken Akteure in den Vordergrund, die Technologien in Forschungs- und Industrielaboren hervorbringen, ihnen durch geschickte Aktionen der Netzwerkbildung zum Durchbruch verhelfen und dabei künftige Anwendende mitkonfigurieren (Grint und Woolgar 1997). Immer wieder zeigte sich, wie Vorstellungen aus der Soft- und Hardware-Entwicklung, die nur über begrenzte Kenntnisse der Anwendungsfelder verfügte, Nutzendenbedarfe überging und deshalb eine reibungslose Integration der neuen Technologien erschwerte. Erst später wurde dieser einseitigen Nutzungsformung der unabhängige Einfluss der Nutzenden selbst gegenübergestellt (Oudshoorn und Pinch 2005).

Lucy Suchman (1987, 2007) untersucht daher die Wechselwirkung zwischen Nutzenden und Digitaltechnologien. Sie kritisiert die technokratische Vorstellung der Gestaltung individuellen Handelns durch Formen seiner geplanten Technisierung und betont stattdessen die situative und dynamische Aushandlung und Einpassung in den jeweiligen (Arbeits-)Umgebungen. Die Wirkungen digitaler Technologien, so ihr Argument, sollten nicht isoliert, sondern zusammen mit den konkreten Deutungs- und Verwendungszusammenhängen betrachtet werden. Entsprechend beleuchtete sie (1987) die Interaktionen von Nutzenden mit von intelligenter Schnittstellentechnik gesteuerten Fotokopieren und wie darin Handlungsvermögen situativ und kontextabhängig neu verteilt wurde, teils zugunsten und teils zulasten der Arbeitskräfte. Benutzungsfehler betrachtet Suchman als Folge unzureichend an soziale Handlungsvollzüge angepasster Maschinen. Sie plädiert deshalb für ein Technologiedesign, das die Anwendungsbedingungen und die aktive, keineswegs neutrale Rolle digitaler Technologien in den sozial ungleichen Welten berücksichtigt. Weil Automatisierung, KI und Robotik nicht nur Ergebnis konkreter Pläne und Rationalisierungsinteressen sind, sondern auch die mit ihnen verbundenen sozialen und ethischen Probleme strukturieren und die zukünftige Handlungs- und Entscheidungsfähigkeit (*agency*) verschieben, gelte es die konkreten Arrangements und ihre Folgen zu reflektieren und möglichst partizipativ zu gestalten. Um der Diffusion von Verantwortung durch die kritische Reflektion der Automatisierungsbeziehungen entgegenzuwirken, erinnert Suchman (2023) durchaus normativ daran, dass eine verantwortliche Gestaltung von KI und Automatisierung die gleichberechtigte Berücksichtigung von Entwicklungspotenzialen und Gerechtigkeit erfordert.

Die von Technik erweiterten und geformten Handlungsspielräume, in denen sich Handlungsfähigkeit zwischen Menschen und Maschinen verteilt, haben auch Werner Rammert und Ingo Schulz-Schaeffer (2002; Schulz-Schaeffer 2026 in diesem Band) beschäftigt. Angesichts von aktiver, intelligenter und reflexiver gewordener Technik, wie beispielsweise KI, hinterfragten sie die dualistische Auffassung, der zufolge Menschen handeln, aber Maschinen nur funktionieren. Ihr Konzept des auf soziotechnische Konstellationen „verteilten Handelns" (ebd. S. 3) betont, wie – auch intentionale – Handlungsträgerschaft und Verfügungsmacht auf verschiedene Instanzen verteilt ist *(distributed agency)*. Mit dieser Perspektive können Prozesse neu beschrieben werden, in denen die Aufgabenverteilung zwischen Menschen und Maschinen entwickelt, gestaltet, ausgehandelt und schließlich etabliert wird (Schulz-Schaeffer et al. 2024: 207). Auch wenn Technologien wie KI und Robotik anders „handeln" und „denken", gilt es nun nicht mehr die Passung von Menschen und technischen Systemen, sondern die Interaktionen „zwischen menschlichen Aktionsteilen und technischen Operationssystemen in ihrer wechselseitigen Abstimmung als hybride sozio-technische Konstellation zu optimieren" (Rammert und Schulz-Schaeffer 2002: 7). Neben die sozialen Akteure der Technikentwicklung treten also technische Artefakte mit spezifischen Eigenlogiken, Widerständigkeiten und Grenzen und problematisieren die sorglose Unterscheidung von Subjekt und Objekt.

Die Einsicht in soziotechnische Konstellationen verteilter Handlungsfähigkeit lässt bspw. fragen, wer denn fliegt? Immer noch der Pilot, obwohl eine Vielfalt weiterer Agenten an der Gesamtaktivität beteiligt ist, etwa Autopilot, Fluglotsen, Flugzeug, aber auch, wie Boeing schmerzhaft lernen musste, Sensorsysteme und durch sie informierte automatisierte Kontrollsysteme? Diese machten es immerhin 2018 und 2019 für Piloten und Co-Piloten trotz wiederholter Bemühungen unmöglich, den Absturz von zwei vollbesetzten Maschinen zu verhindern (vgl. Kropp und Wortmeier 2021: 98f.). Das verweist auf die Risiken geteilter Handlungsträgerschaft, die im letzten Abschnitt aufgezeigt werden.

Aus Sicht der Akteur-Netzwerk-Theorie (Latour 2005; Barla 2026 in diesem Band) entstehen soziotechnische Konstellationen durch Prozesse der Netzwerkbildung, die noch isolierte Ausgangsverhältnisse durch die „Schöpfung einer Verbindung" in neue Konstellationen aus menschlichen und nicht-menschlichen Komponenten „übersetzen" (Latour 1998: 34). Werden bisher analog ausgeführte Tätigkeiten robotisch übernommen oder ergänzt, wie bspw. die Vergabe von Medikamenten in Pflegeheimen, ändert sich die soziale Ordnung im Netzwerk: An die Stelle morgendlicher Rundgänge des Pflegepersonals tritt die automatisierte Medikamentenvergabe durch Pflegeroboter. Pflegekräfte erhalten stattdessen Dokumentationsaufgaben und stellen zusammen mit technischen Fachkräften sicher, dass bei Bedarf Anpassungen an die Verfügbarkeit der Medikamente erfolgen. Robotische Assistenzsysteme bewirken viele Detail- und auch langfristige Systemveränderungen in der Ordnung aus beweglichen sozialen und technischen Komponenten, die in neue Pflegekonzepte, neue Rollen, Identitäten, Erwartungen und Abläufe münden (Hergesell et al. 2020). Da die betrieblichen Neuarrangements mit übergeordneten soziotechnischen Netzwerken verknüpft sind, setzen sie sich auf der Makro-Ebene fort und verändern Selbstverständnisse, Abrechnungsroutinen, Pflegestandards und Medikamentenproduktion. Der Erhalt von menschlicher Pflegearbeit trotz Fachkräftemangel erfordert in diesen Konstellationen eine bewusste Priorisierung und Gestaltung für eine gute Pflege anstatt nur verbesserter Effizienz.

Zusammenfassend ist das Konzept soziotechnischer Konstellationen eine kritische Antwort auf funktionalistisch verkürzte, rationalistisch-fordistische Herangehensweisen (Kaghan und Bowker 2001). Es zielt auf die Überwindung der engen Problemlösungsperspektiven des Technikmanagements und möchte den konkreten Praktiken der Entwicklung, Etablierung, Nutzung und Vermeidung von Technologien auf die Spur kommen. Es geht darum, die Verschränkung technischer und sozialer Anteile in den sich ausbreitenden Netzwerken neuer Technologien zu erfassen und die sich damit formierende „Dingpolitik" (Latour 2005). Die Konzepte zu soziotechnischen Konstellationen sind flüssiger als die von soziotechnischen Systemen und unterscheiden sich durch eine ganzheitlichere Herangehensweise, die auch privat oder staatlich verwendete Technologien einbezieht. Sie legen eine konsequent relationale Sicht auf das Zusammenspiel innerhalb von Praktiken und die um diese Praktiken entstehenden Rollen, Identitäten, Kompetenzen, Weltbilder und Infrastrukturen zugrunde, die bspw. die dominante Automobilität gut illustriert. Relational bedeutet, dass keine Komponente die jeweils andere determiniert, sondern alle durch die Beziehung zueinander beeinflusst und im Zuge der weiteren Integration verändert werden und unter Umständen auch wieder auseinanderfallen. In der Konsequenz ist auch Automatisierung keine technische Frage, nicht die Ursache veränderter Beziehungen zwischen Menschen und ihren zunehmend datenbasiert gesteuerten Werkzeugen, sondern Prozess und Effekt (Neyland und Möllers 2016). Feministische Ansätze nutzen den Begriff soziotechnische Konfiguration, um die Verschiebungen und Neubestimmungen der damit verbundenen Definitions- und Zuordnungsprozesse herrschaftskritisch zu beleuchten (Suchman 2007; Prietl und Weber 2026 in diesem Band). Sie kritisieren, dass diese Prozesse allzu oft den Konturen eines patriarchalen und rassistischen Kapitalismus folgen, Fortschritt fraglos als Aneignung von Natur verstehen und die Gestaltung der Beziehung von Organismus und Maschine zu einem Grenzkrieg machen (Haraway 1985: 66).

Automatisierungsprozesse und ihre Gestaltung

Der Begriff Automatisierung hat eine lange Geschichte, geprägt von Weltbildern, technischen Fähigkeiten und sozialen Interessen. In der Antike wurden menschenähnliche Statuen als Automaten bezeichnet. Der Begriff Automation wurde damals, etwa von Aristoteles, genutzt, um Werkzeuge zu beschreiben, die eigenständig und ohne menschliches Zutun arbeiten (vgl. Heßler 2019: 235). Ein zentrales Element der Geschichte ist, dass maschinelle „Autonomie" im altgriechischen Wortsinn von „Willensfreiheit" und „Eigengesetzlichkeit", aber auch von „Selbststeuerung" im technischen Sinne, mehr oder weniger vorgetäuscht wird (Aylett und Vargas 2021; Boeva et al. 2023). In der Gegenwart wird Automatisierung vor allem als Mittel zur wirtschaftlichen Rationalisierung gedacht, also als technische Methode zur Steigerung der Produktionsmenge pro Beschäftigtenstunde. Seltener wird über sozial-ökologische Rationalisierung nachgedacht, um Produktionsprozesse materialsparsamer, sicherer oder gerechter zu gestalten.

Die soziologische Diskussion um Arbeit und Automatisierung diagnostizierte zunächst technikdeterministisch einen durch Mechanisierung und Automatisierung hervorgebrachten Wandel von Arbeit. Einen Wendepunkt markiert die Arbeit von Horst Kern und Michael Schumann (1970). Sie stellte verschiedenen Formen von Automatisierung als unterschiedliche, auf Teilaspekte oder die gesamte Fertigung bezogene „Eigenfähigkeiten der technischen Apparatur" ebenso verschiedene Formen der temporären oder ständigen, mehr oder weniger produktiven Bedienung und des damit verbundenen menschlichen Arbeitsverhaltens gegenüber und verband die jeweilige Kombination mit unterschiedlichen Arbeitstypen. So betonte sie die Interdependenz sozialer und technischer Aspekte sowie deren prozessualen Charakter und zog die Überwindung technikdeterministischer Deutungen auch in Betrieben nach sich.

Industriell wurden nach der Automatisierung einzelner Fertigungsschritte kontinuierlich neue Automatisierungs- und Computerisierungsmöglichkeiten wie Computer-Aided Design (CAD) und Systeme der Produktionsplanung und -steuerung (PPS) entwickelt, um technisch die Wirtschaftlichkeit der Produktion zu verbessern. In den 1980er Jahren verfolgte der Ansatz des Computer Integrated Manufacturing (CIM) ein System, das durch datenbasierte Computersteuerung, Vernetzung und Informationsaustausch die Interaktion zwischen Produktionsbereichen vorantreiben und die Produktion beschleunigen und flexibilisieren sollte. Die Einführung computernumerisch gesteuerter (CNC-)Werkzeugmaschinen im Zuge der Digitalisierung industrieller Arbeit machte die Leistungsfähigkeit dieser Konzepte deutlich: CNC-Maschinen ermöglichen präzise, viel effizientere, automatisierte Fertigungsprozesse und verringern den Bedarf an manuellen Tätigkeiten. Diese Fortschritte erfordern jedoch umfassende betriebliche Anpassungen, wie die Schulung der Belegschaften, die Gewinnung hochqualifizierter Fachkräfte und die Reorganisation bestehender Produktionsabläufe (Huchler 2022).

Im neuen Jahrtausend wurden diese Systeme und ihre Ziele in Richtung cyber-physische Systeme (CPS) und Industrie 4.0 weiterentwickelt, um Prozesssteuerung, Produktion und Logistik über Betriebsgrenzen hinaus zu vernetzen (Pfeiffer und Huchler 2014). Menschlichen Fachkräften wurden dabei Aufgaben der Kontrolle in Steuerungswarten, der Überbrückung von Störfällen und verbleibender Mechanisierungslücken zugeschrieben. Das führte zu Diskussionen, inwiefern sie als de-qualifizierter, verlängerter Arm der Maschine oder als Träger besonderer Kompetenzen zu betrachten sind (ebd., Kropp und Wortmeier 2021).

Automatisierungswellen kündigen oft die weitgehende Ersetzung menschlicher Arbeit an, insbesondere unangenehmer und gefährlicher Tätigkeiten, führten aber gleichzeitig zu einem Bedarf an doppelt und höher qualifizierten Fachkräften für die Planung, Programmierung, Integration, Wartung und Kontrolle cyber-physischer Systeme. Bislang setzen sie sich deshalb langsamer durch als versprochen. Der Begriff Automatisierung wird bis heute uneinheitlich verwendet. So scheint der Begriff Teilautomatisierung dem Ziel vollständiger Automatisierung (Prozesse ohne menschliches Zutun) zu widersprechen (vgl. Heßler 2019: 235). Heute finden sich (teil-)automatisierte Prozesse auch in Anwendungsbereichen jenseits der Fabrik, etwa in der automatisierten Entscheidung über juristische Straferleichterungen oder medizinische Behandlungsvarianten. Damit sind im Kern unterschiedliche Grade der Ausführung, Steuerung, Regelung oder Kontrolle ohne direkten menschlichen Eingriff gemeint.

Möglichkeiten der vielseitigen Integration und Optimierung sogenannter intelligenter Technologien werden mit unterschiedlichen Schwerpunkten in vielen Disziplinen untersucht, neben der Soziologie etwa in den Ingenieurwissenschaften, der Informatik und Psychologie. Während in den Technikwissenschaften der Fokus eher auf den Technologien und ihren Möglichkeiten liegt, nehmen sozialwissenschaftliche Perspektiven stärker die Nutzenden und ihre Bedarfe in den Blick (Hölsgens und Schubert 2022). Allerdings zeichnet sich eine zunehmende Konvergenz ab, d.h. menschliche und technische Kapazitäten werden immer weniger als sich wechselseitig ausschließende oder gegenüberstehende gedacht, denn als notwendigerweise integrierte und zu integrierende.

Automatisierte Systeme sind Teil menschlicher Handlungsvollzüge. Menschen und Maschinen wirken unter gesellschaftlichen Bedingungen zusammen, wie etwa ein teilautomatisierter Turmdrehkran auf einer unübersichtlichen Baustelle mit teils prekären Beschäftigungsverhältnissen. Die Verflechtung ihrer Handlungskompetenzen verändert schrittweise Routinen und Technologien. Neue Entwicklungen adaptieren bestehende Lösungen, im Beispiel Automatisierungstechniken und Praktiken aus der Hafenlogistik. Für eine sichere und sozialverträgliche Systemgestaltung reicht es aber nicht, ursprünglich von Baufachkräften ausgeführte Aufgaben wie das Anschlagen von Lasten technisch zu automatisieren. Vielmehr muss das komplexe Zusammenspiel von Lasten, Wetterbedingungen, Auftraggebern, Herstellern, weiteren Personen auf der Baustelle und Haftungsfragen berücksichtigt werden. Fragen der Verantwortung spielen eine zentrale Rolle: Kranführer haften rechtlich, ohne selbst „die Zügel in der Hand zu haben". Entscheidungen, etwa über den Kranbetrieb trotz starker Winde, die angesichts des Kosten- und Zeitdrucks im Baugewerbe oft getroffen werden müssen, treffen Sensoren aufgrund gemessener Schwellenwerte, die sich der Kontrolle durch Kranführer entziehen. Dennoch agieren automatisierte Kräne nicht in einem Technologiepark ohne Menschen!

Bis heute wird Automatisierung meist technisch geplant und organisiert und entspricht in ihrer jeweiligen Konfiguration den Interessen derjenigen, die diese Planung und Gestaltung beherrschen. Dies sind üblicherweise diejenigen, die innovationspolitische Entscheidungen treffen, an deren Umsetzung in Wissenschaft und Wirtschaft arbeiten oder automatisierten Produkte erwerben und einsetzen. Immer häufiger tragen auch private Nutzende mit ihren Voreinstellungen und Anwendungen von KI, Empfehlungssystemen und Robotik dazu bei. Sie stellen die Daten für weitere Automatisierung bereit und bestimmen mit, welche Priorität die Vermeidung von Kollateralschäden der Diskriminierung, des Ressourcen- und Energieverbrauchs erhält. Auch die Technologien selbst spielen eine Rolle, da Programme und Codes Festlegungen und Aufforderungscharakter (Affordanzen) hervorbringen und damit Handlungsmöglichkeiten vorstrukturieren (König 2022). Die Risiken der Automatisierung sind vor diesem Hintergrund zu betrachten.

Risiken der Automatisierung soziotechnischer Systeme und Konstellationen

Die bisherigen Ausführungen lassen erahnen, inwieweit soziotechnische Konfigurationen von Automatisierungsprozessen die Verteilung von Risiken mitbestimmen. Ihr mehr oder weniger bewusstes, demokratisches Design eröffnet Varianten der Integration menschlicher und technischer Kapazitäten, ihrer Einbettung in organisatorische Bedingungsgefüge und gesellschaftliche Möglichkeitsräume. So spielt es eine entscheidende Rolle, wer automatisierte Prozesse wann unterbrechen und gegebenenfalls berichtigen kann und wie automatisierte Systeme lernen können, sich auch an zukünftige Prioritäten und Bedarfe anzupassen. Die Automatisierung in Fertigung und Informationsverarbeitung wird auch in Zukunft mit gesellschaftlich weitreichenden Veränderungen verknüpft sein. Werden sie als soziotechnische Konstellationen betrachtet, kommen zugrunde liegenden Motive, Gestaltungs- und Integrationsvarianten mit ihren Folgen und Interdependenzen in den Blick. Mit welchen Rückwirkungen und nicht-intendierten politischen, sozialen und ethischen Folgen ist zu rechnen?

In der Soziologie wurden ungewünschte Auswirkungen beleuchtet, von den Risiken des systematischen Aussortierens bestimmter Gruppen und Dinge durch Klassifikationen, über die Konsequenzen verarmter Tätigkeiten und Kompetenzen bis hin zu den Risiken fragmentierter, schwer beherrschbarer und schlecht integrierter cyber-physischer Systeme (Grote 2020; Kropp und Braun 2021; Huchler 2022; Suchman 2023; Hirsch-Kreinsen und Krokowski 2024)[1]. Die Hoffnung, dass diese Risiken nur im schlechtesten Fall auftreten und durch eine integrative, intelligente Technikentwicklung weitestgehend verhindert werden können, dominiert. Sie ist in eine Fortschrittswahrnehmung eingebettet, die Stör- und Ausfälle als krisenhafte Randerscheinung betrachtet. Was aber, wenn die Gegenwart eine andere Deutung nahelegt? Immerhin werden inzwischen Algorithmen und robotische Systeme benutzt, um Wahlsysteme zu manipulieren, Menschen zu überwachen oder zu töten. Ihr Einsatz verschlingt seltene Erden und riesige Energiemengen. Sie funktionieren oft unzuverlässig und selektiv und stehen im Verdacht, sich der demokratischen Gestaltung und Kontrolle systematisch zu entziehen.

Vor diesem Hintergrund folgen wir dem von Jackson (2014) vorgeschlagenem Broken-World-Thinking und gehen nicht vom Glauben an universell und fraglos

1 Um das Literaturverzeichnis übersichtlich zu halten, verzichten wir im Folgenden auf Verweise in die Fülle einzelner Studien.

wünschbares Funktionieren aus, sondern von Notwendigkeiten der permanenten Nachbesserung und Reparatur soziotechnischer Systeme (Ochs und Wenten 2026 in diesem Band). Damit ist eine Abkehr von technikzentrierten Analysen verbunden, die sich auf die Entwicklung und Implementierung von Einzeltechnologien konzentrieren, und eine Hinwendung zur Einbettung von Automatisierungsprozessen in schwer abgrenzbare Handlungsvollzüge, in denen technische Möglichkeiten, Nutzende und ihre Rahmenbedingungen interdependent die Zukunft formen.

Unter dieser Perspektive gilt es fünf Risikotypen in den Blick zu nehmen:

1. Am bekanntesten sind *Verzerrungsrisiken* (*biases*) in den Entscheidungen oder Ergebnissen automatisierter Systeme. Automatisierte Entscheidungssysteme diskriminieren weniger gut repräsentierte Gruppen, die in Trainingsdaten unzureichend abgebildet sind, und verursachen dadurch Ungleichheiten. Diese statistische Diskriminierung fußt zum einen auf gesellschaftlichen Ungerechtigkeiten und ihrer historischen Entwicklung, zum anderen auf fehlerhaften Modellen, falschen Zieldefinitionen und Datenrauschen. Beispiele sind Empfehlungsalgorithmen, die Vorurteile reproduzieren und robotische Systeme, die schlecht zur Vielfalt der Anwendungsbedingungen passen.
2. *Fragmentierungsrisiken* entstehen durch Kompatibilitäts- und Komplexitätsprobleme der Automatisierung. Probleme des Datenaustauschs, übersehene Zusammenhänge und mangelnder Interoperabilität durch inkompatible Systeme verschiedener Hersteller und Entwicklungsphasen können Fehlfunktionen und Informationsverluste verursachen. Eine unzureichende Berücksichtigung der notwendigen Integration und Aktualisierung digitaler Technologien, die auf der Suche nach Effizienz oftmals in den Hintergrund geraten, verursacht aufwändige Überbrückungsarbeiten, die Technostress begünstigen. Cyber-physische Systeme wie bspw. Smart-Home-Geräte für Patient*innen oder digitale Zwillinge für Baustellen erfordern organisationsübergreifend abgestimmte Verknüpfungen, Regulierungen und praktische Koordinationsarbeiten. Da diese Aufgaben Ressourcen binden und wettbewerbsrelevante Daten geteilt werden müssen, unterbleiben sie oft und machen die Systeme, ihre Weiterentwicklung und die an ihnen teilhabenden Personen vulnerabel für Störungen, Ausfälle und externe Angriffe. Fragmentierungsrisiken werden nicht nur zu Innovationshemmnissen, sondern können auch digitale Spaltungen zwischen Sektoren, Nationen und Generationen herbeiführen.
3. Fragmentierungsrisiken beeinflussen auch *Kontrollrisiken*. Diese entstehen durch die Verteilung von Handlungsfähigkeit in soziotechnischen Systemen, wenn zuständige Personen oder Organisationen die Fähigkeit verlieren, die automatisierten Prozesse wirksam zu steuern, zu verstehen oder zu berichtigen, wie im Beispiel der automatisierten Flugzeugsteuerung. Teils gehen Kontrollrisiken auf eine schlechte Systemarchitektur zurück, aufgrund derer die

automatisierten Systeme Entscheidungen treffen, die schwer vorhersehbar oder irreversibel sind. Vorhersehbarkeit und Reversibilität gehören aber zu den Anforderungen einer vertrauenswürdigen Technologieentwicklung. Kontrollrisiken werden zudem durch zu geringe Transparenz und Nachvollziehbarkeit der Systeme (Black-Box-Phänomen) verursacht, so dass ihre Funktionslogik für die Zuständigen unklar bleibt. Kontrollverluste können auch auf ein Systemversagen zurückgehen, also eine fehlerhafte soziotechnische (Notfall-) Steuerung, wie dies regelmäßig bei Aufzügen während Stromausfällen vorkommt. Auch fehlende Alternativen, unzureichende Anpassungs- oder Freigabeoptionen und Regulierungslücken, die Marktmacht einzelner Anbieter, diffuse Verantwortlichkeiten oder Manipulation durch kriminelle Agenten können zu Kontrollverlusten führen. Weil solche Risiken zwar minimiert, aber schwer auszuschließen sind, sind allzu technokratische Automatisierungsvisionen selbst als Risiko zu betrachten.

4. *Qualifizierungsrisiken* der Automatisierung betreffen nicht nur Probleme unzureichender Kompetenzen, sondern auch mögliche Kompetenzverluste bei verantwortlichen und rechenschaftspflichtigen Personen (etwa bei medizinischem Fachpersonal durch Nutzung automatisierter Diagnosetools oder Operationsroboter). Oftmals wird bei der Technikeinführung übersehen, wer welche Informationen und Kompetenzen für einen sicheren und wünschenswerten Umgang mit Automatisierungstechnik benötigt und welche Aspekte dabei zu berücksichtigen sind. Zu den regelmäßig übersehenen Akteuren und Dimensionen gehören das medizinische Pflegepersonal, Zuständige für Montage und Wartung und branchenspezifische Definitionen dessen, was eine gute Aufgabenerfüllung beinhaltet (in Krankenhaus, Pflege, Stadtplanung oder auf der Baustelle). Auch der Verlust von Routinen und Erfahrungswissen bei Nachwuchskräften verursacht Qualifizierungsrisiken, so dass in kritischen Situationen keine ausreichenden Fähigkeiten vorliegen, um automatisierte Aufgaben zu übernehmen. Pilot*innen trainieren regelmäßig im Flugsimulator, aber wie lassen sich die vielen anderen Kompetenzen erhalten, die Automatisierung überflüssig macht? Schließlich gehört zu den Qualifizierungsrisiken die angesprochene Polarisierung in eine gestiegene Nachfrage nach hoch und gering qualifizierter Arbeit für die Einrichtung und tägliche Bedienung automatisierter Systeme bei gleichzeitigem Wegfall von Tätigkeiten, die Fachqualifikation, breite Problemlösungskompetenzen und Systemwissen fördern. Polarisierungen höhlen diese Kompetenzen aus, die aber notwendig bleiben, um die entwickelten Systeme auch langfristig an neue Herausforderungen anzupassen.
5. Als fünfter Typus ist das Risiko des Verlusts menschlicher Ziele, Normen und Bedürfnisse zu nennen, das *Dehumanisierungsrisiko*. Damit werden öffentlich viel debattierte Risiken der technokratischen Entmenschlichung angespro-

chen, durch die auch menschliche Qualitäten wie Solidarität, Hilfsbereitschaft, Uneigennützigkeit und Zuneigung bedroht sind. Automatisierung kann den Erhalt von Verantwortlichkeit, moralischer Urteilsfähigkeit und Menschlichkeit gefährden, zugleich lebendige Arbeit ersetzen und neue Zwänge und Belastungen schaffen. Das Dehumanisierungsrisiko umfasst soziale, ethische und rechtliche Dimensionen, die aufgrund der vielen Interdependenzen nicht allein durch Produktdesign (*Ethics by Design*), individuelle Verantwortungsübernahme oder politische Regulierung gelöst werden können, sondern ein Denken in umfassenden Verantwortungsnetzwerken (Saurwein 2019) und eine Innovationspolitik erfordern, die für alle Gesellschaftsmitglieder sinnvolle Tätigkeiten vorsieht.

Soziotechnische Konstellationen der Automatisierung bedürfen der Gestaltung

Wie ausgeführt, ist Automatisierung kein neues Phänomen. Neu ist auch nicht, dass sie bestimmte Tätigkeiten überflüssig macht, andere entstehen lässt, manche ent-, andere belastet. Definitions- und Handlungsmacht verteilen sich um, manchmal, aber nicht immer für alle Beteiligten mit Gewinn. Aber selbst der Irrtum, autonome Systeme kämen ohne Menschen aus, hat eine lange Geschichte. Bislang ist diese Vorstellung, die manchen als Utopie, anderen als Dystopie erscheint, nicht eingetreten, wohl aber eine sinkende Wertschätzung von nicht-technischer Arbeit bzw. Expertise und deren geringere Entlohnung. Dennoch sind es menschliche Tätigkeiten, die in soziotechnischen Konstellationen verhindern, dass aus möglichen Risiken Katastrophen werden. Im Sinne von Jackson (2014) möchten wir anregen, mehr über diese Interventionen und ihre Bedingungen zu erfahren, um sie systematisch in die sozial- und demokratieverträgliche Automatisierungsgestaltung einzubinden. Es geht um soziotechnische Mikro- und Makropolitik, die auch hinterfragt, inwiefern manche Problemlösung auf den verschiedenen Ebenen schon Teil des Problems ist. Sie sollte zur Organisation von demokratischen Konfigurationen soziotechnischer Konstellationen ermutigen, die trotz verteilter Handlungsinstanzen Kooperation und Verantwortung fördern, sich an Menschlichkeit und sozialer Gerechtigkeit orientieren und die Notwendigkeit integrieren, Gesellschaften nachhaltig zu machen.

Weiterführende Lektüre

Huchler, N. 2022: Komplementäre Arbeitsgestaltung. Grundrisse eines Konzepts zur Humanisierung der Arbeit mit KI. Zeitschrift für Arbeitswissenschaft 76, S. 158–175.

Leonardi, P. M. 2012: Materiality, Sociomateriality, and Socio-Technical Systems: What Do These Terms Mean? How Are They Related? Do We Need Them? In P. M. Leonardi, B. A. Nardi, und J. Kallinikos (Eds.). Materiality and Organizing: Social Interaction in a Technological World. Oxford: Oxford University Press, S. 25–48.

Schulz-Schaeffer, I. und T. Clausnitzer und K. Wiggert und M. Meister 2024: Analyzing Distributed Action in the Making by Comparing Human-Robot Co-Work Scenarios. In: Pfeiffer, S. und M. Nicklich und M. Henke und M. Heßler und M. Krzywdzinski und I. Schulz-Schaeffer (Hrsg.): Digitalisierung der Arbeitswelten: Zur Erfassbarkeit einer systemischen Transformation. Wiesbaden: Springer Fachmedien, S. 205–230.

Literatur

Aylett, R. und P. A. Vargas, 2021: Living with Robots. What Every Anxious Human Needs to Know. Cambridge/MA/ London: MIT Press.

Bainbridge, L. 1983: Ironies of automation. Automatica 19, S. 775–779

Barla, J., 2026: Materie und Materialität in der Wissenschafts- und Technikforschung. S. 253–268 in: A. K. Krüger, J.-F. Schrape, C. Schubert und J. Schubert (Hrsg.), Wissenschafts- und Technikforschung. Sozialwissenschaftliche Einführungen. Berlin: de Gruyter.

Bijker, W., Hughes, Th. und T.J. Pinch (Hrsg.), 1986: The Social Construction of Technological Systems. Cambridge/MA/ London: MIT Press

Boeva, Y., Berger, A., Bischof A. et al., (2023): Behind the Scenes of Automation: Ghostly Care-Work, Maintenance, and Interferences. CHI EA '23: Conference on Human Factors in Computing Systems Article No.: 332, Pages 1–5.

Böhle, F. und H. Rose, 1992: Technik und Erfahrung – Arbeit in hochautomatisierten Systemen. Frankfurt a.M. und New York.

Brod, C., 1984: Technostress: The Human Cost of the Computer Revolution. Bosten, MA: Adison Wesley Publishing.

Brödner, P., 2019: Grenzen und Widersprüche der Entwicklung und Anwendung ‚Autonomer Systeme'. In: Hirsch-Kreinsen, H; Karacic, A. (Hrsg.) Autonome Systeme und Arbeit: Perspektiven, Herausforderungen und Grenzen der Künstlichen Intelligenz in der Arbeitswelt. Bielefeld: transcript Verlag, 2019, S. 69–98.

Grint, K. und S. Woolgar, 1997: The Machine at Work. Technology, Work and Organization. Cambridge: Polity Press.

Grote, G., 2020: Safety and autonomy: A contradiction forever? Safety Science 127, 104709.

Haraway, D., 1985: Manifesto for Cyborgs: Science, Technology, and Socialist Feminism in the 1980's. Socialist Review 80. S. 65–108.

Hergesell, J. und A. Maibaum und M. Meister, 2020: Genese und Folgen der Pflegerobotik. Weinheim/Basel: Beltz.

Heßler, M., 2019: Automation/Automatisierung. In: Liggieri, K. und O. Müller (Hrsg.) Mensch-Maschine-Interaktion. Handbuch zu Geschichte – Kultur – Ethik. Stuttgart: Metzler Verlag, S. 235–237.

Hirsch-Kreinssen, H. und Th. Krokowski, 2024: Trustworthy AI: AI made in Germany or Europe? AI & Society 39, S. 2921–2931.

Hölsgens, R. und C. Schubert (Hrsg.), 2022: Popular users: why and how innovation research started to consider users in the innovation process. NOvation – Critical Studies of Innovation, Issue III.

Huchler, N., 2022: Komplementäre Arbeitsgestaltung. Grundrisse eines Konzepts zur Humanisierung der Arbeit mit KI. Zeitschrift für Arbeitswissenschaft 76, S. 158–175.

Hughes, T. P., 1986: The Seamless Web: Technology, Science, Etcetera, Etcetera. Social Studies of Science, 16(2), S. 281–292.

Jackson, St. J., 2014: Rethinking Repair. In: Media Technologies: Essays on Communication, Materiality, and Society. Edited by T. Gillespie und P. Boczkowski und K. Foot. Cambridge: MIT Press, S. 221–240.

Johannsen, G., 1993: Mensch-Maschine-Systeme. Berlin: Springer-Verlag.

Kaghan, W. N. und G. C. Bowker, 2001: Out of machine age?: complexity, sociotechnical systems and actor network theory. Journal of Engineering and Technology Management, Volume 18, Issues 3–4, S. 253–269.

Karafyllis, N. D., 2019: Soziotechnisches System. In: Liggieri, K. und O. Müller (Hrsg.). Mensch-Maschine-Interaktionen. Handbuch zu Geschichte – Kultur – Ethik. Stuttgart: Metzler Verlag, S. 300–303.

Kern, H. und M. Schumann, 1970: Industriearbeit und Arbeitsbewußtsein. Eine empirische Untersuchung über den Einfluß der aktuellen technischen Entwicklung auf die industrielle Arbeit und das Arbeiterbewußtsein. Frankfurt a. M.: Suhrkamp.

Kleemann, F., 2012: Subjektivierung von Arbeit – eine Reflexion zum Stand des Diskurses. *AIS-Studien, 5*(2), 6–20. https://doi.org/10.21241/ssoar.64781

Kleinöder, N. und S. Müller und K. Uhl (Hrsg.), 2019: Humanisierung der Arbeit. Aufbrüche und Konflikte in der rationalisierten Arbeitswelt des 20. Jahrhunderts. Bielefeld: transcript.

König, T., 2022: Technik als Weltbezug, Affordanzen als Reflexionsbegriff. Zum Verhältnis von Theorie und Technik in der digitalen Konstellation. Zeitschrift für Politikwissenschaft 32: 337–359.

Kropp, C. und K. Braun, 2021: In digitaler Gesellschaft: Herausforderungen, Risiken und Chancen einer demokratischen Technikgestaltung. In: dies. (Hrsg.): In digitaler Gesellschaft. Neukonfigurationen zwischen Robotern, Algorithmen und Usern. Bielefeld: transcript. S. 7–34.

Kropp, C. und A.-K. Wortmeier, 2021: Intelligente Systeme für das Bauwesen: überschätzt oder unterschätzt? In E. A. Hartmann (Hrsg.), Digitalisierung souverän gestalten. Innovative Impulse im Maschinenbau. Springer Vieweg, S. 98–117. https://doi.org/10.1007/978-3-662-62377-0_8

Latour, B., 1998: Über technische Vermittlung. Philosophie, Soziologie, Genealogie. In W. Rammert. Technik und Sozialtheorie. Frankfurt am Main: Campus. S. 29–81.

Latour, B., 2005: Von der Realpolitik zur Dingpolitik oder Wie man Dinge öffentlich macht. Berlin: Merve.

Law, J., 1987: Technology and Heterogeneous Engineering: the Case of the Portuguese Expansion. In *W. E. Bijke und T. P. Hughes und T. J. Pinch. The Social Construction of Technological Systems: New Directions in the Sociology and History of Technology* Cambridge. Masachusetts, M.I.T, S. 111–134.

Leonardi, P. M., 2012: Materiality, Sociomateriality, and Socio-Technical Systems: What Do These Terms Mean? How Are They Related? Do We Need Them? In P. M. Leonardi, B. A. Nardi, und J. Kallinikos (Eds.). Materiality and Organizing: Social Interaction in a Technological World. Oxford: Oxford University Press, S. 25–48.

Neyland, D. und N. Möllers, 2016: Algorithmic IF ... THEN rules and the conditions and consequences of power. Information, Communication & Society. https://doi.org/10.1080/1369118X.2016.1156141

Ochs, C. und K.A. Wenten, 2026: Care: Sorge als Gegenstand, Theorie, Methode und Ethik der Wissenschafts- und Technikforschung. S. 101–118 in: A. K. Krüger, J.-F. Schrape, C. Schubert und J. Schubert (Hrsg.), Wissenschafts- und Technikforschung. Sozialwissenschaftliche Einführungen. Berlin: de Gruyter.

Oudshoorn, N. und T. J. Pinch (Hrsg.), 2005: How Users Matter. The Co-Construction of Users and Technology. Cambridge/ Ma/ London: MIT Press

Pfeiffer, S. und N. Huchler, 2018: Industrie 4.0 konkret – Vom Leitbild zur Praxis? WSI Mitteilungen 71: 167–173.

Pfeiffer, S., 2018: Technisierung von Arbeit. In Böhle, F., Voß, G. und G. Wachtler (Hrsg.): Handbuch Arbeitssoziologie. Wiesbaden: Springer. S. 321–357.

Prietl B. und J. Weber, 2026: Wissen-Macht-Technik: Perspektiven für kritische Wissenschafts- und Technikforschung am Beispiel Künstlicher Intelligenz. S. 529–545 in: A. K. Krüger, J.-F. Schrape, C. Schubert und J. Schubert (Hrsg.), Wissenschafts- und Technikforschung. Sozialwissenschaftliche Einführungen. Berlin: de Gruyter.

Rammert, W., und I. Schulz-Schaeffer, 2002: Technik und Handeln: wenn soziales Handeln sich auf menschliches Verhalten und technische Artefakte verteilt. In Rammert, W. und I. Schulz-Schaeffer (Hrsg.), Können Maschinen handeln? Soziologische Beiträge zum Verhältnis von Mensch und Technik (S. 11–64). Frankfurt a. M.: Campus, S. 11–64

Ropohl, G., 2009: Allgemeine Technologie. Eine Systemtheorie der Technik. 3. Auflage. Karlsruhe: Universitätsverlag.

Rosol, C. und S. Nelson und J. Renn, 2017: In the machine room of the Anthropocene. The Anthropocene Review 4/1, S. 2–8.

Saurwein, F., 2019: Automatisierung, Algorithmen, Accountability. Eine Governance Perspektive. In: Rath, M. und F. Krotz und M. Karmasin (Hrsg.): Maschinenethik. Normative Grenzen autonomer Systeme, Wiesbaden: Springer, S. 35–56.

Schulz-Schaeffer, I., 2026: Handlungsträgerschaft von Technik und verteiltes Handeln. S. 269–283 in: A. K. Krüger, J.-F. Schrape, C. Schubert und J. Schubert (Hrsg.), Wissenschafts- und Technikforschung. Sozialwissenschaftliche Einführungen. Berlin: de Gruyter.

Schulz-Schaeffer, I. und T. Clausnitzer und K. Wiggert und M. Meister, 2024: Analyzing Distributed Action in the Making by Comparing Human-Robot Co-Work Scenarios. In: Pfeiffer, S. und M. Nicklich und M. Henke und M. Heßler und M. Krzywdzinski und I. Schulz-Schaeffer (Hrsg.): Digitalisierung der Arbeitswelten: Zur Erfassbarkeit einer systemischen Transformation. Wiesbaden: Springer Fachmedien, S. 205–230.

Staab, P., 2019: Digitaler Kapitalismus. Markt und Herrschaft in der Ökonomie der Unknappheit. Berlin: Suhrkamp.

Star S. L. und A. Strauss, 1999: Layers of Silence, Arenas of Voice: The Ecology of Visible and Invisible Work. Computer Supported Cooperative Work 8: 9–30.

Suchman, L. A., 1987: Plans and situated actions: The problem of human-machine communication. Cambridge University Press.

Suchman, L. A., 2007: Agencies in Technology Design: Feminist Reconfigurations. In Hackett, E. J., Amsterdamska, O., Lynch, M.E. und J. Wajcman (Hrsg.) The Handbook of Science and Technology Studies. Cambridge/ Ma/ London: MIT Press. S. 139–163.

Suchman, L. A., 2023: The uncontroversial 'thingness' of AI. Big Data & Society, 10(2). https://doi.org/10.1177/20539517231206794

Trist, E. L. und Bamforth, K. W., 1951: Some Social and Psychological Consequences of the Longwall Method of Coal-Getting: An Examination of the Psychological Situation and Defences of a Work Group in relation to the Social Structure and Technological Content of the Work System. In: Human Relations 4/3 (1951), S. 3–38.

Trist, E. L., 1978: The evolution of socio-technical systems. A conceptual framework and action research program. Toronto: Ontario Ministry of Labour.

Walker, G. H., 2015: Come back sociotechnical systems theory, all is forgiven. … Civil Engineering and Environmental Systems, vol. 32, no. 1–2, S. 170–179. https://doi.org/10.1080/10286608.2015.1024112

Wischmann, S. und E. Hartmann (Hrsg.), 2017: Technologie, Organisation, Qualifikation. In dies. (Hrsg.): Zukunft der Arbeit – Eine praxisnahe Betrachtung. Springer Vieweg, Berlin, Heidelberg. S. 233–244.

Wortmeier, A.-K., und C. Kropp, 2021: AR-Brillen und Exoskelette in der Baubranche: Einfache Entlastungsversprechen gegenüber komplexen Mensch-Maschine-Konfigurationen. AIS studies, *14*(1), Article 1. https://doi.org/10.21241/ssoar.73018

Philip Roth und Christina Laut-Berger

17 Medienvermittelte Kommunikation

Einleitung

Wissenschaftliche Erkenntnis wird immer wieder als die Entdeckung von Tatsachen infolge des wohlüberlegten und zielgerichteten Vorgehens unabhängiger Forscher*innen dargestellt. Die sogenannten *Laborstudien* (Knorr Cetina 1984; Fleck 1994; Latour und Woolgar 1986), in denen die alltäglichen Praktiken von Wissenschaftler*innen soziologisch untersucht wurden, geben jedoch Anlass zu einer dreifachen Korrektur dieses Bildes. Erstens stellen sie heraus, dass die Untersuchungsgegenstände der Wissenschaft nicht unabhängig vom Prozess ihrer Beobachtung sind. Wissenschaftliche Tatsachen werden dementsprechend durch wissenschaftlich mehr oder weniger gut begründeter Annahmen, Vorgänge und Interpretationen als solche sichtbar gemacht. Wenn das Ausmaß an Reflexion, Systematik und Transparenz in Prozessen wissenschaftlicher Forschung auch außergewöhnlich hoch ist, ist es nicht absolut. Es lohnt sich daher, die Bedingungen der Erkenntniskonstruktionsprozesse zu beleuchten. Zweitens zeigen sie, dass der Konstruktionsprozess durch die materiellen Bedingungen der auf Erkenntnis ausgerichteten Praktiken strukturiert wird. Wenn Wissenschaftler*innen auch wesentliche Elemente dieser materiellen Rahmenbedingungen reflektieren und kontrollieren, beeinflussen andere die Entstehung wissenschaftlicher Tatsachen unbemerkt. Drittens legen die Untersuchungen der alltäglichen Wissenschaftspraxis offen, dass es sich um soziale Konstruktionsprozesse handelt. Forscher*innen stehen dementsprechend in kommunikativem Austausch mit anderen und ihre Forschung wird davon beeinflusst.

Diese Ergebnisse zeigen, wie wichtig medienvermittelte Kommunikation für das Verständnis der Entstehung wissenschaftlicher Erkenntnisse ist. Die soziale Umwelt von Wissenschaftler*innen entsteht vor allem durch *Kommunikation*. Dafür werden immer häufiger Medien verwendet, sodass diese – als Bestandteil der materiellen Bedingungen – immer größeren Einfluss auf Forschungsprozesse gewinnen. Vor diesem Hintergrund beleuchtet dieser Beitrag verschiedene Formen medienvermittelter Kommunikation und ihre Bedeutung für wissenschaftliches Arbeiten. Im Folgenden werden wir darauf eingehen, (1) wie Medien als Repräsentationen von Forschungsgegenständen die Fabrikation von Erkenntnis strukturieren, (2) wie Kommunikationsmedien im engeren Sinne wissenschaftliche Kollaboration verändern, (3) wie Medien koordinativ in der Scientific Community wirken und (4) wie und mit welchen Folgen Medien in der Wissenschaftskommunikation zum Einsatz kommen.

https://doi.org/10.1515/9783112245897-021

Repräsentationen von Forschungsgegenständen

Als Medium in einem weiteren Sinne sind Repräsentationen des Forschungsgegenstandes zu verstehen. Damit sind sowohl ihre tatsächlichen Formen in der realen Welt gemeint als auch die darauf bezogenen Datensätze, Skizzen, Notizen, Modelle, Abbildungen, Präsentationen oder Texte. Latour (2006: 262) beschreibt naturwissenschaftliche Experimentalforschung mit Blick auf die materiellen Repräsentationen als „Transformation von Ratten und Chemikalien in Papier" und bezeichnet die Übersetzungsschritte als *Inskriptionen*. Damit ist die Übersetzung von einer Repräsentation in eine andere gemeint. Diese Betrachtungen machen zweierlei deutlich: Erstens zeigen Laborstudien, dass Forschungsprozesse oft chaotisch sind, obwohl sie im Rückblick oft als vollständig systematisch und rational dargestellt werden. Beim Bemühen um erfolgreiche Übersetzungen verfahren Wissenschaftler*innen oftmals nach einer eher unsystematischen Versuch-und-Irrtum Strategie, bei der immer wieder neue Übersetzungsversuche unternommen werden, bis ein akzeptables Ergebnis erreicht oder die Versuche aufgegeben werden (Knorr Cetina 1984). In diesem Prozess spielen implizites Wissen und Zufälle eine entscheidende Rolle (Collins 1974). Implizites Wissen bezieht sich auf das praktische Wissen, das in alltäglichen Routinen steckt und oft unbewusst angewendet wird (Polanyi 1985). Dass Wissenschaftler*innen Inskriptionen gelingen, liegt dementsprechend oft daran, dass sie über einen großen diesbezüglichen Erfahrungsschatz und daher über das erforderliche implizite Wissen verfügen. Dem Charakter dieses Wissens entsprechend ist es den bei der Transkription erfolgreichen Wissenschaftler*innen aber oft nicht möglich, sich selbst und anderen nachvollziehbar zu vermitteln, wie genau sie zum Ziel gekommen sind und warum das Vorgehen erfolgreich und wissenschaftlich vertretbar ist.

> „Man bedient sich hier eines unpublizierten *Know-how* an Problemdiagnose- und Bewältigungsroutinen, denen das Papier [die wissenschaftliche Publikation] ein elegant bereinigtes Rezept glatter Verfahrensschritte gegenüberstellt. Wichtig ist, dass diese Praktiken *nicht* als allgemein verfügbare kulturelle Ressourcen eines Spezialgebiets oder eines kognitiven Paradigmas angesehen werden können" (Knorr Cetina 1984: 236)

Zufälle spielen bei den Übersetzungen insofern eine Rolle, als bei der Suche nach Lösungen nicht allein die Kreativität von Wissenschaftler*innen das Vorgehen bestimmt. Auch Angebote aus der materiellen Umwelt beeinflussen das Finden von Lösungen. Ein klassisches Beispiel dafür ist die Entdeckung des Penicillins durch Alexander Fleming. Fleming bemerkte zufällig, dass bestimmte Bakterien in der Nähe eines Schimmelpilzes nicht wuchsen. Ursache dafür war, dass er, während er eilig in den Urlaub aufgebrochen war, Staphylokokken-Kulturen im Labor offen stehen gelassen hatte. Diese Beobachtung, die er nicht geplant oder vorhergesehen hatte, führte zur Entdeckung des ersten Antibiotikums. Hier spricht das Material gleichsam zum Wissenschaftler. Häufiger kommt es vor, dass für Inskriptionen bestimmte Materialien benötigt werden, die oft nicht unbegrenzt verfügbar sind. Im Alltag der Wissenschaftler*innen ist es daher eine Herausforderung, mit begrenzten Ressourcen zu arbeiten. Um zum Ziel zu kommen, wird daher immer wieder mit den situativ verfügbaren Mitteln improvisiert. Dass Modelle aus bestimmten Materialien gebaut oder in Experimenten spezifische Farben zur Markierung von Stoffen verwendet werden, ist daher mitunter weniger auf ausgereifte Überlegungen zu einem optimalen Vorgehen der Erkenntnisproduktion zurückzuführen als vielmehr auf pragmatische Umstände – etwa darauf, dass favorisierte Materialien ausgegangen sind, während Restbestände aus anderen Projekten im Labor herumliegen (Knorr Cetina 1984: 68).

Wichtig ist nun, dass Inskriptionen nicht nur die Art und Weise verändern, wie wissenschaftliche Aussagen dargestellt werden, sondern auch den Wahrheitsgehalt, der diesen Aussagen zugeschrieben wird. Laborstudien zeigen, dass Wissenschaftler*innen ihre Arbeit auf Grundlage von Inskriptionen fortsetzen und – so lange keine gravierenden Probleme auftreten – dazu neigen, all die eher vom Zufall oder unhinterfragten Annahmen und weniger nach erkenntnisbezogenen Maßstäben getroffenen Entscheidungen auszublenden (Knorr Cetina 1984; Pickering 1992). Das gilt sowohl für am spezifischen Prozess Beteiligte als auch Unbeteiligte. Wissenschaftliche Tatsachen werden dementsprechend auch dadurch geschaffen, dass es Wissenschaftler*innen gelingt, Aussagen in Medien zu repräsentieren, mit denen die Zuschreibung eines hohen Wahrheitsgehalts assoziiert ist (Collins und Pinch 1998).

> „Sobald das Endprodukt – eine Inskription – vorliegt, werden alle Zwischenschritte, die seine Entstehung ermöglicht haben, vergessen. Das Diagramm rückt in der Diskussion der Beteiligten in den Vordergrund, während die materiellen Prozesse, die zu seiner Entstehung führten, entweder übersehen oder als bloße technische Details abgetan werden." (Latour und Woolgar 1986: 63)

Die Übersetzung von wissenschaftlichen Aussagen in anerkannte Formen ist dementsprechend ein, für die soziologische Analyse der Fabrikation von Erkenntnis, wichtiger Prozess, weil hier nicht-wissenschaftliche Faktoren Einfluss nehmen können.

Gleichzeitig wird damit nicht bestritten, dass die Übersetzungsleistungen tatsächlich helfen, wissenschaftliche Erkenntnisse hervorzubringen. Durch Übersetzungen können komplexe Zusammenhänge fassbar gemacht werden. Skizzen, Modelle oder Simulationen sind dementsprechend nicht bloß mehr oder weniger überzeugende Repräsentationen von Erkenntnissen, die in den Köpfen der Wissenschaftler*innen bereits vorliegen, sondern vielmehr Fortsetzungen von Reflexionsprozessen mit anderen Mitteln. Weil das menschliche Denkvermögen begrenzt ist, helfen Skizzen oder Modelle Wissenschaftler*innen, komplexe Sachverhalte besser zu verstehen. Darüber hinaus wird das Verständnis mit ihrer Hilfe vertieft, weil sich einige Zusammenhänge durch Übersetzungen überhaupt erst sichtbar machen lassen. Dabei können die Übersetzungen maßgeblich vom Verstehen der Wissenschaftler*innen ausgehen, wenn diese anhand ihrer Vorstellungen Modelle oder Simulationen herstellen; sie können sich auch stärker auf die Anwendung von Techniken auf ihren Untersuchungsgegenstand konzentrieren, zum Beispiel wenn Organismen markiert und bildgebende Verfahren eingesetzt werden, um Muster erst sichtbar zu machen. Übersetzungen, durch die Schritt für Schritt Muster und Zusammenhänge sichtbar gemacht werden, sind dementsprechend ein zentraler Modus in vielen wissenschaftlichen Forschungsprozessen (Fleck 1994; Lynch und Woolgar 1990).

Das hat zur Folge, dass die zur Übersetzung verfügbaren Medien grundlegend beeinflussen, welche Erkenntnisse Wissenschaftler*innen möglich sind. Wie schon im vorangehenden Absatz angerissen, bedeutet *verfügbar* hier zum einen, dass Wissenschaftler*innen spezifische Übersetzungs-Methoden beherrschen und es ihnen – oft erst nach mehreren Versuchen und Anpassungen – gelingt, die für das Verstehen wesentlichen Dinge sichtbar zu machen. Zum anderen bedeutet *verfügbar* aber auch, welche Methoden überhaupt entwickelt sind. Die Wissenschaftsgeschichte zeigt klar, dass neue Methoden zur Darstellung und Repräsentation wissenschaftliche Erkenntnisprozesse erleichtern und vorantreiben (Francoeur und Segal 2004). Ein Beispiel dafür sind physische Molekülmodelle, die oft instabil waren und auseinanderfielen. Dies führte Wissenschaftler*innen dazu, den Aufbau unter Wasser in Betracht zu ziehen, um die Schwerkraft zu umgehen. Der Durchbruch kam jedoch mit computergestützten 3D-Modellierungen und Simulationsverfahren, die eine stabilere und genauere Darstellung ermöglichten (Merz und Hinterwaldner 2012). Darüber hinaus erlauben aber auch Instrumente wie Mikroskope oder auch sozialwissenschaftliche Datenerhebungsverfahren neue Repräsentationen. Medien als Repräsentationstechniken spielen eine grundlegende Rolle in wissenschaftlichen Forschungsprozessen. Sie ermöglichen Übersetzungsprozesse, durch die Zusammenhänge und Muster sichtbar und verständlich werden (Fleck 1994; Merz und Hinterwaldner 2012; Trischler 2026 in diesem Band).

Medien in wissenschaftlicher Kollaboration

Wissenschaftlicher Fortschritt wird gerne als die Geschichte genialer Forscher*innen erzählt, die durch ihre individuellen geistigen Leistungen bahnbrechende Erkenntnisse hervorbrachten. Die Wissenschafts- und Technikforschung hat aber, wie bereits in der Einleitung dieses Kapitels angerissen, gezeigt, dass Forschung eher als *sozialer* Konstruktionsprozess verstanden werden muss (Collins und Pinch 1998). Damit ist unter anderem gemeint, dass Wissenschaftler*innen in aller Regel nicht allein forschen, sondern im Laufe des Forschungsprozesses in stetigem Austausch mit anderen sind. Kommunikation unter Wissenschaftler*innen wird daher heute als ein integraler Bestandteil von wissenschaftlicher Arbeit gesehen. Neben der neuen Sichtweise auf aktuelle wie historische Forschungsprozesse geht die Betonung von Kommunikation in der Wissenschaft aber auch einher mit einer entsprechenden Veränderung wissenschaftlicher Praktiken. Auch wenn Forschung schon immer ein kommunikativer Prozess war, hat die Bedeutung des Sozialen im Laufe der Zeit zugenommen. Heute wird Forschung häufiger in Teams durchgeführt (Wuchty et al. 2007; Fleming et al. 2007). Gleichzeitig wird Kommunikation in wissenschaftlichen Kollaborationen in zunehmendem Maße durch Kommunikationsmedien wie E-Mail, Instant Messenger oder Videotelefonie vermittelt. Neben dem allgemeinen Trend zur Nutzung von Kommunikationsmedien in der Zusammenarbeit trägt auch die starke Spezialisierung und räumliche Verteilung von wissenschaftlichen Expert*innen dazu bei, dass die Kommunikation im Forschungsprozess verstärkt medienvermittelt stattfindet. Für spezifische Projekte ist es daher oft sinnvoll, Wissenschaftler*innen einzubinden, die an verschiedenen Orten tätig sind. Vor diesem Hintergrund stellt sich die Frage, wie sich die zunehmende Mediatisierung von Kommunikation in Forschungsprozessen auf diese auswirkt. Im Folgenden werden wir dazu auf zwei für wissenschaftliches Arbeiten typische Kommunikationsaufgaben – Ideenentwicklung und Kollaboration – eingehen und dann beleuchten, welche Folgen von Mediatisierung sich abzeichnen.

Ausgangspunkt für wissenschaftliche Forschungsprojekte sind Ideen. Hier sind damit vor allem Vorstellungen davon gemeint, wie durch Forschung dazu beigetragen werden könnte, gegenwärtig bestehende Lücken in wissenschaftlichen Wissensbeständen zu schließen. Charakteristisch für diese Ideen ist, dass sie vage sind. Inhalt davon ausgehender Forschungsprojekte ist daher auch, die abstrakten Vorstellungen im Detail umzusetzen. Dabei ist in der Regel noch viel kreative Arbeit erforderlich. Darüber hinaus sind die Forschungsprojekte insofern risikobehaftet, als sich oft erst im Verlauf zeigt, wie tragfähig die Ideen sind. Als Ausgangspunkt von Erkenntnisgewinn ist die kreative Entwicklung von Ideen ein wesentlicher Bestandteil wissenschaftlicher Forschung. Untersuchungen zum Zustandekommen von Ideen zeigen, dass diese oftmals kommunikativ entwickelt werden (Perry-Smith und Mannucci 2017; Allen 1977). Besonders fruchtbar ist Kommunikation dabei, wenn Akteure über komplementäre Wissensbeständen verfügen.

Um die strukturellen Voraussetzungen für kreativitätsförderliche Kommunikation besser zu verstehen, hat sich eine netzwerkanalytische Betrachtung als informativ erwiesen. Diese Perspektive konzentriert sich auf das Netzwerk persönlicher Beziehungen zwischen Individuen, das durch Kommunikation entsteht und wirksam wird. Eine wichtige Unterscheidung ist dabei die zwischen *Weak Ties* und *Strong Ties* (Granovetter 1973). Strong Ties bezeichnen enge persönliche Beziehungen, während Weak Ties eher lose Kontakte beschreiben. Entgegen der intuitiven Annahme, stärkere Beziehungen seien wertvoller, haben sich besonders Weak Ties als förderlich für die kreative Entwicklung von Ideen erwiesen (Burt 2004). Das wird damit erklärt, dass (a) Ähnlichkeit anziehend wirkt und sich enge Beziehungen wahrscheinlicher zwischen Individuen mit ähnlichem Wissen entwickeln, (b) durch starke Beziehungen verbundene Individuen in engem Austausch stehen und sich ihr Wissen dadurch angleicht und (c), eng verbundene Individuen häufig gemeinsame Beziehungen zu dritten teilen und auch von diesen ähnliches lernen. Strong Ties verbinden daher eher Individuen mit ähnlichem Wissen, während Weak Ties erhöhte Chancen bieten, Neues zu lernen.

Weak Ties sind jedoch voraussetzungsreich. Durch Strong Ties verbundene Wissenschaftler*innen haben in der Regel viele Kontaktanlässe. Arbeiten sie in der selben Arbeitsgruppe, ergibt sich täglich formeller und informeller Austausch. Sind sie befreundet, verabreden sie sich regelmäßig. Kollaborieren sie seit langem, kennen sie die Interessen und Kenntnisse der*des Anderen gut und suchen den Kontakt, wann immer entsprechende Themen aufkommen. Im Fall von Weak Ties besteht typischerweise kein in der sozialen oder formalen Beziehung begründeter Gesprächsanlass. Weil auch die mögliche Komplementarität von Wissensbeständen in der Regel vorab nicht ersichtlich ist und erst im Gespräch entdeckt werden muss, müssen Wissenschaftler*innen ohne derartige Anlässe ins Gespräch geraten. Die Forschung zum Zustandekommen von Weak Ties zeigt, dass dabei Gelegenheiten eine wichtige Rolle spielen (Roth 2022; Catalini 2018). Als solche werden Situationen definiert, in denen sich Personen ungeplant begegnen und die durch ihre Eigenschaften offene Kommunikation anstoßen. Ein klassisches Beispiel dafür ist die Kaffeeküche in einem Laboratorium, die von verschiedenen Arbeitsgruppen genutzt wird. Wenn sich dort Wissenschaftler*innen, die formal und sozial nicht oder nur lose verbunden sind, zufällig treffen, bieten soziale Normen und die gemeinsame physische Anwesenheit einen Anlass zur Kommunikation. Im Rahmen dieser ist es etwa im Beispiel der Kaffeeküche naheliegend, aktuelle Forschungsprojekte anzusprechen und im Gespräch auf komplementäre Wissensbestände zu stoßen. Gelegenheiten sind dementsprechend ein wichtiger Treiber für die Formation und Wirkung von Weak Ties.

Forschung zur Mediatisierung von Zusammenarbeit weist darauf hin, dass Weak Ties, die für die Entstehung neuer Ideen besonders wertvoll sind, unter einer Zunahme medienvermittelter Kommunikation leiden (Roth und Doehne 2024). Mediatisierung von Zusammenarbeit beschreibt, dass Wissenschaftler*innen ortsunabhängig zusammenarbeiten und vermittelt durch Medien wie Telefon, E-Mail oder Videotelefonie miteinander kommunizieren. Die Ortsunabhängigkeit der Zusammenarbeit birgt zahlreiche Vorteile. Gleichzeitig ergeben sich durch die räumliche Verteilung aber auch weniger Gelegenheiten, die die Formation und Pflege von Weak Ties unter Wissenschaftler*innen fördern würden. Da medienvermittelte Kommunikation aktiv initiiert werden muss, konzentriert sie sich auf formal und sozial enger verbundene Partner*innen. Im virtuellen Raum kommen zufällige Begegnungen zwischen Wissenschaftler*innen kaum vor, und ohne physische Anwesenheit führen solche Begegnungen selten zu Kommunikation zwischen nicht oder schwach verbundenen Personen. Eine indirekte Folge der Mediatisierung von Zusammenarbeit ist daher, dass es weniger zu den Kommunikationskonstellationen kommt, die besonders förderlich für die Entstehung neuer Ideen sind.

Unmittelbarere Effekte hat die Mediatisierung von Zusammenarbeit auf die Arbeit in Forschungs-Teams. In solchen arbeiten Wissenschaftler*innen in der Regel arbeitsteilig an einem gemeinsamen Forschungsprojekt. Wie oben beschrieben, ist es charakteristisch für wissenschaftliche Forschung, dass sie nur selten exakt nach einem vorab definierten Plan abläuft. Vielmehr müssen im Verlauf immer wieder Pläne verworfen und Lösungen gefunden werden. Das hat einen hohen Abstimmungsbedarf zwischen den beteiligten Wissenschaftler*innen zur Folge, da Anpassungen in einem Bereich oft Konsequenzen in einem anderen nach sich ziehen. Forschungsprojekte erfordern vergleichsweise viel Abstimmung und Kommunikation, da zentrale Aktivitäten wie die Interpretation von (Zwischen-)Befunden oder die Festlegung konkreter Vorgehensweisen oft unter hoher Unsicherheit stattfinden. Daher profitieren sie erheblich von einer Betrachtung und Diskussion aus verschiedenen Perspektiven (Pickering 1993). Vor diesem Hintergrund stellt sich die Frage, ob die komplexen Kommunikationen unter Wissenschaftler*innen, die entscheidend für das Gelingen von Forschungsprojekten sind, gleichermaßen erfolgreich sind, wenn Kollaboration in höherem Maße medienvermittelt erfolgt.

Diesbezügliche Untersuchungen weisen auf Schwierigkeiten hin. Wir haben bereits darauf hingewiesen, dass Wissenschaftler*innen bei der Suche nach möglichen Wegen Übersetzungen zu realisieren (a) stark auf implizites, eher handwerkliches Erfahrungswissen bauen, (b) weniger vollständig durchdachte Pläne umsetzen, als vielmehr in physischer Interaktion mit dem Material Lösungen durch Versuch und Irrtum austüfteln und (c) die Auseinandersetzung mit den Repräsentationen elementar für den Erkenntnisprozess ist. Die Untersuchungen alltäglicher Forschungspraktiken von Naturwissenschaftler*innen zeigen, dass diese Charakteristika eng mit Kommunikationsformen verbunden sind, die kollaborative Forschung prägen (Knorr Cetina 1988; Pickering 1993). Untersuchungen zur Virtualisierung von Zusammenarbeit deuten darauf hin, dass diese Kommunikationspraktiken in virtuellen Räumen nicht genauso stattfinden können. Repräsentationen und materielle Arrangements in Laboren oder Versuchshallen sind wichtige Bezugspunkte für den individuellen Erkenntnisprozess in Forschungsprojekten. Die Untersuchungen zu den konkreten Forschungspraktiken zeigen, dass die geteilten Bezüge auf Repräsentationen und materielle Arrangements Gesprächen unter Wissenschaftler*innen Anlass und Grundlage geben, die von außerordentlicher Bedeutung für den weiteren Forschungsprozess sind (Knorr Cetina 1984; Collins und Pinch 1998). Als Gesprächsanlass wirken die Dinge und Praktiken, weil sie die Aufmerksamkeit von Kolleg*innen binden und zu darauf bezogenen Nachfragen einladen. Als Grundlage für darauf bezogenen Austausch wirken sie, weil andere in Auseinandersetzung mit ihnen unmittelbar verstehen können, was vor sich geht und an den Dingen unmittelbar gezeigt und vorgeführt werden kann, was jemand meint. Dingliche und implizite Aspekte spielen eine zentrale Rolle, wenn es darum geht, erkenntnisbezogene Prozesse zu verstehen (Carlile 2002). Nur wenn diese Aspekte vermittelt werden, kann ein geteiltes Verständnis zwischen Wissenschaftler*innen mit unterschiedlichen Perspektiven entstehen, auf dessen Grundlage sie sich verständigen und ihre Expertisen verbinden können – etwa bei der Interpretation von Zwischenergebnissen oder der Planung des weiteren Vorgehens.

Auch in virtuellen Teams können Wissenschaftler*innen kontinuierlich im Austausch bleiben und prinzipiell lassen sich auch hier Dinge zeigen, wenn zum Beispiel Fotos geteilt werden oder Artefakte wie digitale Modelle ohnehin medienvermittelt zugänglich sind. Die vermittelten Zugänge sind jedoch in vielfältiger Weise selektiv. Weil Wissenschaftler*innen entscheiden und rechtfertigen müssen, was sie mit anderen teilen, werden eher nur Ausschnitte gezeigt, die gerade den tüftelnden und suchenden Charakter des Forschungsprozesses ausblenden. Das dabei entstehende, eher gradlinigere Bild, bietet anderen weniger Ansatzpunkte, um sich einzubringen. Darüber hinaus sind implizite und dingliche Elemente situierter Forschungspraktiken für die involvierten Wissenschaftler*innen in hohem Maße selbstverständlich. Infolgedessen ist für sie nur eingeschränkt ersichtlich, was genau sie anderen Wissenschaftler*innen zeigen und erklären müssen, damit diese die Vorgänge angemessen verstehen können. Die Mediatisierung von wissenschaftlichen Kollaborationsprojekten birgt daher die Gefahr, dass Vorgänge weniger tief vermittelt und die in der Multiperspektivität liegenden Potenziale kommunikativ nicht gehoben werden (Hinds und Mortensen 2005).

Neben der inhaltlichen Verständigung betrifft die Mediatisierung von Kommunikation in wissenschaftlichen Kollaborationsprojekten aber auch die soziale

Verbundenheit unter den beteiligten Wissenschaftler*innen. Auch wenn wissenschaftliche Forschungsprojekte stark inhaltlich getrieben sind, spielt die soziale Verbundenheit, die besonders durch die persönlichen Beziehungen unter den beteiligten konstituiert wird, eine wichtige Rolle bei deren Umsetzung (Burt et al. 2022). Mit stärkeren persönlichen Beziehungen ist typischerweise auch ein höheres Maß an wechselseitigem Vertrauen und wechselseitiger Verpflichtung verbunden. Beide sind in Kollaborationen im Allgemeinen und besonders in wissenschaftlichen Projekten von Bedeutung. Das liegt unter anderem daran, dass die verteilten Aufgaben in wissenschaftlichen Projekten wie bereits beschrieben oft nicht exakt definiert sind, sondern von den verantwortlichen Wissenschaftler*innen forschend ausgestaltet werden müssen. Gleichzeitig sind die verschiedenen Teilaufgaben aufeinander bezogen. Die Verzahnung der Ausgestaltung einzelner Tätigkeiten ist für das Gelingen des Gesamtprojekts von allgemeinem Interesse. Darüber hinaus verfolgen einzelne Partner*innen in kollaborativen Projekt oft auch spezielle Erkenntnisinteressen. Dabei sind sie darauf angewiesen, dass andere damit verbundene Anforderungen bei der Ausgestaltung ihre Teilprojekte berücksichtigen. Kollaborationsprojekte bergen dementsprechend Potenziale für Interessenkonflikte und mitunter sind Kompromisse erforderlich, um alle Interessen zu bedienen. Wie sehr die Interessen anderer mitgedacht und – möglicherweise zum eigenen Nachteil – bei der Ausgestaltung von Aufgaben adressiert werden, hängt wesentlich auch davon ab, wie eng die persönlichen Beziehungen unter den Projektpartner*innen sind. Mit Blick auf die Mediatisierung von Zusammenarbeit in kollaborativen Forschungsprojekten stellt sich daher die Frage, ob es vermittelt durch Kommunikationsmedien gleichermaßen gelingt, solche Beziehungen zwischen den Partner*innen zu entwickeln.

Die diesbezügliche Forschung zeigt, dass die Beziehungsnetzwerke in Projektteams unter der Mediatisierung leiden (Roth und Doehne 2024). Konkret zeigt sich, dass sich Beziehungen hier langsamer und daher weniger gut entwickeln. Die langsamere Entwicklung persönlicher Beziehungen wird zum einen darauf zurückgeführt, dass die verbreiteten medialen Kommunikationskanäle insofern *ärmer* als face-to-face Kontakt sind, als hier soziale Signale, die eher non-verbal, durch zum Beispiel Gestik und Mimik geäußert werden, kaum übertragen werden (Hinds und Kiesler 1995). Es lässt sich hier zum Beispiel weniger gut nebenbei erkennen, wie es jemandem geht oder wie er*sie etwas findet. Zum anderen besteht eine Neigung medienvermittelte Kommunikation in professionellen Kontexten stärker auf formal legitimierte, fachliche Anliegen zu fokussieren und weniger persönlich zu werden (Roth und Laut 2023). Auch das wird auf den schon angesprochenen Mangel an ungeplanten Gelegenheiten in virtuellen Räumen zurückgeführt. Bei einer zufälligen Begegnung in der Kaffeeküche an einem Montag ist es beispielsweise durchaus legitim, nach dem Wochenende der anderen Person zu fragen, wohingegen es sozial weniger naheliegend ist, Kolleg*innen anzurufen, um danach zu fragen. Da medienvermittelte Kommunikation tendenziell ärmer an sozialen Signalen ist und hier in professionellen Kontexten weniger persönliche Informationen ausgetauscht werden, entwickeln sich Beziehungen hier langsamer. Die in diesen Beziehungen begründete Motivation und Fähigkeiten, die Interessen anderer bei der eigenen Arbeit im Projekt zu berücksichtigen, fällt daher tendenziell geringer aus. Die Mediatisierung von wissenschaftlicher Kollaboration birgt daher auch wegen möglicher Schwierigkeiten bei der Entwicklung persönlicher Beziehungen die Gefahr von mangelnder Koordination und Konflikten zwischen Teilprojekten (Hinds und Mortensen 2005).

Medien der Scientific Community

Gleichwohl Wissenschaftler*innen in Organisationen und Teams arbeiten, zeichnet sich ihre Arbeit durch ein hohes Maß an Autonomie aus. Das wird besonders darauf zurückgeführt, dass wissenschaftliche Forschung sehr spezielle Fachkenntnisse und Kreativität erfordert. Beispielsweise können die Professor*innen eines soziologischen Instituts die Forschung der anderen wahrscheinlich nicht ohne langwierige Einarbeitung in deren Spezialgebiete im Detail verstehen und beurteilen. Ähnlich verhält es sich in kollaborativen Forschungsprojekten, da auch hier gezielt Wissenschaftler*innen mit komplementären Expertisen zusammenkommen. In ihrer unmittelbaren Arbeitsumgebung forschen Wissenschaftler*innen daher vergleichsweise unabhängig. Gleichzeitig können neue Erkenntnisse nur entstehen, wenn Wissenschaftler*innen auf das in der Vergangenheit und andernorts zum Thema gewonnene Wissen aufbauen. Vor diesem Hintergrund ist die Einbindung von Wissenschaftler*innen in die sogenannten *Scientific Communities* bedeutend. Damit sind Gemeinschaften von Wissenschaftler*innen gemeint, die auf den selben Korpus von Fachwissen Bezug nehmen (Fleck 1994; Gläser 2012). Ein solcher Wissenskorpus schließt unter anderem das durch Forschung hervorgebrachte Wissen über Forschungsgegenstände und adäquate Methoden zu dessen Erforschung ein. Mit Bezug zu diesem Wissen können Wissenschaftler*innen Forschungslücken identifizieren und begründen, wie sie diese durch eigene Forschung adressieren (Pickering 1995: 68ff.). Da es diverse Scientific Communities gibt und sich zwischen Ihnen unterscheidet, wie genau Wissenschaft gemacht wird, werden sie auch als *epistemische Kulturen* (Knorr Cetina 2002) bezeichnet. Oft sind die zugehörigen Wissenschaftler*innen weltweit verteilt. Da das geteilte Wissen die Grundlage der Gemeinschaft bildet, müssen sich die Mitglieder nicht persönlich kennen, um Teil der Gemeinschaft zu sein. Scientific Communities werden daher auch als *unsichtbare Gemeinschaft* bezeichnet. Trotzdem strukturieren sie die Arbeit von Wissenschaftler*innen grundlegend. Doch wie ist der geteilte Bezug auf dasselbe Wissen und der starke Einfluss der Gemeinschaft möglich, wenn Wissenschaftler*innen weltweit verteilt sind und vielfach nicht in persönlichem Kontakt stehen?

Hier spielen Medien eine entscheidende Rolle. Neben wissenschaftlichen Konferenzen, bei denen Wissenschaftler*innen aus der ganzen Welt punktuell zusammenkommen und sich zu ihrem Spezialgebiet austauschen, sind für die Vermittlung des für die Community konstitutiven Wissens vor allem wissenschaftliche Veröffentlichungen in Form von Fachbüchern und Fachzeitschriftenartikeln bedeutend. Durch den professionellen Vertrieb wissenschaftlicher Publikationen durch entsprechende Verlage und erleichtert durch die Digitalisierung, sind heute große Teile des wissenschaftlichen Wissens global gut verfügbar.

Dass es schriftsprachliche Medien sind, mit denen der Austausch von Fachwissen in Fachgemeinschaften realisiert wird, ist kein Zufall. Dieser Umstand lässt sich anhand von drei Qualitäten dieser Medien erklären (Dennis und Valacich 1999). Erstens zeichnen sich diese durch eine hohe *Rehearsibility* aus. Damit ist gemeint, dass man sich beim Verfassen von wissenschaftlichen Texten Zeit nehmen kann, um gründlich zu bedenken, wie man Inhalte darstellt. Genaugenommen ist wissenschaftliches Schreiben nicht das neutrale Übertragen fertiger Befunde in eine andere Form, sondern eine Übersetzung des Forschungsgegenstands in eine andere Repräsentation. Wie oben beschrieben, ist auch dieser Übersetzungsprozess ein wesentlicher Bestandteil des wissenschaftlichen Erkenntnisprozesses. Beim Schreiben wissenschaftlicher Texte werden die fokussierten Sachverhalte gründlich durch- und weitergedacht. Wissenschaftliche Texte werden daher im Entstehungsprozess typischerweise mehrfach neu- und umgeschrieben, weil die Auseinandersetzung mit dem eigenen Text zu neuen Einsichten führt (Becker 2000). Das Schreiben ist daher ein wichtiger Bestandteil wissenschaftlichen Arbeitens und ermöglicht eine gründlich durchdachte Darstellung komplexer Sachverhalte. Zweitens ist die *Reprocessability* von wissenschaftlichen Texten hoch, weil Rezipient*innen sich beliebig viel Zeit nehmen können, um genau und wiederholt zu lesen. Dies begünstigt ein tiefes Verstehen der komplexen Sachverhalte, das für den gelungenen Austausch unter Wissenschaftler*innen wichtig ist. Drittens zeichnet sich die durch Texte vermittelte Kommunikation durch *Parallelism* aus. Damit ist gemeint, dass die Inhalte mit verschiedenen Personen gleichzeitig oder nacheinander geteilt werden können. Wissenschaftler*innen müssen sich daher nur einmal die Mühe machen, einen Text zu formulieren und viele andere können sich auf denselben Text beziehen. Schriftsprachliche Medien eignen sich dementsprechend besonders gut, um wissenschaftliches Wissen zu entwickeln und zu teilen.

Besonders Fachzeitschriften nehmen für die Scientific Community aber auch deswegen eine wichtige Funktion ein, weil sie *peer review* Verfahren anwenden (Myers 1990; Gläser 2012). Peer review bedeutet, dass den Fachzeitschriften angebotene Manuskripte von anderen Angehörigen der zuständigen Scientific Community (peers) in der Regel anonym begutachtet werden (review). Auf Grundlage der anonymisierten Gutachten werden Manuskripte abgelehnt, angenommen oder Autor*innen eingeladen, die Manuskripte entlang der Gutachter*innenhinweise zu überarbeiten und erneut vorzulegen. Besonders renommierte Fachzeitschriften erhalten oft sehr viel mehr Manuskripte als Artikel veröffentlich werden, sodass das Auswahlverfahren hochselektiv ist. Autor*innen setzen sich dem Selektionsprozess unter anderem deswegen aus, weil Publikationen in renommierten Fachzeitschriften prestigeträchtig sind und die dort publizierten Artikel hohe Aufmerksamkeit in der Fachgemeinschaft erhalten. Auf dieser Grundlage wirkt peer review (idealerweise) in dreifacher Hinsicht koordinierend in die Scientific Community (Gläser 2012: 154f.). Erstens werden im Begutachtungsprozess in der Community etablierte Gütekriterien zur Anwendung gebracht oder neue durchgesetzt (Evans 2009). Arbeiten, die diese Kriterien erfüllen, erhalten eine hohe Sichtbarkeit, wenn sie in Fachzeitschriften mit großer Reichweite veröffentlicht werden. Die veröffentlichten Artikel veranschaulichen die Standards und tragen so dazu bei, dass diese Standards weiterverbreitet werden. Zweitens wissen erfahrene Autor*innen bereits, welche Kriterien Gutachtende anlegen werden und berücksichtigen diese Kriterien, in der Hoffnung auf bessere Publikationschancen, bei der vorangehenden wissenschaftlichen Arbeit (Myers 1990). Drittens werden Manuskripte im Begutachtungsverfahren oft mehrfach begutachtet und immer wieder entlang der Gutachten überarbeitet. Auch diese Anpassungen tragen zu einer Vereinheitlichung der publizierten Artikel entlang der Standards der Fachgemeinschaft bei und forcieren Autor*innen dazu, diese zu verinnerlichen.

Zusammengefasst sind das Schreiben und Publizieren von Texten essenziell für wissenschaftliches Arbeiten und die entsprechenden Medien daher von fundamentaler Bedeutung. Zum einen ermöglicht Schreiben als Transkriptionsprozess die tiefe Reflexion wissenschaftlicher Gegenstände und ist damit eine zentrale Praxis wissenschaftlichen Arbeitens. Zum anderen wird das für eine wissenschaftliche Fachgemeinschaft konstitutive Wissen besonders durch den in wissenschaftlichen Fachzeitschriften etablierten peer review kuratiert, definiert und vermittelt. Fachbücher und Fachzeitschriften erfüllen somit eine äußerst komplexe, für wissenschaftliche Fachgemeinschaften wichtige Koordinationsfunktion.

Medienvermittelte Wissenschaftskommunikation

Wissenschaft wird oft durch ihre Unabhängigkeit charakterisiert. Damit ist gemeint, dass Forschung primär Erkenntnisinteressen folgt und dabei andere, wie etwa politische oder wirtschaftliche Interessen vernachlässigt. Dennoch steht Wissenschaft aber immer schon im Austausch mit ihrer Umwelt und dabei spielen Medien eine wichtige Rolle (Jungert 2026 in diesem Band). Sowohl das Austauschverhältnis zwischen Wissenschaft und ihrer Umwelt als auch die dabei genutzten Medien haben sich in der jüngeren Vergangenheit aber drastisch verändert. Im Folgenden werden wir auf grundlegende Veränderungen im Verhältnis von Wissenschaft und Umwelt eingehen und anschließend auf korrespondierende Entwicklungen in der Verwendung von Medien.

Die angesprochenen Entwicklungen wurden aus unterschiedlichen Perspektiven analysiert. Weingart (1998) hat diesen Prozess als *Mediatisierung* beschrieben und versteht darunter die zunehmende Orientierung der Wissenschaft an medialen Logiken, was mit einem Verlust funktionaler Distanz zwischen Wissenschaft und anderen gesellschaftlichen Teilsystemen einhergeht. Positiv gewendet lässt sich sagen, dass die Verbindungen der Wissenschaft zu Politik, Wirtschaft und insbesondere den Medien intensiver geworden sind. Ein wichtiges Element dieser Entwicklung ist die Verbreitung einer kapitalistischen Wirtschaftslogik in der Wissenschaft (Väliverronen 2021). Damit sind sowohl Veränderungen in den organisationalen Rahmenbedingungen wissenschaftlichen Arbeitens als auch in der Wissenschaft etablierten kulturellen Regeln gemeint. Ganz generell impliziert die kapitalistische Wirtschaftslogik die Vorstellung von Akteuren, die in einem Wettbewerb um knappe Ressourcen konkurrieren. Mit der Verbreitung dieser Logik in der Wissenschaft geht dementsprechend einher, dass Wissenschaftler*innen und wissenschaftliche Einrichtungen zunehmend um in der Wissenschaft knappe und anerkannte Ressourcen wie Fördergelder, Publikationen, Zitationen, Aufmerksamkeit, Reputation oder Studierende konkurrieren. Diese Entwicklung ist insofern eine kulturelle Veränderung, als sie durch die veränderten Praktiken der Akteure getrieben werden. Weil die Akteure sich zunehmend in einem – womöglich auch vorher schon gegebenen – Konkurrenzverhältnis sehen, intensivieren sie ihre Anstrengungen. Durch die verstärkten Anstrengungen werden die umkämpften Ressourcen für andere tatsächlich knapper. Dadurch werden auch sie dazu gedrängt, sich den im Wettbewerb erfolgreichen Praktiken anzupassen und die kapitalistische Kultur zu übernehmen. Die Entwicklung wird aber auch von formalstrukturellen Veränderungen in der Wissenschaft getragen. Besonders bedeutend ist hier, dass Fördergelder zunehmend wettbewerblich vergeben werden. Statt Wissenschaftler*innen Budget zur freien Verfügung in der Forschung zu überlassen, müssen Wissenschaftler*innen zunehmend mit Forschungsanträgen um Finanzierung für ihre Forschungsvorhaben konkurrieren. Öffentliche und kommerzielle Fördergeber gewinnen dadurch an Einfluss in der Wissenschaft und Wissenschaftler*innen treten in Konkurrenz zueinander, um ihre Forschungsvorhaben realisieren zu können. Daneben trägt das *New Public Management* zur Verbreitung der kapitalistischen Wirtschaftslogik in der Wissenschaft bei. Damit ist die Anwendung von organisationalen Steuerungsmethoden aus wirtschaftlichen Unternehmen in der Verwaltung gemeint. Sie zielt darauf ab, öffentliche Dienstleistungen effizienter und effektiver zu gestalten. Ein Beispiel für die Anwendung in der Wissenschaft ist die Einführung diverser Kennzahlen und Rankings zur Evaluation der Performance von Wissenschaftler*innen und Wissenschaftsorganisationen. Die Verbreitung der kapitalistischen Wirtschaftslogik in der Wissenschaft ist dementsprechend sowohl eine Folge der engeren Verbindung zu Politik und Wirtschaft, von denen entsprechende Rahmenbedingungen und Konzepte kommen, als auch ein Treiber dieser Entwicklung, insofern Wissenschaftler*innen um Ressourcen aus der Umwelt konkurrieren und daher stärker auf diese angewiesen sind.

In diesem Zusammenhang spielt medienvermittelte Wissenschaftskommunikation eine wichtige Rolle. Indem die Allgemeinheit durch klassische Massenmedien wie Tageszeitungen oder neuere soziale Medien wie Podcasts über wissenschaftliche Forschung informiert wird, lässt sich die Reputation einzelner Wissenschaftler*innen oder wissenschaftlicher Organisationen steigern. Hohe Sichtbarkeit und Anerkennung in der Öffentlichkeit können etwa das Ansehen einer Universität steigern und das kann sich positiv auf die Studierendenzahlen auswirken. So kann die positive Darstellung einzelner Forscher*innen in den Medien Anerkennung begründen, ihren allgemeinen Einfluss steigern, helfen, Fördergelder zu akquirieren und zu einer Steigerung der Sichtbarkeit in der Scientific Community beitragen, weil auch andere Wissenschaftler*innen nichtwissenschaftliche Medien rezipieren. In Anbetracht der möglichen positiven Effekte von Medienpräsenz im wissenschaftlichen Wettbewerb hat sich der Umgang mit Medien verändert.

Einem gesteigerten Interesse an ihrer öffentlichen Wahrnehmung folgend, arbeiten Wissenschaftler*innen und wissenschaftliche Organisationen zunehmend aktiv und professionell an ihrer medialen Präsenz (Dudo 2015). Vor der Jahrtausendwende waren sie dagegen eher passiv. Öffentliche Berichterstattung zu wissenschaftlicher Forschung wurde damals vor allem von Wissenschaftsjournalist*innen getrieben, die in klassischen Massenmedien wie Zeitungen, Radio- oder Fernsehsendungen berichteten. Untersuchungen zu diesem Prozess zeigen, dass es für die Journalist*innen eher mühsam war, Wissenschaftler*innen zur Kooperation zu bewegen – unter anderem, weil diese nicht mit der massentauglichen Simplifizierung ihrer Arbeit einverstanden waren (Dudo 2015). Dahingegen wird

Wissenschaftskommunikation heute mit großem Aufwand von Forschenden und Forschungseinrichtungen selbst betrieben. Diese Eigenständigkeit wird entscheidend auch dadurch ermöglicht, dass soziale Medien es ihnen erlauben, vergleichsweise unmittelbar eine große Öffentlichkeit zu erreichen.

Die medienvermittelte Öffnung der Wissenschaft wird insofern positiv bewertet, als dass die Kommunikation von Erkenntnissen der Allgemeinheit ermöglicht, von diesen zu profitieren. Die Anwendung trägt weiterhin zur Legitimation wissenschaftlicher Forschung bei. Kritisch wird die Mediatisierung der Wissenschaft betrachtet, weil befürchtet wird, dass das gesteigerte Interesse an medialer Aufmerksamkeit die wissenschaftliche Arbeit beeinflussen könnte (Väliverronen 2021; Franzen et al. 2012). Konkret wird angenommen, dass Wissenschaftler*innen lernen, nach welchen Logiken sie durch Beiträge in Sozialen Medien positive Aufmerksamkeit erhalten. Diese Logiken betreffen nicht nur die verständliche Darstellung der Inhalte für das nicht-wissenschaftliche Medien-Publikum, sondern möglicherweise auch die Entstehung der Inhalte durch wissenschaftliche Forschung. Das Interesse an medialer Präsenz könnte Wissenschaftler*innen daher dazu veranlassen, ihre Forschung weniger an wissenschaftlichen Standards und mehr an medialen Aufmerksamkeitslogiken zu orientieren. Darüber hinaus wird als ungünstig erachtet, wenn die Öffentlichkeit gegenüber der zuständigen Scientific Community an Einfluss auf die Reputation von Wissenschaftler*innen gewinnt. Hier droht die Gefahr, dass weniger fachlich qualifizierte Wissenschaftler*innen Ressourcen und Macht erhalten, die in den Händen anderer Wissenschaftler*innen besser aufgehoben wären.

Konklusion

Die soziologische Perspektive auf wissenschaftliche Erkenntnisprozesse zeigt deutlich, dass Wissen nicht nur in methodisch kontrollierten Abläufen, sondern ebenso im Zusammenspiel von materiellen, sozialen und medialen Bedingungen entsteht. Medienvermittelte Kommunikation spielt dabei eine zentrale Rolle: Sie ist nicht nur Transportmittel wissenschaftlicher Inhalte, sondern formt aktiv die Art und Weise, wie Erkenntnisse generiert, geteilt, koordiniert und legitimiert werden. Indem dieser Beitrag die vielfältigen Funktionen und Wirkungen medienvermittelter Kommunikation im wissenschaftlichen Arbeiten sichtbar macht, trägt er zu einem vertieften Verständnis der Bedingungen bei, unter denen wissenschaftliches Wissen heute entsteht. Wer Wissenschaft verstehen will, muss Medien verstehen – nicht als bloße Infrastruktur, sondern als integrale Bestandteile wissenschaftlicher Praxis.

Weiterführende Lektüre

(1) Lynch, M. und S. Woolgar (Hrsg.), 1990: Representation in scientific practice. Cambridge, Mass.: MIT Press.
(2) Hinds, P.J. und M. Mortensen, 2005: Understanding Conflict in Geographically Distributed Teams: The Moderating Effects of Shared Identity, Shared Context, and Spontaneous Communication. Organization Science 16: 290–307.
(3) Myers, G., 1990: Writing biology. Texts in the social construction of scientific knowledge. Madison, Wis: Univ. of Wisconsin Press.
(4) Weingart, P., 1998: Science and the media. Research Policy 27: 869–879.
(5) Väliverronen, E., 2021: Mediatisation of science and the rise of promotional culture. S. 129–146 in: M. Bucchi und B. Trench (Hrsg.), Routledge Handbook of Public Communication of Science and Technology. London: Routledge.

Literatur

Allen, T.J., 1977: Managing the flow of technology. Technology transfer and the dissemination of technological information within the R&D organization. Cambridge, Mass.: MIT Press.

Becker, H.S., 2000: Die Kunst des professionellen Schreibens. Ein Leitfaden für die Geistes- und Sozialwissenschaften. Frankfurt/Main, New York: Campus-Verl.

Burt, B.A., B. Stone, T. Perkins, A. Polk, C. Ramirez und J. Rosado, 2022: Team Culture of Community: Cultural Practices for Scientific Team Cohesion and Productivity. Small Group Research 53: 855–890.

Burt, R.S., 2004: Structural Holes and Good Ideas. American Journal of Sociology 110: 349–399.

Carlile, P.R., 2002: A Pragmatic View of Knowledge and Boundaries: Boundary Objects in New Product Development. Organization Science: 442–455.

Catalini, C., 2018: Microgeography and the Direction of Inventive Activity. Management Science 64: 4348–4364.

Collins, H., 1974: The TEA Set: Tacit Knowledge and Scientific Networks. Science Studies 4: 165–185.

Collins, H. und T.J. Pinch, 1998: The Golem. What You Should Know About Science. New York: Cambridge University Press.

Dennis, A.R. und J.S. Valacich, 1999: Rethinking media richness: towards a theory of media synchronicity in: R.H. Sprague (Hrsg.), Proceedings of the 32nd Annual Hawaii International Conference on System Sciences. Abstracts and CD-ROM of full papers : January 5–8, 1999, Maui, Hawaii. Los Alamitos, Calif: IEEE Computer Society Press.

Dudo, A., 2015: Scientists, the Media, and the Public Communication of Science. Sociology Compass 9: 761–775.

Evans, M.S., 2009: Defining the public, defining sociology: hybrid science-public relations and boundary-work in early American sociology. Public understanding of science 18: 5–22.

Fleck, L., 1994: Entstehung und Entwicklung einer wissenschaftlichen Tatsache. Einführung in die Lehre vom Denkstil und Denkkollektiv. Frankfurt am Main: Suhrkamp.

Fleming, L., S. Mingo und D. Chen, 2007: Collaborative Brokerage, Generative Creativity, and Creative Success. Administrative Science Quarterly 52: 443–475.

Francoeur, E. und J. Segal, 2004: From Model Kits to Interactive Computer Graphics. S. 402–430 in: S. de Chadarevian und N. Hopwood (Hrsg.), Models: Stanford University Press.
Franzen, M., S. Rödder und P. Weingart, 2012: Wissenschaft und Massenmedien: Von Popularisierung zu Medialisierung. S. 355–364 in: S. Maasen, M. Kaiser, M. Reinhart und B. Sutter (Hrsg.), Handbuch Wissenschaftssoziologie. Wiesbaden: Springer Fachmedien Wiesbaden.
Gläser, J., 2012: Scientific communities. S. 151–162 in: S. Maasen, M. Kaiser, M. Reinhart und B. Sutter (Hrsg.), Handbuch Wissenschaftssoziologie. Wiesbaden: Springer Fachmedien Wiesbaden.
Granovetter, M., 1973: The Strength of Weak Ties. American Journal of Sociology 78: 1360.
Hinds, P.J. und S. Kiesler, 1995: Communication across Boundaries: Work, Structure, and Use of Communication Technologies in a Large Organization. Organization Science 6: 373–393.
Hinds, P.J. und M. Mortensen, 2005: Understanding Conflict in Geographically Distributed Teams: The Moderating Effects of Shared Identity, Shared Context, and Spontaneous Communication. Organization Science 16: 290–307.
Jungert, M., 2026: Wissensproduktion und Wissenschaftskommunikation: Zusammenhänge, Potentiale und Herausforderungen. S. 63–80 in: A. K. Krüger, J.-F. Schrape, C. Schubert und J. Schubert (Hrsg.), Wissenschafts- und Technikforschung. Sozialwissenschaftliche Einführungen. Berlin: de Gruyter.
Knorr Cetina, K., 1984: Die Fabrikation von Erkenntnis. Zur Anthropologie der Naturwissenschaft. Frankfurt a.M.: Suhrkamp.
Knorr Cetina, K., 1988: Das naturwissenschaftliche Labor als Ort der „Verdichtung“ von Gesellschaft. Zeitschrift für Soziologie 17: 85–101.
Knorr Cetina, K., 2002: Wissenskulturen. Ein Vergleich naturwissenschaftlicher Wissensformen. Frankfurt am Main: Suhrkamp.
Latour, B., 2006: Drawing Things Together: Die Macht der unveränderlich mobilen Elemente. S. 259–307 in: A. Belliger und D.J. Krieger (Hrsg.), ANThology. Ein einführendes Handbuch zur Akteur-Netzwerk-Theorie. Bielefeld: transcript.
Latour, B. und S. Woolgar, 1986: Laboratory life. The construction of scientific facts. Princeton, N.J: Princeton University Press.
Lynch, M. und S. Woolgar (Hrsg.), 1990: Representation in scientific practice. Cambridge, Mass.: MIT Press.
Merz, M. und I. Hinterwaldner, 2012: Neue Bilder, Modelle und Simulationen: Zwischen Repräsentativität und Produktivität. S. 303–316 in: S. Maasen, M. Kaiser, M. Reinhart und B. Sutter (Hrsg.), Handbuch Wissenschaftssoziologie. Wiesbaden: Springer Fachmedien Wiesbaden.
Myers, G., 1990: Writing biology. Texts in the social construction of scientific knowledge. Madison, Wis: Univ. of Wisconsin Press.
Perry-Smith, J.E. und P.V. Mannucci, 2017: From Creativity to Innovation: The Social Network Drivers of the Four Phases of the Idea Journey. Academy of Management Review 42: 53–79.
Pickering, A., 1992: From Science as Knowledge to Science as Practice. S. 1–24 in: A. Pickering (Hrsg.), Science as Practice and Culture: University of Chicago Press.
Pickering, A., 1993: The Mangle of Practice: Agency and Emergence in the Sociology of Science. American Journal of Sociology 99: 559–589.
Pickering, A., 1995: The mangle of practice. Time, agency, and science. Chicago, Ill.: Univ. of Chicago Press.
Polanyi, M., 1985: Implizites Wissen. Frankfurt am Main: Suhrkamp.
Roth, P., 2022: Why serendipitous informal knowledge sharing interactions are key to boundary spanning and creativity. Work 72: 1673–1687.

Roth, P. und M. Doehne, 2024: Cohesion is Lower in Virtualized Collaborations: A Comparison of Teams' Network Structure. Small Group Research 55: 560–594.

Roth, P. und C. Laut, 2023: Die Geteiltheit virtueller Situationen: Wie Videotelefonie Kommunikation in Organisationen verändert. Zeitschrift für Soziologie 52: 105–121.

Trischler R., 2026: Bilder in und von Wissenschaft und Technik. S. 323–343 in: A. K. Krüger, J.-F. Schrape, C. Schubert und J. Schubert (Hrsg.), Wissenschafts- und Technikforschung. Sozialwissenschaftliche Einführungen. Berlin: de Gruyter.

Väliverronen, E., 2021: Mediatisation of science and the rise of promotional culture. S. 129–146 in: M. Bucchi und B. Trench (Hrsg.), Routledge Handbook of Public Communication of Science and Technology. London: Routledge.

Weingart, P., 1998: Science and the media. Research Policy 27: 869–879.

Wuchty, S., B.F. Jones und B. Uzzi, 2007: The increasing dominance of teams in production of knowledge. Science 316: 1036–1039.

Ronja Trischler

18 Bilder in und von Wissenschaft und Technik

Einleitung

Über den Instagram-Account des Senckenberg-Museums kann man im Herbst 2024 einer Tiefsee-Expedition folgen. Der erste Post zeigt ein Foto vom Forschungsschiff „Meteor“ in schwarzer Vignette, swipet man nach links, kommt ein Video, in dem ein Team in Zeitraffer Kisten verlädt: *„We're all packed and ready to ‚ship‘ out“* heißt es in der Überschrift (17.10.2024). Im nächsten Post wird die Schiffscrew per Fotos vorgestellt (26.10.24), danach dokumentiert eine Serie an Fotos und Videos, wie das OFOS (*„Ocean Floor Observation System“*) vom Forschungsschiff in den Ozean gehievt wird, *„ein Gerät, dass mehrere Kameras umfasst, um den Grund der Tiefsee zu filmen“* (01.11.24). Das letzte Foto der Reihe zeigt einen dunklen Raum, in dem fünf Bildschirme sichtbar sind, die (mindestens) vier Gesichter anstrahlen: Die Übertragung der Kameras von OFOS ist betitelt mit *„And now, lean back and enjoy the show!“*

Das Beispiel macht deutlich: Bilder spielen sowohl eine wichtige Rolle für das gesellschaftliche Verständnis *von* Wissenschaft und Technik, als auch als Werkzeuge *in* Wissenschaft und Technik. Mit ihnen wird visualisiert, entworfen, getestet, dokumentiert, gezeigt, diagnostiziert und bewiesen. Besonders in der Idee, dass Bilder etwas repräsentieren, liegt ihr großer Reiz in der Praxis: Seien es Videoaufzeichnungen vom Tiefseeboden, unter Gewebe verborgene Organe, statistische Verteilungen, technische Prozesse oder soziale Praktiken. Als Teil von spezialisierten Wissenskulturen und -produktionen sind Bilder jedoch keine ‚unschuldigen‘ Abbilder einer Wirklichkeit, die ohne weiteres vorausgesetzt werden kann. Das gilt nicht nur im Alltag, sondern auch für ihre Verwendung in Wissenschaft und Technik. Durch die folgende Betrachtung der Nutzung von Bildern *als Werkzeuge* in der Wissenschafts- und Technikforschung wird das spannungs- und folgenreiche Verhältnis zwischen Bild und Wirklichkeit ersichtlich.

Dabei sieht sich die Wissenschafts- und Technikforschung durch die fortlaufende Digitalisierung mit veränderten und neuen Forschungsobjekten konfrontiert, sei es durch digitale Bildverfahren in Entwicklung und Forschung oder Social-Media-Posts in Technik- und Wissenschaftskommunikation. So hat die Wissenschafts- und Technikforschung auch selbst Forschungsmethoden entwickelt, die digitale Formen der Datengewinnung und -auswertung sowie insbesondere Datenvisualisierungen nutzen.

https://doi.org/10.1515/9783112245897-022

Der folgende Beitrag liefert eine Einführung in die Rolle von Bildern in Wissenschaft und Technik (18.2), in den gesellschaftlichen Vorstellungen über Wissenschaft und Technik (18.3) sowie in den Methoden ihrer Erforschung in der Wissenschafts- und Technikforschung (18.4). In allen drei Dimensionen dienen Bilder *als Werkzeuge*, die in der Praxis jedoch interpretative, materielle und ästhetische Überschüsse aufweisen, die analytisch und methodologisch reflektiert werden. Um Verbindungen zwischen den Rollen von Bildern *in* und *über* Wissenschaft und Technik zu verdeutlichen, folgt die Darstellung exemplarisch der Meteor auf einigen Etappen ihrer Expedition.

Bilder in Wissenschaft und Technik

Das „Ocean Floor Observation System" des Forschungsschiffs soll die Bodenbeschaffenheit der Tiefsee und die dort potentiell lebende unbekannte wirbellose Arten sichtbar machen. Zum Forschungsziel heißt es auf Instagram:

> *„Vorherige Kartierungen mit einem speziellen Sonar-System deuteten darauf hin, dass sich in der Vema Fracture Zone in einer Tiefe von bis zu 6000 Metern Gesteinsformationen befinden müssten – und somit die ursprüngliche Annahme, die komplette Tiefsee bestünde aus schlammigem Boden, widerlegt wäre. Gleichzeitig könnte dies bedeuten, dass viele bisher unbekannte Arten in diesem speziellen Ökosystem leben könnten."* (01.11.24)

Aufgrund der großen Bedeutung von Bildern in Wissenschaft und Technik, auch historisch betrachtet (Heßler 2006), wurden in den Science and Technology Studies wichtige Konzepte zu ihnen entwickelt (Burri and Dumit 2008; Lynch 1998; Mersch 2009; Suchman 1988). In diesem Abschnitt geht es darum, dass und wie Bilder bzw. bildgebenden Verfahren (wie das ONOS) als Werkzeuge in Wissenschaft und Technik genutzt werden. Dabei spielt erstens die Frage, was bzw. wie sie darstellen, eine zentrale Rolle, um ihren Anteil an der Herstellung wissenschaftlichen oder technischen Wissen (bspw. über unbekannte Arten in der Tiefsee) nachzuvollziehen. Zweitens tragen Bilder über diesen visuell-epistemischen Nutzen hinaus als Dinge, die hergestellt, transportiert, geteilt und verändert werden können, zur Zusammenarbeit in und zwischen spezialisierten Praxisgemeinschaften bei, d.h. für die Arbeit auf dem Forschungsschiff und darüber hinaus. Drittens sind diese Praktiken sinnlich-ästhetisch, Bilder sind auch in Wissenschaft und Technik selten nur instrumentell zu verstehen, sondern werden – auf dem Schiff wie in landbasierten Laboren – körperlich erlebt und erfahren.

Epistemische Bilder: Repräsentationen und technische Objektivität

Ob Schnappschuss, Gemälde, Grafik oder hochauflösende Aufzeichnungen vom Tiefseeboden: Bilder zeichnen sich dadurch aus, dass sie etwas darstellen. Daher ist eine gute Ausgangsfrage, um ihre Rolle in Wissenschaft und Technik zu erforschen, *was sie darstellen*. Grundlegend visualisieren sie wissenschaftliches oder technisches Wissen, so kann man sie als „epistemische Bilder", das heißt Wissensbilder verstehen (Lucht et al. 2013, S. 175–266; vgl. Scholz 2021). Genauer noch sind Bilder wie im Fall der Tiefseeaufzeichnungen häufig Werkzeuge in der Herstellung neuen Wissens: Ist der Boden schlammig oder steinig? Welche Tiere leben dort? Wissenschaft und Technik zeichnen sich dabei durch ihren Anspruch aus, Wirklichkeit auf eine – über Zeit und Raum – relativ stabile Weise darzustellen: Sie stellen wissenschaftliche Erkenntnisse in Form objektiver Fakten (Knorr Cetina 1991; Latour und Woolgar 1986), und wiederholbare, erwartbare Wirkungen in Form von technischen Artefakten her (Akrich 2006; Rammert 2016).

Dies erfolgt in spezialisierten Praktiken, in denen Bilder erzeugt und ausgewertet werden (Amann und Knorr Cetina 1988; Beaulieu 2002). Darauf wird auch im Fortgang des Posts zum „*Ocean Floor Observation System*" auf der Forschungsexpedition hingewiesen: *„@torbenriehl, @anchecasaubon, @abyss.arium und @mats2345 schauen sich daher in den hochauflösenden Aufnahmen die Bodenbeschaffenheit an, achten aber ganz besonders auf die wirbellose Tiere, die dort leben und auch auf die Spuren, die sie im Schlamm hinterlassen („Lebensspuren")."* (01.11.24) Was die getaggten Wissenschaftler*innen in den Bildern erkennen, ist zentral für die Beantwortung ihrer Forschungsfrage, ob und welche wirbellosen Tiere am Tiefseeboden leben. Sichtbarmachung ist ein wichtiges Grundprinzip für spezialisierte Bewertungspraktiken (Krüger und Hesselmann 2020).

Um die spezielle Rolle von Bildern dabei zu durchdringen, ist für die Wissenschafts- und Technikforschung der Begriff der Repräsentation (Coopmans et al. 2014; Lynch und Woolgar 1990) zentral. Demnach sind Bilder nicht etwa ‚einfache' Abbildungen von Wirklichkeit, sondern vielmehr an ihrer spezialisierten Herstellung beteiligt. Das entscheidende Argument ist hierbei, dass Repräsentationen nicht ‚einfach nur' etwas beschreiben, das es gibt, sondern an der Herstellung dessen beteiligt sind, das sie zeigen: Indem etwa biologische, chemische oder technische Prozesse visualisiert werden, werden auch Grenzen und Unterscheidungen zwischen Objekten hergestellt (Lynch und Woolgar 1988, S. 104). Dabei wird von einer grundlegenden Performativität von Wissenschaft und Technik als soziale Praxis ausgegangen: Demnach wird Wirklichkeit fortlaufend durch Praktiken hergestellt, die jedoch nicht willkürlich sind, da sie an die spezialisierten und situierten soziotechnischen Arrangements gebunden sind, in denen sie stattfinden (Callon 2009).

Dies wurde vielfach anhand ethnografischer Studien in Laboren nachvollzogen, in denen durch Experimente, die unterschiedliche bildgebende Verfahren und Visualisierungen (wie Graphe, Diagramme, Modelle, Fotografien, Simulationen etc.) für unterschiedliche Zwecke nutzen, neues Wissen erzeugt wird (Lynch und Woolgar 1988, S. 100). In einem Post mit Bildern von Organismen heißt es (06.11.24): *„Auch in unserer Galerie sind möglicherweise Tiere dabei, die nie zuvor ein Mensch gesehen hat!“* In den naturwissenschaftlichen Experimenten wird also Wissen *und* gleichzeitig die Darstellung des Wissens hergestellt (Cooper und Law 2015, S. 216). Repräsentationen sind entscheidend für die Produktion objektiver Fakten. Das gleiche gilt für die Herstellung von (personaler) Expertise (Daston und Galison 1992; vgl. Joyce 2005): Wissenschaftler*innen wie die Forscher*innen auf der METEOR deuten Bilder für ihre späteren Fachpublikationen. Darin wird dann jedoch typischerweise nicht mehr eine situierte (Kamera-)Perspektive dargestellt, d.h. die methodische, aber lokale Herstellung einzigartiger Bilder. Stattdessen wird in den Veröffentlichungen üblicherweise als „god's trick“ (Haraway 1988, S. 581) diskursiv eine scheinbar neutrale Perspektive von ‚Nirgendwo‘ hergestellt.

Diese spezialisierten Bilddeutungen bauen erstens auf die instrumentelle, d.h. technische Herstellung der Bilder (Lynch 1988). Aufzeichnungen sind an der Herstellung einer technischen Objektivität beteiligt. Sie haben im Rahmen ihrer Computerisierung weiter an Bedeutung für Wissenschaft und Technik gewonnen (Carusi et al. 2014; Lettkemann 2013). Der Beitrag des Technischen zu Visualisierungen wird in der Wissenschafts- und Technikforschung als „soziotechnisch“ oder „technisiert“ verstanden, da Technologien als Teil von Gesellschaft betrachtet werden und nicht als etwas Externes (Rammert 2016; s. auch Kropp und Schreck 2026 sowie Barla 2026, beide in diesem Band). Das bedeutet, dass die ONOS-Kameras und ihre Aufzeichnungen durch ihre Entwicklung in konkreten sozialen Kontexten sowie deren Nutzung in solchen zu verstehen sind.

Zweitens zeigt sich die Macht von Bildern in diesen Praktiken. Dass Bilder Wirklichkeit nicht abbilden, sondern an deren Produktion beteiligt sind, ist ein sozialkonstruktivistisches Argument. Dieses nimmt grundsätzlich an, dass Wirklichkeit in sozialem Geschehen hervorgebracht wird, fortlaufend und interpretativ. Das bedeutet jedoch nicht, dass dies willkürlich erfolgt. Es sind spezialisierte bildgebende Verfahren und Personen, die situiert spezialisiertes Wissen über die Welt herstellen. Diese Personen, Praktiken und Techniken sind jedoch Teil dieser Welt – und damit ist das von ihnen hergestellte und genutzte Wissen niemals vollkommen neutral. Bilder handeln also mit, auch wenn umstritten ist, in welchen Grad (Roßler 2019).

Kooperative Bilder: Spezialisierter Gebrauch und materiell semiotische Praxis

Ein Post vom Forschungsschiff zeigt vier Wissenschaftler*innen, die gemeinsam auf Bildschirme schauen, über die die ONOS-Bilder übertragen werden. Dies ist Teil professioneller Tätigkeiten in „communities of practice" (Lave und Wenger 1991), in denen spezialisierte Bilder, Verfahren und Personen aufzufinden sind. Bilder werden hier zur fachlichen Zusammenarbeit genutzt, auch auf dem Forschungsschiff: *„28 Wissenschaftler*innen aus verschiedenen Ländern haben sich auf dieser Tiefsee-Expedition zusammen gefunden."* ([sic!], 26.10.24) Darin werden spezialisierte bzw. professionelle Sichtweisen hergestellt (Goodwin 1994), die teils Disziplinen verbinden, aber auch interdisziplinäre Grenzen verhandeln (Carusi 2011; Galison 1996). Auch im Kontext partizipativer Wissenschaft und Technik (unter dem Stichwort „Citizen Science") werden Bilder zur Kooperation zwischen Spezialist*innen und Nicht-Spezialist*innen genutzt (s.u.).

Bilder eignen sich dazu aufgrund ihrer interpretativen Flexibilität,[1] d.h. dass sie einerseits als konkrete Bilder, die in spezialisierten Kontexten entstehen und genutzt werden, *etwas* visualisieren, und sie andererseits gleichzeitig andere Aspekte (noch) offenlassen bzw. umgedeutet werden können. Verständlich wird dies im Beispiel einer Architekturzeichnung: Sie visualisiert die ästhetische Gestaltung des geplanten Gebäudes für die Kund*innen eines Auftrags, ohne jedoch schon unbedingt das Material im Detail zu bestimmen (Ewenstein und Whyte 2010). Ebenso ermöglichen sie, z.B. als Grafik oder Zeichnung, dass verschiedene Aspekte visuell verbunden werden (Latour 1986).

In der Wissenschafts- und Technikforschung wird herausgestellt, dass der Nutzen von Bildern für diese Kooperationen über Repräsentation von Wissen hinausgeht. Denn Bilder stellen nicht nur etwas dar, sondern sind gleichzeitig auch Dinge, die verschickt, geteilt und mitgenommen werden können. Es handelt sich um „immutable mobiles" (Latour 1986), die durch ihre Beziehungen zu anderen Geräten und Praktiken über Zeit und Raum stabil gehalten werden. Die Aufzeichnungen vom Tiefseeboden können gesichert und verschickt werden, um sie woanders zu zeigen bzw. mit ihnen zu belegen – vorausgesetzt, dort liegen die richtige Hard- und Software sowie fachkundige Bilddeuter*innen vor. In der Praxis wechseln Spezialist*innen dabei häufig zwischen einem visuellen und materiellen Gebrauch derselben Bilder (Burri 2008). Auf einer sozialtheoretischen Ebene ist es daher nützlich,

1 Dieses Konzept bezieht sich nicht ausschließlich auf Bilder, sondern – als zentrales Konzept der sozialkonstruktivistischen Wissenschafts- und Technikforschung – auch auf andere Dinge wie z.B. technische Geräte.

von einer „materiell semiotischen“ (Bild-)Praxis auszugehen (Law und Mol 1995).[2] Damit ist gemeint, dass Bilder ihre Wirkung in sozialem Geschehen sowohl durch ihre Deutung als auch durch ihre Handhabung entfalten – und dass diese Aspekte in der Praxis miteinander verwoben sind.

In der Wissenschafts- und Technikforschung wurde verschiedentlich herausgestellt, dass Dinge zur Kooperation taugen (Gießmann et al. 2019). So können auch Bilddinge zwischen Kooperierenden mit verschiedenen Interessen vermitteln, wie Landkarten im Fall des Aufbaus eines naturwissenschaftlichen Museums (Star und Griesemer 1989): Hier dienten sie – als „Grenzobjekte“ – sowohl den bezahlten „Trappern“ in der kalifornischen Steppe zur Suche von Tieren und zu deren Dokumentation, als auch den Museumspersonal zur Erforschung der kalifornischen Spezies. (Oder nutzen eben sowohl Kapitän:in des Forschungsschiffs als auch Wissenschaftler*innen daheim.) Bilder können auch Teil „dezentrierter Objekte“ sein (Law 2002), wie technische Zeichnungen im arbeitsteiligen Design von Flugzeugen. Um sie können sich die Beteiligten versammeln (Suchman 1988) oder sie gar „einberufen“ (Henderson 1991), wenn sie beispielsweise strategisch platziert werden (wie Poster oder Tafelbilder). Bilder können also in Kooperationen sehr unterschiedliche Rollen einnehmen, die sowohl mit ihren Darstellungsformen als auch ihrer Dingförmigkeit zu tun haben.

Das Konzept von „epistemischen Kulturen“ (Clarke und Fujimura 1992; Knorr-Cetina 1999; Pickering 1992; Star 1995) fasst zusammen, dass es in Wissenschaft – und Technik – nicht nur um fachliche Spezialisierung geht, sondern dass spezialisierte Wissen innerhalb geteilter, d.h. auch gelebter Praktiken, Symboliken und Traditionen entsteht (s. Kastenhofer 2026 in diesem Band). Die Nutzung technischer Bilder trägt hierbei bspw. auch dazu bei, dass Vertrauen untereinander über die Forschung entsteht (Carusi 2008). Auch können damit soziokulturelle Aspekte, wie die Bedeutung von Geschlecht in der Herstellung wissenschaftlichen und technischen Wissens untersucht werden (Beaufaÿs 2003), oder andersherum auch wie bildgebende Verfahren zur Herstellung vergeschlechtlichter Wissenschaft beitragen (s.u.). In epistemischen Kulturen und ihren spezialisierten Praktiken erscheinen Bilder selten allein, sondern mit anderen Bildern, (technischen) Artefakten oder Annotationen. Sie werden hergestellt, verwendet, diskutiert und kommentiert, kombiniert, verändert und teils wieder verworfen.

---

2 Andersherum haben alle Dinge auch eine ästhetische und visuelle Dimension, die an dieser Stelle aber nicht weiter eingegangen wird (s. Barla 2026 in diesem Band).

Ästhetische Bilder: Kunst und Körper

Bilder wurden bisher als Werkzeuge für Wissensproduktion und Kooperation in Wissenschaft und Technik dargelegt. Sie werden jedoch nicht nur interpretiert und geteilt, sondern ebenso erlebt und erfahren – auch in Wissenschaft und Technik! So heißt es in einem Post mit Fotografien von „*Organismen*" vor schwarzem Hintergrund: „*Nicole has taken these beautiful pictures in this photo station*" (06.11.24). Und Visualisierungen für medizinische Fachvorträge werden auch nach ästhetischen Komponenten ausgewählt (Burri 2008, S. 174ff.). Solche ästhetischen Selektionen sind Teil der Praxisgemeinschaften und epistemischen Kulturen. Sie sind mit den verwendeten Technologien verbunden, jedoch nicht vollständig durch diese bestimmt. So wurden Fotografie und Film von Beginn an in Wissenschaft *und* Kunst verwendet (Jones und Galison 2013; Landecker 2006) und Kinoexperimente um die Jahrhundertwende werden als Vorläufer für zeitgenössische wissenschaftliche Technologien wie Ultraschall betrachtet (Cartwright 1995). Und auch heute findet man Verbindungen von wissenschaftlichen Bildern zu künstlerischen Praktiken (Gabrys und Yusoff 2012; Salter et al. 2016). Dies verweist bereits auf den nächsten Abschnitt, in dem es um Wissenschaftskommunikation geht, in denen es auch zu Kollaborationen mit Akteur*innen und Organisationen aus Kunstbereichen kommt (Halpern und Rogers 2021). Spannend ist in diesem Kontext auch die Rolle von Fotografie (und anderen elektronischen Medien wie das Radio) für das Okkulte und Parawissenschaftliche, bspw. in Form von Geistersichtungen oder Fernseh-Telepath*innen (Sconce 2000).

Ästhetik bezieht sich nicht nur auf ‚das Schöne', sondern weiter gefasst auch auf Körper und Sinne, mit denen Bilder wahrgenommen werden. Körper werden in Wissenschaft und Technik technisch visualisiert (Arnaldi et al. 2024; Burri et al. 2014; Dumit 2021), und dabei häufig klassifiziert, z.B. rassifiziert (Browne 2010), vergeschlechtlicht (Treichler et al. 1998) oder dis-/abilisiert (Moser 2006). Körper tragen gleichzeitig zu diesen Bildpraktiken bei. Bilder, auch technische, werden körperlich-sinnlich gedeutet und genutzt, d.h. situiert und gleichzeitig zur Wahrnehmung durch andere Sinne, sprich synästhetisch erfahren (Burri et al. 2011). Auf dem Forschungsschiff werden verschiedene Implikationen davon deutlich: Die dortigen Bedingungen für Bildproduktion und -analyse werden etwa in vielen Posts als harte körperliche Arbeit vermittelt, in der schwere Geräte gehievt werden. Aus einer posthumanistischen[3] Perspektive werden außerdem nicht nur *menschliche* Körper in Wissenschaft und Technik beachtet. Auch die Körper(-sinne) der (in dem vorliegenden Beispiel wirbellosen) Tierarten tragen dazu bei, wie sie

3 Für posthumanistische Theorie siehe Barad (2003) und Barla (2026 in diesem Band).

aufgezeichnet und damit objektiviert werden (können). Beispielsweise können sie Kameras und anderen Geräten wahrnehmen und mit diesen interagieren (Rudolfi und Poerting 2020).

Bilder von Wissenschaft und Technik

Wie das Beispiel der Forschungsexpedition auf Social Media zeigt, spielen Bilder nicht nur *in* Wissenschaft und Technik eine wichtige Rolle, sondern auch in den gesellschaftlichen Vorstellungen *über* sie. Sie sind Teil der Außendarstellungen in Wissenschafts- und Technikkommunikation (18.3.1). Ebenso zentral sind Bilder in populären Darstellungen von Wissenschaft und Technik, etwa in Filmen, Serien, Comics oder Medienberichten, sei es fiktionaler oder dokumentarischer Art (18.3.2). Weder Selbst- und Außendarstellungen, noch Fiktion und Dokumentation sind jedoch als komplett getrennte Sphären zu verstehen: Wissenschaftler*innen werden in ihren Darstellungen durch Kommunikationsfachleute unterstützt, so ist auch ein*e „Head of Public Engagement“ mit auf dem Forschungsschiff. Ebenso nehmen sie selbst beratend an ihrer Darstellung in Filmen und Serien teil. Außerdem werden teils die gleichen Technologien, wie etwa Kameras, Bildbearbeitungssoftware oder Internetinfrastrukturen, für all diese Darstellungen verwendet. Mediale Darstellungen können sich, andersherum, auch auf Wissenschaft und Technik auswirken. Beide sind Teil von Gesellschaft. Im Zentrum dieses Abschnitts stehen daher konstitutive Wechselwirkungen zwischen medialen Darstellungen und Wissenschaft und Technik – sowie ihre Brüche und Unschärfen.

Öffentliche Bilder: Wissenschafts- und Technikkommunikation

Dass Visualisierungen wichtig in der Wissenschaftskommunikation sind, gilt nicht nur für Natur-, sondern auch Sozial- und Kulturwissenschaften (Beck 2014; Pauwels 2006). Sie tragen zur Popularisierung von Wissenschaft bei (Hüppauf und Weingart 2009). Hierbei werden Forschungen und ihre Erkenntnisse über Fachdiskurse hinaus an eine breitere Öffentlichkeit vermittelt, wie im Fall der Forschungsexpedition sogar schon vor Beginn der Expedition, d.h. lange vor der Veröffentlichung von Ergebnissen in Fachjournalen: *„Nächste Woche bricht eine Gruppe von Forscher*innen von* @Senckenbergworld *und weiteren Forschungsinstituten zu einer Tiefseeexpedition auf – und wir nehmen euch mit, zumindest virtuell!... Folgt uns um keine Updates von Board zu verpassen!“* (17.10.24)

Wissenschafts- und Technikkommunikationen richten sich an eine allgemeine Öffentlichkeit sowie politische Akteure (Weitze und Weingart 2016, S. 5). Die Posts zur Expedition werden vom Forschungsinstitut auf einer populären Plattform veröffentlicht und taggen gleichzeitig die Deutsche Forschungsgemeinschaft („*@dfg_public*"), und das kommentarlos, vermutlich als Geldgeber*in. Diese Adressierungen unterstreichen die gesellschaftliche Bedeutung von Wissenschaft und Technik, die jeweils im Kontext der politischen Systeme zu verstehen ist, in denen sie stattfindet (s. Jungert 2026 sowie Roth und Laut-Berger 2026 in diesem Band). Wissenschaftliches bzw. Expert*innenwissen stellt eine wichtige Grundlage moderner Gesellschaften und ihrer Institutionen dar, insbesondere in ihrem Verständnis als „Wissensgesellschaft" (Schulz-Schaeffer und Böschen 2003). Mit diesem werden – stark heruntergebrochen und in seiner Angemessenheit auch nicht unumstritten – intensivierte Verschränkungen zwischen Anwendung, Wirtschaft, Politik und Wissenschaft beschrieben. Klassischerweise ist hierin auch Journalismus zu Wissenschaft und Technik zu verorten (Dunwoody 1980), der u.a. auf Bilder zurückgreift. In der Technikkommunikation spielen aber auch privatwirtschaftliche Akteure und damit Marketing und Imagepflege eine wichtige Rolle, wie jüngst wieder im Aufleben von „Künstlicher Intelligenz" und dem gesellschaftlichen Diskurs darüber erkennbar (Dickel 2022; Prietl 2021).[4] Bilder sind Teil der diskursiven Aushandlungen über gesellschaftliche Vorstellungen von Wissenschaft und Technik – und damit verbundene auch Möglichkeiten ihrer Monetarisierung.

Das ist keine Einbahnstraße, in die Produktion der öffentlichen Darstellungen von Technik und Wissenschaft fließen auch Vorstellungen über die adressierte Gesellschaft ein, wie z.B. über Publikumsforschung in der Werbeproduktion (Hennion und Meadel 2013). Die Möglichkeiten zum Monitoring der Rezipient*innen und Herstellung von Publika haben sich durch digitale Technologien und Datenübertragung stark erweitert (Espeland und Sauder 2007). Es greift zu kurz, Wissenschaftskommunikation als externes „Instrument" zu begreifen: Technische und wissenschaftliche Wissensproduktion findet nicht jenseits von Gesellschaft statt, und ihre Verschränkungen mit Medien sind auch kein neues (Internet-)Phänomen (Lewenstein 1995).

Darstellungen von Wissenschaft und Technik werden durch Medientechnologien unterstützt. Wissenschaftskommunikation findet heute vermehrt online statt, Bilder nehmen darin eine wichtige Rolle ein (Schäfer et al. 2015). Bilder, die

4 Die Darstellung von technischem Wissen und Praxis geht darüber hinaus. Zu nennen wären hier z.B. Messen oder Bedienungsanleitungen. Und auch in der Wissenschaft finden sich ‚Bilder von Technik', wie beispielsweise die Darstellung des Computers in der Soziologie (Joerges, 1990).

in Wissenschaft und Technik produziert werden, werden zur Kommunikation genutzt: Grafiken aus Veröffentlichungen werden in Zeitschriftenartikeln oder Social-Media-Posts geteilt. Sie werden hierfür aber oft angepasst: Von der Forschungsexpedition wird z.B. ein annotierter Zusammenschnitt von ausgewählten OFOS-Aufzeichnungen geteilt. Er dokumentiert die Senkung des Systems, und die einige Sekunden an Aufnahmen vom Tiefseeboden: „*We have reached a total depth of 5690 meter*" (31.10.24). Ebenso finden sich Bilder, die (anscheinend extra) für die öffentliche Kommunikation hergestellt werden, wie Fotos, die Tätigkeiten auf dem Schiff dokumentieren. In den Darstellungen werden folglich nicht nur wissenschaftliche Ergebnisse geteilt, sondern auch „unsichtbare Arbeit" (Star und Strauss 1999), d.h. Methoden und Arbeitsschritte, die sonst nicht öffentlich sind. Bspw. zeigen zwei Videos das stundenlange Teamwork, das beim Heben und Stabilisieren eines Kastengreifers notwendig ist: „*ein Gerät, das – ähnlich wie beim Plätzchenausstechen – Proben aus dem Boden der Tiefsee ausgräbt.*" (03.11.24); oder ein Video eines Fehlversuchs der Bodenprobenname, der untertitelt war mit „*malfunctions happen – but are particularly frustrating at 3 a.m.*" (17.11.24). In dieser Kommunikation vermischen sich teils dokumentarische Bilder (s.u.) mit ästhetisierenden bis fiktionalisierenden Darstellungen, beispielsweise wird nicht nur ein Fotocredit, sondern auch die Quelle für den „*sound effect*" eines Posts (06.11.24) angegeben. Es wird potentiell nicht nur Wissen vermittelt, sondern gleichzeitig Aufmerksamkeit oder Interesse erzeugt (Weingart 2022).

Online können Nicht-Wissenschaftler*innen die Bilder teilen, liken oder kommentieren. Die Verwendung von Bildern baut dabei auf die „visual literacy" der Rezipient*innen (Trumbo 1999), die nicht einheitlich ist – und sich weiterentwickelt. Diese sind aber nicht nur Adressat*innen oder Kommentator*innen dieser Darstellungen. Bilder sind auch für die Partizipation von Nicht-Wissenschaftler*innen im Sinne von Citizen Science wichtig (Collins et al. 2010; Dickel und Franzen 2015; Strasser et al. 2018), z.B. als „Grenzobjekt" (Star und Griesemer 1989) in Kooperationen zwischen verschiedenen sozialen Welten. Sie nehmen damit Anteil an der weitergehenden Verhandlung um die gesellschaftliche Rolle von Expertise und Expert*innen, wie beispielsweise in der Diskussion um die Klimakrise erkennbar. Hier werden Bilder genutzt, um den Klimawandel öffentlich zu belegen (Powalla 2013) oder zu bestreiten (Schneider et al. 2014). Die öffentliche Kommunikation ermöglicht auch Reflexion und (Macht-)Kritik an Wissenschaft und Technik und ihren Akteur*innen, wie in Form von politischen Protestaktionen oder künstlerischen Werken. Letztere leiten über zum zweiten Abschnitt zu Bildern über Wissenschaft und Technik, in dem *populäre Bilder* besprochen werden.

Populäre Bilder: Wissenschaft und Technik in Film, Fernsehen und Online

Wissenschaft und Technik werden auch in populären Medien dargestellt, die sich durch unterschiedliche Formate und verschiedene Produktions- und Rezeptionskontexte auszeichnen. Dazu zählen neben den zur Darstellung der METEOR-Expedition bereits aufgeführten Social-Media-Beiträgen andere Online-Formate sowie Zeitungen und Zeitschriften, Film und Fernsehen. In diesen populären Medien materialisieren sich gesellschaftliche Vorstellungen von Wissenschaft und Technik. In erfolgreichen Hollywood-Filmen wie *Jurassic World* (2015), *Black Panther* (2018) und *Avatar* (2009) und US-Serien wie *The Big Bang Theorie* (2007–2019) oder *House* (2005–2012) ist Wissenschaft zentral gesetzt (Kirby und Ockert 2021, S. 77). Und auch Technik ist in verschiedenen Genres – nicht nur Science-Fiction – relevant, wie etwa *Her* (2013), *Ex. Machina* (2014) oder der *Terminator*-Reihe (1984 1991, 2003, 2015, 2019) zeigen. Ebenso stellen Online-Videos unterschiedlicher Art, wie z.B. Musikvideos (Allgaier 2013), Wissenschaft und Technik dar. Solche populären „imaginaries" sind wichtiger Gegenstand der Wissenschafts- und Technikforschung (Fujimura 2003; vgl. McNeil et al. 2017; Perrotta 2012; Verran 1998), auch weil in ihnen soziotechnische Zukünfte vorgestellt werden (Burri 2018).[5] So wurde etwa die Darstellung von Geschlecht von Wissenschaftler*innen in Filmen (Flicker 2007) und in Kinderbüchern (Caldwell und Wilbraham 2018) untersucht.

Online finden sich auch Dokumentarfilme über andere Expeditionen der Meteor von 2004[6] und 2020, letztere erklärt nicht nur die Forschung, sondern visualisiert die Tiefsee in beeindruckenden Bildern als Forschungsgegenstand.[7] Auch wenn die Unterscheidung zwischen dokumentarischen und fiktionalen Formaten in der populären Darstellung von Wissenschaft und Technik wichtig ist, sollte sie jedoch nicht einfach vorausgesetzt werden. Denn nicht nur gibt es mittlerweile zahlreiche Formate ‚dazwischen', sondern auch, weil eben genau die Herstellung der Unterscheidung des ‚Dokumentarischen' und ‚Fiktionalen' (Heinze 2013) interessant sein kann für das Verständnis der gesellschaftlichen Vorstellungen über Wissenschaft und Technik. Allerdings zeigen sich bei diesen Medienanalysen nicht nur verschiedene Wissenschafts- und Technikbilder, auch ihr Status in den gesell-

---

5 Dies schließt an das weitergehende Interesse in der Wissenschafts- und Technikforschung an der Herstellung von Prognosen und Erwartungen an (Brown and Michael, 2003).

6 https://www.senatspressestelle.bremen.de/pressemitteilungen/tauchtiefe-1–000-ndr-film-dokumentiert-meteor-expedition-17408 (Letzter Zugriff: 08.11.2024)

7 „M166 – The Changing Currents Of The North Atlantic", https://vimeo.com/602410139 (Letzter Zugriff: 08.11.2024)

schaftlichen Vorstellungen über Wissenschaft und Technik ist nicht ganz eindeutig. Hier können neben Medien- auch Rezeptionsanalysen relevant sein, in denen die Deutungen des Publikums nachvollzogen werden (Bucher et al. 2022).

Dabei waren Wissenschaft und Technikentwicklung andersherum von deren Beginn an ein konstitutiver Teil von Kino und Filmproduktion (Gouyon 2016) und sind es noch, insbesondere hinsichtlich der weltweiten Verbreitung von digitaler Technologie, wie beispielsweise für „Nollywood", sprich Filmproduktionen in Nigeria, beschrieben wird (Obiaya 2021). Ähnliches lässt sich breiter über mediale Darstellungen aussagen, auch hier handelt es sich vermehrt um technische Bilder, die an Entwicklungen in Wissenschaft und Technik gebunden sind. Hierzu zählen neben Technik (wie automatisierte Bildproduktion per AI) auch Infrastrukturen (wie Stromnetze, Internetverbindungen, Datenbanken, etc.). Produktionsstudien geben Einblicke in diese soziotechnische Herstellung populärer Bildmedien (Trischler 2021). Wie im obigen Fall der Wissenschafts- und Technikkommunikation sind neue Formen der gesellschaftlichen Partizipation an der Herstellung populärer Bilder im Kontext von Online-Technologien zu beobachten.

Abschließend sei auf die übliche Fokussierung auf Westliche Medien in der Erforschung populärer Darstellungen von Wissenschaft und Technik hingewiesen. Darin setzt sich in postkolonialem Gewandt auch der historische Beitrag des Kinos und anderer populärer Medien zu Kolonialisierungen fort, auf den jüngst beispielsweise im Hinblick auf Filmarchive (Hediger et al. 2021) verwiesen wurde. Es gibt unterschiedliche Bestrebungen, Empirie und Theoriebildung in der Wissenschafts- und Technikforschung zu dekolonialisieren, auch aus feministischer Sicht (Anderson 2002; Harding 2011).[8]

Visuelle Methoden in Wissenschafts- und Technikforschung

Bilder nehmen wichtige und unterschiedliche Rollen in Wissenschaft und Technik und deren öffentlichen Kommunikation und populären Darstellungen ein. Davon lassen sich gemäß der Gegenstandsangemessenheit soziologischer Forschung (Garfinkel und Wieder 1992; Strübing et al. 2018) zwei grundsätzliche Prämissen für Datenproduktion und -analyse in der Wissenschafts- und Technikforschung ableiten: Bilder sollten erstens in die Studien integriert werden, und zweitens im Kon-

8 Zu Verbindungen zu post- und dekolonialer Kritik an Datafizierung und Technikforschung siehe Couldry and Mejias (2023).

text ihrer Herstellungen und Verwendungen. Dies kann je nach Fragestellung und Erkenntnisinteresse durch unterschiedliche Methoden und Daten erfolgen, von denen nachfolgend die wichtigsten kurz genannt werden.

Denn auch in der sozialwissenschaftlichen Erforschung von Wissenschaft und Technik nehmen Bildmedien bzw. bildgegebene Verfahren mittlerweile eine wichtige Rolle ein. Das Feld ist damit treibende Kraft in einem interdisziplinären Trend, oder „visual turn", in dem in verschiedenen kultur- und sozialwissenschaftlichen Forschungsfeldern visuelle Gegenstände untersucht werden und visuelle Methoden zum Einsatz kommen (Pauwels und Mannay 2019). Die Besprechung der *methodischen Werkzeuge* ist nicht nur als forschungspraktischer Hinweis zu sehen, sondern auch als analytische Reflexion: Es zeigen sich Verbindungen zwischen der Nutzung von Bildern in natur-, technik- und sozialwissenschaftlichen Forschungen.

Interpretierte Bilder: Ethnografien, natürliche Daten und Aufzeichnungen

Um die Nutzung von Bildern in Wissenschaft und Technik zu erforschen, eignet sich im Sinne der klassischen „Lab Studies" (Latour und Woolgar 1986) besonders ethnografische Forschung. Dies kann je nach Forschungsinteresse ortsbezogen erfolgen, in unserem Beispiel auf dem Schiff oder einer Meeresforschungsstation (Bogusz 2025), „multi-sited" zwischen verschiedenen Organisationen (Marcus 1995) wie dem Schiff und anderen beteiligten Laboren – und/oder online (Hine 2016), wie es für diesen Beitrag erfolgt ist.

Dabei können verschiedene Daten erhoben werden, die selbst nicht (nur) visuell sein müssen: Erstens können *Bilder als Daten* genutzt werden, die durch das Forschungsfeld selbst hergestellt werden und damit als ‚natürliche Daten' verstanden werden. Dabei ist deren Auswahl entscheidend, die an der Forschungsfrage ausgerichtet wird: Bezieht man etwa alle Bilder ein, die in den Posts veröffentlicht werden, oder nur bestimmte? Wenn man sich beispielsweise für die Auswahlprozesse der Wissenschaftskommunikation interessiert, wäre es wichtig, auch solche Bilder als Daten zu integrieren, die nicht veröffentlicht sind, aber ggf. vor Ort aufgefunden werden können. Zweitens kann auch *der Bildgebrauch* erforscht werden, indem etwa (nicht-visuelle) ethnografische Beschreibungen oder auch Interviews genutzt werden, in denen Bildpraktiken dargelegt wird. Dies würde im vorliegenden Fall (hier nicht verwendete) Beschreibungen der Ethnografin zur eigenen Erfahrung der Social-Media-Posts und ihrer Kommentare umfassen. Drittens können auch *bildgebende Verfahren durch Forscher*innen* genutzt werden, um per Video- oder Audioaufzeichnung Daten zu erheben, zum Beispiel auf dem Schiff. Beispielsweise kam Videoforschung in der Astrophysik (Brooker et al. 2019) und OP-Sälen (Hindmarsh und Heath 2007) zum Einsatz.[9] Hierbei stellen sich u.a. Fragen zum angemessenen Zeitpunkt, zur Perspektive, und Bewegung der Aufzeichnungen, die sich, wie beispielsweise im Fall von bildschirmbasierten Situationen (Motowidlo und Trischler 2018), nicht nur an den menschlichen Beteiligten, sondern auch an der verwendeten Technik ausrichten.

Auch jenseits ethnografischer Forschung können Filme, Online-Videos und Fotografien als Daten über Wissenschaft und Technik genutzt werden. Um dem Prinzip der Situiertheit Rechnung zu tragen, ist hierbei insbesondere die Auswahl der Bilder bzw. Filme im Sampling entscheidend, die hierbei nicht durch die Beobachtung der Praxis im Forschungsfeld geleitet wird. Ein Beispiel hierfür wären diskursanalytische Verfahren, in denen anhand von öffentlichen Dokumenten (wie Zeitungsartikeln) analysiert wird, wie bestimmte Themen gesellschaftlich verhandelt werden. Diese Forschungen können durch das Konzept der „Viskurse“ ergänzt werden, wonach wissenschaftliche Diskurse nicht (nur) sprachlich, sondern visuell geordnet sind (Knorr Cetina 2001). Heutzutage erfolgt Diskursanalyse vermehrt online (Gredel 2022). Hier wäre je nach Forschungsinteresse zu entscheiden, in welchem Verhältnis die Posts zur Forschungsexpedition zu anderen Posts des Museums stehen, ob auch die Posts der Accounts der beteiligten Forscher*innen einbezogen werden und welche anderen Beiträge relevant sind für das Verständnis der Darstellung dieser Forschungsexpedition – bzw. vergleichend zu anderen Darstellungen von Expeditionen bzw. wissenschaftlichen Forschungen generell. Auch in anderen Forschungsmethoden, wie Interviews, können Bilder genutzt werden. So können Interviewten, wie an der Expedition beteiligten Forscher*innen, in qualitativen Einzel- oder Gruppeninterviews Bilder vorgelegt werden, um über die „Foto- oder Video-Elization“ (Harper 1986) Informationen, Erinnerungen oder Gefühle zu evozieren. So wie in den Forschungsfeldern eignen sich Bilder hier zu heterogener Kooperation, das heißt zu partizipativen Ansätzen und zum Austausch in interdisziplinären Teams der Wissenschafts- und Technikforschung.

Sowohl die Bilder, die Forscher*innen herstellen, als auch solche, die ihren Forschungsfeldern entstammen, werden spezialisierten visuellen Analysen unterzogen – wie bspw. der ethnomethodologischen Videoanalyse (Sormani et al. 2017) –, oder je nach Forschungsausrichtung in eine allgemeinere Interpretation oder Codierung eines heterogenen Datenkorpus integriert (Scheffer und Trischler 2023). In all diesen Datenerhebungen ist der materiell semiotische Gehalt der Bilddaten hervorzuheben, der durch die Datenproduktion weitere Übersetzungen erfährt. Aufzeich-

9 Die Aufzeichnung von Praktiken ist insbesondere in der ethnomethodologischen Tradition verbreitet, mit der der sequentielle Verlauf von Interaktion minutiös nachvollzogen werden kann (Sormani et al., 2017).

nungen können dies – aufgrund ihres technischen Realismus – leicht verschleiern: Sowohl wann, wen oder was und wo man aufzeichnet als auch mit welchem (technischen) Equipment, beeinflusst das Datenmaterial und damit die sozialwissenschaftliche Wissensproduktion. Im Fall von Forschungsaufzeichnungen verändert die Anwesenheit von Forschungstechnik die Erhebungssituation und die technische Datenerhebung hat Einfluss auf die Daten, sei es über Bildauflösung oder Speicherkapazitäten. Es lässt sich festhalten: Die visuellen Methoden der Wissenschafts- und Technikforschung sind weder unabhängig von ihren Gegenständen in Wissenschaft und Technik, noch von den verfügbaren und genutzten technischen Bildaufzeichnungsverfahren.[10]

Präsentierte Bilder: Digitale Methoden und Datenvisualisierungen

Bilder werden nicht nur während der Forschung als Daten genutzt, sondern spielen auch in der Präsentation ihrer Ergebnisse eine Rolle. Zu den soziologischen Methoden der visuellen Repräsentation (Pauwels 2023) in Veröffentlichungen zählen anonymisierte Datenausschnitte, Grafiken – wie beispielsweise Darstellungen des Netzwerks in der Soziologie (Schlechtriemen 2014) –, inklusive des soziologischen Films (Miko 2013) sowie der Austausch mit Designer*innen und künstlerischen Methoden (Salter, Burri, und Dumit 2016).

Die Wissenschafts- und Technikforschung sieht sich durch die fortlaufende Digitalisierung nicht nur mit veränderten und neuen Forschungsobjekten konfrontiert, sondern hat selbst neue Forschungsmethoden entwickelt (Vertesi und Ribes 2019), die automatisierte Formen der Datengewinnung und -auswertung zur qualitativen Analyse nutzen. Mit „Digital Methods“ (Rogers 2013) können beispielsweise Online-Bilder automatisiert gesampelt werden. Dabei nehmen Datenvisualisierungen eine wichtige Rolle ein, sowohl in den Forschungsfeldern als auch zur Forschung (Marres und Gerlitz 2016). Dabei zeigt sich das kooperative Potential von Bildern (s.o.) für die interdisziplinäre Arbeit von Wissenschafts- und Technikforscher*innen, die aus den Computer-, Sozial- und Geisteswissenschaften ebenso wie aus der Praxis kommen (Moats 2021). Die Verbreitung solcher Datenvisualisierungen verweist einerseits auf den notwendigen Umgang mit „Big Data“, d.h. die Unmengen an Daten, die für die Forschung genutzt werden kann. Andererseits

10 So hat die Entwicklung des bezahlbaren und mobilen Audioaufnahmegeräts zu neuen Methoden der Sozialforschung beigetragen, wie der Konversationsanalyse (Bergmann, 1985). Ähnliches lässt sich zu Videokameras sagen.

zeigen sie aber auch die anhaltende epistemische Macht von Bildern innerhalb der Wissenschafts- und Technikforschung auf, die mit Vorsicht zu genießen ist. Wie welche Daten ausgewählt und visualisiert werden, benötigt methodische wie methodologische Reflexion und Kritik.

Weiterführende Lektüre

Burri, R.V., 2008. Doing Images: zur Praxis medizinischer Bilder. transcript, Bielefeld.

Carusi, A., Hoel, A.S., Webmoor, T., Woolgar, S. (Hrsg.), 2014. Visualization in the Age of Computerization. Routledge, New York and London.

Latour, B., 2006 [1986]. Drawing Things Together: Die Macht der unveränderlich mobilen Elemente. In A. Belliger, D. Krieger (Hrsg.). ANThology. Ein einführendes Handbuch zur Akteur-Netzwerk-Theorie. Transcript, Bielefeld, 259–308.

Coopmans, C., Vertesi, J., Lynch, M.E., Woolgar, S. (Hrsg.),2014. Representation in Scientific Practice Revisited. MIT Press.

Literatur

Akrich, M., 2006. Die De-Skription technischer Objeckte. S. 407–428, in: Belliger, A., Krieger, D.J. (Hrsg.), ANThology: ein einführendes Handbuch zur Akteur-Netzwerk-Theorie. Bielefeld: transcript.

Allgaier, J., 2013. On the Shoulders of YouTube: Science in Music Videos. Sci. Commun. 35: 266–275.

Amann, K., Knorr Cetina, K., 1988. The fixation of (visual) evidence. Hum. Stud. 11 (2): 133–169.

Anderson, W., 2002. Introduction: Postcolonial Technoscience. Soc. Stud. Sci. 32: 643–658.

Arnaldi, S., Crabu, S., Viteritti, A., 2024. Bodies and Technoscience. Practices, Imaginaries and Materiality. EUT Edizioni Università di Trieste, Trieste.

Barad, K., 2003. Posthumanist Performativity: Toward an Understanding of How Matter Comes to Matter. J. Women Cult. Soc. 28: 801–831.

Barla, J., 2026: Materie und Materialität in der Wissenschafts- und Technikforschung. S. 253–268 in: A. K. Krüger, J.-F. Schrape, C. Schubert und J. Schubert (Hrsg.), Wissenschafts- und Technikforschung. Sozialwissenschaftliche Einführungen. Berlin: de Gruyter.

Beaufaÿs, S., 2003. Wie werden Wissenschaftler gemacht? Beobachtungen zur wechselseitigen Konstitution von Geschlecht und Wissenschaft, Sozialtheorie. Bielefeld: transcript.

Beaulieu, A., 2002. Images Are Not the (Only) Truth: Brain Mapping, Visual Knowledge, and Iconoclasm. Sci. Technol. Hum. Values 27: 53–86.

Beck, G., 2014. Sichtbare Soziologie: Visualisierung und soziologische Wissenschaftskommunikation in der Zweiten Moderne. Bielefeld: transcript.

Bergmann, J.R., 1985. Flüchtigkeit und methodische Fixierung sozialer Wirklichkeit. Entzauberte Wiss. Zur Relativierung Geltung Soziol. Forsch. Sonderband 3 Z. Soz. Welt 299–320.

Bogusz, T. 2025. Valuating Marine Knowledge: Heterogeneous Collaborations at the Concarneau Marine Station. *History and Philosophy of the Life Sciences* 47 (3): 1–30.

Brooker, P., Sharrock, W., Greiffenhagen, C. 2019. Programming Visuals, Visualising Programs. *S& TSt* 32 (1): 21–42
Brown, N., Michael, M., 2003. A Sociology of Expectations: Retrospecting Prospects and Prospecting Retrospects. Technol. Anal. Strateg. Manag. 15: 3–18.
Browne, S., 2010. Digital Epidermalization: Race, Identity and Biometrics. Crit. Sociol. 36: 131–150.
Bucher, H.-J., Boy, B., Christ, K., 2022. Audiovisuelle Wissenschaftskommunikation auf YouTube: Eine Rezeptionsstudie zur Vermittlungsleistung von Wissenschaftsvideos. Wiesbaden: Springer Fachmedien.
Burri, R.V., 2018. Envisioning futures: imagining technoscientific worlds in film. Eur. J. Futur. Res. 6: 17.
Burri, R.V., 2008. Doing Images: zur Praxis medizinischer Bilder. Bielefeld: transcript.
Burri, R.V., Carusi, A., Aspradaki, A.A., 2014. Visualising Bodies Within and Beyond Laboratories and Clinics. Tecnoscienza Ital. J. Sci. Technol. Stud. 5: 165–189.
Burri, R.V., Dumit, J., 2008. Social Studies of Scientific Imaging and Visualization. S. 297–317 in: Hackett, E.J., Amsterdamska, O., Lynch, M.E., Wajcman, J. (Hrsg.): Handb. Sci. Technol. Stud. Cambridge, M.A.: MIT Press.
Burri, R.V., Schubert, C., Strübing, J., 2011. Introduction: The Five Senses of Science. Making Sense of Senses. Sci. Technol. Innov. Stud. 7: 3–7.
Caldwell, E.F., Wilbraham, S.J., 2018. Hairdressing in space: Depiction of gender in science books for children. J. Sci. Amp Pop. Cult. 1(2): 101–118.
Callon, M., 2009. Elaborating the notion of performativity. Libellio AEGIS 5, 18–29.
Cartwright, L., 1995. Screening the body: tracing medicine's visual culture. Minneapolis, London: University of Minnesota Press.
Carusi, A., 2011. Computational Biology and the Limits of Shared Vision. Perspect. Sci. 19: 300–336.
Carusi, A., 2008. Scientific visualisations and aesthetic grounds for trust. Ethics Inf. Technol. 10, 243–254.
Carusi, A., Hoel, A.S., Webmoor, T., Woolgar, S. (Hrsg.), 2014. Visualization in the Age of Computerization. New York and London: Routledge.
Clarke, A.E., Fujimura, J.H. (Hrsg.), 1992. The Right Tools for the Job: At Work in Twentieth-Century Life Sciences. Princeton: Princeton University Press.
Collins, H., Weinel, M., Evans, R., 2010. The politics and policy of the Third Wave: new technologies and society. Crit. Policy Stud. 4: 185–201.
Cooper, R., Law, J., 2015. Organization: Distal and Proximal Views, in: For Robert Cooper. New York: Routledge, S. 199–235.
Coopmans, C., Vertesi, J., Lynch, M.E., Woolgar, S., 2014. Representation in Scientific Practice Revisited. Cambridge, M.A.: MIT Press.
Couldry, N., Mejias, U.A., 2023. The decolonial turn in data and technology research: what is at stake and where is it heading? Inf. Commun. Soc. 26: 786–802.
Daston, L., Galison, P., 1992. The Image of Objectivity. Representations 40: 81–128.
Dickel, S., 2022. Die Imagination der Kommunikation. ZfK 16: 143–160.
Dickel, S., Franzen, M., 2015. Digitale Inklusion: Zur sozialen Öffnung des Wissenschaftssystems. Zeitschrift für Soziologie 44: 330–347.
Dumit, J., 2021. Picturing Personhood: Brain Scans and Biomedical Identity. Princeton: Princeton Univ. Press.
Dunwoody, S., 1980. The science writing inner club: A communication link between science and the lay public. Sci. Technol. Hum. Values 5: 14–22.
Espeland, W.N., Sauder, M., 2007. Rankings and Reactivity: How Public Measures Recreate Social Worlds. Am. J. Sociol. 113: 1–40.

Ewenstein, B., Whyte, J., 2010. Wissenspraktiken im Design. Die Rolle visueller Repräsentationen als „epistemische Objekte," S. 47–80 in: Mareis, C., Joost, G., Kimpel, K. (Hrsg.), Produzieren, Entwerfen, Wissen. Bielefeld: transcript.

Flicker, E., 2007. Women Scientists in Mainstream film: Social Role Models – A Contribution to the Public Understanding of Science from the Perspective of Film Sociology. S. 241–256, in Weingart, P., Huppauf, B.: Science Images and Popular Images of the Sciences. New York: Routledge.

Fujimura, J.H., 2003. Future Imaginaries: Genome Scientists as Sociological Entrepreneurs. S. 176–99 in: Goodman, A.H., Heath, D., Lindee, M.S. (Hrsg.), Genetic Nature/Culture: Anthropology and Science beyond the Two-Culture Divide. Berkeley: University of California Press.

Gabrys, J., Yusoff, K., 2012. Arts, Sciences and Climate Change: Practices and Politics at the Threshold. Sci. Cult. 21 (1): 1–24.

Galison, P., 1996. Computer Simulations and the Trading Zone. S. 119–157 in: Galison, P., Stump, D. (Hrsg.), Disunity Scince. Boundaries, Contexts and Power, Stanford: Stanford University Press.

Garfinkel, H., Wieder, D.L., 1992. Two incommensurable, asymmetrically alternate technologies of social analysis. S. 175–206 in: Watson, G., Seiler, R.M. (Hrsg.), Text in Context: Contributions to Ethnomethodology. Newbury Park: Sage.

Gießmann, S., Röhl, T., Trischler, R. (Hrsg.), 2019. Materialität der Kooperation. Wiesbaden: Springer Fachmedien.

Goodwin, C., 1994. Professional Vision. Am. Anthropol. 19: 441–447.

Gouyon, J.-B., 2016. Science and film-making. Public Underst. Sci. 25: 17–30.

Gredel, E., 2022. Diskurse – digital: Theorien, Methoden, Anwendungen. Berlin/Boston: de Gruyter.

Halpern, M.K., Rogers, H.S., 2021. Art-Science collaborations, complexities and challenges. S. 214–237 in: Trench, B., Bucchi, M. (Hrsg.), Routledge Handbook of Public Communication of Science and Technology: 3. Ausgabe. Milton Park, Abingdon, Oxon; New York, NY: Routledge.

Haraway, D., 1988. Situated Knowledges: The Science Question in Feminism and the Privilege of Partial Perspective. Fem. Stud. 14: 575–599.

Harding, S., 2011. The Postcolonial Science and Technology Studies Reader. Durham: Duke University Press.

Harper, D., 1986. Meaning and Work: A Study in Photo Elicitation. Curr. Sociol. 34: 24–46.

Hediger, V., Cheeka, D., Campanini, S., 2021. Reconfiguring the Audiovisual Heritage: Lessons from Nigeria. Mov. Image 21: 55–76.

Heinze, C., 2013. „Die Errettung der äußeren Wirklichkeit"? – Die Wirklichkeit der Realität in dokumentar(film)ischen Bildformaten. S. 303–322 in: Lucht, P., Schmidt, L.-M., Tuma, R. (Hrsg.), Visuelles Wissen und Bilder des Sozialen. Wiesbaden: Springer VS.

Henderson, K., 1991. Flexible Sketches and Inflexible Data Bases: Visual Communication, Conscription Devices, and Boundary Objects in Design Engineering. Sci. Technol. Hum. Values 16: 448–473.

Hennion, A., Meadel, C., 2013. In den Laboratorien des Begehrens: Die Arbeit der Werbeleute. S. 341–37, in: Thielmann, T., Schüttpelz, E. (Hrsg.), Akteur-Medien-Theorie. Bielefeld: transcript.

Heßler, M., 2006. Konstruierte Sichtbarkeiten: Wissenschafts- und Technikbilder seit der frühen Neuzeit. München: Wilhelm Fink.

Hindmarsh, J., Heath, C., 2007. Video-Based Studies of Work Practice. Sociol. Compass 1: 156–173.

Hine, C., 2016. From Virtual Ethnography to the embedded, embodies, everyday internet. S. 21–28 in: Hjorth, L., Horst, H., Galloway, A., Bell, G. (Hrsg.), The Routledge Companion to Digital Ethnography. New York: Routledge.

Hüppauf, B., Weingart, P., 2009. Frosch und Frankenstein: Bilder als Medium der Popularisierung von Wissenschaft. Bielefeld: transcript.

Joerges, B., 1990. Images of Technology in Sociology: Computer as Butterfly and Bat. Technol. Cult. 31: 203–227.

Jones, C.A., Galison, P. (Hrsg.), 2013. Picturing Science, Producing Art. New York: Routledge.

Joyce, K., 2005. Appealing Images: Magnetic Resonance Imaging and the Production of Authoritative Knowledge. Soc. Stud. Sci. 35: 437–462.

Jungert, M., 2026: Wissensproduktion und Wissenschaftskommunikation: Zusammenhänge, Potentiale und Herausforderungen. S. 63–80 in: A. K. Krüger, J.-F. Schrape, C. Schubert und J. Schubert (Hrsg.), Wissenschafts- und Technikforschung. Sozialwissenschaftliche Einführungen. Berlin: de Gruyter.

Kastenhofer, K., 2026: Wissenschaftskulturen. S. 159–180 in: A. K. Krüger, J.-F. Schrape, C. Schubert und J. Schubert (Hrsg.), Wissenschafts- und Technikforschung. Sozialwissenschaftliche Einführungen. Berlin: de Gruyter.

Kirby, I., Ockert, D.A., 2021. Science and technology in film: Themes and representations. S. 77–96 in: M. Bucchi, B. Trench (Hrsg.), Routledge Handbook of Public Communication of Science and Technology. New York: Routledge.

Knorr Cetina, K., 1991. Die Fabrikation von Erkenntnis: Zur Anthropologie der Naturwissenschaft. Suhrkamp, Berlin.

Knorr Cetina, K., 2001. ‚Viskurse' der Physik: Konsensbildung und visuelle Darstellung. S. 304–320 in: Heintz, B., Huber, J. (Hrsg.), Mit dem Auge denken. Strategien der Sichtbarmachung in wissenschaftlichen und virtuellen Welten. Zürich: Ed. Voldemeer.

Knorr-Cetina, K., 1999. Epistemic cultures: how the sciences make knowledge. Cambridge, M.A.: Harvard University Press.

Kropp C. und A. Schreck (2026): Soziotechnische Konstellationen und Risiken der Automatisierung. S. 285–303 in: A. K. Krüger, J.-F. Schrape, C. Schubert und J. Schubert (Hrsg.), Wissenschafts- und Technikforschung. Sozialwissenschaftliche Einführungen. Berlin: de Gruyter.

Krüger, A.K., Hesselmann, F., 2020. Sichtbarkeit und Bewertung. Z. Für Soziol. 49: 145–163.

Landecker, H., 2006. Microcinematography and the History of Science and Film. Isis 97: 121–132.

Latour, B., 2006 [1986]. Drawing Things Together: Die Macht der unveränderlich mobilen Elemente. S. 259–308 in: A. Belliger, D. Krieger (Hrsg.), ANThology. Ein einführendes Handbuch zur Akteur-Netzwerk-Theorie, Bielefeld: transcript.

Latour, B., Woolgar, S., 1986. Laboratory Life. The Construction of Scientific Facts. Princeton: Princeton University Press.

Lave, J., Wenger, E., 1991. Situated Learning: Legitimate Peripheral Participation. Cambridge: Cambridge University Press.

Law, J., 2002. Aircraft Stories: Decentering the Object in Technoscience. Durham: Duke University.

Law, J., Mol, A., 1995. Notes on Materiality and Sociality. Sociol. Rev. 43: 274–294.

Lettkemann, E., 2013. Die Beobachter des Beobachtungsinstruments: Elektronenmikroskopische Laborarbeit vor und nach der digitalen Revolution. S. 193–212 in: Lucht, P., Schmidt, L.-M., Tuma, R. (Hrsg.), Visuelles Wissen und Bilder des Sozialen. Wiesbaden: Springer VS.

Lewenstein, B.V., 1995. From Fax to Facts: Communication in the Cold Fusion Saga. Soc. Stud. Sci. 25: 403–436.

Lucht, P., Schmidt, L.-M., Tuma, R. (Hrsg.), 2013. Visuelles Wissen und Bilder des Sozialen: Aktuelle Entwicklungen in der Soziologie des Visuellen. Wiesbaden: Springer VS.

Lynch, M., 1998. The Production of Scientific Images. Vision and Re-Vision, Philosophy and Sociology of Science. Commun. Cogn. Interdiscip. Q. J,: 213–228.

Lynch, M., 1988. The Externalized Retina: Selection and Mathematization in the Visual Documentation of Objects in the Life Sciences. Hum. Stud. 11: 201–234.

Lynch, M., Woolgar, S., 1988. Introduction: Sociological Orientations to Representational Practice in Science. Hum. Stud. 11, 99–116.
Lynch, M., Woolgar, S. (Hrsg.), 1990. Representation in Scientific Practice. Cambridge, MA: MIT Press.
Marcus, G.E., 1995. Ethnography in/of the World System: The Emergence of Multi-Sited Ethnography. Annu. Rev. Anthropol. 24: 95–117.
Marres, N., Gerlitz, C., 2016. Interface Methods: Renegotiating Relations between Digital Social Research, STS and Sociology. Sociol. Rev. 64: 21–46.
McNeil, M., Arribas-Ayllon, M., Haran, J., Mackenzie, A., Tutton, R., 2017. Conceptualizing imaginaries of science, technology and society. S. 435–64 in: Felt, U., Fouche, R., Miller, C.A., Smith-Doerr, L. (Hrsg.), The handbook of science and technology studies. Cambridge, MA: MIT Press.
Mersch, D., 2009. Wissen in Bildern. Zur visuellen Epistemik in Naturwissenschaft und Mathematik. S. 107–134 in: Hüppauf, B., Weingart, P. (Hrsg.), Frosch und Frankenstein – Bilder als Medium der Popularisierung von Wissenschaft. Bielefeld: transcript.
Miko, K., 2013. Visuelles „Nosing Around“: Zur theoretischen Fundierung visualisierter Wissenschaftskommunikation. Soz. Welt 64: 153–170.
Moats, D., 2021. Rethinking the 'Great Divide': Approaching Interdisciplinary Collaborations around Digital Data with Humour and Irony. Sci. Technol. Stud. 34: 19–42.
Moser, I., 2006. Disability and the promises of technology: Technology, subjectivity and embodiment within an order of the normal. Inf. Commun. Soc. 9: 373–395.
Motowidlo, J., Trischler, R., 2018. Face to Screen: Eine techniksoziologische Betrachtung videographischer Forschungspraxis in bildschirmbasierten Situationen, S. 279–302 in: Moritz, C., Corsten, M. (Hrsg.), Handbuch Qualitative Videoanalyse. Wiesbaden: Springer VS.
Obiaya, I., 2021. Technological determinism and the evolution of Nollywood. S. 183–93 in: Mutsvairo, B., Ekeanyanwu, N.T. (Hrsg.), Media and Communication in Nigeria. London: Routledge.
Pauwels, L., 2023. Validating visuals: a socio-semiotic instrument for an informed production and use of visual representations. Soc. Semiot. 33: 426–445.
Pauwels, L., 2006. Visual Cultures of Science: Rethinking Representational Practices in Knowledge Building and Science Communication. Hanover, NH: UPNE.
Pauwels, L., Mannay, D. (Hrsg.), 2019. The SAGE Handbook of Visual Research Methods. Second Edition. Thousand Oaks: Sage.
Perrotta, M., 2012. The Study of Technoscientific Imaging in STS. Tecnoscienza – Ital. J. Sci. Technol. Stud. 3: 163–176.
Pickering, A. (Hrsg.), 1992. Science as Practice and Culture. Chicago: University of Chicago Press.
Powalla, O., 2013. Gefährlichen Klimawandel sehen – Zirkulation und Differenz in einer kollektiven Welt. S. 355–70 in: Lucht, P., Schmidt, L.-M., Tuma, R. (Hrsg.), Visuelles Wissen und Bilder des Sozialen. Wiesbaden: Springer Fachmedien.
Prietl, B., 2021. Warum Ethikstandards nicht alles sind: zu den herrschaftskonservierenden Effekten aktueller Digitalisierungskritik. Behemoth 14 (2): 19–30.
Rammert, W., 2016. Technik – Handeln – Wissen. Zu einer pragmatistischen Technik- und Sozialtheorie, 2. Auflage. Wiesbaden: Springer VS.
Rogers, R., 2013. Digital Methods. Cambridge, M.A.: MIT Press.
Roßler, G., 2019. Haben Bilder Handlungsmacht? Ein Beitrag zur Agency-Debatte anhand von Kunstwerken und Bildakten. S. 259–88 in: Schubert, C., Schulz-Schaeffer, I. (Hrsg.), Berliner Schlüssel zur Techniksoziologie. Wiesbaden: Springer Fachmedien.
Roth, P. und C. Laut-Berger, 2026: Medienvermittelte Kommunikation. S. 305–322 in: A. K. Krüger, J.-F. Schrape, C. Schubert und J. Schubert (Hrsg.), Wissenschafts- und Technikforschung. Sozialwissenschaftliche Einführungen. Berlin: de Gruyter.

Rudolfi, M., Poerting, J., 2020. Infrastructures of Ecological Evidence. Society and Space: www.societyandspace.org/articles/infrastructures-of-ecological-evidence (Letzter Zugriff: 16.04.25).

Salter, C., Burri, R.V., Dumit, J., 2016. Art, Design, and Performance. S. 139–69, in: U. Felt, R. Fouché, C.A. Miller, und L. Smith-Doerr (Hrsg.), The Handbook of Science and Technology Studies, Fourth Edition. Cambridge, M.A.: MIT Press.

Schäfer, M.S., Kristiansen, S., Bonfadelli, H. (Hrsg.), 2015. Wissenschaftskommunikation im Wandel. Köln: Herbert von Halem.

Scheffer, T., Trischler, R., 2023. Trans-sequenzierend codieren. Sozialer Sinn 24: 283–313.

Schneider, B., Nocke, T., Feulner, G., 2014. Twist and Shout: Images and Graphs in Skeptical Climate Media. S. 153–186 in: Schneider, B., Nocke, T. (Hrsg.), Image Politics of Climate Change – Visualizations, Imaginations, Documentations. Bielefeld: transcript.

Schlechtriemen, T., 2014. Bilder des Sozialen: das Netzwerk in der soziologischen Theorie. Paderborn: Wilhelm Fink.

Scholz, S., 2021. Epistemische Bilder: Zur medialen Onto-Epistemologie der Sichtbarmachung. Bielefeld: transcript.

Schulz-Schaeffer, I., Böschen, S., 2003. Wissenschaft in der Wissensgesellschaft: Einleitung. S. 9–23 in: Schulz-Schaeffer, I., Böschen, S. (Hrsg.), Wissenschaft in Der Wissensgesellschaft. Wiesbaden: Westdt. Verlag.

Sconce, J., 2000. Haunted Media: Electronic Presence from Telegraphy to Television. Durham: Duke University Press.

Sormani, P., Alač, M., Bovet, A., Greiffenhagen, C., 2017. Ethnomethodology, Video Analysis, and STS. S. 113–38 in: Felt, U., Fouché, R., Miller, C.A., Smith-Doerr, L. (Hrsg.), The Handbook of Science and Technology Studies. Cambridge, M.A.: MIT Press.

Star, S.L., 1995. The Cultures of Computing. Malden, M.A.: Blackwell Publishers.

Star, S.L., Griesemer, J.R., 1989. Institutional Ecology, `Translations' and Boundary Objects: Amateurs and Professionals in Berkeley's Museum of Vertebrate Zoology, 1907–39. Soc. Stud. Sci. 19: 387–420.

Star, S.L., Strauss, A., 1999. Layers of Silence, Arenas of Voice: The Ecology of Visible and Invisible Work. Comput. Support. Coop. Work CSCW 8: 9–30.

Strasser, B.J., Baudry, J., Mahr, D., Sanchez, G., Tancoigne, E., 2018. "Citizen Science"? Rethinking Science and Public Participation. Sci. Technol. Stud. 32: 52–76.

Strübing, J., Hirschauer, S., Ayaß, R., Krähnke, U., Scheffer, T., 2018. Gütekriterien qualitativer Sozialforschung. Ein Diskussionsanstoß. Zeitschrift für Soziologie 47: 83–100.

Suchman, L.A., 1988. Representing Practice in Cognitive Science. Hum. Stud. 11: 305–325.

Treichler, P.A., Cartwright, L., Penley, C., 1998. The Visible Woman: Imaging Technologies, Gender, and Science. New York: NYU Press.

Trischler, R., 2021. Digitale Materialität: Eine Ethnografie arbeitsteiliger Visual-Effects-Produktion. Bielefeld: transcript.

Trumbo, J., 1999. Visual Literacy and Science Communication. Sci. Commun. 20: 409–425.

Verran, H., 1998. Re-imagining land ownership in Australia. Postcolonial Stud. Cult. Polit. Econ. 1 (2): 237–254.

Vertesi, J., Ribes, D. (Hrsg.), 2019. digitalSTS. A Field Guide for Science & Technology Studies. Princeton: Princeton University Press.

Weingart, P., 2022. Trust or attention? Medialization of science revisited. Public Underst. Sci. 31: 288–296.

Weitze, M.-D., Weingart, P., 2016. Schlüsselideen, Akteure und Formate der Technikkommunikation: Einführung in den Schwerpunkt. TATuP 25: 4–7.

Teil IV: **Digitalität von Wissenschaft und Technik**

Jan-Felix Schrape

Einleitung: Digitalität von Wissenschaft und Technik

Die sich stetig beschleunigende digitale Transformation der Gesellschaft steht spätestens seit der Jahrtausendwende im Blickpunkt öffentlicher und akademischer Debatten. Der Begriff der *Digitalität* bezieht sich dabei nicht nur auf die Umwandlung analoger in digitale Daten und Prozesse, sondern auf sämtliche Wechselwirkungen zwischen Technik, Mensch und Gesellschaft sowie die dadurch entstehenden neuen Lebensrealitäten und lebensweltlichen Praktiken. Es geht also nicht nur um die Entwicklung, Implementierung und gesellschaftliche Aneignung von Digitaltechnik, sondern auch um die langfristigen sozialen und kulturellen Rückwirkungen dieses soziotechnischen Wandels, der zu der Herausbildung neuartiger individueller, kollektiver und organisationaler Handlungsmuster sowie veränderten sozialen Erwartungen, Normen und Wirklichkeitszugängen beigetragen hat.

Das betrifft die Effektivierung und Strukturierung gesellschaftlicher Koordination und Kommunikation durch digitale Plattformen und Software insgesamt, die Automatisierung manueller und kognitiver Leistungen durch intelligente Maschinen bzw. künstliche Intelligenz sowie sich wandelnde sozioökonomische Machtpositionen, soziale Rollenerwartungen und gesellschaftliche Austauschbeziehungen. Das betrifft aber auch die Möglichkeitsräume und Arbeitspraktiken der Wissenschafts- und Technikforschung sowie der Wissenschaft im Allgemeinen, so zum Beispiel in der Herstellung von Entscheidungsgrundlagen durch Simulation und Modellierung oder durch Verfahren der algorithmischen Prädiktion und Prognose, die heute in nahezu allen gesellschaftlichen Funktionsbereichen wie auch in der alltäglichen Lebenswelt Anwendung finden. Und das betrifft ebenso die Selbstbeschreibung wissenschaftlicher Aktivitäten mithilfe automatisierter statistischer Verfahren, die den Wissenschaftsbetrieb inzwischen essenziell mitbestimmen.

In diesem Sinne versammelt dieser Teil des Bandes sechs Beiträge, die einen prägnanten Einstieg in ausgewählte Forschungsfelder zu veränderten Praktiken der gesellschaftlichen Techniknutzung und zu sich wandelnden soziotechnischen Prozesszusammenhängen im Horizont der fortschreitenden digitalen Transformation sowie damit einhergehenden Ambivalenzen bieten. Naturgemäß lassen sich dabei nicht alle Dynamiken des Wandels gleichermaßen reflektieren, zumal letztlich sämtliche in diesem Band thematisierten Felder von der Digitalität von Wissenschaft und Technik berührt werden.

Zum Auftakt beleuchtet *Yana Boeva Software als soziotechnische Assemblage*, also als ein vielschichtiges Geflecht aus technischen, sozialen und kulturellen

https://doi.org/10.1515/9783112245897-023

Dimensionen, das in facettenreiche sozioökonomische Prozesszusammenhänge eingebettet ist. Aus dieser Perspektive zeigt sich, dass Software – von einfachen Computerprogrammen über digitale Plattformen bis hin zu komplexen KI-Systemen – nicht als schieres technisches Artefakt verstanden werden sollte, sondern als integraler Bestandteil eines dynamischen Netzwerks aus menschlichen, technischen und organisationalen Handlungsträgern: Software ist in der digitalisierten Gesellschaft allgegenwärtig und prägt das gesellschaftliche Gefüge als Infrastruktur und Schnittstelle sozialen Handelns wesentlich mit. Software wird in eigensinnigen soziokulturellen Milieus mit divergenten Arbeitspraktiken und Weltbildern entwickelt. In Softwaresysteme werden spezifische Handlungserwartungen eingeschrieben, die unsere Lebenswelt mittlerweile maßgeblich mitstrukturieren.

Martin Meister und *Kevin Wiggert* führen anschließend in *techniksoziologische Perspektiven auf intelligente Maschinen* und künstliche Intelligenz (KI) ein. Sie unterscheiden drei Wellen der gesellschaftswissenschaftlichen Befassung mit maschineller Intelligenz: (1) die Debatten um wissensverarbeitende Expertensysteme, die Menschen in abgrenzbaren Anwendungsbereichen unterstützen, (2) die empirischen und theoretischen Arbeiten zu intelligenten technischen Systemen als situativ mithandelnde Akteure (z.B. Navigations- und Fahrerassistenzsysteme) ab dem Jahrtausendwechsel sowie (3) die aktuellen Diskussionen um cyberphysische und selbstlernende Systeme, die große Datenbestände in Echtzeit auswerten und im Anschluss eigenständig Problemlösungen generieren. Mit dem Konzept der Gradualisierung des Handlungsbegriffs stellen die Autoren darüber hinaus in eine mögliche theoretische Grundlage vor, um die wechselseitige Durchdringung menschlicher Akteure und maschineller Intelligenz in differenzierter Form empirisch beschreibbar zu machen.

David Seibt beleuchtet in der Folge die *Konstruktion von Nutzerrollen* in der Entwicklung und Implementierung technischer Systeme und hinterfragt, wie sich die Ko-Konstruktion von Technik und Nutzerrollen mit der Digitalität von Innovationsprozessen verändert: Die Gestaltung von Technik richtet sich seit jeher an Vorstellungen über die Praktiken künftiger Nutzerinnen und Nutzer in unterschiedlichen Anwendungsbereichen aus. Mit der Verbreitung digitaler Technologien hat sich das Verhältnis von Technikentwicklung und -nutzung indes substanziell gewandelt. Ein Beispiel hierfür ist der kontinuierliche Einbezug von Nutzerfeedback und Nutzungspraktiken in die Weiterentwicklung von Software und digitalen Plattformen. Aufbauend auf klassischen Perspektiven der Science and Technology Studies diskutiert Seibt die Herausforderungen, die für die Nutzerforschung mit der Beschleunigung und der Öffnung von Innovationsaktivitäten, der digitalen Personalisierung von Technik und der Ausdifferenzierung von Nutzerrollen einhergehen.

Simon Egbert setzt sich in seinem Beitrag mit dem in unserer Gesellschaft inzwischen allgegenwärtigen Phänomen der *algorithmischen Prädiktion* sowie seinen Versprechen, Herausforderungen und Risiken auseinander. Während Zukunftsvorhersagen in der Vergangenheit oft einen eindeutig spekulativen Charakter besaßen, basieren Verfahren der prädiktiven Analytik und musterbasierten Extrapolation, die heute nicht nur in der Wissenschaft, sondern auch in wirtschaftlichen, organisationalen und alltäglichen Zusammenhängen verbreitete Anwendung finden, auf der automatisierten Analyse immer größerer Datenmengen. Als soziotechnische Konstellation verstanden, setzen solche Analysen zahlreiche interagierende Übersetzungsschritte sowie sozial eingefasste Entscheidungen voraus und beeinflussen wiederum kontinuierlich individuelle, kollektive und organisationale Entscheidungsprozesse in Wirtschaft, Recht, Wissenschaft und Gesellschaft.

Dirk Scheer, *Gabriele Gramelsberger* und *Andreas Kaminski* thematisieren daran anknüpfend die zunehmende Anwendung von *computerintensiven Simulationsmodellen*, die heute ein integraler Bestandteil der Wissensgesellschaft sind und auf vielen wissenschaftlichen, politischen und sozioökonomischen Feldern zu wichtigen Entscheidungsgrundlagen geworden sind. Auch Verfahren der Modellierung und Simulation ergeben sich nicht allein aus faktenbasierten Wissensbeständen, sondern gründen in all ihren Phasen auf vielfältigen Annahmen, Richtungsentscheidungen und Rahmenbedingungen, die sich nicht zwangsläufig an rein erkenntnisgeleiteten Kriterien ausrichten müssen. Und Simulationsergebnisse wie etwa Klimamodelle beeinflussen ihrerseits wirtschaftliche und gesellschaftspolitische Entscheidungsprozesse in maßgeblicher Weise. Auch Verfahren der computergestützten Simulation bleiben insofern ein hochgradig sozialer Gegenstand.

Niels Taubert schließlich nimmt das Forschungsfeld der *Bibliometrie und Szientometrie* in den Blick. Während sich die Bibliometrie mit der statistischen Beschreibung des wissenschaftlichen Publikationswesens und der Austauschrelationen veröffentlichter Forschungsergebnisse befasst, werden in der Szientometrie überdies Patentierungsaktivitäten, eingeworbene Mitteln zur Forschung sowie Kennzahlen zu wissenschaftlichem Personal, Studierenden, Absolvierenden und Promovierenden in die quantitative Analyse einbezogen. Der Beitrag zeigt auf, wie die Digitalität gesellschaftlicher Austauschprozesse auch diese beiden Bereiche – also die datenbasierte Selbstbeschreibung der Wissenschaft – grundlegend verändert: Mit der Digitalisierung hat sich nicht nur die Zugänglichkeit wissenschaftlicher Publikationen sowie bibliometrischer und szientometrischer Datenbestände erhöht (z.B. über Dienste wie Google Scholar), sondern es sind auch zahlreiche neue Datenquellen und Analysemöglichkeiten in der Vermessung wissenschaftlicher Aktivitäten entstanden.

Yana Boeva

19 Software als soziotechnische Assemblage

Einleitung

Software ist allgegenwärtig und Teil unterschiedlicher gesellschaftlicher Praktiken und Handlungen. Wir verwenden sie beim Arbeiten, Lernen und sogar beim Spielen, sie wird in der Wissensproduktion, öffentlichen Verwaltung oder für die Steuerung komplexer Produktionsanlagen und Verkehrssysteme genutzt. Ihre Einsatzmöglichkeiten und Effekte sind umfangreich und meist wenig „bemerkenswert", ähnlich wie Software selbst.

Dafür gibt es viele Beispiele. Eine weltweite IT-Panne aufgrund eines fehlerhaften Software-Updates von Microsoft Windows-Computern führte im Sommer 2024 binnen weniger Stunden zu einem massiven globalen Flug- und Zugverkehrausfall, der Absage von Operationen in deutschen Kliniken und zu Schwierigkeiten beim Zugang zu den Patientenakten in englischen Krankenhäusern, sogar zum Ausfall von Supermarktkassen, Börsen und Fernsehsendern (BSI 2024; Coulter et al. 2024). Regelmäßig führen Hackerangriffe auf die IT der öffentlichen Verwaltung über Monate hinweg zu Shutdowns und dem Ausfall jeglicher Verwaltungsvorgänge (BSI 2023). Wiederum demonstrierte die Covid-19-Pandemie nicht nur die gesellschaftliche Vulnerabilität und Herausforderung im Umgang damit, sondern auch jene mit den bestehenden IT-Systemen, die dafür eingesetzt werden. Das US-Department of Labor, analog zum Bundesarbeitsministerium, sah sich auf einmal mit der Notwendigkeit konfrontiert, Programmierer*innen zu finden, die eine 60 Jahre alte Programmiersprache namens COBOL beherrschen, oder andere darin zu schulen (Lee 2020). Der pandemiebedingte Anstieg von Arbeitslosenanträgen überlastete nicht nur die technischen Infrastrukturen der US-Behörden, sondern offenbarte die Präsenz und den Fortbestand sogenannter *„legacy systems"* wie COBOL in gegenwärtiger Softwaretechnologie.

Man muss natürlich nicht auf IT-Ausfälle und unerwartete Pannen verweisen, um die Effekte von Software zu verdeutlichen. Nehmen wir als Beispiel diesen Text. Für die Erstellung kamen diverse Softwareprogramme zum Einsatz: ein Internet-Browser und weitere Literaturverwaltungs- und Notizenprogramme für die Recherche und Vorbereitung der Textproduktion, vermutlich zwei oder drei Textverarbeitungsprogramme fürs Schreiben und Lektorieren des Textes, weitere zwei oder drei für die Gestaltung und Vorbereitung des Drucks und letztlich, falls der Text digital gelesen wird, ebenfalls andere Anwendungen dafür. Alle zusammen müssen über entsprechende Dateiformate und Schnittstellen (*„application programming interfaces"*, kurz API) miteinander technisch kommunizieren, während

https://doi.org/10.1515/9783112245897-024

Vorstellungen über ihre Nutzung und somit entsprechende soziale Handlungen von Entwickler*innen hineingescripted sind und von Nutzer*innen angenommen oder gemäß ihren Vorstellungen angepasst werden.

Die Beispiele verdeutlichen, dass Software trotz bestimmter besonderer Merkmale und Begleitumstände meist ein gewöhnliches Artefakt ist, dem wir, wenn es gut funktioniert, keine Beachtung schenken, und wenn es Fehler aufweist, Kritik an Funktionalitäten oder Entwickler*innen üben oder uns sogar der weiteren Nutzung entziehen. In diesem Kapitel sollen drei wichtige Softwareaspekte hervorgehoben werden: (1) das Gewöhnliche von Software, (2) ihre soziale Konstruktion und (3) ihre Praktiken der Produktion, Nutzung, Instandhaltung, Performanz und Interaktion. Im Fokus stehen deshalb das Verständnis und die Notwendigkeit, Software nicht nur als ein Werkzeug oder Produkt technischer Entwicklung zu betrachten, sondern als eine soziotechnische Assemblage aus technischen Vorgängen und Architekturen, Wissenspraktiken und -kulturen, politökonomischen Interessen und Bedingungen sowie den damit verbundenen Akteur*innen und Organisationen, die alle in einer Wechselwirkung zueinander stehen. Der Begriff der Assemblage beschreibt die dynamische Anordnung heterogener Elemente (technisch, sozial, im-/materiell, diskursiv), die in kontingenten Relationen zueinander eine gemeinsame Handlungsfähigkeit (agency) entwickeln können und somit sowohl lokal als auch global Macht- und Wissensbeziehungen einschließen (vgl. DeLanda 2006; Kitchin und Dodge 2011; Latour 2007). Die Betrachtung von Software als soziotechnische Assemblage erweist sich als produktiv, da sie Software nicht als eine fixe Struktur betrachtet, sondern als ständig wandelndes Gefüge aus menschlichen und nicht-menschlichen Akteur*innen, Praktiken, Institutionen und Diskursen, die in komplexer Weise miteinander interagieren (siehe Schulz-Schaeffer 2026 in diesem Band).

Software als Untersuchungsfeld der Wissenschafts- und Technikforschung

Die eingehenden Beispiele verdeutlichen den infrastrukturellen Charakter von Software (Star 1999). Die verbreitete Wahrnehmung von Software als etwas eher „Immaterielles“ blendet jedoch die unterschiedlichen Relationen zwischen Akteur*innen wie Entwickler*innen, Nutzer*innen und Nichtnutzer*innen, anderen „relevanten sozialen Gruppen“ (Pinch und Bijker 1986), Organisationen wie Technologiekonzernen, Forschung oder der Free-and-Open-Software-Bewegung sowie deren Praktiken aus.

Jene vermeintliche Immaterialität entstammt zugleich einem Verständnis, welches Software nur als Teil eines Computersystems ansieht, die daher keinen physischen Zustand besitzt und sich irgendwo unbestimmt befindet. Ähnlich fasst es Matthew Fuller in der Einleitung zum Lexikon für Software Studies als somit vielleicht ersten Versuch, das Feld zu erfassen, zusammen: „[S]oftware as a field is largely seen as a question of realized instrumentality" (Fuller 2008: 18). Solch ein „synthetischer Zustand" (Fuller 2008: 18, eigene Übersetzung) beschränkt das Verständnis von Software als eine soziotechnische Assemblage. Aufgrund derartiger Vorstellungen und anderer Gründe wie einer gelegentlichen Notwendigkeit technischen Fachwissens bleibt Software meist am Rande von akademischen sowie nicht wissenschaftlichen Untersuchungen und Darstellungen zur Digitalität und Digitalisierung (vgl. Mackenzie 2006). Der Soziologe Adrian Mackenzie beschreibt dies so: „The *characteristics of software* as a material object, as a means of production, as a human-technical hybrid, as medium of communication, as terrain of political-economic contestation – in short *as sociality – seem hard to represent*" (Mackenzie 2006: 2; eigene Hervorhebung). Software vollzieht laut Mackenzie, und wie die Beispiele zeigen, eine Formwandlung: „It solidifies at some points, but vaporizes at others" (Mackenzie 2006: 2).

Nicht zuletzt seit der hiesigen Verbreitung von Algorithmen, Apps, digitalen Plattformen und Clouds verschwimmt Software im Hintergrund anderer soziotechnischer Systeme. Im Zuge solcher Entwicklungen erlaubt Software als Analyseeinheit laut der IT-Anthropologin Marissa Leavitt Cohn besonders eine Betrachtung des Relationalen, anstelle einseitiger Fokussierungen wie der Prävalenz von Programmierung und Code oder einem algorithmischen Determinismus (Cohn 2019: 437). Cohns Vorschlag, Software als Analyseeinheit zu nehmen, spiegelt auch die Tatsache wider, dass die meisten Nutzer*innen keine bis wenig Interaktionen mit Code oder Hardware in ihrem Leben haben (werden), jedoch mit Software als Werkzeug, Interface, Infrastruktur und Praktik. Ähnlich wie Mackenzie und Cohn beschreibt der Computerhistoriker Nathan Ensmenger Software als den Ort, „where the technology of coding meets social relationships, organizational politics, and personal agendas" (Ensmenger 2011: 8).

In diesem Sinne hat Software eine vermittelnde und strukturierende Wirkung auf Entstehung, Verbreitung und Anwendung wissenschaftlicher Erkenntnisse, technologischer Innovationen und gesellschaftlicher Handlungen, die sie „scriptet" (Akrich 1992) und klassifiziert (Bowker und Star 1999; siehe Kropp und Schreck 2026 in diesem Band). Software ist keineswegs ein neuer Gegenstand der Science and Technology Studies. Eine Genealogie der Untersuchungen übersteigt jedoch den Umfang des Kapitels. Dennoch kann festgehalten werden, dass besonders das Feld der Software Studies, entstanden in den Medienwissenschaften der frühen 2000er-Jahre, den Anfang machte (vgl. Chun 2004; Fuller 2008, 2017; Manovich

2013). Die anfängliche Fokussierung auf Software als Artefakt, losgelöst von den Praktiken, Kulturen oder ethischen Fragen, limitiert mögliche Betrachtungen als soziotechnische Assemblage. Weiterhin zeigt sich in der sozialwissenschaftlichen Digitalisierungsforschung, dass der Begriff der Software nicht trennscharf verwendet wird. Deshalb ist dieses Kapitel ein Versuch einer systematischen Einordnung von Software (und Software Studies) innerhalb von Arbeiten und konzeptionellen Ansätzen der Science and Technology Studies, mitunter der Kultur- und Sozialanthropologie, der Technikgeschichte, der Medienwissenschaften und der soziologisch geprägten Wissenschafts- und Technikforschung. Der theoretisch-empirische Beitrag stellt somit einen Bezug zu den relevanten Themenfeldern der Wissenspraktiken und -infrastrukturen, Expertensysteme, Mensch-Technik-Interaktion und Informationsinfrastrukturen her.

Im folgenden Abschnitt richten wir zuerst den Blick zurück auf das „Technische" in der Software. Damit sind nicht Aufbau und Architekturen der Technologien, sondern vielmehr die wechselseitigen Verhältnisse zu Code und Hardware gemeint. Anschließend werden anhand empirisch-theoretischer Beispiele zwei Dimensionen von Software als soziotechnische Assemblage betrachtet: (1) Softwarepraktiken und -kulturen und (2) Software als Schnittstelle des Handelns und Infrastruktur. Im abschließenden Unterkapitel wird ein Ausblick auf Software in Anbetracht gegenwärtiger technischer Entwicklungen wie Künstlicher Intelligenz und ihrer Integration in bestehende Systeme gegeben.

Verhältnis zu Code und Hardware

Der Begriff Software, obgleich diese von Anbeginn an Teil von Computersystemen ist, fand erst mit den 1990er-Jahren seine Verbreitung (Ceruzzi 2003: 8). Software wurde anfänglich von den meisten Hardware-Herstellern entwickelt und mitgeliefert und diente primär der Steuerung und Nutzung der Hardware. Die Bedeutung und Ausdifferenzierung von Software und Softwareentwicklung stiegen somit erst mit der Verbreitung von Personal Computern (PCs) und dem wesentlichen Preisverfall von Hardware in den 1980er- und 1990er-Jahren. Erste empirische Forschung zu Software, meist aus dem Bereich der Technik- und Computergeschichte, teilte sich in zwei wesentliche Schwerpunkte auf: einen zur Entwicklung von PC-Unternehmen wie Microsoft, ihren Produkten und deren ökonomischer Bedeutung, und einen zweiten, der die technische Entwicklung von Programmiersprachen und Code betrachtet. Die Unterscheidung zwischen Hard- und Software oder Code und Software suggeriert somit eine Aufteilung in voneinander unabhängige Elemente.

Dies sei jedoch unpräzise, betont der Computerhistoriker Paul Ceruzzi, da ein Computersystem in der Regel wie eine Zwiebel „with many distinct layers of software over a hardware core“ (Ceruzzi 2003: 80) operiere. Umgekehrt umfasst Software viele Schichten von Code und Algorithmen. Laut Ceruzzi liegt die „Essenz von Software“ zwischen Software-Definitionen ähnlich zu der eines Algorithmus und jenen, die ein in sich geschlossenes System repräsentieren, wie beispielsweise ein Bankautomat, sprich als eine soziotechnische Assemblage von Hardware, Software, Regeln und ihren sozialen Konstruktionen (Cerruzi 2003: 81). Insofern ist eine Definition von Software als etwas Unabhängiges von der Hardware oder den Programmiersprachen, die benötigt werden, um Systeme zum Funktionieren zu bringen, schier falsch. Besonders neuere Entwicklungen von Software wie Smartphone-Apps oder Software-as-a-Service (SaaS), die auf multiplen Versionen von Betriebssystemen und Geräten laufen und sich mit dezentralen Infrastrukturen wie Clouds und ihrer Materialisierung innerhalb von Rechenzentren verbinden, verdeutlichen, dass eine vom Code oder der Hardware getrennte Untersuchung zwar möglich und vereinzelt sinnvoll sein kann, jedoch die Betrachtung von Software als soziotechnische Assemblage vielmehr ihrem komplexen und vernetzten Charakter entspricht.

Darüber hinaus, wie eine Vielzahl ethnografischer und praxistheoretischer Studien zu Software zeigen, entstammen solche reduktionistischen Sichten auf Software zum Teil der Grundausbildung in Informatik und Computerwissenschaften, die sich auf das Schreiben von Code und kleinen Programmen fokussiert. Gute Softwareentwicklung bedeutet, wie Ceruzzi bemerkt, das Schreiben von mehreren unterschiedlichen Programmen, die miteinander in einem komplexen System interagieren, anstelle von vielen einzelnen individuellen Anwendungen (Ceruzzi 2003: 81). Dies soll nicht heißen, dass Code und Programmierung irrelevant sind, ganz im Gegenteil. Was Software tut, wie sie handelt und wirkt, kann laut Mackenzie nicht ohne ihre Konstituierung als Code verstanden werden (Mackenzie 2006: 2). Code ermöglicht Operationen und Relationen auf kleinsten, abstraktesten Datenebenen, bekannt als der sogenannte Formalismus, der konkrete Anwendungsfelder und Bereiche abstrahiert und desintegriert. Solche abstrakten Lehrbuch-Repräsentationen von Code können jedoch nicht der Realität standhalten: „What software does is very intimately linked with how code is read and by whom or what, that is, by person or machine“ (Mackenzie 2006: 6). Im Zuge der Digitalisierung werden Code und Software zu dynamischen Objekten, die nahezu täglich technischen und sozialen Anpassungen unterzogen werden. Diese Veränderungen fordern deshalb Analysen und Verständnisse, die situierte Softwarepraktiken und -nutzung einbeziehen und nicht isolierte Betrachtungen von Software, Code oder Hardware wiedergeben, wie das folgende Unterkapitel zeigt.

Softwarepraktiken und -kulturen

Die soziale Konstruktion von Softwareprogrammen ist offensichtlich, dennoch ist diese Betrachtung meist sehr eng gefasst. Frühere Untersuchungen in der Computergeschichte und den interdisziplinär-orientierten Software Studies fokussieren sich entweder auf lineare Geschichtsschreibungen technischer Entwicklungen oder blicken auf Software als ein Medienartefakt, ohne dabei die Pluralität von Praktiken und epistemischen Kulturen, in denen diese eingebettet sind oder die daraus resultieren, zu erfassen. Diese Lücke, die wortwörtlich gemeint auch eine zwischen Theorie und Praxis ist, hat die Soziologin Nina Degele bereits in den 1990er-Jahren mit ihren empirischen Arbeiten zu Expertensystemen erkannt (Degele 1996). „Zwischen der Entwicklung und Nutzung von Software besteht eine tiefe Kluft", schreibt Degele (Degele 1996: 58). Aus ihrer Sicht fehle es an wissenschaftlichen „*Auseinandersetzungen* mit dem Zusammenhang der Genese und Anwendung von Softwaretechnik" (Degele 1996: 60; Originalhervorhebung), die meist als zwei voneinander unabhängige Prozesse oder Handlungen verstanden werden.

Dieser Forschungslücke sowie einigen der Defizite früherer Untersuchungen gingen eine Vielzahl an ethnografischen und praxistheoretischen Arbeiten und Beispielen nach, u. a. zu Programmierer*innenkulturen wie den Hacker*innen und der Free-and-Open-Source-Software-Bewegung (vgl. Coleman 2013; Kelty 2008; Slayton 2017), zu Organisationsformen wie Start-ups oder spezifischen Praktiken der Software(entwicklung) wie der Instandhaltung (vgl. Cohn 2019; Shestakofsky 2017) sowie zum sozialen Wert und der Notwendigkeit von einer „Mittelmäßigkeit" bei technischer Entwicklung (vgl. Bialski 2024) oder von Standardsoftware in der Wissensproduktion (vgl. Conrad 2016; Mormann 2015; Vertesi 2019). Diese Untersuchungen vereint nicht nur ein Perspektivenwechsel auf Akteur*innen, Praktiken und epistemische Kulturen im Wechselspiel mit Technologien und somit auf die Soziomaterialität von Software. Sie brechen zugleich mit vielen, oft dualistischen Vorstellungen auf, die mit der Informatik und Informationstechnologien assoziiert werden (siehe Prietl und Weber 2026 in diesem Band) – zum Beispiel, dass Entwickler*innen nur gute Anwendungen produzieren und Hacker*innen böse Absichten haben, oder dass alle Entwicklungen zwangsläufig Innovationen oder geschlossene Produkte sind, auf die ihre Nutzung folgt, anstatt einer fortlaufenden Weiterentwicklung. Die folgenden Abschnitte stellen wichtige Erkenntnisse und Zusammenhänge dieser empirischen Untersuchungen vor.

Wie zuvor gezeigt, nimmt die gesellschaftliche Bedeutung von Softwareprogrammen vor allem mit der Verbreitung von PCs und dem Internet zu, die zugleich auch zu Monopolen einzelner Unternehmen wie Microsoft, Oracle und SAP (im betrieblichen Kontext) oder Adobe und Machtasymmetrien auf dem Markt führten. Der wirtschaftliche Erfolg und die Dominanz vieler dieser Unternehmen, deren Produkte und Wachstum auf dem Wissen von Forschung und der frühen

Soft- und Hardwareentwickler*innen wie der Silicon-Valley-Gegenbewegung (*counterculture*) aufbauten (vgl. Turner 2010), stießen nicht bei allen Mitgliedern dieser epistemischen Gemeinschaften auf Resonanz. Entsprechend entstand in den 1990er-Jahren als Gegenbewegung zum proprietären Modell der Softwareentwicklung die Free-and-Open-Source-Software-Bewegung, kurz FOSS. FOSS bezeichnet Praktiken der verteilten und vernetzten kollaborativen Entwicklung von Software oder Source Code, welche dann durch einen findigen Umgang mit Urheberrecht frei verfügbar gemacht wird, wie der Kulturanthropologe Chris Kelty in seiner Multi-sited-Ethnografie aufzeigt (vgl. Kelty 2008). Es benötigt dafür neben technischem Wissen über Programmierung, Software, Internet-Protokolle und ihre Verbindung auch eine Vorstellungskraft und einen Glauben daran, welches demokratische Potenzial Softwaretechnologie haben kann. Für Kelty stellt FOSS nicht eben nur ein Gegenmodell technischer Entwicklung zu den großen Playern dar, sondern auch eines, das damit verbundene moralische Systeme und soziale Praktiken hinterfragt. Basierend auf der Frankfurter Schule sowie John Dewey und Hannah Arendt wird FOSS in seiner Analyse somit zu einer Kritik am System (Kelty 2008).

Die FOSS-Bewegung repräsentiert nicht nur Widerstand gegen die großen Softwarekonzerne und ihre Macht, sondern auch eine Gemeinschaft von Hackern (vgl. Coleman 2013). Ähnlich wie der Softwarebegriff und die Praxis der Softwareentwicklung umfasst das Hacken viele soziomaterielle und technische Bedeutungen und Interpretationen. Jedoch wurden mit der Zunahme der Internet-Kommerzialisierung und den entsprechenden techno-ökonomischen Mechanismen dafür, beispielsweise der Integration von Lizenzmodellen und digitaler Rechteverwaltung in Softwareprodukten und Dateiformaten, die liberalen Werte vieler FOSS-Hacker und ihre Vorstellung von Meinungsfreiheit und Recht auf Privatsphäre herausgefordert und das Hacken gelegentlich pervertiert (Coleman 2013: 7–8). Die Bandbreite zwischen dem Hacken für Softwareanpassungen an Nutzer*innenbedürfnisse oder um einen kostenfreien, demokratischen Zugang zu Technologien zu schaffen, über das Daten- und Informationsleaking der Whistleblower bis hin zu kriminellen Handlungen ist enorm, mitunter aber von einseitigen Darstellungen von Hackern als Computernerds in der Technikgeschichte und in Populärdarstellungen geprägt.

Ähnlich wie Kelty gibt die Anthropologin Gabriella Coleman mit ihren beiden ausführlichen und methodologisch anspruchsvollen Ethnografien von FOSS-Hackern und dem Anonymous-Kollektiv einen vollständigeren Einblick in die Praktiken und epistemischen Kulturen der Hacker (Coleman 2013, 2014). Die notwendige Differenzierung ist aber nicht nur ein Problem, das in der Sozialforschung dieser Gruppen erkannt wird. Die Akteur*innen selbst benötigen auch diese Differenzierung sowie Praktiken der gesellschaftlichen Anerkennung, wie die Technikhistorikerin Rebecca Slayton am Beispiel von Zertifizierungen und Schulungen für „ethische Hacker" schildert (Slayton 2017). Die Einnahme und Aneignung subversiver Praktiken von Sicherheitsorganisationen sind nur ein Beispiel, das die Sozialität von Software unterstreicht. Die Übersetzung (im Latourschen Sinne) von agilen Modellen der Softwareentwicklung wie Scrum[1] in anderen Bereichen wie Arbeit, Verwaltung und Bildung ist ein anderes, das Software als möglichen analytischen Startpunkt zu Fragen und Themen der sozialwissenschaftlichen Digitalisierungsforschung auszeichnet.

Die ethnografischen Studien zu FOSS oder Hackern legen den Fokus auf das Programmieren und Software als Widerstandspraxis. Damit assoziiert sind meist nicht die Silicon-Valley-Kultur der Nullerjahre mit ihren Big-Tech-Konzernen, Start-ups und wirtschaftlicher Dominanz. Eine Reihe von empirischen Studien zu algorithmischen Systemen und deren gesellschaftlichen Auswirkungen in den Sozial- und Medienwissenschaften, in den Rechtswissenschaften und im Feld der Human-Computer Interaction – auch bekannt als *Critical Algorithm Studies* oder *Critical Data Studies* – ergänzt diese Lücke.

Dabei erweitern diese Studien die Perspektiven auf Softwarepraktiken und -kulturen um organisationale Modelle wie Start-ups, ihre Finanzierung und ihre Effekte auf Akteur*innen, ihre Kompetenzen und technische Entwicklungen. Viele Untersuchungen heben hervor, wie Innovationszyklen und die dominante Risikokapitalfinanzierung von Start-ups bestimmte Softwarepraktiken und die kleinen sozialen Gruppen (Coder, CTOs, CEOs) aufwerten, während die vielen anderen, die ein notwendiger Bestandteil der Produktentwicklung sind (Data Worker meist im globalen Süden, Kundendienst), entwertet werden (vgl. Burrell und Fourcade 2021; Irani 2015; Shestakofsky 2017). Denn das Interesse von Venture Capitalists ist es, vermeintliche technologische Innovationen zu fördern, die zugleich soziale Imaginationen von Automatisierung, Exzellenz, Neu- und Einzigartigkeit aufrechterhalten. Zugleich normalisieren sich dadurch bestimmte soziotechnische Praktiken wie das Beta-Testing – ein Softwaretest einer früheren Softwareversion, die sogenannte Beta-Version, mit reellen Nutzer*innen und unter reellen Nutzungsbedingungen, die später angepasst und zum finalen Produkt werden. Die techno-ökonomischen Möglichkeiten der Gegenwart erlauben es jedoch, aus Beta-Tests vielmehr multiple Alpha-Versionen ein und desselben Softwareprodukts zu machen, was die Nutzer*innen tagtäglich unentgeltlich oder sogar mit Bezahlung der Lizenzgebühren mitentwickeln, ohne dass sie sich dessen bewusst werden.

Zwischen der „Exzellenz" von Start-ups oder BigTech und der „Subversion" von Hacker*innen befindet sich ein großes Spektrum an Softwarepraktiken und Kulturen, das es noch zu untersuchen gilt. Erwähnenswert sind hier drei eben-

---

1 Agile Methoden sind nicht das einzige Vorgehen in der Softwareentwicklung, jedoch eins, das sich über die Zeit stark durchgesetzt hat (vgl. Schmidt 2008).

falls interviewbasierte und ethnografische Untersuchungen, die den Fokus auf die Soziomaterialität von Standardsoftware und Softwareunternehmen abseits des Silicon-Valley-Mainstreams setzen (vgl. Ametowobla 2022; Conrad 2017; Mormann 2016). Am Beispiel von SAP und ihren Entwicklungen geben die drei organisationssoziologischen Arbeiten von Ametowobla, Conrad und Mormann Aufschluss über Standardsoftware als analytisches Konzept dafür, wie Technik Handlungen strukturiert und sie entgegen verbreiteten Annahmen ebenfalls diversifiziert.

Mit ihrer Ethnografie eines „mittleren" Softwareunternehmens – prägnant als MiddleTech bezeichnet, um es auch zwischen den BigTech-Konzernen und kleinen Startups zu verankern – bietet die Soziologin Paula Bialski jedoch vielleicht den innovativsten Blickwinkel auf Softwarepraktiken und -kulturen (2024). In ihrer Analyse eines laut Bialski ziemlich typischen, mittelgroßen Softwareunternehmens, das aufgrund seiner „Gewöhnlichkeit" wenig aufsehenerregende Softwareentwicklungen (Navigationssoftware) im Vergleich zur aktuellen KI-Welle und somit weder Relevanz noch Irrelevanz aufweist, hebt sie die Bedeutung vom Gut-genug-Sein („good enoughness") als kollektive Sozialität vieler Entwickler*innen hervor. Untersuche man die Sozialität von Programmierer*innen, schaffe man es damit, das Bild vom Programmieren als etwas Rationalem, Logischem oder Spektakulärem zu entkräften (2024: 63). Vielmehr betont sie, dass sich in den Assoziationen, Interaktionen und Performanzen zwischen Individuen, Organisationen und Code zeige, dass Software als soziotechnische Assemblage eine Praktik der Beziehungspflege sei (ebd.: 35). Ähnlich formuliert es Mackenzie: „Despite appearing "merely" technical, technical knowledge-practices overlap and enmesh with imaginings of sociality, individual identity, community, collectivity, organization and enterprise. Technical practices of programming interlace with cultural practices" (2006: 4).

Zusammenfassend geben diese zuvor skizzierten empirischen Studien neben den tiefen Einblicken in die sozialen Welten von Softwareentwickler*innen, Programmierer*innen, Hacker*innen und anderen relevanten Gruppen auch einen Einblick in die Restrukturierung von Wissen, Praktiken und Organisationen.

Software als Schnittstelle des Handelns und Infrastruktur

Software entsteht nicht nur in bestimmten sozialen Rahmen von Praktiken und Kulturen, sie wirkt als Schnittstelle auch auf die Handlungsmöglichkeiten verschiedener Akteur*innen und Systeme. Zugleich sind es bestimmte Nutzer*innenvorstellungen, die in ihren Funktionen eingeschrieben werden und somit diese

Handlungen beeinflussen können (siehe Seibt 2026 in diesem Band). Wenn jene Vorstellungen von den Realitäten und Bedarfen der Anwender*innen abweichen, können sie wiederum entsprechend ihren Kompetenzen unterschiedliche Anpassungen am Interface oder den Funktionen vornehmen und sich diese aneignen. In diesen Aneignungen vermag Software zur Infrastruktur alltäglicher, betrieblicher oder wissenschaftlicher Prozesse und Organisationen zu werden, wie dieses Unterkapitel über ihren vermittelnden und strukturierenden Charakter aufzeigt.

Eine Vielzahl empirischer Studien widmet sich auf den ersten Blick der Nutzung von Softwareprogrammen, um Eigenschaften von Handlungsträgerschaft (agency) und Infrastruktur zu entschlüsseln (siehe Schulz-Schaeffer 2026 in diesem Band). Die Beispiele umfassen Betrachtungen über den neuartigen und zugleich limitierenden Einsatz von Software von der Stange wie PowerPoint und Excel in Forschungsarbeiten (Knoblauch 2012; Robles-Anderson und Svensson 2016; Vertesi 2019), die fortlaufende Softwareanpassung auf bestehende Strukturen oder zum Erhalt von Altsystemen, sogenannte *„legacy systems"* (Ametowobla 2022; Cohn 2019), die Rekonfiguration von etablierten Professionen oder die Entstehung von neuer computergestützter Entwurfssoftware (Boeva und Kropp 2024; Trischler 2022), bis hin zur Transformation gesellschaftlicher Systeme wie Finanzmärkte (Mackenzie und Spears 2014; Kitchin und Dodge 2011). Bei genauerer Betrachtung zeigen diese Studien auch die Bedingungen dafür in den vielen soziotechnischen Elementen der Softwarearchitektur, die eng mit ihrer (Weiter-)Entwicklung verbunden sind. Beispielsweise stellen APIs mehr als nur neutrale technische Werkzeuge für Kommunikation und zum Datenaustausch mit anderen Softwareanwendungen dar, sondern sind zugleich auch Ordnungsinstrumente, die bestimmte Werte – die der Softwarekonzerne oder Entwickler*innen – repräsentieren und reproduzieren (Bucher 2013; Helmond 2015; Mackenzie 2003).

Doch die Frage, wo genau sich die Agency im technischen System der Software befindet oder wer diese besitzt, ist weder einfach noch sinnvoll (Mackenzie 2006: 10). Wir neigen tendenziell dazu, andere Personen als handelnde *agents* zu verstehen. Im Falle von Softwaresystemen oder „in milieus populated with bodies, things, systems, conventions and signs", wie Mackenzie es beschreibt, ist die Agency verteilt zwischen allen Akteur*innen in ständig wechselnden Variationen und mit verschiedenen Bedeutungen (2006: 10). Für die meisten Nutzer*innen stellt die grafische Oberfläche (GUI) einer Software oder das Frontend die Schnittstelle zu anderen Teilen des Computersystems dar. Diese Oberfläche, die auch Nutzer*innen von Entwicklern und Entwicklerinnen trennt, schafft ein „unsichtbares System von Sichtbarkeit" (Chun 2004: 28). Wir können zwar damit Wissen generieren und aufbauen, wir verstehen aber selten, wie genau oder welche rechnerischen und technischen Prozesse im Hintergrund – im Backend – dies ermöglichen.

Das Backend selbst ist gleichermaßen komplex und undurchsichtig für seine Akteur*innen, denn es gibt nicht nur die Programmierer*innen. Wie Bialski (2024) in ihrer Ethnografie einer MiddleTech-Firma erklärt, befinden sich im Backend auch Programmierer*innen, die Software für andere Softwareentwickler*innen schreiben, oder Datenanalyst*innen, die Daten für die Anwendungen aufbereiten. Noch unsichtbarer sind diejenigen, die Software bei der Entwicklung auf Fehler (*bugs*) prüfen oder sie testen, die Daten dafür generieren oder im Zuge von KI-Integration Daten annotieren und bereinigen. Sie sind meist in prekären Arbeitsverhältnissen bei den Softwareunternehmen beschäftigt, wie mehrere empirische Studien aufgedeckt haben (u. a. vgl. Irani 2015; Shestakofsky 2017). Hier bekommt das mittlerweile dominierende SaaS-Lizenzmodell eine ganz andere Bedeutung – aus bezahlter Dienstleistung zum Softwarezugang wird Dienstleistung zum Arbeitsmodell und zum Imperativ einer globalen ökonomischen Infrastruktur (vgl. Suchman 2007: 224). Für Lucy Suchman sind solche Narrative von autonomer Maschinen-Agency mittels Softwareautomatisierung oder SaaS problematisch, denn sie normalisieren die Vorstellung einer Dienstleistung ohne soziomaterielle Infrastrukturen und menschliche Arbeiter*innen, die uns nahtlose Softwareinteraktionen ermöglichen (Suchman 2007: 225).

Der Perspektivenwechsel auf Instandhaltung von Technologien als komplementäre und notwendige Praxis weist darauf hin, wie Softwareprogramme Agency und Infrastrukturierung ermöglichen und dadurch ihre Soziomaterialitäten expliziter werden. Wie zuvor erwähnt, ist Software einerseits Objekt fortlaufender Anpassungen, um für neue Nutzer*innen brauchbar gemacht zu werden oder um neue Anwendungsgebiete zu erschließen. Software muss auch erhalten werden, vor allem dann, wenn es um *legacy systems* in Bereichen der kritischen Infrastruktur wie Gesundheitswesen, Verkehr oder kommunale Betriebe geht, wie eingangs am Beispiel von COBOL illustriert. Dies erzeugt multiple Temporalitäten mit neuen Systemen und Prozessen und alten, die als Träger von Informationen und Wissen weiterhin von vielen der Forscher*innen benötigt werden, wie Cohn in ihrer Beobachtung der Arbeit eines Teams aus Ingenieur*innen und Softwareentwickler*innen, die zur Forschungsarbeit an einer NASA-Mission beitragen, herausstellt (Cohn 2019). Dafür muss das Team die relationale und organisationale Assemblage von den Softwareprogrammen verstehen, sprich, welche Teile wofür genutzt werden, von wem, wo sie sich befinden und womit sie sich verbinden. Software wird damit zum verbindenden Glied und Agenten zwischen verschiedenen Arbeitsprozessen der Forscher*innen und des Teams, ihren Wissensständen, der unterschiedlichen Software und anderen Materialitäten und soziotechnischen Prozessen. Cohn beschreibt, dass sich die Instandhaltungsarbeiten des Teams nicht einzig als pure Programmier- oder Computertätigkeiten manifestieren, sondern auf verkörperte

Realitäten und Praktiken wie das Telefonieren oder die Besprechungen vor Papierskizzen übertragen (Cohn 2019: 436).

Am Beispiel der Instandhaltung solcher Altsysteme wird erkennbar, wie Software einen infrastrukturierenden Charakter in der Digitalisierung entwickelt. Wie eine Infrastruktur wird sie sichtbar, wenn sie nicht voll funktioniert und dann die Arbeit verhindert. Sie entwickelt ihre Bedeutung für eine bestimmte Praxisgemeinschaft und ist zugleich bewusst unvollständig gelassen, um damit neue Anknüpfungen von weiteren menschlichen und nicht menschlichen Akteur*innen zu ermöglichen (vgl. Star 1999; Edwards 2003).

Fazit

Abschließend lässt sich festhalten, dass Software als soziotechnische Assemblage ein komplexes Geflecht aus technischen, sozialen und kulturellen Dimensionen darstellt, das kontinuierlich neue Herausforderungen für Forschung und Praxis bietet. Die Betrachtung von Software in diesem Kontext erlaubt es uns, über die reine Funktionalität hinauszugehen und ihre Rolle in soziotechnischen Zusammenhängen zu verstehen.

Die hier vorgestellten interdisziplinären Perspektiven auf Software und die empirisch-theoretische Vielfalt aus den neuen Forschungsfeldern wie Software Studies, Infrastructure Studies, Critical Algorithm Studies und den etablierten Science and Technology Studies verdeutlichen, dass Software nicht nur als technisches Artefakt, sondern als integraler Bestandteil eines dynamischen Netzwerks aus menschlichen, technischen und organisationalen Akteur*innen betrachtet werden muss. Diese Betrachtung erlaubt einen unmittelbaren Zugang zu neuen technologischen Entwicklungen wie Künstlicher Intelligenz, die für die meisten Nutzer*innen mit Software erfahrbar gemacht wird, oder der Hybridisierung von Software mit anderen Technologien und Konzepten wie Clouds und Plattformen. Diese meist als „immateriell" wahrgenommenen Objekte haben sehr materielle Auswirkungen und schaffen somit neue Formen von Arbeitsteilungen und Hierarchien innerhalb der Entwicklung und Nutzung digitaler Technologien. Gegenstandsbezogene Theorien zu Softwarepraktiken und Interfaces verdeutlichen, wie diese Machtverhältnisse strukturiert sind und in welchem Maße sie soziale Ungleichheiten widerspiegeln oder verstärken können (siehe Egbert 2026 in diesem Band).

Besonders im Zeitalter neuer Expertensysteme, geprägt durch generative Künstliche Intelligenz und Maschinelles Lernen, stellt sich die Frage, wie traditionelle methodische Ansätze der empirischen Sozialforschung diesen Entwicklungen gerecht werden können (siehe Meister und Wiggert 2026 in diesem Band). Die bestehenden Limitationen wie das notwendige technische Verständnis oder der Zugang, um die Blackbox KI besser zu begreifen – die auch unter Entwickler*innen ein Problem darstellt – können mit einer Kombination verschiedener Forschungsdesigns mit Software im Zentrum zumindest teilweise behoben werden.

Das Verständnis von Software als soziotechnische Assemblage erlaubt es auch, wie das Kapitel zeigt, die gesellschaftlichen und kulturellen Imaginationen, insbesondere das dominante Narrativ rund um das Silicon Valley, kritisch zu hinterfragen. Empirische Studien wie die von Bialski (2024) zur „good enoughness“ oder Cohns (2019) zum Erhalt alter Systeme in der Gegenwart sind hierbei nur einige Beispiele von besonderer Bedeutung, da sie Gegennarrative bieten. Relevanz gewinnt die Diskussion um Software auch durch ihre Agilität – ein Konzept, das aus der Softwareentwicklung stammt und heutzutage als Leitkonzept in vielen zeitgenössischen Arbeitswelten dient. Diese Agilität wird oft als Methode betrachtet, um den Komplexitäten moderner sozialer Prozesse zu begegnen, andererseits wird Softwareentwicklung fälschlicherweise häufig als ein lineares Problem-Lösungs-Prozedere wahrgenommen, das den dynamischen und iterativen Charakter dieses Felds verkennt.

Zusammenfassend fordert die relationale und soziomaterielle Perspektive auf Software uns auf, über traditionelle Disziplinengrenzen hinweg zu denken und Software nicht nur als technische Errungenschaft zu begreifen, sondern als wesentlichen Bestandteil des sozialen Gefüges, der ständige Reflexion und Anpassung verlangt. Diese Reflexion bleibt auch angesichts der fortschreitenden Digitalisierung notwendig, die mehr ist als ein technologischer Imperativ, sondern ein soziales Phänomen, das Übereinkünfte in der Art und Weise, wie wir leben und arbeiten, bedeutend transformiert.

Danksagung

Der Beitrag entstand als Teil von Forschung, gefördert vom BBSR aus Mitteln der Zukunft Bau Forschungsförderung, Projektnr. 10.08.18.7–22.45, und des Exzellenzclusters „Integratives Computerbasiertes Planen und Bauen für die Architektur“, gefördert durch die Deutsche Forschungsgemeinschaft (DFG) im Rahmen der Exzellenzstrategie des Bundes und der Länder (EXC 2120/1–14 390831618).

Weiterführende Lektüre

Bialski, P., 2024: Middle Tech: Software Work and the Culture of Good Enough. Princeton: Princeton University Press.

Chun, W.H.K., 2004: On Software, or the Persistence of Visual Knowledge. Grey Room 18: 26–51.

Fuller, M. (Hrsg.), 2017: How to Be a Geek: Essays on the Culture of Software. Cambridge, Malden: Polity.

Kitchin, R. und M. Dodge, 2011: Code/Space: Software and Everyday Life. Cambridge: MIT Press.

Mackenzie, A., 2006: Cutting Code: Software and Sociality. New York: Peter Lang.

Literatur

Akrich, M., 1992: The de-scription of technical objects. S: 205–224 in: W. Bijker und J. Law (Hrsg.), Shaping Technology/Building Society: Studies in Sociotechnical Change. Cambridge: MIT Press.

Ametowobla, D., 2022: Zur Soziologie der Software: Die Rolle digitaler Technik bei der Kontrolle von Unsicherheiten. Wiesbaden: Springer VS.

Bialski, P., 2024: Middle Tech: Software Work and the Culture of Good Enough. Princeton: Princeton University Press.

Boeva, Y., und C. Kropp, 2024: Buildings in the Algorithmic Regime: Infrastructuring Processes in Computational Design. S. 141–162 in J. Jarke, B. Prietl, S. Egbert, Y. Boeva, H. Heuer und M. Arnold (Hrsg.), Algorithmic Regimes: Methods, Interactions, and Politics. Amsterdam: Amsterdam University Press.

Bowker, G.C. und S.L. Star, 1999: Sorting Things Out: Classification and its Consequences. Cambridge: MIT Press.

BSI (Bundesamt für Sicherheit in der Informationstechnik), 2023: Die Lage der IT-Sicherheit in Deutschland 2023.https://www.bsi.bund.de/SharedDocs/Downloads/DE/BSI/Publikationen/Lageberichte/Lagebericht2023.html?nn=129410 (Letzter Zugriff: 20.01.2025)

BSI (Bundesamt für Sicherheit in der Informationstechnik), 2024: Weltweite IT-Ausfälle. https://www.bsi.bund.de/DE/Themen/Unternehmen-und-Organisationen/Cyber-Sicherheitslage/Analysen-und-Prognosen/Threat-Intelligence/Krisen-Grosslagen/Crowdstrike_Microsoft/Crowdstrike_Microsoft_node.html (Letzter Zugriff: 20.01.2025)

Bucher, T., 2013: Objects of Intense Feeling: The Case of the Twitter API. Computational Culture 3. http://computationalculture.net/objects-of-intense-feeling-the-case-of-the-twitter-api/ (Letzter Zugriff: 20.01.2025).

Burrell, J. und M. Fourcade, 2021: The Society of Algorithms. Annual Review of Sociology 47: 213–237.

Ceruzzi, P.E., 2003: A History of Modern Computing. Cambridge: MIT Press.

Chun, W.H.K., 2004: On Software, or the Persistence of Visual Knowledge. Grey Room 18: 26–51.

Cohn, M.L., 2019: Keeping Software Present: Software as a Timely Object for STS Studies of the Digital. S. 423–446 in: J. Vertesi und D. Ribes (Hrsg.), digitalSTS: A Field Guide for Science & Technology Studies. Princeton: Princeton University Press.

Coleman, E.G., 2013: Coding Freedom: The Ethics and Aesthetics of Hacking. Princeton: Princeton University Press.

Coleman, E.G., 2014: Hacker, Hoaxer, Whistleblower, Spy: The Many Faces of Anonymous. London, New York: Verso.

Conrad, L., 2017: Organisation im soziotechnischen Gemenge: Mediale Umschichtungen durch die Einführung von SAP. Bd. 40. Bielefeld: Transcript.

Coulter, M., J. Pearson und J. Pearson, 2024 (19. Juli): Explainer: What caused the global cyber outage? Reuters. https://www.reuters.com/technology/what-caused-global-cyber-outage-2024-07-19/ (Letzter Zugriff: 20.01.2025)

Degele, N., 1996: Die Entwicklung und Nutzung von Software. Zur Genese informationstechnischen Handelns. Zeitschrift für Soziologie 25: 58–70.

DeLanda, M., 2006: A New Philosophy of Society: Assemblage Theory and Social Complexity. New York: Continuum.

Edwards, P.N., 2003: Infrastructure and Modernity: Scales of Force, Time, and Social Organization in the History of Sociotechnical Systems. S. 185–225 in: T. Misa, P. Brey und A. Feenberg (Hrsg.), Modernity and Technology. Cambridge: MIT Press.

Egbert, S., 2026: Algorithmische Prädiktion, S. 405–422. in A.K. Krüger, J. Schubert, C. Schubert und J.F. Schrape (Hrsg.): Wissenschafts- und Technikforschung. Sozialwissenschaftliche Einführungen. Berlin: De Gruyter Brill.

Fuller, M. (Hrsg.), 2008: Software Studies: A Lexicon. Cambridge, Mass: MIT Press.

Fuller, M. (Hrsg.), 2017: How to be a Geek: Essays on the Culture of Software. Cambridge; Malden: Polity.

Helmond, A., 2015: The Platformization of the Web: Making Web Data Platform Ready. Social Media + Society 1: 1–11.

Irani, L., 2015: Difference and Dependence among Digital Workers: The Case of Amazon Mechanical Turk. South Atlantic Quarterly 114: 225–234.

Kelty, C.M., 2008: Two Bits: The Cultural Significance of Free Software. Durham: Duke University Press.

Kitchin, R. und M. Dodge, 2011: Code/Space: Software and Everyday Life. Cambridge: MIT Press.

Knoblauch, H., 2012: PowerPoint, Communication, and the Knowledge Society. Cambridge: Cambridge University Press.

Kropp, C. und A. Schreck, 2026: Soziotechnische Konstellationen und Risiken der Automatisierung, S. 285–304 in A.K. Krüger, J. Schubert, C. Schubert und J.F. Schrape (Hrsg.): Wissenschafts- und Technikforschung. Sozialwissenschaftliche Einführungen. Berlin: De Gruyter Brill.

Latour, B., 2007: Eine neue Soziologie für eine neue Gesellschaft. Frankfurt/Main: Suhrkamp.

Lee, A., 2020: Wanted: People who now a half century-old computer language so states can process unemployment claims | CNN Business, 8.4.2020. https://edition.cnn.com/2020/04/08/business/coronavirus-cobol-programmers-new-jersey-trnd/index.html (Letzter Zugriff: 20.01.2025).

Mackenzie, A., 2003: These Things Called Systems: Collective Imaginings and Infrastructural Software. Social Studies of Science 33: 365–387.

Mackenzie, A., 2006: Cutting Code: Software and Sociality. New York: Peter Lang.

MacKenzie, D. und T. Spears, 2014: 'The formula that killed Wall Street': The Gaussian copula and modelling practices in investment banking. Social Studies of Science 44: 393–417.

Manovich, L., 2013: Software Takes Command: Extending the Language of New Media. New York, London: Bloomsbury.

Meister, M. und K. Wiggert, 2026: Soziologische Perspektiven auf intelligente Maschinen, S. 367–386 in A.K. Krüger, J. Schubert, C. Schubert und J.F. Schrape (Hrsg.): Wissenschafts- und Technikforschung. Sozialwissenschaftliche Einführungen. Berlin: De Gruyter Brill.

Mormann, H., 2016: Das Projekt SAP: zur Organisationssoziologie betriebswirtschaftlicher Standardsoftware. Bielefeld: Transcript.

Pinch, T.J. und W.E. Bijker, 1984: The Social Construction of Facts and Artefacts. Social Studies of Science 14: 399–441.

Prietl, B. und J. Weber, 2026: Wissen-Macht-Technik: Perspektiven für kritische Wissenschafts- und Technikforschung am Beispiel Künstlicher Intelligenz, S. 529–546 in A.K. Krüger, J. Schubert, C. Schubert und J.F. Schrape (Hrsg.): Wissenschafts- und Technikforschung. Sozialwissenschaftliche Einführungen. Berlin: De Gruyter Brill.

Robles-Anderson, E. und P. Svensson, 2016: "One Damn Slide After Another": PowerPoint at Every Occasion for Speech. Computational Culture 5. http://computationalculture.net/one-damn-slide-after-another-powerpoint-at-every-occasion-for-speech/ (Letzter Zugriff: 20.01.2025).

Schmidt, R., 2008: Praktiken des Programmierens: Zur Morphologie von Wissensarbeit in der Software-Entwicklung. Zeitschrift für Soziologie 37: 282–300.

Schulz-Schaeffer, I., 2026: Handlungsträgerschaft von Technik und verteiltes Handeln. S. 269–284 in A.K. Krüger, J. Schubert, C. Schubert und J.F. Schrape (Hrsg.): Wissenschafts- und Technikforschung. Sozialwissenschaftliche Einführungen. Berlin: De Gruyter Brill.

Seibt, D., 2026: Die Konstruktion von Nutzerrollen: Klassische Ansätze und aktuelle Entwicklungen, S. 387–404 in A.K. Krüger, J. Schubert, C. Schubert und J.F. Schrape (Hrsg.): Wissenschafts- und Technikforschung. Sozialwissenschaftliche Einführungen. Berlin: De Gruyter Brill.

Shestakofsky, B., 2017: Working Algorithms: Software Automation and the Future of Work. Work and Occupations 44: 376–423.

Slayton, R., 2017: The Paradoxical Authority of the Certified Ethical Hacker. Limn 8: 86–89.

Star, S.L., 1999: The Ethnography of Infrastructure. American Behavioral Scientist 43: 377–391.

Suchman, L.A., 2007: Human-machine Reconfigurations: Plans and Situated Actions. Cambridge; New York: Cambridge University Press.

Trischler, R., 2021: Digitale Materialität: Eine Ethnografie arbeitsteiliger Visual-Effects-Produktion. Bielefeld: Transcript.

Turner, F., 2010: From Counterculture to Cyberculture: Stewart Brand, the Whole Earth Network, and the Rise of Digital Utopianism. Chicago: University of Chicago Press.

Vertesi, J., 2019: From Affordances to Accomplishments: PowerPoint and Excel at NASA. S. 369–392 in: J. Vertesi und D. Ribes (Hrsg.), digitalSTS: A Field Guide for Science & Technology Studies. Princeton: Princeton University Press.

Martin Meister und Kevin Wiggert

20 Künstliche Expertise, künstliche Akteure, künstliche Mitarbeitende. Techniksoziologische Perspektiven auf intelligente Maschinen

Einleitung

Studierende der Techniksoziologie stellen in den ersten Semestern häufig Fragen wie: „Wird die künstliche Intelligenz uns Menschen bald überflüssig machen?“, oder: „Sind Roboter und Algorithmen schon so weit entwickelt, dass ganze Berufe durch Automatisierung wegfallen werden?“. Das sind die ganz großen Fragen, die die öffentliche Diskussion um künstliche Intelligenz prägen, seitdem es sie gibt. Fragen dieser Art werden zumeist philosophisch oder ethisch diskutiert, als kritische Abarbeitung an den immer neuen großen Visionen der KI-Entwickler*innen, die in Schüben immer wieder technologische Durchbrüche mit weit reichenden gesellschaftlichen Folgen prognostiziert haben.

Die techniksoziologische Antwort auf diese Art großer Fragen ist zurückhaltend und lautet: Es kommt darauf an. Und zwar darauf, welches dezidiert soziologische Erkenntnisinteresse verfolgt und welches soziologische Konzept zugrunde gelegt wird. Es kommt zudem darauf an, welche der vollmundig avisierten KI-Systeme in den tatsächlichen Einsatz gelangt sind, und welche empirischen Ergebnisse über die Folgen dieses Einsatzes vorliegen. Es kommt aber nicht zuletzt auch darauf an, ob und in welcher Weise die Rede von einer maschinellen „Intelligenz“ überhaupt als soziologisch sinnvoll erachtet wird. In den letzten Jahrzehnten ist eine Vielzahl von höchst unterschiedlichen techniksoziologischen Konzeptionen und Forschungen zu intelligenten Maschinen entstanden (siehe Schulz-Schaeffer 2026 in diesem Band), die sich in drei aufeinander folgende Wellen sortieren lassen, in denen sehr unterschiedlich mit der grundsätzlichen Frage nach einem soziologischen Verständnis von intelligentem Maschinenverhalten umgegangen wurde.

In unserem Beitrag stellen wir die Grundannahmen techniksoziologischer Perspektiven und die Begriffe maschineller Intelligenz in diesen drei Wellen dar und skizzieren jeweils Beispielansätze und -studien. Der Schwerpunkt liegt dabei auf Arbeiten aus der deutschen Techniksoziologie, ergänzt um wichtige Entwicklungen und Beispielen aus dem internationalen Science and Technology Studies. Da das Anwendungsfeld intelligenter Maschinen in medizinischen Diagnose- und Behandlungsentscheidungen früh als soziologischer Forschungsgegenstand entdeckt

https://doi.org/10.1515/9783112245897-025

wurde und bis heute ein wichtiges empirisches Untersuchungsfeld des Einsatzes intelligenter Maschinen ist, stellen wir die Entwicklungen in diesem konkreteren Untersuchungsfeld für jede Welle gesondert dar.

Die erste Welle: Künstliche Expertise

Eine erste Welle der systematischen Befassung der Techniksoziologie mit intelligenten Maschinen setzte seit dem Beginn der 1990er Jahre ein. Die konkrete Technologie, die seinerzeit untersucht wurde, waren sogenannte Expertensysteme. Der Grundansatz dieser Klasse von technischen Systemen bestand (und besteht noch heute) aus zwei aufeinander aufbauenden Schritten: Zunächst soll das Wissen von menschlichen Expert*innen systematisch erhoben und in Datenbanken erfasst und strukturiert werden. Anschließend sollen Computerprogramme in die Lage versetzt werden, in neu auftretenden Entscheidungssituationen unter Rückgriff auf diese Datenbasis mit Hilfe von formallogischen Algorithmen Einschätzungen oder Entscheidungen zu generieren, die ebenso gut – oder besser – sind als die Entscheidungen erfahrener menschlicher Expertise (siehe Egbert 2026 in diesem Band).

Die Forschungen und Konzeptualisierungen dieser Welle waren am SCOT-Ansatz, d.h. der „social construction of technology", orientiert (auf Deutsch heißt dieser Ansatz Technikgeneseforschung). Die Grundüberlegung dieses Ansatzes ist, dass die Entwicklung aller Eigenschaften technischer Artefakte und Systeme immer „interpretativer Flexibilität" unterliegt, d.h. dass die Festlegung bestimmter Designs und Definitionen dieser Artefakte und technischen Systeme ausschließlich das Ergebnis der sozialen Aushandlungs- und Schließungsprozesse zwischen sozialen Gruppen ist (siehe Seibt 2026 in diesem Band). Bettina Heintz hat diese Perspektive so zusammengefasst: Es geht „nicht um die Suche nach einem absoluten Standard, anhand dessen man ein für allemal die Grundmerkmale der Mensch/Maschine-Differenz fixieren könnte, sondern um die Frage, unter welchen sozialen Voraussetzungen einem Programm Intelligenz zugeschrieben wird. [...] Die Antwort auf die Frage nach der Zukunft der Künstlichen Intelligenz ist deshalb auch weniger in den Programmen selbst zu suchen als in der sozialen Definitionspraxis ihrer Benutzer" (Heintz 1993: 289).

Innerhalb dieses techniksoziologischen Ansatzes lassen sich mehrere Spielarten danach unterscheiden, auf welche Ebene des Sozialen bei der Rekonstruktion von Aushandlungs- und Schließungsprozessen fokussiert wurde.

Aushandlung auf der Mesoebene

Eine Spielart folgte sehr direkt dem SCOT-Ansatz und identifizierte in empirischen Studien zunächst die am Aushandlungsprozess beteiligten sozialen Gruppen mit ihren unterschiedlichen Vorstellungen von maschineller „Intelligenz" und ihren unterschiedlichen Vorstellungen vom Zweck der neuen Technologie. Auf dieser Grundlage wurde dann der Aushandlungsprozess zwischen diesen sozialen Gruppen rekonstruiert, und das Ergebnis dieses Prozesses: die Gestalt der am Ende durchgesetzten neuen Technik.

Ein Beispiel für diese Spielart ist die empirische Studie zu „Wissensmaschinen" von Rammert et al. (1998). Die Durchsetzung einer bestimmten Version von maschineller Intelligenz als Expertensystem wurde dabei als ein sozialer Prozess auf der Mesoebene rekonstruiert, bei dem sich die Gestalt und Bedeutung des zu entwickelnden technischen Systems über mehrere Phasen hinweg stark veränderte. Bereits für die initiale Konzeptualisierungsphase zeigte sich, dass die klare wissenschaftliche Vorstellung eines KI-Systems die Entwicklungsingenieure nur sehr allgemein informiert haben, deren konkrete Entwicklungsarbeiten jedoch viel pragmatischeren Machbarkeitskriterien folgten. In der Entwicklungsphase selbst wurde das Wissen der menschlichen Experten nicht wie beabsichtigt in seiner ganzen Bandbreite erhoben, sondern nur in jenen Bestandteilen dieses Wissens, das in die formalen Erhebungsraster der Ingenieure passte. In der Implementierungshase schließlich wurden die so entwickelten Systeme von den potentiellen Anwender*innen in verschiedenen Branchen noch einmal neu definiert: Entweder als Systeme, die entgegen den Anfangsversprechungen für den realweltlichen Einsatz als unbrauchbar bewertet wurden, oder aber als Systeme, die nicht trotz, sondern gerade wegen ihrer formalistischen Abweichung von der Idee einer vollständigen Repräsentation von menschlichem Expertenwissen für eine betriebswirtschaftliche Rationalisierung von Wissensarbeit geeignet erschienen.

Aushandlung auf der Mikroebene

Eine andere Spielart der sozialkonstruktivistischen Techniksoziologie nahm als sozialen Ort der Herausbildung eines bestimmten Verständnisses von maschineller Intelligenz die Mikroebene des alltäglichen Entwicklungshandelns in den Blick. Orientiert am Ansatz der Laborstudien der Wissenschaftsforschung geht dieser Ansatz davon aus, dass sich der Prozess der sozialen Konstruktion von Technik nur durch langfristige teilnehmende Beobachtung der Praktiken vor Ort, also im Entwicklungslabor, empirisch erfassen lässt. Damit soll, so der

Anspruch, die tatsächliche Realität jenseits der nachträglichen Beschönigung in Publikationen oder Selbstbeschreibungen erfassbar werden. Entsprechend ist die Stärke dieser empirischen Studien, dass sie sehr detailliert beschreiben können, wie das Entwicklungshandeln mit all seinen Kontingenzen am Ort der Entstehung der jeweiligen Technik aussieht, welche kulturellen Einstellungen der Entwickler*innen das Entwicklungshandeln prägen, und wie sich diese Überzeugungen in konkrete technische Entscheidungen sowie letztlich auch die Definition maschineller Intelligenz übersetzen.

Ein Beispiel für diese Spielart ist die ethnografische Studie von Forsythe (1993). Basierend auf monatelangen Beobachtungen in verschiedenen Laboren, in denen Expertensysteme entwickelt wurden, rekonstruiert sie zunächst die kulturelle Hintergrundüberzeugung der Entwickler*innen, die als „engineeering ethos" eine eigentümliche und keineswegs widerspruchslose Mischung aus Bestandteilen einer naturwissenschaftlich-systematischen und einer ingenieurial-pragmatischen Grundeinstellung darstellt. Anschließend rekonstruiert Diana Forsythe im Detail, wie sich diese Grundeinstellung auf die zentrale Operation bei der Konstruktion von Expertensystemen auswirkt: die Akquise des menschlichen Expertenwissens. Dabei wird sichtbar wie vielfältig die lokalen Praktiken sind, die dazu führen, dass menschliches Wissen nur so erfasst wird wie es von expliziten Maschinenregeln verarbeitet werden kann. In der Konsequenz wird empirisch erklärbar, weshalb in den resultierenden technischen Expertensystemen große Teile der menschlichen Expertise unsichtbar werden.

Makrostrukturelle Rahmung des Aushandlungsprozesses

Eine weitere Spielart der sozialkonstruktivistischen Techniksoziologie verfolgte die Aushandlungsprozesse der Technikentwicklung nicht bis auf die Mikroebene des Sozialen, sondern ging den umgekehrten Weg. Dabei wurden zwei eng miteinander zusammenhängende Fragestellungen verfolgt. Es sollte erstens untersucht werden, welche gesamtgesellschaftlich dominanten Deutungsmuster die Aushandlung von bestimmten Versionen maschineller Intelligenz anleiten. Und es sollte zweitens untersucht werden, inwieweit die dem Technikeinsatz vorausgehende soziale Durchsetzung dieser Deutungsmuster überhaupt erst die sozialstrukturellen Voraussetzungen dafür schafft, dass eine bestimmte Version von maschineller Intelligenz einsetzbar wird.

Ein Beispiel für diese Spielart sozialkonstruktivistischer Techniksoziologie ist die technikhistorische Studie von Heintz (1993). Diese Studie verfolgte die beiden genannten Ziele technikhistorisch bis zu den Ursprüngen der Genese von Maschinenintelligenz als eindeutig definiertes und regelbasiertes Entscheiden.

Diese Definition von intelligentem Verhalten geht Bettina Heintz zufolge auf eine epochenspezifische Vorstellung von Rationalität zurück – eine Vorstellung, der auch die Tayloristische Messung, Bewertung und Optimierung der Schritte menschlicher Arbeit sowie die klar definierte Arbeitsteilung am Fordschen Fließband hervorgebracht hat. Maschinelle Intelligenz folgt demzufolge der Leitvorstellung eines „Fließbandes im Kopf". Daran anschließend entwickelt Heintz die folgende generelle These: So wie die Entwicklung und Implementierung des Fließbandes erst durch eine bereits zuvor vorhandene Form gesellschaftlicher Arbeitsteilung und eine rationalisierte Sicht auf Arbeitsprozesse möglich wurde, so war die Entwicklung der Idee von Expertensystemen und deren tatsächliche Implementierung nur möglich, weil soziale Wissensbestände und Handlungskontexte so in formale Regelsysteme eingepasst und damit zugerichtet worden sind, dass sie eine anschließende maschinengängige Bearbeitung erlaubten. In Orientierung an dieser These ist in den letzten Jahren wiederholt empirisch gezeigt worden, dass und wie der Einsatz regelbasierter KI-Systeme erst durch die vorgängige Formalisierung von menschlichem Arbeitshandeln und Interaktionsbeziehungen zum Funktionieren gebracht werden konnte.

Künstliche Experten für Medizinanwendungen

Die Medizin diente als empirische Fundgrube für diese frühen sozialwissenschaftlichen Beschäftigungen mit Maschinenintelligenz. Bereits Ende der 1950er Jahre stellen Mathematiker*innen und Mediziner*innen Überlegungen an, wie das ärztliche Wissen als Expertenwissen extrahiert und in regelbasierter Form in intelligente technische Expertensysteme eingebaut werden könnte. Das erklärte Ziel war es, medizinische Entscheidungsprozesse vollständig an eine intelligente Maschine abzugeben und den Ärzt*innen nurmehr die Behandlungsdurchführung zu überlassen. In zahlreichen Studien zu wissensbasierten Expertensystemen konnte gezeigt werden, dass dieser Anspruch ein ingenieurtechnisches Märchen blieb. Die Schlussfolgerung lautete, dass es keine maschinell intelligenten Systeme braucht, die medizinische Expert*innen simulieren, also die Aufgabe der Problemlösung übernehmen. Erfolgreicher erscheinen Ansätze, bei denen die intelligente Maschine bei der Problemdefinition hilft und darauf aufbauend mögliche Handlungsoptionen vorschlägt. Bei solchen Entscheidungsunterstützungssystemen assistiert die Technik den menschlichen Expert*innen (Lipscombe 1989: 194).

Allerdings dauerte es über zwei Jahrzehnte, bis Sozialwissenschaftler*innen dem Phänomen intelligenter Expertensysteme Bedeutung zusprachen. Die ersten sozialwissenschaftlichen Beiträge zu medizinischen Expertensystemen finden sich in einer kleinen Anthologie aus dem Jahre 1982 (Szolovits et al. 1982). Vor allem die Systeme MYCIN, das dabei helfen sollte, im Menschen Infektionen auslösende Bakterien zu identifizieren und passendes Antibiotikum zu empfehlen, und INTERNIST, das bei der Diagnosearbeit in der inneren Medizin Anwendung fand, standen dabei im Fokus der Forschung. Die Autor*innen fanden heraus, dass ein Hauptgrund für den mangelnden Praxiserfolg dieser Expertensysteme in der geringen Übereinstimmung zwischen dem extrahierten klinischen Wissen und dem für Ärzt*innen in realen medizinischen Kontexten relevanten Wissen liegt (siehe zum Vergleich die Studie von Forsythe 1993). Zudem lassen die Expertensysteme nur eine zu statische Informationsverarbeitung zu, die für die medizinische Realität zu unterkomplex ist. Paul Johnson kommt in seiner Studie (1983) zu dem ergänzenden Ergebnis, dass Ärzt*innen häufig nicht-authentische Darstellungen ihres eigenen Fachwissens entwickeln und dieses an die Technikentwickler*innen der Expertensysteme weitergeben. Die klinischen Expertensysteme basieren in der Folge zu sehr auf diesen die Realität nur mangelhaft widergebenden Wissensdarstellungen. Konsequenterweise können intelligente Expertensysteme Problemlösungsfähigkeiten von Ärzt*innen nicht abbilden.

Über die vor allem anhand (design-)technischer Unzulänglichkeiten begründete mangelnde Passung zwischen der Maschinenintelligenz von Expertensystemen und der Humanintelligenz von medizinischem Personal hinaus fokussierten Studien ab den 1990er Jahren verstärkt auf die Untersuchung der realweltlichen Anwendung dieser Systeme, um die Konfrontation mit ärztlicher Wissensarbeit und etwaige Folgen für die medizinische Praxis zu evaluieren. Sie lieferten dabei erste unterstützende Erkenntnisse für Heintz' These, dass Expertensysteme nur dann funktionierend in Handlungskonstellationen eingefügt werden können, wenn jene vorher maschinenbearbeitbar gemacht wurden. Für den Designprozess zeigte sich auch in der klinischen Praxis, dass medizinisch relevante Informationen so vorliegen müssen, dass sie für statistische Berechnungen verarbeitet und vom System interpretiert werden können. Zudem nötigten sie den Ärzt*innen ihre mangelnde situative Flexibilität bzw. ihre rein statische WENN-DANN-Ausgabe einprogrammierter Wissensbestände auf, die sie auf heterogene Krankheitsfälle und -verläufe anwandten (Anderson 1992). Bereits in Testphasen waren Systeme wie MYCIN und INTERNIST mit der situativen und durch Erfahrungen geprägten Wissenspraxis der Mediziner*innen konfrontiert, die der Einpassung in ein strikt-formales Regelsystem widerstrebte.

So macht Cicourel (1986) in seiner Studie über ein Expertensystem, das als Anamnese-Werkzeug eingesetzt werden soll, den Unterschied zwischen maschinell und menschlich intelligenter Anamnese in der Medizin deutlich: Während die intelligente Maschine die Patient*innen in die Beantwortung eines festen Fragebogens zwängt, führen Ärzt*innen ein Gespräch, das zwar einem Rahmen folgt, aber prinzipiell offen ist für Irritation. Anderson (1992) wiederum zeigt in seiner Studie eines früh in den 1970er Jahre implementierten Expertensystems zur Übernahme der Differenzialdiagnostik, dass die Ärzt*innen keinen Sinn darin sehen, dass eine künstlich intelligente Maschine Teile ihrer Arbeit neu definiert und übernimmt. Solange das System jedoch ihre eigenen zuvor bereits gefällten Entscheidungen unterstützt und sie argumentativ untermauert, ziehen sie das System häufiger zu Rate – vor allem zum Zwecke der Rechtfertigung selbst getroffener medizinischer Entscheidungen. Anderson argumentiert, dass es somit die Ärzt*innen waren, die die tatsächliche Rolle des Expertensystems in der Praxis erst definierten.

Es sind diese frühen empirischen Arbeiten, die bereits Kenntnisse brachten, die einige Jahrzehnte später – in Bezugnahme auf maschinelles Lernen – abermals ins Zentrum rückten (siehe Abschnitt 3 zur dritten Welle).

Die zweite Welle: Künstliche Akteure

Seit etwa Ende der 1990er Jahre kamen neue KI-Systeme in den Einsatz, die nicht nur Wissen verarbeiteten, sondern auf der Grundlage von selbständig erhobenen Umweltdaten und/oder auf der Basis gesammelter Massendaten Schlussfolgerungen für maschinelle Aktionen in der realen Welt treffen können. Hier ging und geht es nicht mehr um die Simulation bzw. Unterstützung von menschlichem Wissen, sondern um „intelligentes Maschinenverhalten". Damit verlagerte sich die Frage nach der maschinellen Intelligenz von der Frage des Wissens auf die Frage des Handelns. Dieser Unterschied wurde in Teilen der Techniksoziologie als die Herausforderung verstanden, die Eigenschaften von Technik nicht länger in soziale Konstruktionsprozesse aufzulösen und als Ergebnis bloßer sozialer Zuschreibung zu betrachten, sondern die spezifischen Eigenschaften dieser neuen Systeme ernst zu nehmen – theoretisch, empirisch und als mögliches Werkzeug soziologischen Arbeitens.

Künstliche Akteure und der soziologische Handlungsbegriff

Die Verfolgung der Frage, ob und inwieweit auch hochentwickelte Maschinen eine Handlungsträgerschaft aufweisen können, war von drei Erwägungen motiviert. Es war zunächst die irritierende Ähnlichkeit der Verhaltensmöglichkeiten dieser Maschinen mit dem menschlichen Handeln, die zu einer sozialtheoretischen Klärung drängte. In diesem Zusammenhang gewann zweitens die (keineswegs neue) Einsicht wieder an Bedeutung, dass auch große Teile menschlichen Handelns aus

Routinen besteht, also aus einer Verhaltensform, die typischerweise dem Fähigkeitsspektrum von Maschinen zugeschrieben wird. Und drittens hatte der Radikalismus der Aktor-Netzwerk-Theorie einen katalytischen Einfluss: Die Provokation des „Symmetrieprinzips", also der grundbegrifflichen Gleichbehandlung von menschlichen Akteuren und Dingen, musste erst soziologisch ‚verdaut', d.h. in den soziologischen Begriffskanon übersetzt werden.

Ein bekannter Versuch dieser sozialtheoretischen Klärung ist die grundsätzliche Unterscheidung von menschlichem Handlungsvermögen und den Fähigkeiten maschinellen Agierens von Collins und Kusch (1998). Dort werden zwei Klassen von Handlungen vorgestellt: „Mineomorphic actions" folgen einem vorfestgelegten Plan, der immer nur für die gleiche Klasse von Handlungssituationen funktioniert. Beim Golfspielen etwa wird die immergleiche Schlagbewegung ausgeführt, den Unterschied macht allein die Wahl des Eisens. Solche Handlungen sind Harry Collins und Martin Kusch zufolge ohne Weiteres von Maschinen substituierbar. Anders sind „polymorphic actions", bei denen weder der Handlungsablauf noch die Handlungssituation immer gleich sind – für die Autoren der Bereich des typisch menschlichen, prinzipiell nicht maschinell abbildbaren Handelns.

Eine systematischere Konzeptualisierung wird in dem einflussreichen Ansatz von Rammert und Schulz-Schaeffer (2002) vorgeschlagen. Dieser Ansatz besteht aus drei theoretischen Operationen. Werner Rammert und Ingo Schulz-Schaeffer schlagen erstens vor, die Frage des Handlungsvermögens soziologisch so abstrakt zu konzeptualisieren, dass menschliches Handeln und maschinelles Verhalten mit der gleichen Begrifflichkeit erfasst werden kann, ohne die zweifellos vorhandenen substanziellen Unterschiede auszublenden. Zweitens schlagen sie vor, zwischen den beobachtbaren Eigenschaften von Handlungsvollzügen und der sozialen Zuschreibung von „Intelligenz" an Maschinen (und an menschliches Verhalten) konzeptionell zu trennen – beides kann damit als eine empirisch offene Fragestellung verhandelt werden. Und drittens schlagen sie vor, den Handlungsbegriff in zweifacher Weise abzustufen, also zu gradualisieren, um unterschiedliche Formen der Handlungsträgerschaft nicht durch theoretische Setzungen vorzuentscheiden, sondern empirisch unterscheidbar zu machen. Das ist in der folgenden Grafik visualisiert.

In diesem Vorschlag werden zunächst (in der Grafik auf der vertikalen Ebene) drei Arten des Handelns unterschieden, orientiert an der Sozialtheorie von Anthony Giddens: Routinehandlungen, der Einsatz von Handlungsmitteln sowie das Setzen von Handlungszielen. Innerhalb dieser Arten des Handelns (in der Grafik auf der horizontalen Ebene) wird dann zusätzlich der „neuen Qualität zunehmend handlungsfähigerer Techniken" dadurch Rechnung getragen, dass Grade zunehmender „Avanciertheit" technischer Verhaltensmöglichkeiten unterschieden werden – womit eine weitere Differenzierung von maschineller Intelligenz angestrebt wird.

Gradualisierung nach Ebenen	Gradualisierung innerhalb der Ebenen
intentionale Erklärung	von der Zuschreibung einfacher Dispositionen bis hin zur Verhaltenssteuerung und -koordination mittels komplexer intentionaler Semantiken
Auch-anders-handeln-Können	von der Auswahl zwischen wenigen vorgegebenen Handlungsalternativen bis hin zur „freien“ Selbstgenerierung wählbarer Alternativen
verändernde Wirksamkeit	von der kurzzeitigen Störung bis hin zur dauerhaften Umstrukturierung von Handlungszusammenhänge

Abb. 20.1: Schematische Darstellung des gradualisierten Handlungsbegriffs (nach Rammert und Schulz-Schaeffer 2002: 49)

In diesem Vorschlag werden zunächst (in der Grafik auf der vertikalen Ebene) drei Arten des Handelns unterschieden, orientiert an der Sozialtheorie von Anthony Giddens: Routinehandlungen, der Einsatz von Handlungsmitteln sowie das Setzen von Handlungszielen. Innerhalb dieser Arten des Handelns (in der Grafik auf der horizontalen Ebene) wird dann zusätzlich der „neuen Qualität zunehmend handlungsfähigerer Techniken“ dadurch Rechnung getragen, dass Grade zunehmender „Avanciertheit“ technischer Verhaltensmöglichkeiten unterschieden werden – womit eine weitere Differenzierung von maschineller Intelligenz angestrebt wird.

Mit der Grundidee der Gradualisierung des Handlungsbegriffes wurde eine theoretische Grundlage geschaffen, um die schlichte dichotome Trennung zwischen der Welt der menschlichen Akteure und der Welt der maschinellen Intelligenz durch Differenzierungen zu ersetzen und die Formen der wechselseitigen Durchdringung dieser beiden Welten empirisch differenziert beschreibbar zu machen (zur Weiterentwicklung des Konzeptes siehe Kapitel 14, Schulz-Schaeffer).

Künstliche Akteure in sozio-technischen Konstellationen

Zunehmend intelligentere Technik wurde in der zweiten Welle nicht nur als Herausforderung für die Konzeptualisierung von Handlungstechnik, sondern auch für die Konzeptualisierung von Organisationstechnik wahrgenommen. Fahrerassistenzsysteme, Navigationssysteme, Fitness-Apps oder die (teil-)automatische Ermittlung von dynamischen Strompreisen zeichnen sich dadurch aus, dass Softwareeinheiten die aktuelle Situation selbsttätig erfassen, mit in Datenbanken gespeicherten Informationen abgleichen und daraus maschinelle Entscheidungen generieren, die entweder die Form automatischer Steuerung oder den von assistierenden Handlungsempfehlungen haben. Solche „künstlichen Akteure" verändern nicht nur die einzelnen Mensch-Technik-Interaktionen, sondern verändern auch die Gesamtstruktur sozio-technischer Infrastruktursysteme (siehe Kropp und Schreck 2026 in diesem Band). Daraus ergab sich die techniksoziologische Aufgabenstellung, die Konzeptualisierung der Steuerung solcher sozio-technischer Infrastrukturen neu zu fassen und die Mensch-Technik-Verhältnisse innerhalb dieser Infrastrukturen empirisch zu beforschen.

Ein Beispiel dafür sind die Forschungen der Gruppe von Johannes Weyer und Kolleg*innen zur veränderten Organisation des Flugverkehrs. Flugzeuge werden zwar nach wie vor von Pilot*innen geflogen und von Fluglots*innen überwacht, doch sie tun das in engem Zusammenwirken mit technischen Systemen, die autonom Informationen erheben und verarbeiten, etwa Autopiloten, technischen Überwachungs- und Optimierungssystemen sowie technischer Kollisionsvermeidung. Die situationsangemessene Gesamtsteuerung solcher vielfach auf Menschen und Techniken verteilter Infrastrukturen entzieht sich der klassischen Logik der Steuerung von Technik, aber auch der Vorstellung einer humanzentrierten Automatisierung. Konzeptionell stellen solche Konstellation nach Weyer (2006) eine noch genauer zu bestimmende neue Mischform aus den beiden klassischen Steuerungsformen der zentralen Kontrolle und der dezentralen Selbstorganisation dar. Es lässt sich empirisch zeigen, dass in der Luftfahrtbranche mit verschiedenen Ausprägungen dieser neuen Mischform experimentiert wird, etwa mit unterschiedlichen Systemarchitekturen sowie unterschiedlichen Zuständigkeitsverteilungen zwischen den beteiligten menschlichen Akteuren und technischen Agenten. Dass solches Experimentieren auch zu fatalen Fehlschlägen führen kann hat Johannes Weyer am Beispiel des Flugzeugabsturzes in Überlingen im Jahr 2002 exemplifiziert.

Künstliche Akteure als soziologisches Forschungswerkzeug

In der zweiten Welle wurde auch versucht, die Eigenschaften maschineller Intelligenz als ein neuartiges Forschungsinstrument der Soziologie nutzbar zu machen. Zur Anwendung kommt dabei in erster Linie eine besondere Art von KI-Systemen, sog. Multi-Agenten-Systeme (MAS). Diese Softwaresysteme bestehen aus vielen autonom Information verarbeitenden Softwareeinheiten, die miteinander kommunizieren und aus dieser Kommunikation den „intelligenten“ Gesamtoutput des Systems generieren – das Gesamtergebnis wird also gleichsam innertechnisch „ausgehandelt“. Die Analogie dieser Softwarearchitektur zur Grundstruktur sozialer Interaktion wurde in der Soziologie schnell erkannt, und es wurde eine Reihe von unterschiedlichen Nutzungsweisen von MAS-Simulationen für soziologische Fragestellungen erprobt.

So wurde im Rahmen des Schwerpunktprogrammes Sozionik von Soziolog*innen und Informatiker*innen im interdisziplinären Verbund beforscht, inwieweit sich soziologische Theorien in Multi-Agenten-Systemen so abbilden lassen, dass soziologische Theoriefragen durch Computersimulationen bearbeitbar werden (Fischer et al. 2006). In Fink und Weyer (2011) wurde der Versuch unternommen, die Essersche Sozialtheorie so in einem MAS zu formalisieren, dass mittels darauf aufbauender Computersimulationen das Mit-Handeln von Technik in hybriden Konstellationen untersucht werden kann. Und es sind in den Sozialwissenschaften sehr anwendungsorientierte Verwendungen von MAS entwickelt worden, etwa für die Generierung komplexer Zukunftsszenarien in der Technikfolgenabschätzung. Ein Beispiel dafür sind Szenarien über die zukünftige Integrierbarkeit von erneuerbaren Energien in den Energiemarkt (Deissenroth et al. 2017).

Künstliche Akteure für Medizinanwendungen

War die Medizin in der ersten Welle noch Kern der soziologischen Auseinandersetzung mit Maschinenintelligenz, so tritt dieses Feld in der zweiten Welle mit ihrem Fokus auf Fragen des Akteurstatus intelligenter Maschinen in den Hintergrund. Stattdessen konzentrieren sich medizinsoziologische Studien mit Technikbezug vor allem auf Standardisierungs- und Klassifizierungsmechanismen innerhalb der Medizin, die einerseits im Aufkommen des Paradigmas der Evidenz-basierten Medizin (EBM) und andererseits in der Einführung von medizinischen Technologien wie der Patientenakte, aber auch weiterhin in Expertensystemen gesehen werden. Dabei basiert die Maschinenintelligenz spätestens ab den späten 1990er- und 2000er-Jahren vermehrt auf statistischer Regression, vor allem auf der Grundlage von evidenz-basierten Richtlinien, die wiederum auf klinischen Studien basieren. Zudem ist es der erklärte ingenieuriale Anspruch, auf größerer technischer Autonomie beim Sammeln von Daten zu setzen. Eine Rückbindung an die Kernfrage der prinzipiellen Handlungsfähigkeit intelligenter Maschinen erfolgt jedoch lange Zeit nur lose und rein assoziativ, zum Beispiel wenn intelligente Maschinen als medizinische Berater oder Zweitmeinung in den Blick genommen werden. Grundsätzliche Überlegungen über maschinell intelligentes Handeln bleiben insgesamt unterkomplex.

So werden intelligente Expertensysteme ausgehend von den empirischen Erkenntnissen und unter Zuhilfenahme der ANT symmetrisch zum Menschen als Akteure konzipiert, die soziale Rollen in Interaktionsnetzwerken mit Ärzt*innen – aber auch mit anderer, weniger ‚intelligenter' Technik – erfüllen. Eine in techniksoziologischer Literatur erarbeitete prinzipielle oder graduelle Unterscheidung zwischen mehr oder weniger Maschinen- und Humanintelligenz wird in diesen medizinsoziologischen Studien nicht aufgegriffen oder eigenständig entwickelt. Die symmetrische Betrachtung maschinellen und menschlichen Handelns – und damit die ‚Aufwertung' maschineller Wirkmächtigkeit – dient mehr als Mittel, ein hegemoniales Verhältnis zwischen Menschen und Maschine im klinischen Kontext zu beschreiben. So wird gezeigt, dass bestehende soziotechnische Konstellationen medizinischer Entscheidungsfindung in formalisierte Handlungsabfolgen der intelligenten Maschine umstrukturiert werden. Beispielsweise kommt Marc Berg in seiner Studie über das Expertensystem ACORN, das entscheiden sollte, ob Notfallpatient*innen mit Brustschmerzen dringend auf die kardiologische Intensivstation aufgenommen werden müssen, zu folgendem Schluss: „In the active ‚redescription' of ACORN's emergency department practice, many heterogeneous elements were transformed to make their behavior definite, uniform, and predictable enough for the formal system ACORN to work." (Berg 1999: 313) Autoren wie Berg konstatieren daher, dass Ärzt*innen und Krankenpfleger*innen sich entweder dieser als Einschränkung empfundenen Standardisierung medizinischen Handelns beugen oder sich der Maschine komplett verweigern müssten.

Eine zweite Stoßrichtung findet im Bereich sozio-technischer Infrastruktursysteme statt, die nicht auf der Mikroebene medizinischer Wissensarbeit bzw. auf der Mesoebene deren Organisation ansiedelt, sondern beim softwaretechnisch ermöglichten Wissensaustausch zwischen örtlich separierten Gruppen. Vor allem die Forschungsgruppe um Susan Leigh Star und Karen Ruhleder (1994) konnte in ihren Studien zum Worm Community System (WCS) zeigen, wie Genetiker*innen über diese Datenbank überregional Forschungsdaten und Wissen austauschten und darüber ihre Forschungsgemeinschaft stärkten, wodurch die Datenbank einen infrastrukturellen Charakter erhält. Dabei betrachten Star und Ruhleder das WCS nicht als sozial losgelöstes infrastrukturelles Werkzeug, sondern nehmen – ganz in der Tradition der oben beschriebenen Konzeptualisierung soziotechnischer Konstellationen – eine relationale Perspektive ein. Die Infrastruktur des WCS besteht demzufolge aus den wechselbezüglichen Handlungen aller beteiligten Akteure, zu denen die Genetiker*innen, Softwareingenieur*innen, aber eben auch die Datenbank selbst gehören.

Die dritte Welle: Künstliche Mitarbeitende

In einer dritten Welle, seit etwa den 2010er Jahren, befassen sich die Soziologie insgesamt und die Techniksoziologie im Besonderen mit wiederum neuen Technologien, die unter dem Stichwort „Digitalisierung" zusammengefasst werden. Die soziologische Beobachtung ist zunächst, dass diese neuen Technologien zahlreiche Kernbereiche der Gesellschaft, etwa Kommunikation, Arbeit und Alltag, auf eine bislang nicht gekannte Weise durchdringen, was als eine grundsätzlich neue Herausforderung verstanden und entsprechend intensiv empirisch beforscht wird.

Bei diesen neuen Technologien handelt es sich erstens um sogenannte „cyber-physische Systeme". Diese Systeme sind nicht länger in einem Computer gekapselt, sondern sind über Sensorik direkt mit der physischen Welt verbunden. Zudem greifen sie in Echtzeit auf die großen Datenbestände des Internets zu, welche nicht zuletzt durch die Eingaben der Nutzenden selbst generiert werden. Und es handelt sich zweitens um Verfahren des maschinellen Lernens („deep learning"). Bei diesen technischen Verfahren werden auf der Basis einer abstrakten menschlichen Definition von Aufgabenklassen und Modellen diese Modelle an einer großen Menge an Daten trainiert, um anschließend in der Lage zu sein, situationsangemessen bzw. nach der Eingabe spezifischer menschlicher Anfragen („Prompts") intelligente Lösungen zu generieren.

Digitalisierung der Arbeitswelten

Besondere soziologische Aufmerksamkeit hat der beginnende Einsatz solcher technischen Systeme in der Arbeitswelt gefunden. Der wesentliche Grund für diese Aufmerksamkeit ist die öffentliche Prominenz von Prognosen, die weitreichende Veränderungen der Arbeitswelt durch den Einsatz dieser Technologien (Stichwort „Industrie 4.0") vorhergesagt haben. Dabei wurde insbesondere das dystopische Zukunftsbild einer baldigen technischen Substitution von zahlreichen wissensbasierten Berufen durch KI gezeichnet, also von beruflichen Tätigkeiten, die die Fähigkeit zu intelligenter Aufgabenbearbeitung voraussetzen – etwa situationsangemessene Flexibilität oder das Verstehen semantischer Zusammenhänge. Solche Aufgabenstellungen wurden bislang, anders als einfach strukturierte, repetitive Tätigkeiten, als Domäne spezifisch menschlicher Berufstätigkeiten verstanden.

Die soziologische Forschung hat sich vor diesem Hintergrund daran gemacht empirisch zu überprüfen, inwieweit die vorhergesagten gesellschaftlichen Veränderungen und insbesondere die weitreichende Substitution von menschlicher Arbeit durch die neuen technischen Möglichkeiten auch tatsächlich zu beobachten sind, und zwar für so unterschiedliche Bereiche wie beispielsweise Radiologie,

Journalismus, Übersetzung, Altenpflege oder industrielle Fertigungsarbeit. Ein branchenübergreifend generalisierbarer Befund zeichnet sich im Moment noch nicht ab. Das ist nicht überraschend. Zu verschieden sind die Spezifika der Betriebe, Berufe und Branchen, als dass sich die Folgen des Einsatzes dieser Technologien zu einem Gesamtergebnis generalisieren lassen (Pfeiffer et al. 2024). In der Arbeits- und Industriesoziologie wird deshalb die Frage diskutiert, auf welcher Ebene des Sozialen eine solche Generalisierung der empirischen Vielfalt überhaupt möglich wäre: Auf der Mikroebene des je einzelnen Arbeitshandelns, auf der Mesoebene der betrieblichen Organisation des Arbeitshandelns, oder auf der Makroebene gesamtgesellschaftlicher Veränderungen (Stichwort: „Digitaler Kapitalismus"). Im Moment stellt sich der Erkenntnisstand noch als eine Mischung aus „Megatrend und Flickenteppich" dar, aus „zu groben Großtheorien und empirischer Unübersichtlichkeit" (Butollo et al. 2021: 39).

Trotz dieser Unübersichtlichkeit lässt sich allerdings festhalten, dass sich die Prognose einer weitgehenden Substitution menschlicher Arbeit, vor allem der Wissensarbeit, durch intelligente technische Systeme nicht bestätigt. So widmen sich beispielsweise Michael Tieber und Stefan Baumgarten dem Einfluss maschinellen Lernens auf professionelle Übersetzungsarbeit – eine jener wissensbasierten Berufe, deren zügiges Verschwinden immer wieder prognostiziert wird. Gegen diese Annahme argumentieren die Autor*innen, dass es wenig Sinn macht, wenn die Übersetzer*innen einen mit der Hilfe von Maschinenintelligenz übersetzten Text blind übernehmen, sondern für den Übersetzungsprozess notwendige semantische Arbeit leisten, die auch von Kreativität und Intuition geprägt ist. Statt Ersetzung sei daher eine symbiotische Zusammenarbeit erforderlich, bei der die KI die menschlichen Fähigkeiten unterstützt, während die Übersetzer*innen die Kontrolle über den Übersetzungsprozess behalten (Tieber und Baumgarten 2024: 383).

Insgesamt festigt sich empirisch das Bild einer Neuverteilung der Handlungsträgerschaft, d.h. des neuartigen Einbaus von Technik in menschliches Arbeiten. Auf der Ebene des Arbeitshandelns stellt sich das als Delegation einzelner Handlungsschritte – und eben nicht der gesamten Handlungskette – an die Technik dar, und auf der Ebene der Arbeitsorganisation als eine Steigerung der Komplexität der jeweiligen sozio-technischen Konstellationen. Dies reflektiert, wie angemerkt, interessanterweise frühe Erkenntnisse aus Studien zu medizinischen Expertensystemen der ersten Welle, deren Rolle in der Unterstützung menschlicher Wissensarbeit verortet wurde, allerdings ohne eine Referenz auf diese Erkenntnisse.

Die Rolle von Zukunftsvorstellungen

Die bislang durchgeführten empirischen Forschungen zeigen als weiteren generellen Befund die große Relevanz von Visionen der Digitalisierung der Arbeit. Das sind geteilte Zukunftsbilder bzw. Narrative, die die Einführung neuer Technik direkt mit der Erwartung gesamtgesellschaftlichen Wandels verknüpfen. Dabei handelt es sich nicht nur um kollektive Zuschreibungen an Technik und nicht nur um weitreichende Prognosen. Visionen und Narrative wie etwa „Industrie 4.0" sind vielmehr ein wichtiger Bestandteil des Gegenstandes Digitalisierung selbst (Meyer 2020).

Ein Beispiel dafür ist die Wirkung des „Pflegenotstandsnarrativs" in der Pflegerobotik. Dieses Narrativ besagt nicht nur, dass der zunehmende Mangel an Pflegekräften nur durch den Einsatz von Robotern überbrückt werden kann, sondern auch die Erwartung, dass nur der belastende und repetitive Teil der Pflegearbeit („Versorgungsarbeit") an Technik delegiert werden wird, nicht aber die eigentliche Zuwendungsarbeit („Sorgearbeit"). Dieses Narrativ ist ein zentraler Erklärungsfaktor für die Beteiligung vieler Akteursgruppen, da es ihre Einstellungen und Motivationen prägt – und kann auch den Befund erklären, weshalb in der Pflegerobotik so häufig an Einsatzszenarien einer robotischen Unterstützung oder Assistenz festgehalten wird, obwohl es offenkundig ist, dass diese Szenarien schwer oder überhaupt nicht zu realisieren sind (Schulz-Schaeffer et al. 2023).

Künstliche Interaktionspartner für Medizinanwendungen

Während die Medizin als soziologisches Forschungsfeld in der zweiten Welle nur eine marginale Rolle spielte, rückt der avisierte großflächige Einsatz von selbstlernender Maschinenintelligenz die Medizin in den letzten Jahren wieder stärker in den Fokus sozialwissenschaftlicher Technikforschung. Neben zahlreichen Arbeiten zur Rolle von Zukunftsvorstellungen, Visionen, Imaginationen oder Erwartungen und Befürchtungen unterschiedlichster Interessengruppen (von Ärzt*innen, über Pflegefachkräfte, Patient*innen bis zur allgemeinen Öffentlichkeit) über maschinell lernende Medizintechnik, und sich nun neu stellenden Fragen nach möglichen strukturellen Verzerrungen in den verwendeten klinischen Daten, in den Berechnungsmodellen oder in den Köpfen der Programmierer*innen, sowie dem Blackbox-Charakter maschinellen Lernens, erscheinen zunehmend Studien, die die praktischen Auswirkungen von intelligenten Maschinen in der Medizin ins Zentrum der Untersuchung stellen. Dabei spiegeln die Autor*innen dieser empirischen Studien die gleichen Fragestellungen und kommen zu erstaunlich ähnlichen Erkenntnissen wie ihre älteren Kolleg*innen in der ersten Welle – wohlgemerkt ohne sich auf diese zu beziehen. Konzeptionell informierend ist hier jedoch die Einsicht aus der zweiten Welle, Maschinenintelligenz grundsätzlich Akteursfähigkeit zuzugestehen und den Fokus auf Praktiken des gemeinsamen Handelns von Menschen und Technologien zu betrachten (Lebovitz et al. 2022: 129).

Dabei beschränkt sich der Großteil der Studien auf den medizinischen Bereich der radiologischen Bildgebung, die derzeit durch maschinell lernende Technologien am stärksten durchdrungen ist. Entgegen der Ende der 2010er Jahre prognostizierten grundlegenden Umwälzungen der Arbeit von Radiolog*innen (bis zur ihrer vorausgesagten vollständigen Ersetzung) haben sie die Technologie in ihren Arbeitsalltag integriert und Umgangsweisen der Zusammenarbeit mit ihnen entwickelt: Ähnlich zu Ergebnissen aus der ersten Welle stellen Lebovitz et al. (2022) fest, dass Radiolog*innen in einer von mehreren untersuchten Kliniken selten blind einem Wissensanspruch der Technologie folgen. Stattdessen setzen sie sich aktiv mit den technischen Systemen auseinander und versuchen, Beziehungen zu ihrem eigenen Wissensanspruch herzustellen. Sie tun dies, indem sie den maschinellen Wissensanspruch entweder zur Reflektion des eigenen Wissensanspruchs verwenden oder aber einen neuen Wissensanspruch aus ihrem eigenen und dem der Technologie generieren. Die Radiolog*innen beziehen sich auf das System als Assistenz, als Back-up oder als sofort verfügbare Zweitmeinung. Die Mehrheit nutzt das System auf emanzipierte Weise, immer mit dem Ziel, Unsicherheit und Mehrdeutigkeit zu reduzieren, und bei Bedarf ignorieren sie den Wissensanspruch der Maschine. Radiolog*innen in den anderen Kliniken.

Williams et al. (2024) zeigen darüber hinaus, dass selbstlernende Medizintechnik, um sich als Interaktionspartner zu bewähren, einen oft langwierigen Prozess des kontextbezogenen Entwickelns, Anlernens und Implementierens durchlaufen muss, den sie als ‚Domestizierung von KI' bezeichnen. Die Technologie, so die zentrale Erkenntnis kann nur dann ein wirkmächtiger Teil medizinischer Praxis werden, wenn es für die Akteure möglich ist, sie eigenmächtig in ihre Praktiken, Routinen und organisationalen Strukturen einzubinden. Werden diese zu sehr durch technikindizierte Veränderungen herausgefordert, wird eine Zusammenarbeit erschwert oder verunmöglicht.

Fazit und Ausblick

Die offenkundige Unterschiedlichkeit der drei Wellen bedeutet selbstredend nicht, dass die Konzepte und Befunde der vorhergehenden für die folgenden Wellen obsolet geworden sind. So ist es etwa schlicht ein techniksoziologischer Allgemeinplatz, dass es sich auch bei intelligenten Maschinen immer um das Ergebnis von sozialen Konstruktionsprozessen handelt. Jedoch stellen viele der derzeit vor allem durch empirische Studien geprägten dritten Welle alte Fragen in neuem Gewand – ohne nennenswerten Bezug auf frühere Einsichten. Obwohl die technischen Unterschiede zwischen maschinellen Lernsystemen und älteren Expertensystemen grundlegender Natur sind, verliert die aktuelle soziologische Debatte über Maschinenintelligenz durch den fehlenden Rückbezug auf die Ansätze und Erkenntnisse der früheren Studien an Erklärungskraft.

Zudem ist auffällig, dass in der aktuellen Welle bislang vor allem empirische Studien entstanden sind, aber kaum, wie in den ersten beiden Wellen, theoretische Ansätze und techniksoziologische Konzepte. Wir wollen abschließend einen möglichen Ansatzpunkt einer solchen konzeptionellen Ausarbeitung kurz umreißen. Es wird diskutiert, ob und in welcher Weise das innere Funktionsprinzip von neuronalen Netzen und maschinellem Lernen zur Weiterentwicklung techniksoziologischer Begriffe und Theorien führen sollte oder muss. Denn diese Maschinen formalisieren nicht länger explizite Wissensbestände oder handlungsleitende Informationen von Menschen und wenden diese Wissensbestände auch nicht länger in einer von Menschen prinzipiell nachvollziehbaren Weise auf neue Situationen oder Fragen an. Vielmehr sind diese Maschinen in der Lage, aus einer Vielzahl von Trainingsdaten selbständig Muster zu erkennen und Regeln zu extrahieren, die es erlauben, situationsangemessene Antworten (Texte, Handlungsempfehlungen usw.) zu generieren. An diesen neuartigen Charakter maschinellen Lernens schließen sich zwei Fragen an.

Die erste Frage dreht sich um den soziologischen Technikbegriff. Denn die Weise wie diese Maschinen Regeln erzeugen und über Prompts Antworten generieren passt nicht länger zur traditionellen Vorstellung, wonach Technik ein Werkzeug zum Zwecke der wiederholbaren Erreichung menschlicher Handlungsziele ist. Diese Art von Technik wäre dann im Wortsinn eher als eine Art künstlicher Interaktionspartner zu konzeptualisieren. Schulz-Schaeffer stellt vor diesem Hintergrund die Frage, ob Generative Künstliche Intelligenz prinzipiell von jeder anderen Technologie unterschieden werden muss (Schulz-Schaeffer 2025.

Die zweite, damit zusammenhängende Frage dreht sich darum, ob maschinelles Lernen wie bislang nach dem Vorbild menschlicher Intelligenz verstanden und konzeptualisiert werden kann. Hier zeichnen sich zwei Antwortmöglichkeiten ab. Entweder bildet maschinelles Lernen zwar nicht länger explizite menschliche Wissensbestände ab, wohl aber implizites Wissen und Skills, die aus Beispielen generalisiert wurden. Diese Maschinen lernen, so drückt das Fabian Anicker aus, nicht explizite Regeln, sondern sie werden an praktischen Beispielen „sozialisiert" (Anicker 2023) – und so ist das bei Menschen ja auch. Oder aber das maschinelle

Lernen durch Training an Beispielen stellt eine den Menschen wesensfremde – eben im Wortsinn „künstliche" – Form von Intelligenz dar, die nach grundsätzlich anderen Prinzipien funktioniert. So argumentiert Elena Esposito, dass vor allem generativ künstlich intelligente Maschinen hinsichtlich ihrer Verarbeitung von Informationen sowie selbstlernenden Prozessen auf eine „Art und Weise [...] arbeiten, [die] vom menschlichen Verstehen unabhängig" und für den menschlichen Akteur „unverständlich" ist (Esposito 2024: 25). In der Fluchtlinie dieses Gedankens liegt die Vorstellung, dass es sich bei der Verwendung von maschinellem Lernen um „hybride Intelligenz" im Sinne der Interaktion zweier grundsätzlich unterschiedlicher Arten von Intelligenz handelt. In der Literatur zu KI-Anwendungen in der Medizin lassen sich erste Hinweise darauf finden (van Baalen et al. 2021).

Dies sind erste konzeptuelle Überlegungen. Die Frage, inwieweit sich hier gar der Beginn einer vierten Welle abzeichnet, kann zum jetzigen Zeitpunkt noch nicht abschließend beantwortet werden.

Weiterführende Lektüre

Carstensen, T. und B. Prietl, 2021: Digitalisierung und Geschlecht: Traditionslinien feministischer Auseinandersetzung mit neuen Technologien und gegenwärtige Herausforderungen. Freiburger Zeitschrift für GeschlechterStudien 27 (1): 29–44.

Collins, H.M., 1994: Science Studies and Machine Intelligence. S. 286–301 in: S. Jasanoff, G.E. Markle, J.C. Petersen und T. Pinch (Hrsg.), Handbook of Science and Technology Studies. Thousand Oaks: Sage.

Heinlein, M. und N. Huchler (Hrsg.), 2024: Künstliche Intelligenz, Mensch und Gesellschaft. Soziale Dynamiken und gesellschaftliche Folgen einer technologischen Innovation. Wiesbaden: Springer VS.

Rammert, W., 2023: Wie die Soziologie zur 'Künstlichen Intelligenz' kam. Eine kurze Geschichte ihrer Beziehung. S. 31–66 in: F. Muhle (Hrsg.), Soziale Robotik: Eine sozialwissenschaftliche Einführung. Berlin: de Gruyter.

Schubert, C., 2022: Die langen Schatten der Digitalisierung in der Medizin. Zur Entwicklung und Nutzung digitaler Technologien aus sozialwissenschaftlicher Sicht. S. 67–94 in: A. Manzei-Gorsky, C. Schubert und J. Von Hayek (Hrsg.), Digitalisierung und Gesundheit. Baden-Baden: Nomos.

Literatur

Anderson, W., 1992: The Reasoning of the Strongest: The Polemics of Skill and Science in Medical Diagnosis. Social Studies of Science 22: 653–684.

Anicker, F., 2023: Sozialisierte Maschinen. Zur gesellschaftlichen Funktion von Künstlicher Intelligenz. Zeitschrift für Theoretische Soziologie 12 (1): 79–105.

Berg, M., 1999: Formal Tools and Medical Practices: Getting Computer-Based Decision Techniques to Work. S. 301–330 in: G. Bowker, S.-L. Star, L. Gasser und W. Turner (Hrsg.), Social Science, Technical Systems, and Cooperative Work: Beyond the Great Divide.

Butollo, F., P. Feuerstein und M. Krzywdzinski, 2021: Was zeichnet die digitale Transformation der Arbeitswelt aus? Ein Deutungsangebot jenseits von Großtheorien und disparater Empirie. Arbeits- und Industriesoziologische Studien 14 (2): 27–44.

Cicourel, A., 1986: Social Measurement as the Creation of Expert Systems. S. 246–270 in: Metatheory in Social Science: Pluralisms and Subjectivities. Chicago: The University of Chicago Press.

Collins, H.M. und M. Kusch, 1998: The Shape of Actions. What Humans and Machines Can Do. Cambridge: MIT Press.

Deissenroth, M., M. Klein, K. Nienhaus und M. Reeg, 2017: Assessing the Plurality of Actors and Policy Interactions: Agent-Based Modelling of Renewable Energy Market Integration. Complexity 1/2017: 7494313.

Egbert, S., 2026: Algorithmische Prädiktion, S. 405–422 in A.K. Krüger, J. Schubert, C. Schubert und J.F. Schrape (Hrsg.): Wissenschafts- und Technikforschung. Sozialwissenschaftliche Einführungen. Berlin: De Gruyter Brill.

Esposito, E., 2024: Kommunikation mit unverständlichen Maschinen. Wien Salzburg: Residenz Verlag.

Fink, R.D. und J. Weyer, 2011: Autonome Technik als Herausforderung der soziologischen Handlungstheorie. Zeitschrift für Soziologie 40 (2): 91–111.

Fischer, K., M. Florian und T. Malsch (Hrsg.), 2006: Socionics. Scalability of Complex Social Systems: Berlin: Springer.

Forsythe, D.E., 1993: Engineering Knowledge: The Construction of Knowledge in Artificial Intelligence. Social Studies of Science 23: 445–477.

Heintz, B., 1993: Die Herrschaft der Regel. Zur Grundlagengeschichte des Computers. Frankfurt a.M.: Campus.

Johnson, P, 1983: What Kind Of Expert Should A System Be? Journal of Medicine and Philosophy 8: 77–97.

Kropp, C. und A. Schreck, 2026: Soziotechnische Konstellationen und Risiken der Automatisierung, S. 285–304 in A.K. Krüger, J. Schubert, C. Schubert und J.F. Schrape (Hrsg.): Wissenschafts- und Technikforschung. Sozialwissenschaftliche Einführungen. Berlin: De Gruyter Brill.

Lebovitz, S., H. Lifshitz-Assaf und N. Levina, 2022: To Engage or Not to Engage with AI for Critical Judgments: How Professionals Deal with Opacity When Using AI for Medical Diagnosis. Organization Science 33: 126–148.

Lipscombe, B., 1989: Expert Systems and Computer-controlled Decision Making in Medicine. AI & Society 3: 184–197.

Meyer, U., 2020: Industrie 4.0 als sozio-technische Zukunftsvorstellung. Zur Bedeutung von organisationaler Sinnerzeugung und -stiftung. S. 349–378 in: S. Maasen und J.-H. Passoth (Hrsg.), Soziologie des Digitalen – Digitale Soziologie? Baden-Baden: Nomos.

Pfeiffer, S., M. Nicklich, M. Henke, M. Hessler, M. Krzywdzinski und I. Schulz-Schaeffer (Hrsg.), 2024: Digitalisierung der Arbeitswelten: Zur Erfassbarkeit einer systemischen Transformation: Wiesbaden: Springer Fachmedien.

Rammert, W., M. Schlese, G. Wagner, J. Wehner und R. Weingarten, 1998: Wissensmaschinen. Soziale Konstruktion eines technischen Mediums. Das Beispiel Expertensysteme. Frankfurt a.M.: Campus.

Rammert, W. und I. Schulz-Schaeffer, 2002: Technik und Handeln. Wenn soziales Handeln sich auf menschliches Verhalten und technische Abläufe verteilt. S. 11–64 in: W. Rammert und I. Schulz-Schaeffer (Hrsg.), Können Maschinen handeln? Soziologische Beiträge zum Verhältnis von Mensch und Technik. Frankfurt a.M.: Campus.

Schulz-Schaeffer, I. 2025: Why generative AI is different from designed technology regarding task-relatedness, user interaction, and agency. Big Data & Society 12 (3): 1–13.

Schulz-Schaeffer, I., K. Wiggert, M. Meister und T. Clausnitzer, 2023: The Self-perpetuation of the Promise of Care Robots. How Doubtful Application Scenarios Become Promising. Work Organisation, Labour & Globalisation 17 (1): 117–135.

Seibt, D., 2026: Die Konstruktion von Nutzerrollen: Klassische Ansätze und aktuelle Entwicklungen, S. 387–404 in A.K. Krüger, J. Schubert, C. Schubert und J.F. Schrape (Hrsg.): Wissenschafts- und Technikforschung. Sozialwissenschaftliche Einführungen. Berlin: De Gruyter Brill.

Star, S.L. und K. Ruhleder, 1994: Steps Towards an Ecology of Infrastructure: Complex Problems in Design and Access for Large-scale Collaborative Systems. S. 253–264 in: Proceedings of the 1994 ACM Conference on Computer Supported Cooperative Work (CSCW) 1994. Chapel Hill: ACM Press.

Szolovits, P. (Hrsg.), 1982: Artificial Intelligence in Medicine. Boulder: Westview Press.

Tieber, M., und S. Baumgarten, 2024: Mean Machines? Sociotechnical (R)evolution and Human Labour in the Translation and Interpreting Industry. Perspectives 32 (3): 379–390.

Van Baalen, S., M. Boon und P. Verhoef, 2021: From Clinical Decision Support to Clinical Reasoning Support Systems. Journal of Evaluation in Clinical Practice 27: 520–528.

Weyer, J., 2006: Modes of Governance of Hybrid Systems. The Mid-air Collision at Ueberlingen and the Impact of Smart Technology. Science, Technology & Innovation Studies 2 (2): 127–149.

Williams, R., S. Anderson, K. Cresswell, M.S. Kanneløning, H. Mozaffar und X. Yang, 2024: Domesticating AI in Medical Diagnosis. Technology in Society 76:1–14.

David Seibt

21 Die Konstruktion von Nutzerrollen: Klassische Ansätze und aktuelle Entwicklungen

Einleitung

Die soziale Konstruktion von Technik impliziert die soziale Konstruktion von Nutzerrollen, denn in die Gestaltung technischer Objekte fließen Vorstellungen darüber ein, wer diese benutzen soll und wie. Entscheidungen über Größe, Funktion, Ästhetik oder Preisgestaltung spiegeln dabei Ideen über die Körper, sozialen Positionen und Praktiken künftiger Nutzer*innen wider. Man denke nur an "Damen-" und "Herrenräder" (Pinch und Bijker 1984), an die rollstuhl(un)gerechte Gestaltung öffentlicher Verkehrssystems (Galis und Lee 2014) oder an sogenannte „Anti-Obdachlosen-Bänke" mit zentralen Armlehnen (Rosenberger 2020). Umgekehrt sind Nutzer*innen selbst aktiv an der Entwicklung neuer Technologien beteiligt. Beispielsweise trugen Nutzerinnen dazu bei, das ursprünglich für die geschäftliche Nutzung vorgesehene Telefon als Mittel der privaten Kommunikation zu etablieren (Martin 1991) und Hobbyfunker*innen spielten eine wichtige Rolle beim Aufbau früher Rundfunknetzwerke (Douglas 1989). Zahlreiche Innovationen – von Skateboards und Kite-Surfing-Equipment (Shah 2000) bis hin zu Prothesenhänden (Seibt 2023) – gehen sogar direkt auf Erfindungen von Nutzer*innen zurück.

Diese Ko-Konstruktion von Nutzer*innen und Technik (Oudshoorn und Pinch 2003) ist seit 40 Jahren ein identitätsstiftender Gegenstand der Science and Technology Studies (STS). Sie bleibt auch angesichts der fortschreitenden Digitalisierung ein aktives Forschungsfeld (siehe Pillinger 2026 in diesem Band), denn diese verändert das Verhältnis von Technikentwicklung und -nutzung maßgeblich. Von Open Source Software Communities (Schrape 2019) und Maker Movement (Braybrooke und Smith 2018) bis hin zu unternehmensgetriebenen Open Innovation Plattformen (Chesbrough 2003) ermöglicht digitale Technik die stärkere Beteiligung von Nutzer*innen an Innovationsprozessen. Softwareupdates erlauben die kontinuierliche Einbeziehung von Nutzerfeedback und verändern so die ko-evolutionäre Dynamik von Technikentwicklung- und Nutzung (Garud et al. 2008). Zudem erzeugt die Nutzung digitaler Produkte und Dienstleistungen selbst Daten (Zuboff 2015), die nicht nur in Innovationsprozesse einfließen, sondern auch in die Personalisierung digitaler Technik und die subtile Beeinflussung von Nutzungsverhalten.

https://doi.org/10.1515/9783112245897-026

Der vorliegende Beitrag ist eine Einführung in diese Themenfelder der STS-Nutzerforschung. Er bietet einen Überblick über klassische Ansätze (Abschnitte 1 und 2) sowie aktuelle Entwicklungen (Abschnitt 3) in diesem Forschungsfeld. Zudem arbeitet er heraus, welche neuen Herausforderungen die Digitalisierung für eine Theorie der Ko-Konstruktion von Nutzerinnen und Technik mit sich bringt (Abschnitt 4). Er schließt mit einem kurzen Fazit zum Forschungsstand und künftigen Forschungsbedarfen (Abschnitt 5).

Die Konstruktion von Nutzerrollen in der Technikentwicklung

Eine erste Gruppe von Ansätzen in der STS-Nutzerforschung konzentriert sich auf die Konstruktion von Nutzerrollen in der Entwicklung neuer Technologien. Diese Ansätze betonen, dass Technik zwar gesellschaftsprägende Wirkungen hat, dabei aber selbst das Resultat eines sozialen Konstruktionsprozesses ist, in dem nicht zuletzt Vorstellungen über zukünftige Nutzer*innen ausgehandelt und in die Technik eingeschrieben werden.

Der *Social Shaping of Technology Ansatz* (SST) (MacKenzie und Wajcman 1985) betont die vielfältigen sozialen Entscheidungen in Innovationsprozessen und rahmt die Ko-Konstruktion von Nutzerrollen und Technik als politischen Aushandlungsprozess. Die zentrale Metapher für die Technikentwicklung ist das Durchschreiten eines Gartens sich verzweigender Pfade (Williams und Edge 1996: 866), der die Beteiligten vor immer neue Richtungsentscheidungen stellt und zu ganz unterschiedlichen Ergebnissen führen kann. Neue Technologien können dementsprechend prinzipiell verschiedene Formen annehmen, die verschiedene Nutzungsweisen nahelegen. Gleichzeitig sind soziale Entscheidungsprozesse aber durch existierende soziale Strukturen geprägt und reflektieren oft die Interessen machtvoller sozialer Gruppen.

So zeigte David Noble (1984), wie die Entwicklung automatisierter Werkzeugmaschinen für die industrielle Produktion vom Konflikt zwischen Management und Arbeiter*innen geprägt war. Das Management bevorzugte numerisch gesteuerte Maschinen (*numerical control*) gegenüber solchen, deren Steuerung auf der Aufnahme und Wiedergabe von Bewegungen (*record playback*) beruhte. Der Grund dafür war, dass die numerische Steuerung dem Management die Zentralisierung der Kontrolle über den Produktionsprozess erlaubte, während die Aufnahme-Wiedergabe-Technologie die Bedienung durch geschulte Facharbeiter*innen voraussetzte. Interessanterweise zeigte Ruth Schwartz Cowan (1983) für die Automatisierung der Hausarbeit, wie soziale Institutionen genau die entgegengesetzten

Entwicklung begünstigten. So setzten sich Technologien wie die private Waschmaschine gegen zentralisierte Lösungen, wie die kommerzielle Wäscherei, durch. Dies war nicht nur im finanziellen Interesse der Hersteller, sondern reproduzierte auch die Institutionen der Familienautonomie und der Delegation von Hausarbeit an Frauen. In beiden Fällen waren die Innovationsprozesse also von Entscheidungen geprägt. Diese fielen aber je so aus, dass sie bestehende soziale Rollenbilder und Machtverhältnisse reproduzierten.

Materiell-semiotische Ansätze, wie die Akteur-Netzwerk Theorie (ANT), fokussieren stärker auf die konkreten Praktiken der Technikentwicklung als auf ihre institutionellen Kontexte. Ausgangspunkt dafür ist die Analogie zwischen Technik und Text (Woolgar 1991), bzw. Skript (Akrich 1992) oder Drama (Pfaffenberger 1992), mit der die semiotische Analyse von Zeichen und ihren Bedeutungen aus der Linguistik für die Analyse materieller Technologien nutzbar gemacht wird. Demnach schreiben Designer*innen, analog zu Autor*innen, Vorstellungen über zukünftige Nutzer*innen, Nutzungsweisen und -kontexte in die materielle Form der Technik ein. Diese Einschreibungen orientieren die Verwendung des Artefakts, determinieren diese aber nicht, sondern bleiben, analog zu geschriebenen Texten, für verschiedene Interpretationen offen.

So zeigte Madeleine Akrich (1992), wie die Entwickler*innen eines photoelektrischen Beleuchtungssets für die ländlichen Regionen Afrikas eine zu enge Konzeption der Nutzer*innen in die Technologie einschrieben. Die Länge der Kabel und die Art der Anschlüsse begrenzten die Einsatzmöglichkeiten des Sets so sehr, dass es letztlich kaum genutzt wurde. Hingegen begünstigte das Design mobiler Dieselgeneratoren im Senegal unerwartete Nutzungsarten wie den Verleih für Jugendfeiern. Die Idee des Verleihs wurde dabei durch die klare Trennung von Investitionskosten für den Generator und Betriebskosten für den Treibstoff nahegelegt. Wie diese Beispiele zeigen, lenkt die Metapher der Technik als „Text" den Blick auf die Beeinflussung von Nutzerrollen durch Designer*innen – verstanden als „Autor*innen" technologischer Skripte. Entsprechend finden sich verschiedene Studien zu den Repräsentationspraktiken und impliziten Vorstellungen von Technikentwickler*innen (Hyysalo und Johnson 2016). Diese reichen von standardisierten Benutzertests (Woolgar 1991) bis hin zur sogenannten I-Methodology (Akrich 1995), bei der Designer*innen von ihren eigenen Erfahrungen ausgehen und so die Diversität tatsächlicher Nutzer*innen unterschätzen (Oudshoorn et al. 2004).

Die hier vorgestellten Ansätze wurden dafür kritisiert, dass sie die Machtstellung, politischen Absichten und strategischen Möglichkeiten von Technikentwickler*innen überbetonen (Gherardi und Nicolini 2005) und die Konstruktion von Nutzerrollen in der Vermarktung, Implementation und Nutzung von Technologien vernachlässigen (Williams et al. 2005). Wichtige Erweiterungen dezentrieren die Rolle machtvoller Designer*innen, indem sie ihre Einbettung in komplexe

Organisationen hervorheben (Mackay und Gillespie 1992), ihre geteilten Frames (Bijker 1995) und Paradigmen (van den Belt und Rip 1987) herausarbeiten und auf Rahmenbedingungen wie staatliche Regulation und technologische Standards verweisen (Sørensen 1996). Andere Autor*innen argumentieren, dass die Konstruktion von Nutzerrollen nicht auf den Designprozess beschränkt ist, sondern sich auch auf Implementation und Nutzung erstreckt. So erweiterten Ingo Schulz-Schaeffer und Kollegen (2024) den Skriptansatz, um zu zeigen, wie sich Einsatzszenarien für kollaborative Roboter in Pflege und Industrie zwischen den Vorstellungen der Entwickler*innen und deren prototypischer Realisierung im Nutzungskontext deutlich verschieben (siehe Meister und Wiggert 2026 in diesem Band). Bei der Einschreibung von Nutzerrollen in neue Technologien handeln Designer*innen also nicht autonom, sondern im Zusammenspiel mit anderen Akteuren wie Regulierungsbehörden, Interessenvertretungen und sozialen Bewegungen. Die wichtigste dieser Gruppen sind die Nutzer*innen selbst.

Die Konstruktion von Nutzerrollen in der Techniknutzung

Eine zweite Gruppe klassischer Ansätze verortet die Konstruktion von Nutzerrollen in der aktiven Aneignung, Interpretation und (Weiter-)Entwicklung von Technik durch Nutzer*innen selbst. Diese Studien betonen die Beiträge von Nutzer*innen bei der Technologieauswahl und -interpretation, sowie bei der Anpassung und Integration von Technik für unterschiedliche soziale Kontexte.

Das Modell der *Social Construction of Technology* (SCOT) von Pinch und Bijker (1984) sieht Nutzer*innen als Mitglieder einer oder mehrerer relevanter sozialer Gruppen, die neue Technologien je unterschiedlich interpretieren (siehe Kropp und Schreck 2026 in diesem Band). Damit tragen sie in einem iterativen Prozess nicht nur zur Generierung unterschiedlicher Technikvarianten bei, sondern auch zur Schließung des Entwicklungsprozesses (Pinch und Bijker 1984) sowie zum Markterfolg dominanter Designs (Cowan 1987). Technologieanbieter können versuchen, das Verhalten potenzieller Nutzer*innen zu beeinflussen, etwa durch Werbung (Cowan 1983: 136ff.; Pinch und Bijker 1984: 427). Die Interpretation durch Nutzer*innen und die Herausbildung stabiler Nutzerrollen bleibt jedoch zentral für die Entwicklung und Stabilisierung neuer Technologien.

Ein zentrales Beispiel des SCOT-Ansatzes ist die Entwicklung des Fahrrads (Pinch und Bijker 1984; vgl. Schulz-Schaeffer 2021). Das Fahrrad wies in seiner Entstehungsphase einen hohen Grad an interpretativer Flexibilität auf, so dass sich verschiedene Varianten herausbildeten, die von verschiedenen Nutzergruppen als Lösung für unterschiedlicher Probleme verstanden wurden. Eine Gruppe, die "young men of means and nerve" (Pinch und Bijker 1984: 415), nutzte das Fahrrad als Sportgerät. Diese Nutzer suchten Geschwindigkeit und Nervenkitzel und bevorzugten darum Hochräder, wie das *ordinary bicycle*, bei denen der Sattel direkt über den großen Vorderrädern lag, an denen auch die Pedale montiert waren. Die zweite Gruppe betrachtete das Fahrrad als Fortbewegungsmittel und bevorzugte daher das *safety bicycle*, das dem heute dominanten Design mit zwei gleich großen Rädern, Kette zwischen Pedalen und Hinterrad und zurückgesetztem Sattel entsprach. Zur Schließung der Kontroverse führte erst die Entwicklung der Luftbereifung. Diese war zwar ursprünglich als zusätzliche Dämpfung für das *safety bicycle* gedacht, erwies sich aber auch als Geschwindigkeitsvorteil bei Fahrradrennen und überzeugte so auch die Gruppe der Sportradler.

Ein zweiter Forschungsstrang untersucht die Prozesse der Konstruktion von Nutzerrollen und -identitäten bei der *Domestizierung von Technik* (Silverstone und Hirsch 1992). Im Zentrum steht hier der Prozess der Umwandlung einer anonymen Ware in ein Objekt in der moralischen Ökonomie des Haushalts. Domestizierung wird dabei als ein vierstufiger Prozess verstanden. Dieser umfasst die Aneignung des Artefakts durch die Nutzer*innen, seine Objektivierung durch Platzierung und Bedeutungszuweisung im Haushalt, seine Einbindung in Routinen und seine Umwandlung durch den Ausdruck des eigenen sozialen Status gegenüber anderen. Der Ansatz verweist damit auf Konsum und Distinktion als Mechanismen der Rollenkonstruktion (Bourdieu 1984; Miller 1987). Anstelle des Beitrags von Nutzer*innen zur Technikentwicklung wird darum die gegenseitige Anpassung von Technik und Alltagspraktiken betont.

Ein Beispiel ist Aunes (1996) Studie zur Einführung von Computern in norwegische Haushalte, bei der sie die Herausbildung von drei Nutzerrollen rekonstruiert. Die sogenannten "Extender" nutzen den Computer instrumentell, um Arbeitsaufgaben von zu Hause zu erledigen, während "Game-Player" ihn als Mittel der Freizeitgestaltung nutzen und "Explorer" eine starke Faszination für die Technologie entwickelten, die zu einer intensiven und expressiven Nutzung für Arbeits- und Freizeitzwecke führte. Diese Nutzerrollen waren nicht nur mit sozialen Dynamiken wie der Gründung von Clubs von Computerspieler*innen oder häuslichen Konflikten über die Nutzungsintensität verbunden, sondern korrelierten auch mit bestehenden Geschlechterrollen. So waren explorative und spielerische Anwendungen männlich kodiert, während Frauen den Computer oft rein instrumentell für spezifische Aufgaben nutzten.

Die Kritik an den frühen Studien des SCOT und des Domestizierungsansatz fokussierte auf die enge Darstellung von Nutzer*innen, Nutzungspratiken und -kontexten. So wurde der Begriff der relevanten sozialen Gruppe aus dem SCOT-Modell dafür kritisiert, dass er Nutzer*innen ausschloss, die keinen Einfluss auf die Technikentwicklung haben, aber dennoch von ihr betroffen sind (Clarke 1998). Ebenso rückte die Rolle von Nicht-Nutzer*innen in den Blick, etwa in der Debatte um den Digital Divide bei der Internetnutzung (Wyatt 2003) oder die selektive Nutzung von mobilen EKG-Geräten und anderen Telecare-Anwendungen für ältere Nutzer*innen (Oudshoorn 2011). Zudem wurde gezeigt, dass Nutzer*innen, nicht nur in den frühen Phasen der Technikentwicklung relevant sind, sondern auch bereits stabilisierte Technologien uminterpretieren, verändern und weiterentwickeln können. Ein Beispiel ist die Nutzung des Automobils in den ländlichen Regionen der USA (Kline und Pinch 1996), wo Farmer ihre Autos nicht nur als Transportmittel nutzten, sondern auch als Generator. Durch das Anheben der Hinterachse und den Anschluss an ein Riemensystem wurden so Maschinen wie Maismühlen, Holzsägen, Wasserpumpen oder Waschmaschinen angetrieben. Auch der Domestizierungsansatz wurde auf Kontexte jenseits des Haushalts erweitert. Neuere Studien untersuchen etwa die professionelle Techniknutzung in Organisationen (Lie und Sørensen 1996) sowie die mobile und kontextübergreifende Nutzung etwa von Smartphones (Bertel 2018). Zudem wird nun betont, dass Domestizierungsprozesse ihrerseits von Technikentwickler*innen aufgenommen werden und so zum sozialen Lernen im Innovationsprozess beitragen (Sørensen 1996; Williams et al. 2005).

Die Konstruktion von Nutzerrollen über mehrere Innovationszyklen

Neuere Arbeiten in der Nutzerforschung zielen auf die Integration und Weiterentwicklung bestehender Ansätze. Oft verfolgen sie dabei die Konstruktion von Nutzerrollen über mehrere Innovationszyklen, um die iterative Wechselwirkung zwischen Technikdesign und -nutzung herauszuarbeiten. Aus theoretischer Sicht geraten damit sowohl längerfristige Veränderungen von Nutzerrollen in den Blick, als auch die Rolle von Akteuren, die zwischen Technikentwicklung und -Nutzung vermitteln. Methodisch besteht der Beitrag in der Entwicklung komplexer Studiendesigns, die Teiluntersuchungen über verschiedene Zeiträume, Settings und Analyseebenen integrieren.

Einer dieser Ansätze ist das Modell des *Social Learning in Technological Innovation* (SLTI) (Williams et al. 2005), das auf früherer Forschung zum Social Shaping of Technology aufbaut (siehe Pillinger 2026 in diesem Band). Der SLTI Ansatz verfolgt die soziale Konstruktion von Technik und Nutzerrollen von der Entwicklung über die Implementierung bis zur Nutzung. Im Fokus stehen Mechanismen des praktischen und sozialen Lernens von Entwickler*innen und Nutzer*innen wie beispielsweise *learning by doing, learning by interacting* und *learning by regulating* (Sørensen 1996).

Ein erster Beitrag dieser Forschung ist die Analyse von Innovationskontexten, bei denen Interaktion und Feedback-Loops zwischen Designer*innen und Nutzer*innen an die Stelle der rein marktlichen Vermittlung treten, die in linearen Innovationsmodellen angenommen wird (Williams et al. 2005). Dazu zählen beispielsweise User-Centered-Design-Verfahren und Experimentierräume wie Living Labs, aber auch die langwierige Konfiguration von IT-Systemen in großen Organisationen (Fleck 1994). Eine zweite Erkenntnis ist die Häufigkeit und Intensität der fortlaufenden Anpassung zwischen Technologien und Nutzungspraktiken im Diffusionsprozess ("Innofusion"). So erfordert beispielsweise der Einsatz von Industrierobotern (Fleck 1988) eine Integration in bestehende Systeme sowie ihre Anpassung für spezifische Verwendungszwecke, was mit Lernprozessen nach dem Prinzip von Versuch und Irrtum verbunden ist. Drittens betont der Social-Learning-Ansatz den Einflusses von Markt- und Innovationsintermediären auf die Konstruktion von Nutzerrollen (Stewart und Hyysalo 2008). So fungierten Cybercafés in den 1990er Jahren als informelle Lernräume, in denen ein breites Publikum den Umgang mit digitalen Services erproben konnte (Stewart 2000). Nutzer*innen selbst agieren oft als lokale Expert*innen, die ihren Bekannten beim Umgang mit neuer Technik assistieren (Stewart 2007). Auch Gruppen wie Kundensupport, und Vertriebspersonal erweisen sich als zentral für den Wissensaustausch zwischen Entwickler*innen und Nutzer*innen (Hyysalo 2010).

Der *Biographies of Artifacts and Practices* (BoAP) Ansatz (Hyysalo et al. 2019; Hyysalo et al. 2025) ist eine Weiterentwicklung des Social Learning Ansatzes, der mit methodisch komplexen Studiendesigns die Ko-Konstruktion von Nutzerrollen und Technik über längere Zeiträume untersucht. Die deutschsprachigen Arbeiten zu Innovationsbiografien (Rammert 2000; Lettkemann 2019; Lenzen 2020) und zum Phasenmodell der Technikentwicklung (Weyer 1997) gehen in eine ähnliche Richtung. Sie sind jedoch stärker theoretisch als methodisch orientiert und zielen auf die Identifikation typischer Innovationsverläufe. BoAP-Studien betonen hingegen die empirisch vielfältigen Rollen von Nutzer*innen und Nutzercommunities im Innovationsprozess (Hyysalo et al. 2016; Hyysalo et al. 2019).

So demonstrieren Pollock und Williams (2009) wie die weltweite Verbreitung von SAP-Software auf dem Umgang mit User-Feedback beruhte (siehe Boeva 2026 in diesem Band). Dieser wechselte zwischen der Lokalisierung der Technik für spezifische Nutzungspraktiken und der Generifizierung der Software für den Transfer zwischen Organisationen. Ein weiteres Beispiel ist eine mehr als zehnjährige Studie zu Wärmepumpen in Finnland (Hyysalo 2021; Hyysalo und Juntunen 2024). Diese untersucht mit dem Konzept der *configurational movements* die wechselnden

Konfigurationen von Technologie und Akteurskonstellationen, sowie die wechselnden Beiträge von Nutzer*innen zum Innovationsprozess. Letztere reichen von der routinemäßigen Nutzung und lokalen Anpassung über Nutzerinnovation bis hin zur Vermittlung von Nutzungswissen, der Gründung von Nutzer-Commununities, der Schaffung von Märkten und der diskursiven Legitimation der Technik. Neben der zeitlichen Dimension verweisen BoAP Studien auf die Ausdifferenzierung von Nutzerrollen zwischen Organisationen sowie innerhalb von größeren sozialen Arenen und Feldern. So beschreibt Seibt (2023) mit dem Konzept der Nutzerlandschaft die Vielfalt von Nutzerrollen in der Prothetikindustrie. Im Bereich der Armprothetik findet sich beispielsweise nicht nur ein dominantes Design, sondern eine ganze Bandbreite von Technologien für unterschiedliche Nutzergruppen und Praktiken. Diese reichen von ästhetisch detaillierten aber passiven Handnachbildungen zu mechanischen Split-Hooks bis hin zu technisch avancierten bionischen Händen.

Die Digitalisierung als Herausforderungen für die Nutzerforschung

Die STS Nutzerforschung hat in den letzten 40 Jahren ein breites Spektrum an empirischen Studien und analytischen Konzepten hervorgebracht. Doch die fortschreitende Digitalisierung verändert die Bedingungen der Ko-Konstruktion von Technik und Nutzerrollen (Hyysalo et al. 2016) und stellt bestehende Theorien vor neue Herausforderungen. Im Folgenden betrachte ich drei zentrale Trends: (1) die zunehmende räumliche und soziale Verteilung von Innovationsprozessen und die stärkere Beteiligung von Nutzer*innen daran, (2) die Beschleunigung von Innovationsprozessen und die komplexer werdenden Biografien von Artefakten und Nutzungspraktiken sowie (3) die stärkere Personalisierung von Produkten und Services und die Ausdifferenzierung von Nutzerrollen.

Verteilte Innovationsprozesse und die Beteiligung von Nutzer*innen

Digitale Technologien tragen sowohl als digitale Medien als auch als Innovationsgegenstände zur *zunehmenden räumlichen und sozialen Verteilung von Innovationsprozessen* bei (Seibt et al. 2023). Als digitale Medien ermöglichen und strukturieren Technologien wie Instant Messenger, Internetforen und Social-Media-Plattformen die Zusammenarbeit global verteilter Akteure. Dies gilt besonders dort, wo digitale Technologien selbst Gegenstand der Innovation sind, denn sowohl der modulare

Aufbau moderner Software (Baldwin und Hippel 2011) als auch die lose Kopplung von Software, Hardware und Daten (Yoo et al. 2010) erleichtern die Zusammenarbeit von Innovationsakteuren. Zusammen begünstigen diese Eigenschaften neue Formen der Koordination von Innovationsprozessen. Innovationen entstehen längst nicht mehr nur in den Entwicklungsabteilungen einzelner Unternehmen oder den Garagen einzelner Tüftler, sondern auch in Open-Source-Communities (Schrape 2019), Innovationsökosystemen (Gawer und Cusumano 2014) und Innovationsfeldern (Windeler 2021). Diese Verteilung verändert auch die Beziehung zwischen Technikentwickler*innen und Nutzer*innen. Während Letztere aktiver am Innovationsgeschehen teilnehmen, finden Unternehmen neue Wege, um ihre Aktivitäten für sich zu nutzen (Hyysalo et al. 2016).

Digitale Medien erlauben es Nutzer*innen und Hobbyentwickler*innen, sich mit geringem Aufwand an Innovationsgemeinschaften zu beteiligen. Gerade große Open-Source-Softwareprojekte wie Linux führten zur These der Demokratisierung von Innovation (Hippel 2005), wonach Nutzer*innen zunehmend in die Lage versetzt werden, Technik für ihre eigenen Zwecke zu entwickeln. Doch auch im Hardwarebereich spielen Open-Source-Communities (Ferdinand und Meyer 2017) ebenso eine Rolle wie Fablabs und Makerspaces, die Nutzer*innen Zugang zu kapitalintensiven Maschinen wie Lasercuttern, 3D-Druckern und CNC-Fräsen bieten (Braybrooke und Smith 2018). Die mit diesen Entwicklungen verbundene Hoffnung ist, dass Nutzer*innen aktiv an Innovationsprozessen teilnehmen und neue Technologien so genauer auf ihre spezifischen Anforderungen hin entwickeln können.

Gleichzeitig nutzen Unternehmen digitale Technologien, um die aktive Nutzung ihrer Produkte zu fördern und Nutzerinnen direkt in den Innovationsprozess einzubinden. Internetforen und Social Media bieten neue Kanäle für kontinuierliches Nutzer*innen-Feedback. Über Crowdsourcing-Plattformen (Bauer und Gegenhuber 2015) und User-Innovation-Toolkits (Hippel und Katz 2002) lagern Unternehmen Teile des Innovationsprozesses an Nutzer*innen aus und beziehen diese in Innovationsökosysteme ein (Gawer und Cusumano 2014), wie sie sich etwa um die App Stores mobiler Betriebssysteme herausbilden. Zudem beteiligen sich Unternehmen oft aktiv an Open-Source-Communities, um von den dortigen Entwicklungen zu profitieren (Schrape 2019).

Insgesamt nehmen Nutzer*innen also zunehmend aktivere Rollen im Innovationsprozess ein, die vom Nutzer-Innovator (Hippel 2005) über den Prosumenten (Ritzer und Jurgenson 2010) bis zum arbeitenden Kunden (Voß und Rieder 2015) reichen. Dies bedeutet jedoch nicht unbedingt eine demokratische Beteiligung aller Nutzer*innen. Beispielsweise repräsentieren Nutzer-Innovator*innen und Lead User meist nur ganz bestimmte Nutzergruppen. Auch innerhalb von Innovationsgemeinschaften bilden sich Hierarchien heraus und gerade in heterogenen Innovationsökosystemen sind Nutzer*innen oft nicht tonangebend (Ferdinand und

Meyer 2017). Letztlich gilt: Mit der wachsenden Zahl relevanter sozialer Gruppen im Innovationsprozess, steigt auch die Vielfalt der Vorstellungen über die Nutzungsweisen neuer Technologien. Die Ko-Konstruktion von Nutzerrollen und Technik ist daher trotz der stärkeren Beteiligung von Nutzer*innen mehr denn je von intensiven Aushandlungsprozessen begleitet, deren Muster es zukünftig genauer zu erforschen gilt.

Beschleunigte Innovationsprozessen und komplexe Innovationsbiografien

Die Digitalisierung führt zu einer Beschleunigung von Innovationszyklen. Dies liegt an der Möglichkeit kontinuierlicher Updates von Softwaresystemen und Datensätzen (Neff und Stark 2004) sowie an der Rekombinierbarkeit von Hardware, Software und Daten (Yoo et al. 2010; Henfridsson et al. 2018). An die Stelle langjährig stabiler Technologien treten Produkte, die gezielt auf Unabgeschlossenheit und Rekombinierbarkeit hin entwickelt werden (Garud et al. 2008). Damit einher geht eine schnellere Rückkopplung zwischen Produktentwicklung und Nutzungspraktiken.

Die prinzipielle Unabgeschlossenheit von Software erleichtert die schnelle Integration unerwarteter Nutzungspraktiken in bestehende Produkte. Auf der einen Seite kann das zur raschen Verfestigung neuer Nutzerrollen führen (Seibt 2023). Auf der anderen Seite werden Nutzer*innen zunehmend zu Beta-Tester*innen für unfertige Produkte. Früher waren öffentliche Betatests aus dem Bereich der Computerspiele bekannt. Heute finden sie sich in immer weiteren Kontexten, etwa bei den kontinuierlichen A/B-Tests, mit denen die Betreiber digitaler Plattformen neue Interfaces und Algorithmen testen. Mit dem Aufkommen von Rapid Prototyping und Rapid Production, z.B. mittels 3D-Druck, erfasst diese Dynamik auch die Hardwareentwicklung und selbst stark regulierte Bereiche wie die Prothetik (Seibt 2023). Das ständige Testen von Produkten tritt so aus dem Labor heraus und wird zum integralen Bestandteil der Techniknutzung (Marres und Stark 2020). Produkte und Nutzerrollen stabilisieren sich nicht mehr in gleicher Weise, sondern bleiben „permanently beta" (Neff und Stark 2004).

Neben der Unabgeschlossenheit einzelner Artefakte, erleichtert die Modularität von Software und die lose Kopplung zwischen Hardware, Software und Daten (Yoo et al. 2010) auch deren ständige Re-Kombination, was das Innovationsgeschehen weiter antreibt. So baut neue Software heute stets auf bereits vorhandene Module und Schichten auf, deren eingeschriebene Nutzungsvorstellungen oft unreflektiert bleiben (siehe Boeva 2026 in diesem Band). Beispielsweise sind die Effekte von SAP Systemen in Krankenhäusern nicht ohne Bezug auf Bestandteile der Software zu erklären, die ursprünglich für das Prozessmanagement in Fabriken entwickelt wurden (Ametowobla 2022). Noch komplexer wird das Bild, wenn man bedenkt, dass die Rekombination von Hardware, Software und Daten nicht nur in der Entwicklung, sondern auch in der Nutzung von Technik stattfindet (Henfridsson et al. 2018). Beispielsweise wechseln Nutzer*innen beim Schreiben eines Texts routinemäßig zwischen Computer, Tablet und Handy und nutzen dabei Anwendungen wie Word, Google Docs und Plug-ins für generative KI. Sie rekombinieren also die Skripte unterschiedlicher Technologien und tragen so zur Herausbildung innovativer Nutzungspraktiken bei.

Diese Entwicklungen führen dazu, dass die Biografien digitaler Artefakte und ihrer Nutzungspraktiken sich beschleunigen und miteinander verschränken. Das Konzept der Schließung von Innovationsprozessen (Pinch und Bijker 1984) gerät hier ebenso an seine Grenzen wie der Skriptansatz (Akrich 1992), der auf die Einschreibung von Nutzerrollen in klar definierte Artefakte abzielt und deren Verschränkung in komplexen Systemen eher ausblendet. Wo sich Innovationszyklen beschleunigen und digitale Artefakte miteinander kombiniert werden, führen diese Konzepte schnell zu einer kaum beherrschbaren Komplexität. Neuere Ansätze lösen sich darum zunehmend von der Analyse einzelner Artefakte und richten den Blick auf komplexe "Assemblages" (Glaser et al. 2021) und Infrastrukturen (Williams et al. 2024).

Digitale Personalisierung und die Ausdifferenzierung von Nutzerrollen

Die Reprogrammierbarkeit und Interaktivität digitaler Technologien eröffnet neue Möglichkeiten der Personalisierung von Produkten und Services. Damit verbunden ist das Versprechen der Ausdifferenzierung von Nutzerrollen und der genaueren Passung zwischen Nutzungspraktiken und Technik. Die standardisierten Produkte industrieller Massenfertigung orientierten sich an Populationen und Durchschnittswerten und marginalisierten so Nutzer*innen, die von etablierten Normen abwichen (Star 1991). Digitale Produkte und Dienstleistungen versprechen hingegen eine interaktive Personalisierung, die sich an den Bedürfnissen individueller Nutzer*innen orientiert.

Ein Beispiel dafür sind Mass-Customization-Verfahren, die die Skalierbarkeit von Massenproduktion mit der Personalisierung von Einzelanfertigungen verbinden sollen (coons 2022). Digitale Konfiguratoren und flexible Herstellungsverfahren erlauben es Nutzer*innen, digitale Produkttemplates in verschiedenen Dimensionen wie Größe und Farbe anzupassen und *on demand* fertigen zu lassen. So entstehen, etwa bei der Möbelfertigung, durchaus einzigartige Produkte. Allerdings bleibt die Personalisierung auf eng definierte Parameter beschränkt. Im Vergleich zur klassischen industriellen Massenfertigung kommt es zu einer gewissen Ausdifferenzierung von Nutzerrollen. Den Personalisierungsgrad handwerklicher Einzelfertigung, etwa bei der Herstellung von Prothesenschäften, erreichen diese Verfahren jedoch nicht.

Eine weitreichendere Form der Personalisierung beruht auf der kontinuierlichen Auswertung der Nutzungsdaten digitaler Services. Beispiele hierfür sind die algorithmischen Empfehlungssysteme großer Plattformen wie Amazon und Netflix oder digitale Assistenzsysteme wie Alexa und Google Assistant, die detaillierte Nutzerprofile für individualisierte Handlungsempfehlungen nutzen. In diesen Fällen verschwimmt die Grenze zwischen Personalisierung im Sinne der Anpassung von Technik an bestehende Nutzungspraktiken und der aktiven Beeinflussung individueller Nutzungsformen durch algorithmische Systeme. So finden sich bei der Nutzung digitaler Technik neue Mechanismen der flexiblen Verhaltenssteuerung (Zuboff 2015), zu denen Nudging (Seitz 2023) und Gamification (Whitson 2013) ebenso gehören wie die algorithmische Filterung von Inhalten auf digitalen Plattformen (Gillespie 2018). Dabei variieren die den Algorithmen zugrundeliegenden Logiken je nach Kontext. Die aktuelle Forschung zeigt jedoch, analog zu klassischen Social-Shaping-of-Technology-Studien, dass neue digitale Technologien häufig bestehende soziale Strukturen und Muster gesellschaftlicher Ungleichheit reproduzieren. Beispiele reichen vom Aufkommen einer datenbasierten Form des Kapitalismus (Zuboff 2015) bis zur Reproduktion von strukturellem Rassismus in Machine Learning Algorithmen (Benjamin 2020).

Insgesamt bieten digitale Technologien also durchaus die Möglichkeit, Produkte und Dienstleistungen enger an individuelle Präferenzen und Nutzungspraktiken zu koppeln. Das führt zunächst durchaus zu einer Ausdifferenzierung von Nutzerrollen. Gleichzeitig beruht diese Personalisierung aber ihrerseits auf Standards (Mass Customization) oder Regeln (algorithmische Empfehlungssysteme), die die Berücksichtigung individueller Nutzerpräferenzen beschränken oder Nutzungsverhalten gezielt beeinflussen. Dieses Spannungsverhältnis bietet viel Potential für zukünftige Forschung, die sich mit neuen Formen von Platform Governance (Gorwa 2019) ebenso beschäftigen sollte, wie mit der Domestizierung von KI-Systemen (Williams et al. 2024).

Fazit

Die Ko-Konstruktion von Technik und Nutzerrollen ist seit 40 Jahren ein zentrales Thema der Wissenschafts- und Technikforschung. Klassische Ansätze konzentrierten sich auf bestimmte Teilaspekte dieses Phänomens. Frühe Studien aus dem Social-Shaping-of-Technology-Ansatz und der Akteur-Netzwerk Theorie fokussierten auf den Einfluss machtvoller Akteure in der Technikentwicklung, während die Modelle der Social Construction of Technology und der Domestizierung von Technik den Einfluss von Nutzer*innen in der Techniknutzung selbst betonten. Neuere Ansätze zum Social Learning in Technological Innovation und den Biographies of Artifacts and Practices zielen auf die Integration dieser Elemente und untersuchen die Wechselwirkungen von Technikentwicklung und -nutzung über mehrere Innovationszyklen.

Digitale Technologien spielen in dieser Forschung seit langem eine Rolle und wurden bereits von klassischen Studien thematisiert. David Noble (1984) entwickelte das Konzept der sozialen Entscheidung im Maschinendesign an der numerischen Steuerung von Werkzeugmaschinen, Steve Woolgar (1991) erarbeitete sein Modell der Konfiguration von Nutzer*innen an der Entwicklung von PCs und Sally Wyatt's (2003) Heuristik zur Rolle von Nicht-Nutzer*innen stammt aus ihrer Untersuchung des Digital Divide bei der Internetnutzung. Dennoch stellt die fortschreitende Digitalisierung bestehende Theorien vor neue Herausforderungen. Dies liegt unter anderem an der zunehmenden Allgegenwärtigkeit digitaler Technik in nahezu allen Lebensbereichen, ihrer stärkeren Rekombination und Vernetzung über digitale Infrastrukturen und Plattformen, sowie an Innovationen in Bereichen wie den sozialen Medien, dem Internet der Dinge, Big Data und Cloud Computing sowie künstlicher Intelligenz (siehe Meister und Wiggert 2026 in diesem Band).

Obwohl wir heute also über eine breite Palette an empirischen Erkenntnissen und theoretischen Konzepten verfügen, besteht in der STS-Nutzerforschung weiterhin Forschungsbedarf. Drei Bereiche erscheinen dabei besonders relevant: Erstens braucht es neue Konzepte zur Analyse der räumlichen und sozialen Verteilung von Innovationsprozessen und der aktiven Beteiligung von Nutzer*innen, wie sie sich in plattformbasierten Innovationsökosystemen findet. Zweitens ist die beschleunigte zeitliche Kopplung von Technikentwicklung und -nutzung zu untersuchen, wie sie sich bei kontinuierlichen Beta-Tests und Software-Updates zeigt. Drittens erfordert das Zusammenspiel von Personalisierung und subtiler Verhaltensbeeinflussung weitere Forschung, insbesondere mit Blick auf die algorithmische Kuratierung von Inhalten in sozialen Medien und den wachsenden Einfluss KI-basierter Assistenzsysteme.

Weiterführende Lektüre

Hyysalo, S., T.E. Jensen und N. Oudshoorn (Hrsg.), 2016: The New Production of Users. Changing Innovation Collectives and Involvement Strategies. New York: Routledge.

Hyysalo, S., N. Pollock und R.A. Williams, 2019: Method Matters in the Social Study of Technology. Investigating the Biographies of Artifacts and Practices. Science & Technology Studies 32: 2–25.

MacKenzie, D.A. und J. Wajcman (Hrsg.), 1985: The Social Shaping of Technology. How the Refrigerator Got its Hum. Milton Keynes: Open University Press.
Oudshoorn, N. und T. Pinh (Hrsg.), 2003: How Users Matter. The Co-construction of Users and Technologies. Cambridge, Mass.: MIT Press.
Williams, R., J. Stewart und R. Slack, 2005: Social Learning in Technological Innovation. Experimenting with ICTs. Aldershot: Edward Elgar.

Literatur

Akrich, M., 1992: The De-Scription of Technical Objects. S. 205–224 in: W.E. Bijker und J. Law (Hrsg.), Shaping Technology/Building Society. Studies in Sociotechnical Change. Cambridge, Mass.: MIT Press.
Akrich, M., 1995: User Representations. Practices, Methods and Sociology. S. 167–184 in: A. Rip, T.J. Misa und J. Schot (Hrsg.), Managing Technology in Society. The Approach of Constructive Technology Assessment. London: Pinter Publishers.
Ametowobla, D., 2022: Zur Soziologie der Software. Die Rolle digitaler Technik bei der Kontrolle von Unsicherheiten. Wiesbaden: Springer VS.
Aune, M., 1996: The Computer in Everyday Life. Patterns of Domestication of a New Technology. S. 91–119 in: M. Lie und K.H. Sørensen (Hrsg.), Making Technology Our Own? Domesticating Technology into Everyday Life. Oslo: Scandinavian University Press.
Baldwin, C.Y. und E. von Hippel, 2011: Modeling a Paradigm Shift: From Producer Innovation to User and Open Collaborative Innovation. Organization Science 22: 1399–1417.
Bauer, R.M. und T. Gegenhuber, 2015: Crowdsourcing. Global Search and the Twisted Roles of Consumers and Producers. Organization 22: 661–681.
Benjamin, R., 2020: Race After Technology: Abolitionist Tools for the New Jim Code. Cambridge: Polity.
Bertel, T.F., 2018: Domesticating Smartphones. S. 83–94 in: J. Vincent und L. Haddon (Hrsg.), Smartphone Cultures. Abingdon, Oxon: Routledge.
Bijker, W.E., 1995: Of Bicycles, Bakelites, and Bulbs. Toward a Theory of Sociotechnical Change. Cambridge, Mass.: MIT Press.
Boeva, Y., 2026: Software Studies, S. 351–366 in A.K. Krüger, J. Schubert, C. Schubert und J.F. Schrape (Hrsg.): Wissenschafts- und Technikforschung. Sozialwissenschaftliche Einführungen. Berlin: De Gruyter Brill.
Bourdieu, P., 1984: Distinction. A Social Critique of the Judgement of Taste. Cambridge, Mass.: Harvard University Press.
Braybrooke, K. und A. Smith, 2018: Liberatory Technologies for Whom? Exploring a New Generation of Makerspaces Defined by Institutional Encounters. Journal of Peer Production: 1–13.
Chesbrough, H.W., 2003: Open Innovation. The New Imperative for Creating and Profiting from Technology. Boston, MA: Harvard Business School Press.
Clarke, A.E., 1998: Disciplining Reproduction. Modernity, American Life Sciences and "the Problems of Sex". Berkeley: University of California Press.
coons, g., 2022: The Digital Bespoke. Promises and Pitfalls of Mass Customization. London: Routledge.
Cowan, R.S., 1983: More Work for Mother. The Ironies of Household Technology from the Open Hearth to the Microwave. New York: Basic Books.

Cowan, R.S., 1987: The Consumption Junction. A Proposal for Research Strategies in the Sociology of Technology. S. 253–272 in: W.E. Bijker, T.P. Hughes und T. Pinch (Hrsg.), The Social Construction of Technological Systems. New Directions in the Sociology and History of Technology. Cambridge, Mass.: MIT Press.
Douglas, S.J., 1989: Inventing American Broadcasting. 1899–1922. Baltimore: Johns Hopkins Univ. Press.
Ferdinand, J.-P. und U. Meyer, 2017: The Social Dynamics of Heterogeneous Innovation Ecosystems. International Journal of Engineering Business Management 9: 1–16.
Fleck, J., 1988: Innofusion or Diffusation? The Nature of Technological Development in Robotics. Edinburgh PICT Working Paper 4.
Fleck, J., 1994: Learning by Trying. The Implementation of Configurational Technology. Research Policy 23: 637–652.
Galis, V. und F. Lee, 2014: A Sociology of Treason. Science, Technology, & Human Values 39: 154–179.
Garud, R., S. Jain und P. Tuertscher, 2008: Incomplete by Design and Designing for Incompleteness. Organization Studies 29: 351–371.
Gawer, A. und M.A. Cusumano, 2014: Industry Platforms and Ecosystem Innovation. Journal of Product Innovation Management 31: 417–433.
Gherardi, S. und D. Nicolini, 2005: Actor-networks. Ecology and Entrepreneurs. S. 285–306 in: B. Czarniawska und T. Hernes (Hrsg.), Actor-network Theory and Organizing. Malmö: Liber.
Gillespie, T., 2018: Custodians of the Internet. Platforms, Content Moderation, and the Hidden Decisions that Shape Social Media. New Haven, CT: Yale University Press.
Glaser, V.L., N. Pollock und L. D'Adderio, 2021: The Biography of an Algorithm: Performing Algorithmic Technologies in Organizations. Organization Theory 2: 263178772110046.
Gorwa, R., 2019: What is Platform Governance? Information, Communication & Society 22: 854–871.
Henfridsson, O., J. Nandhakumar, H. Scarbrough und N. Panourgias, 2018: Recombination in the Open-ended Value Landscape of Digital Innovation. Information and Organization 28: 89–100.
Hippel, E. von, 2005: Democratizing Innovation. Cambridge, Mass.: MIT Press.
Hippel, E. von und R. Katz, 2002: Shifting Innovation to Users via Toolkits. Management Science 48: 821–833.
Hyysalo, S., 2010: Health Technology Development and Use. From Practice-Bound Imagination to Evolving Impacts. London: Routledge.
Hyysalo, S., 2021: Citizen Activities in Energy Transition. User Innovation, New Communities, and the Shaping of a Sustainable Future. New York: Routledge.
Hyysalo, S., T.E. Jensen und N. Oudshoorn (Hrsg.), 2016: The New Production of Users. Changing Innovation Collectives and Involvement Strategies. New York: Routledge.
Hyysalo, S. und M. Johnson, 2016: User Representation. A Journey towards Conceptual Maturation. S. 75–100 in: S. Hyysalo, T.E. Jensen und N. Oudshoorn (Hrsg.), The New Production of Users. Changing Innovation Collectives and Involvement Strategies. New York: Routledge.
Hyysalo, S. und J.K. Juntunen, 2024: Series of Configurational Movements: User Activities in Technology Generalization. Technological Forecasting and Social Change 200: 123158.
Hyysalo, S., N. Pollock, D. Seibt und R.A. Williams, 2025: Biographies of Artifacts and Practices in: I. Schulz-Schaeffer, A. Windeler und B. Blättel-Mink (Hrsg.), Handbook of Innovation. Perspectives from the Social Sciences. Cham: Springer.
Hyysalo, S., N. Pollock und R.A. Williams, 2019: Method Matters in the Social Study of Technology. Investigating the Biographies of Artifacts and Practices. Science & Technology Studies 32: 2–25.
Kline, R. und T. Pinch, 1996: Users as Agents of Technological Change. The Social Construction of the Automobile in the Rural United States. Technology and Culture 37: 763.

Kropp, C. und A. Schreck, 2026: Soziotechnische Konstellationen und Risiken der Automatisierung, S. 285–304 in A.K. Krüger, J. Schubert, C. Schubert und J.F. Schrape (Hrsg.): Wissenschafts- und Technikforschung. Sozialwissenschaftliche Einführungen. Berlin: De Gruyter Brill.

Lenzen, K., 2020: Die multiple Identität der Technik. Eine Innovationsbiographie der Augmented Reality-Technologie. Bielefeld: Transcript.

Lettkemann, E., 2019: Innovationsbiografische Analysen. Am Beispiel Elektronenmikroskopie. S. 205–240 in: C. Schubert und I. Schulz-Schaeffer (Hrsg.), Berliner Schlüssel Zur Techniksoziologie. Wiesbaden: Springer VS.

Lie, M. und K.H. Sørensen (Hrsg.), 1996: Making Technology our Own? Domesticating Technology into Everyday Life. Oslo: Scandinavian University Press.

Mackay, H. und G. Gillespie, 1992: Extending the Social Shaping of Technology Approach. Ideology and Appropriation. Social Studies of Science 22: 685–716.

MacKenzie, D.A. und J. Wajcman (Hrsg.), 1985: The Social Shaping of Technology. How the Refrigerator got its Hum. Milton Keynes: Open University Press.

Marres, N. und D. Stark, 2020: Put to the Test: For a New Sociology of Testing. The British Journal of Sociology 71: 423–443.

Martin, M., 1991: “Hello Central?”. Gender, Technology, and Culture in the Formation of Telephone Systems. Montréal: McGill-Queen’s University Press.

Meister, M. und K. Wiggert, 2026: Soziologische Perspektiven auf intelligente Maschinen, S. 367–386 in A.K. Krüger, J. Schubert, C. Schubert und J.F. Schrape (Hrsg.): Wissenschafts- und Technikforschung. Sozialwissenschaftliche Einführungen. Berlin: De Gruyter Brill.

Miller, D., 1987: Material Culture and Mass Consumption. Oxford: Blackwell.

Neff, G. und D. Stark, 2004: Permanently Beta. Responsive Organization in the Internet Era. S. 173–188 in: P.N. Howard und S. Jones (Hrsg.), Society Online. The Internet in Context. Thousand Oaks: Sage Publications.

Noble, D.F., 1984: Forces of Production. A Social History of Industrial Automation. New Brunswick: Transaction Publishers.

Oudshoorn, N., 2011: Telecare Technologies and the Transformation of Healthcare. New York: Palgrave Macmillan.

Oudshoorn, N. und T. Pinch (Hrsg.), 2003: How Users Matter. The Co-construction of Users and Technologies. Cambridge, Mass.: MIT Press.

Oudshoorn, N., E. Rommes und M. Stienstra, 2004: Configuring the User as Everybody. Gender and Design Cultures in Information and Communication Technologies. Science, Technology, & Human Values 29: 30–63.

Pfaffenberger, B., 1992: Technological Dramas. Science, Technology, & Human Values 17: 282–312.

Pillinger, A., 2026: The Social Shaping of Technology – revisited, S. 223–286 in A.K. Krüger, J. Schubert, C. Schubert und J.F. Schrape (Hrsg.): Wissenschafts- und Technikforschung. Sozialwissenschaftliche Einführungen. Berlin: De Gruyter Brill.

Pinch, T. und W.E. Bijker, 1984: The Social Construction of Facts and Artefacts. Or How the Sociology of Science and the Sociology of Technology Might Benefit Each Other. Social Studies of Science 14: 399–441.

Pollock, N. und R. Williams, 2009: Software and Organisations. The Biography of the Enterprise-wide System or How SAP Conquered the World. London: Routledge.

Rammert, W., 2000: National Systems of Innovation, Idea Innovation Networks, and Comparative Innovation Biographies. TUTS Working Papers 5-2000.

Ritzer, G. und N. Jurgenson, 2010: Production, Consumption, Prosumption. The Nature of Capitalism in the Age of the Digital ‘Prosumer’. Journal of Consumer Culture 10: 13–36.

Rosenberger, R., 2020: On Hostile Design: Theoretical and Empirical Prospects. Urban Studies 57: 883–893.

Schrape, J.-F., 2019: Open-source Projects as Incubators of Innovation: From Niche Phenomenon to Integral Part of the Industry. Convergence: The International Journal of Research into New Media Technologies 25: 409–427.

Schulz-Schaeffer, I., 2021: Innovation als soziale Konstruktion von Technik und Techniknutzung. S. 145–162 in: B. Blättel-Mink, I. Schulz-Schaeffer und A. Windeler (Hrsg.), Handbuch Innovationsforschung. Sozialwissenschaftliche Perspektiven. Wiesbaden: Springer VS.

Schulz-Schaeffer, I., T. Clausnitzer, K. Wiggert und M. Meister, 2024: Analyzing Distributed Action in the Making by Comparing Human-Robot Co-Work Scenarios. S. 205–230 in: S. Pfeiffer, M. Nicklich, M. Henke, M. Heßler, M. Krzywdzinski und I. Schulz-Schaeffer (Hrsg.), Digitalisierung der Arbeitswelten. Zur Erfassung einer systematischen Transformation. Wiesbaden: Springer VS.

Seibt, D., 2023: The Sociomaterial Construction of Users. 3D Printing and the Digitalization of the Prosthetics Industry. London: Routledge.

Seibt, D., A. Windeler und I. Schulz-Schaeffer, 2023: Zur doppelten Dynamik der Innovationsgesellschaft heute – eine Einleitung. S. 1–35 in: I. Schulz-Schaeffer, A. Windeler und D. Seibt (Hrsg.), Innovationsgesellschaft. Befunde und Ausblicke. Wiesbaden: Springer VS.

Seitz, T., 2023: Die Praxis des Nudging. Sanftes Regieren durch Verhaltensexperimente. Bielefeld: transcript Verlag.

Shah, S.K., 2000: Sources and Patterns of Innovation in a Consumer Products Field. Innovations in Sporting Equipment. Sloan Working Paper #4105.

Silverstone, R. und E. Hirsch (Hrsg.), 1992: Consuming Technologies. Media and Information in Domestic Spaces. London: Routledge.

Sørensen, K.H., 1996: Learning Technology, Constructing Culture. Socio-technical Change as Social Learning. STS Working Paper 18/96.

Star, S.L., 1991: Power, Technologies, and the Phenomenology of Conventions. On Being Allergic to Onions. S. 26–57 in: J. Law (Hrsg.), A Sociology of Monsters. Essays on Power, Technology, and Domination. London: Routledge.

Stewart, J., 2000: Cafematics. S. 320–338 in: M. Gurstein (Hrsg.), Community Informatics: IGI Global.

Stewart, J., 2007: Local Experts in the Domestication of Information and Communication Technologies. Information, Communication & Society 10: 547–569.

Stewart, J. und S. Hyysalo, 2008: Intermediaries, Users and Social Learning in Technological Innovation. International Journal of Innovation Management 12: 295–325.

van den Belt, H. und A. Rip, 1987: The Nelson-Winter-Dosi Model and Synthetic Dye Chemistry. S. 129–154 in: W.E. Bijker, T.P. Hughes und T. Pinch (Hrsg.), The Social Construction of Technological Systems. New Directions in the Sociology and History of Technology. Cambridge, Mass.: MIT Press.

Voß, G.G. und K. Rieder, 2015: Der arbeitende Kunde. Wenn Konsumenten zu unbezahlten Mitarbeitern werden. Frankfurt am Main: Campus.

Weyer, J., 1997: Vernetzte Innovationen – innovative Netzwerke. Airbus, Personal Computer, Transrapid. 125–152 in: W. Rammert und G. Bechmann (Hrsg.), Technik und Gesellschaft Jahrbuch 9. Innovation: Prozesse, Produkte, Politik. Frankfurt am Main: Campus.

Whitson, J.R., 2013: Gaming the Quantified Self. Surveillance & Society 11: 163–176.

Williams, R. und D. Edge, 1996: The Social Shaping of Technology. Research Policy 25: 865–899.

Williams, R., A. Silvast und F. Musiani, 2024: Governance by Information Infrastructures. Origins and Evolution of the Concept. First Monday 29. https://doi.org/10.5210/fm.v29i10.13794

Williams, R., J. Stewart und R. Slack, 2005: Social Learning in Technological Innovation. Experimenting with ICTs. Aldershot: Edward Elgar.
Windeler, A., 2021: Innovationsfelder. Feldtheoretische Perspektiven auf Innovation. S. 447–465 in: B. Blättel-Mink, I. Schulz-Schaeffer und A. Windeler (Hrsg.), Handbuch Innovationsforschung. Sozialwissenschaftliche Perspektiven. Wiesbaden: Springer VS.
Woolgar, S., 1991: Configuring the User. The Case of Usability Trials. S. 57–103 in: J. Law (Hrsg.), A Sociology of Monsters. Essays on Power, Technology, and Domination. London: Routledge.
Wyatt, S., 2003: Non-Users Also Matter. The Construction of Users and Non-Users of the Internet. S. 67–80 in: N. Oudshoorn und T. Pinch (Hrsg.), How Users Matter. The Co-Construction of Users and Technologies. Cambridge, Mass.: MIT Press.
Yoo, Y., O. Henfridsson und K. Lyytinen, 2010: Research Commentary: The New Organizing Logic of Digital Innovation. An Agenda for Information Systems Research. Information Systems Research 21: 724–735.
Zuboff, S., 2015: Big Other. Surveillance Capitalism and the Prospects of an Information Civilization. Journal of Information Technology 30: 75–89.

Simon Egbert

22 Algorithmische Prädiktion

Einleitung

Schon in antiken Kulturen spielten Vorhersagen eine zentrale Rolle, etwa durch Orakel oder astrologische Berechnungen, die politische und gesellschaftliche Entscheidungen beeinflussten (Adam und Groves 2007).[1] Mit der Aufklärung und der Entwicklung der Statistik im 18. und 19. Jahrhundert wurde Prognostik zunehmend wissenschaftlich fundiert und für wirtschaftliche sowie staatliche Planungen genutzt. Im 20. Jahrhundert gewannen mathematische Modelle und Wahrscheinlichkeitsrechnungen an Bedeutung, insbesondere in Bereichen wie Wettervorhersage, Börsenanalysen und Bevölkerungsstatistik (Daston 1988). Heute jedoch, im digitalen Zeitalter, dominieren datengetriebene, algorithmische Prognosen, die die Gesellschaft in nahezu allen Bereichen beeinflussen – von der Wirtschaft (Beckert 2018), über Schulen (Jarke und Macgilchrist 2021), Werbung (Jannach 2011), Pflege (Carroll 2019) bis hin zur polizeilichen Arbeit (Egbert und Leese 2021).

Während Prognosen früher oft spekulativen Charakter hatten, basieren sie heute auf großen Datenmengen, werfen dadurch jedoch neue ethische und sozial-politische Fragen auf, insbesondere in Bezug auf Verantwortlichkeit, Vorherbestimmung und Fairness. So kann die Nutzung von Prognosealgorithmen durch die Polizeien bestehende Vorurteile in den Daten reproduzieren und bestimmte Bevölkerungsgruppen systematisch benachteiligen – mit der Folge, dass Menschen aufgrund statistischer Wahrscheinlichkeiten statt individueller Schuld ins Visier geraten (O'Neil 2018). Ein weiteres Beispiel ist die personalisierte Kreditvergabe durch Banken, die auf algorithmischer Auswertung von Kundendaten basiert. Dabei kann es vorkommen, dass Menschen aus sozioökonomisch benachteiligten Gruppen schlechtere Konditionen erhalten oder ganz ausgeschlossen werden – nicht wegen ihrer tatsächlichen Zahlungsfähigkeit, sondern wegen der Korrelation ihrer Merkmale mit anderen Risikofaktoren (Kiviat 2019).

Diese und weitere Fragen werden im vorliegenden Beitrag vorgestellt und diskutiert. Ausgangspunkt ist die Annahme, dass algorithmische Prädiktion bzw. *predictive analytics* als soziotechnische Konstellation zu begreifen ist und mithin mit Rückgriff auf Ideen und Konzepte aus der Wissenschafts- und Technikforschung zu analysieren ist. Die Einordnung der im Folgenden aufgegriffenen Studien in

1 Die Erstellung des Beitrags und die dahinter stehende Forschung wurde ermöglicht durch das European Research Council unter der Fördernummer 833749.

https://doi.org/10.1515/9783112245897-027

die Wissenschafts- und Technikforschung ist mit Blick auf eine weite Auslegung letzterer zu verstehen, was u.a. daran liegt, das viele Autor*innen, die einschlägig arbeiten, aus dem englischsprachigen Raum stammen und dort eine eindeutige Fachzuordnung oft nicht möglich ist. Dies gilt insbesondere für Digitalisierungsthemen, die vornehmlich in den transdisziplinären *data studies* bzw. *algorithm studies* bearbeitet werden, die wiederum wesentliche Überschneidungen mit der internationalen Version der Wissenschafts- und Technikforschung, den Science and Technology Studies, aufweisen, welches selbst ein transdisziplinäres Forschungsfeld darstellt (z.B. Potthast 2010). Zu Grund gelegt wird bei der Auswahl der Themen und Autor*innen deshalb weniger die Fachzuordnung als die Passgenauigkeit der Konzepte und Ansätze zum Bild von prädiktiver algorithmischer Analyse als soziotechnische Konstellation.

Predictive analytics als soziotechnische Konstellation zu verstehen impliziert die grundlegende Anerkennung, dass algorithmische Prognoseerstellung und -anwendung stets als Prozesse anzusehen sind, an denen Menschen und Technik gemeinsam beteiligt sind. Eine präzise und, sofern möglich, empirisch fundierte Aufschlüsselung dieser soziotechnischen Konstellation ist daher das hauptsächliche Ziel einer von der Wissenschafts- und Technikforschung inspirierten Analyse algorithmischer Prädiktion.

Die Argumentation dieses Kapitels ist wie folgt aufgebaut: Zunächst wird die allgemeinere Rolle von Zukunft in der Wissenschafts- und Technikforschung vorgestellt, um zu verdeutlichen, dass (algorithmische) Prognosen nicht der einzige Anknüpfungspunkt für eine Analyse von Zukunft im Kontext der Wissenschafts- und Technikforschung sind. Dem folgt die Vorstellung, warum *predictive analytics* als soziotechnische Konstellation zu begreifen ist. Daran anschließend werden die Grundelemente von algorithmischen Prognosen erläutert, namentlich Daten, Algorithmen und musterbasierte Extrapolation. Daran anschließend wird die praktische Umsetzung von algorithmischen Prognosen in den Blick genommen, mit Fokus auf algorithmische Unterstützungssysteme, die Performativität von Prognosen und Feedback-Loops. Als letzter Punkt vor dem zusammenfassenden Fazit wird auf die Probleme von Diskriminierung und Gruppenhaftung eingegangen.

Zukunft in der Wissenschafts- und Technikforschung

Mit dem eingangs vorgestellten Abriss der Geschichte von Prognosen ist bereits angedeutet, dass die Wissenschaft- und Technikforschung mit Prognosen bzw. allgemeiner mit dem Versuch, Zukunft zu vergegenwärtigen, in einem besonders komplexen Verhältnis steht. Denn mit der zunehmend wissenschaftlichen Fundierung von Vorhersagen ist einerseits eine Technisierung – neuerdings als Digitalisierung – der Prognoseerstellung einhergegangen. Andererseits eine Verwissenschaftlichung in dem Sinne, als mit der Zukunftsforschung selbst eine Wissenschaft entstanden ist, die die Zukunft, z.B. in Form von Trends, zu antizipieren trachtet (z.B. Grunwald 2009). Eine Wissenschaft im Übrigen, die ebenfalls zunehmend die Relevanz von Künstlicher Intelligenz und Algorithmen diskutiert (Zweck und Werner 2024; siehe Meister und Wiggert 2026 in diesem Band). Zudem ist ein enger Nexus zwischen Technikentwicklung und Zukunftsszenarien zu konstatieren (Borup et al. 2006; Lösch et al. 2019), allen voran mit Blick auf die Technikfolgeabschätzung, die mögliche Potenziale aber auch Risiken von zu entwickelnden bzw. sich im frühen Entwicklungsstadium befindenden Technologien analysiert und Empfehlungen für die (politische) Steuerung dieser Entwicklungsprozesse gibt (Böschen et al. 2021). Aber auch Prototypen (Dickel 2019; Schulz-Schaeffer und Meister 2017) oder Reallabore (Engels et al. 2019; siehe Böschen und Groß 2026 in diesem Band) werden als zukunftsbezogene Forschungsgegenstände in der Wissenschafts- und Technikforschung untersucht.

Im Folgenden wird es jedoch um algorithmische Prognosen im engeren Sinne gehen. Das impliziert auch, dass anderen Praktiken der Zukunftsvergegenwärtigung, wie Modellierungen oder Simulationen, die ebenfalls schon einschlägig bearbeitet wurden (Heymann et al. 2017; Schubert 2015), nicht Gegenstand der Ausführungen sein können.

Predictive Analytics als soziotechnische Konstellation und Übersetzungskette

Die Annahme einer soziotechnischen Vermengung von Mensch und Technik kann mit Beginn der 1990er Jahre als zunehmend breit geteilter Konsens innerhalb der Wissenschafts- und Technikforschung bzw. den Science and Technology Studies gelten. Dies schließt allerdings keineswegs aus, dass über die konkrete Art und Weise, *wie* Mensch und Technik konkret miteinander verknüpft sind und welchen Status dabei, insbesondere mit Blick auf die Handlungsdimension, die Technik einnimmt, unterschiedliche Entwürfe vorgelegt wurden (siehe Schulz-Schaeffer 2026 in diesem Band). Im Folgenden wird der Begriff der soziotechnischen Konstellation genutzt, der allen voran von Rammert (2003) verwendet wird, weil er ermöglicht, „konkrete Fragen des Zusammenwirkens von technischen und sozialen Neuerungen auf der Organisations- und Interaktionsebene“ (Rammert und Schulz-Schaeffer 2020: 680) zu untersuchen. Dafür ist eine symmetrische Analyseperspektive im Sinne der Akteurs-Netzwerk-Theorie notwendig, die sich Voranmahmen über die technische bzw. menschliche Fähigkeiten enthält und deren Bestimmung stattdessen einer empirischen Überprüfung vorbehält (Latour 2022a: 131; Schulz-Schaeffer 2017: 271–273). Grundsätzlich könnte man hier auch im Sinne Bijkers (1995: 274) von „soziotechnischen Ensembles" sprechen. Andere Begriffe, mit denen das menschlich-technische Wechselspiel beschrieben wird, aber weiterführende theoretische Implikationen enthalten, sind beispielsweise die des „Assemblages" (Deleuze und Guattari 2007) oder des „Netzwerks" (Latour 2022a: 223–231). Auch die theoretischen Implikationen einer symmetrischen Analyseperspektive können weitreichend sein, wie die Diskussion um das von Latour ausgerufene allgemeine Symmetrieprinzip verdeutlicht. Ich handhabe es hier aber wie Rammert und Schulz-Schaeffer (2020), die den Begriff gleichsam theoretisch neutral benutzen.

Was heißt es nun, eine solche Perspektive auf prädiktive Algorithmen anzuwenden? Zunächst nichts anderes als anzuerkennen, dass algorithmische Prognosen nicht in einem sozialen Vakuum entstehen und keine rein technischen Anwendungen sind. Sowohl die Erstellung als auch die Anwendung von algorithmischen Prognosen geschieht vielmehr unter der Zuhilfenahme von menschlichen Entscheidungen. Die Aufgabe einer entsprechenden Analyse ist es dann, die konkrete Verteilung von Handlungsträgerschaft nachzuzeichnen (siehe Schulz-Schaeffer 2026 in diesem Band).

Eine konzeptuelle Möglichkeit, dies zu tun, um neben der soziotechnischen Eigenart insbesondere die Prozesshaftigkeit von Prognoseerstellung und -anwendung sowie die dabei bestimmende Nicht-Determiniertheit besonders hervorzuheben, ist der Verweis auf das Konzept der „Übersetzungskette" von Latour (1996: 206). Ursprünglich für die Wissenschaftsforschung konzipiert, hat es Latour im Rahmen seiner anthropologischen Studie über eine bodenkundliche Feldexpedition in Boa Visa (Brasilien), entwickelt. Latour folgte den Wissenschaftler*innen unterschiedlicher Disziplinen in den brasilianischen Regenwald und beobachtete die ‚Reise' und mithin Entstehung einer wissenschaftlichen Erkenntnis vom brasilianischen Wald bis zum Pariser Labor und von dort in einen Zeitschriftenartikel. Latour verweist mit dem Begriff Übersetzungskette, die auch als „Transformationskette" (Latour 2022b: 86) übersetzt wird, auf „die Arbeit, durch die Akteure ihre unterschiedlichen und widersprüchlichen Interessen gegenseitig verändern, verschieben und übersetzen" (Latour 2022b: 381). Er zielt auf den Prozess ab, wie Unkenntnis in Kenntnis überführt wird und wie es gelingt, dabei Zeit und Raum zu überbrücken. Hervorzuheben ist, dass Übersetzen hier, wie die Übersetzung ‚Transformationskette' bereit verdeutlicht, stets eine Veränderung beinhaltet und keineswegs auf eine identische Kopie abzielt (Gertenbach und Laux 2019: 49).

Grundlagen der *Predictive Analytics*

Algorithmische Prädiktion bzw. *predictive analytics* lässt sich verstehen als der „Prozess der Extraktion von Informationen aus großen Datensätzen zur Vorhersage und Schätzung zukünftiger Ereignisse" (Larose und Larose 2015: 4, Übers. S. E.). Dieses Verständnis basiert auf einer engen Definition von *predictive analytics*, da es sich ausschließlich auf Zielvariablen bezieht, die in der Zukunft liegen. Gängig ist in den einschlägigen Fachdisziplinen nämlich, *predictive analytics* allgemein auf den „Prozess des Auffüllens fehlender Informationen" (Agrawal et al. 2018: 24) zu beziehen. In diesem Fall können die Zielvariablen in der Zukunft liegen, müssen es aber nicht (Abbott 2014: 5). Nichtsdestotrotz wird sich im vorliegenden Beitrag an der ursprünglichen lateinischen Wortwurzel von Prädiktion, nämlich *praedicere*, orientiert, was so viel bedeutet wie „vorher bemerken" oder eben „vorhersagen" (Langenscheidt o.J.). Demnach verstehen wir hier unter *predictive analytics* algorithmisch vermittelte Methoden der Analyse großer Datenmengen, die gezielt genutzt werden, um Informationen über die Zukunft zu generieren. So begriffen bestehen algorithmische Prognosen aus drei Kernbestandteilen: (1) Daten, (2) Algorithmen und (3) dem Bezug von musterhaften Informationen aus der Vergangenheit in die Zukunft (Extrapolation).

Daten

Wenn aus wissenschafts- und techniksoziologischer Perspektive über Daten nachgedacht wird, ist der Weg zu den *critical data studies* und deren konstruktivistischen Verständnis von Daten nicht weit. So hebt Kitchin (2022: 2) hervor, dass die etymologische Abstammung des Begriffs Daten missverständlich sei, da er vom Lateinischen *dare* abgeleitet sei, was so viel heißt wie „geben". Dies suggeriere, Daten würden von der Realität an die Nutzenden „übergeben". Tatsächlich werden sie jedoch aktiv ausgewählt und aufbereitet, um analysierbar zu sein, weshalb Kitchin vorschlägt, sie mit dem lateinischen Wort *capere* („nehmen") zu benennen. Diese Idee, dass Daten nicht vom Himmel fallen, sondern aktiv ausgewählt und aufbereitet werden müssen, bedingt, dass Daten immer auch spezifischen Verzerrungen unterliegen können, die mit den Interessen und Zielen der Anwendenden einhergehen (boyd und Crawford 2012: 666–668). Dies bringt Bowker (2005: 184) mit der Bemerkung auf den Punkt, dass die Rede von „rohen Daten" in sich widersprüchlich, also ein „Oxymoron", sei.

Zudem entstehen Daten nicht in einem sozialen Vakuum, sie repräsentieren vielmehr Strukturen und Muster der Gesellschaft und den darin verorteten Praktiken. Verzerrungen (*bias*), Ungerechtigkeiten etc., die in der Gesellschaft vorzufinden sind, werden somit in die Daten eingeschrieben. Dies gilt es insbesondere mit Blick auf prädiktive Algorithmen zu berücksichtigen, haben diese doch das Potenzial, Vergangenes durch ihre Vorhersagen zu reproduzieren und auf diese Weise zu verfestigen. Beispielhaft lässt sich dies illustrieren mit Blick auf den Prognosealgorithmus des österreichischen Arbeitsmarktservices (AMS) und dessen Arbeitsmarkt-Chancen-Assistenzsystem. Der Algorithmus hat zur Aufgabe, die Chancen der zukünftigen Beschäftigung einer Person zu prognostizieren, auf der Grundlage vergangener statistischer Daten von Arbeitsuchenden. Gemäß den ermittelten Chancen werden Arbeitssuchende in drei Kategorien eingeteilt und gemäß ihrer Kategorie unterschiedliche Ressourcen für Weiterbildungen, Bewerbungsunterstützung etc. zugeteilt. Dieses Vorgehen wurde vielfach kritisiert, da es vergangene Ungerechtigkeiten, allen voran gegenüber Frauen, aufnimmt und reproduziert, da im Sinne einer „Bewertungskontinuität" (Büchner und Dosdall 2021: 340) das diskriminierende Auswahlverhalten von Arbeitgeber*innen Müttern gegenüber, wie es in der Vergangenheit vielfach anzutreffen war, in schlechte Erfolgschancen bei der Arbeitsplatzsuche übersetzt wird (Wagner et al. 2020).

Ein weiteres anschauliches Beispiel für *data bias* durch verzerrte Ausgangspraktiken lässt sich mit Blick auf Arbeit der Polizei mit Prognosen im *predictive policing* darstellen (Brayne 2021). Solche Systeme greifen nämlich oft auf Daten zurück, die das Kontroll- und Selektionsverhalten der Polizei widerspiegeln. Dieses Vorgehen kann, insbesondere im Kontext des *racial profiling*, zu systematischen Verzerrungen führen. Denn wenn die Polizei bestimmte Orte öfter bestreift, registriert sie dort mehr Kriminalität; wenn sie bestimmte Personen – z.B. entsprechend ihres gelesenen Migrant*innenstatus – häufiger kontrolliert, landen diese Personen mit höhere Wahrscheinlichkeit in den polizeilichen Datenbanken. In beiden Fällen ist die Wahrscheinlichkeit hoch, dass die polizeiliche Prognosesoftware betroffene Orte oder Personen als riskanter einstuft, weil es die verzerrten Daten so hergeben, was zu diskriminierendem *over-policing* führen kann (O'Neil 2018; Richardson et al. 2019).

Algorithmen

Für Algorithmen gilt analog zu Daten, dass sie wesentlich von menschlichen Entscheidungen abhängen und nicht per se neutral sind. Gemäß der *critical algorithm studies* sind auch hier Ziele und Interessen der Entwickelnden ausschlaggebend dafür, was ein Algorithmus auf welcher Weise und auf welches Ziel hin umsetzt (siehe Boeva 2026 in diesem Band). Vereinfacht gesagt bestehen Algorithmen aus einer Reihe von klar definierten Schritten, die darauf ausgelegt sind, einen bestimmten Prozess zu steuern, um ein gewünschtes Ergebnis zu erzeugen. Richtig ist zwar, dass Algorithmen die ihnen zugetragenen Aufgaben wertfrei ausführen, welche Aufgabe sie aber nach welchen Regeln bearbeiten, ist abhängig von ihrer (menschlichen) Programmierung (Kitchin 2017).

Auch wenn selbstlernende algorithmische Systeme eine gewisse Eigenständigkeit entwickeln können, sind sie dennoch auf menschliche Eingriffe angewiesen. Dies gilt selbst für unüberwachtes maschinelles Lernen (*unsupervised machine learning*), bei dem Algorithmen mit möglichst wenig vordefinierten Regeln operieren. Zumindest zu Beginn des Trainingsprozesses braucht es aber Inputdaten, die – menschlich angebrachte – Labels enthalten und dem Algorithmus die Möglichkeit bieten, auf dieser Basis selbstständig nach einem Trial-and-Error-Verfahren zu lernen, während seine Ergebnisse wiederum menschlich kontrolliert werden müssen (Kitchin 2022: 103).

Beispielhaft für die interessensgeleitete Programmierung von Algorithmen können Empfehlungssysteme im Online-Handel herangezogen werden, die vorhersagen sollen, welche Produkte Kund*innen interessant finden, um sie diesen anzubieten. Auf diese Weise sollen Kaufabsichten generiert und Absätze produziert werden (Pöchhacker und Nyckel 2020). Ähnliches gilt für die Vorschlags- bzw. Selektionsalgorithmen von Social Media-Plattformen, die grundsätzlich so programmiert sind, dass Inhalte vorgeschlagen werden, die jenen ähneln, die die Nutzer*innen bereits konsumiert haben, um ihre Nutzungszeit der App zu erhöhen (Pariser 2012). Gleichzeitig sind die Algorithmen darauf getrimmt, Nutzer*innen-Aktivität – also Datengenerierung – zu forcieren, was u.a. bedeutet, dass es Gründe gibt, extreme Inhalte, nicht zu löschen bzw. gar breiter zu streuen (Zerres 2024).

Musterbasierte Extrapolation

Wie kommt man nun mit der Kombination aus Daten und Algorithmen zu Aussagen über die Zukunft? Die Antwort liegt in einer Kombination aus Mustern und Extrapolation. Gemeint ist damit, dass in den Daten, die ja immer den Lauf der Dinge in der Vergangenheit repräsentieren, mit algorithmischer Hilfe Muster entdeckt werden, die in die Zukunft fortgeschrieben, also extrapoliert, werden können. Muster sind somit die epistemische Grundlage von Prognoseverfahren und beziehen sich auf Regelmäßigkeiten von Strukturen, die in den Datenmengen erblickt werden müssen, um etwas Vorhersagbares generieren zu können (Kaufmann et al. 2019). Mit Rona-Tas (2020: 897) gesprochen ist die Basisannahme von Prognoseverfahren – ob nun algorithmisch oder nicht –, dass die Zukunft genau so wird wie die Vergangenheit: „The real prediction is not in the algorithmic calculation. It is in the unspoken assumption that the variation will remain the same." Ähnlich äußern sich Perry et al. (2013: XIX) mit Blick auf Kriminalitätsprognosen: „The computer, as a tool, can dramatically simplify the search for patterns, but all these techniques are extrapolations from the past in one way or another" und "like all techniques that extrapolate the future based on the past, they assume that the past is prologue" (Perry et al. 2013: 8).

Die Feststellung, dass Zukunft durch algorithmische Prognosen nicht tatsächlich vorhersagt wird, deutet bereits an, was Eyert und Lopez (Eyert und Lopez 2023: 5) als „postdiction" bezeichnen. Ausgangspunkt dieser Wortschöpfung ist die Beobachtung, dass Prognosealgorithmen oft gar keine Zeitdimension beinhalten, sondern lediglich fehlende Zahlenwerte errechnen. Im Kern besteht ein „epistemic gap" (Lopez und Eyert 2021), das auf eine zeitliche Kluft verweist: Die verfügbaren Vergangenheitsdaten stehen einer Datenlücke in Bezug auf die Zukunft gegenüber. Diese Lücke wird durch eine soziotechnische Konstellation überbrückt: Nutzer*innen und Entwickelnde algorithmischer Prognosen müssen implizit davon ausgehen, dass die Zukunft weitgehend der Vergangenheit entspricht – nur so können Algorithmen überhaupt Einsichten über die Zukunft generieren.

Praktische Umsetzung von algorithmischen Prognosen

Die Herstellung von algorithmischen Prognosen ist grundsätzlich nicht von ihrer Umsetzung zu trennen. Denn mit Rona-Tas (2020: 904) gesprochen sind algorithmische Prognosen als „Aktionsinstrumente" zu verstehen, da das Ziel hinter der Erstellung von Prognosen ist, in die Zukunft einzugreifen und sie folglich zu verändern. Prognosen sollen Informationen für mögliche zukünftige Entwicklungen oder Zustände geben, die in eine Entscheidung, die in der Gegenwart zu treffen ist, einfließen. So geht es beim *credit scoring* bzw. der Bonitätsprüfung darum, in der Gegenwart eine Entscheidung darüber zu treffen, ob einer Person Geld geliehen werden sollte, gemäß der prognostizierten Wahrscheinlichkeit, ob diese Person das Geld in Zukunft wie vereinbart zurückzahlen wird (Mau 2023; Schäufele 2017).

Algorithmische Prognosen als Entscheidungsunterstützung

Die an algorithmische Prognosen anschließenden Entscheidungen können grundsätzlich auf zwei Wegen stattfinden: Zum einen automatisiert, Algorithmen übernehmen hier eigenständig die Umsetzung einer Prognose im Sinne der Entscheidungsfällung (z.B. *recommender systems*). Die wird auch als *automated decision making* (ADM) bezeichnet (Araujo et al. 2020). Zum anderen im Sinne einer (zusätzlichen) Informationsquelle für Menschen, die eine zukunftsbezogene Entscheidung treffen müssen (z.B. *credit scoring*). Dies wird unter dem Sammelbegriff *algorithmic decision support* (ADS) verhandelt (z.B. Adensamer et al. 2021). Letztere ist deutlich weiter verbreitet und wird deshalb im Folgenden näher vorgestellt.

ADS-Systeme bestehen aus Algorithmen, die automatisiert Prognosen erstellen, die dann als zusätzliche Informationen in eine von Menschen getätigte Entscheidung einfließen. Dies ist beispielsweise beim *credit scoring* der Fall, indem ein algorithmisch generierter Risikowert kombiniert wird mit persönlichen Eindrücken und weiteren Kontextinformationen, auf die der Algorithmus keinen Zugriff hat. Was algorithmische Prognosen angeht, ist *credit scoring* ohnehin ein hervorzuhebender Bereich, da dort Prognosen schon lange gang und gäbe sind und sich ebenfalls der neuen technischen Möglichkeiten anpassen – im Sinne von „all data is credit data" (Hurley und Adebayo 2016). Ein weiteres eindrückliches Beispiel für ADS-Systeme ist das COMPAS-System (*Correctional Offender Management Profiling for Alternative Sanctions*), was Richter*innen bei der Entscheidung unterstützen soll, auszuwählen, ob Straftäter*innen ins Gefängnis müssen oder auf Bewährung frei kommen (Räz 2022).

Aus ethischen Gründen wird in diesen und anderen Bereichen, wo algorithmische Prognose genutzt werden, darauf verwiesen, dass die Prognosen nie ohne menschliches Zutun zu Entscheidungen führen dürfen. Denn dies würde die epistemischen Unsicherheiten, die mit algorithmischen Vorhersagen auf Grund ihrer probabilistischen Natur unumgänglich einhergehen negieren und die Entscheidungsverantwortung vollends an die Algorithmen abgeben (Deutscher Ethikrat 2023: 350).

Aber auch wenn Algorithmen nominell nur zur Entscheidungsunterstützung gedacht sind, gilt es dennoch stets die konkrete Praxis der Nutzung von algorithmischen Vorhersagen zu prüfen, ist doch hinlänglich bekannt, dass es zu einem „automation bias" (Alon-Barkat und Busuioc 2023) kommen kann. Auf Grund eines überhöhten Vertrauens in die Vorschläge der Prognosealgorithmen neigen Menschen demzufolge dazu, stets den algorithmischen Einschätzungen zu folgen – was dann am Ende keine Entscheidungs*unterstützung* mehr wäre, sondern faktisch eine Automatisierung der Entscheidungsfindung (Deutscher Ethikrat 2023: 32). Dies wird dadurch unterstützt, dass man als Entscheidungsträger*in ins Risiko geht, wenn man sich bei einer folgenreichen Entscheidung gegen den Algorithmus wendet. Wenn man aber der algorithmischen Prognose folgt, sich diese hinterher jedoch als falsch herausstellt, kann man nämlich immerhin dem Algorithmus die Schuld geben (Feier et al. 2022).

Performativität und sich selbsterfüllende-/zerstörende Prognosen

Die Ergebnisse algorithmischer Prognosen werden dazu genutzt, Entscheidungen in der Gegenwart, oft über Menschen, zu treffen. Damit beeinflussen Prognosen, wie Individuen von Entscheidungsträger*innen wahrgenommen werden, wodurch sich deren Entscheidungen über diese Personen verändern. In diesem Sinne sind Vorhersagen performativ – sie gestalten Realität, indem sie gegenwärtige Handlungen verändern und die Bedingungen für die Zukunft festlegen (Esposito 2022: 98). Prognosen greifen, anders gesagt, in den Gang der Dinge ein, z.B. in dem sie Menschen durch Vorschläge zu bestimmten Kaufhandlungen ermuntern oder weil sie ihnen auf der Social Media-Plattform ausgewählte Nachrichten anzeigen.

Hinsichtlich des performativen Charakters von algorithmischen Prognosen ist zwischen selbsterfüllenden und selbstzerstörenden Vorhersagen zu unterscheiden. Denn nicht immer ist es Ziel des Prognoseeinsatzes, dass die Zukunft richtig vorhergesagt wird – bisweilen ist das genaue Gegenteil Ausgangspunkt der Vorhersage, da diese im Bestfall dadurch falsch wird, als z.B. auf ein vorhergesagtes Risiko einer Person die Bewährungsstrafe negiert und stattdessen eine Gefängnisstrafe verkündet wird, so wie es beim COMPAS-System der Fall ist. Dieses System prognostiziert die Rückfallwahrscheinlichkeit von Straftäter*innen und weist ihnen entsprechende Risikowerte zu, die Richter*innen als ergänzende Informationsquelle nutzen sollen, um ihre Urteile zu fällen (Räz 2022).

Eine solche Prognose, die Handlungen in Gang setzt, die dazu führen, dass die Vorhersage falsch wird, sie sich also selbst zerstört, wird als sich selbst zerstörende Prognose bezeichnet. Das Gegenteil ist die selbsterfüllende Prognose, eine Vorhersage, die Handlungen in Gang setzt, die dazu führen, dass die Prognose wahr wird. So z.B. Kaufvorschläge im Onlinehandel, die durch die Prognose, dass ein bestimmter Artikel für eine Person interessant ist, den Kauf ebendieses Artikels durch die betreffende Person forcieren, in dem sie ihn konkret vorschlagen.

Feedback-Loops

Feedback loops, auch Rückkopplungsschleifen genannt, sind der Entwicklung und Nutzung von Algorithmen allgegenwärtig und grundsätzlich wünschenswert, da sie die Kontrolle algorithmischer Ergebnisproduktion ermöglichen, indem die Outputdaten in den Prozess zurückgespielt werden und als neuer Input zur Verfügung stehen. Gerade bei selbstlernenden Verfahren ist es zudem unverzichtbar, *feedback loops* zur Kontrolle der Ergebnisse einzubauen, um z.B. diskriminierenden Dynamiken zuvorkommen zu können (Bauer et al. 2024). Denn auf Grund ihres performativen Charakters können algorithmische Vorhersagen einen zirkulären Prozess in Gang setzen, der sich unter bestimmten Bedingungen immer weiter verstärkt.

Diese sich selbst verstärkenden Feedback-Prozesse, von Ensign et al. (2018) als „runaway feedback loops" betitelt, entstehen, wenn Prognosen die Aufmerksamkeit auf bestimmte Personen oder Orte lenken, was dazu führt, dass diese Personen oder Orte mit höherer Wahrscheinlichkeit als neue Inputdaten in kommende Prognosen Eingang finden und sich damit z.B. die Wahrscheinlichkeit erhöht, dass diese weiterhin und verstärkt als Risiko prognostiziert werden. So schreibt O'Neil (2018), dass Prognosen die Polizei in als riskant vorhergesagte Orte schickt, was dazu führe, dass in ebenjenen Orten vermehrt Kriminalität registriert wird, was wiederum die Wahrscheinlichkeit erhöht, dass die betreffen Gebiete in Zukunft erneut als riskant klassifiziert werden. Eubanks (2017: 7; Übers. S.E.) schreibt ähnliches zu Betroffenen von Sozialhilfeprogrammen und moniert eine „Feedback-Schleife der Ungerechtigkeit".

Ensign et al. (2018) erklären diesen Verstärkungsprozess mit der Art des Lernens von Algorithmen, die oft nur aus den Fällen lernen können, die durch das System bereits als ‚erfolgreich' klassifiziert wurden. Um den Effekt zu neutralisieren, schlagen sie vor, Filtertechniken in algorithmische Prognoseprozesse zu integrieren, die verhindern, dass solche Feedback-Schleifen unkontrolliert eskalieren (Ensign et al. 2018: 11).

Diskriminierung und Kollektivhaftung: (Un-)Gerechte Prognosen?

Algorithmische Prognosen sind, wie bereits mehrfach angedeutet, mit vielfältigen Risiken und Problematiken verbunden. Im Folgenden werden insbesondere zwei entsprechende Punkte hervorgehoben: Diskriminierung durch verzerrte Daten und Kollektivhaftung durch statistische Stratifizierung.

Wie oben bereits hervorgehoben, ist die Auswahl der Trainingsdaten für Prognosealgorithmen von großer Bedeutung, da sie bedingen, wie der Algorithmus die Welt zu sehen vermag. Liegen dem algorithmischen Lernprozess verzerrte Datenbestände zugrunde, werden diese Verzerrungen notwendigerweise durch Prognosen reproduziert und Personen dadurch potenziell diskriminiert. So wird beispielsweise bezüglich des sogenannten *predictive hiring*, also der Nutzung von Prognosealgorithmen in Bewerbungsverfahren (Lamjid et al. 2023), kritisch diskutiert, welche Rolle die vergangenen Selektionspraktiken von Bewerber*innen bei den betreffenden Unternehmen bzw. in den betreffenden Branchen spielen. Denn wenn in der Vergangenheit vor allem insbesondere weiße Männer angeheuert wurden, während Mitglieder von Minoritäten eher abgelehnt wurden, wird dies einen Algorithmus anhalten, weiße Männer als diejenigen Bewerber auszuwählen, die das größte Potenzial aufweisen, was die Chancen von Frauen und *people of color*, sich erfolgreich zu bewerben in diskriminierender Weise systematisch verschlechtert (Köchling und Wehner 2020)

Ebenso werden beim oben bereits dargestellten AMS-Algorithmus Ungerechtigkeiten aus der Vergangenheit, allen voran die Diskriminierung von Frauen auf dem Arbeitsmarkt, was sich statistisch darin niederschlägt, dass sie ein hohes Arbeitslosigkeitsrisiko haben, durch den Algorithmus reproduziert, der sie entsprechend in Risikokategorien einstuft (Büchner und Dosdall 2021; Wagner et al. 2020). Das Diskriminierungspotenzial beim AMS-Algorithmus ist bekannt und wird bewusst in Kauf genommen, so schreibt der Vorstandsvorsitzende des AMS, Johannes Kopf (2018), mit Blick auf die diskriminierenden Praktiken von Arbeitgeber*innen Frauen gegenüber: „Unser neues Assistenzsystem berücksichtigt diese Realität, kann aber logischerweise selbst nicht diskriminieren". Demgegenüber sind aber auch Fälle bekannt, wo verzerrte Trainingsdaten unwissentlich zu Diskriminierungen geführt haben. So zeigt beispielsweise die Analyse von Buolamwini und Gebru (2018), dass die Fehlerrate von Gesichtserkennungsalgorithmen mit Blick auf die Klassifizierung von Geschlecht bei weiblichen *people of color* deutlich höher ausfällt als bei weiblichen und insbesondere männlichen Weißen. Sie führen dies vor allem darauf zurück, dass die Datenbestände, mit denen die Algorithmen trainiert wurden, hinsichtlich der Hautfarbe nicht ausgewogen genug sind, was als „representation bias" bekannt ist (Barocas und Selbst 2016).

Kollektivhaftung bezieht sich auf das, was der Deutsche Ethikrat „statistische Stratifizierung" (Deutscher Ethikrat 2023: 67) nennt. Gemeint ist damit das althergebrachte Prinzip der Wahrscheinlichkeitsrechnung, was ebenso in algorithmischen Prognoseprozessen angewendet wird, Grundgesamtheiten gemäß gemeinsamer Merkmalsausprägungen in homogene Schichten zu unterteilen (Högel 2014). Dies führt aber dazu, dass man als Individuum so eingestuft wird, wie es für die Mitglieder der betreffenden Schicht als durchschnittlich zutreffend angesehen wird – auch wenn das im individuellen Fall falsch sein kann (Deutscher Ethikrat 2023: 67–68). Als Beispiel: Nur weil junge Männer im Allgemeinen dazu neigen, rasant Auto zu fahren, daher ein erhöhtes Unfallrisiko haben und mithin höhere Versicherungsprämien zahlen müssen, heißt das nicht, dass das Unfallrisiko im individuellen Fall tatsächlich erhöht und die erhöhte Prämie gerechtfertigt ist. Die betreffende Person wird gleichsam in Kollektivhaftung genommen, da sie durch die riskante Fahrweise der Schicht-Nachbarn höhere Prämien zahlen muss. Für die USA und die dortige Praxis, die Höhe der Autoversicherungsprämien an der Bonität zu orientieren, hat bereits Kiviat (2019) die statistische Stratifizierung aus ethischer Perspektive diskutiert.

Fazit

Die Grundthese dieses Beitrags lautet, dass es für eine tiefenscharfe Analyse von algorithmischen Prognosesystemen einer Perspektive bedarf, die sowohl die menschlichen wie auch die technischen Anteile an der Latour'schen ‚Übersetzungskette' die für das Entstehen und die Umsetzung von algorithmischen Prognosen verantwortlich zeichnen, berücksichtigt. Als soziotechnische Konstellation verstanden, öffnet sich der analytische Blick auf *predictive analytics* in einer Weise, der ermöglicht, die zahlreichen, hintereinander geschalteten Übersetzungsschritte nachzuzeichnen, die eine Prognose überhaupt erst entstehen und umsetzbar werden lassen. Diese Übersetzungsketten sind gemeinhin in vielfältiger Weise ausfächerbar, was stets eine Auswahl der zu analysierenden Kettenglieder bedingt.

Vorliegend wurde sich vor diesem Hintergrund auf die Grundlagen von algorithmischen Prognosen, die immer aus Daten, Algorithmen und musterbasierter Exploration bestehen, konzentriert sowie auf die mit der praktischen Umsetzung von *predictive analytics* verbundenen Implikationen – mit Fokus auf Prognosen als Entscheidungsunterstützung, Performativität und *feedback-loops*. Verdeutlich wurde im Zuge dessen, dass algorithmische Prognosen Veränderungen zeitigen, weil auf ihrer Basis in den Lauf der Dinge eingegriffen wird – z.B. wird Personen ein Kredit verwehrt oder jemand bekommt keine Bewährungsstrafe und muss stattdessen eine Freiheitsstrafe absitzen. Hingewiesen wurde im Zuge der Beschreibung von Prognosen als Entscheidungsunterstützung, dass oft gute Gründe dafür vorliegen, prognoseunterstützte Entscheidungsprozesse nicht zu automatisieren. Allerdings besteht in der alltäglichen Praxis grundsätzlich die Gefahr, dass die Prognosen zwar nur eine ergänzende Informationsquelle für menschliche Entscheider*innen sein sollen, durch den *automation bias* aber faktisch die Entscheidung vorgeben.

Zuletzt wurde sich den Risiken, die mit *predictive analytics* verbunden sind, auseinandergesetzt. Auch hier muss eine Auswahl aus potenziell vielfältigen Risikofaktoren getroffen werden. Gezeigt wurde ausschnitthaft, dass und wie algorithmische Prognosen diskriminieren können und dass die statistisch-rechnerische Grundlage von algorithmischen Prognosen als problematische Technik mit Tendenz zur Gruppenhaftung angesehen werden kann, weil Individuen für das Verhalten verantwortlich gemacht werden, das andere Mitglieder ihrer statistischen Gruppe in der Vergangenheit an den Tag gelegt haben.

Algorithmische Prognosen sind, wie gezeigt, bereits in vielen verschiedenen Bereichen der Gegenwartsgesellschaft verbreitet. Zum Teil handelt es sich um Bereiche, in denen Prognosen bereits seit Langem zum Einsatz kommen (z.B. *credit scoring*, Strafverfolgung), zum Teil aber auch um Bereiche, in denen Prognosen bislang in dieser Form neu sind (z.B. Krankenpflege, Schule). Die Versprechen, die mit algorithmischen Prognosen einhergehen, konnten sich in vielen Fällen zwar nicht bewahrheiten (z.B. *predictive policing*), mit der fortschreitenden technischen Entwicklung – *deep learning*, generative KI etc. – werden prädiktive Algorithmen aber womöglich wieder neuen Auftrieb bekommen und das „Age of Prediction“ (Tulchinsky und Mason 2023) vor der Realisierung stehen. Grund genug, mit einer soziotechnischen Brille auf entsprechende Konstellationen zu schauen.

Weiterführende Lektüre

Brayne, S., 2021: Predict and Surveil: Data, Discretion, and the Future of Policing. New York: Oxford University Press.

Egbert, S. und M. Leese, 2021: Criminal Futures: Predictive Policing and Everyday Police Work. London; New York: Routledge, Taylor and Francis Group.

Esposito, E., 2022: Artificial Communication: How Algorithms Produce Social Intelligence. Cambridge, Mass.: MIT Press.

Eubanks, V., 2017: Automating Inequality: How High-tech Tools Profile, Police, and Punish the Poor. New York,: St. Martin's Press.

O'Neil, C., 2018: Angriff der Algorithmen: wie sie Wahlen manipulieren, Berufschancen zerstören und unsere Gesundheit gefährden. München: Carl Hanser Verlag.

Rona-Tas, A., 2020: Predicting the Future: Art and Algorithms. Socio-Economic Review 18: 893–911.

Literatur

Abbott, D., 2014: Applied Predictive Analytics: Principles and Techniques for the Professional Data Analyst. Indianapolis, IN: Wiley.

Adam, B. und C. Groves, 2007: Future Matters: Action, Knowledge, Ethics. Leiden; Boston: Brill.

Adensamer, A., R. Gsenger und L.D. Klausner, 2021: "Computer says no": Algorithmic Decision Support and Organisational Responsibility. Journal of Responsible Technology 7–8: 100014.

Agrawal, A., J. Gans und A. Goldfarb, 2018: Prediction Machines: The Simple Economics of Artificial Intelligence. Boston, Massachusetts: Harvard Business Review Press.

Alon-Barkat, S. und M. Busuioc, 2023: Human–AI Interactions in Public Sector Decision Making: "Automation Bias" and "Selective Adherence" to Algorithmic Advice. Journal of Public Administration Research and Theory 33: 153–169.

Araujo, T., N. Helberger, S. Kruikemeier und C.H. De Vreese, 2020: In AI we Trust? Perceptions about Automated Decision-making by Artificial Intelligence. AI & Society 35: 611–623.

Barocas, S. und A.D. Selbst, 2016: Big Data's Disparate Impact. California Law Review 104: 671–732.

Bauer, K., R. Heigl, O. Hinz und M. Kosfeld, 2024: Feedback Loops in Machine Learning: A Study on the Interplay of Continuous Updating and Human Discrimination. Journal of the Association for Information Systems 25: 804–866.

Beckert, J., 2018: Imaginierte Zukunft: fiktionale Erwartungen und die Dynamik des Kapitalismus. Berlin: Suhrkamp.

Bijker, W.E., 1995: Of Bicycles, Bakelites, and Bulbs. Toward a Theory of Sociotechnical Change. Cambridge, MA: MIT Press.

Borup, M., N. Brown, K. Konrad und H. Van Lente, 2006: The Sociology of Expectations in Science and Technology. Technology Analysis & Strategic Management 18: 285–298.

Böschen, S. und M. Groß, 2026: Reallabore: Zur Expansion und Begrenzung realexperimenteller Praktiken in Wissensgesellschaften, S. 13–28 in A.K. Krüger, J. Schubert, C. Schubert und J.F. Schrape (Hrsg.): Wissenschafts- und Technikforschung. Sozialwissenschaftliche Einführungen. Berlin: De Gruyter Brill.

Böschen, S., A. Grunwald, B.-J. Krings und C. Rösch (Hrsg.), 2021: Technikfolgenabschätzung: Handbuch für Wissenschaft und Praxis. Baden-Baden: Nomos.

Boeva, Y., 2026: Software Studies, S. 351–367 in A.K. Krüger, J. Schubert, C. Schubert und J.F. Schrape (Hrsg.): Wissenschafts- und Technikforschung. Sozialwissenschaftliche Einführungen. Berlin: De Gruyter Brill.

Bowker, G.C., 2005: Memory Practices in the Sciences. Cambridge, Mass: MIT Press.

boyd, danah und K. Crawford, 2012: Critical Questions for Big Data: Provocations for a Cultural, Technological, and Scholarly Phenomenon. Information, Communication & Society 15: 662–679.

Brayne, S., 2021: Predict and Surveil: Data, Discretion, and the Future of Policing. New York, NY: Oxford University Press.

Büchner, S. und H. Dosdall, 2021: Organisation und Algorithmus: Wie algorithmische Kategorien, Vergleiche und Bewertungen durch Organisationen relevant gemacht werden. KZfSS Kölner Zeitschrift für Soziologie und Sozialpsychologie 73: 333–357.

Buolamwini, J. und T. Gebru, 2018: Gender Shades: Intersectional Accuracy Disparities in Commercial Gender Classification. Proceedings of Machine Learning Research 81: 1–15.

Carroll, W.M., 2019: The Synthesis of Nursing Knowledge and Predictive Analytics. Nursing Management 50: 15–17.

Daston, L., 1988: Classical Probability in the Enlightenment. Princeton, NJ: Princeton University Press.

Deleuze, G. und F. Guattari, 2007: Tausend Plateaus. Berlin: Merve.

Deutscher Ethikrat, 2023: Mensch und Maschine – Herausforderungen durch Künstliche Intelligenz. Stellungnahme. Berlin: Deutscher Ethikrat.

Dickel, S., 2019: Prototyping Society. Zur vorauseilenden Technologisierung der Zukunft. Bielefeld: transcript Verlag.

Egbert, S. und M. Leese, 2021: Criminal Futures: Predictive Policing and Everyday Police Work. London, New York: Routledge.

Engels, F., A. Wentland und S.M. Pfotenhauer, 2019: Testing Future Societies? Developing a Framework for Test Beds and Living Labs as Instruments of Innovation Governance. Research Policy 48: 103826.

Ensign, D., S.A. Friedler, S. Neville, S. Carlos und S. Venkatasubramanian, 2018: Ensign, D.; Friedler, S.A.; Neville, S.; Scheidegger, C.; Venkatasubramanian, S. (2018). Runaway Feedback Loops in Predictive Policing. Proceedings of the 1st Conference on Fairness, Accountability and Transparency: 160–171.

Esposito, E., 2022: Artificial Communication: How Algorithms Produce Social Intelligence. Cambridge, Massachusetts: The MIT Press.

Eubanks, V., 2017: Automating Inequality: How High-tech Tools Profile, Police, and Punish the Poor. New York, NY: St. Martin's Press.

Eyert, F. und P. Lopez, 2023: Rethinking Transparency as a Communicative Constellation. S. 1–11 in: Proceedings of the ACM Conference on Fairness, Accountability, and Transparency (FAccT '23): 444–454.

Feier, T., J. Gogoll und M. Uhl, 2022: Hiding Behind Machines: Artificial Agents May Help to Evade Punishment. Science and Engineering Ethics 28: 19.

Gertenbach, L. und H. Laux, 2019: Zur Aktualität von Bruno Latour: Einführung in sein Werk. Wiesbaden: Springer VS.

Grunwald, A., 2009: Wovon ist die Zukunftsforschung eine Wissenschaft? S. 25–35 in: R. Popp und E. Schüll (Hrsg.), Zukunftsforschung und Zukunftsgestaltung. Berlin, Heidelberg: Springer.

Heymann, M., G. Gramelsberger und M. Mahony (Hrsg.), 2017: Cultures of Prediction in Atmospheric and Climate Science: Epistemic and Cultural Shifts in Computer-based Modelling and Simulation. London, New York, NY: Routledge.

Högel, J., 2014: Stratifizierung. S. 653–656 in: C. Lenk, G. Duttge und H. Fangerau (Hrsg.), Handbuch Ethik und Recht der Forschung am Menschen. Berlin, Heidelberg: Springer.

Hurley, M. und J. Adebayo, 2016: Credit Scoring in the Age of Big Data. Yale Journal of Law and Technology 18: 148–216.

Jannach, D. (Hrsg.), 2011: Recommender Systems: An Introduction. New York: Cambridge University Press.

Jarke, J. und F. Macgilchrist, 2021: Dashboard Stories: How Narratives Told by Predictive Analytics Reconfigure Roles, Risk and Sociality in Education. Big Data & Society 8: 205395172110255.

Kaufmann, M., S. Egbert und M. Leese, 2019: Predictive Policing and the Politics of Patterns. The British Journal of Criminology 59: 674–692.

Kitchin, R., 2017: Thinking Critically About and Researching Algorithms. Information, Communication & Society 20: 14–29.

Kitchin, R., 2022: The Data Revolution: A Critical Analysis of Big Data, Open Data & Data Infrastructures. Los Angeles, London: Sage.

Kiviat, B., 2019: The Moral Limits of Predictive Practices: The Case of Credit-Based Insurance Scores. American Sociological Review 84: 1134–1158.

Köchling, A. und M.C. Wehner, 2020: Discriminated by an Algorithm: A systematic Review of Discrimination and Fairness by Algorithmic Decision-making in the Context of HR Recruitment and HR Development. Business Research 13: 795–848.

Kopf, J., 2018: Wie Ansicht zur Einsicht werden könnte. https://www.johannes-kopf.at/2018/11/14/wie-ansicht-zur-einsicht-werden-koennte/ (Stand: 7/2025).

Lamjid, A., K. El Bouchti, S. Ziti, R.O. Mohamed, H. Labrim, A. Riadsolh und M. Belkacemi, 2023: Predictive Hiring System: Information Technology Consultants Soft Skills. S. 680–685 in: J. Kacprzyk, M. Ezziyyani und V.E. Balas (Hrsg.), International Conference on Advanced Intelligent Systems for Sustainable Development. Cham: Springer Nature.

Langenscheidt, o.J.: Online Wörterbucheintrag „praedicere". https://de.langenscheidt.com/latein-deutsch/praedicere (Stand: 7/2025).

Larose, D.T. und C.D. Larose, 2015: Data Mining and Predictive Analytics. Hoboken, New Jersey: John Wiley & Sons.

Latour, B., 1996: Der „Pedologen-Faden" von Boa Vista – eine photo-philosophische Montage: S. 191–248 in: B. Latour, Der Berliner Schlüssel: Erkundungen eines Liebhabers der Wissenschaften. Berlin: Akad.-Verl.

Latour, B., 2022a: Eine neue Soziologie für eine neue Gesellschaft: Einführung in die Akteur-Netzwerk-Theorie. Frankfurt am Main: Suhrkamp.

Latour, B., 2022b: Die Hoffnung der Pandora: Untersuchungen zur Wirklichkeit der Wissenschaft. Frankfurt am Main: Suhrkamp.

Lopez, P. und F. Eyert, 2021: The Logic of Post-diction and the Predictive Paradigm of Machine Learning. Gehalten auf der 4S Annual Meeting 2021.

Lösch, A., A. Grunwald, M. Meister und I. Schulz-Schaeffer, 2019: Introduction: Socio-Technical Futures Shaping the Present. S. 1–14 in: A. Lösch, A. Grunwald, M. Meister und I. Schulz-Schaeffer (Hrsg.), Socio-Technical Futures Shaping the Present. Wiesbaden: Springer.

Mau, S., 2023: Digitale Scorings als Statusmarker. Eine ungleichheitssoziologische Annäherung. Berliner Journal für Soziologie 33: 255–287.

Meister, M. und K. Wiggert, 2026: Soziologische Perspektiven auf intelligente Maschinen, S. 367–386 in A.K. Krüger, J. Schubert, C. Schubert und J.F. Schrape (Hrsg.): Wissenschafts- und Technikforschung. Sozialwissenschaftliche Einführungen. Berlin: De Gruyter Brill.

O'Neil, C., 2018: Angriff der Algorithmen: wie sie Wahlen manipulieren, Berufschancen zerstören und unsere Gesundheit gefährden. (K. Petersen, Übers.). München: Carl Hanser.

Pariser, E., 2012: Filter Bubble: wie wir im Internet entmündigt werden. München: Carl Hanser.

Perry, W.L., B. McInnis, C.C. Price, S.C. Smith und J.S. Hollywood, 2013: Predictive Policing: The Role of Crime Forecasting in Law Enforcement Operations. Santa Monica, CA: RAND.

Pöchhacker, N. und E.-M., Nyckel, 2020: Logistics of Probability: Anticipatory Shipping and the Production of Markets. S. 1–19, in: M. Burkhardt, M. Shnayien und K. Grashöfer (Hrsg.), Explorations in Digital Cultures. Lüneburg: meson press.

Potthast, J., 2010: Science and Technology Studies. S. 91–105 in: D. Simon, A. Knie und S. Hornbostel (Hrsg.), Handbuch Wissenschaftspolitik. Wiesbaden: VS Verlag für Sozialwissenschaften.

Rammert, W., 2003: Technik in Aktion: Verteiltes Handeln in soziotechnischen Konstellationen. S. 289–315 in: T. Christaller und J. Wehner (Hrsg.), Autonome Maschinen. Wiesbaden: Westdeutscher.

Rammert, W. und I. Schulz-Schaeffer, 2020: Technik und Gesellschaft. S. 659–689 in: H. Joas und S. Mau (Hrsg.), Lehrbuch der Soziologie. Frankfurt: Campus.

Räz, T., 2022: COMPAS: Zu einer wegweisenden Debatte über algorithmische Risikobeurteilung. Forensische Psychiatrie, Psychologie, Kriminologie 16: 300–306.

Richardson, R., J.M. Schultz und K. Crawford, 2019: Dirty Data, Bad Predictions: How Civil Rights Violations Impact Police Data, Predictive Policing Systems, and Justice. NYU Law Review 54: 15–55.

Rona-Tas, A., 2020: Predicting the Future: Art and Algorithms. Socio-Economic Review 18: 893–911.

Schäufele, F., 2017: Profiling zwischen sozialer Praxis und technischer Prägung. Wiesbaden: Springer.

Schubert, C., 2015: Situating Technological and Societal Futures. Pragmatist Engagements with Computer Simulations and Social Dynamics. Technology in Society 40: 4–13.

Schulz-Schaeffer, I., 2026: Handlungsträgerschaft von Technik und verteiltes Handeln. S. 269–284 in A.K. Krüger, J. Schubert, C. Schubert und J.F. Schrape (Hrsg.): Wissenschafts- und Technikforschung. Sozialwissenschaftliche Einführungen. Berlin: De Gruyter Brill.

Schulz-Schaeffer, I., 2017: Einführung (Akteur-Netzwerk-Theorie). S. 271–291 in: S. Bauer, T. Heinemann und T. Lemke (Hrsg.), Science and Technology Studies. Berlin: Suhrkamp.

Schulz-Schaeffer, I. und M. Meister, 2017: Laboratory Settings as Built Anticipations. Prototype Scenarios as Negotiation Arenas between the Present and Imagined Futures. Journal of Responsible Innovation 4: 197–216.

Tulchinsky, I. und C.E. Mason, 2023: The Age of Prediction: Algorithms, AI, and the Shifting Shadows of Risk. Cambridge: MIT Press.

Wagner, B., P. Lopez, F. Cech, G. Grill und M.-T. Sekwenz, 2020: Der AMS-Algorithmus: Transparenz, Verantwortung und Diskriminierung im Kontext von digitalem staatlichem Handeln. juridikum 2/2020: 191–202.

Zerres, C., 2024: Die dunkle Seite von Social Media. S. 93–114 in: C. Zerres (Hrsg.), Handbuch Social-Media-Marketing. Wiesbaden: Springer.

Zweck, A. und T. Werner, 2024: Künstliche Intelligenz in der Zukunftsforschung. S. 219–256 in: R. Häußling, C. Härpfer und M. Schmitt (Hrsg.), Soziologie der Künstlichen Intelligenz. Bielefeld: transcript.

Dirk Scheer, Gabriele Gramelsberger und Andreas Kaminski

23 Simulation und Modellierung in der Wissenschafts- und Technikforschung

Einleitung

Der Einsatz von computerintensiven Modellen hat die Wissenschaft (Gramelsberger 2008) und die Entscheidungsfindung in Gesellschaft, Wirtschaft und Politik (Scheer 2013) stark verändert (siehe Egbert 2026 in diesem Band). Das Infektionsgeschehen von Covid-19 wurde über die räumliche Ausbreitung mithilfe von Verkehrs- und Transportmodellen simuliert; Niederschlagsradar und Wettervorhersagen sind heute Standard in einfachen Handy-Apps, und bei der Neuentwicklung von Autos werden Crashtests zunächst im Computer durchgespielt. Die Frage, was ein Modell ist, hat zahlreiche Diskussionen nach sich gezogen (Gelfert 2016; Winsberg und Harvard 2024). Ohne diese Frage näher zu diskutieren, konzentriert sich unser Beitrag auf die für die Wissenschafts- und Technikforschung interessante pragmatische Überlegung, dass wissenschaftliche Modelle üblicherweise ein realweltliches System repräsentieren und dazu dienen, das Verhalten dieses Systems zu imitieren (simulieren) und so beobachtbar zu machen. Die Beobachtungen am simulierten Modell treten daher an die Stelle der Beobachtung des realweltlichen Systems. Dafür muss allerdings epistemisch sichergestellt sein, dass das Modell geeignet ist, das realweltliche System zu repräsentieren, also dass es adäquat ist.

Die epistemische Frage nach dem geeigneten Modell ist jedoch nicht die Frage nach dem besten Modell: Es gibt kein „bestes Modell", denn Modelle können stets nur mit Blick auf ihre Eignung respektive Zweck bewertet werden – und diese Eignung ist orientiert an den Fragen, die Forschende an das Modell stellen (Grüne-Yanoff 2017). Die Eignung eines Modells respektive sein Zweck gehen mit einer grundlegenden epistemischen Funktion einher, die das Modell erfüllen soll: Man möchte etwas Bestimmtes verstehen.

Aber bereits diese epistemische Funktion lässt einen großen Spielraum zu. Ein Modell kann verwendet werden, um das Verhalten eines Systems zu *prognostizieren*, um es zu *erklären*, um Hypothesen zu *testen* und um *Entscheidungen* mithilfe des Modells treffen. Letztere können die *Gestaltung* von Systemen betreffen, z.B. wie ein Auto konstruiert sein sollte, damit es bei einem Unfall die Passagiere möglichst gut schützt. Oder sie können *politische Entscheidungen* orientieren. Beispielsweise nutzten das Gesundheitsministerium sowie das Robert Koch-Institut während der Corona-Pandemie ein Simulationsmodell, das die Auslastung der Intensivbetten

https://doi.org/10.1515/9783112245897-028

in den verschiedenen Landkreisen *prognostizierte*, um der Bundesregierung eine Orientierung in der Frage zu geben, ob und wenn ja, welche Maßnahme erforderlich sind, um die Infektionsdynamik zu verlangsamen (Klüsener et al. 2020).

Diese kurze Reihe von Beispielen bietet bereits *eine* Erklärung, warum es viele Modelle gibt – selbst für ein und dasselbe realweltliche System. Es hängt jeweils an der epistemischen Funktion, welches Modell geeignet ist; und unterschiedliche Modelle können entwickelt werden, um die gleiche Funktion zu erfüllen.

Gibt es ein bestes Modell?

Modelle müssen sich jeweils für ihre wissenschaftlichen und gesellschaftlichen Zwecke *eignen* (so wie Instrumente mehr oder weniger gut geeignet sein können). Dabei sind häufig Wechselwirkungen zu beachten, weil epistemische Werte untereinander (z.B. Prognosen und Erklärungen) in einem Spannungsverhältnis stehen oder mit sozialen Werten kollidieren. Eine Wissenschafts- und Technikforschung des Modellierens und Simulierens untersucht dieses Spannungsverhältnis am Beispiel einzelner Disziplinen und Anwendungen.

Für die Wissenschafts- und Technikforschung bietet sich hier ein spannender Ansatzpunkt der Untersuchung, denn es sind soziale Entscheidungen des Modellierens, die hier eine zentrale Rolle spielen und die daraus folgende epistemische Funktion der Entscheidungsfindungen durch die Simulation mitprägen. Modelle sind ein hochgradig sozialer Gegenstand. Die Eignung von Modellen ist an verschiedene epistemische und gesellschaftliche Werte gebunden, die mit Blick auf eine spezifische Frage oder Funktion von Bedeutung sind und selbst ausgehandelt, ausbalanciert werden müssen. Dies lässt sich sehr gut an dem spezifischen Modellierungsbereich der Wetter- und Klimasimulationen in Verbindung mit den sozialen, politischen und epistemischen Werten betrachten (Gramelsberger und Feichter 2011; Heymann et al. 2017).

Dabei kommt es uns auch darauf an, die Bedingungen des Modellierens genauer am Beispiel der frühen Meteorologie zu betrachten (Kapitel 1), also wie sich eine Wissenschaft transformieren muss, um überhaupt zu einer Vorhersagewissenschaft basierend auf Modellen zu werden. Daran schließen sich die Untersuchungen der Praxis des Modellierens und Simulierens am Beispiel der Wetter- und Klimamodelle an (Kapitel 2), um schließlich die Entscheidungsfindungen mit Simulationen aus Perspektive der epistemischen und gesellschaftlichen Werte besser zu verstehen (Kapitel 3). Abschließend ziehen wir ein kurzes Fazit (Kapitel 4).

Bedingungen des Modellierens

Modell- und simulationsbasiertes Vorhersagewissen für Entscheidungsfindungen ist eine relative neue Wissensform, die ab Mitte des 20. Jahrhunderts an Bedeutung gewinnt. Doch was bedeutet es für eine Wissenschaft, Vorhersagen zu generieren? Welche Transformationen in ihren theoretischen wie empirischen Grundlagen muss sie durchlaufen, um überhaupt ihren Forschungsgegenstand modellieren, simulieren und damit vorhersagen zu können? Am Beispiel der Meteorologie, die zu den ersten modell- und simulationsbasierten Vorhersagewissenschaften gehörte, lassen sich die epistemischen Transformationen verdeutlichen. Denn die Meteorologie war bis ins frühe 20. Jahrhundert eine empirisch-beschreibende Wissenschaft, die versuchte, die zunehmenden Datenmengen der immer zahlreicher werdenden Messinstrumente zu interpretieren. Bereits im Laufe des späten 18. und frühen 19. Jahrhunderts wurden Messreihen mit Instrumenten wie dem Thermometer, Barometer oder Hygrometer an vielen Orten initiiert. Noch waren diese Messungen lokal begrenzt. Erst die Telegraphie erlaubte es Mitte des 19. Jahrhunderts Daten regional und international auszutauschen. Für die Meteorologie war dies entscheidend, da die Entstehung von Wetter kein lokal begrenztes, sondern ein regionales Phänomen ist. Doch welche räumliche und zeitliche Auflösung der Daten nötig waren, um die Entstehung von Wetter zu verstehen, war noch eine offene Forschungsfrage (Gramelsberger 2017).

Von Daten-geleiteten Ansätzen …

Ein erster Versuch, den richtige Zugang zu finden, war der sogenannte „klimatologische“ oder „statistische“ Ansatz, den Forscher wie Alexander von Humboldt oder Heinrich Dove entwickelten. Messdaten wurden zeitlich wie räumlich statistisch ausgewertet: Zeitlich in Form von Tages-, Monats- und Jahresmittelwerten der Temperatur und des Luftdrucks; räumlich mit Hilfe von Isolinien, die Humboldt bereits 1817 für lokal verteilte, gleiche Temperaturwerte erfunden hatte. Indem diese Mittelwerte mit geografischen Informationen verknüpft wurden, hoffte man, gesetzmäßige Einblicke in die Wetterentwicklungen zu gewinnen. Doch, obwohl der klimatologische Ansatz gewisse Einsichten in die Verteilung von Temperatur und Niederschlag ermöglichte, gelang es nicht, aus den verschiedenen Mittelwerten und ihrer Periodizität Gesetze abzuleiten. Schon bald produzierten die Meteorologen falsche Mittelwerte (Bezold 1885). Daher wurde ein anderer Ansatz benötigt, um Daten zu interpretieren. Dieser bestand in der „synoptischen“ Perspektive auf Wetterdaten.

Die Synoptik (griechisch: synopsis = Übersicht, Überblick), die bis Mitte des 20. Jahrhunderts die maßgebliche Methode der Wettervorhersage war, betrachtete den regionalen Zusammenhang der lokalen Messdaten in einem Umkreis von 1.000 bis 2.500 km. Es hatte sich gezeigt, dass dieser größere Maßstab notwendig war, um die Entstehung lokaler Wetterphänomene zu erfassen. Insbesondere die Windverhältnisse waren von Interesse, da Stürme zu zahlreichen Katastrophen in der Schifffahrt wie der Landwirtschaft führten. Könnte man diese besser vorhersagen, ließe sich manche Katastrophe vermeiden. Das entscheidende Moment war, die regionalen Wetterdaten als Isobaren (Linien von Orten mit gleichem Luftdruck) und Isotherme (Linien von Orten mit gleicher Temperatur) auf Karten einzutragen.

Der Meteorologe Heinrich W. Brandes fertigte 1820 eine erste Wetterkarte. Was dadurch sichtbar wurde, waren die Hochdruck- und Tiefdruckgebiete. Anhand seiner Karte erkannte er, dass die Luftdruckunterschiede in kleinen Gebieten sehr groß sein können und dass diese lokalen Unterschiede Winde verursachen. Doch noch waren keine Gesetzmäßigkeiten erkennbar und beschreibbar. Erst in den 1850er Jahren entdeckte der Meteorologe Christoph Buys-Ballot ein erstes empirisches Gesetz, das „barische Windgesetz". Es besagt, dass Winde, die von Hochdruck- in Tiefdruckgebiete wehen, abgelenkt werden; und zwar auf der Nordhalbkugel der Erde nach rechts und auf der Südhalbkugel nach links. Damit waren erste gesetzmäßige Zusammenhänge bekannt. Das weckte die Hoffnung der Meteorologen, die auf den Karten wandernden Tief- und Hochdruckgebiete für die Vorhersage zu nutzen. Doch dazu reichte das barische Windgesetz nicht aus, denn es formulierte nur eine allgemeine Beobachtung. Noch fehlte eine allgemeine Theorie der Ursachen der globalen Zirkulationsmuster der Atmosphäre.

... zu Theorie-geleiteten Modellen

Ein frühes Verständnis für einige der Ursachen der atmosphärischen Zirkulation hatte sich bereits im späten 17. Jahrhundert entwickelt. Im Jahr 1686 hatte Edmund Halley erkannt, dass die Sonneneinstrahlung in niedrigen und hohen Breitengraden unterschiedlich ist. Daher wird erwärmte Tropenluft durch kühlere Luft aus den Polarregionen ersetzt, was zu einer Nord-Süd-Zirkulation führt. Diese Zirkulation wird, wie der englische Physiker George Hadley 1735 feststellte, durch die Erdrotation abgelenkt. Da die Rotationsgeschwindigkeit (Bahngeschwindigkeit) an jedem Punkt der Erde unterschiedlich ist, kommt die typische Ablenkung der Luftströme zustande, wie sie das barischen Windgesetz beschreibt. Aus diesen Überlegungen resultierte ein erstes, konzeptuelles Modell der globalen Zirkulation, das drei große Luftströme für jede Hemisphäre beschrieb: den polaren Luftstrom, den

Luftstrom der mittleren Breite und die sehr regelmäßige Luftströmung der Tropen. Doch mit einem rein konzeptionellen Modell der Zirkulation lassen sich keine Vorhersagen machen. Was noch fehlte, war die physikalisch-mathematische Grundlage des konzeptuellen Modells, also ein mathematisches Modell basierend auf gut bestätigten physikalischen Theorien.

Ein solches Zirkulationsmodell der Atmosphäre auf physikalisch-mathematischer Grundlage erstellte erstmals William Ferrel (1861). Von daher gilt Ferrel als der Begründer der modernen Meteorologie. Doch sein Modell war zu avanciert für seine Zeit und es dauerte weitere vierzig Jahre, bis Vilhelm Bjerknes die Physik der Atmosphäre mit einem mathematischen Ansatz beschrieb, wie er bis heute genutzt wird. In seinem zentralen Artikel „Das Problem der Wettervorhersage, betrachtet vom Standpunkt der Mechanik und der Physik" hat er seinen Ansatz 1904 wie folgt beschrieben: „Die atmosphärischen Prozesse sind gemischte Vorgänge mechanischer und physikalischer Natur. Für jeden einzelnen dieser Vorgänge können wir nach mechanischen oder physikalischen Prinzipien eine oder mehrere mathematische Gleichungen aufstellen. Die genügende Kenntnis der Gesetze, nach welchen sich die atmosphärischen Prozesse entwickeln, haben wir, wenn wir in dieser Weise ebenso viele voneinander unabhängige Gleichungen aufschreiben können, als unbekannte Größen zu berechnen sind. Der Zustand der Atmosphäre zu einer beliebigen Zeit wird in meteorologischer Hinsicht bestimmt sein, wenn wir zu dieser Zeit in jedem Punkt die Geschwindigkeit, die Dichte, den Druck, die Temperatur und die Feuchtigkeit der Luft berechnen können. Als Vektor wird die Geschwindigkeit durch drei skalare Größen, die drei Geschwindigkeitskomponenten, dargestellt, und es handelt sich deshalb um die Berechnung von 7 unbekannten Größen" (Bjerknes 1904: 2).

Es sind diese sieben meteorologischen Variablen, die bis heute in jedem Wetter- und Klimamodell berechnet werden. Um diese berechnen zu können, benötigt man die drei hydrodynamischen Bewegungsgleichungen, die Kontinuitätsgleichung der Erhaltung der Masse, die Zustandsgleichung der Atmosphäre sowie die beiden Hauptsätze der mechanischen Wärmetheorie; alle in Form von Differentialgleichungen, die die räumliche und zeitliche Entwicklung eines physikalischen Systems beschreiben. Doch ein 7-Variablensystem ist zu komplex, als dass man es algebraisch lösen könnte. Dies hatte auch Bjerknes erkannt, wenn er schreibt: „Schon die Berechnung dreier Punkte, die sich nach einem so einfachen Gesetz wie dem Newtonischen gegenseitig beeinflussen, übersteigt bekanntlich weit die Hilfsmittel der heutigen mathematischen Analyse. Für die unter weit komplizierteren Wechselwirkungen vor sich gehenden Bewegungen sämtlicher Punkte der Atmosphäre ist dann selbstverständlich nichts zu hoffen" (Bjerknes 1904: 2). Was also tun mit dem komplexen Zirkulationsmodell der Atmosphäre?

Wann kann eine Wissenschaft überhaupt modellieren?

Um modellieren zu können, benötigt eine Wissenschaft gut bestätigte theoretische Grundlagen über Gesetzmäßigkeiten, die sich mathematisch beschreiben lassen. Doch solche mathematischen Modelle sind abstrakt und müssen kontextualisiert werden. Dies geschieht mit empirischen Daten durch Beobachtungen, Messungen und Experimente. Eine modellierende Wissenschaft benötigt also eine gute Theorie sowie eine gute empirische Datengrundlage. Dieses Verhältnis von Theorie und Empirie lässt sich aus Perspektive der Wissenschafts- und Technikforschung in Fallstudien untersuchen.

Die Antwort auf diese Frage nach dem Umgang mit komplexen Modellen geht mit einer weiteren epistemischen Transformation einher, nämlich von der algebraischen Analyse mathematischer Modelle zur Praxis der numerischen Berechnung (Simulation). Die algebraische Analyse versucht aus Gleichungen algebraische Lösungsfunktionen abzuleiten. Solche Lösungsfunktionen sind „exakt", da sie zum einen mathematisch korrekt abgeleitet, zum anderen allgemein gültig sind. Doch wie Bjerknes bemerkte, ist dies nicht einmal für drei Variablen möglich, geschweige denn für sieben. Man kennt schlichtweg nicht die exakte Lösungsfunktion des Zirkulationsmodells basierend auf sieben Variablen. Es lässt sich noch nicht einmal beweisen, ob es überhaupt eine eindeutige Lösung gibt. Daher bleibt nur die numerische Berechnung für einzelne Raum- und Zeitpunkte, um so die Trajektorien (Entwicklungsbahnen) einzelner Teilchen oder gemittelter Volumina zu berechnen. Anstelle der theoretisch-mathematischen Praxis des Modellierens tritt nun die Praxis des Simulierens.

Praxis des Simulierens

Von theoretisch-mathematischen Modellen ...

Mathematische Modelle repräsentieren realweltliche Systeme, wie dies am Beispiel des Wettersystems deutlich wurde. In Standardwerken zu Computermodellen und -simulationen entsteht jedoch oft der Eindruck, dass die mathematischen Modelle direkt auf dem Computer ausgeführt werden, so wie Zahlen in eine Gleichung auf einem Taschenrechner eingefügt werden. Insbesondere die Metapher von der Simulationspipeline suggeriert dies (vgl. Abbildung 23.1). Die Simulationspipeline soll die Schritte nennen, die unternommen werden müssen, um eine Computersimulation durchzuführen. Doch diese Metapher ist irreführend und fordert geradezu auf, mit einem wissenschaftsforschenden Ansatz die Praxis des Modellierens und Simulierens näher zu untersuchen.

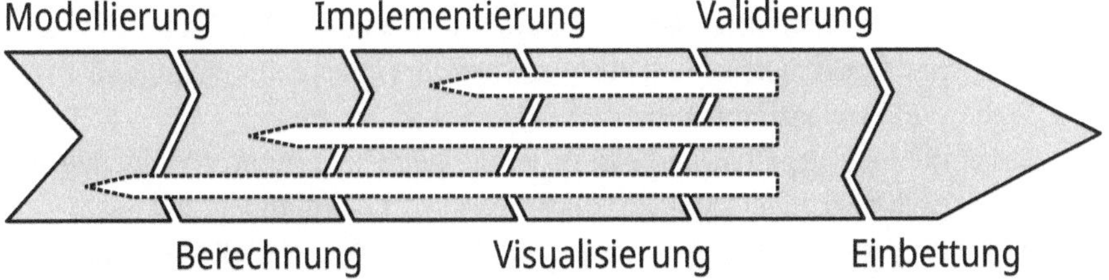

Abb. 23.1: Die „Simulationspipeline" (nach Bungartz et al. 2009: 3)

Tatsächlich wird in avancierten Computersimulationen, zu denen die Klimasimulation gehört, nicht einfach das theoretisch-mathematische Modell berechnet; wir hatten ja gerade mit Blick auf das von Bjerknes entwickelte 7-Variablensystem gesehen, dass dies nicht geht. Anstelle des theoretisch-mathematischen Modells wird ein Simulationsmodell berechnet. Dieses wird jedoch nicht direkt aus der theoretisch-mathematischen Modellierung abgeleitet, sondern durch eine Reihe von weiteren Transformationsschritten gewonnen. In diesem Prozess wird mit theoretischen Annahmen *gebrochen*, indem Veränderungen eingebaut werden, die sich nicht durch eine (rein deduktive) Umformung aus dem theoretisch-mathematischen Modell ergeben. Eine Wissenschafts- und Technikforschung zur Praxis des Modellierens und Simulierens kann sich dabei von drei zentralen Fragen leiten lassen: (1) Wenn sich das Simulationsmodell vom theoretisch-mathematischen Modell so unterscheidet, warum wird es dann überhaupt verwendet? (2) Was sind diese epistemischen Brüche, die wir auch als Übersetzungsbrüche bezeichnen können? (3) Wie lassen sich diese Brüche rechtfertigen?

Die Antworten auf diese drei Fragen hängen eng zusammen. Beginnen wir mit der Frage der Rechtfertigung. Zunächst leuchtet es nicht ein, dass das Simulationsmodell sich nicht deduktiv aus der z.B. physikalischen Theorie ergibt. Wie kommt man denn dann auf das Simulationsmodell, wenn nicht durch Ableitung? Anstelle einer *Ableitung* tritt die Idee einer *Imitation* (Lenhard 2015: 125–128). Das Simulationsmodell wird so verändert, dass das *Verhalten des simulierten Modells* dem *Verhalten des beobachteten Systems* möglichst weitgehend entspricht. Man gibt also die theoretische Modellstruktur partiell auf, weil es das Primat der Simulation ist, dass die simulierten Resultate den realen Daten möglichst ähnlich sein sollen. Die Gründe dafür, warum sich das Simulationsmodell vom theoretisch-mathematischen Modell unterscheidet sind vielfältig: Dies geschieht, da man

- das theoretisch-mathematische Modell nicht direkt auf Hochleistungsrechenumgebungen umsetzen kann (s.u. als Beispiel die erforderliche Diskretisierung und numerische Reformulierung des theoretischen Modells);

- nicht für alle relevanten Bereiche eines Systems über ein theoretisch-mathematisches Modell verfügt (ein Beispiel wäre die Wolkenbildung im Bereich der Wetter- und Klimasimulationen);
- das Imitationsverhalten verbessern kann, wenn man darauf verzichtet, die theoretisch begründete Modellstruktur möglichst unverändert zu lassen;
- aufgrund gesellschaftlicher Gründe vom theoretischen Modell abweichen will; etwa um Rechenzeit und damit auch Energiekosten zu sparen.

Warum gibt es ein Primat der Imitation? Wie kommt es zu Übersetzungsbrüchen?

Ziel von Simulationen ist nicht die Konservierung der theoretisch begründeten Modellstruktur, sondern das Verhalten des simulierten Modells möglichst ähnlich dem Verhalten des beobachteten Modells zu machen. Angesichts dieses Ziels kann das Simulationsmodell so vom theoretischen Modell abweichen, dass es sich nicht logisch aus diesem ergibt. Es kann Zusätze, theoretisch unbegründete oder gar abweichende Elemente enthalten, die allein durch das *Primat der Imitation* begründet werden.

In der Regel ist also jeder Schritt von einem Modell zum nächsten mit einem Bruch, einer Veränderung im Sinne einer Erweiterung, Vereinfachung etc. verbunden. Wir haben es statt mit einem identischen Modell mit einer Modellfamilie zu tun (dies gilt streng genommen bereits für das, was sich in einer Box findet, also zwischen den Boxen). Wir nennen nun einige dieser Brüche im Detail, indem wir uns Wetter- und Klimasimulationen zuwenden. In diesen Übersetzungsschritten baut man auf dem vorhergehenden Modell auf, es bleibt aber nicht identisch und leitet sich auch nicht ausschließlich daraus ab (vgl. Abb. 23.2).

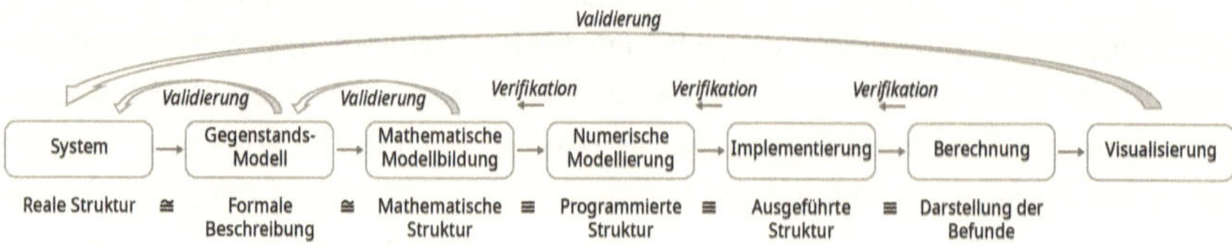

Abb. 23.2: Übersetzungsschritte bei einer Simulation (nach Kaminski et al. 2016: 101)

... zu Berechnungsmodellen

Zentral für die Simulation ist also nicht das theoretisch-mathematische Modell, sondern das Simulationsmodell. Dazu muss der kontinuierliche Raum, beispielsweise das kontinuierliche Wetterphänomen in einzelne Raum- und Zeitpunkte aufgeteilt werden (Diskretisierung). Um dies zu verstehen, betrachten wir den Globus.

Dass das Wetter ein kontinuierliches Phänomen ist, meint, dass es keine räumlichen oder zeitlichen Sprünge gibt. Diese kontinuierliche Raumzeit wird nun diskretisiert. Dies können wir uns so vorstellen, dass wir ein Gitter mit Zellstruktur über den Globus (oder Teile desselben) legen. Man zerteilt also auch die kontinuierlich verlaufende Zeit. Berechnet werden dann Werte für die jeweiligen Zellen, es wird also z.B. angenommen, dass innerhalb der jeweiligen Zelle überall die gleiche Temperatur, der gleiche Luftdruck ist. Man weiß jedoch, dass das üblicherweise nicht der Fall ist. Die Temperatur an einem Punkt innerhalb einer Zelle wird sich in der Regel von der Temperatur einige Dutzend Kilometer weiter südlich oder westlich innerhalb der gleichen Zelle unterscheiden. Durch die Diskretisierung ist sie für das Simulationsmodell jedoch innerhalb der jeweiligen Zelle gleich. Dabei müssen die Differentialgleichungen in Differenzgleichungen diskretisiert und die Differenzgleichungen mit konkreten Werten, beispielsweise Messwerten, initialisiert werden. Auf diese Weise lässt sich Raumpunkt für Raumpunkt je Zeitschritt für Zeitschritt berechnen.

Allerdings tritt ein neues Problem durch diesen Übersetzungsschritt auf. Wählt man sehr große räumliche und zeitliche Schritte, dann muss man entsprechend deutlich weniger Rechenschritte vollziehen. Es zeigt sich jedoch, dass, wenn man die Schritte groß (zu groß) wählt, dann bestimmte physikalisch auftretende Effekte vom diskretisierten Modell nicht mehr erfasst werden. Ein aktuelles Beispiel aus einer Wettersimulation verdeutlicht dies: Man wusste aufgrund historischer Daten, dass 2013 ein Taifun vor der Küste Taiwans aufgetreten war. Als man in einer Simulation mit historischen Daten diesen virtuell zu reproduzieren versuchte, gelang dies erst, als man das Gitter entsprechend klein machte. Ansonsten trat in der Simulation, die mit den historischen Daten initiiert wurde, der Taifun, von dem man wusste, dass er gewütet hatte, nicht auf.

Betrachten wir als ein Beispiel eine Simulation, welche die Philippinen in den Blick nimmt (Abb. 23.3). Wenn hier das Wetter oder Klima simuliert werden sollte, so müsste man den Raum entsprechend diskretisieren. Eine sehr einfache und daher wenig rechenintensive Diskretisierung würde große Raum- und Zeitschritte wählen (Abb. 23.4, links). Dies hätte jedoch den Nachteil, dass die Topographie nahezu unkenntlich werden würde. Je feiner man die Auflösung wählt (Abb. 23.4, rechts), desto genauer wird die Charakteristik, desto mehr Rechenzeit wird jedoch benötigt. Die Diskretisierung muss zudem auch Zeitschritte einführen – und je feiner man die räumliche Diskretisierung gestaltet, desto kleiner müssen auch die Zeitschritte sein. Man berechnet dann etwa die Temperatur, den Luftdruck usw. zum Zeitpunkt x, und dann erst wieder zu einem anderen Zeitpunkt y. Die Lösung scheint also denkbar einfach zu sein: Man muss die räumlichen und zeitlichen Schritte klein werden lassen. Dann erfassen sie viel mehr für das Wetter und Klima wichtige Unterschiede – und deren Dynamik bestimmende Effekte gehen so nicht verloren.

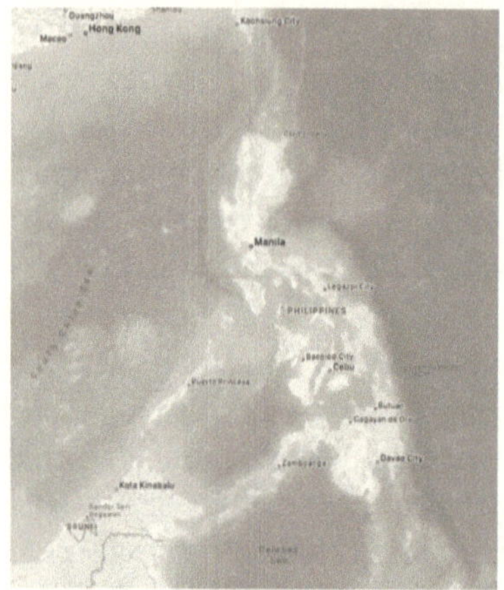

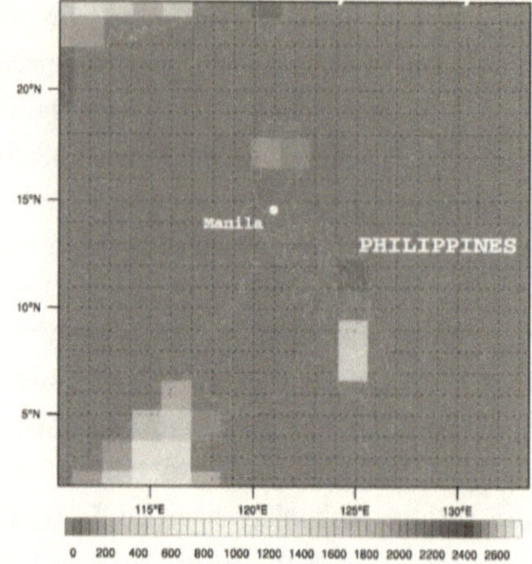

Abb. 23.3: Links eine Karte der Philippinen. Oben rechts die beste globale Klimamodellauflösung (mit freundlicher Genehmigung von Josipa Milovac).

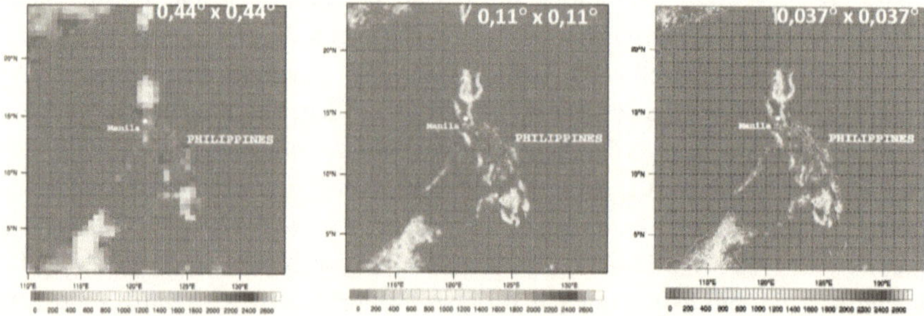

Abb. 23.4: Zunehmend feinere räumliche Auflösung. Links: Regionalmodellauflösung von CORDEX: 0.44° (50km). Mitte: Regionalmodellauflösung von CORDEX in Europa: 0.11° (12km). Rechts: Regionalmodellauflösung von konvektionserlaubenden Modellen: ca. 4 km und drunter (mit freundlichen Genehmigung von Josipa Milovac).

Allerdings ist die Übersetzung in eine numerische Berechnung mit zwei Problemen behaftet (siehe Egbert 2026 in diesem Band): Zum einen liegt es auf der Hand, dass Menschen nur sehr wenige Raumpunkte und Zeitschritte per Hand berechnen können (Grier 2005). Daher werden immer leistungsfähigere Computer benötigt, die immer mehr Raumpunkte und Zeitschritte berechnen können. Zum anderen können die Trajektorien nur näherungsweise berechnet werden. Die Resultate sind nicht exakt, aber hinreichend gut angenähert an die unbekannte, exakte Lösung.

Seit der Entwicklung erster digitaler Computer Mitte des 20. Jahrhunderts hat sich die numerische Berechnung von Modellen basierend auf Differenzgleichungen als Computersimulation etabliert und es wurden Evaluationsmethoden zur Überprüfung der Güte dieser näherungsweise gewonnenen Resultate entwickelt. Insgesamt transformiert sich seither *Science into Computational Sciences* (Gramelsberger 2011, 2010) und die Computersimulation etabliert sich neben der Theorie und dem Experiment als neue Erkenntnismethode.

Entscheidung mit Simulation

Die skizzierten Übersetzungsschritte von der Theorie und Empirie zum mathematischen Modell und zum Berechnungsmodell charakterisieren Computersimulationen. Die epistemischen Unsicherheiten, die damit einhergehen, sind der Preis dafür, dass wir ein Stückweit in die Zukunft simulieren können. Dieses Vorhersagewissen ist für Wissensgesellschaften als *Cultures of Prediction* zentral geworden (Heymann et al. 2017).

Paradebeispiel dieser Entwicklung sind Klimasimulationen, die den anthropogenen Klimawandel und dessen Auswirkungen für die kommenden Jahrzehnte projizieren. Klimamodelle basieren zwar zumeist auf Wettermodellen und berechnen die sieben meteorologischen Variablen, aber sie unterscheiden sich von den Wettermodellen durch ihre globale Auflösung wie statistische Interpretation. „Klima" ist ein mathematisches Konstrukt basierend auf der Veränderung der global gemittelten Jahrestemperatur. Man spricht von Klimawandel, wenn das auf einen Zeitraum von dreißig Jahren gemittelte Klima sich signifikant unterscheidet. Diese Mittelung hat den Vorteil, dass sie einen Teil der Berechnungsunsicherheiten des Wetters nivelliert. Sie hat aber den Nachteil, dass die Randbedingungen über einen so langen Zeitraum wie 2100 nicht bekannt sind. Wir wissen nicht, wie eine globale Gesellschaft 2050 oder 2070 aussehen wird. Hier kommen sozio-technische Annahmen ins Spiel, die Unsicherheiten in die Klimavorhersage bringen. Daher sprechen Klimaforschende auch von Klimaprojektionen auf Basis unterschiedlicher sozio-technischer Szenarien. Wie aber ist Entscheidungsfindung unter diesen Unsicherheitsraum möglich?

Vom instrumentellen Modellgebrauch ...

Computersimulationen sind kein wissenschaftlicher Selbstzweck, sondern wichtiger Wissensbestandteil bspw. der Umwelt- und Klimapolitik. Simulationsergebnisse werden hier als Grundlage für die Formulierung von und Entscheidung über bestimmte Politikoptionen herangezogen. Der Mehrwert und die Nutzung von Simulationen in der Klimapolitik geschehen auf unterschiedliche Art und Weise. Es lassen sich instrumentelle, konzeptionelle, strategische und prozedurale Nutzungsformen unterscheiden (Scheer 2013).

Beim *instrumentellen* Gebrauch stehen konkrete Politikentscheidungen im Vordergrund. Modelle helfen dabei, Optionen zu identifizieren, zu konkretisieren und deren Wirkungen *ex-ante* (also im voraus) über Projektion abzuschätzen. Damit liefern sie Entscheidungsträgern Wissen, welche Optionen mit welchen Bedingungen zur Verfügung stehen und welches Ergebnis mit welchem Aufwand damit zu erreichen ist.

Beim *konzeptionellen* Gebrauch dienen Simulationen dagegen als ‚eye opener' (van Daalen et al. 2002: 225) für Problemwahrnehmung und -verständnis. Neben dem Bereitstellen von Wissen fungieren Simulationen auf kommunikativer Ebene auch als Frühwarnsystem und Instrument des Agenda-Settings. Gerade in der Umwelt- und Klimapolitik haben Simulationen wichtige Impulse für eine bessere Problemwahrnehmung und ein besseres Problemverständnis liefern können. Das „World3"-Modell, das der berühmten Analyse *The Limits to Growth* von Dennis Meadows et al. (1972) zugrunde lag, ist ein gutes Beispiel dafür. Mit der systemdynamischen Simulation von Wechselwirkungen zwischen Bevölkerung, Wachstum, Nahrungsmitteln und Ökosystemgrenzen hatte der Bericht großen Einfluss auf die Problemwahrnehmung in Politik und Gesellschaft gleichermaßen, indem er aufzeigte, dass ein exponentielles Wachstum insbesondere der Bevölkerung unweigerlich an Grenzen stößt.

Anders als beim instrumentellen und konzeptionellen stehen beim *strategisch-taktischen* Gebrauch von Simulationsergebnissen die kommunikationsbezogenen und politik-wettbewerblichen Aspekte im Vordergrund. Wissenschaftliche Ergebnisse werden nicht der Erkenntnis wegen, sondern ihrer Reputation wegen zur Legitimation eigener Positionen, Anschauungen und Zielvorstellungen herangezogen. Nicht das eigene Wissen um die simulationsbasierte Erkenntnis ist entscheidend, sondern das Wissen des Anderen darum. Der politische bzw. gesellschaftliche ‚Gegenspieler' soll wissen, dass diese objektiven Wissenschaftsergebnisse existieren und die eigene Position stützen und legitimieren. Sie werden als wichtige Legitimation und Begründung für politische Positionierungen herangezogen, denn politische Entscheidungen sind auf gesellschaftliche Legitimation angewiesen.

Der *prozedurale* Gebrauch schließlich betont das konstruktive Vermögen von Simulationen bei der Politikgestaltung. Auch hier ist die Kommunikationsfunktion von Bedeutung. Simulationen dienen zum einen der Wissenskommunikation an Nicht-Experten und Laien, indem sie komplexe Wirkungszusammenhänge veranschaulichen und deren Ergebnisse in Zahlen und Bildern abbilden können (NRC 2007: 25). Zum anderen können Simulationen als Vehikel zur Konfliktvermeidung und Herstellung von Konsens beitragen. Van Daalen et al. (2002) nennen als positives Beispiel das RAINS-Modell (Regional Acidification Information and Simulation), das von politischen Entscheidungsträgern zur Bewertung von Politikoptionen zur Reduktion des sauren Regens in den 1980er Jahren herangezogen wurde. Das von allen europäischen Regierungen akzeptierte Modell spielte eine wichtige Rolle beim Zustandekommen der Genfer Luftreinhaltekonvention, die entscheidend zur Ursachenbekämpfung des sauren Regens beigetragen hat.

... zu politischen Entscheidungsprozessen

Von herausragender Bedeutung sind auch die bereits erläuterten computerbasierten Klima- und Wettermodelle sowie gekoppelte Energiesystemmodelle in der nationalen und internationalen Klimapolitik. Simulationen habe hierbei sowohl große Bedeutung bei der *wissenschaftlichen Politikberatung* als auch in konkreten *politischen Entscheidungsprozessen.*

Im Bereich der wissenschaftlichen Politikberatung spielt der Intergovernmental Panel on Climate Change (IPCC) – auf Deutsch oft als Weltklimarat bezeichnet – eine zentrale Rolle an der Schnittstelle von Wissenschaft und Politik. Der IPCC wurde vom Umweltprogramm der Vereinten Nationen als zwischenstaatliche Beratungsorganisation ins Leben gerufen, um wissenschaftliche Erkenntnisse über naturwissenschaftliche Grundlagen des Klimawandels und dessen Folgen für Mensch und Umwelt bereitzustellen und zu bewerten. Die Schwerpunkte dieser wissenschaftlichen Bearbeitung sind über drei Arbeitsgruppen organisiert: die erste Arbeitsgruppe befasst sich mit den naturwissenschaftlichen Aspekten des Klimasystems und der Klimaänderung. Die zweite Arbeitsgruppe kümmert sich um die Auswirkungen des Klimawandels, der Verwundbarkeit von sozioökonomischen und ökologischen Systemen gegenüber Klimaänderungen sowie Möglichkeiten der Anpassung. Und die dritte Arbeitsgruppe befasst sich mit technologischen und sozioökonomischen Maßnahmen zur Minderung des Klimawandels.

Computersimulationen spielen in allen drei Arbeitsgruppe eine wichtige Rolle (Randall et al. 2007). Zur Feststellung und Bewertung von Klimaänderungen werden empirische Messungen aus der Vergangenheit mit Modellrechnungen für die Zukunft zusammengeführt. Dadurch sollen klar belegbare Aussagen über vergangene Entwicklungen gewonnen und klar umrissene Projektionen über mögliche zukünftige Entwicklungen aufgezeigt werden. Klimaänderungen und deren Auswirkungen werden dabei über verschiedene Schwerpunktsetzungen identifiziert und als eng gekoppelte und aufeinander aufbauende Empiriemessung und Modellrechnung analysiert. Betrachtet werden etwa Temperatur, Treibhausgasemission, Wasserverfügbarkeit und Nahrungsproduktion oder auch Wetterereignisse wie Hochwasser, Dürre und Hitze sowie Meeresspiegelanstieg oder Versauerung.

Für die Abschätzung zukünftiger Ereignisse sind zwei Faktoren beim IPCC von großer Bedeutung. Zum einen der Szenarien- und Pfadansatz; zum anderen die damit verbundenen systematisierten Unsicherheitsaussagen. Die vielfach synonym verwendeten Begriffe Pfade und Szenarien beschreiben zukünftige Entwicklungen auf Basis von unterschiedlich angenommenen sozio-ökonomischen Variablen und Minderungsoptionen. Diese Annahmen werden als Parameter in die Modellrechnung für die einzelnen Szenarien unterlegt, um die zukünftigen Auswirkungen von Emissions- und Minderungspfaden und deren Auswirkungen auf die globale Temperaturentwicklung zu berechnen. In den derzeitigen Arbeiten des IPCC werden insgesamt acht Szenarien zugrunde gelegt, die auf Basis unterschiedlich angenommener CO_2-Emissionen die globale Temperaturerwärmung zwischen 1,5 und 4 Grad mit unterschiedlichen Wahrscheinlichkeiten projizieren. Daraus ergeben sich auch vorhandene Restbudgets für CO_2-Emissionen, an denen sich dann politische Entscheidungen orientieren.

Zukunftsaussagen (quantitative wie qualitative) des IPCC sind auch systematisch mit Unsicherheitsaussagen verbunden. Damit soll aus wissenschaftlicher Perspektive eine Abschätzung der Eintrittswahrscheinlichkeit und der Robustheit des Wissensstandes geleistet werden, um politischen Entscheidungsträgern Orientierung zu liefern. Es werden sowohl quantitative wie qualitative Unsicherheitssystematiken benutzt. Mithilfe einer achtstufigen, quantitativen Wahrscheinlichkeitsskala auf Basis von Expertenbeurteilungen werden zukünftige Ereignisse etwa als praktisch sicher (Eintrittswahrscheinlichkeit größer 99 Prozent), sehr wahrscheinlich (größer 90 Prozent) oder auch äußerst unwahrscheinlich (kleiner 5 Prozent) ausgewiesen. Die qualitative Abschätzung ermittelt den Unsicherheitsgrad über eine fünf-stufige Vertrauensskala. Insgesamt leisten die Arbeiten des IPCC wichtige Beiträge zur internationalen und nationalen Klimapolitik, indem sie politischen Handlungsbedarf orientieren und kanalisieren.

Reicht eine gute Simulation für eine gute Politik?

Der Gültigkeitsanspruch von Wissenschaft (so auch wissenschaftlicher Simulation) auf objektive Wahrheit und bestmögliches Wissen ist essentiell für ein Politikverständnis, das sich am Leitbild eines rationalen und evidenzbasierten Entscheidens orientiert, er alleine reicht aber nicht aus. Epistemisches Simulationswissen und daraus abgeleitete Handlungsempfehlungen sind gebunden an Akzeptabilität und Umsetzungsfähigkeit und müssen kompatibel gegenüber den Geltungsansprüchen von interessierten Gruppen und resonanzfähig bei Adressaten von Entscheidungen sein.

Computersimulationen sind auch wichtiger Bestandteil politischer Entscheidungsprozesse (Scheer 2015). Hier kommt vor allem ihr instrumenteller und konzeptioneller Mehrwert zum Tragen. Das zeigt beispielhaft ein Blick auf die deutsche Klima- und Energiepolitik. Wichtige Eckpfeiler der deutschen Klimapolitik umfassen die Festlegung von Grundsätzen und Zielen („Klimaschutzplan 2050“), die gesetzliche Verankerung von Zielvorgaben, Umsetzungsplanung und Überprüfungsmechanismen („Bundes-Klimaschutzgesetz“) sowie konkrete Maßnahmen und Umsetzungsprogramme (z.B. „Klimaschutzprogramm 2030“, „Sofortprogramm Gebäude 2020“, „Klimaschutz-Sofortprogramm 2022“, „nationales Emissionshandelssystem“). Klima- und Energiebezogene Simulationen werden dabei politischen Entscheidungen und Maßnahmen zugrunde gelegt. Dies wird im Folgenden an den beiden Beispielen *Klimaziel und* CO_2*-Budgets* sowie *technologische Weichenstellung* verdeutlicht.

Die Festlegung eines Klimaziels und die damit einhergehenden CO_2-Budgets sind eine wichtige Bezugsgröße der Klimapolitik. Im Pariser Klimaabkommen, unterzeichnet 2016, hat sich die Weltgemeinschaft auf die Einhaltung des 1,5-Grad-Ziels verständigt. Im modellbasierten Vergleich von Klimafolgen über unterschiedliche Erwärmungsszenarien wurde das 1,5-Grad-Ziel favorisiert aufgrund des geringeren Risikos von Klimaauswirkungen, etwa Kippelemente im Erdklimasystem, Wetterextreme oder Meeresanstieg. Damit verbunden ist auch die Abschätzung von verbleibenden Restbudgets für Treibhausgasemissionen zur Zielerreichung. Der IPCC hat ein globales Restbudget von 400 Gigatonnen (Gt) CO_2 für das 1,5-Grad-Ziel mit einer Wahrscheinlichkeit von 67% errechnet. Für Deutschland wurde daraus ein CO_2-Restbudget von 6,4 Gt abgeleitet (Knopf und Geden 2022). Das CO_2-Restbudget ist eine zentrale Bezugsgröße für die konkrete politische Ausgestaltung der Energiewende, indem das Budget über den Zeitverlauf und auf die Energiesektoren verteilt und mit CO_2-einsparenden Maßnahmen abgeglichen wird.

Die Energiewende mit der Zielsetzung Klimaneutralität ist prinzipiell über unterschiedliche Technologien und damit Technologiepfade erreichbar. Aber nicht jede Technik ist für jedes Land und für jeden Zeitpunkt gleichermaßen geeignet und sinnvoll. Es müssen politische Grundsatzentscheidungen getroffen werden, mit welchen Technologien die Energiewende mittel- und langfristig erreicht werden sollen – um dann daran zu arbeiten, dass sie dies auch zukünftig können. Kurz: Es müssen technologische Weichenstellungen getroffen werden. In Deutschland betreffen diese etwa die Nutzung des grünen Wasserstoffs, den Einsatz der Kohlendioxidspeicherung im Untergrund, den Ausbau von Wind (auf Land und auf See) und Photovoltaik, den Netzausbau sowie die Umstellung auf Elektroantrieb, elektrische Wärmepumpe und Wärmenetze.

Diese politischen Entscheidungen basieren auf Erkenntnissen von Simulationsergebnissen. In komplexen Modellverbünden zum Energiesystem werden technische Lösungspfade für das Erreichen des Klimaziels „errechnet“. Es können verschiedene Simulationstypen unterschieden werden (Herbst et al. 2012), bspw. *top-down* (makroökononische), *bottom-up* (techno-ökonomische oder ingenieurwissenschaftliche) oder hybride Modellierungen. Diese unterscheiden sich u. a. nach der Fokussierung auf ein ökonomisches Gleichgewicht (partiell oder generell), Optimierung (Minimierung/Maximierung von Variablen wie Kosten, Nachhaltigkeitsmetrik, Wohlfahrt, Gewinn) oder sogenannte Input-Output-Modelle, ökonometrische und Multi-Agenten-Modelle. Diese Vielfalt in qualitativ hochwertige wissenschaftliche Politikberatung einzubringen und deren Ergebnisse in robuste politische Entscheidungen einfließen zu lassen, ist ein wichtiger Beitrag von Simulation und Modellierung in der Wissenschafts- und Technikforschung.

Fazit

Komplexe Modellierung und Simulationen in Wissenschaft und Politik sind heute ein wichtiger Bestandteil der Wissensgesellschaft, um Entscheidungen treffen zu können. Und diese Bedeutung wird zukünftig weiter zunehmen. Künstliche Intelligenz, steigende Rechenkapazitäten über Quantencomputer oder bessere Leistungsfähigkeit von Algorithmen sind nur einige Beispiele für die wachsende Forschungsinfrastruktur des Digitalen (siehe Meister und Wiggert 2026 in diesem Band). Damit werden auch neue Anwendungsfelder erschlossen, die Simulationen als Erkenntnis- und Kommunikationsinstrumente heranziehen. Neuere Anwendungsbereiche sind etwa sog. „digitale Zwillinge" (*digital twins*) im Bereich von Stadtentwicklung und Infrastrukturplanung. Mit Hilfe digitaler Zwillinge werden komplexe Zusammenhänge von Stadtbebauung und Infrastrukturplanung abgebildet und verständlich gemacht. Ein anderes Beispiel ist die interaktive und partizipative Modellierung zur Einbindung von Stakeholdern und Bürger*innen, etwa mit dem Format des „decision theater", bei dem unterschiedliche Folgen von Entscheidungen simuliert und visualisiert werden und Teilnehmende mit verschiedenen Modellszenarien experimentieren können.

Gemeinsam ist der Modellierung und Simulation über die gesamte Bandbreite ihrer Anwendungen, dass sie ein hochgradig sozialer Gegenstand sind und sich nicht alleine aus objektiven und faktenbasierten Wissensbeständen ergeben. An vielen Stellen eines Simulationsprozesses ist über Annahmen, Randbedingungen und Strukturen zu entscheiden, die sich nicht aus sich selbst heraus ergeben und häufig auch nicht nur aus epistemischen Gründen bestimmt werden können. Unter anderem dieser Umstand sollte bei der Simulation und Modellierung in der Wissenschafts- und Technikforschung berücksichtigt werden.

Weiterführende Lektüre

(1) Gramelsberger, G., 2010: Computerexperimente. Zum Wandel der Wissenschaft im Zeitalter des Computers, Bielefeld: Transcript.
(2) Scheer, D., 2013: Computersimulationen in politischen Entscheidungsprozessen: Zur Politikrelevanz von Simulationswissen am Beispiel der CO_2-Speicherung. Wiesbaden: Springer VS.
(3) Saam, N.J., Resch, M. und A. Kaminski, (Hrsg.), 2019. Simulieren und Entscheiden: Entscheidungsmodellierung, Modellierungsentscheidungen, Entscheidungsunterstützung. Wiesbaden: Springer VS.
(4) Resch, M., Formanek, N., Joschy, A., Kaminski, A., (Ed.), 2024: The Science and Art of Simulation. Trust in Science. Science and Art of Simulation. Cham: Springer.

Literatur

Bezold, W. von, 1885: Über die Fortschritte der wissenschaftlichen Witterungskunde während der letzten Jahrzehnte, in: Meteorologische Zeitschrift 2 (9), 313–324.

Bjerknes, V., 1904: Das Problem der Wettervorhersage, betrachtet vom Standpunkt der Mechanik und Physik in: Meteorologische Zeitschrift 21 (1), 1–7.

Bungartz, H.J., Zimmer, S., Buchholz, M. und D. Pflüger, 2009: Modellbildung und Simulation. Eine anwendungsorientierte Einführung. Springer-Verlag.

van Daalen, E.E., Dresen, L. und M.A. Janssen, 2002: The Roles of Computer Models in the Environmental Policy Life Cycle. In: Environmental Science and Policy 5, 221–231.

Egbert, S., 2026: Algorithmische Prädiktion, S. 405–422 in A.K. Krüger, J. Schubert, C. Schubert und J.F. Schrape (Hrsg.): Wissenschafts- und Technikforschung. Sozialwissenschaftliche Einführungen. Berlin: De Gruyter Brill.

Ferrel, W., 1861: The Motion of Fluids and Solids on the Earth's surface, in: American Journal of Science, Series 2, 31 (91), 27–50.

Gramelsberger, G., 2008: Computersimulationen – Neue Instrumente der Wissensproduktion. In: Wissensproduktion und Wissenstransfer. S. 75–95 in R. Mayntz, F. Neidhardt, P. Weingart und U. Wengenroth (eds.), Wissen im Spannungsfeld von Wissenschaft, Politik und Öffentlichkeit. Bielefeld: Transcript.

Gramelsberger, G., 2010: Computerexperimente. Zum Wandel der Wissenschaft im Zeitalter des Computers, Bielefeld: Transcript.

Gramelsberger, G., (Ed.), 2011: From Science to Computational Sciences. Studies in the History of Computing and its Influence on Today's Sciences, Zürich/Berlin: diaphanes.

Gramelsberger, G., 2017: Calculating the weather Emerging cultures of prediction in late 19th- and early 20th-century Europe. S. 45–67 in M. Heymann, G. Gramelsberger und M. Mahony (eds.), Cultures of Prediction in Atmospheric and Climate Science. London: Routledge.

Gramelsberger, G. und J. Feichter 2011: Modelling the Climate System. S. 9–90 in G. Gramelsberger, und J. Feichter (eds.), Climate Change and Policy. Heidelberg, Berlin: Springer.

Gelfert, A., 2016: How to Do Science with Models: A Philosophical Primer. London: Routledge.

Grier, D.A., 2005: When Computers were Human. Princeton University Press: Princeton.

Grüne-Yanoff, T., 2017: Seven Problems with Massive Simulation Models For Policy Decision-Making. S. 81–101 in M. Resch, A. Kaminski und P. Gehring (eds.), Science and Art of Simulation I (SAS): Exploring – Understanding – Knowing. Berlin, Heidelberg: Springer.

Heymann, M., Gramelsberger, G. und M. Mahony, (eds.), 2017: Cultures of Prediction in Atmospheric and Climate Science: Epistemic and Cultural Shifts in Computer-based Modelling and Simulation. London: Routledge.

Herbst, A., Toro, F., Reitze, F. und E. Jochem, 2012: Introduction to Energy Systems Modelling. In: Swiss Journal of Economics and Statistics 148 (2), 111–135.

Kaminski, A., Schembera, B., Resch, M. und U. Küster 2016: Simulation als List. S. 91–121 in G. Gamm, P. Gehring, C. Hubig, A. Kaminski und A. Nordmann (Hrsg.), Technik, List und Tod. Jahrbuch Technikphilosophie 2. Zürich, Berlin: Diaphanes,.

Klüsener, S., Schneider, R., Rosenbaum-Feldbrügge, M., Dudel, C., Loichinger, E., Sander, N., Backhaus, A., et al., 2020: Forecasting Intensive Care Unit Demand during the COVID-19 Pandemic: A Spatial Age-Structured Microsimulation Model. medRxiv 2020.12.23.20248761. https://doi.org/10.1101/2020.12.23.20248761

Knopf, B. und O. Geden, 2022: Ist Deutschland auf dem 1,5-Grad-Pfad? Eine Einordnung der Diskussion über ein nationales CO_2-Budget. Berlin: Mercator Research Institute on Global Commons and Climate Change. https://www.pik-potsdam.de/de/institut/abteilungen/klimaoekonomie-und-politik/mcc-dokumente-archiv/2022_mcc_ist_deutschland_auf_dem_1_5_grad_pfad.pdf (Stand: 6/2025).

Lenhard, J. 2015. Mit allem rechnen – Zur Philosophie der Computersimulation. Berlin: De Gruyter.

Meadows, D., Meadows, D., Randers, J. und W. Behrens, 1972: The Limits to Growth. New York: Universe Books.

Meister, M. und K. Wiggert, 2026: Soziologische Perspektiven auf intelligente Maschinen, S. 367–386 in A.K. Krüger, J. Schubert, C. Schubert und J.F. Schrape (Hrsg.): Wissenschafts- und Technikforschung. Sozialwissenschaftliche Einführungen. Berlin: De Gruyter Brill.

NRC [National Research Council], 2007: Models in Environmental Regulatory Decision Making. Washington: National Academies Press.

Scheer, D., 2013: Computersimulationen in politischen Entscheidungsprozessen: Zur Politikrelevanz von Simulationswissen am Beispiel der CO_2-Speicherung. Wiesbaden: Springer VS.

Scheer, D., 2015: In Silico Science for Climate Policy: How Policy-makers Process and Use Carbon Storage Simulation Data. Environmental Science and Policy 47, 148–156.

Randall, D.A., Wood, R.A., Bony, S., Colman, R., Fichefet, T., Fyfe, J. et al., 2007: Climate Models and Their Evaluation. S. 589–662 in S. Solomon, D. Qin, M. Manning, Z. Chen, M. Marquis, K. B. Averyt, M. Tignor und H. L. Miller (eds.), Climate Change 2007: The Physical Science Basis. Contribution of Working Group I to the Fourth Assessment Report of the IPCC (FAR). Cambridge: Cambridge University Press.

Winsberg, E. und S. Harvard, 2024: Scientific Models and Decision Making. Cambridge: Cambridge University Press.

Niels Taubert

24 Bibliometrie und Szientometrie

Einleitung

Beim Vergleich der institutionellen Verfasstheit und des Kommunikationsnetzwerks der Bibliometrie und Szientometrie mit anderen Ansätzen der Wissenschaftsforschung ist, positiv gesprochen, ein hohes Maß an Eigenständigkeit oder, negativ gewendet, ein Inseldasein festzustellen. Biblio- und Szientometriker*innen bleiben, mit Ausnahmen, offenbar gern unter sich (van den Besselaar 2001: 449). Sie kommunizieren in eigenen Journalen wie *Scientometrics*, *Informetrics*, *JASIST* oder *Quantitative Science Studies*, haben mit der *International Society for Scientometrics and Informetrics*, der *Association for Information Science and Technology* und der *American Society for Information Science* spezialisierte Fachgesellschaften und halten eigene Tagungen ab.

Im vorliegenden Beitrag wird die Positionierung von Bibliometrie und Szientometrie als Ausgangspunkt genommen, um diesen Zugang der Wissenschaftsforschung vorzustellen und sein Verhältnis zu anderen Perspektiven abzuklopfen. Verstehbar gemacht werden sollen seine Besonderheiten und Stärken, aber auch die Hintergründe der angesprochenen relativen Isoliertheit. Wie zu zeigen ist, führt die zugrundliegende konzeptionelle Idee einer quantifizierenden Vermessung der Wissenschaft zu großer gesellschaftlicher Relevanz, aber auch zu hohen methodisch-technischen Einstiegshürden. Viel relevanter ist jedoch, dass in der Bibliometrie und der Szientometrie einerseits und in weiteren Zugängen der Wissenschaftsforschung andererseits der zu reflektierende Gegenstand ‚Wissenschaft' unterschiedlich aufgefasst wird und verschiedene Methodologien benutzt werden. Diese Differenz verweist auf einander entgegengesetzte Denkwelten im Sinne von zwei Wissenschaftskulturen (Snow 1959), die sich schwer ineinander übersetzen lassen.

Der Beitrag ‚Bibliometrie und Szientometrie' ist dem Teil ‚Digitalität von Wissenschaft und Technik' des Lehrbuchs zugeordnet und dies aus gleich drei Gründen: Zunächst sind die Daten, die in der Bibliometrie und der Szientometrie behandelt werden, digitaler Natur. Dies gilt für die Metadaten digitaler Publikationen ebenso wie für Nutzungsspuren (Clicks, Bookmarks und Likes), die bei der Verwendung digitaler Objekte entstehen und in der Bibliometrie und Szientometrie als Daten verwendet werden. Gesammelt, organisiert und vorgehalten werden sie zudem in digitalen Infrastrukturen; Beispiele bilden hier Zitationsdatenbanken oder die Datenschnittstellen von Social Network Sites. Eine Auswertung findet schließlich mithilfe digitaler Werkzeuge und Software statt (siehe Boeva 2026 in diesem Band).

https://doi.org/10.1515/9783112245897-029

Neben Datenbanken sind hier vor allem Statistikprogrammpakete (SPSS, STATA oder R) und Visualisierungsprogramme (VOSviewer, CiteSpace und Bibliometrix) zu nennen.

Die folgende Darstellung gliedert sich entlang von sechs Schritten. Den Anfang macht eine Klärung der beiden Begriffe Bibliometrie und Szientometrie, die Hinweise auf die Besonderheiten des Feldes geben. Daran anschließend werden anhand von zwei klassischen Studien die Art der verfolgten Fragestellung, die zur Beantwortung angewandten Methoden sowie der Typus der so erzielten Ergebnisse illustriert. In der Bibliometrie und der Szientometrie werden bestimmte Datenquellen, deren Besonderheiten in einem dritten Schritt vorgestellt werden, verwendet. Die praktische Relevanz quantifizierender Untersuchungen der Wissenschaft zeigt sich nicht zuletzt im Wissenschaftsmonitoring, in der Bereitstellung von entscheidungsvorbereitendem Wissen und in ihrem Einsatz in Prozessen der Forschungsbewertung. Eine Übersicht über die praktischen Anwendungskontexte von Bibliometrie und Szientometrie bietet Schritt vier. In einem fünften Schritt verengt sich der Blick auf den Einsatz bibliometrischer und szientometrischer Methoden in der Wissenschaftsforschung und es werden exemplarisch typische Forschungsschwerpunkte vorgestellt. Der sechste Schritt dient der Klärung der Beziehungen zu anderen Perspektiven. Trotz ihrer Insellage kann das Verhältnis als durchaus vielfältig bezeichnet werden. Nicht nur unterstützen Bibliometrie und Szientometrie andere Zugänge der Wissenschaftsforschung im Rahmen von Mixed-Methods-Untersuchungsdesigns, daneben machen sie sich auch wechselseitig zum Forschungsgegenstand. Im abschließenden Resümee werden noch einmal zentrale Aspekte dieser Perspektive auf Wissenschaft hervorgehoben.

Bibliometrie und Szientometrie

Erste Hinweise auf die Besonderheiten des Zugangs von Bibliometrie und Szientometrie zu ihrem Gegenstand sind bereits den beiden Bezeichnungen zu entnehmen. Die Bezeichnung *Bibliometrie* wurde von Alain Pritchard (1969) geprägt und ist ein Kompositum aus dem lateinisch-griechischen Wort ‚Biblion' für Buch und ‚Metrik' für Messverfahren (Danesh und Mardani-Nejad 2021). Die wörtliche Übersetzung als ‚Büchervermessung' trifft den Kern aber nur zum Teil. Es geht zwar um die Anwendung von Messverfahren, der vermessene Gegenstand sind allerdings nicht nur Bücher, sondern wissenschaftliche Publikationen im Allgemeinen und hier an erster Stelle nicht Monographien oder Sammelbände, sondern vor allem Beiträge in wissenschaftlichen Zeitschriften (Journalen). Die Messung bezieht sich in der Regel auch nicht auf die Inhalte von Publikationen, also die darin veröffentlichten Forschungsergebnisse, die dabei genutzten Theorien und Methoden oder die vorgebrachten Argumente, sondern auf bestimmte formale Merkmale oder Attribute einer Menge von Publikationen. Solche Merkmale können Titel, Publikationsart, Erscheinungsort, Publikationsjahr, Anzahl und Name des Autors oder der Autorin, beteiligte Institutionen, Förderinformationen, Fachzugehörigkeit oder Art des Zugangs sein.

Neben den Merkmalen von Publikationen werden aber auch die Beziehungen zwischen ihnen quantitativ untersucht, die, je nach Betrachtungsweise, entweder als Zitationen oder Referenzen bezeichnet werden. Von Referenzen wird gesprochen, wenn die Verweise, die von einer Publikation auf andere Publikationen ausgehen, in den Blick genommen werden. Zur Verdeutlichung dient ein konkretes Beispiel einer Publikation aus der Wissenschaftsforschung. Als Referenzen wird die von Michel Callon in seinem Aufsatz zu den Fischern von St Brieuc (Callon 1984) angeführte Literatur bezeichnet. Der Begriff der Zitation wird dagegen gebraucht, wenn eine umgekehrte Perspektive auf die Beziehungen zwischen Publikationen eingenommen wird und die Erwähnungen einer Publikation in einer Menge anderer Publikationen gemeint sind. Im genannten Beispiel bezeichnen Zitationen die Erwähnungen von Callons ikonischem Aufsatz in der gesamten Literatur der Science and Technology Studies und darüber hinaus.

Während in der Bibliometrie also am Austausch von Forschungsergebnissen im wissenschaftlichen Kommunikationssystem (Taubert 2017) und ihrer Basiseinheit der Publikation angesetzt wird, ist der Gegenstand der *Szientometrie* umfassender. Er schließt verschiedene Aktivitäten in Forschung und Lehre mit ein, von denen wissenschaftliche Publikationen nur einen, wenngleich auch wesentlichen Teil bilden. In der Szientometrie werden darüber hinaus die Analyse von Patentierungsaktivitäten, die Feststellung und der Vergleich von eingeworbenen Mitteln zur Forschung – häufig als Drittmittel oder Drittmittelvolumen bezeichnet –, die statistische Untersuchung von Personal in Forschung und Entwicklung, die Auswertung von Studierenden- und Absolvent*innenzahlen oder die Beforschung von Promovierenden behandelt. Gemeinsames Merkmal ist ein zahlenbasiertes, quantifizierendes Vorgehen.

Klassische Studien

Aus den Überlegungen zu den beiden Begriffen ergeben sich bereits einige Anhaltspunkte für eine Einordnung des Zugangs. Im Folgenden geht es mir darum, die Besonderheiten eines bibliometrisch-szientometrischen Vorgehens anhand von zwei klassischen Studien weiter zu vertiefen.

Die erste Untersuchung entstand lange vor der Etablierung einer quantitativen Wissenschaftsforschung und auch vor dem Aufkommen der Bezeichnungen ‚Bibliometrie' und ‚Szientometrie'. Alfred Lotka, von Beruf Chemiker und Statistiker, beobachtete erhebliche Unterschiede in der Häufigkeit, mit der seine Fachkolleg*innen Forschungsergebnisse publizierten. Dies bildete für ihn den Ausgangspunkt dafür, sich mit der Produktivität von Wissenschaftler*innen zu beschäftigen. Seinen Überlegungen nach müsste sich die Verteilung der Publikationsaktivitäten in einer Gruppe von Wissenschaftler*innen mathematisch beschreiben lassen. Um die für eine solche Untersuchung notwendigen Daten zu gewinnen und eine entsprechende Gruppengröße zu erzielen, erhob er mithilfe der Fachdatenbank *Chemical Abstracts* und der Genealogie *Auerbachs Geschichtstafeln der Physik* die Häufigkeit, mit denen Chemiker*innen und Physiker*innen ihre Forschungsergebnisse veröffentlichten. Die so ermittelte empirische Verteilung besagt, dass sich die Anzahl an Personen, die n Artikel veröffentlichen, proportional zu n^{-2} verhält (Lotka 1926). In späteren Untersuchungen wurde zwar die mathematische Beschreibung für unterschiedliche Fächer präzisiert, im Grundsatz aber die von Lotka beschriebene Verteilung bestätigt.

Im Zentrum einer zweiten klassischen Studie steht das Wachstum der Wissenschaft. Auch hier war eine Beobachtung aus dem Alltag der Wissenschaft leitend, nämlich ein weithin beklagtes Mengenwachstum wissenschaftlicher Publikationen, das es dem bzw. der einzelnen Forschenden kaum mehr erlaube, die im betreffenden Fachgebiet veröffentlichten Informationen zu bewältigen. In seiner kleinen Wissenschaftsgeschichte *Science since Babylon* (de Solla Price 1962) und stärker noch im darauffolgenden Büchlein *Little Science, Big Science* bemühte sich Derek J. de Solla Price (1963) um den Nachweis eines exponentiellen Größenwachstums der Wissenschaft. Seinen Ergebnissen folgend liegt ihr Größenwachstum deutlich oberhalb dem der Gesamtbevölkerung und je nach betrachtetem Faktor verdoppelt sich die Wissenschaft etwa alle 10–15 Jahre (de Solla Price 1963: 6). Entsprechend lebe die weit überwiegende Mehrheit von etwa 80–90 % der jemals tätigen Wissenschaftler*innen in der Gegenwart. Insgesamt sei die Wissenschaft seit ihrer Ausdifferenzierung im 17. Jahrhundert um fünf Größenordnungen gewachsen und es sei, zumindest der daran anschließenden Prognose nach, mit einem baldigen Erreichen der Kapazitätsgrenzen zu rechnen.

An den beiden hier kurz skizzierten Untersuchungen lassen sich einige für bibliometrische und szientometrische Studien typische Merkmale ablesen: Erstens basieren beide Untersuchungen auf großen Datensätzen, die nicht selbst erhoben, sondern vorgefunden wurden. So verwendete de Solla Price verschiedene Journal-Listen, darunter die *World List of Scientific Periodicals* und die Datenbank *Physics Abstracts* (de Solla Price 1962: 95, 102). Gleiches gilt für Lotkas Nutzung der *Chemical Abstracts* und *Auerbachs Geschichtstafeln der Physik*. Daher ist von einem nichtreaktiven Verfahren der Datenbeschaffung zu sprechen, das keinen unmittelbaren Einfluss auf den untersuchten Gegenstand hat. Ganz offenkundig sind mit dieser Vorgehensweise aber auch Nachteile verbunden. Die verwendeten Daten wurden meist zu anderen Zwecken als der Beforschung der Wissenschaft erstellt. So wurden die beiden genannten Abstract-Datenbanken ursprünglich dazu entwickelt, um Wissenschaftler*innen der beiden Fächer einen raschen Zugriff auf Forschungsergebnisse ihres Fachs zu ermöglichen. Die *World List of Scientific Periodicals* hingegen diente vor allem als Nachschlagewerk für Journale und bot für jede Zeitschrift eine Standardabkürzung, die in Literaturlisten verwendet wurde. Durch die Umwidmung der Datenquellen zur Beforschung der Wissenschaft ist es wahrscheinlich, dass diese nicht, oder nur eingeschränkt, die Anforderungen der jeweiligen Untersuchung erfüllen. Ein Beispiel ist die von de Solla Price verwendete Datenbank *Physics Abstracts*, die nicht den ihn interessierenden Untersuchungszeitraum ab 1700 abdeckt, sondern für den Zeitraum zwischen 1700 und 1900 keine Daten liefert.

Zweitens wird in der Bibliometrie bzw. Szientometrie von einem objektivistischen Verständnis ihres Gegenstands ausgegangen. Wissenschaft wird als Mengen an Publikationen, zugehörigen Autor*innen und Institutionen, Zitationen, Drittmitteln und Personal in den Blick genommen, die in ihrer Existenz in der Regel als unproblematisch gegeben vorausgesetzt werden. Ein solches Verständnis steht in deutlichem Gegensatz etwa zu konstruktivistischen Ansätzen, bei denen die Analyse kognitiver Strukturen oder sozialer Praktiken der Wissenschaft im Vordergrund steht und bei denen ein großer Teil der Reflexionsanstrengungen bereits auf die Klärung der Fragen entfällt, wie eine Praxis oder kognitive Struktur beschaffen ist, wie sie sich in sinnvoller Weise konzeptualisieren lässt und mit welchen Mitteln sie untersucht werden kann.

Drittens wird bei bibliometrischen bzw. szientometrischen Untersuchungen ebenso wie bei anderen Arten zahlenförmiger Vergleiche stark dekontextualisierend verfahren, indem die soziale Komplexität der Wissenschaft auf eine Kategorie reduziert wird, auf die es ankommt und die als relevant erklärt wird (Heintz 2010: 169). Im Fall von Lotka ist dies Produktivität, im Fall von de Solla Price Größe. Hinzu tritt ein hohes Maß an Selektivität, wenn die zu messende Kategorie in Indikatoren übersetzt wird. Produktivität wird bei Lotka in Publikationen gemessen und nicht etwa in der Anzahl von Promovierenden, der Menge an durchgeführten Versuchsreihen oder der Zahl an Fachkolleg*innen, die sich vom Œuvre einer Person inspiriert fühlen. Bei de Solla Price wird Größe der Wissenschaft als Anzahl wissenschaftlicher Journale, Abstracts, Publikationen und Personen operationalisiert, nicht aber als abgeleistete Arbeitsstunden, aufgewendete öffentliche und private Mittel, die Zahl der durch die Wissenschaft genutzten Räume und der Umfang an erzeugten Forschungsdaten. Einen erheblichen Einfluss auf die Auswahl von Indikatoren dürften dabei praktische Erwägungen wie die Verfügbarkeit von Daten und die Anwendbarkeit der entsprechenden Indikatoren am jeweiligen Fall haben.

Viertens liegen die Stärke und der Schwerpunkt biblio- bzw. szientometrischer Analysen auf der Ebene einer quantifizierenden Beschreibung und häufig erschöpfen sie sich auch darin. So liefert Lotka eine empirische Verteilung zur Produktivität von Wissenschaftler*innen, unternimmt aber keinen Versuch zur Erklärung der beobachteten Unterschiede. Der naheliegenden Frage, ob die Ursachen für Produktivitätsdifferenzen eher in einem unterschiedlichen Ausmaß an Intelligenz, vorhandenen Forschungserfahrungen, Belesenheit oder doch im Fleiß zu suchen sind, wird nicht nachgegangen. Auch bei de Solla Price wird Wachstum vor allem beschrieben und nicht in einen Erklärungszusammenhang gerückt. Eine sich auf Daten stützende Antwort auf die Frage nach den strukturellen Ursachen der Wachstumsdynamik oder ihren gesellschaftlichen Auswirkungen ist daher auch hier nicht zu finden. Die Gründe für das häufig zu beobachtende Verharren auf der Ebene der Deskription mögen, so zumindest meiner Vermutung nach, dem Umstand geschuldet sein, dass sich die hier angedeuteten Fragen nicht auf der Basis der jeweils vorgefundenen Datenquellen beantworten lassen, sondern zusätzliche, selbsterhobene Daten erfordern würden.

Datenquellen

An Datenquellen, die in bibliometrischer und szientometrischer Forschung Verwendung finden, sind vor allem zu nennen: Zitations- oder Patentdatenbanken sowie Datensammlungen über die Forschungsförderung in der amtlichen Statistik oder Strukturdaten zu Forschungsorganisationen (Universitäten und außeruniversitäre Forschungseinrichtungen). Bei der bibliometrischen Forschung lässt sich über einen längeren Zeitraum hinweg eine starke Orientierung am *Web of Science* konstatieren. Diese fächerübergreifende Datenbank setzt sich aus mehreren Datenbanken zusammen.

Am Anfang stand der ab 1959 von Eugene Garfield und Mitarbeiter*innen entwickelte und 1964 erstmalig publizierte *Science Citation Index* (SCI), in dem zunächst die Publikationen in 613 Zeitschriften und die Zitationsbeziehungen zwischen ihnen erfasst wurden. Im Jahr 1973 wurde nach demselben Muster eine Zitationsdatenbank für die Sozialwissenschaften, der *Social Science Citation Index* (SSCI) geschaffen, gefolgt von einer Zitationsdatenbank für die Kunst- und Geisteswissenschaften (*Arts and Humanities Citation Index*, AHCI) im Jahr 1978 (Pendlebury 2021: 29).[1] Später wurden der *Conference Proceedings Citation Index* (CPCI) und der

1 Siehe zur Frühgeschichte des SCI de Bellis (2009: 32 ff.).

Emerging Sources Citation Index (ESCI) als weitere Zitationsdatenbanken in die *Web of Science Core Collection* integriert. Neben der Etablierung neuer Datenbanken lässt sich ein Wachstum der Zahl der indexierten Journale beobachten. So verzehnfachte sich die Anzahl erfasster Zeitschriften im Fall des *Science Citation Index* bis 2000, dieser beinhaltete im Jahr 2019 insgesamt 9.200 Journale, während beim *Social Science Citation Index* die Anzahl aufgenommener Zeitschriften von 1.400 im Jahr 1973 auf 3.400 im Jahr 2019 anstieg (Bauer 2021: 411).

Die Quasi-Monopolstellung des *Web of Science* im Bereich der großen, interdisziplinären Bibliometriedatenbanken schwächte sich erst mit der Veröffentlichung der Zitationsdatenbank *Scopus* des Verlags *Elsevier* im Jahr 2004 ab. Basierend auf den Metadaten der Zeitschriftendatenbank des Verlags und unter Hinzunahme der Metadaten weiterer Verlage gelang es dem Anbieter rasch, ein Produkt an den Markt zu bringen, das gegenüber dem *Web of Science* konkurrenzfähig ist. In der jüngeren Vergangenheit lässt sich eine Diversifizierung von Datenquellen beobachten, die Zitationsinformationen beinhalten (Krüger 2020). Neben *Google Scholar* (ab 2004) sind hier *Microsoft Academic Graph* (von 2016–2021), *Dimensions* (ab 2018) sowie *OpenAlex* (ab 2022) zu nennen.

Zwei Entwicklungen sind dabei bemerkenswert: Zum einen zeigt sich eine Hinwendung zu weniger restriktiven Nutzungsbedingungen. Während *Scopus* und *Web of Science* proprietäre und damit kostenpflichtige Datenbanken sind, ist die Verwendung von *Dimensions* für nicht kommerzielle Forschungszwecke kostenlos. Die Datenbank *OpenAlex* wird sogar unter einer offenen Lizenz bereitgestellt, so dass sie von jedermann genutzt werden kann. Zum anderen zeigt sich eine Entwicklung hin zu einem umfassenderen Verständnis von wissenschaftlichen Ergebnissen. Während die älteren Datenbanken *Web of Science* und *Scopus* nahezu ausschließlich Publikationen abbildeten, schließen *Dimensions* und *OpenAlex* auch andere Entitäten mit ein, die als Produkte von Forschungsaktivitäten begriffen werden. Dazu zählen im Fall von *Dimensions* Patente, Policy-Dokumente, Forschungsdaten sowie Daten zu klinischen Versuchen, im Fall von *OpenAlex* jedwede Form von Publikation, darunter Dissertationen, Dokumente auf Repositorien sowie Forschungsdaten.[2] Die Gründe für die derzeit zu beobachtende Dynamik im Bereich der Datenquellen sind vielfältig. Bei Betrachtung der Historie der verschiedenen Datenbanken zeigt sich aber ein wiederkehrendes Muster. Die Verbreitung der digitalen Publikation innerhalb der Wissenschaft und das Vorliegen digitaler Metadaten haben den Aufwand für die Erstellung großer Datensammlungen stark reduziert, so dass die digitale Publikation als Voraussetzung für die Vielfalt der heute existierenden Datenquellen begriffen werden kann.

---

2 Siehe zum Vergleich der verschiedenen Datenbanken Singh et al. (2021) und Visser et al. (2021).

Verwendungszwecke bibliometrischer und szientometrischer Methoden

Im Unterschied zu anderen Zugängen der Wissenschaftsforschung sind bibliometrische und szientometrische Methoden in Verwendungskontexte jenseits der Wissenschaftsreflexion eingebettet und die Wissenschaftsforschung war nicht einmal der erste Anwendungsfall. Ursprünglich waren Zitationsdatenbanken nicht zur Analyse der Wissenschaftsdynamik gedacht, sondern als praktisches Hilfsmittel für Wissenschaftler*innen zur Identifikation und Auswahl der für sie relevanten Publikationen. Eugene Garfield beschrieb seine Datenbank als „association-of-idea-index" (Garfield 1955), der es durch die systematische Abbildung von Zitationsbeziehungen erlaube, sich bei der Recherche zwischen Publikationen vor- und zurückzubewegen und den Wirkungen und Ursprüngen einer Idee nachzugehen.

Im Verlauf der folgenden Entwicklung kam rasch ein zweiter Zweck hinzu: Unabhängig von ihrer Größe verfügen wissenschaftliche Bibliotheken über einen begrenzten Erwerbungsetat, der bei weitem nicht ausreicht, den Zugang zu sämtlichen wissenschaftlichen Journalen zu erwerben. Dies führt zur Notwendigkeit, bei Erwerbungsentscheidungen selektiv vorzugehen, also relevante von weniger relevanten Journalen zu trennen. Auf diese Problemstellung zielen die *Journal Citation Reports* ab. Auf der Basis der Auswertung von Zitationsbeziehungen zwischen den indexierten Journalen wird für jede Zeitschrift eine Reihe von Indikatoren ermittelt, die Bibliotheken darin unterstützen sollen, bedeutsame Journale eines Feldes zu identifizieren. Diesem Verwendungszweck wohnt bereits ein evaluatives Element inne.

Das Motiv der Bewertung von Relevanz, Beachtlichkeit oder sogar ‚Qualität' einer Untersuchungseinheit wird in der evaluativen Bibliometrie und Szientometrie dann leitend. Die Anlässe für eine bewertende Analyse der Wissenschaft sind dabei vielfältig. Auf der Ebene des Individuums werden bibliometrische Methoden zur Leistungsmessung etwa bei Verfahren zur Besetzung von Stellen angewandt. Mit ihrer Hilfe werden in Berufungsverfahren zur Besetzung von Professuren aus einem Bewerberpool geeignete Kandidat*innen identifiziert, deren Eignung danach üblicherweise durch eine stärker qualitative Bewertung, wie durch die Lektüre von Schriften und im Rahmen eines Bewerbungsvortrags, weiter geprüft wird. Auf der Ebene von Institutionen werden Leistungsindikatoren genutzt, um finanzielle Ressourcen im Rahmen der leistungsorientierten Mittelverteilung (LOM) zuzuweisen. So hängt, je nach Bundesland, ein Teil der Zuweisung der Landesmittel an Universitäten von Indikatoren wie der Anzahl an Publikationen, der eingeworbenen Drittmittel sowie der Anzahl an Studierenden und Absolvent*innen ab

(Jaeger 2008). Aber auch ganze Forschungslandschaften können einer Leistungsbewertung unterzogen werden; ein Beispiel bildet hier die Research Assessment Exercise (bzw. ab 2014: Research Excellence Framework) im UK (Taubert 2013). Auch wenn die Verfahren hinsichtlich ihrer Ausgestaltung und der Rolle bibliometrischer bzw. szientometrischer Verfahren große Unterschiede aufweisen, ist ein gemeinsames Merkmal der Entscheidungsbezug. Auf der Grundlage der Messung und Bewertung von Leistungen wird darüber entschieden, wie Ressourcen auf die untersuchten Einheiten verteilt werden.

Darüber hinaus finden sich weitere Einsatzzwecke der evaluativen Bibliometrie und Szientometrie, bei denen ein solcher unmittelbarer Entscheidungsbezug nicht gegeben ist, beispielsweise die *OECD Main Science and Technology Indicators (MSTI)*, mit denen für viele Länder ein Set von nahezu 150 Indikatoren erhoben wird. Darunter zählen Indikatoren zu den Aufwendungen für Forschung und Entwicklung (im privatwirtschaftlichen und im öffentlichen Sektor) und dem in diesem Bereich beschäftigten Personal.[3] In dem Verwendungszusammenhang geht es zwar um die Herstellung von Vergleichsmöglichkeiten und der Darstellung von Performance, die immer auch bewertenden Charakter hat. Es fehlt aber der oben erwähnte Entscheidungsbezug, was nahelegt, von Monitoring zu sprechen.

Typische Fragestellungen

Nach diesem kurzen Exkurs in die praktischen Anwendungsfelder der Bibliometrie und Szientometrie geht der Blick zu ihrem Einsatz in der Wissenschaftsforschung. Dabei handelt es sich zumeist um ein exploratives Vorgehen, das auf Untersuchung und Verortung abzielt. Hier lässt sich eine große Vielfalt unterschiedlicher Forschungsschwerpunkte ausmachen, so dass die folgende kurze Vorstellung notwendigerweise selektiv sein muss. Eine Orientierung bietet dabei die Unterscheidung zwischen volumen- und wirkungsbasierten Studien (Gauch 2023: 274).

Bei volumenbasierten Studien geht es um den Vergleich oder die Entwicklung der Menge von Entitäten, wobei diese Entitäten unterschiedliche Dinge sein können. Eine wesentliche Entität sind Publikationen und es kann beispielsweise ihre Verteilung auf Länder, Autor*innen oder Fächer analysiert werden; weitere sind Autor*innen, Zitationen und Referenzen (Gingras 2016), deren Verteilung oder Durchschnittswerte verglichen werden können. Auch ganze Zeitschriften können

3 https://www.oecd.org/en/data/datasets/main-science-and-technology-indicators.html (Zugriff am 18.12.2024)

als Grundeinheit gewählt werden, um Aussage über deren Größe oder Verteilung auf Verlage zu treffen. Besitzen volumenbasierte Untersuchungen eine zeitliche Dimension, lassen sich mit ihr wesentliche Dynamiken der Wissenschaft beschreiben. Dies soll anhand von drei Untersuchungsschwerpunkten illustriert werden:

- Analysen von Ko-Autor*innenschaften von Publikationen geben deutliche Hinweise auf einen allgemeinen *Trend in Richtung wachsender Autor*innen-Teams*. Diese Entwicklung findet nicht nur in den Naturwissenschaften statt (Cronin 2004), sondern hat mittlerweile auch die Sozialwissenschaften erfasst (Henriksen 2016). In der jüngeren Vergangenheit haben sich Autor*innen-Teams stark vergrößert und Publikationen mit mehreren hundert oder gar tausend Autor*innen sind keine Seltenheit mehr. Thelwall (2020) zeigt, dass Publikationen großer Teams einen durchschnittlich höheren Impact aufweisen. Im Bereich der evaluativen Bibliometrie führen große Autor*innengruppen zu Problemen, da individuelle Beiträge zu einer Publikation kaum mehr bestimmt werden können. Neben der Größe der Autor*innen-Teams steigt auch der Anteil internationaler Ko-Autor*innenschaften und die Publikationen solcher internationalen Kollaborationen werden ebenfalls häufiger zitiert (Khor und Yu 2016).
- Eine etwas weiter zurückliegende Entwicklung, das Entstehen einer *oligopolartigen Struktur auf dem Markt für wissenschaftliche Journale*, wird in einem Beitrag von Larivière et al. (2015) untersucht. In den Daten der Studie bilden sich die Wachstumsstrategien der sechs großen internationalen Wissenschaftsverlage ab, die in einer Phase ab den 1990er Jahren in beträchtlichem Maßstab mit dem Aufkauf ganzer Verlage oder Teile deren Zeitschriftenportfolios begannen. Der bis heute erreichte Stand der Aggregation ist erheblich: So erscheinen in den meisten Fächern mehr als 50 % der Publikationen in den Journalen der fünf größten Wissenschaftsverlage, deutlich niedrigere Werte weisen hier lediglich die Kunst- und Geisteswissenschaften auf, deren Verlagslandschaft breiter aufgestellt ist.
- In der jüngeren Vergangenheit ist die Entwicklung des wissenschaftlichen Kommunikationssystems in Richtung des *frei zugänglichen Publizierens (Open Access)* zum Gegenstand bibliometrischer Untersuchungen geworden. Neuere Studien zeigen, dass ein großer Anteil der wissenschaftlichen Literatur frei zugänglich ist (Robinson-Garcia et al. 2020) und der Anteil der Open-Access-Publikationen in der Vergangenheit weltweit gewachsen ist (Piwowar et al. 2018). Allerdings existieren nach wie vor erhebliche Unterschiede mit Blick auf den erreichten Stand der Transformation auf der Ebene von Ländern, Fächern (Bosman und Kramer 2018) und Institutionen (Hobert et al. 2021; Huang et al. 2020). In ihrer globalen Dimension ist die Entwicklung hin zu einem vollständig offenen Zugang zu Forschungsergebnissen also bislang noch nicht abgeschlossen.

Ebenso wie volumenbasierte Analyse sind wirkungsbasierte Untersuchungen von ihrer Anlage her meist deskriptiv und sollten nicht mit methodischen Designs verwechselt werden, die auf eine Erklärung von Phänomenen abzielen. ‚Wirkung' bedeutet hier also nicht Ursächlichkeit, sondern vielmehr Wirkmächtigkeit im Sinne des Impacts, den eine Entität auf den weiteren Fortgang der Wissenschaft entfaltet. Auch dieser kann sich auf unterschiedliche Einheiten beziehen und Publikationen, Personen, Forscher*innengruppen, Forschungseinrichtungen, Geräte oder Journale einschließen. Zur Ermittlung und zum Vergleich der Größe der Wirkung wurden eine Reihe bibliometrischer Indikatoren entwickelt.

Der sicherlich bekannteste ist der Journal-Impact-Factor (Garfield 2006), der sich auf Zeitschriften bezieht und die durchschnittliche Anzahl an Zitationen im letzten Jahr auf die so genannten ‚Citable Items' (Artikel, Reviews und Proceedings Paper) der beiden vorangegangenen Jahre angibt. Ein zweiter häufig genutzter Indikator ist der h-Index (Hirsch 2005). Dieser basiert auf einer nach Zitationshäufigkeiten absteigend geordneten Liste an Publikationen einer Einheit. Sein Wert entspricht dem Rang der Publikation (h), die mindestens h Zitationen erzielt hat. Ursprünglich wurde der h-Index als Maß für den Impact einer Person entwickelt. Mittlerweile wird er aber auch zur Messung des Impacts von Zeitschriften und außerhalb der Wissenschaft als Wirkungsmaß für den Impact von YouTube-Kanälen genutzt. Diese Art von Indikatoren findet vor allem Verwendung in den vielfältigen Kontexten der evaluativen Bibliometrie. Daneben gibt es auch eine Vielzahl von wirkungsbasierten Analysen, die darauf abzielen, etwas über die Struktur der Wissenschaft zu erfahren:

- *Beziehungen zwischen Publikationen* – Referenzen und Zitationen – können genutzt werden, um die Wissenschaft zu kartieren, also ihre Binnendifferenzierung und die relative Nähe und Distanz von Entitäten in der Wissenschaft zu beschreiben. Auch hier ist eine unterschiedliche Granularität denkbar und Analyseeinheiten können (die Beziehungen zwischen) Personen, Organisationen oder Forschungsfeldern sein. Eine Makro-Perspektive auf die Fächerstruktur der Wissenschaft entwickeln zum Beispiel Leydesdorff und Rafols (2009). Ihr Hauptergebnis besteht darin, zu zeigen, dass sich die Wissenschaft, zumindest so, wie sie sich im *Web of Science* darstellt, in 14 Bereiche strukturiert. Besonderes Augenmerk verdienen dabei Forschungsfelder, die ihren Referenzen einerseits und den Zitationen andererseits nach unterschiedlichen Bereichen zugeordnet werden. Dies deutet auf Asymmetrien hinsichtlich der Bezugnahme auf Forschungsergebnisse und auf Prozesse des Wissenstransfers hin.
- Während es sich bei den gerade genannten Indikatoren um publikations- und zitationsbasierte Maße handelt, mit denen innerwissenschaftliche Strukturen beschrieben werden, hat sich daneben auch ein Forschungsfeld formiert, in dem es um die Analyse des *gesellschaftlichen Impacts von Forschung*, also dem

Außenverhältnis der Wissenschaft, geht und das entsprechende Indikatoren anbietet (zusammenfassend: Glänzel et al. 2020). Diese werden häufig unter dem Begriff ‚Altmetrics' zusammengefasst und basieren auf statistischen Auswertungen der Nutzung, Erfassung, Erwähnung und des Postings von Publikationen in sozialen Medien (Cave 2013).

Beziehungen zu anderen Zugängen der Wissenschaftsforschung

Die sachgerechte Anwendung bibliometrischer und szientometrischer Methoden stellt hohe technische und kompetenzmäßige Anforderungen an die Durchführenden. Dies gilt insbesondere für die Organisation, Bereinigung und Aufbereitung der Daten zu Zwecken der Analyse. Neben der objektivistischen Konzeption des Gegenstands, dem stark dekontextualisierten Vorgehen und der Fokussierung auf die Ebene einer quantitativen Deskription mag auch in diesen Anforderungen die Ursache für die relative Alleinstellung bibliometrischer und szientometrischer Zugänge liegen. Allerdings wäre es eine unzulässige Zuspitzung, hier von lediglich vereinzelten Berührungspunkten mit anderen Zugängen der Wissenschaftsforschung zu sprechen. Nicht zuletzt wegen der starken Kontextarmut szientometrischer Daten findet eine Zusammenführung mit anderen Zugängen der Wissenschaftsforschung (siehe Rödder 2026 in diesem Band) oftmals im Rahmen anspruchsvoller Mixed-Methods-Untersuchungsdesigns statt.

Neben der kooperativen Bearbeitung von Forschungsfragen gibt es aber noch weitere Beziehungen, da sich Szientometrie und andere Zugänge der Wissenschaftsforschung wechselseitig zum Reflexionsgegenstand machen. Diese Bezugnahmen sollen kurz skizziert werden. In den *Infrastructure Studies* finden sich etwa Beiträge, die die Entwicklung und die Beschaffenheit der digitalen Ermöglichungsstrukturen der evaluativen Bibliometrie thematisieren. Zu nennen sind hier Arbeiten zur Entwicklung von Zitationsdatenbanken (Krüger et al. 2021) sowie zu den Konstruktions- und Institutionalisierungsprozessen von Rankings (Wilbers und Brankovic 2023) und darin eingeschriebenen Vergleichs- und Bewertungsmöglichkeiten. Zudem ist ein beachtliches und sich dynamisch entwickelndes Forschungsfeld entstanden, in dem die unbeabsichtigten und unvorhergesehen Folgen – so genannte unintended consequences – des Einsatzes szientometrischer Verfahren im Kontext der *Forschungsevaluation* analysiert werden (Biagioli und Lippmann 2016; Matthies und Simon 2009). Auch wenn es grundsätzlich schwierig ist, beobachtete Veränderungen im Wissenschaftssystem kausal dem Einsatz quantifizierender Verfahren in der Forschungsevaluation zuzurechnen (Gläser und

Laudel 2007, Aagaard und Schneider 2017), existieren mittlerweile einige Hinweise auf solche Rückwirkungen (OECD 2010).

Umgekehrt wird aber auch die Landschaft der Wissenschaftsforschung zum Gegenstand bibliometrischer Untersuchungen gemacht.[4] Hervorzuheben sind hier zwei Publikationen von van den Besselaar, in denen die Binnendifferenzierung der internationalen sozialwissenschaftlichen Wissenschaftsforschung untersucht wird. Dabei wird ein Feld gezeichnet, das sich in die drei Schwerpunkte ‚Science and Technology Studies', ‚Science Policy Studies' sowie ‚Scientometrics' aufgliedert und in denen sich die bedeutendsten Forschungseinrichtungen den Schwerpunkten zuordnen lassen (van den Besselaar 2000, 2001). Anhand der Analyse von Zitationsbeziehungen kann gezeigt werden, dass die quantitative Wissenschaftsforschung zwar Anleihen bei den vornehmlich qualitativ geprägten Science and Technology Studies nimmt, dies aber umgekehrt in weit geringerem Umfang gilt. Symmetrischere Bezugnahmen sind dagegen zwischen dem Feld der Science Policy Studies und der Bibliometrie/Szientometrie anzutreffen.

Die Reflexivität der verschiedenen Zugänge der Wissenschaftsforschung macht also nicht voreinander halt, sondern führt zu einer Spiegelung des jeweiligen Counterparts im eigenen Beobachtungsschema. Soweit ich sehen kann, hat dies aber keine stärkere Kohärenz der Wissenschaftsforschung zur Folge, sondern vielmehr eine Vervielfältigung der Beschreibungen, in denen sich die angesprochene Differenzierung des Feldes doppelt.

Resümee

Bibliometrie und Szientometrie haben sich seit den 1980er Jahren sukzessive als Ansätze der Wissenschaftsforschung etablieren können. Ausdruck der Institutionalisierung bildet die Entwicklung entsprechender Journale, Konferenzen und Fachgesellschaften. Als wesentliche Charakteristika dieses Ansatzes sind zu nennen ein objektivistisches Verständnis des Gegenstands ‚Wissenschaft', ein quantifizierendes Vorgehen sowie eine starke Dekontextualisierung der Daten. Als grundlegend erweist es sich, dass in der Bibliometrie und Szientometrie vor allem mit vorgefundenen und meist großen Datensätzen gearbeitet wird. Der starke Akzent auf die Ebene einer beschreibenden, also deskriptiven Analyse und eine Abhängigkeit der Analysemöglichkeiten vom Stand der Entwicklung der Datenquellen sind Folgen dieser Tatsache.

---

4 Siehe für einen Überblick Göbel et al. (2013).

Mit der zunehmenden Digitalisierung von Forschung und Publikation sind neue Analysemöglichkeiten entstanden und die Bandbreite bearbeitbarer Forschungsfragen ist angewachsen, eine Entwicklung, die sich auch in Zukunft fortsetzen wird. Besondere Bedeutung wird dabei der anwachsenden Menge frei zugänglicher und nutzbarer Volltexte zukommen, die im Zuge der Open-Access-Transformation entsteht. Der sich hier bildende und künftig noch weiter anwachsende Datenkorpus birgt das Potential, die Dekontextualität bibliometrischer und szientometrischer Daten aufzubrechen, indem große Mengen an Metadaten von Publikationen im Zusammenhang mit den zugehörigen Volltexten analysiert werden können. Die Erschließung des hier entstehenden Potentials erfordert mithin neue Analysemethoden unter Einbeziehung von Data Mining und KI.

Trotz dieser Entwicklungsmöglichkeiten ist zu vermuten, dass für das Feld weiterhin eine objektivistische Konzeption des Gegenstands ‚Wissenschaft' leitend sein wird und das Verhältnis zu anderen Ansätzen der Wissenschaftsforschung komplex bleibt. Neben wechselseitiger Ergänzung im Rahmen von Mixed-Methods-Untersuchungsdesigns ist zu erwarten, dass die verschiedenen Ansätze der Wissenschaftsforschung auch in Zukunft sporadisch ihre Reflexivität aufeinander richten werden und mit einem Ineinander-Aufgehen von objektivistisch-quantifizierender und kulturalistisch-interpretierender Wissenschaftskultur wohl vorerst nicht zu rechnen ist.

Weiterführende Lektüre

Ball, R. (Hrsg.), 2021: Handbook Bibliometrics. Berlin, Boston: Walter de Gruyter.

Donthu, N., S. Kumar, D. Mukherjee, N. Pandey und W. M. Lim 2021: How to Conduct a Bibliometric Analysis: An Overview and Guidelines. Journal of Business Research 133: 285–296.

Gauch, S., 2023: Territorien der Bibliometrie: Evaluation, Exploration, Kuration, Reflexion. S. 259–292 in: D. Kaldewey (Hrsg.), Wissenschaftsforschung: De Gruyter Oldenbourg.

Gingras, Y., 2016: Bibliometrics and Research Evaluation: Uses and Abuses: The MIT Press.

Literatur

Aagaard, K. und J.W. Schneider, 2017: Some considerations about causes and effects in studies of performance-based research funding systems. Journal of Informetrics 11: 923–926.

Ball, R. (Hrsg.), 2021: Handbook Bibliometrics. Berlin, Boston: Walter de Gruyter.

Bauer, I., 2021: Web of Science, Scopus and Further Citation Databases. S. 409–417 in: R. Ball (Hrsg.), Handbook Bibliometrics. Berlin, Boston: Walter de Gruyter.

Bellis, N. de, 2009: Bibliometrics and Citation Analysis: From the Science Citation Index to Cybermetrics: Scarecrow Press.

Biagioli, M. und A. Lippman, 2020: Gaming the Metrics: Misconduct and Manipulation in Academic Research: MIT Press.

Boeva, Y., 2026: Software Studies, S. 351–366 in A.K. Krüger, J. Schubert, C. Schubert und J.F. Schrape (Hrsg.): Wissenschafts- und Technikforschung. Sozialwissenschaftliche Einführungen. Berlin: De Gruyter Brill.

Bonfadelli, H., B. Fähnrich, C. Lüthje, J. Milde, M. Rhomberg und M. S. Schäfer (Hrsg.), 2017: Forschungsfeld Wissenschaftskommunikation. Wiesbaden: Springer VS.

Bosman, J. und B. Kramer, 2018: Open access levels: a quantitative exploration using Web of Science and oaDOI data. PeerJ Preprints 6:e3520v1.

Callon, M., 1984: Some Elements of a Sociology of Translation: Domestication of the Scallops and the Fishermen of St Brieuc Bay. Sociological Review 32: 196–233.

Cave, R., 2013: Overview of the Altmetrics Landscape. Charleston Library Conference.

Cronin, B., 2004: Bowling alone together: Academic writing as distributed cognition. Journal of the American Society for Information Science and Technology 55: 557–560.

Danesh, F. und A. Mardani-Nejad, 2021: 1.1 A Historical Overview of Bibliometrics. S. 7–18 in: Handbook Bibliometrics: De Gruyter Saur.

Garfield, E., 1955: Citation Indexes for Science: A New Dimension in Documentation through Association of Ideas. Science 122: 108–111.

Garfield, E., 2006: The History and Meaning of the Journal Impact Factor. JAMA 295: 90–93.

Gauch, S., 2023: 13 Territorien der Bibliometrie: Evaluation, Exploration, Kuration, Reflexion. S. 259–292 in: D. Kaldewey (Hrsg.), Wissenschaftsforschung: De Gruyter Oldenbourg.

Gingras, Y., 2016: Bibliometrics and Research Evaluation: Uses and Abuses: The MIT Press.

Glänzel, W., P.-S. Chi und K. Debackere, 2020: 3.1 Measuring the Impact of Research – from Scholarly Communication to Broader Impact. S. 135–148 in: Handbook Bibliometrics: De Gruyter Saur.

Gläser, J. und G. Laudel, 2007: The Social Construction of Bibliometric Evaluations. S. 101–123 in: R. Whitley und J. Gläser (Hrsg.), The Changing Governance of the Sciences: The Advent of Research Evaluation Systems. Dordrecht: Springer Netherlands.

Göbel, C., M. Winterhager und M. Wohlgemuth, 2013: Material zu einem bibliometrischen Profil der Wissenschaftsforschung. Bielefeld: Universität Bielefeld, Institute for Interdisciplinary Studies of Science (I²SoS). https://pub.uni-bielefeld.de/download/2703208/2703218/Wissenschaftsforschung.pdf (Stand: 5/2025).

Heintz, B., 2010: Numerische Differenz. Überlegungen zu einer Soziologie des (quantitativen) Vergleichs / Numerical Difference. Toward a Sociology of (Quantitative) Comparisons. Zeitschrift für Soziologie 39: 162–181.

Henriksen, D., 2016: The rise in co-authorship in the social sciences (1980–2013). Scientometrics 107: 455–476.

Hirsch, J.E., 2005: An index to quantify an individual's scientific research output. Proceedings of the National Academy of Sciences 102: 16569–16572.

Hobert, A., N. Jahn, P. Mayr, B. Schmidt und N. Taubert, 2021: Open Access Uptake in Germany 2010–18: Adoption in a diverse research landscape. Scientometrics 126: 9751–9777.

Huang, C.-K., C. Neylon, R. Hosking, L. Montgomery, K.S. Wilson, A. Ozaygen, C. Brookes-Kenworthy, J. Deathridge, P. Rodgers und B. Kramer, 2020: Evaluating the impact of open access policies on research institutions. eLife 9: e57067.

Jaeger, M., 2008: Wie wirksam sind leistungsorientierte Budgetierungsverfahren an deutschen Hochschulen? Zeitschrift für Hochschulentwicklung 3: 89–104.

Kaldewey, D. (Hrsg.), 2023: Wissenschaftsforschung: De Gruyter Oldenbourg.
Khor, K.A. und L.-G. Yu, 2016: Influence of international co-authorship on the research citation impact of young universities. Scientometrics 107: 1095–1110.
Krüger, A.K., 2020: Quantification 2.0? Bibliometric Infrastructures in Academic Evaluation. Politics and Governance 8: 58–67.
Krüger, A.K., F. Hesselmann und J. Hartstein, 2021: Bewertung in und durch digitale Infrastrukturen. S. 101–128 in: F. Meier und T. Peetz (Hrsg.), Organisation und Bewertung. Wiesbaden: Springer Fachmedien.
Larivière, V., S. Haustein und P. Mongeon, 2015: The Oligopoly of Academic Publishers in the Digital Era. PLOS ONE 10: e0127502.
Leydesdorff, L. und I. Rafols, 2009: A global map of science based on the ISI subject categories. Journal of the American Society for Information Science and Technology 60: 348–362.
Lotka, A.J., 1926: The frequency distribution of scientific productivity. Journal of the Washington Academy of Sciences 16: 317–323.
Matthies, H. und D. Simon, 2009: Wissenschaft unter Beobachtung: Effekte und Defekte von Evaluationen: Springer-Verlag.
Meier, F. und T. Peetz (Hrsg.), 2021: Organisation und Bewertung. Wiesbaden: Springer Fachmedien.
OECD, 2010: Performance-based Funding for Public Research in Tertiary Education Institutions. OECD. https://www.oecd.org/en/publications/performance-based-funding-for-public-research-in-tertiary-education-institutions_9789264094611-en.html.
Passoth, J. und J. Wehner (Hrsg.), 2013: Quoten, Kurven und Profile. Zur Vermessung der sozialen Welt: Springer VS.
Pendlebury, D.A., 2020: 1.3 Eugene Garfield and the Institute for Scientific Information. S. 27–40 in: Handbook Bibliometrics: De Gruyter Saur.
Piwowar, H., J. Priem, V. Larivière, J.P. Alperin, L. Matthias, B. Norlander, A. Farley, J. West und S. Haustein, 2018: The state of OA: a large-scale analysis of the prevalence and impact of Open Access articles. PeerJ 6: e4375.
Pritchard, A., 1969: Statistical Bibliography or Bibliometrics. Journal of Documentation 25: 348–349.
Robinson-Garcia, N., R. Costas und T.N. van Leeuwen, 2020: Open Access uptake by universities worldwide. PeerJ 8: e9410.
Rödder, S., 2026: Disziplinen und Interdisziplinarität in der Wissenschaft(sforschung), S. 143–158 in A.K. Krüger, J. Schubert, C. Schubert und J.F. Schrape (Hrsg.): Wissenschafts- und Technikforschung. Sozialwissenschaftliche Einführungen. Berlin: De Gruyter Brill.
Singh, V.K., P. Singh, M. Karmakar, J. Leta und P. Mayr, 2021: The journal coverage of Web of Science, Scopus and Dimensions: A comparative analysis. Scientometrics 126: 5113–5142.
Snow, C.P., 1959: The Two Cultures and the Scientific Revolution. New York: Cambridge University Press.
Solla Price, D.J. de, 1962: Science since Babylon. New Haven: Yale University Press.
Solla Price, D.J. de, 1963: Little Science, Big Science. New York: Columbia University Press.
Taubert, N., 2013: Bibliometrie in der Forschungsevaluation. Zur Konstitution und Funktionslogik wechselseitiger Beobachtung zwischen Wissenschaft und Politik. S. 179–204 in: J. Passoth und J. Wehner (Hrsg.), Quoten, Kurven und Profile. Zur Vermessung der sozialen Welt: Springer VS.
Taubert, N., 2017: Formale wissenschaftliche Kommunikation. S. 125–139 in: H. Bonfadelli, B. Fähnrich, C. Lüthje, J. Milde, M. Rhomberg und M. S. Schäfer (Hrsg.), Forschungsfeld Wissenschaftskommunikation. Wiesbaden: Springer VS.
Thelwall, M., 2020: Large publishing consortia produce higher citation impact research but coauthor contributions are hard to evaluate. Quantitative Science Studies 1: 290–302.

van den Besselaar, P., 2000: Communication between Science and Technology Studies Journals: A Case Study in Differentiation and Integration in Scientific Fields. Scientometrics 47: 169–193.
van den Besselaar, P., 2001: The cognitive and the social structure of STS. Scientometrics 51: 441–460.
Visser, M., N.J. van Eck und L. Waltman, 2021: Large-scale comparison of bibliographic data sources: Scopus, Web of Science, Dimensions, Crossref, and Microsoft Academic. Quantitative Science Studies 2: 20–41.
Whitley, R. und J. Gläser (Hrsg.), 2007: The Changing Governance of the Sciences: The Advent of Research Evaluation Systems. Dordrecht: Springer Netherlands.
Wilbers, S. und J. Brankovic, 2023: The emergence of university rankings: a historical-sociological account. Higher Education 86: 733–750.

Teil V: **Macht und Politik in Wissenschaft und Technik**

Anne K. Krüger und Julia Schubert

Einleitung: Macht und Politik in Wissenschaft und Technik

In gängigen Vorstellungen von Wissenschaft und Technik gelten diese gemeinhin als frei von Macht und Politik. Die Herstellung ‚objektiver' Erkenntnis und die Entwicklung ‚neutraler' Technik scheinen sich gerade durch ihre Unabhängigkeit von hierarchischen Herrschaftsverhältnissen, normativen Standpunkten oder demokratischen Mehrheiten auszuzeichnen. Die Wissenschafts- und Technikforschung, das machen die folgenden Beiträge deutlich, problematisiert diese Annahme jedoch in mindestens zweierlei Hinsicht.

Erstens sind Fragen nach Politik und Machtausübung sowohl innerhalb als auch durch Wissenschaft und Technik zu einem zentralen Untersuchungsgegenstand des Forschungsfeldes geworden. Bereits 1984 proklamierte Bruno Latour in einer für die Soziologie und Anthropologie wissenschaftlichen Wissens bahnbrechenden Studie, dass Wissenschaft lediglich Politik mit anderen Mitteln sei. Seither ist eine reichhaltige Forschungslandschaft entstanden, welche in zahlreichen empirischen Untersuchungen die ganz unterschiedlichen Dimensionen herausgearbeitet hat, in denen Wissenschaft und Technik ‚politisch' und in Machtausübung verstrickt sind. Die hier versammelten Beiträge reflektieren diese Perspektive. Sie zeigen auf, wie Machtstrukturen und politische Strategien oder Aushandlungsprozesse einen entscheidenden Einfluss auf Wissenschaft und Technologieentwicklung nehmen und welche Konsequenzen daraus für die gesellschaftliche Ordnung resultieren.

Zweitens sind Partizipation und politische Intervention selbst zu einem zentralen Anliegen in der Wissenschafts- und Technikforschung geworden. Das gilt insbesondere für Arbeiten, die in der Tradition der *Science and Technology Studies* (STS) stehen.[1] Spätestens seit den 2000er Jahren findet sich hier eine bis heute anhaltende wissenschaftsinterne Auseinandersetzung mit der Politik und den Machstrukturen der eigenen Forschungspraxis. Im Mittelpunkt stehen dabei Fragen nach den Standards wissenschaftlicher Wissensproduktion sowie nach der Verortung der eigenen Arbeit zwischen Engagement und Distanzierung. Unter dem Begriff der ‚Demokratisierung' werden zudem Möglichkeiten diskutiert, wie neben Wissenschaftler*innen und Entwickler*innen auch weitere gesellschaftliche Grup-

1 Für eine Verortung der unterschiedlichen Forschungslinien der Wissenschafts- und Technikforschung, siehe auch die Einleitung dieses Bandes.

https://doi.org/10.1515/9783112245897-030

pen aktiv in wissenschaftliche Forschungs- und technologische Entwicklungsprozesse involviert werden können. Auch diese Auseinandersetzungen werden in den folgenden Beiträgen aufgegriffen.

Julia Valeska Schröder und *Julio Paulos* stellen in ihrem Beitrag eine Heuristik der *Technopolitik* vor. Die Autor*innen rekonstruieren die Entstehung und multidimensionale Weiterentwicklung des Technopolitik-Begriffes in einer Auseinandersetzung mit einschlägigen Arbeiten, die in der Tradition der STS stehen. Sie unterscheiden dabei grundsätzlich drei analytische Perspektiven: Arbeiten, welche eine „Politik der technologischen Dinge“ fokussieren, Arbeiten, die eine „Soziopolitik der technologischen Dinge“ herausarbeiten und schließlich Arbeiten, die „soziotechnische Ko-Produktion“ betonen. So öffnen die Autor*innen die *blackbox* des Technopolitik-Begriffes und zeigen, was es ganz konkret heißen kann, Technologie und Politik systematisch zusammenzudenken. Sie konfrontieren die vermeintliche Neutralität von Technologie durch drei „Interventionen“ und heben ihre Ambivalenz und Dynamik, Hybridität und Relationalität sowie Stabilisierung und Purifizierung hervor.

Mit dem Titel „Wissenschaft ist Politik mit anderen Mitteln“ bezieht sich *Jan-Peter Voß* in seinem Beitrag unmittelbar auf das eingangs erwähnte Diktum von Bruno Latour, das zum zentralen Ausgangspunkt für die STS geworden ist. Die Herstellung wissenschaftlichen Wissens ist kein Prozess, in dem lediglich ‚natürlich Gegebenes‘ mittels ‚objektiver‘ Verfahren aufgedeckt wird. Vielmehr ist Wissenschaft als ein politischer Prozess zu verstehen, in dem nicht nur Wissen aktiv hergestellt, sondern auch gesellschaftliche Ordnung zentral gestaltet wird. Voß zeigt, wie diese Erkenntnis, dass Wissenschaft niemals ‚neutral‘ ist, aber auch Möglichkeiten eröffnet zu diskutieren, wie wissenschaftliche Ergebnisse umzusetzen sind, anstatt sie mit dem Verweis auf ihre Objektivität selbst zum Mittel für Politik zu machen.

An diese Einsicht, dass Wissenschaft in einem sozialen Kontext stattfindet, der maßgeblich Einfluss darauf nimmt, wie wissenschaftliche Ergebnisse zustande kommen, knüpft auch der Beitrag von *Esto Mader* zu feministischer Wissenschaftskritik an. Im Fokus steht die Frage nach den Mechanismen und Strukturen, die dazu führen, dass bestimmten Gruppen – und hierbei vor allem (aber nicht nur) Frauen – der Zugang zu Wissenschaft erschwert wird. Dazu wird zunächst auf die Problematik des männlichen Wissenschaftlers als ‚Normaltypus‘ eingegangen, Kritik an dualistischem Denken (wie beispielsweise in ‚Natur‘-‚Kultur‘-Unterscheidungen) geübt sowie der Beitrag von Wissenschaft zur Legitimation von Herrschaft diskutiert. Anschließend setzt Mader sich mit den daraus resultierenden Konsequenzen für die Wissensproduktion, dem dahinterstehenden wissenschaftlichen Objektivitätsverständnis und der Methodenkritik auseinander und geht dabei auch auf den Einfluss der Universität ein.

Feministische Wissenschaftskritik ist ebenfalls ein zentraler Bestandteil des Beitrags von *Bianca Prietl* und *Jutta Weber*. Ihr Beitrag greift vor allem den Zusammenhang von Wissen, Macht und Technik auf. Dazu diskutieren die Autorinnen die Arbeiten von Donna Haraway, Claudia Brunner und Maria Puig de la Casa, die auf je unterschiedliche Weise zeigen, wie Wissenschaft und Technik durch gesellschaftliche Macht- und Herrschaftsverhältnisse gestaltet werden. Prietl und Weber veranschaulichen diese drei Ansätze, indem sie ihre zentralen Implikationen mit Blick auf Entwicklungen im Bereich der ‚Künstlichen Intelligenz' diskutieren. Auf diese Weise verdeutlichen sie, wie sich Konzepte wie *situiertes Wissen*, *epistemische Gewalt* und *matters of care* für die Untersuchung von Prozessen der Technologieentwicklung nutzen lassen.

Gerald Beck, *Diego Compagna*, *Ariane Sept* und *Franziska Sörgel* stellen in ihrem Beitrag mit der Kartierung von Kontroversen schließlich eine zentrale Methode der Wissenschafts- und Technikforschung vor. Diese Methode macht die (wissenschafts-)politische Bedeutung von Kontroversen für wissenschaftlichen Fortschritt und technologische Entwicklung zu ihrem Ausgangspunkt. In Anlehnung an die Akteur-Netzwerk-Theorie fußt die Methode auf der Annahme, dass Wissenschaft und Technik als Ergebnis komplexer Netzwerke zu begreifen sind. Die Autor*innen des Beitrags zeigen, wie die Kartierung von Kontroversen die Vielschichtigkeit sozio-technischer Netzwerke offenlegen und insofern dazu beitragen kann, ihre oftmals verborgenen Machtstrukturen aufzudecken und kritisch zu hinterfragen.

Julia Valeska Schröder und Julio Paulos

25 Technopolitik

Einleitung: Zum Begriff der Technopolitik

Um das Konzept der Technopolitik formiert sich ein analytischer Ansatz, der die Wechselwirkungen zwischen politischen und technologischen Dimensionen untersucht und die Verbindungen zwischen der sozialen Formung von Technologie[1] und der technologischen Formung von Gesellschaft erkundet. Dabei knüpft der Begriff an eine breite Literatur an, die davon ausgeht, dass Technologie nicht neutral ist – und auch Politik nicht rein immateriell verläuft. Ausgangspunkt dieser Perspektive ist, dass Technologie und Politik in unterschiedlichen Formen miteinander verknüpft sind und durch verschiedene Modi in Beziehung treten können. Ziel ist es, diese vielschichtigen, wechselseitigen Beziehungen sichtbar zu machen und ihre Mechanismen zu analysieren (## siehe auch Beitrag Beck et al. in diesem Band). ‚Technopolitik' weist dabei über binäre, rein institutionalistische oder materialistische Betrachtungen hinaus, indem sie sich gezielt den Rahmungen und Möglichkeitsbedingungen technopolitischer Konstellationen widmet.

Als fluider Begriff markiert Technopolitik ein Forschungsfeld, das disziplinäre Perspektiven aus Politikwissenschaft (Mitchell 2002), Humangeographie (Hecht 2011) oder Kulturanthropologie (Schnitzler 2016) verbindet. Es existiert weder eine einheitliche Definition noch ein einheitlicher Gebrauch – doch auch keine definitorischen Debatten. Vielmehr reflektieren unterschiedliche Zugänge die programmatische Vielfalt innerhalb der Science and Technology Studies (STS). Entscheidend ist daher weniger, was der Begriff bedeutet, als welche reflexiven Räume er eröffnet und welche Grenzziehungen zwischen „technischen" und „politischen" Sphären er infrage stellt.

Technologie wird in einem weiten Sinne verstanden – als Assoziation materieller Formen, Wissensbestände und Techniken zur Erfüllung bestimmter Aufgaben. Ebenso umfasst der hier implizite *Politik*-Begriff sowohl formale Institutionen und Machtstrukturen als auch kulturelle Prozesse, situierte Praktiken und das Politische im Sinne öffentlicher Auseinandersetzung. Charakteristisch für das Konzept

1 Mit ‚Technologie' greifen wir vorläufig das Alltagsverständnis auf: Moderne technische Geräte, die praktische Zwecke erfüllen, gewissermaßen realtechnische Systeme. Der hier nicht scharf abgegrenzte Technikbegriff steht allgemein für die Gesamtheit von Mitteln, die zur Realisierung gesetzter Zwecke Verwendung findet – er umfasst materielle Gegenstände, ist aber nicht auf diese reduzierbar.

https://doi.org/10.1515/9783112245897-031

der Technopolitik ist, dass Technologie und Politik nicht isoliert, sondern über ihr Verhältnis zueinander gefasst werden – es zielt auf ein systematisches Zusammendenken beider „Sphären".

Wie aber kann das konkret aussehen? Wenn Technologie und Politik weder getrennte Sphären noch parallel wirkende Kräfte sind, wie lässt sich dann ihr Verhältnis analytisch erfassen? In diesem Beitrag nähern wir uns diesen Fragen, indem wir STS-Beiträge vorstellen, die die Verflechtung von Technologie und Politik nicht voraussetzen, sondern zu ihrem Ausgangspunkt machen – um sie empirisch zu entfalten, kritisch zu hinterfragen und in ihrer Vielschichtigkeit sichtbar zu machen. Wir rekonstruieren daher Debatten, die nicht bloß nach der Bedeutung von Technopolitik, sondern nach ihrer konkreten Verfasstheit fragen: danach, *wie* Technopolitik ist.

Wir zeichnen die implizite Genese und explizite Verwendung des Begriffs nach und verorten ihn in der vielfältigen Landschaft der STS. Es folgt eine bewusst unvollständige Skizze zentraler Debatten, mit Fokus auf prägende Texte der 1990er Jahre, die als Gründungstexte des Diskurses gelten können. Drei technopolitische Perspektiven unterscheiden wir – nicht strikt chronologisch – entlang disziplinärer Strömungen, die sich in diesen Debatten herausgebildet haben: Abschnitt 1 behandelt Ansätze, die Technologie priorisieren; Abschnitt 2 fokussiert auf Perspektiven der sozialen Konstruktion von Technologie (auch als *Social Construction of Technology*, kurz SCOT, bezeichnet); Abschnitt 3 diskutiert Ansätze, die von einer konstitutiven Verstrickung von Technologischem und Sozialem ausgehen (auch als *Actor-Network Theory*, kurz ANT bezeichnet); Abschnitt 4 beleuchtet praxeologische und soziomaterielle Sichtweisen auf institutionalisierte Politik.

Da wir mit diesem Beitrag auch zeigen möchten, wie Technopolitik als Gegenentwurf zur Vorstellung fungiert, Technologie sei neutral und Politik rein ideell, ergänzen wir die paradigmatischen Perspektiven (Abschnitte 2–5) durch drei thematische Interventionen. Diese rücken analytisch besonders fruchtbare Aspekte in den Vordergrund: Ambivalenz und Dynamik, Hybridität und Relationalität sowie Stabilisierung und Purifizierung. Im Fazit (Abschnitt 6) werfen wir einen Blick auf para-wissenschaftliche Mobilisierungen von Technopolitik und betonen ihre performativen und rekursiven Effekte: Denn Technopolitik fungiert nicht nur als Aggregationspunkt wissenschaftlicher Kontroversen, sondern auch als Artikulation epistemischer wie politischer Anliegen.

Konfrontation der Neutralität: Politik der technologischen Dinge

Während Technologie lange als neutral und unpolitisch galt, betont die technopolitische Perspektive, dass Technologien in menschlichen Interaktionen eine aktive Rolle übernehmen und dabei bestimmte Politiken und Werte verkörpern. Eine erste Sichtweise auf Technopolitik lässt sich als „Politik der technologischen Dinge" beschreiben. Diese geht davon aus, dass Technologien eine inhärente politische Dimension besitzen: Sie strukturieren gesellschaftliche Abläufe, prägen Handlungsspielräume und beeinflussen Machtverhältnisse. Technologien sind nicht nur in ihren Konsequenzen politisch, sondern auch in ihrem Design: Sie ermöglichen bestimmte Verhaltensweisen und verhindern andere. In ihnen sind soziale, kulturelle und ökonomische Normen materiell eingeschrieben. Technologie wird so nicht als neutrales Werkzeug verstanden, sondern als eigenständige Kraft, die soziale Interaktionen mitgestaltet und gesellschaftlichen Wandel mitantreibt.

Langdon Winner (1977; 1980; 1994) gilt als zentrale Stimme dieser Perspektive. In seinem Text *„Do Artifacts Have Politics?"* argumentiert er, dass technologische Artefakte und Systeme politische Eigenschaften aufweisen können. Winner entwickelt eine ‚Theorie technologischer Politik', die sich von der Annahme abgrenzt, dass nur Menschen Politik machen, und betont, dass Technologien Herrschaftsarrangements fundamental beeinflussen. Am Beispiel des New Yorker Stadtplaners Robert Moses zeigt er, wie politische Ideologien – hier Rassismus und Klassismus – in materielle Formen eingeschrieben werden: So wurden etwa Autobahnbrücken bewusst niedrig entworfen, um den Zugang zu Strandgebieten für Busse des öffentlichen Verkehrs – und damit für einkommensschwächere, marginalisierte Bevölkerungsgruppen – zu erschweren. Diese materielle Infrastruktur ist nicht neutral, sondern fungiert als Ordnungsform, die soziale Hierarchien und politische Strukturen stabilisiert. Technologie ist für Winner Politik mit anderen Mitteln. Die technopolitische Perspektive richtet den Blick darauf, wie Herrschaft in technologischen Dingen realisiert wird.

Winner unterscheidet zwei Modi, in denen Dinge politisch sind: Erstens, wenn technologische Objekte gezielt entwickelt werden, um bestimmte gesellschaftliche Ordnungen zu etablieren – politische Zwecke, die nicht zwingend mit dem kommunizierten Nutzen übereinstimmen. Zweitens, wenn Technologien nur unter bestimmten sozialen und institutionellen Bedingungen nutzbar sind. In diesem Sinne sind sie politisch, weil sie Voraussetzungen schaffen müssen, die als „Mittel zu den Mitteln" gelten (Winner 1977: 101). Beispielsweise unterscheiden sich dezentrale Designs (z. B. Solarnetzwerke) und zentralistische Designs (z. B. Atomkraftwerke) hinsichtlich der politischen Rahmenbedingungen, die sie voraussetzen. Die Dynamik der „umgekehrten Anpassung" (*reverse adaptation*, Winner 1977) beschreibt, dass nicht Menschen technologische Mittel an ihre Zwecke anpassen, sondern komplexe Technologien oft bewirken, dass Menschen sich an die Anforderungen ihres Designs anpassen und selbst zum Zweck der Mittel werden.

In beiden Fällen ist Politik materiell: Machtverhältnisse sind in Stahl, Beton, Code oder Kabel manifestiert. Infrastrukturen und technologische Artefakte regeln Gesellschaft durch ihre eigene materielle Beschaffenheit und Logik. Technologien sind deshalb mit dem Politischen verwoben, weil sie als verstofflichte, operationalisierte Regeln soziale Handlungsspielräume und Beziehungsweisen festlegen.

Abschließend lässt sich festhalten: Technologien sind keine neutralen Mittel, sondern politische Akteure eigener Art, wie diese technopolitische Perspektive eindrucksvoll zeigt. In Anlehnung an Winner fungieren sie als eine Art „Schattenverfassung" – eine materielle Ordnung, in der alltägliche Dinge wie Brücken oder Stromnetze nicht nur Funktionen erfüllen, sondern gesellschaftliche Beziehungen strukturieren und Machtverhältnisse stabilisieren oder verändern. Die technopolitische Analyse fordert daher ein, die politische Dimension von Technik nicht nur in ihren Konsequenzen, sondern bereits im Design und in den Betriebsbedingungen ernst zu nehmen.

Intervention: Ambivalenz und Dynamik

Obwohl Winner selbst keine technodeterministische Position vertritt, entfachte seine These in den 1990er-Jahren eine intensive Debatte. Die technopolitische Perspektive öffnete einen Diskursraum, in dem hinterfragt wurde, ob Technologien ihre politische Wirkung haben oder bekommen, ob sie gesetzt sind oder als gesetzt erscheinen. Entscheidend wurden dabei Fragen nach kulturellen, historischen und praktischen Kontexten: Wie werden Technologien interpretiert, genutzt und erzählt? Zweifel an einem eindeutigen Plan oder Entwicklungsweg (‚*technological trajectory*'; Dosi 1982) verdeutlichen, dass technologische Wirkung nicht linear auf Intentionen zurückzuführen ist. Sozialer Wandel verläuft nicht synchron zum technologischen Wandel (Bimber 1990). Technologien werden angeeignet, umgedeutet und gehackt (vgl. Coleman 2013) – sie entfalten ungeplante Funktionen und Bedeutungen. Eine nicht-deterministische Sichtweise, etwa über das Konzept der Affordanzen (Hutchby 2001), betont daher: Technologien eröffnen Handlungsspielräume, ohne diese vollständig festzulegen.

Die Frage nach Ambivalenz und ontologischer Dynamik nimmt eine zentrale Rolle ein. Bryan Pfaffenberger (1992) kritisiert in *„Technological Dramas"* Winners Argument, Technologie primär als Träger von Werten zu sehen, als zu verkürzt. Im Verhältnis von Technologie und Politik passiere mehr als ein ungebrochenes Übertragen von Werten oder politische Materialisierung. Er differenziert vielfältige Praktiken, die Politik mit technologischen Mitteln konstruieren. „Technologische Dramen" versteht er als diskursive Prozesse, die Technologien regulieren, legitimieren und Wirkungen konstruieren. Mythen, soziale Kontexte und Rituale der Designakteurinnen spielen dabei ebenso eine Rolle wie die Strategien der Veränderung durch Nutzerinnen (‚technologische Rekonstitution'). „Technology, in short, is not politics pursued by other means; it is politics constructed by technological means" (Pfaffenberger 1992: 287).

Benward Joerges (1999) stellt die Gegenfrage: *„Do politics have artefacts?"* und hinterfragt sowohl Winners Brückengeschichte als auch die Designintention (Joerges 1999). Er fordert, die politischen Implikationen von Technologie als kontextabhängige, interpretative und nicht notwendigerweise materielle Prozesse zu begreifen. So weist er darauf hin, dass Autobesitz in den 1980er und 1990er Jahren zunehmend auch bei einkommensschwachen und ethnischen Minderheiten verbreitet war – ein Kontext, den Winner unberücksichtigt ließ. Technische Objekte sind für Joerges weniger abgeschlossene Artefakte, sondern *„boundary objects"* (Star und Griesemer 1989), die zwischen sozialen Gruppen vermitteln. Technologien sollten über ihre ‚expressiven Werte' analysiert werden, also die Bedeutungen und sozialen Praktiken, die ihnen in spezifischen Kontexten zugeschrieben werden. Joerges lenkt den Fokus auf regulatorische Rahmenbedingungen und die epistemische Autorität historischer Narrative und plädiert für eine technopolitische Perspektive, die Autorisierungs- und Institutionalisierungspraktiken berücksichtigt. Artefakte mögen eine Politik haben, doch „die Politik hat offensichtlich auch Artefakte" (Joerges 1999: 421). Diese technopolitische Perspektive umfasst somit sowohl materielle Machtstrukturen als auch soziale Deutungs- und Autorisierungspraktiken. Entscheidend ist, was Technologie bedeutet und symbolisiert, nicht nur, was sie ist und bewirkt (Joerges 1999: 424).

„Do artifacts have ambivalence?" – mit dieser Frage rücken Woolgar und Cooper (1999) die sozialen, kulturellen und politischen Kontexte in den Fokus, in die Technologien eingebettet sind. Für sie liegt die politische Bedeutung technischer Artefakte weniger in ihrer inhärenten Macht als in den Narrativen, die ihre gesellschaftliche Rolle konstruieren. Sie kritisieren die Trennung zwischen der Politik der Artefakte und den sie begleitenden diskursiven Rahmungen und betonen die performative Macht von Sprache und Symbolen. Technologiepolitik erscheint somit als ein komplexes Geflecht aus materiellem Wandel und diskursiver Bedeutungsproduktion. Narrative (auch ‚*urban legends*', Woolgar und Cooper 1999) sind konstitutiv für das Verständnis technopolitischer Bedeutung und Auslegung. Das Primat der Worte über die Dinge macht Technologien „essentially inconcludable" (Woolgar und Cooper 1999: 437) und ihre Politik dynamisch und kontingent (Woolgar 1991; 1993). Anne-Jorunn Berg und Merete Lie (1995) betonen, dass dies nicht bedeute, Herrschaftsdynamiken auszuklammern: „Artifacts do have gender and gender politics in the sense that they are designed and used in gendered contexts. But holding that gender is inscribed in technologies does not mean that they are not open to change" (Berg und Lie 1995: 347; siehe auch Wajcman 2004).

Konfrontation der ‚Autonomie': Soziopolitik der technologischen Dinge

Mit dem Ansatz der Affordanz deutete sich bereits die soziale Handlungsmacht an, die bei der Perspektive der *Social Construction of Technology* (SCOT) radikal hervorgehoben wird. Hier wird nicht gefragt, welche Eigenschaften Technologien haben, sondern wie es dazu kam, dass sie so sind, wie sie sind, also wer zu ihrer Gestaltung beitrug und wie sie sich durchsetzte. In deutlicher Ablehnung technologiedeterministischer und materialistischer Deutungsansätze fokussiert diese Perspektive auf soziale Bedingungen und stellt damit die Vorstellung einer autonomen Technologie infrage. Vielmehr wird argumentiert, dass Technologien nicht selbst politisch sind, sondern durch kontinuierliche kulturelle (Nutzungs-)Veränderung und soziale Konflikte politische Gestalt annehmen. Dabei werden die sozialen Prozesse sichtbar, die – andersherum – die vielseitigen materiellen und ideellen Dimensionen der Technologie strukturieren. Technopolitik wird als kontingente Dynamik sozialen Konflikts gedeutet.

Wiebe Bijker (u.a. 1995; 1997; 2001), Trevor Pinch (1993; Pinch und Bijker 1984) und John Law (2008; Law und Mol 1995) sind prägende Stimmen dieser Perspektive. In *Shaping Technology/Building Society* zeigen sie durch Fallstudien und theoretische Konzeptarbeit, wie Technologien historisch, sozial, psychologisch und ökonomisch geformt werden. Wie Gesellschaft Technik strukturiert, illustriert das bekannte Beispiel von Bijker über die soziale Konstruktion des Fahrrads (1997), in dem nachgezeichnet wird, wie das Fahrrad als technologisches Artefakt verschiedene Entwicklungsphasen durchlief, in denen soziale Prozesse technologischen „Fortschritt" beeinflussten und umgekehrt (vgl. auch Beck et al. in diesem Band). Fahrräder entstanden als heterogene Produkte, also als materialisierte Vermittlungen unterschiedlicher Interessen, die Beiträge verschiedener Bewegungen, Produzentinnen, Nutzerinnen und Zeitpunkte vereinten, während die Technologie selbst auf eine Vorgeschichte der Radmaschine zurückgriff, bevor sie zum alltäglichen Gebrauchsgegenstand wurde. Hier sind die Bedeutungen, die relevante soziale Gruppen der Technologie geben, ausschlaggebend für die Technopolitik (Bijker 1995). Diese Bedeutungen variieren, widersprechen und verändern sich: Technologien haben ‚interpretative Flexibilität' (Bijker 2010), bis sich die multiplen Lesarten und Bedeutungszuschreibungen durch soziale Machtdynamiken reduzieren und das technologische Artefakt als gegeben und unpolitisch erscheint („*closure*", Bijker 1993).

Technologien sind im Kern soziale Phänomene: Sie werden von Menschen geschaffen, entworfen, produziert, vermarktet, implementiert und genutzt. Diese technopolitische Perspektive sieht sie als Produkte und Effekte sozialer Interaktion.

Technopolitik verortet sich demnach nicht in den Dingen, sondern in den Handlungen einflussreicher sozialer Gruppen, die Wissen mobilisieren, sich organisieren, darstellen und um ihre Interessen, ihren Einfluss und technologische Kontrolle ringen. Gerade diese Aushandlungen und Konflikte lassen Technologien als relativ unvorhersehbare und machtgeleitete Ereignisse erscheinen – nicht als Resultat eines logischen Ausleseprozesses, in dem sich Effizienz und Rationalität von selbst durchsetzen. Stattdessen besteht die technopolitische Analyse darin, den Erfolg eines technologischen Artefakts als Machtaushandlung offenzulegen (Pinch und Bijker 1984).

Diese Perspektive verweist nicht auf technologische Eigenschaften, sondern auf politische Entscheidungen, soziale Machtkämpfe, wirtschaftliche Interessen, historisch bedingte Konstellationen und Zufall. Technologie wird als Wirkung, nicht als Ursache sozialen Wandels betrachtet, wodurch die Kausalkette gegenüber der „Politik der Dinge" umgedreht wird. Technologien gelten primär als soziale Konstruktionen; ihre Funktionalität und Materialität haben dagegen nur sekundäre Bedeutung. Sie sind keine eigenständigen, mächtigen Akteure, sondern Träger von Machtbeziehungen, die um sie herum ausgehandelt werden. Technologien sind Endprodukte langer, kontroverser und multidirektionaler Entwicklungen, geprägt von sozialen Konflikten, Bedürfnissen, Affekten, Marketing, Produktionsbedingungen, kulturellen und ästhetischen Ansprüchen. Ihre Politik sind Deutungskonflikte, Aushandlungen und Kompromisse. Technologische Artefakte sind politisch, weil sie Ergebnis konkurrierender sozialer Ziele sind. Technopolitik liegt hier vor allem in komplexen, konfliktreichen (Bedeutungs-) Konstruktionen; sie ist „semiotische Macht" (Bijker 1995). Als Forschungsperspektive betont dies, dass technologische Dinge grundlegend umstritten waren und auch anders hätten sein können (Bijker und Law 1992).

Intervention: Hybridität und relationale Praxis

Eine Reihe von Autor*innen weist darauf hin, dass die starke Periodisierung und der Fokus auf die Entstehungsgeschichte von Technologien deren politische Wirkweisen nur unzureichend erfassen. Ein solcher historischer Zugriff drohe von gegenwärtigen Verwicklungen und zukünftigen gesellschaftspolitischen Effekten abzulenken, die für das Verständnis technologischer Machtverhältnisse zentral sind. Nicht nur Winner entgegnet, die Perspektive sozialer Konstruktion von Technologie habe zwar die Black Box geöffnet, sie aber leer vorgefunden (*Upon Opening the Black Box and Finding It Empty*; 1993), weil Materialität gänzlich aus dem Blick geraten sei (vgl. auch Elam 1994). Auch Stewart Russell (1986) betont, Technopolitik werde nicht erfasst, wenn strukturelle Faktoren der gesellschaftlichen Organisation zugunsten einer Analyse von Komplexität und Offenheit ausgespart bleiben.

Während einige Interventionen den Gesellschaftsbegriff in der technopolitischen Analyse stärken, wählen andere einen pragmatistischen Zugang, der ebenfalls größere Zusammenhänge berücksichtigt. Angelehnt an die Akteur-Netzwerk-Theorie betont dieser Ansatz die praktischen Auswirkungen von Technologien sowie die Wechselwirkungen zwischen Individuen und sozialen Problemen – ohne sich auf feste theoretische Rahmen zu stützen (Marres 2019). Geprägt von Autor*innen wie Annemarie Mol und John Law versteht diese Perspektive Materialität und Sozialität, einschließlich ihrer politischen Dimensionen, als rekursiv und reflexiv verflochten. Technologie, Gesellschaft und Politik bilden ein ‚Patchwork' untrennbarer Verbindungen, das sich analytisch nicht vollständig entflechten lässt (Law und Mol 1995). Das Konzept des ‚Patchwork' verdeutlicht die Hybridität und Relationalität der Beziehungen zwischen Technologie und Politik und betont, dass es sich weniger um ein Verhältnis der Einbettung, sondern eher um ein dynamisches Geflecht sozialer, politischer und materieller *f/actors* handelt. Eine teilende analytische Perspektive wirkt verfälschend: Die Relationen sind konstitutiv; oder anders gesagt, sind es erst die Nähte, die das Patchwork ausmachen.

Diese Interventionen betonen nicht nur, dass Wissenschaft und Technologie mit Politik und Moral verbunden sind, sondern auch die Einsicht, dass technologische Artefakte weder auf das Politische noch auf das Technologische reduzierbar sind. Technopolitik in Hybridität und Relationalität zu suchen verweist auf die Idee, dass Technologien „immer in einem sozialen und politischen Geflecht verortet" sind, das Materialität und Bedeutungen umfasst (Law, 2009). Sie umgeht sowohl das Problem der materialistischen Perspektive (Abschnitt 2), dass Technologie als bloße Materie ohne narrative und interpretative Formen erscheint, als auch das der sozial-konstruktivistischen Perspektive (Abschnitt 3), dass hinter Sprache und Symbolik von Technologien nichts steht und das technologische Artefakt gewissermaßen mit der Geschichte über dieses Artefakt gleichgesetzt wird (Joerges 1999).

Konfrontation der Binarität: soziotechnische Ko-Konstruktion

Die Perspektive der soziotechnischen Ko-Konstruktion betont technopolitische Zusammenhänge als praxisbasierte, soziotechnische Assemblagen. Um technopolitische Dynamiken zu erfassen, müssten Kollektive von soziomateriellen Handlungsmächten fokussiert werden – schließlich sind es Relationen und Prozesse der Ko-Konstruktion („*construction conjointe*"; Latour 2012; vgl. auch *co-production*; Jasanoff 2004), die Gesellschaft als scheinbar stabiles Gefüge zusammenhalten und überhaupt erst ausmachen. Anstatt Technopolitik als externe Herrschaftsstruktur zu erklären, wird hier die soziomaterielle Strukturierung ins Licht gerückt. So bleibt die soziale Konstruktion von Gesellschaft zentrales Moment der Technopolitik, wobei das Materielle nicht vernachlässigt wird. Kurz: Technologie ist soziale Konstruktion ebenso wie Gesellschaft auch technologische Konstruktion ist. Menschen spielen dabei eine wichtige Rolle, doch die Konstruktion ist nicht nur „sozial". Diese Perspektive versteht Konstruktion nicht metaphorisch (wie SCOT), sondern buchstäblich als Bauen und Bauweisen. Für Latour und Akteur-Netzwerk-Theoretiker*innen wie löschen, weil keine Quellenangabe Star, Mol und Law besteht Technopolitik aus hybriden Zusammenhängen, die Gesellschaft prägen. Technologie ist nicht an sich politisch; ihre Technopolitik liegt in ihren Assoziationen – also wie sie mit anderen *f/actors* verbunden ist und zusammengesetzt wird. Wenn Handlung Eigenschaft der gesamten Assoziation ist, nicht nur von Menschen oder Technologie, liegt der technopolitische Kondensierungspunkt dort, wo Gesellschaft und Materie Eigenschaften austauschen (Latour 1999).

Technopolitik entsteht nicht in individuellen oder rein sozialen Interaktionen, sondern wird durch dauerhafte physische Strukturen wirksam, die mit ihnen verwoben sind und durch Vermittlungsformen zusammengehalten werden (Latour 1999). Technologische Systeme – von Verkehrsinfrastrukturen bis zu digitalen Plattformen – sind weder per se politisch noch rein technisch, sondern ermöglichen technische Legitimation und politische Aushandlungsprozesse in Wechselwirkung. Latour (1991) illustriert dies am Beispiel des Türstoppers, der nicht nur funktional, sondern Teil einer sozialen und moralischen Ordnung ist, die politische Räume stabilisiert. Die technopolitische Perspektive stellt das ko-konstitutive Verhältnis von Technik und Gesellschaft, Technologie und Politik in den Mittelpunkt. Erst in geteilter Handlungsträgerschaft entfaltet sich ihre Wirksamkeit (Latour 1999); hier ist Technopolitik zu verorten.

Latour hinterfragt die Politik der Dinge: Zum einen, weil Dinge aufgrund ihrer relationalen Verwobenheit nicht in sich politisch sein können; zum anderen, weil Technopolitik nicht dort beginnt, wo politische Intentionen materiell eingeschrieben sind. Politik in Artefakten zu verorten ist problematisch, da Ingenieur*innen und Designer*innen ihre Wirkung nicht vollständig antizipieren und Technologien nicht vollständig kontrollieren können. *Reverse engineering* also Intentionen aus Design zu lesen, ignoriert die Eigendynamik der Technologie. Eine Brücke, die politische Intentionen materialisiert, trägt diese nur weiter. Damit schleicht sich eine kritisierte Vorstellung von Technologie als neutralem Träger ein, den soziale Politiken vereinnahmen – „(they) do (nothing) more than 'objectifying' some earlier political scheme" (Latour 2006: 3). Die Vorstellung hybrider Assemblagen wirft die Frage auf, ob und wie Intentionen langfristig durch Artefakte vermittelt werden und ob sie mehr leisten als Macht auszuüben, etwa „offering permissions, possibilities, affordances" (Latour 2006: 3). Aus technopolitischer Perspektive ist die These „artifacts have politics" nicht falsch, aber irreführend. Gegen Winner sagt Latour: „to separate parkways from expressways is not the same as to keep whites and blacks apart. To jump too fast from one to the other is indulging in some sort of conspiracy theory" (Latour 2006: 2). Stattdessen fragt Latour: „which sort of politics?" und „which politics for which artifacts?" (Latour 2006: 1).

Haraways *Cyborg Manifesto* (2006) und Latours *„Aramis, or The Love of Technology"* (1996) zeigen, dass Technopolitik eine multiple Kategorie mit vielen Ebenen ist. Haraways „Cyborg" (*cybernetic organism*) unterläuft Grenzen zwischen Mensch, Tier und Maschine – Grenzen, auf denen politische Strukturen beruhen. Sie kritisiert epistemische und politische Strategien, die diese Trennungen aufrechterhalten. Der Cyborg sei „ein Hybrid, ein Mischwesen ohne Ursprung, ohne Heimat, ohne identifizierbare Geschichte oder Entwicklung" (Haraway 2006, 17). Haraway zielt darauf, diese Grenzen zu verwischen, um inklusivere, transformativere politische Praktiken zu ermöglichen. Latour zeigt mit Aramis, einem gescheiterten Pariser Nahverkehrsprojekt, wie technische Systeme von rechtlichen Regelungen, öffentlichen Eingriffen und soziotechnischen Imaginationen geprägt werden. Sicherheitsvorschriften, politische Förderzusagen und visionäre Ingenieursentwürfe konkurrieren, beeinflussen oder blockieren sich gegenseitig – etwa, wenn politische Unterstützung entfällt oder Innovationen an gesellschaftlichen Erwartungen scheitern. Erfolg und Scheitern von Infrastrukturprojekten entstehen durch untrennbar verwobene menschliche und nicht-menschliche Verhandlungen.

Diese Perspektive betont, dass Technopolitik ebenso wenig getrennt von ihren realitätsschaffenden Bedeutungen und Symboliken wie von materiellen Artefakten mit ihren strukturierenden Eigenschaften gedacht werden kann. Technopolitik beruht auf „material semiotics" (Law 2008) und ist zugleich symbolische Figuration und materielle Konfiguration (Suchman 2012).

Intervention: Stabilisierung und Purifizierung

So naheliegend die These der Verwobenheit von Technologie und Politik auch sein mag, sie widerspricht Alltagserfahrungen und den Strukturen, die unsere Lebenswelt prägen: Ist die Trennung dieser Sphären nicht auch real? Eine weitere technopolitische Perspektivverschiebung geht über die analytische Verbindung von Technologie und Politik hinaus. Dabei wird die These ihrer Verbindung nicht als Endpunkt, sondern als Ausgangspunkt genommen, um zu fragen, wie die Erscheinung ihrer Trennung überhaupt produziert wird. Die Intervention besteht darin, die Grenzziehungspraxis selbst als technopolitischen Mechanismus zu erkennen: Nicht Kontingenz und Dynamik stehen im Fokus – denn was in dieser Welt ist nicht dynamisch, komplex und durch Zufall geprägt? Vielmehr wird die Erscheinung von Stabilität, Unterkomplexität und Dauerhaftigkeit zum zentralen Untersuchungsgegenstand. Während bei SCOT soziale Stabilität von Technologie als Ursache technologischer Schließung („*closure*") galt, wird sie hier als Folge betrachtet. Diese technopolitische Sensibilität hinterfragt Stabilität als selbstverständliches Ergebnis sozialer Aushandlungen und fasst den Stabilisierungsprozess selbst als technopolitisch entscheidend. Denn hier wird nicht nur deliberativ eine Kontroverse beigelegt, sondern Menschen, Dinge und Technologien gleichermaßen mobilisiert und in eine Struktur eingeschrieben („*enrolment*"; Callon 1984). Diese Perspektive macht auf Effekte von Vereinfachungen, materiell-semiotischen Verschiebungen und Einschreibungen aufmerksam, indem sie fragt, wie Technologien – und somit Infrastrukturen, Institutionen und Wissen – als Metastrukturen erscheinen und Makro-Akteure produziert werden.

Bruno Latour spricht von „*purification*" (Latour 2012). Abstrahiert man von der doppelten Bedeutung – ursprünglich ein wissenschaftlicher Begriff für einen chemischen Reinigungsprozess –, bezeichnet er hier einen Zustand oder Prozess, in dem inhärente Ambivalenzen so umstrukturiert werden, dass eine scheinbar kohärente Ordnung entsteht, die zugrunde liegende Spannungen verschleiert. Es handelt sich um Praktiken, die Subjekte und Objekte als isoliert begreifen lassen und damit Verschiebungen und Ordnungen des Politischen unsichtbar machen. Susan Leigh Star (1990), bekannt für ihre Anthropologie der Infrastrukturen, zeigt, dass Technologien als monolithische Einheiten erscheinen können, obwohl sie Orte von Spannungen, Widersprüchen und umstrittenen Bedeutungen sind. Am Beispiel von Klassifikationssystemen im Gesundheitswesen veranschaulicht sie, wie die „Bereinigung" medizinischer Daten epistemische Grenzen konstruiert und politische Hierarchien festlegt, indem sie bestimmt, wessen Perspektiven dominieren und wessen marginalisiert werden.

Purifikation als Reduktion oder Vereinfachung ist nicht nur epistemisch, sondern auch technopolitisch. Diese Stabilität wird durch soziomaterielle Aushandlungen erreicht. Indem Grenzen gezogen und Rollen zugewiesen werden, entsteht eine Illusion von Stabilität, die Technologien ermöglicht, innerhalb spezifischer politischer Konstellationen zu funktionieren und sich zu legitimieren. Die technopolitische Sensibilität gegenüber diesem Akt der Reduktion zielt darauf ab, die vielschichtigen Handlungs- und Aushandlungsnetzwerke sichtbar zu machen und zu zeigen, wie Artefakte zunehmend unabhängig von ihrem Kontext erscheinen.

Konfrontation der Institutionslosigkeit: Dingpolitik und Technologische Dinge der Politik

Während die Perspektive der „Politik der Dinge" Technologien oft so adressiert, als kämen ihnen legislative Qualitäten zu, und Ko-Konstruktionsansätze von *assemblies* sich häufig vom analytischen Institutionalismus abgrenzen, kann mit Technopolitik auch die Frage in den Fokus gerückt werden, wie sich konventionelle legislative Strukturen in ein technopolitisches Deutungsraster integrieren lassen. Eine jüngere technopolitische Perspektive auf die „Dinge der Politik" – maßgeblich geprägt durch Bruno Latour und Peter Weibel – untersucht, wie Technologien bestehende politische Strukturen herausfordern und stabilisieren können und wie daraus eine differenzierte Sicht auf ihre Rolle im öffentlichen Leben erwächst. Dieser Blick führt zurück auf die Rolle von Technologie in der Gestaltung von *Governance* und (staatlichen) Institutionen und erweitert den Horizont über Interaktionen und Mikro-Praktiken hinaus auf etablierte institutionelle Arrangements.

In der von Latour und Weibel geprägten Perspektive wird betont, dass Technologie eng mit politischen Prozessen verflochten, aber nicht unmittelbar mit institutionellen politischen Strukturen – etwa dem Staat – gleichzusetzen ist. Ein zentraler Aspekt ist die Anerkennung vieler – menschlicher und nicht-menschlicher – Akteur*innen die aktiv an staatlichen (oft demokratischen) Prozessen beteiligt sind. Mit der Konfrontation des Vorwurfs der Institutionslosigkeit wird Technopolitik auch in Situationen verortet, in denen Technologien zu öffentlichen Angelegenheiten werden und ausgehandelt wird, ob sie durch expertengestütztes Wissen dominiert oder für verschiedene Akteure und Wissensformen geöffnet werden.

Bruno Latours Konzeptualisierung von ‚Dingpolitik' spiegelt diese technopolitische Perspektive wider. In seinem Werk *„Making Things Public"* untersucht Latour, inwiefern Objekte – als „Dinge" bezeichnet – eine konstitutive Rolle in formalen politischen Prozessen spielen und aktiv zur Gestaltung des öffentlichen Lebens beitragen (Latour und Weibel 2005). Der Ansatz der Dingpolitik verschiebt den Fokus von einer rein anthropozentrischen Perspektive auf institutionalisierte Politik hin zu einem erweiterten Verständnis, das auch nicht-menschliche Akteure, einschließlich Technologien, einbezieht. Politik wird nicht mehr nur als Aushandlung über Institutionen oder Diskurse verstanden, sondern als Prozess, der auch in der materiellen Welt formal institutionalisierter Politik stattfindet. Objekte und Infrastrukturen beeinflussen nicht nur Entscheidungsprozesse, sondern auch die materiellen und organisatorischen Bedingungen kollektiven Handelns.

Von technopolitischem Interesse ist auch, wie Demokratie durch institutionelle, infrastrukturelle, theoretische und Reproduktionsprozesse zur Technodemokratie wird (Birkbak und Papazou 2022). Ein Großteil institutionalisierter Politik ist Verwaltungspolitik und darauf ausgelegt, einen nicht-politischen Raum zu schaffen (Barry 2001). Gerade durch technologische Prozesse wird hier ein „displacement of politics“ (Marres 2005) realisiert. Statt Demokratie mit demokratischer Theorie gleichzusetzen, verfolgt man hier den pragmatischen Anspruch der Entnormalisierung und Denaturalisierung: Demokratische Politik liegt auch in soziomateriellen Techniken begründet und wird durch sie überhaupt erst produziert (Marres 2012). Während technopolitische Perspektiven bislang das Politische jenseits der Institutionen der Souveränität umfassten, geht es nun darum zu erfassen, wie Ereignisse der Anfechtung und Assoziierung innerhalb der gewöhnlichen politischen Institutionen stattfinden (Asdal 2008; Asdal und Hobæk 2016). Eine technopolitische Perspektive auf Souveränität nimmt die den Staat konstituierenden Infrastrukturen in den Blick und unterscheidet Situationen, die auf dem *„ground floor“* der „Staatsmachinerie“ und in Zwischenräumen bekannter demokratischer Strukturen ablaufen – und damit neue Schichten politischer Prozesse und institutioneller Strukturen offenbaren (Dányi 2020; Birkbak und Papazou 2022).

Michel Callon, Pierre Lascoumes und Yannick Barthe (2001) entwickelten mit ihrem Konzept der *„technical democracy“* eine theoretische Grundlage zur Ausweitung und Differenzierung von Entscheidungsprozessen bei Technikgestaltung und Wissensproduktion über den Kreis der Expertinnen hinaus. Sie reflektieren die Organisation kollektiven Handelns in einer unsicheren Welt und legen einen Grundstein für die Demokratisierung technologischer und technokratischer Systeme vor dem Hintergrund, dass „Government [...] increasingly a thoroughly technical matter“ (Farías und Blok 2016: 540) ist. Die Autoren argumentieren, dass technische Entscheidungen – häufig als exklusive Domäne von Fachleuten betrachtet – inhärent politisch sind und einer breiteren öffentlichen Aushandlung bedürfen. Der Ansatz der technischen Demokratie plädiert für eine Umverteilung von Expertise, indem Partizipation von Laien, Aktivistinnen und marginalisierten Gruppen als essenziell für die Gestaltung technologischer Entwicklungen anerkannt wird. Technopolitisch relevant ist hier die Frage, wie Partizipation mehr als formale konsultative Beteiligung sein kann: Wie können verschiedene Wissensformen produktiv ineinandergreifen und Entscheidungsprozesse – auch durch und über Technologien – breiter verankert werden?

Technologien sind tief in politische Entscheidungsprozesse eingebettet, ihr Einfluss ist weder geradlinig noch vorhersehbar (siehe Ambivalenz und Kontingenz). Infrastrukturprojekte wie institutionelle Gefüge sind nicht nur technische Phänomene, sondern Aushandlungsräume, in denen Bürgerinnen, Ingenieurinnen und politische Entscheidungsträgerinnen über Prioritäten und Werte debattieren (Barry 2021; Gomart und Hajer 2003; Laurent 2011; Marres 2012). Nicht-Expertinnen, zivilgesellschaftliche Organisationen und materielle Artefakte tragen gleichermaßen zur Gestaltung öffentlicher Diskurse, politischen Entscheidungen und Institutionalisierungsprozessen bei. Dieses erweiterte Verständnis von Staat, Demokratie und Politik stellt formalistische und institutionalistische *Governance*-Modelle infrage und rückt situierte, emergente, soziomaterielle Institutionalisierungsprozesse in den Mittelpunkt. Zugleich eröffnet diese technopolitische Perspektive differenziertere Partizipationsformen, die Technikgestaltung als integralen Bestandteil demokratischer Aushandlung und Staatspolitik begreifen.

Dieser technopolitische Ansatz rückt politiktheoretische Fragen nach Demokratie, Demokratisierung, Staatlichkeit und kollektiven Entscheidungsprozessen ins Zentrum. Er ist interessiert an den „Dingen der Politik" und legt besonderen Wert darauf, dass dies nicht mit einer Vernachlässigung materieller Dinge und Technologien einhergeht. Mit einer technopolitischen Institutionsanalyse werden anthropozentrische Vorannahmen politischer Theorien hinterfragt und ein erweitertes Verständnis von *agency* und politischer Handlungsfähigkeit sowie eine anthropologische Praxisperspektive auf naturalisierte Metastrukturen wie „Staat" und „Demokratie" eröffnet. Die Perspektiven der „Dingpolitik" und der „Dinge der Politik" bieten oft vernachlässigte theoretische Ansätze zur Analyse der Schnittstellen zwischen Politik und Technologie. Sie betonen die zentrale Rolle von Technologien bei der Gestaltung politischer Prozesse und erweitern den Partizipationsanspruch auf hybride, also soziomaterielle Expertise. Damit zeigt diese Perspektive die „doppelte Natur" der Technopolitik als materielles und öffentliches Phänomen: Technologien, Infrastrukturen und Artefakte sind nicht nur passive Werkzeuge, sondern nehmen als konstitutiver Teil staatlicher Institutionen aktiv Einfluss auf demokratische Prozesse, indem sie politische Agenden strukturieren und Entscheidungsfindungen prägen.

Fazit. Performative und Rekursive Dimensionen: STS-Diskurs als technopolitische Praxis

In diesem Beitrag wurde Technopolitik als ein Konglomerat analytischer Perspektiven vorgestellt, die dominante Vorstellungen von Politik, dem Politischen und deren Beziehung zur Technologie hinterfragen. Wir haben dargelegt, wie Technopolitik eine theoretisch vielfältige Forschungsperspektive – materialistisch, sozial-konstruktivistisch, praxeologisch – bietet und wie Interventionen zu Ambivalenz und Dynamik, Hybridität und Relationalität, sowie Stabilisierung und Purifizierung das oft noch wenig differenzierte Verständnis von der Rolle von Technologien in gesellschaftlichen Kontexten vertiefen.

Historisch lässt sich zeigen, wie sich der Diskurs von technologiedeterministischen hin zu relationalen und prozessualen Perspektiven verschoben hat. In einer Zeit, in der profitorientierte technologische Entwicklungen oft als sozialer Fortschritt gelten, erfährt der technologische Determinismus jedoch zuletzt neue Wirkungsmacht. Wie Wyatt (2008) zeigt, wird er von mächtigen Tech-Akteuren gezielt mobilisiert, um bestehende Machtverhältnisse zu stabilisieren, während politische Entscheidungsträger ihre regulierende Verantwortung vernachlässigen einfügen: („normativer Technodeterminismus") In der komplexen Gemengelage einer „technischen Demokratie" unter Bedingungen des digitalen Kapitalismus bieten technopolitische Perspektiven unverzichtbare Zugänge zur kritischen Auseinandersetzung mit diesen Dynamiken. Ihre analytischen Werkzeuge erlauben es, ökologische, Gerechtigkeits-, Verteilungs- und geopolitische Herausforderungen sowie die gesellschaftspolitischen Genealogien moderner Technologien machtkritisch zu analysieren.

Der STS-Diskurs um Technopolitik entfaltet einen politischen Anspruch, indem er technopolitische Selbstermächtigungspraktiken hervorhebt. Gleichzeitig wird die Macht von Technopolitik auch dadurch unterstrichen, dass technopolitische Reflexionen explizit in Regierungspraktiken aufgegriffen und als Staatskunst etwa in „Govtech"- und „Öffentliche Innovation"-Projekten (Schröder, Mendes und Farias 2024) entwickelt werden.

Technopolitik ist epistemisch und ontologisch eine Arena, in der institutionelle wie subpolitische Machtverhältnisse ausgehandelt werden. So ist sie mehr als eine analytische Perspektive: eine epistemische Praxis, die in der aktuellen soziotechnischen Konstellation wirkt und epistemische wie politische Belange artikuliert. Die hier dargestellten technopolitischen Verständnisse – von der inhärenten politischen Wirkungskraft von Technologie, über die soziale Konstruktion politischer Normen und Rollen bis hin zu Politik als materieller Effekt und Aushandlungsprozess – sind selbst technopolitische Akte. Ihre Performativität macht sie zugleich zu transformierenden Perspektiven, die Teil der technopolitischen Konstellation werden die sie analysieren.

Indem alte und neue Verbindungen zwischen Technologie und Politik artikuliert werden, erfolgt stets auch ein politisches Eingreifen: So wird ein differenziertes Verständnis von Demokratisierung technologischer Praktiken sprachfähig und die Möglichkeit zur diskursiven Politisierung und praktischen Mitgestaltung eröffnet. Der technopolitische Diskursraum fungiert dabei sowohl als Instrument politischer Gestaltung von unten als auch politischer Steuerung (*Governance*) von oben.

Weiterführende Lektüre

Barry, A., 2001: *Political Machines. Governing a Technological Society.* London: The Athlone Press.
Birkbak, A. und Papazu, I. (Hrsg.), 2022: *Democratic Situations.* Mattering Press.
Hecht, G. (Hrsg.), 2011: *Entangled Geographies. Empire and Technopolitics in the Global Cold War.* The MIT Press.
Laurent, B., 2011: *Technologies of democracy. Experiments and demonstrations. Science and Engineering Ethics*17(4), 649–666.
Larkin, B., 2013: *The Politics and Poetics of Infrastructure. Annual Review of Anthropology* 42, 327–343.

Literatur

Asdal, K. und Hobæk, B., 2016: Assembling the Whale: Parliaments in the Politics of Nature. Science as Culture 25(1): 96–116.
Asdal, K., 2008: On Politics and the Little Tools of Democracy: A Down-to-Earth Approach, Distinktion. Scandinavian Journal of Social Theory 9(1): 11–26.
Barry, A., 2001: Political Machines: Governing a Technological Society. London: A&C Black.
Barry, A., 2021: What Is an Environmental Problem? Theory, Culture & Society 38 (2): 93–117.
Berg, A.-J. und Lie, M., 1995: Constructivism: Do Artifacts Have Gender? Science, Technology, & Human Values 20(3): 332–351.
Bijker, W.E. und Law, J., 1992: Shaping Technology/Building Society: Studies in Sociotechnical Change. Pacific Grove: Brooks/Cole.
Bijker, W.E., 1993: Do Not Despair: There Is Life After Constructivism. Science, Technology, & Human Values 18(1): 113–38.
Bijker, W.E., 1997: Of Bicycles, Bakelites, and Bulbs: Toward a Theory of Sociotechnical Change. Massachusetts: MIT Press.
Bijker, W.E., 2001: Understanding technological culture through constructivist view. S. 19–34 in: S.H. Cutcliffe, C. Mitcham (Hrsg.): Visions of STS. Counterpoints in science, technology, and society studies. New York: New York University Press.
Bijker, W.E., 2010: How is technology made? That is the question! Cambridge Journal of Economics 34: 63–76.
Bimber, B., 1990: Karl Marx and the Three Faces of Technological Determinism. Social Studies of Science 20(2): 333–351.
Callon, M., 1984: Some Elements of a Sociology of Translation: Domestication of the Scallops and the Fishermen of St Brieuc Bay. The Sociological Review 32: 196–233.
Callon, M., Lascoumes, P., und Barthe, Y., 2001: Agir dans un monde incertain. Essai sur la démocratie technique. Paris: Média Diffusion.
Coleman, G., 2013: Coding Freedom. Princeton: Princeton University Press.
Dányi, E., 2020: The insides and outsides of parliamentary politics: Introduction to a special section of Social Studies of Science on parliamentary practices, Social Studies of Science 50(2): 245–251.
Dosi, G., 1982: Technological paradigms and technological trajectories Research Policy 11: 147–162.
Elam, M., 1994: Anti Anticonstructivism or Laying the Fears of a Langdon Winner to Rest. Science, Technology, & Human Values 19(1): 101–106.

Farías, I. und Blok, A., 2016: Technical democracy as a challenge to urban studies: Introduction. City 20(4): 539–548.

Gomart, E. und Hajer, M., 2003: Is That Politics? S. 33–61 in: B. Joerges und H. Nowotny (Hrsg.),Social Studies of Science and Technology: Looking Back, Ahead. Alphen aan den Rijn: Kluwer Academic Publishing.

Haraway, D., 2006: A Cyborg Manifesto: Science, Technology, and Socialist-Feminism in the Late 20th Century. S. 117–58 in: J. Weiss, J. Nolan, J. Hunsinger und P. Trifonas (Hrsg.), The International Handbook of Virtual Learning Environments. Dordrecht: Springer Netherlands.

Hecht, G., 2011: Entangled Geographies: Empire and Technopolitics in the Global Cold War. Massachusetts: MIT Press.

Hutchby, I., 2001: Technologies, Texts and Affordances. Sociology 35(2): 441–56.

Jasanoff, S., 2004: The idiom of co-production. S. 1–12 in: S. Jasanoff (Hrsg.), States of Knowledge. The co-production of science and social order. London & New York: Routledge.

Joerges, B., 1999: Do Politics Have Artefacts? Social Studies of Science 29(3): 411–31.

Latour, B. und Weibel, P., 2005: Making Things Public: Atmospheres of Democracy. Karlsruhe: ZKM/Center for Art and Media.

Latour, B., 1996: Aramis, or The Love of Technology. Cambridge, MA: Harvard University Press.

Latour, B., 1999: Pandora's hope. Essays on the reality of Science Studies. Cambridge/London: Harvard University Press. Latour, B., 2006: Which Politics for Which Artifacts? Domus, verfügbar unter: https://www.domusweb.it/en/from-the-archive/2022/10/10/farewell-to-bruno-latour-one-of-the-greatest-french-intellectuals.html (zuletzt 8.5.25)

Latour, B., 2012: We have never been modern. Cambridge, MA: Harvard University Press.

Laurent, B., 2011: Technologies of Democracy: Experiments and Demonstrations. Science and Engineering Ethics 17(4): 649–666.

Law, J. und Mol A., 1995: Notes on Materiality and Sociality. The Sociological Review 43(2): 274–94.

Law, J., 2008: Actor network theory and material semiotics. The new Blackwell companion to social theory: 141–158.

Marres, N. S., 2005: No issue, no public: democratic deficits after the displacement of politics. Enschede: Ipskamp Printpartners.

Marres, N., 2012: Material Participation: Technology, the Environment and Everyday Publics. London: Palgrave Macmillan.

Mitchell, T., 2002: Rule of Experts: Egypt, Techno-Politics, Modernity. Berkeley: University of California Press.

Papazu, A. und Birkbak I., 2022: Democratic Situations. Manchester: Mattering Press.

Pfaffenberger, B., 1992: Technological Dramas, Science, Technology, & Human Values 17(3): 282–312.

Pinch, T. und Bijker, W., 1984: The social construction of facts and artifacts: or how the sociology of science and the sociology of technology might benefit from each other. Social Studies of Science 14: 399–441.

Pinch, T., 1993: Turn, Turn, Turn Again: The Woolgar Formula. Science, Technology, & Human Values 18(4): 511–522.

Russell, S. 1986: The social Construction of Artifacts: A Response to Pinch and Bijker. Social Studies of Science 16: 331–346.

Schnitzler, A. von, 2016: Democracy's Infrastructure: Techno-Politics and Protest after Apartheid. Princeton: Princeton University Press.

Schröder, J. V., Mendes, C., und Farías, I., 2024: Smart city new deals: unpacking the recursive entanglements of infrastructures and administrations. S. 79–93 in: Coutard, O. und Florentin, D. (Hrsg.), Handbook of Infrastructures and Cities. Cheltenham: Edward Elgar Publishing.

Star, S. und Griesemer, J. 1989: Institutional Ecology, 'Translations' and Boundary Objects: Amateurs and Professionals in Berkeley's Museum of Vertebrate Zoology. Social Studies of Science 19(3): 387–420.

Star, S.L., 1990: Power, Technology and the Phenomenology of Conventions: On Being Allergic to Onions. The Sociological Review 38: 26–56.

Suchman, L., 2012: Configuration. S. 48–60 in: C. Lury und N. Wakeford (Hrsg.), Inventive Methods: The Happening of the Social. London: Routledge.

Wajcman, J., 2004: Technofeminism. Cambridge: Polity.

Winner, L., 1977: Autonomous Technology: Technics-out-of-Control as a Theme in Political Thought. Cambridge, MA: MIT Press.

Winner, L., 1980: Do Artifacts Have Politics? Daedalus: 121–36.

Winner, L., 1993: Upon opening the black box and finding it empty: Social Constructivism and the Philosophy of Technology, Science, Technology, & Human Values 18(3): 362–378.

Winner, L., 1994: Reply to Mark Elam. Science, Technology, & Human Values 19(1): 107–109.

Woolgar, S. und Cooper, G., 1999: Do Artefacts Have Ambivalence: Moses' Bridges, Winner's Bridges and Other Urban Legends in S&TS. Social Studies of Science 29 (3): 433–49.

Woolgar, S., 1991: The Turn to Technology in Social Studies of Science. Science, Technology, & Human Values 16(1): 20–50.

Woolgar, S., 1993: What's at stake in the Sociology of Technology? A Reply to Pinch and to Winner. Science, Technology, & Human Values 18(4): 523–529.

Wyatt, S. 2008: Technological Determinism is dead, long live technological Determinism. S. 164–180 in: E.J. Hackett, O. Amsterdamska, M. Lynch und J. Wajcman (Hrsg.), Handbook of Science and Technology Studies. Cambridge: MIT Press.

Jan-Peter Voß

26 Wissenschaft ist Politik mit anderen Mitteln

Einleitung

Ein geflügeltes Wort sagt, dass Wissenschaft Politik mit anderen Mitteln sei. Es wurde von Bruno Latour in seinen Studien zu den Arbeiten von Louis Pasteur geprägt, einem Pionier der Mikrobiologie und des Impfens. Latours Analyse nach gestaltete er mit seiner wissenschaftlichen Forschung im späten 19. Jahrhundert die damalige gesellschaftliche Ordnung grundlegend um, indem er im Labor Mikroben als neue, zuvor unsichtbare Krankheitserreger erkennbar und handhabbar machte und diese Erkenntnisse dann in Allianz mit interessierten Akteuren, dadurch dass sie in weitreichende gesellschaftliche Regeln und politische Maßnahmen übersetzt wurden, auch auf weitere Gesellschaftsbereiche ausdehnte (Latour, 1983: 167–168; 1993 [1984]: 229). Seitdem wird ‚science is politics by other means' (SIPBOM)) als eine das Feld der Wissenschafts- und Technikforschung konstituierende Grundüberzeugung gehandelt (Sismondo, 2008: 23; Callon et al., 2009 [2001]: 68; Brown, 2015; Seguin und Vinck, 2023).[1] In diesem Beitrag soll erläutert werden, was es damit auf sich hat.

Flügel hat das Wort wohl auch deshalb bekommen, weil es nach Skandal und Blasphemie klingt. Oft wird es verstanden als Anschlag auf das Selbstverständnis der modernen Wissenschaft oder als Rebellion gegen den Glauben an die Wissenschaft und das öffentliche Vertrauen, das ihr entgegengebracht wird. Denn die moderne Wissenschaft brüstet sich ja genau damit, dass sie nicht so sei wie Politik: Nicht eine Auseinandersetzung um kollektive Ordnungen des Zusammenlebens, bei der einzelne subjektive Vorstellungen vom guten Leben aufeinanderprallen, während sich alle darauf berufen, das Gemeinwohl zu vertreten, sich dann am Ende aber entweder die Stärksten durchsetzen oder prekäre Kompromisse gefunden werden. Wissenschaft sei stattdessen ein exakter und geordneter Prozess, der allgemeinen Prinzipien der Vernunft folge, und der darauf gerichtet sei, herauszufinden, was objektiv Sache ist, unbeeinträchtigt von den subjektiven Perspektiven Einzelner. In der Wissenschaft würden Entscheidungen eben nicht durch Aushand-

1 Dabei wird Bezug genommen auf Science and Technology Studies (STS), also die internationale, vorwiegend pragmatistisch und praxeologisch geprägte Wissenschafts- und Technikforschung. Für die handlungs- und kommunikationstheoretisch geprägte Wissenschafts- und Techniksoziologie in Deutschland steht die immanente Politik der Wissensproduktion nicht so stark im Fokus.

https://doi.org/10.1515/9783112245897-032

lung und Rhetorik getroffen, sondern durch empirische Tests und logische Argumentation. Damit würde allein der objektiven Wirklichkeit die Macht gegeben zu entscheiden, welche Theorien und Hypothesen Bestand haben sollen. Dieser Diskurs von der Wissenschaft als ‚neutrales Aufdeckungsverfahren' ist weit verbreitet. Wissenschaft als Politik zu bezeichnen, wenn auch mit anderen Mitteln, birgt also einiges an Sprengstoff. Allerdings geht es hier gerade nicht darum, der Wissenschaft vorzuwerfen, einfach ein Instrument der Interessen- und Parteipolitik zu sein. Die Lage ist etwas komplizierter.

Die Wissenschafts- und Technikforschung zeigt, dass Wissenschaft die objektiven Realitätsordnungen, die sie beschreibt, nicht lediglich neutral aufdecken und abbilden kann, sondern dass sie sie aktiv herstellen muss. Ausgehend davon beinhaltet der Ausspruch durchaus eine Kritik an einer epistemischen Autoritätsanmaßung, die auf einer solchen Neutralitätsvorstellung beruht. Allerdings erkennt die Wissenschafts- und Technikforschung auch, dass wissenschaftliche Fakten nicht beliebig frei hergestellt werden können und dass sie nicht rein intersubjektive Übereinkünfte sind, die allein durch soziale Machtverhältnisse stabilisiert werden. Mit dem Bezug auf die ‚anderen Mittel' geht es dementsprechend genau darum, den besonderen Modus und die besondere Qualität der wissenschaftlichen Ordnungsleistung herauszustellen. Hier ist die Einsicht zentral, dass die in der Wissenschaft theoretisch beschriebenen Ordnungen tatsächlich nicht nur Hirngespinste oder Geschichten sind, sondern auch materiell existieren. Und doch müssen sie in der theoretisch geordneten Form erst hergestellt werden, zunächst abgeschottet im Labor und dann, bei Übernahme und Anwendung, auch an anderen Orten. Die objektive Realität wird somit durch wissenschaftliche Kreativität und inner- und außerwissenschaftliche Machtverhältnisse überhaupt erst ‚gebaut': Wissenschaftliche Aussagen beziehen sich über robust konstruierte Referenzketten auf diese objektive Realität und erschaffen sie dabei gleichzeitig mit. Ob die Referenzketten wirklich robust sind, wird im *Peer Review* von Fachkolleg*innen kritisch geprüft. Es ist eben nicht Politik mit den Mitteln staatlicher Regelvorgabe, von der die Rede ist, sondern Politik mit den Mitteln der Wissenschaft.

Das Wort von der Wissenschaft als Politik mit anderen Mitteln reflektiert bei alledem aber die Einsicht in das Menschengemachte, das Macht- und Entscheidungsbehaftete und das kollektiv Bindende der wissenschaftlichen Ordnungsleistung. Und es macht klar, dass objektives Wissen zu schaffen nicht unschuldig ist in dem Sinne, dass dabei nur entdeckt und abgebildet, aber nichts entschieden und verändert würde. Es stellt im Gegenteil heraus, dass Entscheidungen im Prozess der wissenschaftlichen Wissensproduktion das kollektive Leben ebenso tiefgreifend und unumkehrbar verändern wie Entscheidungen im Prozess der staatlichen Regelproduktion. Was das Wort also sagen will, ist, dass es sich lohnt, genauer hinzuschauen, wie und von wem im Prozess der wissenschaftlichen Forschung Entscheidungen getroffen werden, die dann die ‚objektive Realität' bestimmen, in der Menschen kollektiv zusammenleben. Es geht also darum, sich die speziellen anderen Mittel der Wissenschaft genauer anzusehen.

Um das im Folgenden weiter auszuführen und zu erläutern, gehe ich zuerst auf den weiten Begriff von Politik als kollektive Ordnungsgestaltung ein, der dem Wort zugrunde liegt. Dann erläutere ich die Einsicht der Wissenschafts- und Technikforschung, dass wissenschaftliches Beobachten und Experimentieren objektive Realität nicht neutral abbilden, sondern aktiv herstellen, und dass dabei Entscheidungen getroffen werden, die kollektiv verbindliche Auswirkungen haben. Abschließend gebe ich einen kurzen Überblick über die Folgen, die sich daraus für die epistemische Autorität von Wissenschaft ergeben und die zusätzliche Notwendigkeit, sich auch politisch zu legitimieren. Hier schließt die Beschäftigung der Wissenschafts- und Technikforschung mit verschiedenen Konzepten und Verfahren zur Öffnung von Wissenschaft für gesellschaftliche Beteiligung bzw. für die Demokratisierung der wissenschaftlichen Ordnungsgestaltung an.

Politik als Gestaltung von kollektiven Ordnungen

Wenn es heißt, dass Wissenschaft Politik mit anderen Mitteln sei, dann setzt das ein weites Verständnis von Politik voraus, das auf die Gestaltung von kollektiven Ordnungen des Zusammenlebens abzielt. In diesem Horizont wird Wissenschaft dann als ein spezifischer Modus untersucht, in dem kollektive Ordnungen gestaltet werden.

Eine derart weite, generische Konzeption von Politik als *Gestaltung von kollektiven Ordnungen* schließt an die ursprüngliche Bedeutung von ‚Politik' an: Zuerst wurde damit der gemeinsame Umgang mit der griechischen *pólis*, der ‚Stadt, Burg, Gemeinde' bezeichnet, also der Umgang mit der Infrastruktur und Ordnung des Zusammenlebens, mit denjenigen Angelegenheiten, die alle Einwohner*innen der Stadt zusammen betreffen. Im allgemeinen Sinn umfasst Politik demnach die Gestaltung und den Erhalt ebenso wie die Problematisierung und die Veränderung einer gemeinsam gelebten Ordnung (siehe z.B. https://www.staatslexikon-online.de/Lexikon/Politik).

In der Soziologie findet sich eine derart offene Konzeption von Politik z.B. bei Karl Mannheim, der Politik als „Gestaltung von Gesellschaft im Werden" fasst (Mannheim, 1995 [1929]: 95–97). In den Sozialwissenschaften wird generell eine solche offene Konzeption angelegt, wenn nicht das tagespolitische Geschehen, sondern die grundlegende Funktion von Politik für die Gesellschaft in historischer und kulturvergleichender Perspektive untersucht wird. Dann wird Politik z.B. als das

Treffen kollektiv verbindlicher Entscheidungen konzipiert (Easton, 1965; Scharpf, 1973; Luhmann, 2000). Das Setzen expliziter Regeln, unterfüttert mit dem territorial begrenzten Gewaltmonopol des Staates, und die liberal-demokratischen Institutionen, die den Wettbewerb um staatliche Führungspositionen regeln, erscheinen in dieser Perspektive dann nur als eine besondere Form, in der diese Funktion erfüllt werden kann.

Demgegenüber blendet ein auf die staatliche Regelvorgabe fokussierter Begriff von Politik andere Prozesse und Medien kollektiver Ordnungsgestaltung von vorneherein aus. Was ist zum Beispiel mit der Etablierung von kollektiv geltendem Wissen und Weltanschauungen (Nash, 2001; Alasuutari und Qadir, 2014), der Installation von Technik und Architektur (Winner, 1980; Yaneva, 2017) oder dem Einüben von sinnlichen Wahrnehmungsweisen und Emotionen (Bargetz, 2015; Voß et al., 2023)? Hier werden zwar nicht mit Gewalt sanktionierte Regeln erlassen, aber doch auch Ordnungen mit kollektiv bindender Wirkung gestaltet.

In einem weiten Politikbegriff stellt sich also die Frage, wie Politik in diesen verschiedenen Dimensionen vollzogen wird, wie Alternativen diskutiert und Entscheidungen getroffen werden, und wie Gestaltungsarbeit in all diesen Dimensionen in der Konstitution kollektiver Ordnungen zusammenspielt. Und vor diesem Hintergrund stellt sich dann auch die Frage, was im Unterschied zum Kampf um staatliche Regelungsmacht die anderen Mittel der Wissenschaft sind, mit denen sie kollektive Ordnungen gestaltet.

Geordnete Realitäten konstruieren im Umweg über das *Labor*

Eine für die Betrachtung von Wissenschaft als Modus kollektiver Ordnungsgestaltung wichtige Einsicht der Wissenschafts- und Technikforschung ist, dass im Prozess der wissenschaftlichen Forschung objektive Realitätsordnungen nicht lediglich aufgedeckt und abgebildet werden, so wie sie auch schon vorab und unabhängig von ihrer Wissbarmachung bestanden. Die Erforschung der Praxis wissenschaftlichen Arbeitens zeigt vielmehr, dass Wissenschaft die geordneten Realitäten, die sie theoretisch beschreibt, selbst erst herstellt und in die Welt bringt. Neue Ordnungen werden erst in künstlich vereinfachten und abgeschotteten Diskussions- und Versuchsräumen experimentell hergestellt, um dann von dort in die Welt gebracht zu werden. Damit verändert sie die Wirklichkeit, in der wir leben, und gestaltet kollektive Ordnungen.

Grafik 1 illustriert den Prozess der Realisierung von (1.) theoretisch zunächst in die Wirklichkeit hineinprojizierten Ordnungen, indem eine entsprechend selektiv reduzierte und vom Rest der Welt abgeschottete Modellwelt (Labor) eingerichtet wird, wo dann (2.) mit Beobachtungsmethoden und Versuchsaufbauten experimentiert wird, bis in diesem lokalen Setting in der gemeinsamen Interpretation des Forschungskollektiv ein stabiles Phänomen als wissenschaftliches Faktum konstituiert wird. (3.) Mit der Verbreitung und Anwendung wissenschaftlicher Fakten wird die Laborordnung auch an anderen Orten repliziert und ausgeweitet (scaling). Mit der Installation solcher künstlichen wissenschaftlichen Ordnungen wird die natürliche Welt also verändert. Es werden theoretisier- und kontrollierbare Ordnungen eingerichtet.

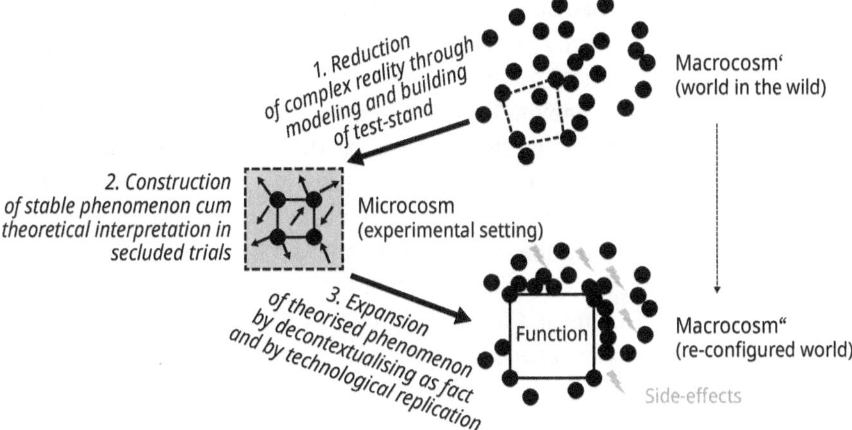

Abb. 26.1: Wissenschaft bildet die Wirklichkeit nicht ab, sondern verändert sie: Herstellung selektiv reduzierter und künstlich geordneter Realitäten mitsamt unbekannter Nebenfolgen (angepasste Darstellung auf der Basis von Voß & Schroth, 2018: 104 sowie Callon et al. 2009: 69).

Allerdings werden die Laborordnungen dem Rest der Gesellschaft nicht als eigene Kreationen vorgeschlagen, sondern sie werden als Entdeckung von schon vorher existierenden universalen Ordnungen der Natur präsentiert. Mit dieser Positionierung vermeiden es die Wissenschaftler*innen, ihre Ordnungen dem Rest der Gesellschaft allein als interessant und praktisch anzupreisen, um dafür zu sorgen, dass sie kollektiv übernommen werden. Stattdessen beziehen sie sich auf allgemeine Notwendigkeiten und funktionale Bedingungen, die von allen anerkannt und berücksichtigt werden müssten, wenn sie rational und erfolgreich sein wollen.

In einem Aufsatz über „technische Demokratie" stellen Michel Callon und Kollegen (2009 [2001]: 68) heraus, dass Bruno Latours Diagnose von der Wissenschaft als Politik mit anderen Mitteln sich auf diesen speziellen Modus der Gestaltung von kollektiv gelebten Welten über den Umweg des Labors bezieht:

> „when successful, the consequence, and sometimes even the project of the detour through the laboratory, is the *reconfiguration of the worlds in which we decide to live*. [...] This is the meaning of Latour's claim that *science is the continuation of politics by other means*. [...] How else, other than as politics, could we describe the [...] *exploration of possible worlds*, and the *choice* between them? What is at stake in this movement is actually *the form and composition of the collective in which we live*" (Callon et al. 2009: 68, Hervorhebung JPV).[2]

Was bei wissenschaftlichen Entscheidungen zur Disposition steht, ist demnach die Form, Zusammensetzung und Ordnung des Kollektivs, in dem wir zusammenleben. Das ist nach Latour (2004: 29) "political work": Aus einzelnen Elementen wird über "assembling, composing, unifying" ein neu geordnetes Kollektiv hergestellt.

Gleichzeitig werden bei diesen Installationsarbeiten aber auch unbekannte Nebenfolgen produziert. Innerhalb der wissenschaftlich konstituierten Ordnungen werden Kalkulierbarkeit, Funktionalität und Kontrolle realisiert. Die Implantation künstlicher Ordnungen ist aber auch immer mit der Zerstörung und Verdrängung von historisch gewachsenen Relationen verbunden (soziale Beziehungen, Kultur, bestehende Techniken, Ökosysteme). Für die künstliche Ordnung müssen Elemente aus vorher bestehenden Zusammenhängen herausgelöst werden. ‚Organisch gewachsene' Ordnungen werden gestört oder verdrängt. Dadurch erzeugt die wissenschaftliche Weltordnungsarbeit neben funktionaler Kontrolle im Inneren gleichzeitig im Äußeren auch immer Unordnung, unbekannte Nebenwirkungen, Unsicherheit und einen Sicherheits- und Kontrollverlust (Callon, 1998; Wehling, 2001; Böschen und Wehling, 2004).

Wissenschaftliche Beobachtungen und Experimente sind also aktive und teils sehr invasive Prozesse der Herstellung von künstlichen Ordnungen. Sie sind zunächst angeleitet durch theoretische Spekulationen, also kognitiv konstruierte Muster, die in die Wirklichkeit projiziert werden (Collins, 1992 [1985]). Im Prozess der wissenschaftlichen Forschung werden die theoretisch relevanten Elemente, die das kognitiv entworfene Muster konstituieren, aus der Wirklichkeit herausisoliert. Sie werden durch Kappung der Einbettung und Verbindung mit allem, was nicht

---

2 Der Begriff des Kollektivs steht für die „Assoziierung von Menschen und nichtmenschlichen Wesen", während der Gesellschaftsbegriff die „von den Sozialwissenschaftlern gezogene Trennungslinie" markiert (Latour, 1993: 11).

Teil des theoretischen Musters ist, freigestellt und zur Schau gestellt (Stengers, 2000 [1993]; Latour und Woolgar, 1979; Latour, 1983, 1999a).

Wissenschaftliche Arbeit ist demnach eine Art „Phänomentechnik" (Bachelard, 1988 [1934]: 18; Rheinberger, 2005), nicht lediglich eine Phänomenwahrnehmung. Die im Zuge der „Fabrikation von Erkenntnis" (Knorr Cetina, 1984 [1981]) vorgenommenen „Interventionen" (Hacking, 1983) in die Wirklichkeit produzieren auf kunstfertige Art künstliche Ordnungen, die dann als neu entdecktes Phänomen untersucht und beschrieben werden (Stengers, 2000 [1993]; Knorr Cetina, 1988). Was als objektive Realität repräsentiert wird, existiert also lediglich lokal als künstlich gebaute Realität.

Dieser Prozess wird in der Wissenschafts- und Technikforschung auch als *world making* bezeichnet (Pickering, 1993; Law und Mol, 1995). Es geht hier um die Herstellung von Realität bzw. Realisierung einer kognitiv erfassbaren, verstehbaren und kontrollierbaren Ordnung und zwar sowohl in ihrer materiellen Dimension wie auch in der körperlich-sinnlichen Dimension ihrer Erfahrung und der symbolischen Dimension ihrer Bezeichnung und Erklärung (Knorr Cetina, 1988; vgl. generell zu diesen Dimensionen Reckwitz, 2003; Shove et al., 2012).

Vor dem Hintergrund einer derartigen Rekonstruktion des wissenschaftlichen Erkenntnisprozesses wird auch von der *Performativität* von Wissenschaft gesprochen (Pickering, 1994). Das bezieht sich darauf, dass Wissenschaft die von ihr theoretisch beschriebenen Objektordnungen aktiv aufführt und umsetzt. Sie werden also im Prozess der Repräsentation nicht einfach vorgefunden und abgebildet, sondern erst durch sie zur Existenz und in die Welt gebracht werden (Lynch und Woolgar, 1990; Pickering, 1992). Jede wissenschaftlich beobachtbare und theoretisierbare Ordnung wird immer erst in eben dieser beobachtbaren und theoretisierbaren Reinheit und Überschaubarkeit künstlich hergestellt (Pickering, 1992).

Die analytisch sauber beschreibbaren, theoretisch erklärbaren und teilweise experimentell reproduzierbaren und technisch kontrollierbaren Fakten und Funktionalitäten, die von der Wissenschaft präsentiert werden, sind somit ein Produkt menschlicher Vorstellungen, Wünsche, Interessen, Handlungskapazitäten und Entscheidungen. Sie sind „Menschenwerk" (Rip, 1978). Und es sind soziale Prozesse, die kulturell eingebettet und von asymmetrischen Machtverhältnissen durchzogen sind, die darüber mitbestimmen, welche zunächst spekulativen und hypothetischen Ordnungsentwürfe die Chance erhalten, zu objektiver Realität, wissenschaftlichen Fakten, technologischen Funktionen oder innovativen Lösungen zu werden. Die vermeintliche Neutralität und ‚Heiligkeit' der Wissenschaft wird also aufgelöst zugunsten der Anerkennung ihrer bodenständigen Ordnungsleistungen.

Die Wissenschafts- und Technikforschung erkennt aber gleichzeitig sehr wohl, dass derartige Ordnungen nicht rein intersubjektive Übereinkünfte sind. Sie können nicht beliebig frei hergestellt oder allein durch soziale Machtverhältnisse stabilisiert werden. Vielmehr zeigt die Wissenschafts- und Technikforschung, dass ein ‚anything goes' gerade nicht gilt, weil wissenschaftliche Fakten auch in der Materialität der beforschten Gegenstände verankert sind und dadurch mitbestimmt werden (Pickering, 1992). Der materiellen Erzeugung von robusten Beobachtungs- und Experimentalordnungen, Daten und Referenzketten kommt eine zentrale Rolle zu, wenn es darum geht, Theorien zu stützen, Fakten zu etablieren und die Welt auf wissenschaftliche Weise zu gestalten (Latour, 1987).

Doch ist aber eben auch wichtig zu beachten, dass die Wirklichkeit verschiedene mögliche Fakten bereithält und dass sie, oder wenigstens einige davon, erst durch menschliches Entscheiden und Zutun zur Realität werden – also ‚many things go' bzw. ‚things could be otherwise' (Mol, 1998; Law, 2004: 65–67; Sismondo, 2017). Jede wissenschaftliche Repräsentation objektiver Realität ist immer eine menschlich hergestellte Vereinfachung und Objektivierung der Wirklichkeit, die dabei nicht nur abgebildet, sondern sehr ‚einschneidend' transformiert wird.[3] Das bringt immer auch nicht-antizipierte Nebenfolgen hervor, die die Wissenschafts- und Technikfolgenabschätzung mühsam zu antizipieren und als Vorsorge-Reflexivität an verschiedenen Stellen in den Gestaltungsprozess einzuspeisen versucht (Grunwald, 2009; Böschen et al., 2021; Von Schomberg, 2012; Stilgoe et al., 2013).

Wenn also von Wissenschaft als Politik mit anderen Mitteln gesprochen wird, dann reflektiert das einerseits diese Einsicht in das Menschengemachte und das Macht- und Entscheidungsbehaftete und damit das Säkuläre und Nicht-naturnotwendige der wissenschaftlichen Ordnungsleistung. Aber es reflektiert andererseits auch, dass diese Ordnungsleistung eben nicht mit den Mitteln erbracht wird, die wir gewöhnlich als Politik bezeichnen. In diesem Sinne ist Wissenschaft "politics [...] made not with politics but with something else" (Latour, 1993 [1984]: 56), nämlich nicht mit öffentlichem Streit und Vermittlung subjektiver Interessen zur Entscheidung über Regeln in den Institutionen des Staates, sondern mit der Gestaltung objektiver Realitäten durch den Umweg über das Labor.

Trotz dieser Einsicht in die Praxis wird der Diskurs von der Wissenschaft als neutrales Aufdeckungsverfahren von der Wissenschaft selbst in ihrem professionellen Selbstverständnis und auch in der öffentlichen Außendarstellung weiter gepflegt. Zusätzlich wird er durch eine lange Tradition philosophischer Erkenntnistheorien gestützt, die die Idee objektiver Forschung artikulieren (Comte, 1865 [1848]; Popper, 1934), und von soziologischen Theorien, die Wissenschaft ausgehend von dieser Idee als Funktionssystem modellieren (Merton, 1973 [1942]; Polanyi, 1962; Luhmann, 1992). So hat sich der Diskurs von der neutralen Wissenschaft

3 Der lateinische Wortstamm von Wissenschaft ‚scientia' geht auf die proto-indo-europäische Wurzel ‚*sēik-' zurück, was ‚schneiden' bedeutet (https://cooljugator.com/etymology/lat/scientia).

nicht zuletzt auch im Alltagsverständnis moderner Gesellschaften eingegraben, was durch Schulbildung, Journalismus und parteipolitische Debatten befördert wurde, in denen gerne auf die Wissenschaft als neutrale Instanz zur Feststellung von sachlichen Notwendigkeiten verwiesen wird, um einen Teil der politischen Einigungsarbeit auszulagern und konflikthafte Wert- und Willensfragen zu umgehen (Jasanoff, 1990; Ezrahi, 1990; Weingart, 2004; Bogner, 2021).

Wissenschaft als Politik zu bezeichnen, wenn auch mit anderen Mitteln, birgt damit einiges an Sprengstoff. Denn das hinterfragt die Auffassung, dass der allgemein vernünftige und neutrale Modus der Aufdeckung von objektiven Realitätsordnungen in der Wissenschaft ganz klar zu trennen sei vom Modus der aktiven Herstellung von inter-subjektiven Norm- und Regelordnungen in der Politik. Und diese Auffassung der Trennung von Wissenschaft, die für die Natur zuständig ist, und Politik, die für die Kultur zuständig ist, macht ein grundlegendes Merkmal der kulturellen Verfassung moderner Gesellschaften aus. Das geflügelte Wort von der Wissenschaft als Politik mit anderen Mitteln stellt hier also eine Grundüberzeugung moderner Gesellschaften in Frage.[4]

Jenseits von objektiv vs. subjektiv

Dennoch geht es hierbei, anders als es vermutet oder unterstellt werden könnte, nicht etwa darum, der Wissenschaft vorzuwerfen, einfach ein Instrument von Interessen- und Parteipolitik zu sein oder auf die gleiche Weise kollektive Ordnungen zu gestalten wie staatliche Regierungsarbeit. Es beinhaltet vor dem Hintergrund der Einsicht in die Künstlichkeit wissenschaftlicher Ordnungen aber durchaus eine Kritik daran, dass Wissenschaft epistemische Autorität in Anspruch nimmt, indem sie sich darauf beruft, bereits gegebene objektive Realitätsordnungen lediglich neutral aufzudecken und abzubilden.

Das Wort von der Wissenschaft als Politik mit anderen Mitteln steht damit genau zwischen zwei Polen der Erkenntnistheorie (und den dazugehörigen Onto-

---

4 Eine Diagnose der Wissenschafts- und Technikforschung lautet, dass in der modernen Kultur eine basale Gewaltenteilung existiert, die noch grundlegender ist als die institutionelle Machtaufteilung zwischen Legislative, Judikative und Exekutive oder auch zwischen Staat, Zivilgesellschaft und Privatsphäre. Dabei handele es sich um die Machtaufteilung zwischen epistemischer Autorität der Wissenschaft und politischer Autorität des Staates. Die Wissenschaft habe dabei die Autorität, Natur, sachliche Funktionsbedingungen und objektive Realitätsordnungen festzustellen. Die staatliche Politik habe die Autorität, Kultur, kollektive Werte und inter-subjektive Regel-Ordnungen festzustellen (Shapin und Schaffer, 1985; Latour, 1993).

logien): Auf der einen Seite der materiell-empiristischen und auf der anderen Seite der symbolisch-konstruktivistischen. Es grenzt sich einerseits vom Objektivitätsglauben der positivistischen (Comte, 1865 [1848]) oder kritisch-rationalistischen (Popper, 1934) Erkenntnistheorie ab, die der Wissenschaft Neutralität und die Fähigkeit zur schrittweisen Entdeckung einer bereits gegebenen universalen Ordnung zuschreibt. Es grenzt sich andererseits aber auch von der phänomenologischen und kommunikativ-konstruktivistischen Erkenntnistheorie ab (Husserl, 2016 [1907]; Schütz, 1932; Berger und Luckmann, 1966), die wissenschaftliches Wissen als Ordnung versteht, die nur aufgrund intersubjektiver Bedeutungszuschreibung besteht.

Das Wort von der Wissenschaft als Politik mit anderen Mitteln lässt sich also nur richtig verstehen, wenn die besondere ihm zugrunde liegende pragmatistische bzw. material-semiotische Erkenntnistheorie und Ontologie dabei mitverstanden wird (James, 1981 [1907]; Strübing, 2005; Law, 2009). Danach existieren Materialität und Bedeutung, Objekt und Subjekt nicht getrennt voneinander, so dass auch nicht eines allein an Dominanz gewinnen kann. Die Existenz der Dinge, mit denen wir Menschen es zu tun haben, ist immer schon eine Mischung aus Materialität und Bedeutung, Empirie und Theorie, Sein und Bewusstsein sowie aus Wahrnehmung und Handlung. Reine Objektivität und Subjektivität gibt es nicht, bevor nicht eben auch diese kategoriale Trennung erst menschlich hergestellt wird (und zwar auch wieder aus materiellen und symbolischen Elementen) (Latour, 1993; Barad, 2007). Demnach sind alle Objekte im Prozess ihrer Realisierung immer schon durch mental und symbolisch mit-konstituierte subjektive Identitäten, Wünsche und Interessen geprägt bzw. durch inter-subjektive, kollektive oder kulturelle Bedeutungen und Wahrnehmungsweisen.[5]

Hier zeigt sich deutlich der Unterschied sowohl zum Objektivismus bzw. Empirismus wie zum Subjektivismus bzw. Idealismus (Latour, 1993, 1999b; Hacking, 1999): Zwar ist es nicht nur eine symbolische Konstruktion, die wissenschaftliche

5 Allerdings sind auch alle ‚Subjekte' immer schon durch die körperliche Interaktion mit und Erfahrung von Materie geprägt (Dewey, 1958 [1925]; Alkemeyer et al., 2015). Demnach ist auch wissenschaftliche Forschung (Interaktion und Erfahrung im Modus der kontrollierten Beobachtung und experimentellen Manipulation von Wirklichkeit) eine, zwar verdichtete und systematisierte, aber doch eine unhintergehbar gekoppelte Form der materiellen und symbolischen Weltgestaltung bzw. der Objekt- und Subjektkonstitution (Knorr Cetina, 1988; Pickering, 1995). Es geht also immer um die *Realisierung* von Ordnungen im zweifachen Sinne, sowohl im Sinne des Erkennens wie auch des Umsetzens. Die Ausblendung des Materialen bzw. des Symbolischen im Verständnis der Entstehung von Realitätsordnungen ist zwar für die abendländische und moderne Weltsicht von zentraler Bedeutung, aber das rein Objektive sowie das rein Subjektive sind demnach selbst erst künstlich hergestellte – und immer brüchige – Realitätsordnungen.

Fakten ausmacht. Wissenschaftliche Weltbeschreibungen haben eine materielle Dimension und reale Basis; sie bezeichnen eine objektiv existierende Ordnung. Insofern sind wissenschaftliche Aussagen wahr in dem Sinne, dass sie mit der Welt, die sie beschreiben, übereinstimmen und sie korrekt abbilden. Der Knackpunkt ist aber, dass die materielle Realität, auf die sie sich beziehen, und die Objektivität dieser Realität nicht ohne menschliches Zutun existieren würden, weil sie zuerst aktiv hergestellt werden mussten. Und dieser Herstellungsprozess basiert auf (inter-)subjektiver Bedeutung, Interesse und Handlungsmacht, die demnach auch in die resultierenden wissenschaftlichen Wahrheiten eingeschrieben sind und konstitutiv mit ihnen verwoben sind. Es gibt also kein wert- und interessenfreies, rein objektives Wissen über die Welt.

Vor dem Hintergrund, dass es immer multiple Möglichkeiten gibt, wissenschaftliche Fakten zu produzieren, ist jedoch die Art und Weise, in der wissenschaftlichen ‚Labor-Kreationen' der Öffentlichkeit dargestellt und angeboten werden, problematisch. Denn sie verschleiert, dass diese Ergebnisse nicht eine notwendige Naturerkenntnis, sondern etwas Selbstgemachtes sind. Sie werden auch nicht als Vorschlag zur Diskussion gestellt und mit der Frage verbunden, ob dies die Perspektive sein soll, nach der man gemeinsam die Welt ordnen und daran kollektives Handeln ausrichten wolle. Stattdessen wird gefordert, das Ergebnis als Entdeckung einer ‚natürlichen' Ordnung und Abbild universaler, nicht in Frage zu stellender Bedingungen anzuerkennen. Damit kürzen die Wissenschaftler*innen ihr eigenes subjektives Zutun aus dem Prozess der Ergebnisproduktion heraus und stellen sich als neutrale Übermittler*innen einer überindividuell und transkulturell existierenden objektiven Realität dar.

Nach Hannah Arendt ist der „Aufruf" einer „höheren Quelle" der Legitimation das Grundmoment zur Generierung von Autorität (Arendt, 1958). Von Wissenschaftler*innen wird Natur oder universale objektive Realität aufgerufen, um epistemische Autorität zu genieren. Donna Haraway (1988) hat dies auch als den „god trick" bezeichnet (siehe auch Mader 2026 und Prietl und Weber 2026, beide in diesem Band). Dadurch wird jedoch unsichtbar, dass es nicht allein die Natur oder eine vorab existierende universale objektive Realität ist, die durch die Fakten spricht, sondern auch die partikularen Perspektiven, Werte und Interessen der Forschenden, von denen diese produziert wurden.

Wenn wir nun zurückkommen auf das weite Konzept von Politik als Gestaltung von kollektiven Ordnungen, dann zeigt sich hier eine spezielle Form von Politik, die nicht – wie gewöhnlich – mit den Mitteln erfolgt, dass für kollektive Ordnungsentwürfe öffentlich um Zustimmung geworben wird und dass sie hinsichtlich ihrer Wünschbarkeit von allen Betroffenen debattiert werden können. Stattdessen werden abgeschottet im Labor von einer kleinen selbsternannten Gruppe Fakten erzeugt und diese werden dann mit Hilfe von epistemischer Autorität auch in größerem Maßstab als kollektive Realitätsordnungen ausgerollt.

Der Unterschied zur Politik mit den Mitteln, wie wir sie aus der staatlichen Regierung kennen, besteht einerseits in der Abgeschlossenheit der Kollektive, die die neuen Ordnungen miteinander verhandeln. Es handelt sich um vorqualifizierte Expert*innengemeinschaften, die unter sich sind. Es handelt sich nicht um partei-politische Repräsentant*innen diverser Bezugsgruppen, die unter öffentlicher Beobachtung stehen. Andererseits erfolgt die Verhandlung innerhalb besonderer Verfahren. Dazu gehört zum einen der Beleg von Deutungen und Argumenten mit der Konstruktion von „Referenzketten" (Latour, 1987, 1999a), das heißt mit Ketten aus Proben, Daten und Datenanalysen, über die Aussagen an die Wirklichkeit gekoppelt sind, auf materiale Muster verweisen und darin verankern. Zum anderen gehört dazu die systematische Prüfung der Konsistenz und Stabilität dieser Referenzketten durch andere Expert*innen im *Blind Peer Review* allein mit Blick auf die behauptete Ordnung ohne Kenntnis der Personen, die sie vorschlagen (Weingart, 2004; Hirschauer, 2004; Reinhart, 2012).

So beinhaltet das Schaffen von Wissen in der Wissenschaft zwar prägende menschliche Entscheidungen; es ist allerdings nicht beliebig in dem Sinne, dass allein die Menschen untereinander entscheiden, was zu Wissen wird (Sismondo, 2017; Marres, 2018). Die materiale Wirklichkeit ‚verhandelt mit', indem sich die theoretisierten Phänomene auch ‚bauen' lassen müssen, damit theoretische Hypothesen auch materiell wirklich werden und eine beobachtbare Existenz gewinnen können. Denn nur wenn Aussagen empirisch belegbar sind, mit Evidenz untermauert werden, auf Daten abgestützt und durch transparente Referenzketten auf den materiellen Gegenstand rückführbar sind, den sie beschreiben, gewinnen sie wissenschaftliche Geltung. Das heißt, es kann nicht alles behauptet werden und es sind auch nicht nur die zwischenmenschlichen Machtverhältnisse oder rein rhetorische Künste, die bestimmen, was zu einem wissenschaftlichen Faktum oder einer funktionierenden Technologie wird. Gleichzeitig liegen aber die wissenschaftlich beschriebenen Ordnungen nicht schon natürlich so in der Wirklichkeit vor, sondern sie müssen erst künstlich hergestellt werden. Wenn das erfolgreich ist, verändert sich damit die Wirklichkeit.[6]

6 Erfolgreiche Wissenschaft ist also immer transformativ, nicht nur die so genannte ‚transformative Wissenschaft', die explizit auf die Gestaltung von kollektiven Ordnungen abzielt (Voß, 2013; siehe auch Schneidewind und Singer-Brodowski, 2013; Strohschneider, 2014; Wissel, 2015).

Demokratisierung der Politik mit anderen Mitteln?

Vor dem Hintergrund der Rekonstruktion des Faktenproduktionsprozesses durch die Wissenschafts- und Technikforschung wird vielfach in Frage gestellt, ob Autorität weiterhin einfach daraus abgeleitet werden kann, dass Wissenschaftler*innen darauf verweisen, im Namen einer universalen Wirklichkeit zu sprechen, die unabhängig existiert und gewissermaßen über der Vielfalt einzelner subjektiver Perspektiven steht (Jasanoff et al., 1998; Hoppe, 2005). Wenn diese Neutralitätsbehauptung jedoch hinterfragbar wird, dann stellt sich für diejenigen, die wissenschaftliche Ordnungen als handlungsleitende Fakten übernehmen sollen, die Frage nach den Vorannahmen und Entscheidungen, die in diese Ordnungen eingeschrieben sind (Law, 2017).

Deshalb wird gefordert, dass Wissenschaftler*innen selbst anerkennen und zugeben müssten, dass sie nicht neutral aufzeigen, was ohnehin gegeben ist, sondern dass sie aus einer partikularen Perspektive mögliche Ordnungen entwerfen und experimentell testend realisieren (Haraway, 1988; Harding, 1991; Barad, 2007). Zur Anerkennung der Ergebnisse müssten sie daher die Kontextbedingungen deutlich machen, aus denen ihre Erkenntnisse resultieren – und zwar nicht nur, indem sie methodisch kontrolliert Hypothesen testen, sondern auch benennen, auf Grundlage welcher Relevanzentscheidungen und Problemdefinitionen sie Fragen formuliert, analytische Reduktionen entschieden und Methoden ausgewählt haben. Dabei ist auch wichtig, was jeweils auf der Strecke bleibt und ausgeschlossen wird, also das „Nichtwissen", das zwangsläufig miterzeugt wird (Wehling, 2003; Böschen und Wehling, 2012). Wissenschaftler*innen müssten also selbst Verantwortung übernehmen für die Existenz der Ordnungen, die sie zur Übernahme und Ausweitung vorschlagen. Sie müssten andere davon überzeugen, dass es sinnvoll und wünschbar ist, ihre Laborordnungen auch in größerem Maßstab als kollektive Ordnungen zu realisieren (mit unbekannten Nebenfolgen) (Haraway, 1988; Jasanoff, 2003; Stirling, 2008; Law, 2012). Der klassische *Peer Review* überprüft nur, dass die Ordnung und ihre Effekte im Labor herstellbar sind. Mit Blick auf die Prüfung der den Fakten zugrundeliegenden Annahmen und Ordnungsentscheidungen sowie der „kollateralen Realitäten" (Law, 2012), die sie bei Übernahme und Ausweitung hervorbringen würden, wird davon ausgegangen, dass es erweiterte Formen des Peer Reviews braucht (Funtowicz und Ravetz, 1993) als „hybride Foren" (Callon et al., 2009 [2001]) oder als eine Art Wissenschaftsparlament (Latour, 2004) oder als „Gestaltungsöffentlichkeiten" (Böschen, 2005), die sich der Prüfung und Debatte auch der indirekten kollektiven Ordnungseffekte von Wissenschaft widmen, also den eingeschriebenen Werten und Grundannahmen sowie den möglichen Nebenfolgen. Es geht also insgesamt darum, auch die Ordnungsgestaltung mit den Mitteln der Wissenschaft zu einer öffentlichen Angelegenheit zu machen (Latour, 2005, 2007) und zu fragen, ob sie nicht, wie die staatliche Politik auch, demokratisiert werden sollte – und wie das geschehen könnte.

Hier schließen aktivistische Aktivitäten an, die darauf zielen, die Politik der Wissenschaft direkt zu verändern, indem inklusivere Formen der Governance von Wissenschaft entworfen werden und öffentlich die Stimme dafür erhoben wird (Callon et al., 2009 [2001]; Latour, 2004; Irwin, 2008; Sismondo, 2008). In dieser Orientierung engagieren sich Forscher*innen der Wissenschafts- und Technikforschung für die Ausgestaltung von *public engagement in science and technology* (Wilsdon und Willis, 2004; Wynne, 2006, 2011; Felt et al., 2007; Irwin et al., 2013; Chilvers, 2013; Voß, 2019), *participatory and constructive technology assessment* (Rip et al., 1995; Schot, 1998; Grin und Grunwald, 2000; Burgess und Chilvers, 2006) oder *responsible research and innovation* (Stilgoe et al., 2013; Rip, 2016; Owen et al., 2021; Van Oudheusden, 2014; Frahm et al., 2022). In diesem Zusammenhang werden auch grundlegendere Fragen daran gestellt, was Demokratie im Zusammenhang mit der Politik der Wissenschaft bedeuten kann und wie Bestrebungen zur Öffnung von Wissenschaft für breitere gesellschaftliche Beteiligung hinsichtlich ihrer demokratischen Qualität beurteilt werden können (Brown, 2009; Durant, 2011; Voß, 2019; Soneryd und Sundqvist, 2023).

Im Verständnis der Politik mit anderen Mitteln und dem entsprechenden politischen Einsatz für öffentliche Debatte und Inklusion der Betroffenen verbindet sich die analytische „high church" und die aktivistische „low church" der STS (Sismondo, 2008). In dieser Orientierung erfolgt auch die Debatte einer grundlegenden Transformation der Wissenschaft von der Autonomie der Wissenschaftler*innen hin zu mehr Öffnung für gesellschaftliche Beteiligung. Dies wird als eine Neuverhandlung des *social contract of science* verstanden (Ravetz, 1988; Gibbons, 1999; Maasen und Dickel, 2019).[7] Die Wissenschafts- und Technikforschung ist an dieser laufenden Neuverhandlung aktiv beteiligt als Verfechter einer stärkeren Demokratisierung der Wissenschaft. Gleichzeitig bietet sich ihr mit dem historischen Prozess, dessen Ausgang offen ist, ein zentraler Untersuchungsgegenstand (Rip, 2002; Mirowski, 2018).

---

7 Das Ziel der Demokratisierung der Politik mit anderen Mitteln ist zumindest eine der Orientierungen, in denen die Öffnung der Wissenschaft und die Stärkung von Öffentlichkeitsbeteiligung betrieben wird. Ein anderes Ziel ist die Stärkung der ökonomischen Verwertbarkeit von Wissen für neue Produkte, Zukunftsmärkte und internationale Wettbewerbsfähigkeit, wobei Öffnung bedeutet, die Interessen von Unternehmen und potenzielle Kund*innen einzubinden (Mirowski und Sent, 2008; Voß, 2019).

Fazit

Das geflügelte Wort von der Wissenschaft als Politik mit anderen Mitteln ist also nicht so zu verstehen, dass es darum geht, Wissenschaft als willfähriges Instrument von Machtkämpfen zu denunzieren. Vielmehr geht es darum herauszustellen, dass Wissenschaft Realitäten nicht neutral beschreibt, sondern aktiv verändert – und dass sie damit die kollektiven Ordnungen gestaltet, in denen Menschen gemeinsam leben. In einem weiten Begriff von Politik als kollektive Ordnungsgestaltung ist Wissenschaft also Politik. Sie ist aber eine Politik, die nicht mit den Mitteln der staatlichen Regelsetzung erfolgt, sondern mit den Mitteln der Herstellung von Fakten und Funktionalitäten.

Der Knackpunkt für dieses Verständnis von Wissenschaft ist die Einsicht der Wissenschafts- und Technikforschung, dass Wissenschaft Fakten und Funktionalitäten nicht entdeckt, sondern aktiv herstellt. Und dass dabei kulturelle Vorannahmen, Wertentscheidungen und soziale Prozesse inklusive asymmetrischer Machtverhältnisse immer eine bestimmende Rolle spielen. Zwar ist das Besondere der Wissenschaft und ihrer speziellen Mittel der kollektiven Ordnungsgestaltung, dass es für Fakten robuster Referenzketten bedarf, in denen Beschreibungen und Erklärungen an die Wirklichkeit gekoppelt sind. Aber die so konstituierten objektiven Realitäten existieren in ihrer theoretisierbaren und technisch kontrollierbaren Ordnung nicht vorab, sondern werden durch künstliche Vereinfachung erst hergestellt. Dabei verhandelt die Materie mit. Nicht „anything goes“, worauf sich Menschen miteinander einigen wollen (möglicherweise durch Druck einiger mächtiger Akteure). Fakten müssen sich bauen lassen und im Peer Review wird überprüft, wie robust das gelingt. Insofern sind die Mittel der Wissenschaft deutlich andere als die der staatlichen Regelsetzung.

Dennoch gibt es immer auch verschiedene Varianten, wie sich Wirklichkeit analytisch reduzieren und ordnen lässt. Und dies hat Folgen für das kollektive Leben, die nicht nur in Form der Ausbereitung von wiss- und kontrollierbaren Ordnungen aus dem Labor in die weitere Welt, sondern auch in Form der Zerstörung gewachsener Zusammenhänge und unbekannter Nebenfolgen bestehen. Die Frage ist also: Wie und unter welchen Fragestellungen wollen wir die Wirklichkeit untersuchen und wissbar machen und sie damit auch selbst auf eine bestimmte Weise zurichten und verändern? Das ist nicht eine epistemische Frage, sondern eine politische. In diesem Sinne ist das geflügelte Wort von der Wissenschaft als Politik mit anderen Mitteln “the name of a political theory of science” (Seguin und Lord, 2023: 10).

Weiterführende Lektüre

(1) Latour, B. (1983). Give me a laboratory and I will raise the world. In K. Knorr Cetina und M. Mulkay (Eds.), *Science observed. Perspectives on the social studies of science*. London: Sage. pp. 142–169.
(2) Callon, M., Lascoumes, P., und Barthe, Y. (2009 [2001]). *Acting in an uncertain world: an essay on technical democracy*. Cambridge, MA: MIT Press.
(3) Seguin, E., und Lord, L.-O. (2023). Bruno Latour's Science Is Politics By Other Means: Between Politics and Ontology. *Perspectives on Science, 31*(1), 9–39.
(4) Brown, M. (2009). *Science in Democracy. Expertise, Institutions, and Representation*. Cambridge, MA: MIT Press.
(5) Voß, J.-P. (2019). Re-making the modern constitution. The case for an observatory on public engagement practices. In D. Simon, S. Kuhlmann, I. Stamm, und W. Canzler (Eds.), *Handbook of Science and Public Policy*. Cheltenham: Edward Elgar. pp. 67–90.

Literatur

Alasuutari, P., und Qadir, A. (2014). Epistemic governance: an approach to the politics of policy-making. *European Journal of Cultural and Political Sociology, 1*(1), 67–84.
Alkemeyer, T., Buschmann, N., und Michaeler, M. (2015). Kritik der Praxis, Plädoyer für eine subjektivierungstheoretische erweiterung der Praxistheorien. In T. Alkemeyer, V. Schürmann, und J. Volbers (Eds.), *Praxis denken*. Wiesbaden: Springer VS. pp. 25–50.
Arendt, H. (1958). What was authority? In C. J. Friedrich (Ed.), *Authority*. Cambridge, MA: Harvard University Press. pp. 81–112.
Bachelard, G. (1988 [1934]). *Der neue wissenschaftliche Geist*. FRankfurt am Main: Suhrkamp.
Barad, K. (2007). *Meeting the Universe Halfway*. Durham: Duke University Press.
Bargetz, B. (2015). The Distribution of Emotions: Affective Politics of Emancipation. *Hypatia*.
Berger, P. L., und Luckmann, T. (1966). *The social construction of reality: A treatise in the sociology of knowledge*. New York: Doubleday.
Bogner, A. (2021). *Die Epistemisierung des Politischen. Wie die Macht des Wissens die Demokratie gefährdet*. Leipzig: Reclam.
Böschen, S. (2005). Reflexive Wissenspolitik Formierung und Strukturierung von Gestaltungsöffentlichkeiten. In A. Bogner und H. Torgersen (Eds.), *Wozu Experten? Ambivalenzen der Beziehung von Wissenschaft und Politik*. Wiesbaden: VS Verlag. pp. 241–266.
Böschen, S., Grunwald, A., Krings, B.-J., und Rösch, C. (Eds.). (2021). *Technikfolgenabschätzung: Handbuch für Wissenschaft und Praxis*. Baden-Baden: Nomos.
Böschen, S., und Wehling, P. (2004). *Wissenschaft zwischen Folgenverantwortung und Nichtwissen. Aktuelle Perspektiven der Wissenschaftsforschung*. Wiesbaden: VS Verlag.
Böschen, S., und Wehling, P. (2012). Neue Wissensarten: Risiko und Nichtwissen. In S. Maasen (Ed.), *Handbuch Wissenschaftssoziologie*. Heidelberg: Springer. pp. 317–327.
Brown, M. (2009). *Science in Democracy. Expertise, Institutions, and Representation*. Cambridge, MA: MIT Press.
Brown, M. (2015). Politicizing science: Conceptions of politics in science and technology studies. *Social Studies of Science, 45*(1), 3–30.

Burgess, J., und Chilvers, J. (2006). Upping the ante: a conceptual framework for designing and evaluating participatory technology assessments. *Science and public policy, 33*(10), 713–728.

Callon, M. (1998). An essay on framing and overflowing: economic externalities revisited by sociology. In M. Callon (Ed.), *The laws of the markets*. Oxford: Blackwell. pp. 244–269.

Callon, M., Lascoumes, P., und Barthe, Y. (2009 [2001]). *Acting in an uncertain world: an essay on technical democracy*. Cambridge, MA: MIT Press.

Chilvers, J. (2013). Reflexive engagement? Actors, learning, and reflexivity in public dialogue on science and technology. *Science Communication, 35*(3), 283–310.

Collins, H. (1992 [1985]). *Changing order: Replication and induction in scientific practice*. Chicago: University of Chicago Press.

Comte, A. (1865 [1848]). *A General View of Positivism. Translated by J.H. Bridges*. London: Trübner & Co.

Dewey, J. (1958 [1925]). *Experience and nature*. New York: Dover.

Durant, D. (2011). Models of democracy in social studies of science. *Social Studies of Science, 41*(5), 691–714.

Easton, D. (1965). *A Framework for Political Analysis*. Englewood Cliffs, NJ: Prentice-Hall.

Ezrahi, Y. (1990). *The Descent of Icarus: Science and the Transformation of Contemporary Democracy*. Cambridge, MA: Harvard University Press.

Felt, U., Wynne, B., Callon, M., Goncalves, M. E., Jasanoff, S., Jepsen, M., ... Tallachini, M. (2007). *Taking European Knowledge Society Seriously. Report of the Expert Group on Science and Governance to the Science, Economy and Society Directorate, Directorate-General for Research, European Commission*. Brussels: Publications Office of the European Commission.

Frahm, N., Doezema, T., und Pfotenhauer, S. (2022). Fixing technology with society: The coproduction of democratic deficits and responsible innovation at the OECD and the European Commission. *Science, Technology, & Human Values, 47*(1), 174–216.

Funtowicz, S., und Ravetz, J. (1993). Science for the Post-Normal Age. *Futures, 25*, 735–755.

Gibbons, M. (1999). Science's new social contract with society. *Nature, 402*(6761supp), C81.

Grin, J., und Grunwald. (2000). *Vision Assessment: Shaping Technology in 21st Century Society. Towards a Repertoire for Technology Assessment* (Vol. Band 4 – Schriftenreihe der Europäischen Akademie zur Erforschung von Folgen wissenschaftlich-technischer Entwicklungen.). Berlin;Heidelberg;New York: Springer Verlag.

Grunwald, A. (2009). Technology assessment: Concepts and methods. In *Philosophy of technology and engineering sciences*: Elsevier. pp. 1103–1146.

Hacking, I. (1983). *Representing and intervening: Introductory topics in the philosophy of natural science*. Cambridge: Cambridge University Press.

Hacking, I. (1999). *The social construction of what?* Cambridge: Harvard Univ Press.

Haraway, D. (1988). Situated knowledges: The science question in feminism and the privilege of partial perspective. *Feminist Studies, 14*(3), 575–599.

Harding, S. (1991). *Whose science? Whose knowledge?: Thinking from women's lives*: Cornell University Press.

Hirschauer, S. (2004). Peer Review Verfahren auf dem Prüfstand/Peer Review Research–Reviewed: Zum Soziologiedefizit der Wissenschaftsevaluation/Sociological Shortcomings of Academic Evaluation. *Zeitschrift für Soziologie, 33*(1), 62–83.

Hoppe, R. (2005). Rethinking the science-policy nexus: from knowledge utilization and science technology studies to types of boundary arrangements. *Poiesis and Praxis: International Journal of Technology Assessment and Ethics of Science, 3*(3), 199–215.

Husserl, E. (2016 [1907]). *Die Idee der Phänomenologie: Fünf Vorlesungen*. Hamburg: Felix Meiner.

Irwin, A. (2008). STS perspectives on scientific governance. In E. J. Hackett, O. Amsterdamska, M. Lynch, und J. Wajcman (Eds.), *The Handbook of Science and Technology Studies. Third Edition*. Cambridge.MA: MIT Press. pp. 583–608.

Irwin, A., Jensen, T. E., und Jones, K. E. (2013). The good, the bad and the perfect: Criticizing engagement practice. *Social Studies of Science, 43*(1), 118–135. https://doi.org/10.1177/0306312712462461

James, W. (1981 [1907]). *Pragmatism*. Indianapolis: Hackett.

Jasanoff, S. (1990). *The Fifth Branch. Science Advisors as Policymakers*. Cambridge, MA: Harvard University Press.

Jasanoff, S. (2003). Technologies of Humility: Citizen Participation in Governing Science. *Minerva, 41*(3), 223–244.

Jasanoff, S., Wynne, B., Buttel, F., Charvolin, F., Edwards, P., Elzinga, A., ... Miller, C. (1998). Science and decisionmaking. In E. Malone und S. Rayner (Eds.), *Human Choice and Climate Change, Vol. 1: The Societal Framework*. Ohio: Batelle. pp. 1–87.

Knorr Cetina, K. (1984 [1981]). *Die Fabrikation von Erkenntnis*. Frankfurt/M.: Suhrkamp.

Knorr Cetina, K. (1988). Das naturwissenschaftliche Labor als Ort der „Verdichtung "von Gesellschaft. *Zeitschrift für Soziologie, 17*(2), 85–101.

Latour, B. (1983). Give me a laboratory and I will raise the world. In K. Knorr Cetina und M. Mulkay (Eds.), *Science observed. Perspectives on the social studies of science*. London: Sage. pp. 142–169.

Latour, B. (1987). *Science in Action. How to Follow Scientists and Engineers through Society*. Cambridge, MA: Harvard University Press.

Latour, B. (1993). We have never been modern. In. Cambridge, MA: Harvard University Press.

Latour, B. (1993 [1984]). *The pasteurization of France*: Harvard University Press.

Latour, B. (1999a). Circulating reference. Sampling the soil in the Amazon forest. In B. Latour (Ed.), *Pandora's hope. Essays on the Reality of Science Studies*. Cambridge, MA: Harvard University Press. pp. 24–79.

Latour, B. (1999b). *Pandora's hope. Essays on the Reality of Science Studies*. Cambridge, MA: Harvard University Press.

Latour, B. (2004). *Politics of nature : how to bring the sciences into democracy*. Cambridge, MA: Harvard University Press.

Latour, B. (2005). From Realpolitik to Dingpolitik or How to Make Things Public? In B. Latour und P. Weibel (Eds.), *Making Things Public – Atmospheres of Democracy. Catalogue to the show at Zentrum für kulturelle Kommunikation, Karlsruhe* Cambridge, MA: MIT Press. pp. 4–31.

Latour, B. (2007). Turning Around Politics: A Note on Gerard de Vries' Paper. *Social Studies of Science, 37*(5), 811–820.

Latour, B., und Woolgar, S. (1979). *Laboratory Life. The Social Construction of Scientific Facts*. London: Sage.

Law, J. (2004). *After method: Mess in social science research*. London: Routledge.

Law, J. (2009). Actor Network Theory and Material Semiotics. In B. S. Turner (Ed.), *New Blackwell Companion to Social Theory*. Chichester: Wiley-Blackwell. pp. 141–158.

Law, J. (2012). Collateral realities. In F. D. Rubio und P. Baert (Eds.), *The Politics of Knowledge*. London: Routledge. pp. 156–178.

Law, J. (2017). STS as Method. In U. Felt, R. Fouché, C. A. Miller, und L. Smith-Doerr (Eds.), *The Handbook of Science and Technology Studies, 4th Edition*. Cambridge, MA: MIT Press. pp. 31–57.

Law, J., und Mol, A. (1995). Notes on materiality and sociality. *The Sociological Review, 43*(2), 274–294.

Luhmann, N. (1992). *Die Wissenschaft der Gesellschaft*. Frankfurt am Main: Suhrkamp.

Luhmann, N. (2000). *Die Politik der Gesellschaft*. Frankfurt am Main: Suhrkamp.

Lynch, M., und Woolgar, S. (Eds.). (1990). *Representation in scientific practice*. Cambridge, MA: MIT Press.

Maasen, S., und Dickel, S. (2019). Normative answers-epistemic questions. Updating the science-society contract. In D. Simon, S. Kuhlmann, I. Stamm, und W. Canzler (Eds.), *Handbook of Science and Public Policy*. Cheltenham: Edward Elgar. pp. 49–66.

Mader, E., 2026: Feministische Wissenschafts- und Objektivitätskritik. S. 505–527 in: A. K. Krüger, J.-F. Schrape, C. Schubert und J. Schubert (Hrsg.), Wissenschafts- und Technikforschung. Sozialwissenschaftliche Einführungen. Berlin: de Gruyter.Mannheim, K. (1995 [1929]). *Ideologie und Utopie*. Frankfurt am Main: Vittorio Klostermann.

Marres, N. (2018). Why We Can't Have Our Facts Back. *Engaging Science, Technology, and Society, 4*, 423–443.

Merton, R. K. (1973 [1942]). The normative structure of science. *The sociology of science, 267*, 273.

Mirowski, P. (2018). The future (s) of open science. *Social Studies of Science, 48*(2), 171–203.

Mirowski, P., und Sent, E.-M. (2008). The commercialization of science and the response of STS. In *The handbook of science and technology studies*. pp. 635–690.

Mol, A. (1998). Ontological politics. A word and some questions. *The Sociological Review, 46*(S), 74–89.

Nash, K. (2001). The 'Cultural Turn' in Social Theory: Towards a Theory of Cultural Politics. *Sociology, 35*(1), 77–92.

Owen, R., von Schomberg, R., und Macnaghten, P. (2021). An unfinished journey? Reflections on a decade of responsible research and innovation. *Journal of Responsible Innovation, 8*(2), 217–233.

Pickering, A. (1992). From science as knowledge to science as practice. In A. Pickering (Ed.), *Science as practice and culture*. Chicago: University of Chicago Press. pp. 1–28.

Pickering, A. (1993). The mangle of practice: Agency and emergence in the sociology of science. *American Journal of Sociology, 99*(3), 559–589.

Pickering, A. (1994). After representation: science studies in the performative idiom. In P. o. S. Association (Ed.), *Proceedings of the Biennial Meeting of the of the Philosophy of Science Association*. Chicago: University of Chicago Press. pp. 413–419.

Pickering, A. (1995). *The mangle of practice: Time, agency, and science*. Chicago: University of Chicago Press.

Polanyi, M. (1962). The Republic of Science: Its political and economic theory. *Minerva, 1*(1), 54–73.

Popper, K. R. (1934). *Logik der Forschung*. Tübingen: Mohr.

Prietl, B. und Weber, J., 2026: Wissen-Macht-Technik: Perspektiven für kritische Wissenschafts- und Technikforschung am Beispiel Künstlicher Intelligenz. S. 529–545 in: A. K. Krüger, J.-F. Schrape, C. Schubert und J. Schubert (Hrsg.), Wissenschafts- und Technikforschung. Sozialwissenschaftliche Einführungen. Berlin: de Gruyter.

Ravetz, J. (1988). A new social contract for science. *Bulletin of Science, Technology & Society, 8*(1), 20–30.

Reckwitz, A. (2003). Grundelemente einer Theorie sozialer Praktiken. Eine sozialtheoretische Perspektive. *Zeitschrift für Soziologie, 32*(4), 282–301.

Reinhart, M. (2012). *Soziologie und Epistemologie des Peer Review* (Vol. 10): Nomos Baden-Baden.

Rheinberger, H.-J. (2005). Gaston Bachelard and the notion of "phenomenotechnique". *Perspectives on Science, 13*(3), 313–328.

Rip, A. (1978). *Wetenschap als mensenwerk: over de rol van de naturwetenschapen in de samenleving*: Amboboeken.

Rip, A. (2002). Science for the 21st Century. In P. Tindemans, A. Verrijn-Stuart, und R. Visser (Eds.), *The Future of the Sciences and Humanities. Four analytical essays and a critical debate on the future of scholastic endeavour*. Amsterdam: Amsterdam University Press. pp. 99–148.

Rip, A. (2016). The clothes of the emperor. An essay on RRI in and around Brussels. *Journal of Responsible Innovation, 3*(3), 290–304.
Rip, A., Misa, T. J., und Schot, J. P. (Eds.). (1995). *Managing Technology in Society. The Approach of Constructive Technology Assessment*. London: Pinter.
Scharpf, F. W. (1973). *Planung als politischer Prozess. Aufsätze zur Theorie der planenden Demokratie*. Frankfurt am Main: Suhrkamp.
Schneidewind, U., und Singer-Brodowski, M. (2013). *Transformative Wissenschaft: Klimawandel im deutschen Wissenschafts-und Hochschulsystem*. Marburg: Metropolis Verlag.
Schot, J. P. (1998). Constructive Technology Assessment Comes of Age. The brith of a new politics of technology. In A. Jamison (Ed.), *Technology Policy Meets the Public. PESTO papers II*. Aarlborg: Aarlborg University. pp. 207–232.
Schütz, A. (1932). *Der sinnhafte Aufbau der sozialen Welt: Eine Einleitung in die verstehende Soziologie*. Wien: Julius Springer.
Seguin, E., und Lord, L.-O. (2023). Bruno Latour's Science Is Politics By Other Means: Between Politics and Ontology. *Perspectives on Science, 31*(1), 9–39.
Seguin, E., und Vinck, D. (2023). Introduction: Science is politics by other means revisited. In: MIT Press One Broadway, 12th Floor, Cambridge, Massachusetts 02142, USA. ... Vol. 31, pp. 1–8.
Shapin, S., und Schaffer, S. (1985). *Leviathan and the Air-pump: Hobbes, Boyle, and the Experimental life*: Princeton University Press Princeton, New Jersey, USA.
Shove, E., Pantzar, M., und Watson, M. (2012). *Dynamics of social practice. Everyday life and how it changes*. London: Sage.
Sismondo, S. (2008). Science and Technology Studies and an Engaged Program. In E. Hacket, O. Amsterdamska, M. Lynch, und J. Wajcman (Eds.), *The handbook of science and technology studies*. Cambridge MA: MIT Press. pp. 13–31.
Sismondo, S. (2017). Post-truth? In: SAGE Publications Sage UK: London, England. Vol. 47, pp. 3–6.
Soneryd, L., und Sundqvist, G. (2023). *Science and democracy: A science and technology studies approach*. Bristol: Policy Press.
Stengers, I. (2000 [1993]). *The invention of modern science*. Minneapolis: University of Minnesota Press.
Stilgoe, J., Owen, R., und Macnaghten, P. (2013). Developing a framework for responsible innovation. *Research Policy, 42*(9), 1568–1580. https://doi.org/10.1016/j.respol.2013.05.008
Stirling, A. (2008). "Opening up" and "closing down" power, participation, and pluralism in the social appraisal of technology. *Science, technology & human values, 33*(2), 262–294.
Strohschneider, P. (2014). Zur Politik der Transformativen Wissenschaft. In A. Brodocz, D. Herrmann, R. Schmidt, D. Schulz, und J. Schulze Wessel (Eds.), *Die Verfassung des Politischen. Festschrift für Hans Vorländer*. Wiesbaden: Springer. pp. 175–192.
Strübing, J. (2005). *Pragmatistische Wissenschafts-und Technikforschung: Theorie und Methode*. Frankfurt a.M.: Campus Verlag.
Van Oudheusden, M. (2014). Where are the politics in responsible innovation? European governance, technology assessments, and beyond. *Journal of Responsible Innovation, 1*(1), 67–86.
Von Schomberg, R. (2012). Prospects for technology assessment in a framework of responsible research and innovation. In M. Dusseldorp und R. Beecroft (Eds.), *Technikfolgen abschätzen lehren. Bildungspotenziale transdisziplinärer Methoden*. Wiesbaden: VS Verlag. pp. 39–61.
Voß, J.-P. (2013). Technikwissenschaftliches Wettrüsten für nachhaltige Entwicklung? Wo transformative Wissenschaft hinführen könnte. *Ökologisches Wirtschaften, 2013*(2), 28–29.
Voß, J.-P. (2019). Re-making the modern constitution. The case for an observatory on public engagement practices. In D. Simon, S. Kuhlmann, I. Stamm, und W. Canzler (Eds.), *Handbook of Science and Public Policy*. Cheltenham: Edward Elgar. pp. 67–90.

Voß, J.-P., Rigamonti, N., Suarez, M., und Watson, J. (2023). Sensing collectives, an introduction. In J.-P. Voß, N. Rigamonti, M. Suarez, und J. Watson (Eds.), *Sensing Collectives. Aesthetic and Political Practices Intertwined*. Bielefeld: transcript. pp. 11–48.

Wehling, P. (2001). Jenseits des Wissens?/Beyond Knowledge? Wissenschaftliches Nichtwissen aus soziologischer Perspektive/Scientific Ignorance from a Sociological Point of View. *Zeitschrift für Soziologie, 30*(6), 465–484.

Wehling, P. (2003). *Die Schattenseite der Verwissenschaftlichung. Wissenschaftliches Nichtwissen in der Wissensgesellschaft*. Wiesbaden: Springer.

Weingart, P. (2004). *Die Stunde der Wahrheit*. Weilerswist: Velbrück Wissenschaft.

Wilsdon, J., und Willis, R. (2004). *See-through science. why public engagement needs to move upstream*. London: Demos.

Winner, L. (1980). Do Artefacts have Politics? *Daedalus, 109*(1), 121–136.

Wissel, C. v. (2015). Die Eigenlogik der Wissenschaft neu verhandeln: Implikationen einer transformativen Wissenschaft. *GAIA-Ecological Perspectives for Science and Society, 24*(3), 152–155.

Wynne, B. (2006). Public engagement as a means of restoring public trust in science–hitting the notes, but missing the music? *Public Health Genomics, 9*(3), 211–220.

Wynne, B. (2011). Lab work goes social, and vice versa: Strategising public engagement processes. *Science and Engineering Ethics, 17*(4), 791–800.

Yaneva, A. (2017). *Five ways to make architecture political: An introduction to the politics of design practice*. London: Bloomsbury.

Esto Mader

27 Feministische Wissenschafts- und Objektivitätskritik

Einleitung

Ein zentrales Thema in den Sozialwissenschaften ist die Untersuchung von sozialen Ungleichheiten und Diskriminierung. Sie begeben sich dabei auf die Suche nach den dahinterliegenden Ursachen und fragen nicht zuletzt auch nach den Interessen derer, die von den bestehenden Verhältnissen profitieren (Becker-Schmidt 2017: 111). Hieran knüpft feministische Wissenschaftskritik an, indem sie sichtbar macht, dass auch in der Wissenschaft bestimmte Gruppen von der Mitwirkung in der Produktion von Wissen ausgeschlossen sind, welche Mechanismen und Strukturen dahinterstehen und welche Konsequenzen daraus resultieren. Dabei greift die feministische Wissenschaftskritik auf sozialkonstruktivistische und wissenssoziologische Ansätze zurück, die epistemologische Legitimitätszusammenhänge – d.h. die Bedingungen, unter denen Wissen als gerechtfertigt und legitim angesehen wird – historisch, kulturell und sozial verorten sowie die Historizität von Wissen betonen (Singer 2008).

Feministische Kritik an wissenschaftlichen Begriffen, Methoden, Erkenntnisweisen und Strukturen in Deutschland wurde vor allem in den 1970er Jahren in enger Verbindung mit der Frauenbewegung an westdeutschen Universitäten stark (Althoff et al. 2017: 7; Norkus und Baur 2019: 2). Seitdem haben sich verschiedene Forschungsperspektiven feministischer Wissenschaftskritik herausgebildet, die quer liegen zu disziplinären Verortungen. Ein hervorzuhebendes Charakteristikum stellt deshalb ihre ausgeprägte Inter- und Transdisziplinarität dar, da viele Ansätze feministischer Wissenschafts- und Objektivitätskritik nicht nur aus der Soziologie, Politikwissenschaft, Geschichte oder Ethnologie kommen, sondern es oft auch – meist weibliche (bzw. weiblich gelesene) – Wissenschaftlerinnen aus naturwissenschaftlichen Fächern wie Physik, Informatik, Geowissenschaften oder Biologie sind, die ihre eigenen Erfahrungen in ihren Disziplinen zur Ausgangsbasis ihrer Kritik nehmen. Ein solcher kritischer Blick auf die eigene Disziplin und über Disziplingrenzen hinweg ist sehr spezifisch für die Geschlechterforschung, in der sich auch die feministische Wissenschaftskritik verorten lässt.

Dieser Beitrag gibt einen strukturierten Einblick in die feministische Wissenschafts- und Objektivitätskritik und fragt danach, was die Gemeinsamkeiten und zentralen Forschungsschwerpunkte dieses heterogenen Forschungsfeldes sind. Sie umfasst die Betrachtung von Wissensproduktion und Theoriebildung, die

https://doi.org/10.1515/9783112245897-033

Geschlechterungleichheiten an der Hochschule, methodische und methodologische Prinzipien sowie die Weiterentwicklung von Objektivitätsverständnissen und Begleitung von Technikforschung. Der Beitrag geht zunächst auf die Gemeinsamkeiten unterschiedlicher feministischer Ansätze (1.) ein, indem er die feministische Kritik an der Hegemonie des Männlichen, die Kritik an Dualismen und das Sichtbarmachen der Funktion von Wissenschaft zur Legitimierung von Herrschaft diskutiert. Daran anschließend werden zentrale Forschungsschwerpunkte dargestellt, die in die vier Abschnitte – Kritik am Bias in der Wissensproduktion, Kritik an der Institution Wissenschaft, Methodenkritik sowie Objektivitäts- und Technikkritik – gegliedert sind (2.), in welchen exemplarisch auf einzelne einschlägige Vertreterinnen eingegangen wird. Diese Clusterung erfolgt nicht anhand von Zeitepochen, sondern bündelt feministische Ansätze thematisch und quer über Disziplinen hinweg.

Gemeinsamkeiten unterschiedlicher theoretischer Zugänge

Feministische Wissenschafts- und Objektivitätskritik ist ein wichtiger Bestandteil der Geschlechterforschung. Sie liegt – analog zur Geschlechterforschung – quer zu den Disziplinen in der Wissenschaft. Sie ist inter- und transdisziplinär, d.h. sie lässt sich nicht zu einer eindeutigen wissenschaftlichen Disziplin, konsensueller Methodologie oder einem einheitlichen Theoriezugang zuordnen (Gildemeister 2000). Die Inter- und Transdisziplinarität ist kein Zufall, sondern geht darauf zurück, dass die Ausgangslage feministischer Wissenschafts- bzw. Frauen- und Geschlechterforschung in den verschiedenen Disziplinen dieselbe ist, sich dort aber unterschiedlich äußert. Frauen waren über lange Zeit von einer Vielzahl gesellschaftlicher Bereiche ausgeschlossen und mussten sich ihre Teilhabe erst erkämpfen. Sie hatten keine Möglichkeit der politischen Partizipation und ihnen war auch der Zugang zu (höherer) Bildung verwehrt. Ebenso wurden die Lebensrealitäten von Frauen lange kaum in öffentlichen Statistiken und sozialwissenschaftlichen Daten aufgeführt (Müller 1984: 88; Delphy 1981). Vor diesem Hintergrund entwickelte sich in den 1970er Jahren die Frauenforschung, um den Ausschluss von Frauen aus zentralen gesellschaftlichen Bereichen und dessen grundlegende Mechanismen zu beforschen (Gildemeister 2000: 213f.).

Gemeinsam ist feministischer Wissenschaftskritik erstens die Untersuchung von sichtbaren und vor allem auch unsichtbaren Geschlechterverhältnissen, indem sie die Dominanz und Hegemonie des Männlichen in unterschiedlichen Bereichen von Gesellschaft, Politik und Wissenschaft herausarbeitet. Zweitens kritisieren viele der Ansätze als diametral entgegengesetzt verstandene Dualismen wie Frau-Mann, Natur-Kultur, Welt-Repräsentation, Subjekt-Objekt, Beobachtende-Beobachtete und die Geschichtsschreibung als lineare Progression (Deuber-Mankowsky 2019). Diese Dualismen werden reflektiert und durch das Aufzeigen ihrer geschichtlichen Gewordenheit dekonstruiert. Dekonstruktion bedeutet hier das Sichtbarmachen von verborgenen Annahmen und Hierarchien. Dadurch wird die scheinbare Natürlichkeit hinterfragt, wodurch Dualismen ihre absolute Gültigkeit verlieren und als historisches und kulturelles Konstrukt sichtbar werden. Eng verwoben mit der Kritik an solchen Binaritäten ist drittens das Infragestellen von Prozessen der Legitimierung mittels einer Naturalisierung durch Wissenschaft. Naturalisierung bezeichnet den Prozess, durch den etwas als natürlich, selbstverständlich oder unveränderlich dargestellt wird, obwohl es eigentlich historisch, sozial oder kulturell geformt ist. Dies bezieht sich nicht nur auf Geschlecht (*gender*), sondern auch auf andere Dimensionen der Ungleichheit wie *race, class* und *body*. So dekonstruieren Ansätze feministischer Wissenschaftskritik Hegemonien, binäres Denken und Annahmen der Naturhaftigkeit solcher Zuschreibungen, indem sie die historische Entwicklung von wissenschaftlichen Kategorisierungen und Klassifikationen deutlich machen (Star 1995).

Aufzeigen der Hegemonie des Männlichen

Der gemeinsame Ansatzpunkt in der Frauenbewegung der 1970er Jahre war die Forderung nach Sichtbarkeit und Teilhabe sowie das Hinterfragen der Ursachen für diese Schieflage, die den Abbau der bestehenden Benachteiligung zum Ziel hatte (Gildemeister 2000: 214). Aus diesem Kontext heraus ist die feministische Wissenschaftskritik entstanden. Sie nimmt Geschlechterungleichheiten in der Gesellschaft wie auch in der Wissenschaft selbst unter die Lupe und prüft kritisch, unter welchen Bedingungen geforscht und welches Wissen (re-)produziert wird. Vor diesem Hintergrund sind Analysen zur Kategorisierung des Weiblichen als naturgegebener Zustand mit bestimmten Charakteristika, der vom (männlichen) Normaltypus abweicht und dementsprechend als marginale Gruppe wahrgenommen wird, entstanden. Auf die Erscheinung des Weiblichen als „das andere Geschlecht“ hat bereits Simone de Beauvoir (1992 [1949]) aufmerksam gemacht.

Gemeinsam ist feministischer Wissenschaftskritik, die Marginalisierung von Frauen in der Wissenschaft aufzudecken und geschlechtliche Unterschiede mitzudenken. Dies geschieht jedoch nicht vor dem Hintergrund essentialistischer Vorstellungen naturgegebener Geschlechtlichkeit, sondern auf Basis der Vorstellung von Geschlecht als soziales Konstrukt. Konkret geht es um die Sichtbarmachung marginalisierter Lebensrealitäten und auch deren Errungenschaften.

Frühe Ansätze feministischer Wissenschaftskritik konzentrierten sich schwerpunktmäßig vor allem auf vergessene Naturwissenschaftlerinnen und erinnerte an ihre Leistungen und Arbeitssituation, was Evelyn Fox Keller (1995b) mit dem Begriff *Women in Science* bezeichnet (Paulitz 2012: 165). Spätere Ansätze wendeten sich stärker der Wissensebene der Wissenschaften zu und weiteten den Fokus auf *Gender in Science*, d.h. auf Geschlechterforschung aus, die sich explizit mit der Rolle von Geschlecht in unterschiedlichen Disziplinen (z.B. in Physik oder Chemie) befasst (Fox Keller 1995a: 33; Paulitz 2012: 165). Davon lässt sich *Science of Gender* abgrenzen (Fox Keller 1995b). Diese Forschung analysiert Theorien und Konzepte in denjenigen Naturwissenschaften, welche Geschlecht als Forschungsgegenstand haben (z.B. Biologie) (Paulitz 2012: 165). Einige Ansätze gehen in der Beschäftigung mit der Rolle von Geschlecht in der Wissenschaft zudem über die Kategorie „Frau" hinaus. Die Trans- und Inter-Studies untersuchen den Umgang mit trans*, inter* und nicht binären Körpern und Geschlechtsidentitäten in der Wissenschaft (Mader et al. 2021; Hoenes und Koch 2017).

Dekonstruktion von Dualismen

Die zweite Gemeinsamkeit stellt die Kritik an *Dualismen* dar, die als sich gegenseitig ausschließend und von Natur gegeben verstanden werden. Binäres Denken hat in der westlichen Philosophie eine machtvolle und sehr lange Tradition. Beispielsweise ist die Trennung von Geist und Körper bereits bei René Descartes' Diktum *cogito ergo sum* („Ich denke, also bin ich") im 16. Jahrhundert zu finden (Descartes 1996). Geist und Körper, Kultur und Natur scheinen sich wie zwei Pole gegenüberzustehen und das Denken, die Logik, der Geist alleinig das Sein zu bestimmen. Descartes formuliert mit dieser Vorstellung folglich die Beherrschung von Körper und Natur durch den Geist, d.h. durch die Kultur. Wissenschaftshistorische Studien haben jedoch deutlich gemacht, dass das, was als gegensätzlich formuliert und als natürlich gegeben oder aber kulturell geformt verstanden wird, einem historischen Wandlungsprozess unterliegt. Anne Fausto-Sterling hat die Historizität und Konstruktion von solchen Dualismen aufgezeigt (2002: 44) und deutlich gemacht, dass die Konstruktion sich diametral entgegenstehender Dualismen gesellschaftlich stets mit einer Bewertung einhergeht. So findet sich oftmals die Bevorzugung von männlich gegenüber weiblich attribuierten Eigenschaften oder auch dem Geist gegenüber dem Körper oder auch eine positive Konnotierung von „zivilisiert" gegenüber „primitiv".

Indem moderne Wissenschaften auf diese naturalisierten Unterscheidungen zurückgreifen, knüpfen sie an tradierte Vorstellungen an, die jedoch selbst Ergebnis sozialer Konstruktionsprozesse sind. Feministische Wissenschaftskritik versucht dies deutlich zu machen, indem sie dieses Verständnis von „Naturgegebenheit" als Konstruktion darstellt und aufzeigt, wie in der wissenschaftlichen Gemeinschaft selbst festgelegt wird, auf welche Annahmen zurückgegriffen wird und was als Standard gilt (Fox Keller 1986: 10; Deuber-Mankowsky 2019: 3). Insbesondere wird die Annahme kritisiert, dass Wissenschaft lediglich einen neutralen beobachtenden und beschreibenden Status gegenüber der Natur einnimmt. Entgegen dieser Annahme versteht beispielsweise Fox Keller unsere Vorstellung von Natur als Konstruktion, die erst im Wechselverhältnis von wissenschaftlicher Tätigkeit und gesellschaftlichen Normen entsteht (1986: 23). Fox Keller oder auch Barbara Duden beleuchten, wie Geschlechterkonstruktionen wissenschaftliche Fragestellungen und Methoden beeinflussen (1995b). Duden zeigt anhand ihrer Untersuchung von medizinischen Dokumenten im 18. Jahrhundert auf, dass Wissenschaftler*innen mit einem zeitlich und kulturell geprägten Verständnis von Körper und Geschlecht an Untersuchungen herangehen und ihre Interpretationen demgemäß geprägt sind, ihre Ergebnisse jedoch als neutrale Beschreibung gelten (1987).

Als Antwort auf diesen Dualismus stellen feministische Ansätze Denkweisen bereit, die Verschränktheiten und Gleichzeitigkeiten in den Mittelpunkt rücken (Fausto-Sterling 2002). Eine sehr bekannte Metapher hierfür stellt Elisabeth Grosz' Verwendung des Möbius-Bandes von M.C. Escher dar. Dies ist ein flaches Band, dessen Enden einmal gedreht zusammengeführt sind. Dadurch gehen die Seiten ineinander über; die Innenseite wird zur Außenseite (Grosz 1994; Fausto-Sterling 2002: 47). Diese Metapher nutzt Grosz, um den Dualismus von Natur und Kultur, Körper und Geist als untrennbar ineinander verflochten zu verstehen.

Aufdecken der Legitimierung von Herrschaft durch Naturalisierung

Die dritte Gemeinsamkeit feministischer Wissenschaftskritik liegt in der Analyse von Naturalisierungs- und Legitimierungsprozessen. Feministische Wissenschaftskritik arbeitet historisch heraus, dass die vergeschlechtlichte Aufteilung von Erwerbs- und Reproduktionsarbeit ein Produkt der Industrialisierung ist, zu deren *Legitimierung* die Wissenschaft beiträgt, wenn sie eine dichotome Wesenszuschreibung von ‚Männern' und ‚Frauen' naturalisiert (Beer 1984; Norkus und Baur 2019: 3). *Naturalisierung* bedeutet in diesem Zusammenhang, dass gesellschaftliche Vorstellungen wissenschaftliche Erkenntnisse prägen, jedoch gleichzeitig als biologische Tatsachen interpretiert werden. Vorstellungen und Normen, die in sozialen Kontexten entstehen, werden im Natürlichen verortet, wodurch ihre soziale Konstruiertheit unsichtbar wird. Auf diese Weise erscheinen Normen als natürlich und wahr. Ein Beispiel hierfür ist die Kategorisierung „Säugetier", die in einem politischen Klima entstand, in dem gefordert wurde, dass Mütter die „Säuge-“ und Sorgearbeit übernehmen. Londa Schiebinger zeigt, wie der Begriff des „Säugens“ in den biologischen Diskurs eingeführt wurde und wie die Einteilung von Tierarten anhand von Merkmalen wie dem Vorhandensein von Brüsten mit politischen Debatten über die Zuständigkeit von Frauen für die Kinderbetreuung verknüpft ist (Schiebinger 1995). Die Biologie trug in diesem Fall zur Legitimierung geschlechtsspezifischer Sorgearbeit bei. Auch heute noch erfolgt die Bildung von Kategorien durch die Bündelung spezifischer Merkmale, was zu einer Verkürzung und Vereinfachung von Lebensrealitäten führen kann.

Verschiedene Forschungsschwerpunkte

Im vorausgegangenen Abschnitt wurden drei Gemeinsamkeiten feministischer Wissenschaftskritik identifiziert: erstens das Hinterfragen des Männlichen als Norm, um das Fehlen weiblicher Lebensrealitäten in wissenschaftlichen Erkenntnisprozessen und deren Produkten aufzuzeigen; zweitens die Kritik an dualistischem Denken, da dieses machtvoll die Welt ordnet sowie drittens das Aufdecken von Naturalisierungs- und Legitimierungsprozessen, die solche Dualismen als naturgegeben und damit als unhinterfragbar darstellen. Zentral ist feministischer Wissenschaftskritik damit ein Verständnis von Wissenschaft nicht als beobachtende und beschreibende, sondern konstruierende und machtvolle Instanz. Diese Gemeinsamkeiten durchziehen auch die im Folgenden beschriebenen unterschiedlichen Forschungsschwerpunkte feministischer Wissenschafts-, Methoden- und Objektivitätskritik. Die folgende Unterteilung in Forschungsschwerpunkte ist nicht trennscharf, ermöglicht aber einen verständlichen Zugang zu den einzelnen Thematiken.

Kritik an Bias in Wissensproduktion

Feministische Wissenschaftskritik fragt nach den Bedingungen von Erkenntnis, also unter welchen Umständen Wissen entsteht. Sie geht davon aus, dass Wissen innerhalb von Macht- und Ungleichheitsverhältnissen produziert wird. Wissensproduktion wird von feministischer Wissenschaftskritik damit nicht als neutral verstanden, sondern als in Kontexten entstehend und von diesen geprägt. Um Leerstellen und Schieflagen in der Wissensproduktion zu analysieren, findet deren Betrachtung innerhalb verschiedener Disziplinen, aber auch über Disziplingrenzen hinweg statt. Verschiedene Arbeiten innerhalb der feministischen Wissenschaftskritik zeigen auf, wie männliche Hegemonie in Zielsetzungen, Inhalten und Methoden der wissenschaftlichen Erkenntnisweise eingeschrieben ist (Hausen und Nowotny 1986: 9f.). Beispielsweise zeigen Analysen aus der Wissenschaftsgeschichte eine lange Tradition auf, in der Frauen als ‚Geschlechtswesen' oder ‚Naturwesen' gelten und allgemeines ‚Mensch-Sein' als männlich gedacht wird (Schaeffer-Hegel und Watson-Franke 1989; Gildemeister 2000: 215). Der Sammelband von Schaeffer-Hegel und Watson-Franke (1989) nimmt beispielsweise diesen frauendiskriminierenden Charakter wissenschaftlicher Denktraditionen disziplinenübergreifend in den Blick. Der Band von Hausen und Nowotny (1986) untersucht die Frage nach der ‚Männlichkeit' von Wissenschaft und versammelt hierzu Beiträge aus den Kultur-, Rechts-, Wirtschafts- und Naturwissenschaften sowie Architektur, Medizin und Technik. Analysiert wird jeweils die Position von Frauen in den jeweiligen Disziplinen und die Schwierigkeiten und expliziten und impliziten Diskriminierungen, die sich aus der Annahme des ‚Männlichen' als Standard oder zentraler Bezugspunkt ergeben (Vettermann 1991).

Hedwig Rudolph hat beispielsweise aufgezeigt, wie in männlich dominierten Disziplinen Beiträge von Frauen marginalisiert und/oder unter männlichem Etikett vereinnahmt werden (Rudolph 1986: 130). Anhand der Disziplin der Nationalökonomie des 19. Jahrhunderts zeigt sie, dass Frauen hier auf bestimmte Plätze verwiesen werden. In Fußnoten werden ihre Leistungen als Mütter, Ehefrauen, Schülerinnen erwähnt, ihre wissenschaftlichen Beiträge bleiben jedoch unsichtbar (Rudolph 1986: 130). Rudolph macht darüber hinaus deutlich, dass diese geschlechtliche Ungleichheit in der Berücksichtigung wissenschaftlicher Beiträge auch mit Analysegegenständen und Bewertungen in wirtschaftswissenschaftlichen Diskursen einhergeht. So sparten beispielsweise Ansätze der Nationalökonomie lange Hausarbeit aus. Dies hatte zur Folge, dass beträchtliche Anteile weiblicher Arbeitskraft nicht in volkswirtschaftliche Berechnungen eingingen (Rudolph 1986: 134). In den Arbeitswissenschaften hat feministische Wissenschaftskritik die schlechtere Bewertung von weiblicher Arbeitskraft untersucht und einen Zusammenhang mit Menstruation und Schwangerschaft aufgezeigt, die als Einschränkung weiblicher Arbeitskraft wahrgenommen werden (Krell 1986: 145). Daran hat sie deutlich gemacht, dass hier der Körper zur Legitimation von kulturellen Praktiken und gesellschaftlichen Verhältnissen herangezogen wird.

Viele feministische Ansätze hinterfragen zudem das vergeschlechtlichte Verständnis von Natur und verstehen Natur vor diesem Hintergrund als soziale Konstruktion (Deuber-Mankowsky 2019: 15). Unterschiedliche Ansätze legen dabei die Annahme von Natur als Konstrukt unterschiedlich aus. Entweder wird hier Natur selbst oder lediglich unser Verständnis davon als Produkt sozialer Prozesse verstanden. Gemeinsam ist diesen Ansätzen, dass sie untersuchen, inwieweit Geschlecht konstruiert wird. Feministische Wissenschaftskritik rekonstruiert die historische

Gewordenheit von Geschlecht und arbeitet den *male bias* in naturwissenschaftlichen Erkenntnisprozessen heraus, d.h. die Verzerrungen von Wissensproduktion zu Gunsten einer männlichen Perspektive (Althoff et al. 2017: 41). Eine solche Verzerrung findet sich bereits bei Aristoteles (384–322 v.u.Z.), der die Frau als „minderwertigen Mann" bestimmt. Diese Vorstellung, dass das weibliche Geschlecht lediglich eine unvollkommene Version des männlichen Körpers sei, wurde nachfolgend von dem Wissenschaftshistoriker Thomas Laqueur als Ein-Geschlecht-Modell bezeichnet (Laqueur 1992; Deuber-Mankowsky 2019: 4). Im 18. Jahrhundert bildet sich das Zwei-Geschlechter-Modell im Kontext der Entstehung moderner Wissenschaften heraus, d.h. die Annahme, dass es biologisch zwei verschiedene Geschlechter gibt, die sich ergänzen sollen (Laqueur 1992). Hieran wird deutlich, dass das Verständnis von Geschlecht und damit unser Konzept des Körpers sich historisch verändern kann und damit nicht naturgegeben ist. Auch Zuschreibungen wie ‚rational', ‚stark', ‚aktiv' als ‚männlich' und ‚schwach', ‚passiv' und ‚emotional' als ‚weiblich' entstanden erst innerhalb einer sich entwickelnden sozialen und politischen Geschlechterhierarchie. Die *Historizität von Geschlecht*, d.h. die historische Veränderung des Verständnisses von Geschlecht nimmt Ulrike Klöppel (2010) in den Blick. Sie hat deutsche Diskurse der Medizin zu Intergeschlechtlichkeit von der frühen Neuzeit bis zum frühen 20. Jahrhundert untersucht und gezeigt, wie stark diese medizinischen Diskurse durch normative Vorstellungen von Geschlecht geprägt sind, die über ‚richtig' und ‚falsch', ‚krank' und ‚gesund' entscheiden. Solche Untersuchungen zeigen auf, dass auch die Wissenschaft durch im gesellschaftlichen Diskurs anerkannte Vorstellungen von Geschlecht und Sexualität geprägt ist und solche Vorstellungen dann selbst als ‚natürlich gegeben' reproduziert.

Während viele Ansätze feministischer Wissenschaftskritik sich vor allem auf Geschlecht fokussieren, findet sich auch Forschung, die nicht nur Geschlechterverhältnisse, sondern zugleich auch Rassifizierungen und Klassenunterschiede untersuchen. Kimberlé Crenshaw hat dazu unter Bezug auf Arbeiten des Combahee River Collective (Combahee River Collective 1977) den Begriff *Intersektionalität* eingeführt. Damit kritisierte sie die Eindimensionalität feministischer Ansätze, die nur auf Geschlecht fokussieren. Stattdessen forderte sie, die Gleichzeitigkeit von verschiedenen Ungleichheitsmechanismen mitzudenken. Ihre Überlegungen entwickelte sie in der Rechtswissenschaft exemplarisch an einem Rechtsstreit von Schwarzen Frauen[1] gegen ihre Entlassung. Das Recht schützte zwar Frauen und Schwarze Männer, Schwarze Frauen wurden jedoch übersehen (Crenshaw 1989).

1 Die Großschreibung macht auf die soziale Konstruiertheit dieses Begriffs aufmerksam und stellt eine Selbstbezeichnung Schwarzer Menschen dar. Denise Bergold-Caldwell (2020) gibt aktuelle Einblicke in Erfahrungen der Konstruktion Schwarzer Weiblichkeiten.

Argumentiert wird in intersektionalen Ansätzen, dass in westlichen Gesellschaften von einem eurozentrischen, kolonialen, rassistischen, bürgerlichen, hegemonial männlichen Standort aus geforscht wird, diese Perspektive jedoch als Norm gilt und nicht reflektiert wird (Lugones 2016; Collins 1990). Beispielsweise beschreiben die einflussreichen Arbeiten von Anne McClintock (1995) und Anne Laura Stoler (1999) die Trennung von Natur und Kultur im Kontext kolonialer Diskurse. Sie argumentieren, dass hierdurch die Natur mit dem ‚Anderen' assoziiert und in Bezug auf Kolonisierte angewendet wird, so dass diese als ‚unvernünftige', ‚primitive' und ‚unzivilisierte Objekte' dargestellt werden. Arbeiten wie die von McClintock und Stoler verstehen diese hierarchisierende Denkweise als Legitimierung von Kolonialismus, indem Kolonisierte der Natur zugeordnet werden, die dann gebändigt, kultiviert und gezähmt werden muss und dann auch ausgebeutet werden darf. Castro Varela und Dhawan schließen hier an, wenn sie hervorheben, dass Wissenschaft dazu genutzt wurde, um ein überlegenes vergeschlechtlichtes weißes Subjekt zu konstruieren und über eine solche Naturalisierung die imperialistische Ausweitung von Herrschaft zu legitimieren (2009: 13).

Einigen Ansätzen feministischer Wissenschaftskritik ist zudem die Sichtbarmachung von Unterschieden innerhalb der Kategorie ‚Frau' ein Anliegen, was analytisch durch die intersektionale Verknüpfung von *gender, race* und *class* umgesetzt wird (Davis 1982; hooks 1981). Intersektionale oder auch post- und dekoloniale Ansätze weisen hierbei Überschneidungen mit feministischer Wissenschaftskritik auf, indem sie diskriminierende Effekte, Auf- und Abwertungen sowie Ein- und Ausschlüsse in der Wissensproduktion aufzeigen und auf diese Weise epistemische Deutungsmacht[2] dekonstruieren (Schmitz et al. 2023: 6). Schmitz et al. (2023) machen in ihrem Band deutlich, wie eng feministische Wissenschaftskritiken mit post- und dekolonialen Kritiken an der westlich-hegemonialen Wissensproduktion verschränkt sind. Zuschreibungen wie erhöhte Affektivität und geringere Rationalität werden dazu genutzt, die Ignoranz bzw. Ausbeutung von indigenem Wissen zu legitimieren und zu rechtfertigen. Ob aus der Perspektive der Kolonisierenden oder Kolonisierten und damit aus einer marginalen oder hegemonialen Position in einer Gesellschaft geforscht wird hat damit entscheidenden Einfluss auf die Wissensproduktion (Chakrabarty 2010).

Das Hinterfragen der Gleichsetzung des Menschlichen mit dem hegemonial westlich Männlichen hinterfragt damit zugleich das westliche Wissenschaftsverständnis als historisches und koloniales Projekt (Lugones 2016; Quijano 2007) und

2 Epistemische Deutungsmacht bezeichnet die Macht zu bestimmen, was als Wissen gilt und wie bestimmte Themen interpretiert werden. Sie beeinflusst, welche Perspektiven und Wahrheiten in Wissenschaft, Politik oder Gesellschaft als legitim anerkannt und verbreitet werden.

macht deutlich, dass es keine wertneutrale Forschung geben kann. Zusammenfassend lässt sich festhalten, dass feministische Wissenschaftskritik *Wissen als ein Produkt* versteht, das unter spezifischen Bedingungen hergestellt wird. In diesem Sinne beschreibt Wissenschaft nicht einfach die Natur, sondern Beschreibungen der Natur sind immer schon geprägt durch den Kontext, in dem sie stattfinden, und die darin institutionalisierten Vorannahmen.

Kritik der Institution Wissenschaft

Ein weiterer wichtiger Fokus von feministischer Wissenschaftskritik ist es, die eigenen Arbeitsbedingungen unter die Lupe zu nehmen. Im Fokus der Analyse steht hier die Universität als Institution und Organisation und die Bedeutung von Geschlecht für den Wissenschaftsbetrieb (Althoff et al. 2017: 1). Zentral sind hierbei die *Geschlechterverhältnisse und sozialen Ungleichheiten* im System Wissenschaft (Laufenberg et al. 2018: 6ff.), Vergeschlechtlichungen im Zusammenhang mit disziplinären Logiken und Fachkulturen (Erlemann et al. 2018) und disziplinären Praktiken (Schiebinger 2000).[3] Ansätze, die darin eingeschriebene (Geschlechter-)Ungleichheiten betrachten, fragen nach den Strukturen und Kulturen der Wissenschaft und ihren Verstrickungen mit Prozessen der Ökonomisierung und Prekarisierung (Hark 2018).

Ein zentraler Aspekt feministischer Wissenschaftskritik sind Untersuchungen, die zeigen, dass *gender, race* und *class* einen stärkeren Einfluss auf die wissenschaftliche Laufbahn haben als Leistung, wodurch bestimmte Gruppen besonderen Barrieren begegnen (Hark und Hofbauer 2023). Soziale Herkunft, Rassifizierung oder Migration determinieren dadurch Aufstiegschancen (Binner und Weber 2019; Aulenbacher et al. 2013; Beaufaÿs und Krais 2007; Möller 2015; Kuria 2015; Thompson und Vorbrugg 2018; Gutiérrez Rodríguez et al. 2016). Entsprechend strukturiert sich die Personalstruktur und Arbeitskultur entlang der genannten Ungleichheitsmerkmale. Hinzu kommen noch Kriterien wie Alter, Behinderung und Sexualität. Im Umkehrschluss wird dadurch deutlich, dass „weiße, männliche Akademiker mit hoher und gehobener sozialer Klassenherkunft" im Wissenschaftssystem bevorteilt werden (Laufenberg et al. 2018: 7). Intersektionale Ansätze heben hervor, dass die Erfolgschancen in der Wissenschaft nicht für alle Wissenschaftler*innen gleichverteilt sind. Entscheidend für wissenschaftlichen Erfolg sind vielmehr die ungleichverteilten Ressourcen (bzw. soziales, kulturelles und ökonomisches Kapital

---

3 Siehe zu sozialer Ungleichheit in der Wissenschaft auch der Beitrag von Julian Hamann (2026) und zu Wissenschaftskulturen von Karen Kastenhofer (2026) in diesem Band.

(Bourdieu 2012)) sowie die Wirksamkeit ideologisierter Vorstellungen (Norkus 2018: 212). Während aktuell der Geschlechteranteil unter Studierenden fast ausgewogen ist, sinkt der Frauenanteil mit steigender Hierarchiestufe und Reputation – genannt vertikale Segregation (Paulitz 2012: 167). Im Jahr 2022 waren lediglich 28 Prozent der hauptberuflichen Professuren von Frauen besetzt und nur 12,3 Prozent der ranghöchsten C4-Professor*innen sind weiblich (Destatis 2024). Wissenschaftlerinnen sind häufiger befristet und in Teilzeit beschäftigt als ihre männlichen Kollegen (Beaufaÿs 2018). Auch die Differenzierung nach Fächergruppen zeigt noch immer ein deutlich vergeschlechtlichtes Bild, denn während in den Geisteswissenschaften der Frauenanteil höher ist, sind Männer stärker in Natur- und Ingenieurswissenschaften zu finden, was auch als horizontale Segregation bezeichnet wird (Paulitz 2012: 167). Die wissenschaftsunterstützenden Bereiche wie Verwaltung und Wissenschaftsmanagement weisen noch einmal einen wesentlich höheren Frauenanteil auf als er unter Forschenden zu finden ist, was zudem mit niedrigeren Löhnen einhergeht und nicht zuletzt auch rassifizierte Muster aufweist (z.B. rassifizierte Menschen sind vor allem in Reinigung und Mensa zu finden) (Hark und Hofbauer 2023: 28). Ausgenommen sind die etwas besser entlohnten technischen Dienstleistungen, die wiederum mehrheitlich von Männern besetzt sind (Hark und Hofbauer 2023: 28). Die Spezifik feministischer Wissenschaftskritik ist es, bei solchen Betrachtungen auch nach Wechselwirkungen mit anderen Ungleichheitskategorien zu fragen und sich auf die Suche nach Ursachen, Auswirkungen, Dynamiken und Prozessen zu machen.

Als eine Ursache für die geschlechtliche Segregation verstehen feministische Ansätze der Wissenschaftskritik zum Beispiel die Karriereanforderungen in der Wissenschaft, die Lebensentwürfe voraussetzt entlang der stereotypen Vorstellung der männlich konnotierten Erwerbsorientierung (Erlemann et al. 2018: 5; Lang und Birgit 1997; Krais 2000; Beaufaÿs et al. 2012). Das Problem der *Vereinbarkeit von Beruf und Familie* besteht noch immer vor allem für Frauen und führt zu ihrer doppelten Vergesellschaftung[4] (Becker-Schmidt 2008). Feministische Wissenschaftskritik versteht Geschlecht daher als strukturgenerierend, da Geschlecht hier zur Grundlage für die Herausbildung sozialer Ordnung wird (Gildemeister 2000: 220). Dadurch kann gezeigt werden, dass der scheinbaren Unvereinbarkeit von Weiblichkeit und Wissenschaft ein Verständnis zugrunde liegt, das sich in der westlichen Moderne entwickelt hat und in dem Weiblichkeit mit Emotionalität und Mütterlichkeit assoziiert und Wissenschaft dagegen als von Natur aus durch Vernunft, Rationalität und

4 Regina Becker-Schmidt führt den Begriff ein, um zu benennen, dass Frauen in modernen Gesellschaften gleichzeitig in der Sphäre der Erwerbsarbeit und der Reproduktionsarbeit tätig und dadurch spezifischen Widersprüchen und Herausforderungen ausgesetzt sind.

Anti-Subjektivismus gekennzeichnet betrachtet wird (Villa Braslavsky 2020: X). Der Sammelband *Mutterschaft und Wissenschaft* thematisiert die Situation von Wissenschaftlerinnen (Czerney et al. 2020) und behandelt eben jene Unvereinbarkeit. Feministische Ansätze betrachten zudem Gleichstellungspolitiken und Umsetzung von Gender Mainstreaming und Diversity Management an Universitäten (Czerney et al. 2020; Binner und Weber 2017; Striedinger et al. 2016; Vollmer 2016; Binner et al. 2013; Bauschke-Urban et al. 2010; Zimmermann 2000; Lind und Löther 2007). Damit sind die Analysen von Wissenschaft als Arbeitsumgebung eng verknüpft mit arbeits- und organisationssoziologischen Analysen. Hinterfragt wird in feministischer Wissenschaftskritik auch, welche Annahmen sich hinter ‚Leistung' und ‚Exzellenz' verbergen (Riegraf 2018). Der spezifische Blick feministischer Wissenschaftskritik verbindet die Analyse sozialer Strukturen mit der Analyse ideologischer Setzungen und hinterfragt hierbei hegemoniale Vorstellungen und Zuschreibungen und wie diese in Organisationen eingelassen sind.

Methodenkritik: Parteilichkeit und Selbstreflexion

Ein weiterer zentraler Forschungsschwerpunkt innerhalb feministischer Wissenschaftskritik stellt die kritische Perspektive auf Methoden der empirischen Sozialforschung dar. Als eine Gemeinsamkeit verschiedener Ansätze kann hierbei der Grundsatz gelten, dass sich Methoden nicht von theoretischen Zugängen und Forschungsfragen trennen lassen und Forschungsergebnisse abhängig sind von den genutzten Methoden und erkenntnistheoretischen Zugängen. Als Spezifik feministischer Methodenkritik können hierbei die herrschafts- und machtkritischen Impulse in der Methodenreflexion genannt werden. Dies zeigt sich in der Selbstreflexion feministischer Ansätze, ihrer Reflexion der Methodenwahl und der Rolle der Forschenden im Forschungsprozess sowie dem erkenntnistheoretischen Hinterfragen wissenschaftlicher Praktiken (Althoff et al. 2017: 2; 4; 60). Feministische Methodenkritik adressiert dabei das Spannungsfeld von Forschung, Kritik und politischem Anspruch. Sie legt offen, wie Konzeption und Durchführung wissenschaftlicher Studien und folglich auch Ergebnisse mit Vorannahmen und Denktraditionen verknüpft sind (Althoff et al. 2017: 4; 7ff.). Vor diesem Hintergrund sind vor allem Kontroversen um Nähe und Distanz zwischen Forschenden und Beforschten zu nennen und damit einhergehende Debatten um Parteilichkeit von Forschung. Auch geht damit das Infragestellen von Forschung als objektive Beobachtung und die Bedeutung der Subjektivität der Forschenden im Erkenntnisprozess einher, was im nächsten Abschnitt unter dem Stichwort Objektivitätskritik verhandelt wird. Debatten zu Nähe-Distanz und Subjektivität-Reflexivität werden auch allgemein in der qualitativen Sozialforschung geführt.

Ein zentraler Ansatz der Methodenkritik ist die Kritik an positivistischen und standardisierten Verfahren, wie sie z.B. in der quantitativen Datenanalyse genutzt werden. Kritisiert wird, dass quantitative Fragebögen durch Vorannahmen geprägte Antwortmöglichkeiten vorgeben, die darüber hinausgehende Erkenntnismöglichkeiten begrenzen (Norkus und Baur 2019: 5). Problematisiert wird beispielsweise, dass mit der Vorannahme der Zweigeschlechtlichkeit ins Feld gegangen wird und so vorherrschende Vorstellungen von Geschlecht essentialisiert werden, indem dadurch binäre Geschlechtsvorstellungen zu einem zentrale Analysekriterium erhoben werden. Die forschungspraktische Festlegung von lediglich zwei Geschlechtern wurde seit den 1960er Jahren durch konstruktivistische Ansätze wie die US-amerikanischen Ansätze der Ethnomethodologie ins Wanken gebracht (Garfinkel 1967; Goffman 1977; Kessler und McKenna 1978). In Deutschland zieht sich diese Debatte bis in die 1990er Jahre. Als Reaktion darauf wurde bereits die Abfrage von Geschlecht mit vier Kategorien eingeführt, was eine Anerkennung von Geschlechtern jenseits der Zweigeschlechterordnung verdeutlicht. Darüber hinaus wird gefordert, Geschlecht nicht als feststehende Variable, sondern als Strukturkategorie oder Kontinuum zu denken (Buchen 2004; Baltes-Löhr 2023). Hieran schließen Forderungen nach einem freien Eingabefeld in der quantitativen Erfassung von Geschlecht an (Diethold et al. 2023).

In Deutschland können die methodischen Postulate von Maria Mies (1978) als wichtiger Beitrag verstanden werden, der eine Kontroverse über das methodologische Selbstverständnis der deutschen Frauenforschung[5] initiiert und auch das Verhältnis von Wissenschaft und Politik diskutiert hat (Althoff et al. 2017: 60). Mies stellte die Frage, ob und wie sich überhaupt dezidiert feministische Methoden bestimmen lassen. In der anschließenden Diskussion wurde deutlich, dass sich zwar kein unmittelbarer Wesenskern bestimmen lässt, der der Breite feministischer Forschungsfragen gerecht wird (Bethmann 2017: 2). Ursula Müller konstatierte hierzu 1984, dass es nicht die eine feministische Methode gebe. Vielmehr gehe es darum, Kontext und Begründungszusammenhänge zu erschließen und eine geeignete Methode für eine spezifische Fragestellung zu finden (Bitzan et al. 2000; Müller 1984).

Jedoch forderte Mies auch – vor dem Hintergrund ihrer eigenen Forschung zu Gewalt an Frauen – bewusste *Parteilichkeit* „durch eine teilweise Identifikation mit den ‚Forschungsobjekten'"(Mies 1978: 41). Gleichzeitig wies sie darauf hin, dass auch Wissenschaftlerinnen selbst von der gesellschaftlichen Unterdrückung der Frau betroffen und dadurch folglich Forschende und Betroffene zugleich sind, was

5 Aus der Frauenforschung ist später die Frauen- und Geschlechterforschung bzw. Gender Studies in Deutschland entstanden.

bei der Entwicklung von Forschungsfragen und der Methodenwahl einbezogen werden sollte. Zudem ging sie davon aus, dass aus der eigenen Betroffenheit auch eine größere Sensibilität für die Analyse von patriarchalen Herrschaftsverhältnissen möglich sei. Zentral war für Mies dabei vor allem die wechselseitige Beeinflussung von Theorie und Praxis, um durch wissenschaftliche Erkenntnis auch gezielt politische Veränderungen zu bewirken (Mies 1978; Althoff et al. 2017: 61). Mies' Position ist innerhalb der Geschlechterforschung umstritten. Zustimmung fand die Forderung danach, theorie- und gegenstandsbezogene Entscheidungen zu treffen und zu explizieren (Bitzan et al. 2000). Problematisiert wurde vor allem die Frage der eigenen Positioniertheit. 15 Jahre nach Mies formulierte Monika Wohlrab-Sahr eine Position, die Mies' Einwände überdenkt und einen Mittelweg der Position der Forschenden zwischen neutraler Außenposition und grenzenloser Parteilichkeit sieht. Sie argumentiert für die Reflexion der eigenen Positioniertheit und Verortung im Geschlechterverhältnis, was qualitative Forschung als Fremdverstehen anerkennt und nicht von der eigenen Betroffenheit abhängig macht (Wohlrab-Sahr 1993: 137). Andere Ansätze feministischer Methodenkritik gehen schließlich weiter auf diese Forderung der Selbstreflexivität ein und fragen danach, was die Reflexion der eigenen Position konkret im Forschungsprozess bedeutet (Bereswill 2003; Nadig 1992). Gemeinsam ist diesen Ansätzen, dass sie die Subjektivität der Forschenden nicht als Hindernis, sondern als zu nutzende Ressource beschreiben.

Aktuell finden sich Spuren dieser feministischen Methodenkritik in vielen nicht explizit feministischen Forschungsperspektiven wieder und bestimmte sozialwissenschaftliche Ansätze können mit feministischen Interventionen wie jenen von Maria Mies (1978) in Verbindung gebracht werden. Beispielsweise können aktuelle Ansätze partizipativer Forschung, die durch Teilhabe an Forschung gesellschaftliche Teilhabe ermöglichen wollen (siehe auch Voß 2026 in diesem Band) oder Community-basierte Ansätze als in der Linie feministischer Methodenkritik stehend begriffen werden.[6] Aber auch methodologische Überlegungen, die sich mit dem Objekt-Subjekt-Verhältnis von Forschenden und Beforschten auseinandersetzen (Binder und Hess 2013; Mader 2023: 86ff.), weisen Bezüge zur feministischen Wissenschafts- und Methodenkritik auf. Forderungen nach einer Reflexion der Forschung, nach Rechenschaft und forschungsethischem Handeln sind gemeinsame Diskussionsstränge mit anderen Ansätzen der Technik- und Wissenschaftsforschung (siehe auch Kropp und Schreck 2026 in diesem Band). Auch die Beziehung zwischen feministischen Methoden und quantitativer Sozialforschung

6 Von Unger sieht in ihrer Einführung zu partizipativer Forschung vor allem eine Kontinuität zur US-amerikanischen Aktionsforschung, geht hierbei jedoch nicht auf die deutschen Entwicklungen feministischer Interventionen ein (2014: 3ff.).

gestaltet sich heute sehr vielschichtig. Viele feministische Ansätze kritisieren zwar weiterhin androzentrische Erkenntnisweisen, lehnen quantitative Verfahren ab und priorisieren insbesondere interpretative Verfahren wie Ethnografie (Pillow und Mayo 2012), qualitative Interviews (Behnke-Vonier und Meuser 1999), offene Befragungen wie narrative, Leitfaden- oder Expert*inneninterviews (Doucet und Mathner 2008) oder auch Gruppendiskussionen (Munday 2007). Gleichzeitig bedienen sich andere feministische Ansätze aber auch quantitativen Verfahren (Miner und Jayaratne 2007) oder zunehmend auch Mixed-Methods-Designs, die quantitative und qualitative Methoden miteinander kombinieren (Cole und Stewart 2012; Norkus und Baur 2019: 2).

Objektivitäts- und Technikkritik

Die Methodenkritik, insbesondere die Kritik an quantitativen Verfahren ist eng verbunden mit der feministischen Objektivitätskritik. Die Betrachtung wissenschaftlicher Erkenntnisprozesse und gesellschaftlicher Strukturen seit den 1970er Jahren durch feministische Stimmen versteht die Annahme wissenschaftlicher Objektivität im Sinne von *Neutralität und Universalität als konstruiertes Phänomen*. Mit der Kritik am androzentrischen Wissenschaftsverständnis geht eine intensive Auseinandersetzung der erkenntnistheoretischen Frage einher, ob es eine Allgemeingültigkeit gibt. Dies hat nicht zuletzt auch zu Kontroversen über Objektivitätsansprüche in der feministischen Wissenschaftskritik selbst geführt (Althoff et al. 2017: 42; 59). Gemeinsam sind den verschiedenen Ansätzen von Objektivitätskritik das Hinterfragen der Trennung von Subjekt und Objekt, von Beobachteten und Beobachtenden in der Wissenschaft. Einigkeit herrscht darüber, dass Forschende die Welt nicht von außen betrachten, sondern immer ein Teil davon sind. Feministische Wissenschaftskritik hinterfragt die jeweilige Verortung des Erkenntnisprozesses. Es wird davon ausgegangen, dass auch die Forschung die Welt stets von einem spezifischen Standort aus betrachtet und somit immer nur einen Teilausschnitt der Welt sehen kann. Damit wendet sich die Feministische Wissenschaftskritik gegen die Vorstellung einer universellen und natürlich gegebenen Wahrheit, die von der Wissenschaft abgebildet werden kann.

Die unterschiedlichen feministische Positionen in Bezug auf die Frage nach Objektivität und Allgemeingültigkeit reichen von der Vorstellung, dass Objektivität bei Veränderung wissenschaftlicher Strukturen möglich und erstrebenswert ist, über das Umarbeiten wissenschaftlicher Erkenntnisprozesse und die Entwicklung eines eigenen Objektivitätsverständnisses bis hin zur Ablehnung des wissenschaftlichen Objektivitätsanspruchs an sich. Beispielsweise hält Cornelia Klinger am wissenschaftlichen Objektivitätsanspruch fest, indem sie dafür eintritt, den *male bias* aufzudecken und ihn durch die Teilhabe von Frauen bzw. das Mitdenken von Geschlecht zu beheben (Klinger 1990). Sandra Hardings feministische Standpunkttheorie fordert dagegen, dass Forschende die Vorstellung von Wertneutralität aufgeben und entwirft auf dieser Grundlage ihr Konzept von *strenger Objektivität*. Dieses umfasst die Selbstreflexion, d.h. das Offenlegen von impliziten ethischen und sozialen Einflüssen und Positionierungen der Forschenden, die Einbeziehung marginaler Perspektiven in die Forschung und das Sichtbarmachen von Machtstrukturen (Harding 1994: 155ff.). Eine ähnliche Position nimmt Donna Haraway ein (siehe auch Prietl und Weber 2026 in diesem Band). Sie spricht vom mystischen *Gottestrick*, wenn davon ausgegangen wird, Wissenschaft könne von einer neutralen Position aus über der Welt schweben und sie von der Ferne aus betrachten (Haraway 1988: 281; Bauer 2017: 31). Haraway spricht stattdessen von *situierten Wissen* (im Plural) und macht die Partialität und Verkörperung von Wissen stark. Für sie ist Wissen an einen Standort gebunden, im Körper eingelassen und im Kontext situiert (Haraway 1988: 583) und damit von der Perspektive der Wissensproduzent*innen abhängig, wodurch es zu einem Produkt von Menschen und nichtmenschlichen Akteur*innen (z.B. Tieren, Geräten)[7] wird. Anstelle des Anspruchs, eine allgemeine oder umfassende Sichtweise herzustellen, sieht sie Objektivität in der Verbindung der *partialen Perspektive*, d.h. ohne einzelne Perspektiven zu verallgemeinern, sondern in der Anerkennung der Situiertheit und Heterogenität der Sichtweisen (Althoff et al. 2017: 43). Vor allem an Haraways Überlegungen knüpft später Karen Barad an, die Erkenntnisse aus der Quantenphysik nutzbar macht und mit ihrer *diffraktiven Methodologie*[8] einige von Haraways Thesen radikalisiert, wenn sie davon spricht, dass sich Beobachtende und Beobachtetes gegenseitig hervorbringen (Barad 2006, 2012). Sie geht vor diesem Hintergrund davon aus, dass die Messapparate die Wirklichkeit mithervorbringen. Apparate und Materie versteht sie als *agents*. Diese sind nicht passiv, sondern besitzen selbst Handlungsfähigkeit (agency). Barad lehnt folglich den wissenschaftlichen Objektivitätsanspruch völlig ab, da sich keine Trennung zwischen Apparat und Wirklichkeit herstellen lasse.

Die feministische Objektivitätskritik stellt folglich nicht nur die Frage nach der Vergeschlechtlichung von Wissensproduktion und Wissen, sondern dekonstruiert auch die zentrale Annahme von Objektivität in der wissenschaftlichen Wissens-

7 Haraway führt nichtmenschliche Akteur*innen in feministische Debatten ein, woraus später der New Materialism entsteht.

8 Die Diffraktion ist ein Begriff aus der Physik entlehnt und bezeichnet die Interaktion von Wellen und Schwingungen. Barad bezeichnet mit diesem Begriff ihre Methodologie, die nicht von Entitäten, sondern von intra-agierenden Phänomenen ausgeht. Intra-agierend ist eine Wortschöpfung, die verdeutlichen soll, dass sich Phänomene gegenseitig hervorbringen.

produktion. In dieser Linie steht auch eine kritische Begleitung von Innovation und Technik, woraus sich der Schwerpunkt feministischer Wissenschafts- und Technikforschung (Science and Technology Studies, STS) entwickelt hat (siehe auch Prietl und Weber 2026 in diesem Band). Zentral ist hier für die feministische Betrachtung neben der Sichtbarmachung der ‚männlichen' Norm insbesondere in Laboren und naturwissenschaftlichen Forschungspraktiken auch der Fokus auf Technologieentwicklung. Beispielsweise zeigt die Betrachtung von Sicherheitstestungen in der Automobilbranche, dass die Nutzung genormter Dummies, die sich am erwachsenen männlichen Körper orientieren, lange Zeit zu erhöhten Sterberaten unter Personen führte, die wie Frauen und Kinder kleiner sind als die standardisierte Normgröße (Köllner 2024).

Zusammenfassung

Als ein zentraler Gedanke der verschiedenen genannten Ansätze feministischer Wissenschaftskritik zeigen sich das Hinweisen auf Leerstellen und Verzerrungen in der Wissensproduktion. Analysiert wird die androzentrische Ausrichtung von Wissenschaft und die daraus folgende verzerrte Darstellung gesellschaftlicher Strukturen, Prozesse und Vorstellungen (Norkus und Baur 2019: 2). Feministische Wissenschaftskritik fokussiert auf Wissens- und Strukturkategorien wie *gender*, *race* und *class* und deren Verschränkungen. Grundannahmen westlicher Denktraditionen, die sich beispielsweise in dualistischen Annahmen finden, werden geprüft und hinsichtlich ihrer Naturalisierungs- und Legitimierungsansprüche befragt. Inter- und Transdisziplinärität stellen eine Stärke feministischer Wissenschaftskritik dar, durch die es möglich ist, Fragen nach Gleichheit und Differenz in und über verschiedenen Disziplinen hinweg zu beleuchten. Feministische Ansätze stellen zudem Konzepte und Theorien bereit, um Wissenschaft kritisch zu begleiten, weiterzuentwickeln und Objektivität neu zu denken. Darüber hinaus zeigt sich als verbindende Gemeinsamkeit das hohe Maß an (Selbst-)Reflexivität in den wissenschaftlichen Praktiken (z.B. Rolle der Forschenden), Institutionen und Strukturen einerseits sowie in ihren Methoden und Methodologien andererseits. Ein solches Aufdecken und Hinterfragen von Annahmen, die Wissenschaft zugrundliegen, eröffnet den Raum für die Wahrnehmung und Bearbeitung von mehr Komplexität und erweitert den Blick in zuvor nicht sichtbare Bereiche.

Weiterführende Lektüre

Althoff, M., M. Apel, M. Bereswill, J. Gruhlich und B. Riegraf (Hrsg.), 2017: Feministische Methodologien und Methoden. Traditionen, Konzepte, Erörterungen. Wiesbaden: Springer Fachmedien.
Hark, S. und J. Hofbauer, 2023: Die ungleiche Universität. Passagen Verlag.
Kortendiek, B. Riegraf und K. Sabisch (Hrsg.) (2019), Handbuch Interdisziplinäre Geschlechterforschung. Springer Fachmedien.

Literatur

Althoff, M., M. Apel, M. Bereswill, J. Gruhlich und B. Riegraf (Hrsg.), 2017: Feministische Methodologien und Methoden. Traditionen, Konzepte, Erörterungen. Wiesbaden: Springer Fachmedien.
Aulenbacher, B., K. Binner und B. Kubicek, 2013: Sicherheit durch Leistung ... und die Frage der Geschlechtergleichheit. AssistenzprofessorInnen im Wandel der österreichischen Universitäten und als GrenzmanagerInnen zwischen Wissenschaft und Familie. in: K. Binner, B. Kubicek, A. Rozwandowicz und L. Weber (Hrsg.), Die unternehmerische Hochschule aus der Perspektive der Geschlechterforschung. Zwischen Aufbruch und Beharrung. Münster: Westfälisches Dampfboot.
Baltes-Löhr, C., 2023: Geschlecht als Kontinuum. Über das Aufbrechen binärer Ordnungen und über gelebte Pluralitäten. Bielefeld: transcript.
Barad, K., 2006: Meeting the Universe Halfway: Duke University Press.
Barad, K., 2012: Agentieller Realismus. Über die Bedeutung materiell-diskursiver Praktiken. Berlin: Suhrkamp.
Bauer, R., 2017: Donna Haraways Konzept der Situierten Wissen. Wissensproduktion als verkörpert und verortet am Beispiel von Trans* und Inter*Forschung. S. 23–42 in: J. Hoenes und M. Koch (Hrsg.), Transfer und Interaktion. Wissenschaft und Aktivismus an den Grenzen heteronormativer Zweigeschlechtlichkeit. Oldenburg: BIS-Verlag der Carl von Ossietzky Universität Oldenburg.
Bauschke-Urban, C., M. Kamphans und F. Sagebiel (Hrsg.), 2010: Subversion und Intervention. Wissenschaft und Geschlechter(un)ordnung. Opladen, Farmington Hills, MI: Verlag Barbara Budrich.
Beaufaÿs, S., 2018: Professorinnen in der Exzellenzinitiative – Ungleichheit auf hohem Niveau? in: M. Laufenberg, M. Erlemann, M. Norkus und G. Petschick (Hrsg.), Prekäre Gleichstellung. Geschlechtergerechtigkeit, soziale Ungleichheit und unsichere Arbeitsverhältnisse in der Wissenschaft. Wiesbaden: Springer VS.
Beaufaÿs, S., A. Engels und H. Kahlert (Hrsg.), 2012: Einfach Spitze? Neue Geschlechterperspektiven auf Karrieren in der Wissenschaft. Frankfurt, Main u.a: Campus Verl.
Beaufaÿs, S. und B. Krais, 2007: Wissenschaftliche Leistung, Universalismus und Objektivität. Professionelles Selbstverständnis und die Kategorie Geschlecht im sozialen Feld Wissenschaft. S. 76–98 in: R. Gildemeister und A. Wetterer (Hrsg.), Erosion oder Reproduktion geschlechtlicher Differenzierungen? Widersprüchliche Entwicklungen in professionalisierten Berufsfeldern und Organisationen. Münster: Verl. Westfälisches Dampfboot.
Beauvoir, S. de, 1992 [1949]: Das andere Geschlecht. Sitte und Sexus der Frau. Reinbek bei Hamburg: Rowohlt.

Becker-Schmidt, R., 2008: Doppelte Vergesellschaftung von Frauen: Divergenzen und Brückenschläge zwischen Privat- und Erwerbsleben. S. 65–74 in: R. Becker und B. Kortendiek (Hrsg.), Handbuch Frauen- und Geschlechterforschung. Wiesbaden: VS Verlag für Sozialwissenschaften.

Becker-Schmidt, R., 2017: Probleme einer feministischen Theorie und Empirie in den Sozialwissenschaften in: M. Althoff, M. Apel, M. Bereswill, J. Gruhlich und B. Riegraf (Hrsg.), Feministische Methodologien und Methoden. Traditionen, Konzepte, Erörterungen. Wiesbaden: Springer Fachmedien.

Behnke-Vonier, C. und M. Meuser, 1999: Geschlechterforschung und qualitative Methoden. Opladen: Leske + Budrich.

Bereswill, M., 2003: Die Subjektivität von Forscherinnen und Forschern als methodologische Herausforderung. Sozialer Sinn 4: 511–532.

Bergold-Caldwell, D., 2020: Schwarze Weiblich*keiten. Intersektionale Perspektiven auf Bildungs- und Subjektivitungsprozesse. Bielefeld: transcript.

Bethmann, S., 2017: Feministische Methodologien: Erkenntnistheorie und Methoden der Geschlechterforschung. S. 1–10 in: B. Kortendiek, B. Riegraf und K. Sabisch (Hrsg.), Handbuch Interdisziplinäre Geschlechterforschung. Wiesbaden: Springer Fachmedien Wiesbaden.

Binder, B. und S. Hess, 2013: Eingreifen, kritisieren, verändern. Genealogien engagierter Forschung in Kulturanthropologie und Geschlechterforschung. S. 22–54 in: B. Binder, F.v. Bose, K. Ebell, S. Hess und A. Keinz (Hrsg.), Eingreifen, Kritisieren, Verändern!? Interventionen ethnographisch und gendertheoretisch. Münster: Westfälisches Dampfboot.

Binner, K., B. Kubicek, A. Rozwandowicz und L. Weber (Hrsg.), 2013: Die unternehmerische Hochschule aus der Perspektive der Geschlechterforschung. Zwischen Aufbruch und Beharrung. Münster: Westfälisches Dampfboot.

Binner, K. und L. Weber, 2017: Wandel von wissenschaftlicher Karriere und Geschlechterungleichheit? Fallbeispiele aus Deutschland, England und Österreich mit Blick auf alltägliche Arbeitsarrangements von Postdoks in: S. Lessenisch (Hrsg.), Geschlossene Gesellschaften. Verhandlungen des 38. Kongresses der Deutschen Gesellschaft für Soziologie in Bamberg 2016. Bamberg.

Binner, K. und L. Weber, 2019: Zwischen ‚Exzellenz' und Existenz. Wissenschaftskarriere, Arbeits- und Geschlechterarrangements in Deutschland und Österreich. GENDER – Zeitschrift für Geschlecht, Kultur und Gesellschaft 11: 31–46.

Bitzan, M., H. Funk und B. Stauber, 2000: Einführung. S. 1–12 in: M. Bitzan, H. Funk und B. Stauber (Hrsg.), Den Wechsel im Blick. Herbolzheim: Centaurus Verlag & Media.

Bourdieu, P., 2012: Ökonomisches Kapital, kulturelles Kapital, soziales Kapital. S. 229–242 in: U. Bauer, U.H. Bittlingmayer und A. Scherr (Hrsg.), Handbuch Bildungs- und Erziehungssoziologie. Wiesbaden: VS Verlag für Sozialwissenschaften.

Buchen, S. (Hrsg.), 2004: Gender methodologisch. Empirische Forschung in der Informationsgesellschaft vor neuen Herausforderungen. Wiesbaden: VS-Verl. für Sozialwissenschaften.

Castro Varela, Maria do Mar und N. Dhawan, 2009: Europa provinzialisieren? Ja, bitte? Aber wie? Femina Politica 18: 9–18.

Chakrabarty, D., 2010: Europa als Provinz. Perspektiven postkolonialer Geschichtsschreibung. Frankfurt am Main/New York: Campus Verlag.

Cole, E.R. und A.J. Stewart, 2012: Narratives and Numbers. S. 368–387 in: S. Nagy Hesse-Biber (Hrsg.), Handbook of Feminist Research. Theory and Praxis. London: Sage.

Collins, P.H., 1990: Black Feminist Thought. Knowledge, Consciousness, and the Politics of Empowerment. Boston: Unwin Hyman.

Combahee River Collective, 1977: The Combahee River Collective Statement. https://www.blackpast.org/african-american-history/combahee-river-collective-statement-1977/ (3.1.2025).

Crenshaw, K., 1989: Demarginalizing the Intersection of Race and Sex. A Black Feminist Critique of Antidiscrimination Doctrine, Feminist Theory, and Antiracist Politics. https://scholarship.law.columbia.edu/faculty_scholarship/3007/ (30.5.2024).

Czerney, S., L. Eckert und S. Martin (Hrsg.), 2020: Mutterschaft und Wissenschaft. Wiesbaden: Springer Fachmedien Wiesbaden.

Davis, A., 1982: Rassismus und Sexismus. Schwarze Frauen und Klassenkampf in den USA. Berlin: Elefanten Press.

Descartes, R., 1996: Philosophische Schriften. In einem Band. Mit einer Einführung von Rainer Specht. Hamburg: Felix Meiner Verlag.

Destatis, 2024: Frauenanteile nach akademischer Laufbahn. https://www.destatis.de/DE/Themen/Gesellschaft-Umwelt/Bildung-Forschung-Kultur/Hochschulen/Tabellen/frauenanteile-akademischelaufbahn.html#fussnote-3-111540 (30.5.2024).

Deuber-Mankowsky, A., 2019: Natur – Kultur: ein Dualismus als Schibboleth der Gender- und Queer Studies? S. 13–21 in: B. Kortendiek, B. Riegraf und K. Sabisch (Hrsg.), Handbuch interdisziplinäre Geschlechterforschung. Wiesbaden: Springer VS.

Diethold, J.M.E., M. Watzlawik und R.R. Hornstein, 2023: Die Erfassung von Geschlecht. Diagnostica 69: 86–98.

Doucet, A. und N. Mathner, 2008: Qualitative Interviewing and Feminist Research. S. 328–343 in: P. Alasuutari, L. Bickman und J. Brannen (Hrsg.), The SAGE Handbook of Social Research Methods. Los Angeles/London/New Delhi/Singapur: Sage.

Duden, B., 1987: Geschichte unter der Haut. Ein Eisenacher Arzt und seine Patientinnen um 1730. Stuttgart: Klett-Cotta.

Erlemann, M., J. Dehoff-Zuch und L. Suhrcke (Hrsg.), 2018: Fachkulturen und Geschlecht in den Natur- und Technikwissenschaften – Forschungsergebnisse am Beispiel der physikalischen Fachkulturen. Emden: Hochschule Emden/Leer.

Fausto-Sterling, A., 2002: Sich mit Dualismen duellieren. S. 17–64 in: U. Pasero und A. Gottburgsen (Hrsg.), Wie natürlich ist Geschlecht? Gender und die Konstruktion von Natur und Technik. Wiesbaden: Westdeutscher Verlag.

Fox Keller, E., 1986: Liebe Macht Erkenntnis. Männliche oder weibliche Wissenschaft. München: Hander.

Fox Keller, E., 1995a: Gender and Science: Origin, History, and Politics. History of Science Society 10: 26–38.

Fox Keller, E., 1995b: Reflections on gender and science. New Haven: Yale University Press.

Garfinkel, H., 1967: Studies in Ethnomethodology. London: Longman Higher Education.

Gildemeister, R., 2000: Geschlechterforschung. S. 213–223 in: U. Flick, E. von Kardorff und I. Steinke (Hrsg.), Qualitative Forschung. Ein Handbuch. Reinbek bei Hamburg: Rowohlt Taschenbuch Verlag.

Goffman, E., 1977: The Arrangement between the Sexes. Theory and Society 4: 301–331.

Grosz, E., 1994: Volatile bodies. Toward a corporeal feminism. Bloomington, Indianapolis: Indiana University Press.

Gutiérrez Rodríguez, E., K.N. Ha, J.S. Hutta, E.N. Kessé, M. Laufenberg und L. Schmitt, 2016: Rassismus, Klassenverhältnisse und Geschlecht an deutschen Hochschulen. Ein runder Tisch, der aneckt. sub\urban. zeitschrift für kritische stadtforschung 4: 161–190.

Hamann, J., 2026: Soziale Ungleichheit in Wissenschaft und Hochschule. S. 181–197 in: A. K. Krüger, J.-F. Schrape, C. Schubert und J. Schubert (Hrsg.), Wissenschafts- und Technikforschung. Sozialwissenschaftliche Einführungen. Berlin: de Gruyter.

Haraway, D., 1988: Situated Knowledges: The Science Question in Feminism and the Privilege of Partial Perspective. Feminist Studies 14: 575–599.

Harding, S., 1994: Das Geschlecht des Wissens. Frauen denken die Wissenschaft neu. Frankfurt/Main, New York: Campus.

Hark, S., 2018: Vorwort in: M. Laufenberg, M. Erlemann, M. Norkus und G. Petschick (Hrsg.), Prekäre Gleichstellung. Geschlechtergerechtigkeit, soziale Ungleichheit und unsichere Arbeitsverhältnisse in der Wissenschaft. Wiesbaden: Springer VS.

Hark, S. und J. Hofbauer, 2023: Die ungleiche Universität. Wien: Passagen Verlag.

Hausen, K. und H. Nowotny (Hrsg.), 1986: Wie männlich ist die Wissenschaft? Frankfurt am Main: Suhrkamp.

Hoenes, J. und M. Koch (Hrsg.), 2017: Transfer und Interaktion. Wissenschaft und Aktivismus an den Grenzen heteronormativer Zweigeschlechtlichkeit. Oldenburg: BIS-Verlag der Carl von Ossietzky Universität Oldenburg.

hooks, b., 1981: Ain't I a Woman. Black women and feminism. London: Pluto Press.

Kastenhofer, K., 2026: Wissenschaftskulturen. S. 159–180 in: A. K. Krüger, J.-F. Schrape, C. Schubert und J. Schubert (Hrsg.), Wissenschafts- und Technikforschung. Sozialwissenschaftliche Einführungen. Berlin: de Gruyter.

Kessler, S.J. und W. McKenna, 1978: Gender: An Ethnomethodological Approach. New York: Wiley.

Klinger, C., 1990: Bis hierher und wie weiter? Überlegungen zur feministischen Wissenschafts- und Rationalitätskritik. Wege aus der männlichen Wissenschaft–Perspektiven feministischer Erkenntnistheorie. Pfaffenweiler: Centaurus.

Klöppel, U., 2010: XXOXY ungelöst. Hermaphroditismus, Sex und Gender in der deutschen Medizin. Eine historische Studie zur Intersexualität. Bielefeld: transcript.

Köllner, C., 2024: Crashtest-Dummys bilden Realität immer besser ab. ATZ – Automobiltechnische Zeitschrift.

Krais, B., 2000: Das soziale Feld Wissenschaft und die Geschlechterverhältnisse. Theoretische Sondierungen in: B. Krais (Hrsg.), Wissenschaftskultur und Geschlechterordnung. Über die verborgenen Mechanismen männlicher Dominanz in der akademischen Welt. Frankfurt/Main: Campus-Verl.

Krell, G., 1986: Die Diskriminierung des Lebendigen. Arbeitswissenschaft und Maschinenkultur nach Maß des Mannes. S. 145–162 in: K. Hausen und H. Nowotny (Hrsg.), Wie männlich ist die Wissenschaft? Frankfurt am Main: Suhrkamp.

Kropp, C. und A. Schreck, 2026: Soziotechnische Konstellationen und Risiken der Automatisierung. S. 285–303 in: A. K. Krüger, J.-F. Schrape, C. Schubert und J. Schubert (Hrsg.), Wissenschafts- und Technikforschung. Sozialwissenschaftliche Einführungen. Berlin: de Gruyter.

Kuria, E.N., 2015: Eingeschrieben. Zeichen setzen gegen Rassismus an deutschen Hochschulen. Berlin: w_orten & meer.

Lang, S. und S. Birgit (Hrsg.), 1997: Wissenschaft als Arbeit – Arbeit als Wissenschaftlerin. Frankfurt am Main, New York: Campus.

Laqueur, T., 1992: Auf den Leib geschrieben. Die Inszenierung der Geschlechter von der Antike bis Freud. Frankfurt am Main: Campus.

Laufenberg, M., M. Erlemann, M. Norkus und G. Petschick (Hrsg.), 2018: Prekäre Gleichstellung. Geschlechtergerechtigkeit, soziale Ungleichheit und unsichere Arbeitsverhältnisse in der Wissenschaft. Wiesbaden: Springer VS.

Lind, I. und A. Löther, 2007: Chancen für Frauen in der Wissenschaft – eine Frage der Fachkultur? – Retrospektive Verlaufsanalysen und aktuelle Forschungsergebnisse. Schweizerische Zeitschrift für Bildungswissenschaften 29: 249–272.

Lugones, M., 2016: The Coloniality of Gender. S. 13–33 in: W. Harcourt (Hrsg.), The Palgrave Handbook of Gender and Development. London: Palgrave Macmillan UK.

Mader, E., 2023: Queere Räume. Handlungsfähigkeit, Affekte und Praktiken von Un_Bestimmtheit prekärer Subjekte. Bielefeld: transcript.

Mader, E., J.A. Gregor, R.K. Saalfeld, R.R. Hornstein, P. Müller, M.C. Grasmeier und T. Schadow (Hrsg.), 2021: Trans* und Inter*Studien. Aktuelle Forschungsbeiträge aus dem deutschsprachigen Raum. Münster: Westfälisches Dampfboot.

McClintock, A., 1995: Imperial Leather: Race, Gender, and Sexuality in the Colonial Contest. London: Routledge.

Mies, M., 1978: Methodische Postulate zur Frauenforschung – dargestellt am Problem der Gewalt gegen Frauen. Beiträge zur feministischen Theorie und Praxis: 41–63.

Miner, K.N. und T. Jayaratne, 2007: Feminist survey research in: S. Hesse-Biber und P. Leavy (Hrsg.), Feminist Research Practice. Thousand Oaks: Sage.

Möller, C., 2015: Herkunft zählt (fast) immer. Basel: Beltz Juventa.

Müller, U., 1984: Gibt es eine “spezielle” Methode in der Frauenforschung? Beiträge aus der Forschung 5. Dortmund: sfs.

Munday, J., 2007: The practice of feminist focus groups in: S. Hesse-Biber und P. Leavy (Hrsg.), Feminist Research Practice. Thousand Oaks: Sage.

Nadig, M., 1992: Der ethnologische Weg zur Erkenntnis : Das weibliche Subjekt in der feministischen Wissenschaft. Freiburg: Kore.

Norkus, M., 2018: Prekäre Partizipation. Intersektionale Verschränkungen von sozialer Klasse und Geschlecht in der Wissenschaft in: M. Laufenberg, M. Erlemann, M. Norkus und G. Petschick (Hrsg.), Prekäre Gleichstellung. Geschlechtergerechtigkeit, soziale Ungleichheit und unsichere Arbeitsverhältnisse in der Wissenschaft. Wiesbaden: Springer VS.

Norkus, M. und N. Baur, 2019: Feministische Methoden- und Wissenschaftskritik. Kontroversen, Entwicklungen und Forschungsperspektiven. S. 479–486 in: B. Kortendiek, B. Riegraf und K. Sabisch (Hrsg.), Handbuch interdisziplinäre Geschlechterforschung. Wiesbaden: Springer VS.

Paulitz, T., 2012: Geschlechter der Wissenschaft in: S. Maasen (Hrsg.), Handbuch Wissenschaftssoziologie. Wiesbaden: Springer.

Prietl, B. und Weber, J., 2026: Wissen-Macht-Technik: Perspektiven für kritische Wissenschafts- und Technikforschung am Beispiel Künstlicher Intelligenz. S. 529–545 in: A. K. Krüger, J.-F. Schrape, C. Schubert und J. Schubert (Hrsg.), Wissenschafts- und Technikforschung. Sozialwissenschaftliche Einführungen. Berlin: de Gruyter.

Pillow, W.S. und C. Mayo, 2012: Feminist ethnography in: S. Nagy Hesse-Biber (Hrsg.), Handbook of Feminist Research. Theory and Praxis. London: Sage.

Quijano, A., 2007: Coloniality and Modernity/Rationality. Cultural Studies 21: 168–178.

Riegraf, B., 2018: Zwischen Exzellent und Prekarität. Über den Wettbewerb und die bedingte Öffnung der Universität für Wissenschaftlerinnen in: M. Laufenberg, M. Erlemann, M. Norkus und G. Petschick (Hrsg.), Prekäre Gleichstellung. Geschlechtergerechtigkeit, soziale Ungleichheit und unsichere Arbeitsverhältnisse in der Wissenschaft. Wiesbaden: Springer VS.

Rudolph, H., 1986: Der männliche Blick in der Nationalökonomie. S. 129–144 in: K. Hausen und H. Nowotny (Hrsg.), Wie männlich ist die Wissenschaft? Frankfurt am Main: Suhrkamp.

Schaeffer-Hegel, B. und M.-B. Watson-Franke, 1989: Männer Mythos Wissenschaft. Grundlagentexte zur feministischen Wissenschaftskritik. Pfaffenweiler: Centaurus-Verlagsgesellschaft.

Schiebinger, L., 1995: Am Busen der Natur. Erkenntnis und Geschlecht in den Anfängen der Wissenschaft. Stuttgart: Klett-Cotta.

Schiebinger, L., 2000: Frauen forschen anders. Wie weiblich ist die Wissenschaft? München: Beck.

Schmitz, S., B. Papenburg und P. Lucht, 2023: Hinweisschilder und Anknüpfungspunkte: Zur Verschränkung von Feminist Science and Technology Studies mit Post- und Decolonial Studies. FZG – Freiburger Zeitschrift für GeschlechterStudien 29: 5–20.

Singer, M., 2008: Feministische Wissenschaftskritik und Epistemologie: Voraussetzungen, Positionen, Perspektiven. S. 285–294 in: R. Becker und B. Kortendiek (Hrsg.), Handbuch Frauen- und Geschlechterforschung. Wiesbaden: VS Verlag für Sozialwissenschaften.

Star, S.L. (Hrsg.), 1995: Ecologies of knowledge. Work and politics in science and technology. Albany: State University of New York Press.

Stoler, A.L., 1999: Race and the education of desire. Foucault's History of sexuality and the colonial order of things. Durham: Duke Univ. Press.

Striedinger, A., B. Sauer, K. Kreissl und J. Hofbauer, 2016: Feministische Gleichstellungsarbeit an unternehmerischen Hochschulen: Fallstricke und Gelegenheitsfenster. Feministische Studien 34: 9–22.

Thompson, V.E. und A. Vorbrugg, 2018: Rassismuskritik an der Hochschule. Mit oder trotz Diversity-Policies? in: M. Laufenberg, M. Erlemann, M. Norkus und G. Petschick (Hrsg.), Prekäre Gleichstellung. Geschlechtergerechtigkeit, soziale Ungleichheit und unsichere Arbeitsverhältnisse in der Wissenschaft. Wiesbaden: Springer VS.

Unger, H. von, 2014: Partizipative Forschung. Wiesbaden: Springer Fachmedien Wiesbaden.

Vettermann, G., 1991: Hausen, Karin/Nowotny, Helga (Hg.): Wie männlich ist die Wissenschaft? medienwissenschaft – Rezensionen 8.

Villa Braslavsky, P.-I., 2020: Ein Geleitwort. S. VII–XI in: S. Czerney, L. Eckert und S. Martin (Hrsg.), Mutterschaft und Wissenschaft. Wiesbaden: Springer Fachmedien Wiesbaden.

Vollmer, L., 2016: Keine Professionalisierung ohne Genderwissen. Zum Wandel der Gleichstellungsarbeit im hochschulischen Reformprozess. Feministische Studien: 56–71.

Voß, J.-P., 2026: Wissenschaft ist Politik mit anderen Mitteln. S. 483–503 in: A. K. Krüger, J.-F. Schrape, C. Schubert und J. Schubert (Hrsg.), Wissenschafts- und Technikforschung. Sozialwissenschaftliche Einführungen. Berlin: de Gruyter.

Wohlrab-Sahr, M., 1993: Empathie als methodisches Prinzip? Entdifferenzierung und Reflexivitätsverlust als problematisches Erbe der 'methodischen Postulate zur Frauenforschung'. Feministische Studien 11: 128–139.

Zimmermann, K., 2000: Spiele mit der Macht in der Wissenschaft. Passfähigkeit und Geschlecht als Kriterien für Berufungen. Berlin: Edition Sigma.

Bianca Prietl und Jutta Weber

28 Wissen-Macht-Technik: Perspektiven für kritische Wissenschafts- und Technikforschung am Beispiel Künstlicher Intelligenz

Einleitung

Künstliche Intelligenz (KI) macht nicht erst seit der ‚Popularisierung' generativer KI-Technologien wie ChatGPT regelmäßig (Negativ-)Schlagzeilen. Zwar wird KI oft als neueste technowissenschaftliche ‚Heilsbringerin'[1] beworben. Wenn KI-gestützte Bilderkennung Schwarze Menschen als Gorillas ‚identifiziert' (Simonite 2018), KI in der Personalauswahl Frauen überproportional oft als ungeeignet für eine Stelle ablehnt (Dastin 2022) oder die Reaktivierung eines Atommeilers als ‚Lösung' zur Deckung des Energiebedarfs von KI-Produkten präsentiert wird (The Guardian 2024), stellt sich jedoch die Frage, ob so tatsächlich die Insignien von Rationalität, Objektivität und Fortschritt im 21. Jahrhundert aussehen, mit denen KI oftmals assoziiert wird. Oder zeigen sich in diesen Entwicklungen nicht vielmehr kapitalistische Profit- und staatliche Überwachungs- und Kontrollinteressen, die eine unheilvolle Partnerschaft rund um die fortschreitende Datafizierung der (sozialen) Welt eingehen? Diese Fragen verdeutlichen die komplexen Verstrickungen von Symbolen, Diskursen, gesellschaftlichen Strukturen und technowissenschaftlichen Entwicklungen, mit denen sich kritische Wissenschafts- und Technikforschungen beschäftigen und an deren Hervorbringung sie stets auch selbst beteiligt sind.

Dieser Beitrag diskutiert in einem ersten Schritt zentrale Perspektiven für *macht- und herrschaftskritische Auseinandersetzungen mit Technoscience* bzw. technowissenschaftlichen Entwicklungen. Mit dem Begriff *Technoscience* respektive Technowissenschaften wird die unauflösliche und unhintergehbare wechselseitige Durchdringung von Wissenschaft, Technik, Gesellschaft, Politik, Kultur und Lebenswelt in westlichen Gesellschaften der letzten Jahrzehnte bezeichnet. Zugleich steht *Technoscience* für eine Epoche, die gekennzeichnet ist durch „eine Lebensform der Technowissenschaftskultur, eine umfassende Praxis, die ein Pro-

1 Siehe zur treibenden und legitimierenden Kraft techniksolutionistischer Versprechen Morozov (2013).

https://doi.org/10.1515/9783112245897-034

dukt der umfassenden Technisierung der Lebenswelt und Konglomerat aus posthumanistischer *High Tech* und postmoderner *Pop-Culture* ist" (Weber 2010: 390; H.i.O.). In einem zweiten Schritt wird das analytische Potential dieser Perspektiven am Beispiel aktueller Entwicklungen im Bereich der Künstlichen Intelligenz demonstriert. Ausgangspunkt dieser Auseinandersetzung ist die zentrale Einsicht der Science and Technology Studies, dass Wissens-, technologische, politische und soziale Ordnungen in machtvoller Weise aufeinander verweisen, indem sie einander wechselseitig konstituieren und zugleich an der Hervorbringung von Wirklichkeit mitwirken (u. a. Winner 1980; Haraway 1988/1995a; Bowker und Star 1999). Wer was wie wissen kann (und was überhaupt als Wissen gilt) hängt dabei sowohl mit den jeweils anerkannten (oftmals technowissenschaftlichen) Verfahren der Wissensproduktion – verstanden als Apparate der Welterschließung – zusammen als auch damit, wer über diese Möglichkeiten der Wissensproduktion verfügt, wessen Interessen sie privilegieren und auch auf wessen Kosten sie entwickelt, eingesetzt und aufrechterhalten werden. In diesem Sinne sind Wissen und Technik nicht neutral und von der Gesellschaft unabhängig. Sie sind vielmehr in komplexer und mitunter widersprüchlicher Weise in Macht- und Herrschaftsverhältnisse verstrickt (siehe auch Voß 2026 und Mader 2026, beide in diesem Band).

Situiertes Wissen als feministische Epistemologie und Ironie im Zeitalter KI-basierter Technoscience

Wer kann überhaupt wissen und vor allem wer kann autorisiertes Wissen produzieren bzw. Autorität in der Wissensproduktion beanspruchen, und wie hängt das mit technischen Produktionsbedingungen und gesellschaftlichen Macht- und Herrschaftsverhältnissen zusammen? Was sind die Insignien ‚guter' Technowissenschaft, und welchen Interessen dient das Postulat (vermeintlich) neutraler und objektiver Wissenschaft und Technik?

Angesichts der historischen Ausgrenzung aus und Unsichtbarmachung von Frauen und „other Others" in Wissenschaft und Technik (Haraway 1991: 144; siehe auch Schiebinger 1987, Harding 1986) formierten sich in den 1980er Jahren feministische und post- sowie dekoloniale Kritiken an den Mainstream-Praktiken vor allem der Natur- und Technikwissenschaften. Diese galten zuvorderst den zeitgenössischen Entwicklungen in den Bereichen der Reproduktionstechnologien, der Hochenergiephysik und der Kybernetik bzw. Informatik. Kritische Wissenschafts- und Technikforschende skandalisierten nicht nur den Ausschluss von Frauen, sondern betonten die grundsätzliche *Situiertheit* aller Wissenssubjekte und -praktiken. Der Mythos des Wissenschaftlers als distanzierter Zeuge wurde zwar bereits durch die Hochenergiephysik zu Anfang des 20. Jahrhunderts in Frage gestellt, die reklamierte, dass sich Erkenntnissubjekt und -objekt beeinflussen. Dass die Unsichtbarmachung der eigenen Situiertheit eine strategische (Ausschluss-)Funktion hat und Teil einer (Machterhaltungs-)Strategie ist, hat jedoch vor allem feministische Kritik seit den 1980er Jahren benannt (siehe auch Mader 2026 in diesem Band).

Zentral für diese Kritik ist bis heute das Konzept *situierten Wissens* von Donna Haraway, welche teilweise in solidarischer Allianz mit sozialen Bewegungen wie der Frauengesundheitsbewegung herausarbeitet, dass Wissenschaft niemals „unschuldig" ist, insofern die Produktion von Wissen immer auch mit Macht verflochten ist (Haraway 1988/1995a). Demnach ist Wissen umkämpft, weil die vorherrschenden Wissenspraktiken und Machtkonstellationen in einer Gesellschaft spezifische soziopolitische und -technische Konstellationen mithervorbringen. Dabei geht es nicht allein um die Inhalte von Wissen und deren Begründung, sondern immer auch darum wer Wissen produzieren kann und darf und was die Folgen dieser Ein- und Ausschlüsse bei der Wissensproduktion sind. Es geht ihr also um die Reflexion des Verhältnisses von Forschenden und Gewusstem. Die Machtförmigkeit von Wissen bedeutet für Haraway (1988/1995a) nicht seine absolute Relativität. Das Ziel ihrer Kritik ist es im Gegenteil, ein besseres und objektiveres, weil selbstreflexives Wissen zu ermöglichen. Erst mit dem Bewusstsein der eigenen partialen, historischen und situierten Perspektive sei die Produktion reflektierten und komplexen Wissens möglich. Wenngleich Wissenschaft und Technik niemals neutral seien, könnten die Produzent*innen von soziotechnischen Praktiken für deren Effekte und die Konsequenzen von Mensch-Maschine- sowie Mensch-Natur-Assemblagen Verantwortung übernehmen – auch wenn das nicht immer leicht ist, gerade weil die Grenzen zwischen Mensch und Maschine(n) fluide sind und Handlungsmacht multipel ist.

Für Haraway (1995b) meint Verantwortung auch historisch-materielle Verortung. Dies bedeutet unter anderem zu realisieren, dass wir im Zeitalter der Technowissenschaften bzw. *Technoscience* leben, in der altvertraute Dualismen nicht zuletzt aufgrund neuer technowissenschaftlicher Praktiken und Diskurse implodieren. So sei unklar, ob ein vom Menschen gentechnisch umgebauter Organismus dem Bereich der Natur oder der Kultur zuzuordnen ist. Zugleich verschwömmen angesichts von Sexual-, Hormonforschung und Chirurgie die Grenzen zwischen den Geschlechtern. Schon im originalen Turingtest wird nicht nur die Differenz zwischen Mensch und Maschine, sondern auch die zwischen den Geschlechtern adressiert (Turing 1950). Die Reihe der prekär werdenden Dualismen lässt sich lange fortsetzen: natürlich/künstlich, Original/Kopie, Mensch/Tier, analog/digital. Die Auflösung dieser Dualismen seit der zweiten Hälfte des 20. Jahrhunderts scheint feministischen Theorieschaffenden wie Donna Haraway eine historische Chance zur Intervention und zur Umschreibung der dominanten Diskurse und Praktiken der neuen Weltordnung namens *Technoscience* zu bieten.

Haraway zufolge bedarf es hierfür zugleich einer neuen ironischen Sprache, die dem Anspruch der Selbstreflexivität gerecht wird. Wenn pauschale Objektivitätsansprüche aufgegeben werden, sollte das auch für traditionelle Erzählpraktiken gelten. Dazu gehört, den eigenen Ort des Sprechens und Schreibens zu benennen und die Relativität der Erkenntnisprozesse nicht nur in kognitiven Problemen, im Medium Sprache oder (zweiwertiger) Logik fest zu machen, sondern auch in unserer soziokulturellen Verortung (vgl. auch Gramlich und Haas 2019). Sharon Traweek schreibt hierzu:

„What surprises me is that almost all the storytellers / writers about science and engineering practices have used the same rhetorical strategies in their own stories as the scientists and engineers conventionally do. All this narrative redundancy seems to me thoroughly to undermine their arguments about the construction of knowledge: they allow their accounts to be governed by the same narrative grammar as their subjects use" (Traweek 1992: 432).

Im Kern geht es darum, sich nicht auf einen (vermeintlich) neutralen Standpunkt zurückzuziehen, nicht als allwissend aufzutreten, Widersprüche nicht zu kaschieren und mit Hilfe von Ironie ein wenig Abstand zu den eigenen Wahrheitsansprüchen zu wahren, die ansonsten leicht in hegemoniale Gesten kippen können.

Donna Haraways Arbeiten sensibilisieren entsprechend dafür, in welchen Macht- und Herrschaftsverhältnissen technowissenschaftliche Entwicklungen situiert sind, wessen Interessen sie dienen, wer an ihrer Entwicklung (gestaltend) beteiligt ist, welche Vorstellungen und Normen Technikentwicklung zugrunde liegen und welche Implikationen spezifische Technowissenschaften dafür haben, sich Welt zu erschließen und in dieser zu leben. So hat Haraway schon früh darauf verwiesen, dass KI nicht nur eine zentrale Rolle in militärischen Kontext spielt (Haraway 1995/1985), sondern auch eurozentrische und als männlich konnotierte Werte transportiert (vgl. auch Suchman 1987; Adam 1998). Bemühungen um die Entwicklung von KI haben eine lange Geschichte, in der unterschiedliche epistem-ontologische Prämissen forschungsprägend waren (vgl. auch Weber und Prietl 2021). Diese zu analysieren ist angesichts der alltagsweltlichen Relevanz von KI – z. B. als Schreibhilfe, Übersetzungstool, Suchmaschine – zentral, aber auch mit Blick auf die wachsende Bedeutung von KI in Rüstung und Kriegen.

Aktuell dominiert ein datengestützter Ansatz die KI-Entwicklung, der auf dem Paradigma maschinellen ‚Lernens' basiert. Die theoretischen Grundlagen datenbasierter KI-Entwicklung sind vergleichsweise alt, aber aufgrund der heute verfügbaren Big Data – gesammelt von Organisationen wie Geheimdiensten, Polizeien oder Plattformen wie Google, Amazon, Meta oder Microsoft – entstehen neue Anwendungsmöglichkeiten wie etwa bei Large Language Models (z. B. ChatGPT). Heute können Muster – Zusammenhänge in Form von Korrelationen – in großen Datensätzen schnell(er) identifiziert werden, um auf dieser Basis Wahrscheinlichkeitsaussagen über neue Daten zu machen, Bilderkennung zu verbessern, etc. Letztlich basiert heutige KI auf dem (Social Media-)Plattform-Geschäftsmodell der systematischen und großflächigen Überwachung und des Profilings ganzer Bevölkerungen (Whittaker 2024). Gleichzeitig treibt diese KI-Entwicklung die Generierung von immer mehr Daten an, da Datenanalysen bzw. Data Mining umso effektiver werden, je mehr Daten zur Verfügung stehen.

Wie funktioniert aber *maschinelles Lernen* bzw. ein *‚selbstlernender' Algorithmus*? Der Aussage des Informatikers Leslie Valiant zufolge bezeichnet *Machine Learning* „a method for finding patterns in data that are usefully predictive of future events but which do not necessarily provide an explanatory theory" (Valiant 2014: 8). Es geht also nicht mehr um die Erklärung von Welt, sondern primär um die Vorhersage von Ereignissen. So wird z. B. mit Hilfe von ‚evolutionären' Algorithmen ein Suchfeld abgesteckt, werden Randbedingungen bestimmt und Optimierungen durch Approximation bzw. ein systematisiertes Trial-and-Error-Verfahren zu erreichen versucht (Weber 2022). Dies funktioniert heute so gut, weil es schnelle(re) Hochleistungsrechner gibt. Doch diese Optimierungsverfahren auf Basis von Korrelation folgen ganz offensichtlich einer anderen Logik als menschliches Lernen. Denn Korrelation basiert auf der Annahme, dass das, was in der Vergangenheit geschehen ist, mit mehr oder wenig großer Wahrscheinlichkeit auch in der Zukunft passieren wird. Mit anderen Worten: Wer gestern Gartenbücher gekauft hat, wird es auch in Zukunft wieder tun. Mit dieser trivialen Annahme sollen im Zeitalter KI-basierter Technoscience alltägliche, hochkomplexe Probleme und offene, dynamische Systeme in einer kontingenten Welt verstehbar gemacht werden. Aufgegeben wird dafür eine klassische Annahme traditioneller Naturwissenschaft: die prinzipielle Geordnetheit von Welt, die sich mit Mathematik und formaler Logik beschreiben lässt. Im Korrelationsparadigma wird das Verhalten von Menschen, Märkten, das Eintreten von Ereignissen ‚berechnet', also das Nicht-Lineare und Unvorhersehbare auf Basis von Wahrscheinlichkeiten zu bestimmen gesucht, nicht um diese zu verstehen, sondern um sie vorherzusagen. Unsichere, widersprüchliche Information werden dabei mit Hilfe von approximativen und probabilistischen Ansätzen auf der Basis von Big Data bewertet. Die zunehmende Verbreitung dieser datengestützten KI löst das alte Wissensregime des analytischen, theoriegeleiteten und kausalen Denkens zunehmend ab, zugunsten der lange randständigen Epistemologie der Korrelation. Diese neue Wissensordnung reflektiert eine Welt, die vom Gefühl von Instabilität, Unsicherheit, Geschwindigkeit und Hyperkomplexität geprägt ist und in der es – womöglich aus Angst vor der Zukunft – wichtiger erscheint, approximative Prädiktionen von Eintrittswahrscheinlichkeiten zu nutzen als nach kausalen, zusammenhängenden Weltbeschreibungen bzw. Erklärungen zu suchen (Weber 2024). Damit liegt der Schwerpunkt heutiger Erkenntnispolitik nicht auf Richtigkeit, sondern auf 'brauchbarer' Evidenz. Leslie Valiant und viele andere Technoscientists gehen heute davon aus, dass die (nicht-natürliche) Welt nicht logisch ist. Sie setzen auf andere Verfahren des Schließens, etwa jenes der Abduktion anstelle der Deduktion, und werfen damit die Frage auf, was es bedeutet, wenn relativ erratische Hypothesenbildung die primäre Quelle von Wissen wird.

Situiertes, soziohistorisch informiertes Wissen gibt sich davon Rechenschaft, thematisiert die eigenen soziopolitischen Konsequenzen und sucht – im Sinne Haraways – eine entsprechende materiell-semiotisch fundierte Kritik zu entwickeln.

Epistemische Gewalt und die Kolonialität von KI

Wenn Social Media-Plattformen ihre Algorithmen so designen, dass Nutzende möglichst lange auf ihren Webseiten bleiben und hierzu auch Hate Speech ermöglichen oder sogar fördern (Amnesty International 2022), stellt sich die Frage, ob es genügt, Wissen ‚einfach nur' als mächtig zu denken. Müsste Wissen nicht vielmehr auch als (potenziell) gewaltvoll und gewaltförmig betrachtet werden?

Claudia Brunner befasst sich mittels des Konzepts der *epistemischen Gewalt* in ihrem gleichnamigen Buch (2020) mit genau dieser Frage und plädiert dafür, Wissen und Gewalt zusammenzudenken, um die „unterschiedliche[n] über Raum und Zeit disparat verteilte[n] Erscheinungsformen von Gewalt in ihren Verwobenheiten ebenso wie in ihrem Verhältnis zu bestehenden Herrschafts- und *Wissensordnungen* besser zu verstehen." (Brunner 2020: 12; Hervorhebung der Autorinnen) Damit widerspricht sie alltagsweltlichen Vorstellungen, wonach Wissen und Gewalt getrennte Phänomene darstellen. Dementgegen beruht das Konzept der *epistemischen Gewalt* auf einem weitergefassten Gewaltbegriff, der Gewalt nicht auf physische oder direkte Gewalt reduziert. Dabei geht es nicht darum, epistemische Gewalt mit physischer oder anderen Gewaltformen gleichzusetzen oder alles Wissen als grundsätzlich gewaltsam zu verstehen (ebd.: 14). Vielmehr geht Brunner davon aus, dass auch (technowissenschaftliches) Wissen selbst genauso wie die Mittel seiner Herstellung, Zirkulation und Anwendung gewaltsam sein können. Hierzu führt sie im Konzept *epistemische Gewalt* kritische Ausführungen zu den Verstrickungen von „Kolonialität von Macht, Wissen und Sein" (ebd.: 37ff.), wie sie insbesondere in der dekolonialen Debatte lateinamerikanischer Provenienz entwickelt wurden, mit feministischen Perspektiven auf Wissenschafts- und Technikkritik zusammen.

Unter Rückgriff auf de- und postkoloniale Theorien betont Brunner, dass wir auch nach der formalen politischen Dekolonialisierung in der zweiten Hälfte des 20. Jahrhunderts, in einem fortwährenden Zustand der Kolonialität leben. Kolonialität bildet demnach die anhaltende Grundlage und Voraussetzung für die sogenannte Moderne.[2] Konstitutiv für diese Verstrickung von Kolonialität und Modernität ist unter anderem auch eine spezifische Epistemologie, die „Linearität, Fortschritt, Aufgeklärtheit und zivilisatorische Überlegenheit" (ebd.: 41) betont. Diese *Epistemologie der Moderne*, so Brunner, legitimiert, verharmlost und macht bis heute die gewaltsamen Prozesse der Moderne unsichtbar, insbesondere die kolonialen Unterwerfungen und Ausbeutungen von Ländern, Menschen und natürlichen Ressourcen. Im Zentrum dieser Epistemologie der Moderne steht die Vorstellung eines körperlosen, sozialen Beziehungen enthobenen und unverorteten Erkenntnissubjekts, das einen universal gültigen Standpunkt einzunehmen vermag. Die Idee dieses modernen Erkenntnissubjekts basiert auf zwei Differenzierungen: Gott-Mensch-Natur und Vernunft-Körper. Diese Differenzierungen werden bis heute immer wieder herangezogen, um ein Monopol auf richtiges und ‚wahres' Wissen für den als ‚weißen', christlichen Mann gedachten modernen Menschen Europas zu reklamieren und alle anderen als intellektuell minderwertig bis unfähig zu definieren (ebd.: 42ff.). Für Fragen *epistemischer Gewalt* ist deshalb zentral, wer als Erkenntnissubjekt (an-)erkannt wird und entsprechend an Wissensproduktion partizipieren kann. Gleichzeitig sensibilisiert dieses Konzept für die Bedingungen und Praktiken des „(Ver-)Schweigens und des (nicht) Gehörtwerdens" (ebd.: 97), wie Brunner u. a. im Anschluss an die feministisch-postkoloniale Autorin Gayatri Chakravorty Spivak (1988) ausführt.

Im Anschluss an feministisch-materialistische Wissenschafts- und Technikkritik problematisiert Brunner zudem das „fragmentiert-rationalistische Naturverständnis" der kolonialen Moderne (Brunner 2020: 60), das „auch die Natur selbst zum Objekt und Opfer der für die Moderne konstitutiven Epistemologien und Produktionsweisen" (ebd.) macht. Indem die Natur zu einem unbelebten Objekt und einer frei verfügbaren Ressource erklärt wird, wird sie zum Gegenstand von tech-

2 Dekoloniale Ansätze betonen, dass die Anfänge der modernen globalen Weltordnung mit ihren kulturellen, politischen und ökonomischen Asymmetrien im späten 15. Jahrhundert und in der Eroberung der Amerikas durch europäische Kolonialmächte liegen. Erst die dadurch ermöglichte Ausbeutung von menschlichen und natürlichen Ressourcen hätten Europas ‘Modernisierung’, von der Renaissance über die Aufklärung bis hin zur industriellen Revolution ermöglicht (Brunner 2020: 39f.).

nowissenschaftlichen Bemühungen, sie zu beherrschen und ihre Ausbeutung zu maximieren.

Aus dem Konzept *epistemische Gewalt* leitet sich eine Reihe von Analysefragen für die macht- und herrschaftskritische Auseinandersetzung mit technowissenschaftlichen Entwicklungen ab: Wer (und was) gilt innerhalb dieser Entwicklungen als Erkenntnissubjekt? Inwiefern basieren diese Entwicklungen auf Strukturen und Praktiken der Ausbeutung von Menschen, Ländern und Ressourcen, die ihren Ursprung in der kolonialen Moderne haben? Und, welche Leerstellen weisen diese Entwicklungen infolge von andro- und eurozentrischen Verkürzungen auf? Epistemische Gewalt leitet so eine Analyse von aktuellen KI-Entwicklungen an, die deren komplexe Verstrickungen in globale Macht-, Herrschafts- und Ungleichheitsverhältnisse kritisch reflektiert. So ist die Mehrheit der für aktuelle KI-Entwicklung einflussreichen (privatwirtschaftlichen wie nachrichtendienstlich-militärischen) Akteur*innen in Ländern des Globalen Nordens situiert. Dabei sind nicht nur die weithin sichtbaren Repräsentant*innen von großen KI-Entwickler*innen, wie Satelliten-Oligarch Elon Musk, Amazon-Chef Jeff Bezos, Ex-Google CEO Eric Schmidt oder der CEO Alex Karp von Palantir, ‚weiße' Multimilliardäre; auch das Gros der für die Entwicklung von KI verantwortlichen Informatiker*innen, Data Scientists und KI-Expert*innen besteht aus überwiegend jungen, gut ausgebildeten, sozioökonomisch privilegierten Männern europäischer und asiatischer Herkunft. Damit sind es vor allem ‚weiße' Männer, die die Position des Erkenntnissubjekts im Zeitalter der KI einzunehmen vermögen und die prestigeträchtigen, ökonomisch lukrativen sowie einflussreichen Tätigkeiten im Bereich der Gestaltung und Entwicklung von KI ausüben (Young et al. 2021). Die allermeisten Länder und Menschen des Globalen Südens verfügen hingegen nur selten über die Bildungs- und Technikressourcen, um an der Entwicklung von KI gestaltend mitzuwirken (Hagerty und Rubinov 2019).

Gleichzeitig bedarf die Entwicklung und Nutzung von KI jeder Menge vermeintlicher ‚Einfacharbeit' in Form von Datenbereinigung, -aufbereitung, -annotation oder auch Content Moderation. Diese unerlässliche Arbeit wird weitestgehend unsichtbar durchgeführt, ungleich schlechter entlohnt, in der Regel über Plattformen organisiert und in Länder wie Venezuela, Brasilien, Indien und die Philippinen ausgelagert und dort von *data workers* erbracht. Diese schaffen in Handarbeit die Grundlage für KI-Trainingsdatensätze und stellen somit das fortlaufende Funktionieren von KI-Technologien sicher (Miceli und Posada 2022; Miceli et al. 2024).

Nicht nur basiert KI-Entwicklung also auf einer entlang kolonialer Strukturen organisierten Arbeitsteilung, inklusive damit einhergehender Ungleichverteilung von Gestaltungs- und epistemischer Macht; auch die für KI so zentralen Datensätze sind nicht repräsentativ für die Weltbevölkerung, sondern weisen Leerstellen auf, die die Asymmetrien der ‚kolonialen Moderne' auf Wissensebene auch heute reflektieren und mitverantwortlich für die vielfach problematisierten ‚Bias' von KI sind. Im Effekt sind Bilderkennungs-KIs beispielsweise deutlich inakkurater, wenn es darum geht, Schwarze Menschen korrekt zu identifizieren (Buolamwini und Gebru 2018). Während KI-basierte Diagnosetools Hautkrebs bei stärker pigmentierten Personen schlechter erkennen (Zou und Schiebinger 2018), stehen gerade Schwarze Menschen öfter im Fokus von KI-gestützten Überwachungs- und Kontrollprogrammen (Benjamin 2019).

Mit dem Konzept *epistemische Gewalt* geht es in erster Linie also nicht darum, eine „‚falsche' Anwendung von Wissen" (Brunner 2020: 103) zu deklarieren, sondern viel grundlegender darum, Gewalt, die im Wissen sowie in dem Bestreben nach mehr und neuem Wissen selbst liegt, aufzuzeigen. Herausgefordert werden damit zugleich Narrative des technowissenschaftlichen ‚Fortschritts' und dessen ‚Segens' für die Gesellschaft.

Matters of Care und Re-Zentrierung der ökologischen Dimensionen von KI

Woran liegt uns etwas in unserem Forschen und Denken? Welchen Phänomenen schenken wir unsere forscherische Aufmerksamkeit, rücken sie ins Zentrum unserer Auseinandersetzungen und generieren durch die Art und Weise, wie wir sie darstellen, Beachtung für und Sorge um sie? Und wie kann ein solches (sich) sorgendes Denken und Forschen selbst sorgsam, wenn auch niemals unschuldig, sein?

Mit *matters of care* schlägt Maria Puig de la Bellacasa als Antwort auf diese Fragen eine Perspektive für kritische Wissenschafts- und Technikforschungen vor, die sich direkt an die Repräsentant*innen dieser Forschungsströmung richtet und sie nicht nur in die Verantwortung dafür nimmt, worüber und wie sie denken und forschen, sondern auch dafür, an der Hervorbringung welcher Welten sie sich mit ihrer Forschung beteiligen. Ausgangspunkt für ihre Überlegungen ist zum einen die für die Science and Technology Studies zentrale Annahme, dass Wissensproduktion wirklichkeitskonstituierend ist. Zum anderen geht sie von einer ontologisch (und damit nicht moralisch) begründeten Verpflichtung zur Sorge aus. Denn wir existieren, wie alle und alles andere auf dieser Welt auch, in Beziehungen mit- und Abhängigkeiten voneinander. Deshalb ist es lebensnotwendig, dass wir uns fortwährend um unsere Beziehungen ‚sorgen', sie (auch ganz praktisch) pflegen und aufrechterhalten (Puig de la Bellacasa 2011: 100; 2012: 198).[3] Vor diesem Hintergrund möchte Puig de la Bellacasa zur Entwicklung eines transformativen „ethos of

3 Siehe zu Care-Perspektiven in der Wissenschafts- und Technikforschung auch Ochs & Wenten 2026 in diesem Band.

care in the study of science and technology“ (Puig de la Bellacasa 2011: 85) einladen, einer sorgenden wie zugleich sorgsamen Forschungshaltung. Wie schon Donna Haraway, bei der sie vielfach Anleihe nimmt, zielt sie damit auf einen Beitrag zur Hervorbringung „besserer Welten“ (Haraway 1988: 386), nicht zuletzt angesichts eines zeitgenössisch diagnostizierten vielfältigen und schmerzvollen Leidens der Welt (ebd.: 100). Dieses Bekenntnis zu Sorge in Forschung und Denken versteht Puig de la Bellacasa (ebd.: 93) im Anschluss an feministische Forschungen zu Sorgearbeit als abgewertete, alltägliche, jedoch unumgängliche, da lebensnotwendige Praxis und damit als gleichermaßen unterschätzte wie jedoch unabdingbare Haltung für kritische Wissenschafts- und Technikforschung.

Konzeptuell basiert *matters of care* auf Bruno Latours Konzept *matters of concern* (u. a. 2004), das Puig de la Bellacasa (2011) um eine weitere „kritische Schicht“ der Bedeutung erweitern und derart unser Verständnis „anreichern“ möchte (ebd.: 89). Mit der konzeptuellen Blickverschiebung von *matters of fact* zu *matters of concern* hat Latour einen zentralen Beitrag zur ontologischen Wende in der Wissenschafts- und Technikforschung geleitest. Für Puig de la Bellacasas Überlegungen sind drei mit *matters of concern* verknüpfte Prämissen zentral (ebd.: 87–88): Menschen sind nicht die einzigen mit Handlungsmacht ausgestatten Akteur*innen bzw. Aktant*innen, sondern auch Dinge sind als selbst handlungsmächtig wahrzunehmen *und* darzustellen. Deshalb gilt es auch die Interessen und Bedürfnisse dieser Dinge im Sinne des gegenseitigen Respekts in einer gemeinsam geteilten Welt als legitim anzuerkennen. Schließlich gilt es die ‚Realität‘ der Dinge, durch die Rekonstruktion von Anliegen (*concerns*), die die Dinge miteinander verbinden, anzuerkennen. Mit *matters of care* möchte Puig de la Bellacasa einen Schritt weitergehen. Im Unterschied zu *concern* betont sie mit *care* die persönliche Betroffen- und Verbundenheit mit den (beforschten) Dingen und leitet daraus die ethisch-politische Verpflichtung zu „sorgendem Handeln“ als eine intervenierende Praxis und ein materielles Tun ab (ebd.: 89f.). Denn „care signifies: an affective state, a material vital doing, and an ethico-political obligation“ (ebd.: 90).

Mit Haraway geht es Puig de la Bellacasa darum, Sorge (*care*) als eine Haltung und Praxis zu verstehen, die selbst keineswegs ‚unschuldig‘, konflikt- oder spannungsfrei ist (2012: 204). Auch verlange ein sorgendes Denken und Forschen weder starre Erklärungen noch einheitliche (Welt-)Deutungen (ebd.: 200ff.). Vielmehr ermögliche es, Sorge sowohl bei den Forschenden als auch bei denjenigen, die diese Forschung rezipieren, zu generieren und eine (vormals) zum bloßen Objekt gemachte Welt wieder handlungsmächtig und einflussreich werden zu lassen (Puig de la Bellacasa 2011: 99). Diese stets situierte und damit höchst partikulare wie partielle Sorge könne Möglichkeiten für „spekulative Bekenntnisse“ zu und Visionen davon eröffnen, wie die Dinge und die Welt auch anders – und, so die implizite Hoffnung, „besser“ – sein könnten (ebd.: 96). Forschungspraktisch lädt Puig de la

Bellacasa zum einen dazu ein, sich in der eigenen Forschung den anderweitig „vernachlässigten“ Dingen und Phänomenen zu widmen (ebd.: 94ff.). Zum anderen fordert sie mit Susan Leigh Star (2007) auf, danach zu fragen: „'For whom [do we care; Ergänzung der Autorinnen]?', but also 'Who cares?' 'What for?' 'Why do 'we' care?', and mostly, '*How* to care?'“ (Puig de la Bellacasa 2011: 96; H.i.O.)

Das Potenzial sorgenden Denkens und Forschens sieht Puig de la Bellacasa (ebd.: 96) damit weniger in der Möglichkeit, Kritik an der „Realität der Dinge“ oder der Arbeiten anderer Forschender zu üben; zentral ist für sie vielmehr das Potenzial, Aufmerksamkeit und Beachtung für sowie Sorge um soziomaterielle Beziehungen (und andere vernachlässigte Phänomene) in der Welt zu generieren, die zur Hervorbringung „besserer Welten“ beitragen können. Es geht ihr also zuvorderst um eine Forschungsperspektive und -haltung, die sich für die Hervorbring der Welt und der Dinge in ihr mit all ihren Beziehungen und Abhängigkeiten engagiert und forschungspraktisch einsetzt (ebd.: 100).

Mit der von Puig de la Bellacasa vorgeschlagenen Perspektive *matters of care* (2011; 2012) sind wir dazu aufgefordert, in selbstreflexiver Weise danach zu fragen, woran uns etwas liegt, wenn wir zu technowissenschaftlichen Entwicklungen forschen, welchen Phänomenen wir in diesem Zusammenhang unsere Aufmerksamkeit schenken, sie dadurch ins Zentrum rücken und Sorge um sie generieren wollen. Mehr noch sind wir dazu aufgefordert darüber nachzudenken, wie eine sorgsame Darstellung, ein „care-ful staging“ von technowissenschaftlicher Entwicklung, ihren Voraussetzungen und Implikationen dazu beitragen kann, Sorge um die damit unauflöslich verbundenen Beziehungen zwischen menschlichen und nicht-menschlichen Akteur*innen zu generieren und so zur Hervorbringung ‚besserer Welten‘ beizutragen. Puig de la Bellacasa entlässt uns damit nicht aus der Verantwortung, uns auch Gegenständen der Kritik selbst sorgsam zuzuwenden.

Eine Möglichkeit, ein solches sorgsames Forschen, Denken und Darstellen von KI zu praktizieren, ist, mit Puig de la Bellacasa den Aufmerksamkeitsfokus auf die anderweitig allzu leicht „vernachlässigten Dinge“ zu richten. Aber auch dies ist keine „unschuldige“ (Forschungs-)Praxis, noch kann sie eine moralisch höherwertige Position für sich beanspruchen. Vielmehr handelt es sich dabei um eine „ethisch-politische“ Praxis, da sie in die „knowledge politics“ (Puig de la Bellacasa 2012: 99) rund um aktuelle soziotechnische Transformationsprozesse engagiert interveniert. Sie „re-zentriert“ gesellschaftliche Aushandlungs- und Verständigungsprozesse über technowissenschaftliche Entwicklungen, und eröffnet Ausganspunkte für „Spekulationen“ darüber (ebd.: 100), wie diese Entwicklungen auch anders verlaufen könnten.

Eine solche „Re-Zentrierung“ kann beispielsweise die ökologischen Dimensionen von KI in den Fokus rücken. Wie Kate Crawford in ihrem Buch *Atlas of AI* (2021) eindrücklich rekonstruiert, setzen Entwicklung und Einsatz Künstlicher

Intelligenz die Existenz und Aufrechterhaltung von in der Regel unsichtbaren und nur selten thematisierten, hochkomplexen globalen Netzwerken an materiellen Infrastrukturen, wie Unterseekabel und Rechenzentren, sowie den Einsatz vielzähliger natürlicher und menschlicher Ressourcen, etwa in Form von Seltenen Erden, Wasser und Strom, aber auch das zuvor angesprochene „Data Work", voraus. Im Kontrast dazu suggerieren öffentlich zugängliche oder für geringe Prämien verfügbare KI-Anwendungen, dass Künstliche Intelligenz heute allen (beinahe) kostenfrei zur Verfügung steht. Mit dem Konzept *matters of care* können wir unsere Sorge hingegen dem Einsatz von menschlicher Arbeitskraft und natürlichen Ressourcen zuteilwerden lassen, der entlang von vergeschlechtlichten, rassifizierten und klassifizierten globalen Achsen der Ungleichheit strukturiert ist (auch Brevini 2023) und uns auf die Diskrepanz zwischen jenen, die von KI-Entwicklung und -Einsatz profitieren und jenen, die die Kosten dieser Entwicklungen tragen, hinweist.

Eine solch „sorgsame Darstellung" der oftmals vernachlässigten, materiell-ökologischen Dimensionen von KI möchte die Aufmerksamkeit auf die planetarischen und letztlich gesellschaftlichen Kosten der Entwicklung und des Einsatzes von KI-Technologien richten, um so Sorge gerade auch für unsere Beziehungen mit der nicht-menschlichen Umwelt zu praktizieren und zu generieren. Anders gewendet, lässt sich ganz banal nach dem Preis-Leistungs-Verhältnis fragen, wenn ein Smart Home-System anstelle eines Menschen das Licht im Zimmer an- oder abschaltet – und wer hieraus Nutzen zieht und wer die Kosten trägt. Auch erscheint die u. a. von der Europäischen Union ausgerufene ‚twin transition', die KI und Digitalisierung allgemeiner in einen leichten und scheinbar bruchlosen Einklang mit einer Wende hin zu ‚grüner Energie' zu bringen versucht, vor diesem Hintergrund als ein geradezu wagemutiges wenn nicht gar propagandistisches Unterfangen.

Conclusio

Dieser Beitrag hat mit *situated knowledges* (Haraway), *epistemischer Gewalt* (Brunner) und *matters of care* (Puig de la Bellacasa) drei analytische Perspektiven für *macht- und herrschaftskritische Auseinandersetzungen mit technowissenschaftlichen Entwicklungen* am Beispiel aktueller Entwicklungen im Bereich der Künstlichen Intelligenz vorgestellt. Alle drei Perspektiven fokussieren die komplexen Verstrickungen von Wissens-, technologischen, politischen und sozialen Ordnungen, an deren Hervorbringung Wissenschafts- und Technikforschende zugleich immer auch selbst beteiligt sind. *Situiertes Wissen* sensibilisiert für die semiotisch-materiellen Grundlagen und Konsequenzen technowissenschaftlicher Wissensproduktion sowie deren Macht- und Herrschaftsförmigkeit. Mit dem Konzept *epistemi-*

sche Gewalt wird nach den kolonialen Strukturen, Praktiken und epistemischen Logiken gefragt, die auch gegenwärtigen technowissenschaftlichen Entwicklungen zugrunde liegen und durch diese (potenziell) fortgeführt werden. Das Konzept *matters of care* rückt die Generierung von Sorge um Beziehungen in mehr-als-menschlichen Welten ins Zentrum der forschenden Aufmerksamkeit zu technowissenschaftlichen Entwicklungen. Insbesondere die Konzepte *situiertes Wissen* und *matters of care* eröffnen auch dezidiert Perspektiven für den Entwurf besserer Welten und weisen damit über Analyse und Kritik hinaus.

Abschließend wollen wir diesen weiterführenden Perspektiven – wieder mit exemplarischer Bezugnahme auf KI – Raum geben.

Maria Puig de la Bellacasa ruft mit *matters of care* nicht nur zur Sorge und Sorgsamkeit im Denken und Forschen über Technowissenschaft auf. Im Anschluss an Donna Haraway argumentiert sie auch, dass diese Sorge Ausgangspunkt von „Spekulationen" darüber sein könne, wie technowissenschaftliche Entwicklungen auch anders verfasst sein und zur Hervorbringung ‚besserer Welten' beitragen könnten. Welche Spekulationen könnte unsere kritische Auseinandersetzung mit KI also anregen und informieren? Was bedeutete es etwa, wenn all die (ökonomischen) Ressourcen, die in die Realisierung und den Betrieb einer KI-basierten ‚Lösung' investiert werden, stattdessen in die Bekämpfung der sozialen Ursachen des identifizierten Problems flössen? Wenn Kommunen also mehr Sozialarbeiter*innen engagierten als das Geld in die Finanzierung von KI-gestützter Einsatzplanung ihrer Polizei zu investieren; wenn Führungspositionen auch ohne massive Überstunden zu haben wären, anstatt KI-Tools zur Personalauswahl einzusetzen, die hoffentlich weniger selektiv gegenüber Frauen sind; oder wenn Kurzstreckenflüge ob eines verlässlichen und günstigen Bahnangebots so unattraktiv würden, dass auch passionierte Vielflieger*innen sich nicht verlocken ließen, die mittels KI optimierte Flugroute als ‚klimafreundliche' Reiseoption zu wählen?

Und wie sähe eine KI aus, die nicht epistemisch gewaltvoll wäre, die nicht auf den globalen Produktions-, Wissens- und Seinshierarchien der kolonialen Moderne basierte? Wäre ohne diese „strukturellen und epistemologischen Möglichkeitsbedingungen moderner [Techno]Wissenschaft" (Brunner 2020: 53; Einschub der Autorinnen) überhaupt jemand auf die Idee gekommen, eine *artifical intelligence* zu kreieren, oder stünde AI dann für „ancestral intelligence" (Escoffery 2023) – also eine gemeinsam kultivierte Intelligenz[4] oder auch eine *Intel-*

4 „Ancestral Intelligence are collectively cultivated knowledges, locally specific, balancing our cultural differences with our ever-changing ecosystems. Ancestral Intelligence includes everything from: the ways our minds process information through story, our spiritual and religious practices (particularly those that center love and connection over violence and division), and our many

ligenz der Commons? Und würde sich eine *Intelligenz der Commons* heute vielleicht weniger an sich auflösenden Dualismen in der Technoscience abarbeiten – wie es Donna Haraway noch mit dem Konzept des *situierten Wissens* tut – sondern eher an der Frage planetarischen Überlebens und des Endes des Kapitalismus?

Die radikale Zuspitzung planetarischer Konflikte – von Klima, Ausbeutung, erzwungener Migration bis zur Rüstung – hat sicherlich utopische wie dystopische Potentiale, aber vor allem bietet sie auch einen zeithistorischen und soziomateriallen Horizont, der Veränderung möglich macht. Hier finden sich Parallelen zu den 1980er Jahren, als Haraway die *Cyborg* als vielversprechende fiktionale wie reale *Tricksterfigur* der Veränderung diskutierte. *Tricksterfiguren* sind schillernde Figuren der Uneindeutigkeit und des Nichtidentischen, die sich eindeutigen Zuschreibungen von gut oder böse, natürlich oder technisch, Mensch oder Tier entziehen, und zugleich wichtige Akteur*innen kollektiver Weltenbildung darstellen. Das findet man wunderbar illustriert in Luise Meiers (2024) Roman *Hyphen*, der von der allmählichen Entstehung einer freudvollen, diversen Gesellschaft der Commons erzählt, die nicht zuletzt durch zunehmenden Stromausfalls möglich wird und in der auch Pilze (!) eine geheimnisvolle Rolle spielen. Das Kollabieren der zentralistisch organisierten Energieversorgung sowie das Auftauchen neuer Trickster in Form von im Untergrund wirkenden, vernetzten Pilzen, die auch in der von der Industrialisierung verseuchten Erde wachsen können (Lowenhaupt Tsing 2018), werden der Ausgangspunkt für subversives, speziesübergreifendes Handeln. In dieser lustvollen und lebenswerten Selbstherrschaft der Commons wird sozialer Überschuss vergesellschaftet und der Reichtum von Natur und Technoscience wird zum kollektiven Wohlstand. Allerdings spielt in dieser Welt KI keine große Rolle.

Weiterführende Lektüre

Bauer, S., T.H. Voigt und T. Lemke (Hrsg.), 2017: Science and Technology Studies: Klassische Positionen und aktuelle Perspektiven. Berlin: Suhrkamp.

Cipolla, C., K. Gupta, D. A. Rubin und A. Willey (Hrsg.), 2017: Queer Feminist Science Studies: A Reader. University of Washington Press.

Haraway, D., 1995: Monströse Versprechen : Coyote-Geschichten zu Feminismus und Technowissenschaft. Argument-Sonderband : 234, Hamburg.

Harding, S. (Hrsg.), 2011: The Postcolonial Science and Technology Studies Reader. Duke University Press.

---

systems of governance over the course of human history, from democracies to seasonal hierarchies. Ancestral Intelligences are as diverse as our cultures, rejecting the utility of a 'general intelligence.'" (Escoffery 2023)

Wyer, M., M. Barbercheck, D. Cookmeyer, H. Ozturk und M. Wayne (Hrsg.), 2014: Women, Science, and Technology. A Reader in Feminist Science Studies. Abingdon, Oxon and New York, NY: Routledge.

Literatur

Adam, A., 1998: Artificial Knowing. Gender and the Thinking Machine. London: Routledge.

Amnesty International, 2022: THE SOCIAL ATROCITY. META AND THE RIGHT TO REMEDY FOR THE ROHINGYA. Online: https://www.amnesty.org/en/documents/ASA16/5933/2022/en/ (letzter Aufruf: 28.04.2025).

Balaram, V., 2019: Rare earth elements: A review of applications, occurrence, exploration, analysis, recycling, and environmental impact. Geoscience Frontiers 10: 1285–1303.

Benjamin, R., 2019: Race After Technology. Abolitionist Tools for the New Jim Code. Cambridge/UK: Polity Press.

Bowker, G.C. und S.L Star, 1999: Sorting Things Out. Classification and its Consequences. Cambridge/MA: MIT Press.

Breazeal, C., 2002: Designing Sociable Robots. Cambridge/MA: MIT Press.

Brevini, B., 2023: Myths, techno solutionism and artificial intelligence: reclaiming AI materiality and its massive environmental costs. S. 869–877 in: S. Lindgren (Hrsg.), Handbook of Critical Studies of Artificial Intelligence. Cheltenham: Elgar.

Brunner, C., 2020: Epistemische Gewalt. Wissen und Herrschaft in der kolonialen Moderne. Bielefeld: transcript.

Buolamwini, J. und T. Gebru, 2018: Gender Shades: Intersectional Accuracy Disparities in Commercial Gender Classification. Proceedings of Machine Learning Research 81: 1–15. Online: https://proceedings.mlr.press/v81/buolamwini18a/buolamwini18a.pdf (letzter Aufruf: 13.04.2025).

Business Insider, 2010: Mark Zuckerberg, Moving Fast and Breaking Things. 15. Okt. 2010. Online: https://www.businessinsider.com/mark-zuckerberg-2010-10 (letzter Aufruf: 28.04.2025).

Crawford, K., 2021: Atlas of AI. Power, Politics, and the Planetary Costs of Artificial Intelligence. New Haven: Yale University Press.

Dastin, J., 2022: Amazon Scraps Secret AI Recruiting Tool that Showed Bias against Women. S. 296–299 in: K. Martin (Hrsg.), Ethics of Data and Analytics. New York: Auerbach Publications.

Escoffery, A.J., 2023: Ancestral Intelligence: The AI We Need. Commonplace Oct. 2023. Online: https://commonplace.knowledgefutures.org/pub/8yizm9w0/release/1.

Fleck, L., 1980/1935: Entstehung und Entwicklung einer wissenschaftlichen Tatsache. Einführung in die Lehre vom Denkstil und Denkkollektiv. Frankfurt/M.: Suhrkamp.

Gramlich, N. und A. Haas, 2019: Situiertes Schreiben mit Haraway, Cixous und grauen Quellen. Zeitschrift für Medienwissenschaft 11: 38–54.

Hagerty, A. und I. Rubinov, 2019: Global AI Ethics: A Review of the Social Impacts and Ethical Implications of Artificial Intelligence. Online: https://arxiv.org/abs/1907.07892 (letzter Aufruf: 01.04.2019).

Haraway, D., 1988: Situated Knowledge: The Science Question in Feminism and the Privilege of Partial Perspective. Feminist Studies 14: 575–599.

Haraway, D., 1991: 'Gender' for a Marxist Dictionary: The Sexual Politics of a Word. S. 127–148 in: D. Haraway, Simians, cyborgs, und women: The reinvention of nature. London: Routledge.

Haraway, D., 1995a: Situiertes Wissen. Die Wissenschaftsfrage im Feminismus und das Privileg einer partialen Perspektive. S. 73–97 in: C. Hammer und I. Stieß (Hrsg.), Die Neuerfindung der Natur. Primaten, Cyborgs und Frauen. Frankfurt/M.: Suhrkamp.

Haraway, D., 1995b: Monströse Versprechen. Coyote-Geschichten zu Feminismus und Technowissenschaft. Hamburg: Argument.

Haraway, D., 1995/1985: Ein Manifest für Cyborgs. Feminismus im Streit mit den Technowissenschaften. S. 33–72 in: D. Haraway, Die Neuerfindung der Natur. Primaten, Cyborgs und Frauen. Frankfurt/M.: Campus.

Harding, S., 1986: The Science Question Feminism. Ithaca & London: Cornell University Press.

Holland, J.H., 1992: Genetic Algorithms. Computer Programs That ‹Evolve› in Ways That Resemble Natural Selection Can Solve Complex Problems Even Their Creators Do Not Fully Understand. Scientific American 267: 66–73.

Latour, B., 2004: Why has critique run out of steam? From matters of fact to matters of concern. Critical Inquiry 30: 225–248.

Lowenhaupt Tsing, A., 2018: Der Pilz am Ende der Welt. Berlin: Mattes & Seitz.

Mader, E., 2026: Feministische Wissenschafts- und Objektivitätskritik. S. 505–527 in: A. K. Krüger, J.-F. Schrape, C. Schubert und J. Schubert (Hrsg.), Wissenschafts- und Technikforschung. Sozialwissenschaftliche Einführungen. Berlin: de Gruyter.

Meier, L., 2024: Hyphen. Berlin: Matthes & Seitz.

Miceli, M. und J. Posada, 2022: The Data-Production Dispositif. Proc. ACM Hum.-Comput. Interact. 6: Article 460.

Miceli, M., P. Tubaro, A.A. Casilli, T. Le Bonniec und C.S. Wagner, 2024: Who Trains the Data for European Artificial Intelligence? European Parliament: The Left: 1–40.

Morozov, E., 2013: To Save Everything, Click Here. Technology, Solutionism and the Urge to Fix Problems that Don't Exist. New York: Public Affairs.

Ochs, C. und Wenten, K., 2026: Care: Sorge als Gegenstand, Theorie, Methode und Ethik. S. 101–118 in: A. K. Krüger, J.-F. Schrape, C. Schubert und J. Schubert (Hrsg.), Wissenschafts- und Technikforschung. Sozialwissenschaftliche Einführungen. Berlin: de Gruyter.

Prietl, B., 2019: Algorithmische Entscheidungssysteme revisited: Wie Maschinen gesellschaftliche Herrschaftsverhältnisse reproduzieren können. Feministische Studien 37: 303–319.

Puig de la Bellacasa, M., 2011: Matters of Care in Technoscience. Assembling Neglected Things. Social Studies of Science 41: 85–106.

Puig de la Bellacasa, M., 2012: 'Nothing Comes without its World'. Thinking with Care. The Sociological Review 60: 197–216.

Schiebinger, L., 1987: The History and Philosophy of Women in Science: A Review Essay. Signs: Journal of Women in Culture and Society 12: 305–332.

Simonite, T., 2018: When It Comes to Gorillas, Google Photos Remains Blind. Wired, 11. Jan. 2018.

Spivak, G.C., 1988: Can the Subaltern Speak? S. 271–313 in: C. Nelson und L. Grossberg (Hrsg.), Marxism and the Interpretation of Culture. London: Macmillan.

Star, S.L., 2007: Interview. S. 223–231 in: K.-B. Olsen und E. Selinger (Hrsg.), Five Questions in Philosophy of Technology. New York: Automatic VIP Press.

Suchman, L., 1987: Plans and Situated Actions. The Problem of Human-Machine Communication. Cambridge: Cambridge University Press.

The Guardian, 2024: Three Mile Island nuclear reactor to restart to power Microsoft AI operations, 20. Sept. 2024.Online: https://www.theguardian.com/environment/2024/sep/20/three-mile-island-nuclear-plant-reopen-microsoft (letzter Aufruf: 28.04.2025).

Traweek, S., 1992: Border Crossings. Narrative Strategies in Science Studies and among Physicists in Tsukuba Science City, Japan. S. 429–465 in A. Pickering (Hrsg.), Science as Practice and Culture. Chicago & London: The University of Chicago Press.

Turing, A., 1950: Computing Machinery and Intelligence. Mind, LIX 236: 433–460.

Valiant, L., 2014: Probably Approximately Correct. Nature's Algorithms for Learning and Prospering in a Complex World. New York: Basic Books.

Voß, J.-P., 2026: Wissenschaft ist Politik mit anderen Mitteln. S. 483–503 in: A. K. Krüger, J.-F. Schrape, C. Schubert und J. Schubert (Hrsg.), Wissenschafts- und Technikforschung. Sozialwissenschaftliche Einführungen. Berlin: de Gruyter.

Weber, J., 2010: Technikwissenschaft / Technowissenschaft. S. 2717u–2721b in: H.-J. Sandkühler (Hrsg.), Enzyklopädie Philosophie. Hamburg: Felix Meiner Verlag.

Weber, J., 2022: Probably Approximately Correct. Epistemologische Grundlagen der Künstlichen Intelligenz. in: F. Orsolva et al. (Hrsg.), Mensch-Maschine-Interaktion – Konzeptionelle, soziale und ethische Implikationen neuer Mensch-Technik-Verhältnisse. Paderborn.

Weber, J. und B. Prietl, 2021: AI in the age of technoscience: On the rise of data-driven AI and its epistem-ontological foundations. S. 58–73 in A. Elliott (Hrsg.), The Routledge Social Science Handbook of AI. London: Routledge.

Winner, L., 1980: Do Artifacts Have Politics? Daedalus 109: 121–136.

Young, E., J. Wajcman und L. Sprejer, 2021: "Where are the Women? Mapping the Gender Job Gap." AI. London: The Alan Touring Institute.

Zou, J. und L. Schiebinger, 2018: AI can be sexist and racist – it's time to make it fair. Nature, 18 July 2018. Online unter: https://www.nature.com/articles/d41586-018-05707-8 (letzter Aufruf: 28.04.2025).

Gerald Beck, Diego Compagna, Ariane Sept, Franziska Sörgel

29 Die Kartierung von Kontroversen

Einleitung

Die *Kartierung von Kontroversen* ist eine analytische, praxisorientierte Methode im Feld der Wissenschafts- und Technikforschung. Sie wurde in Anlehnung an die Methodologie der Akteur-Netzwerk-Theorie (ANT) (Latour 2007) entwickelt und hat sich in den letzten Jahrzehnten als zentrales Werkzeug der Wissenschafts- und Technikforschung etabliert. Im Zentrum steht dabei das Verständnis, dass wissenschaftlich-technische Fragestellungen nicht als isolierte Phänomene zu begreifen sind, sondern als Ausdruck komplexer Netzwerke, in denen soziale, materielle und symbolische Elemente gleichermaßen konstitutiv sind.

Ziel der Methode ist es, öffentliche Debatten nicht nur in ihrer Vielfalt, sondern auch in ihrer relationalen Dynamik zu erfassen. Sie visualisiert Perspektiven, die oft erst in der wechselseitigen Beziehung zwischen Akteuren, Technologien und Diskursen sichtbar werden. Solche Beziehungen sind nicht nur abstrakte Begriffe oder theoretische Konstruktionen. Sie zeigen sich in konkreten Handlungen und alltäglichen Praktiken. In diesen Praktiken wird deutlich, wie gesellschaftliche Herausforderungen entstehen und bearbeitet werden. Dabei spielen Machtverhältnisse eine wichtige Rolle, denn sie beeinflussen, welche Perspektiven sichtbar werden und welche nicht.

Die Kartierung bietet damit eine Möglichkeit, die Vielschichtigkeit sozio-technischer Konstellationen offenzulegen und ihre oft unsichtbaren Dynamiken kritisch zu hinterfragen, sei es in der Forschung oder in der Lehre, wo sie zunehmend als Methode zur Reflexion und Demokratisierung von Wissen eingesetzt wird.

Dieser Beitrag möchte Studierenden eine fundierte Einführung in die Kartierung von Kontroversen bieten und sie als einen etablierten, methodisch-konzeptionellen Ansatz der Science and Technology Studies (STS) verständlich machen. Theoretische Grundlagen, historische Entwicklungen und konkrete Beispiele in diesem Beitrag sollen Entstehung und Anwendung veranschaulichen. Darüber hinaus wird erläutert, wie Bewertungen im Verlauf des Kartierungsprozesses entstehen und wie dabei Deutungshoheiten in gesellschaftlichen Debatten sichtbar werden. Die Methode macht die Verwobenheit von Akteuren, materiellen Artefakten und diskursiven Ordnungen sichtbar und eröffnet Räume, um diese Dynamiken gemeinsam zu reflektieren. Dabei verstehen wir die Kartierung als ein Verfahren, das nicht nur analytische Einsichten bietet, sondern selbst einen Teil des gesellschaftlichen Aushandlungsprozesses darstellt, indem Forschende einerseits demokratische Prozesse und Entscheidungen nachvollziehen müssen, und andererseits

https://doi.org/10.1515/9783112245897-035

auch selbst eine Entscheidung während der Komplexitätsreduktion darüber treffen müssen, was und wen sie in einer Karte als darstellungswürdig betrachten. Ziel unseres Beitrages ist es, Potenziale und Grenzen des Ansatzes herauszuarbeiten sowie Kontroversen als produktive Momente der Wissensproduktion und des Gesellschaftsengagements zu begreifen.

Unser Beitrag ist wie folgt aufgebaut. Der Abschnitt *Kontroversen und ihre Relevanz für die STS* (1) thematisiert die zentrale Rolle von Kontroversen in den STS. Kontroversen erlauben es, soziale und technische Elemente symmetrisch zu analysieren, wie es in der ANT und verwandten Ansätzen angestrebt wird. Gleichzeitig zeigen sich in der Kartierung von Kontroversen auch Bezüge zur Diskurs- und Dispositivanalyse. Dabei fungiert Sprache als Medium, das Bedeutungen hervorbringt und gleichzeitig begrenzt. Narrative und Diskurse strukturieren, was sichtbar und sagbar ist, und prägen damit die Wahrnehmung und Interpretation der Realität. Diese Machtstrukturen bewirken eine Privilegierung oder auch Marginalisierung bestimmter Perspektiven, wodurch sie die Dynamik der Kontroverse wesentlich beeinflussen. Am Beispiel der Entwicklung des Fahrrads in der zweiten Hälfte des 19. Jahrhunderts zeigen Trevor Pinch und Wiebe Bijker (1987) wie soziale Gruppen mit ihren Zielen und Konflikten technologische Innovation maßgeblich beeinflussen.

Im zweiten Abschnitt über die *Geschichte der Kartierung der Kontroversen* (2) wird die Entwicklung der Methode historisch nachgezeichnet. In den 1990er Jahren entwickelte Bruno Latour an der École des Mines in Paris ein didaktisches Konzept, das Studierenden der Ingenieurwissenschaften einen neuen Zugang zu den komplexen Verflechtungen von Wissenschaft, Technik und Gesellschaft eröffnen sollte, wodurch die Methodologie der ANT für die Lehre und Studierende greifbar wurde. Die Ausstellung *Making Things Public* (2005) am ZKM in Karlsruhe, die Bruno Latour mit Peter Weibel kuratierte, war ein entscheidender Schritt auf dem Weg, die Kartierung von Kontroversen als Mittel demokratischer Teilhabe zu präsentieren: durch die Visualisierung komplexer Themen konnten gesellschaftliche Belange („matters of concern") für eine breitere Öffentlichkeit sichtbar und verhandelbar gemacht werden (Latour und Weibel 2005). Eine systematische Weiterentwicklung der Methode fand mit dem EU-Projekt MACOSPOL (2007–2010) statt: einem interdisziplinären Projekt europäischer Universitäten, deren Ziel es war, die öffentliche Beteiligung an technologischen und wissenschaftlichen Fragestellungen zu erleichtern (Rogers 2009; Beck und Kropp 2011). Seitdem hat sich die Kartierung in einer „zweiten Welle" stärker auf gesellschaftliche Kontroversen und digitale Plattformen ausgerichtet. Die Dynamik sozialer Medien und algorithmischer Diskurse bringt neue Herausforderungen, bietet aber auch Chancen durch KI-gestützte Tools. Diese Entwicklungen erfordern eine kritische Reflexion, um die Methode weiterhin als Instrument zur Sichtbarmachung von Machtasymmetrien und sozialen Dynamiken einsetzen zu können (Venturini und Munk 2021) (Latour 2018a).

Der dritte Abschnitt widmet sich der *Kartierung von Kontroversen in Lehre und Forschung (3)* und ihren analytischen sowie visualisierenden Methoden. Sie wird nicht mehr nur als analytisches Werkzeug eingesetzt, sondern auch als didaktischer Ansatz, um Studierenden die Dynamiken komplexer gesellschaftlicher Debatten näherzubringen. Von Architektur (Yaneva 2011) über Mensch-Tier-Beziehungen (Groth et al. 2022) bis hin zu Fragen der Klimaanpassung (Venturini et al. 2015) – die Kartierung bietet einen Zugang zu unterschiedlichsten Themenfeldern und beweist damit Transdisziplinarität sowie methodische Flexbilität. Unterstützt durch Werkzeuge wie digitale Visualisierungen und methodische Leitfäden (Venturini und Munk 2021) eröffnet die Methode immer neue Möglichkeiten, große Datenmengen zu bearbeiten und anschaulich darzustellen. Für die Lehre zeigt sich hingegen, dass sich besonders lokal begrenzte und klar strukturierte Kontroversen, die für Studierende zugänglich sind, eignen, Netzwerke und Machtkonstellationen zu analysieren.

Abschließend widmen wir uns den *Grenzen der Kontroversenkartierung (4)*. Eine zentrale Frage ist, wie noch nicht stabilisierte, d.h. sogenannte „heiße" Kontroversen identifiziert werden können und welche methodischen Ansätze dabei helfen, die oft heterogenen und umfangreichen Datenmengen handhabbar zu machen (ebd.). Besonders bei „heißen" Kontroversen, die sich durch die Dynamiken sozialer Medien oder algorithmisch gesteuerter Diskurse ständig verändern, zeigt sich, dass Argumente und Akteure während der Analyse in Bewegung bleiben können (Latour 2018b) und gerade deshalb die Fixierung in einer Karte nicht sinnvoll erscheint. Diese Instabilität birgt zwar methodische Risiken, eröffnet aber zugleich neue Perspektiven: Sie macht sichtbar, wie sehr Kontroversen selbst in Netzwerken und Machtverhältnissen eingebettet sind. Gerade in der Reflexion über diese Herausforderungen entsteht ein produktiver Raum, in dem die Methode weiterentwickelt und an neue gesellschaftliche und technologische Bedingungen angepasst werden kann. Die Kartierung ist so nicht nur ein analytisches Werkzeug, sondern auch eine kritische Praxis, die ein tieferes Verständnis soziotechnischer Debatten fördert, wenngleich sie eine sorgfältige Auswahl und Abstraktion erfordert, so nicht alle Kontroversen gleichermaßen zugänglich oder interpretierbar sind.

Kontroversen und ihre Relevanz für STS

Kontroversen sind ein zentraler Gegenstand der Wissenschafts- und Technikforschung (siehe auch Hampel und Zwick 2026 in diesem Band). Ein einschlägiges Beispiel ist der einflussreiche Aufsatz „The social construction of facts and artefacts – Or how the sociology of science and the sociology of technology might benefit from each other" von Trevor Pinch und Wiebe Bijker (1987). Darin zeigen die Autor*innen, wie die Entwicklung eines neuen Artefakts – in diesem Fall des Fahrrads in der zweiten Hälfte des 19. Jahrhunderts – durch die Aushandlung teils erheblich konfligierender Interessen, Ziele und Problemlagen verschiedener sozialer Gruppen geprägt wurde.

Kontroversen werden in den STS häufig untersucht, um die Interdependenzen von sozialen und technischen Dynamiken, die den sozio-technischen Wandel moderner Gesellschaften in besonderer Weise kennzeichnen, zu verstehen. Ein aktuelles Beispiel ist die Analyse der Kontroverse um die Berichterstattung über die Fukushima-Katastrophe auf Wikipedia, die zeigt, wie Grenzen zwischen Experten- und Laienwissen sowie die sozialen und technischen Funktionen von Wikipedia verhandelt werden (Moats 2019).

Technologiekontroversen werden im Rahmen der STS häufig als Diskurse, Praktiken und Netzwerke untersucht, um die sozialen Dynamiken sowie die (vor-)theoretischen Annahmen der verschiedenen sozialen Felder zu verstehen, die den Kontroversen zugrunde liegen (Beck et al. 2012). Dabei lassen sich grob zwei Kategorien des Umgangs mit Kontroversen in der STS-Literatur unterscheiden: Zum einen die Nachzeichnung einer (prinzipiell) bekannten Kontroverse, die vielleicht im Laufe der Zeit in Vergessenheit geraten ist, aber dennoch für die breite Öffentlichkeit leicht zugänglich und oft allgemein bekannt ist. Spannender und durchaus häufiger ist das Aufspüren einer „unbekannten" Kontroverse, die in diesem Sinne oft (aber nicht immer) gar nicht stattgefunden hat (vgl. Abb. 29.1). Diese zweite Kategorie des Umgangs mit Kontroversen in den STS lässt sich daher weiter unterteilen in Kontroversen, die sehr spezifisch und von der Öffentlichkeit weitgehend unbemerkt stattgefunden haben, und solchen, die faktisch gar nicht stattgefunden haben. Die letztgenannte Unterkategorie ist deshalb besonders wertvoll, da sie der Öffentlichkeit die Möglichkeit bietet, eine Kontroverse nachzuholen, die sie zu dem Zeitpunkt, zu dem sie hätte geführt werden sollen, gewissermaßen „verpasst" hat.

Die Kategorie A lässt sich gut mit der bereits erwähnten klassischen historischen Studie von Pinch und Bijker (1987) illustrieren. Die Entstehungsgeschichte des Fahrrads ist an sich nichts Unbekanntes, der Erkenntnisgewinn liegt in der „originellen" Art der Rekonstruktion: Die Autor*innen zeichnen den Einfluss verschiedener sozialer Gruppen, deren Aushandlungsprozesse und Problem(um)definitionen auf den Entwicklungspfad der technologischen Innovation nach. Damit erhellen die Autoren die Wirkmächtigkeit des Sozialen bei und für die Entwicklung sowie Durchsetzung innovativer Artefakte – oder in den Worten Werner Rammerts: „Eine Technik setzt sich nicht durch, weil sie technologisch überlegen ist, sondern sie gilt als technologisch überlegen, weil sie sich sozial durchgesetzt hat" (Rammert 2000: 64).

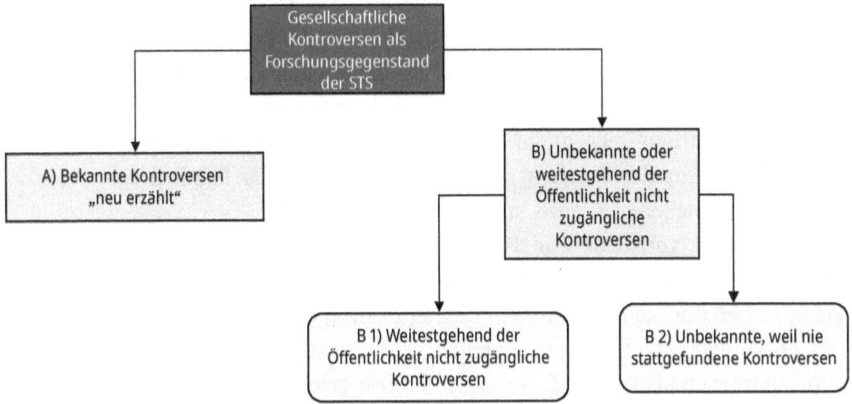

Abb. 29.1: Schematische Darstellung von typischen Kontroversen in STS (eigene Darstellung)

Die Unterkategorie B1 kann durch eine weitere klassische STS-Studie aus demselben bahnbrechenden Sammelband von Bijker, Hughes und Pinch (1987) illustriert werden. Der Aufsatz von MacKenzie (1987) „Missile Accuracy“ rekonstruiert die technologische Entwicklung der Genauigkeit ballistischer Raketen, insbesondere im Kontext des amerikanischen Raketenprogramms während des Kalten Krieges, auf der Grundlage des Ansatzes von Thomas P. Hughes (1987). Das Besondere an Hughes Ansatz ist die Annahme, dass technologische Entwicklungen nicht isoliert von organisatorischen, politischen und wirtschaftlichen Faktoren betrachtet werden können. Ähnlich wie Hughes betont auch John Law (1987) die Notwendigkeit eines „heterogenen Engineering“, d.h. die Berücksichtigung technischer und nicht technischer Faktoren bei der Analyse von Technik. Im Rückgriff auf diese Perspektiven zeigt MacKenzie in seiner historischen Studie, dass die Entwicklung ballistischer Langstreckenraketen entlang der Kontroverse über die Möglichkeit und Machbarkeit der Trägheitsnavigation von Raketen verläuft. Zwei Hauptargumente wurden gegen die Machbarkeit dieser Technologie vorgebracht:

- Erstens das praktische Argument, dass Beschleunigungsmesser oder Kreisel mit ausreichender Genauigkeit für eine nützliche Führung und Navigation nicht gebaut werden könnten.
- Zweitens, dass die Trägheitsnavigation physikalische Gesetze verletzen würde, insbesondere das Postulat der Allgemeinen Relativitätstheorie, dass es in einem geschlossenen System unmöglich sei, Beschleunigungen von Änderungen des Gravitationsvektors zu unterscheiden.

MacKenzie zeichnete nach, wie Charles Stark Draper und andere Pioniere der Trägheitsnavigation gegen diese Skepsis ankämpften und beweisen mussten, dass die

Technologie tatsächlich möglich und realisierbar war. Dies erforderte nicht nur technische Innovationen, sondern auch geschicktes „heterogenes Engineering", um Unterstützer zu gewinnen und Skeptiker zu überzeugen. Die Kontroverse zeigt, wie technologische Entwicklungen nicht nur technische, sondern auch konzeptuelle und soziale Hürden überwinden müssen, um sich durchzusetzen. Die erfolgreiche Implementierung der Trägheitsnavigation in Raketen war letztlich eine Widerlegung der anfänglichen Zweifel an ihrer Machbarkeit.

Die Studie von Beck und Kropp (2011) „Infrastructures of risk: a mapping approach towards controversies on risks" kann exemplarisch für die dritte Kategorie B2 stehen und stellt zugleich ein Lehrstück für die Kartierung von Kontroversen dar. Beck und Kropp argumentieren hier, dass moderne Gesellschaften mit neuartigen, komplexen Risiken konfrontiert sind. Diese zeichnen sich insbesondere durch drei Merkmale aus. Erstens handelt es sich um produzierte – also erst in Interventionen bzw. Interaktionen hergestellte – Unsicherheiten mit potenziell irreversiblen Folgen. Zweitens liegen zwischen Ursache und Wirkung oft lange Latenzzeiten. Und drittens spielt die öffentliche Wahrnehmung eine dominante Rolle.

Um diese neuen Risiken besser verstehen und bewältigen zu können, führen die Autor*innen den Begriff der „Risikoinfrastrukturen" ein. Darunter verstehen sie die oft unsichtbaren materiellen, semiotischen und organisatorischen Strukturen, die Risiken ermöglichen und verbreiten. Mit diesem Konzept lenken sie den Blick auf bislang vernachlässigte Aspekte von Risikokontroversen. Konkret umfassen Risikoinfrastrukturen folgende Aspekte:

- Materielle Komponenten: Technische Normen und Standards, die bestimmte Materialien und Verfahren vorgeben sowie physische Strukturen, die die Verbreitung von Risiken beeinflussen.
- Semiotische Komponenten: Gesellschaftliche Glaubenssätze und Routinen der Problemlösung sowie diskursive Regeln, die bestimmen, wer in Risikodebatten als relevant angesehen wird sowie Narrative und Wissensordnungen, die den Umgang mit Risiken prägen.
- Organisatorische Komponenten: Institutionelle Verfahren und Zuständigkeiten sowie regulatorische Landschaften und disziplinäre Strukturierungen.

Risikoinfrastrukturen kanalisieren also die Verbreitung von Risiken und Folgerisiken, indem sie vorgeben, was als machbar, handhabbar, vorstellbar und genehmigungsfähig gilt. Sie wirken oft im Verborgenen und werden erst sichtbar, wenn Schäden auftreten. Die Autor*innen argumentieren, dass diese Infrastrukturen bisher zu wenig Beachtung in der Risikoanalyse fanden, obwohl sie von entscheidender Bedeutung für das Verständnis und den Umgang mit systemischen Risiken sind.

Die Akteur-Netzwerk-Theorie (ANT) (siehe auch Barla 2026 in diesem Band), die die theoretische Grundlage der Kartierung von Kontroversen darstellt, greift viele dieser Perspektiven rund um die Rekonstruktion (Kategorie A und B1) oder Dekonstruktion (Kategorie B1 und B2) von Kontroversen auf und vereint sie in einem methodisch raffinierten Ansatz. Die ANT betont im Rahmen des so genannten Symmetrieprinzips die Bedeutung der materiellen Welt und der physischen Objekte in der Konstitution sozialer Realitäten. Im Gegensatz zu traditionellen Ansätzen, die soziale Phänomene oft unabhängig von ihrer materiellen Basis betrachten, betont die ANT die Instabilität und Dynamik sozialer Ordnungen, indem sie die kontinuierliche Wechselwirkung zwischen der Materialität des Sozialen und den Akteuren hervorhebt (Latour 2007; Laser und Ochs 2019). Wichtige Aspekte sind hierbei das Offenlegen der relevanten Netzwerke sowie die zugrundeliegende Dynamik eines schnellen Wandels, der von einer symmetrischen Analyse erfasst werden kann. Die ANT betrachtet Kontroversen nicht als Störfaktoren, sondern als wertvolle Analyseobjekte, die Einblicke in die Komplexität und Dynamik sozialer Netzwerke und Ordnungen geben (vgl. Latour 2007: 41ff.). Sie trägt damit auch der Gesellschaftsdiagnose Rechnung, dass Kontroversen nicht die Ausnahme, sondern vielmehr die Regel in (spät)modernen Gesellschaften darstellen (Renn 2023).

Geschichte der Kartierung von Kontroversen

Die Kartierung von Kontroversen hat sich seit den 1990er Jahren als innovative Methode entwickelt, um komplexe wissenschaftliche und gesellschaftliche Debatten zu visualisieren und zu analysieren. Was als didaktisches Experiment Bruno Latours an der École des Mines in Paris begann, hat sich zu einem wichtigen Werkzeug der STS entwickelt. Der Ansatz wurde schnell über die Lehre hinaus auch in der Forschung populär. In den letzten zwei Jahrzehnten haben STS-Wissenschaftler*innen an verschiedenen Universitäten digitale Tools für das Kontroversen-Mapping entwickelt und den Ansatz in Forschung und Lehre etabliert. In diesem Abschnitt werden die wichtigsten Meilensteine der Kontroversenkartierung vorgestellt.

Der Beginn: Kartierung von Kontroversen als Werkzeug in der Lehre

Entwickelt wurde der methodologische Ansatz von Bruno Latour bereits in den 1990er Jahren mit dem Ziel, Studierenden die Perspektive der Akteur-Netzwerk-Theorie (ANT) näher zu bringen, ohne den komplexen Begriffskanon der ANT von Anfang an nutzen zu müssen (Venturini 2010). Bruno Latour unterrichtete an der École de Mines in Paris unter anderem Studierende der Ingenieurwissenschaften, die erfahren sollten, wie und wie viele soziale Bedingungen in soziotechnischen Entwicklungen eingeschrieben sind. Latour ging es darum, die relationalen Dynamiken soziotechnischer Entwicklungen nicht nur theoretisch zu erklären, sondern sie durch die praktische Analyse realer Kontroversen erfahrbar zu machen (ebd.). Durch die Kartierung von Kontroversen konnten sich die Studierenden die Komplexität soziotechnischer Entwicklungen erschließen. Auch heute entstehen an zahlreichen Universitäten jedes Semester neue Kartierungen aktueller Kontroversen.

Making Things Public – Karten als Werkzeug von Empowerment

Die Ausstellung „Making Things Public“, die Bruno Latour gemeinsam mit Peter Weibel 2005 am Zentrum für Kunst und Medien (ZKM) in Karlsruhe kuratiert hat, markiert einen Wendepunkt in der Kartierung von Kontroversen (Latour und Weibel 2005).

Mit der Ausstellung gelang es, Forschende und Kunstschaffende zusammenzubringen, die sich mit Kontroversen beschäftigten. Aus den experimentellen Kooperationen der beiden Gruppen entstanden neuartige Formen der Visualisierung. Die Ausstellung griff die grundlegende Frage auf, wie in einer zunehmend durch wissenschaftlich-technische Verflechtungen geprägten Welt demokratische Prozesse neu gedacht werden können. Anstatt Demokratie als rein parlamentarisches System zu verstehen, zeigten die ausgestellten Kartierungen und Installationen, wie gesellschaftliche Belange („matters of concern“) durch ihre Visualisierung einer breiteren Öffentlichkeit zugänglich gemacht werden könnten (Latour 2005).

Die Ausstellung demonstrierte, wie komplexe Themen wie Klimawandel, Gentechnik oder digitale Überwachung erst durch ihre kartografische Aufbereitung als gemeinsame Angelegenheiten erkennbar und damit verhandelbar werden. Besonders deutlich wurde dies in den interaktiven Installationen, die Besucher*innen dazu einluden, selbst Teil der Kartierung zu werden und die eigene Position in den jeweiligen Kontroversen zu reflektieren. Making Things Public ging damit über die reine Visualisierung von Akteursnetzwerken hinaus und entwickelte die Kartierung von Kontroversen zu einem Instrument demokratischer Teilhabe weiter. Indem sie die vielfältigen Verbindungen zwischen Wissenschaft, Technologie und Gesellschaft sichtbar machte, eröffnete die Ausstellung neue Perspektiven darauf, wie demokratische Prozesse in einer durch wissenschaftlich-technische Komplexität geprägten Welt gestaltet werden können.

Die Kartierung von Kontroversen wird für ein breites Themenspektrum eingesetzt, das Architektur und Planung (Yaneva 2011), systemische Risiken (Beck und Kropp 2011), Klimawandel (Waller et al. 2021), Geographie (Lepawsky et al. 2019) und weitere Felder gesellschaftlicher Transformation umfasst. Gesellschaftlicher Wandel vollzieht sich selten ohne Kontroversen, und die jüngsten Polarisierungen um Themen wie Klimapolitik, Migration, Wohnungsbau oder Landwirtschaft zeigen, dass Gesellschaften neue Strategien entwickeln müssen, um mit Unsicherheit und Dissens umzugehen. Der Ansatz des Kartierens von Kontroversen bietet eine Möglichkeit, zeitgenössische Debatten besser zu verstehen und kann helfen, die dringend benötigten Kompetenzen für diese Herausforderungen zu entwickeln.

Gerade in der aktuellen, polarisierenden Medienlandschaft könnten Kartierungen die Komplexität und Vielschichtigkeit von Kontroversen aufzeigen und Angebote jenseits der durch die Algorithmen sozialer Medien erzeugten Meinungsblasen darstellen.

MACOSPOL – Ein Meilenstein der Kartierungsforschung

Von 2007 bis 2010 brachte Bruno Latour im EU Projekt MACOSPOL (Mapping COntroversies in Science for POLitics) erstmals systematisch Forschende aus verschiedenen europäischen Ländern zusammen, um gemeinsam an der Kartierung von Kontroversen zu arbeiten. Durch den Aufbau einer gemeinsamen digitalen Infrastruktur und die Entwicklung geteilter methodischer Standards trug das Projekt maßgeblich zur Professionalisierung und akademischen Etablierung der Kartierung von Kontroversen bei (Latour 2010).

Die Arbeit an der digitalen Plattform half, das Wissen unterschiedlicher Gruppen von Forschenden zu sammeln und Tools zur Verfügung zu stellen, die sich bei der Kartierung von Kontroversen bewährt hatten. Gleichzeitig fand ein produktiver Austausch zwischen klassischen Methoden der Kartierung, die ihren Ursprung in der qualitativen Sozialforschung haben, und den neu entstandenen „Digital Methods“ (Rogers 2009; Marres 2015) statt. So konnten Potenziale und Grenzen beider Strategien ausgelotet und gezeigt werden, wie sich beide Ansätze ergänzen können.

In MACOSPOL brachten Forschende auch grundsätzlich unterschiedliche Kartierungsansätze und Felder zusammen. Das Experimentieren mit Tools und Daten brachte neue Erkenntnisse über Visualisierungsstrategien (Beck 2013). Zudem konnte – auch über Workshops mit Stakeholdern wie z.B. Journalist*innen – eine erste Syntax für Kartierungen entwickelt werden. Kartierungen von Kontroversen enthalten demnach Informationen zu Akteuren, Streitfragen, Stoffen, Aussagen sowie eine Timeline (Venturini 2012).

Die zweite Welle der Kartierung von Kontroversen: Weiterentwicklung von Kartierungstools und erste Versuche mit künstlicher Intelligenz

Nachdem der Schwerpunkt ursprünglich auf der Kartierung von Kontroversen in der Wissenschaft (vgl. MACOSPOL) lag, zeichnet sich gegenwärtig immer deutlicher die Bedeutsamkeit des Ansatzes für die Analyse und Kartierung gesellschaftlicher Kontroversen ab. Allerdings ist aus Perspektive der STS ohnehin klar, dass es kein „außen" von soziotechnischen Kontroversen gibt (Venturini und Munk 2021: 3). Denn in jeder Kontroverse geht es auch um konkurrierende Expertisen, Risikoeinschätzungen und andere Wissensbestände. Neben der Ausweitung der Themen ist auch die Weiterentwicklung von digitalen Werkzeugen ein Kennzeichen der aktuellen Entwicklung von Kartierungsansätzen. Während in den Anfängen der Kartierung von Kontroversen das Internet noch sehr stark über Links und Backlinks geprägt war, haben soziale Medien und deren Logik der „Likes" und „Hashtags" eine neue Dynamik ins Spiel gebracht, die es mit neuen Ansätzen zu nutzen bedarf. Digitale Methoden werden für die Kartierung von Kontroversen zunehmend wichtiger. Trotzdem sollte nicht vergessen werden, dass Kontroversen nicht ausschließlich die virtuelle Welt betreffen, sondern genauso das echte Leben direkt vor der Haustüre (Latour 2018b: 65).

Die jüngsten Entwicklungen generativer künstlicher Intelligenz bergen für den Einsatz bei der Kartierung von Kontroversen große Potenziale, sei es durch Large Language Models und die Möglichkeit der Verarbeitung großer Datenmengen oder die automatisierte Bilderstellung zur Visualisierung von Kontroversen. Allerdings muss gut überlegt werden, wie diese Technologien eingesetzt werden.

Kontroversen kartieren in Lehre und Forschung

Mittlerweile wurde der Ansatz der Kartierung von Kontroversen in der Forschung sowie an mehreren Universitäten als Lehrkonzept übernommen und als solches weiterentwickelt. Die Tools und Techniken der Kartierung, die dazu dienen, die häufig recht großen Datenmengen zu bearbeiten, werden ständig ausdifferenziert, insbesondere im Rahmen von Lehrveranstaltungen oder Abschlussarbeiten. Ein umfangreiches Lehrbuch ist als Field Guide erschienen (Venturini und Munk 2021) und Tutorials sind teilweise öffentlich online verfügbar. Im Folgenden skizzieren wir lehr- und forschungspragmatische Fragen und Schritte, die bei der Durchführung einer Kartierung zu beachten sind. Wir stützen uns vor allem auf unsere eigenen Lehrerfahrungen an der Hochschule München. Dabei beziehen wir uns teilweise auf dort erarbeitete Ergebnisse, die zwar online, jedoch nur über das Hochschulnetz zugänglich sind.

Kriterien für die Auswahl geeigneter Kontroversen

Nicht alle Kontroversen eignen sich gleichermaßen gut für eine Kartierung. Bei Forschungsprojekten ist zunächst zu fragen, ob die im Bereich der Forschungsfrage auftretende Kontroverse für eine Kartierung geeignet ist bzw. durch eine Kartierung tiefere Erkenntnisse gewonnen werden können. Demgegenüber geht es in der Lehre darum, solche Kontroversen zu finden, die sich im Rahmen einer Lehrveranstaltung mit begrenzten Ressourcen kartieren lassen, um den Prozess einer solchen Kartierung einmal zu durchlaufen. Für die Auswahl geeigneter Kontroversen schlagen Venturini und Munk (ebd.: 44) die folgend näher vorgestellten vier Kriterienpaare vor (siehe auch Abb. 29.2).

Binär-Multipel

In binären Kontroversen wird eine etablierte Position von einer (skeptischen) Minderheit herausgefordert. Für Kartierende besteht das Risiko, sich – bewusst oder unbewusst – der Minderheit anzuschließen, um dieser zu mehr Sichtbarkeit zu verhelfen. Echte, rein binäre Kontroversen sind jedoch rar, denn häufig erschließen sich auf den zweiten Blick unterschiedliche Perspektiven. So zeigte sich bei einer Kartierung der Kontroverse um die Legalisierung von Cannabis beispielsweise, dass von unterschiedlichen Akteuren verschiedene Legalisierungsmodelle verfolgt wurden. Multiple Kontroversen, in denen sich eine Vielzahl von Perspektiven gegenüberstehen, ohne dass eine klar dominieren würde, eignen sich wesentlich besser für ein Kartierungsprojekt. Sehr multiple Kontroversen bergen jedoch das Risiko, dass die Vielzahl der Akteure, Positionen und Argumente für ein kleines Projekt (Lehrveranstaltung oder Abschlussarbeit) zu groß wird.

Kalt-Heiß

Um durch eine Kartierung die Black Box einer Kontroverse zu öffnen, muss es eine solche Black Box geben. In „kalten" – also vergangenen – Kontroversen sind Positionen meist geklärt und stabil, Akteure sind mitunter auch nicht mehr in der Lage, ihre – oder die der anderen – Argumente nachzuvollziehen. Zwar können auch vergangene Kontroversen interessant für eine Kartierung sein, sie erfordern aber andere Forschungstools (z.B. Archivrecherchen). Hier würde „follow the actors" und

„just observe“ dann zu „dekonstruieren“ und „ausgraben“ werden (Venturini 2010). Dementsprechend sind auch erwartete Kontroversen schwer bis gar nicht zu kartieren. Bei besonders „heißen“ – also aktuellen – gesellschaftlich-politischen Kontroversen besteht das Risiko, dass sich während des Kartierungsprojektes Argumente oder Akteure verändern, oder durch politische Entscheidungen die Kontroverse beendet wird. Im Rahmen von Lehrveranstaltungen lässt sich dieses Risiko abmildern, indem die Recherche zu einem festen Zeitpunkt beendet wird und nur einen bestimmten, klar definierten Zeitraum in den Blick nimmt.

Alltagsweltlich-Wissenschaftlich/Technisch

Eine große Menge beteiligter Akteure macht eine Kontroverse nicht automatisch interessanter und führt auch nicht automatisch zu mehr Positionen. Lebendige Debatten zu einem Thema sind daher nicht zwangsläufig ein Indikator für eine zum Kartieren gut geeignete Kontroverse. Wissenschaftliche oder technische Kontroversen sind oft leichter zu kartieren, da sie einen klaren Organisationsrahmen haben und Daten über wissenschaftliche Papers zugänglich sind. Ebenso sind Expertendiskurse leichter zu verfolgen als solche, die eine große Öffentlichkeit haben. Lokal begrenzte Kontroversen sind ebenfalls sehr gut für eine Kartierung geeignet: die Kontroverse um eine temporär autofreie Straße in München war im Rahmen unserer Lehrveranstaltungen hinsichtlich Qualität und Quantität der Daten ein hervorragendes Beispiel.

Verborgen-Zugänglich

Eine zu kartierende Kontroverse muss zugänglich – also in gewissem Maße öffentlich – sein. Kontroversen, zu denen Quellen unter Verschluss stehen, mögen interessant sein und erst recht wie eine Black Box wirken, die es zu öffnen lohnt, aber sie bleiben meist unzugänglich. Dementsprechend besteht das Risiko, auf Spekulationen, wilde Theorien oder eigene Logiken hereinzufallen. Besonders gut zugänglich sind Kontroversen, die sich in räumlicher Nähe befinden (siehe hier auch Yaneva 2011), da Ortskenntnisse, Vor-Ort-Besuche oder Gespräche mit Akteuren die Kartierung bereichern können. Ebenso geeignet sind Kontroversen, die sich online abspielen, sei es auf Plattformen und Social Media oder in Onlinezeitungen, auf Nachrichtenportalen oder über wissenschaftliche Datenbanken.

Datenspuren und Streitfragen

Bevor die Kontroverse in ihrer Tiefe betrachtet wird, sollte zunächst nach Datenspuren und Streitfragen gesucht werden. So hat es sich beispielsweise in unseren Lehrveranstaltungen bewährt, Abfragen bestimmter Begriffe, die die Kontroverse beschreiben, über einfache digitale Tools (z.B. pageviews oder google trends) durchzuführen und dabei verschiedene Zeiträume in den Blick zu nehmen. Hier zeigt sich meist schnell, in welchen Zeiträumen die Kontroverse besonders heiß war oder ist. Durch die Abfrage verschiedener Begriffe lassen sich auch schon erste Streitfragen und ihre jeweils heißen Phasen erkennen. So zeigte sich z.B. bei einer Kartierung der Kontroverse um das Tempolimit auf deutschen Autobahnen, dass diese Frage schon seit Beginn des Autoverkehrs wellenartig immer wieder kontrovers diskutiert wurde. Für die Weiterarbeit ist im Folgenden die Einschränkung des Zeitraums sinnvoll. Ebenso sinnvoll ist es, den wesentlichen Verlauf auf einem Zeitstrahl festzuhalten, der die Kontroverse auch in ihrem historischen Kontext vor dem Hintergrund gesellschaftlicher Ereignisse einordnet.

Aufgaben im Prozess der Kartierung

Kartierungsprojekte erfordern grundsätzlich vier verschiedene Aufgaben, die teilweise parallel bearbeitet werden können: Datenerhebung, Datenauswertung, Visualisierung und Veröffentlichung (Webseitenerstellung und Koordination). In der Lehre haben sich daher Teams mit vier Personen bewährt. Ziel einer jeden Kartierung sollte die Herstellung von Öffentlichkeit sein und die Möglichkeit, sich die kartierte Kontroverse selbstständig unter verschiedenen Blickwinkeln zu erschließen (vgl. Abschnitt zu Making Things Public). Das Ergebnis ist daher häufig digital und interaktiv nutzbar, dies kann vom digitalen Onlinewhiteboard bis zu einer komplexen Webseite reichen. Im Rahmen der Lehre können dafür auch geschützte Bereiche auf einem Hochschulserver genutzt werden. Abschlussarbeiten sind demgegenüber meist traditionell linear gedacht. Wir plädieren jedoch auch in den Sozialwissenschaften für eine größere Offenheit gegenüber innovativen digitalen Formaten. Mit Blick auf dieses Ergebnis hat es sich bewährt, von Beginn an das angestrebte Endprodukt mitzudenken, die eigenen technischen Kenntnisse zu reflektieren und offen für Neues zu sein. Bei einer Teamarbeit wird ein Mitglied von Beginn an zum Webmaster und Koordinator – hier laufen alle Fäden zusammen.

Wenn wir den deutschen Begriff der Kartierung verwenden, so wird die englischsprachige Bedeutung des *mappings* immer mitgedacht. Im Zentrum stehen keine geographischen Karten (auch wenn es sich bei manchen Kontroversen anbieten kann, bspw. unterschiedliche Standpunkte auch geografisch zu verorten), sondern Abbildungen und Visualisierungen aller Art. Solcherlei Darstellungen erfordern oft Kompetenzen, die Studierenden in den Sozialwissenschaften zumindest im Bachelor nicht selbstverständlich vermittelt werden. Gleichzeitig gibt es aber immer mehr Tools, mit denen auch komplexe und ästhetisch ansprechende Visualisierungen ohne umfangreiche technische oder grafische Kenntnisse erstellt werden können. Im Idealfall sind Visualisierungstools in der Lage, tabellarische Daten in größeren Mengen zu verarbeiten und verfügen über Schnittstellen zur Einbindung auf Websites oder andere digitale Plattformen. Das Auswählen, Testen, Erlernen und Anwenden solcher Visualisierungstools ist mitunter zeitlich und inhaltlich aufwändig, so dass es sich bei einer Teamarbeit lohnt, diese Aufgabe ebenfalls einer Person zuzuweisen. Aufgrund der rasanten technischen Entwicklungen gilt es zudem, regelmäßig nach aktuellen Tools Ausschau zu halten, weshalb wir auf die Empfehlung konkreter Werkzeuge verzichten.

Die Forschungsarbeit lässt sich auch bei der Kartierung von Kontroversen in Datenerhebung und Datenauswertung bzw. -aufbereitung gliedern. Bei Teamarbeiten können die Aufgaben an zwei Personen vergeben werden, die eng zusammenarbeiten müssen. Je nach Umfang der Kontroverse ist die Datenerhebung anfangs oft eher mit dem Problem zu vieler Daten konfrontiert. Hier gilt es, sich auf klare Grenzen und einen abgrenzbaren Korpus zu einigen. Diese können über das Medium bestimmt werden (bspw. die ersten 100 Suchmaschinentreffer oder Nachrichtensendungen des öffentlich-rechtlichen Rundfunks), über den Zeitraum in Kombination mit den verwendeten Medien (bspw. alle Artikel einer überregionalen Zeitung oder alle Beiträge mit einem bestimmten Hashtag im Zeitraum x) oder über lokale Einschränkungen (bspw. analysierten Studierende die Kontroverse um den Umgang mit Braunbären in Bayern nur anhand bayerischer Lokalzeitungen).

Für die Auswertung der Daten können dann auch bekannte Verfahren der Inhalts- und Diskurs- oder Dispositivanalyse oder der Grounded Theory zur Anwendung kommen. Im einfachsten Fall wird dabei nach Akteuren bzw. Aktanten, ihren Argumenten und Verbindungen untereinander rund um eine Streitfrage gesucht. Meist zeigt sich aber bald, dass die Kontroverse mehrere Streitfragen enthält, die teilweise von den gleichen oder anderen Akteuren diskutiert wird. In einer späteren Phase wird zudem deutlich, dass die beteiligten Akteure auch an unterschiedlichen Machtkonstellationen beteiligt sind. Dies gilt es, analytisch herauszuarbeiten und dann entsprechend zu visualisieren. Während des gesamten Prozesses der Kartierung wechseln sich Diskussionsphasen mit Einzelarbeiten ab, auch bei Einzelarbeiten sollte zumindest das Ergebnis von anderen Personen getestet werden.

Hilfreich ist es schließlich, sich das Ergebnis als einen Atlas vorzustellen, der unterschiedliche Tiefen, Komplexitäten oder Maßstäbe umfasst (vgl. Venturini et al. 2015): so sollten sich zeitliche Verläufe und Einzelelemente (Streitfragen, Akteure, Positionen) ebenso gut erkennen lassen wie ihr komplexes Zusammen-

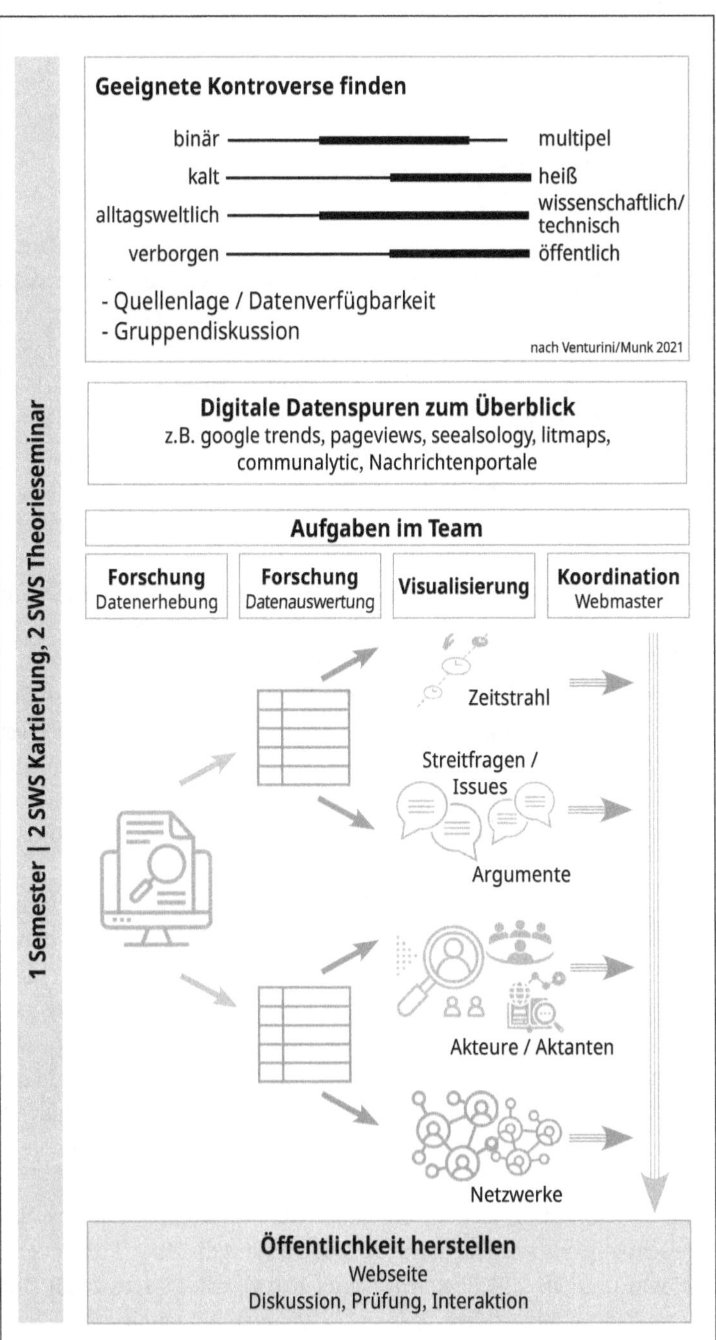

Abb. 29.2: Schematischer Ablauf eines einsemestrigen Kartierungsprojektes (eigene Darstellung)

spiel (Akteursnetzwerke, Machtpositionen, Lösungsvorschläge und ihre wechselseitigen Abhängigkeiten).

Grenzen des Ansatzes und Fazit

Die Kartierung von Kontroversen ist ein analytisch vielversprechender Ansatz, um die komplexen Verflechtungen von Akteuren, Technologien und Diskursen sichtbar zu machen. Dennoch hat der Ansatz Grenzen, die sowohl methodisch als auch epistemisch reflektiert werden müssen. Eine zentrale Herausforderung liegt in der inhärenten Komplexität des Ansatzes selbst. Die symmetrische Analyse sozialer, materieller und technischer Elemente erfordert ein hohes Maß an methodischer Klarheit und interdisziplinärem Wissen, was den Zugang für Studierende erschweren kann, insbesondere, wenn sie mit den theoretischen Grundlagen der ANT, in „menschlichen" und „nicht-menschlichen" Wesen zu denken, noch nicht vertraut sind.

Ein weiteres Problem liegt in der Abhängigkeit von Datenverfügbarkeit und -qualität. Kontroversen, deren Daten unzugänglich oder fragmentarisch sind – etwa aufgrund von Geheimhaltung oder unzureichender Dokumentation – lassen sich nur unvollständig analysieren. Dies kann zu einer Verzerrung der Ergebnisse führen und Machtstrukturen reproduzieren, anstatt sie kritisch zu hinterfragen (Beck und Kropp 2011). Besonders „heiße" Kontroversen, die sich in sozialen Medien oder algorithmisch gesteuerten Diskursen abspielen, verstärken diese Problematik: Argumente und Netzwerke sind hier oft dynamisch und verändern sich während der Analyse.

Zudem erschließen sich die Ergebnisse – vor allem komplexe Visualisierungen – oft nur jenen, die mit den semiotischen und technischen Grundlagen dieser Darstellungen vertraut sind (Latour, 2005). Bezüge sind durch das bloße Bild nicht immer selbsterklärend, Abhängigkeiten und insbesondere ihre Gründe ergeben sich nicht nur aus Symbolen, Knoten und Kanten. Während sie Komplexität sichtbar machen und auch reduzieren, setzen sie zugleich voraus, dass Nutzende in der Lage sind, diese Darstellungen zu interpretieren. Hier entsteht die Gefahr, dass die Methode weniger zur Demokratisierung von Wissen beiträgt, als vielmehr neue epistemische Hürden schafft.

Ein weiteres Problem zeigt sich in der ungleichen Verteilung von Ressourcen, die die Sprechfähigkeit verschiedener Akteure innerhalb einer Kontroverse beeinflussen. Macht und Öffentlichkeitswirksamkeit (vgl. u.a. Marres 2005) sind oft ungleich verteilt, was dazu führt, dass entweder erst gar keine offene bzw.

sichtbare Kontroverse entsteht, wenngleich sie gesellschaftlich existent ist oder bestimmte Stimmen in einer Kontroverse dominieren, während andere marginalisiert werden.

Gleichermaßen bilden ethische Fragen der Visualisierung einen zentralen Kern der Diskussion um die Kartierung von Kontroversen. Visualisierungen, die komplexe Netzwerke und Dynamiken scheinbar klar und objektiv abbilden, tragen eine eigene Überzeugungskraft in sich (u.a. Daston und Galison 2007; Eco 1989, Trischler 2026 in diesem Band). Doch hinter jeder Darstellung stehen Entscheidungen: welche Daten werden einbezogen, welche ausgeklammert? Wie werden Akteure gewichtet, und in welcher Form treten ihre Beziehungen zueinander in Erscheinung? Diese Prozesse sind keineswegs neutral, sondern das Ergebnis interpretativer Akte der Forschenden, die oft stillschweigend in die Darstellung einfließen (Latour und Weibel 2005).

Gerade weil Visualisierungen mit ihrer Klarheit beeindrucken, besteht die Gefahr, dass sie nicht als Perspektive, sondern als endgültige Wahrheit wahrgenommen werden. Ohne kritische Reflexion über diese Gestaltungsmöglichkeiten droht die Methode, genau das zu reproduzieren, was sie aufdecken will: Machtstrukturen, die bestimmte Stimmen privilegieren und andere marginalisieren. Die Herausforderung besteht darin, Visualisierungen nicht nur als analytisches Werkzeug zu nutzen, sondern ihre konstitutive Rolle in der Wissensproduktion anzuerkennen. Dies verlangt eine bewusste Auseinandersetzung mit den eigenen epistemischen und ethischen Positionen; eine Verantwortung, die Forschende aktiv übernehmen müssen, um die Ambivalenzen ihrer Praxis produktiv zu machen.

Weiterführende Lektüre

Beck, G. und Kropp, C., 2011: Infrastructures of risk: a mapping approach towards controversies on risks. *Journal of Risk Research*, 14, 1–16.

Groth, K. et al. 2022: *Artenübergreifende Fürsorge? Die Corona-Pandemie und das Mensch-Tier-Verhältnis*. Bielefeld: transcript.

Laser, S. und Ochs, C., 2019: Kontroversen bewertbar machen. Über die Methode des „Mapping Controversies“. 97–125 in: Kropf, J. und Laser, S. (Hrsg.), *Digitale Bewertungspraktiken. Soziologie des Wertens und Bewertens*. Wiesbaden: Springer Fachmedien.

Venturini, T., 2010: Diving in magma: How to explore controversies with actor-network theory. *Public Understanding of Science*, **19**, 258–273.

Venturini, T. und Munk, A. 2021: *Controversy Mapping: A Field Guide*. Cambridge: Wiley.

Literatur

Barla, J., 2026: Materie und Materialismus in der Wissenschafts- und Technikforschung. S. 253–268 in: A. K. Krüger, J.-F. Schrape, C. Schubert und J. Schubert (Hrsg.), Wissenschafts- und Technikforschung. Sozialwissenschaftliche Einführungen. Berlin: de Gruyter.

Beck, G. 2013: Sichtbare Soziologie. Visualisierung und Wissenschaftskommunikation in der Zweiten Moderne.: Bielefeld: transcript

Beck, G. und Kropp, C., 2011: Infrastructures of risk: a mapping approach towards controversies on risks. Journal of Risk Research, **14**, 1–16.

Bijker, W.E., Hughes, T.P. und Pinch, T.J. (Hrsg.) 1987: The Social construction of technological systems : new directions in the sociology and history of technology. Cambridge: MIT Press.

Daston, L. und Galison, P. 2007: Objektivität. Frankfurt am Main: Suhrkamp.

Eco, U. 1989: Im Labyrinth der Vernunft. Texte über Kunst und Zeichen. Stuttgart: Reclam Verlag.

Groth, K. et al. 2022: Artenübergreifende Fürsorge?: Die Corona-Pandemie und das Mensch-Tier-Verhältnis. Bielefeld: transcript

Hampel, J. und M. Zwick, 2026: Einstellungen zu und die Akzeptabilität von Technik. S. 81–100 in: A. K. Krüger, J.-F. Schrape, C. Schubert und J. Schubert (Hrsg.), Wissenschafts- und Technikforschung.

Hughes, T.P., 1987: The Evolution of Large Technological Systems. 51–82 in: Bijker, W.E., Hughes, T.P. und Pinch, T.J. (Hrsg.), The Social construction of technological systems : new directions in the sociology and history of technology. Cambridge, Mass.: MIT Press.

Laser, S. und Ochs, C., 2019: Kontroversen bewertbar machen. Über die Methode des „Mapping Controversies“. 97–125 in: Kropf, J. und Laser, S. (Hrsg.), Digitale Bewertungspraktiken. Soziologie des Wertens und Bewertens. Wiesbaden: Springer Fachmedien.

Latour, B., 2005: From Realpolitik to Dingpolitik or How to Make Things Public. 14–41 in: Latour, B. und Weibel, P. (Hrsg.), Making things public : atmospheres of democracy. Cambridge, Mass.: MIT Press.

Latour, B. 2007: Eine neue Soziologie für eine neue Gesellschaft. Frankfurt am Main: Suhrkamp.

Latour, B. (2010) Learning to Navigate through Controversial Datascapes. The MACOSPOL Platform. https://cordis.europa.eu/docs/results/217/217701/116654541-6_en.pdf.

Latour, B. 2018a: Down to Earth. Politics in the New Climatic Regime. Cambridge: John Wiley & Sons.

Latour, B. 2018b: Das Terrestrische Manifest. Berlin: Suhrkamp.

Latour, B. und Weibel, P. (Hrsg.) 2005: Making things public: atmospheres of democracy. Cambridge, Mass.: MIT Press.

Law, J., 1987: Technology, Closure and Heterogeneous Engineering – The Case of the Portuguese Expansion. 114–134 in: Bijker, W.E., Hughes, T.P. und Pinch, T.J. (Hrsg.), The Social construction of technological systems : new directions in the sociology and history of technology. Cambridge, Mass.: MIT Press.

Lepawsky, J. et al., 2019: Cooking with Controversies: How Geographers Might Use Controversy Mapping as a Research Tool. The Professional Geographer, **71**, 437–448.

MacKenzie, D., 1987: Missile accuracy – A case study of social processes of technological change. 195–222 in: Bijker, W.E., Hughes, T.P. und Pinch, T.J. (Hrsg.), The Social construction of technological systems : new directions in the sociology and history of technology. Cambridge, Mass.: MIT Press.

Marres, N., 2005: Issues Spark a Public into Being. A Key But Often Forgotten Point of the Lippmann-Dewey Debate. 208–217 in: Latour, B. und Weibel, P. (Hrsg.), Making things public : atmospheres of democracy. Cambridge, Mass.: MIT Press.

Marres, N. 2015: Material Participation: Technology, the Environment and Everyday Publics. London: Palgrave Macmillan.
Moats, D., 2019: Following the Fukushima Disaster on (and against) Wikipedia: A Methodological Note about STS Research and Online Platforms. Science, Technology, & Human Values, **44**, 938–964.
November, V., Camacho-Hübner, E. und Latour, B., 2010: Entering a risky territory: space in the age of digital navigation. Environment and Planning D: Society and Space, **28**, 581–599.
Rammert, W., 2000: Modelle der Technikgenese – Von der Macht und der Gemachtheit technischer Sachen in unserer Gesellschaft. 59–69 in: Rammert, W. (Hrsg.), Technik aus soziologischer Perspektive (Band 2). Wiesbaden: Westdeutscher Verlag.
Renn, J., 2023: Versprengte Debatten, vertagte Inklusion: Paradoxe Öffentlichkeit in der multipel differenzierten Gesellschaft. ZTS Zeitschrift für Theoretische Soziologie, 128–151.
Rogers, R. 2009: Digital Methods – The End of the Virtual. Amsterdam: Amsterdam University Press.
Trischler, R., 2026: Bilder in und von Wissenschaft und Technik, S. 323–343 in: A. K. Krüger, J.-F. Schrape, C. Schubert und J. Schubert (Hrsg.), Wissenschafts- und Technikforschung.
Venturini, T., 2010: Diving in magma: How to explore controversies with actor-network theory. Public Understanding of Science, **19**, 258–273.
Venturini, T., 2012: Building on faults: how to represent controversies with digital methods. Public Understanding of Science, **21**, 796–812.
Venturini, T. und Munk, A. 2021: Controversy Mapping: A Field Guide. Cambridge: Wiley.
Venturini, T. et al., 2015: Designing Controversies and Their Publics. Design Issues, **31**, 74–87.
Waller, L., Rayner, T. und Chilvers, J., 2021: Searching for a Public in Controversies over Carbon Dioxide Removal: An Issue Mapping Study on BECCS and Afforestation. Science, Technology, & Human Values, **48**, 34–67.
Yaneva, A. 2011: Mapping Controversies in Architecture. Burlington: Ashgate.

Autor*innenverzeichnis

Josef Barla ist wissenschaftlicher Mitarbeiter am Institut für Soziologie und Co-PI im DFG-geförderten Graduiertenkolleg „Fixing Futures: Technologies of Anticipation in Contemporary Societies“ an der Goethe-Universität Frankfurt am Main. Er forscht an der Schnittstelle von Biopolitik, Erkenntnistheorie und Techniksoziologie.

Gerald Beck ist Professor für Soziale Innovation und Organisationsentwicklung an der Fakultät für angewandte Sozialwissenschaften der Hochschule München. Er arbeitet zu Fragen sozial-ökologischer Transformation, Demokratie und Sozialer Innovation.

Oliver Berli ist Professor für Soziologie an der Pädagogischen Hochschule Ludwigsburg. Er forscht aktuell zu Literaturpreisen sowie ausgewählten Fragen der Wissenschafts- und Hochschulforschung.

Roland Bloch ist Postdoktorand und Projektleiter am Zentrum für Schul- und Bildungsforschung der Martin-Luther-Universität Halle-Wittenberg. In seiner Forschung sucht er Antworten auf die Frage, ob bzw. wie Universitäten als Organisationen handeln können.

Yana Boeva ist Nachwuchsgruppenleiterin am Institut für Sozialwissenschaften der Universität Stuttgart. Ihre Forschungsschwerpunkte sind die digitale Transformation der Arbeitswelt, computergestützte Zusammenarbeit, Critical Data Studies sowie partizipatives Design.

Stefan Böschen ist Professor für Technik und Gesellschaft an der RWTH Aachen University. Seine Schwerpunkte sind Wissenschafts- und Technikforschung sowie Technikfolgenabschätzung.

Diego Compagna ist Professor für Theorien gesellschaftlicher Transformation an der Fakultät für angewandte Sozialwissenschaften der Hochschule München. Partizipative Technikentwicklung, Soziale Robotik und Digitale Spiele sind seine Arbeitsschwerpunkte.

Simon Egbert ist Postdoktorand an der Universität Bielefeld. Ist seiner Forschung beschäftigt er sich mit den Auswirkungen der Algorithmisierung auf die Gesellschaft, insbesondere in Bezug auf Sicherheitsbehörden.

Gabriele Gramelsberger ist Professorin für Wissenschaftstheorie und Technikphilosophie an der RWTH Aachen und Direktorin des Käte Hamburger Kollegs „Kulturen des Forschens“ mit den Arbeitsschwerpunkten Erkenntnistheorie sowie Philosophie des Digitalen und der digitalen Wissenschaft.

Matthias Groß lehrt an der Friedrich-Schiller-Universität Jena und leitet das Department Stadt- und Umweltsoziologie am Helmholtz-Zentrum für Umweltforschung (UFZ) in Leipzig. Seine aktuellen Forschungsschwerpunkte umfassen die Rolle von Nichtwissen in Wissenschaft und Alltag sowie die Entwicklung alternativer Energiesysteme.

Julian Hamann ist Juniorprofessor für Hochschulforschung an der Humboldt-Universität zu Berlin. Er forscht über wissenschaftliche Karrieren, Bewertungen und Fachkulturen.

https://doi.org/10.1515/9783112245897-036

Jürgen Hampel ist Research Fellow am Lehrstuhl für Technik- und Umweltsoziologie der Universität Stuttgart. Er befasst sich schwerpunktmäßig mit der Analyse gesellschaftlicher Reaktionen auf neue Technologien, insbesondere der modernen Biotechnologie. Im Zentrum der Arbeit stehen dabei Untersuchungen zu Einstellungen wie und zu gesellschaftlichen Konfliktkonstellationen.

Youssef Ibrahim ist Postdoktorand am Fachbereich Sozialwissenschaften der Universität Hamburg. Seine Forschungsschwerpunkte liegen in der Wissenschafts- und Technikforschung, soziologischen Theorie, historischen Soziologie, Weltgesellschaftsforschung und Organisationssoziologie.

Michael Jungert leitet das FAU Kompetenzzentrum für interdisziplinäre Wissenschaftsreflexion (FAU ZIWIS) der Universität Erlangen-Nürnberg. Er forscht zu Themen der Wissenschaftsphilosophie (Scheitern in den Wissenschaften, Interdisziplinarität, Beeinflussung von Wissenschaft) und zur Philosophie und Ethik der Psychologie und Neurowissenschaften.

Andreas Kaminski ist Professor für Wissenschafts- und Technikphilosophie an der TU Darmstadt. Er untersucht die Bedeutung von Technik für Wissenschaft sowie das Verhältnis von Vertrauen und Wissen.

Karen Kastenhofer ist stellvertretende Direktorin des Instituts für Technikfolgen-Abschätzung der Österreichischen Akademie der Wissenschaften. Sie ist an der Universität Wien im Fachgebiet Science and Technology Studies mit Forschungsschwerpunkt „techno-epistemische Kulturen" habilitiert.

Cordula Kropp ist Professorin für Soziologie mit dem Schwerpunkt Risiko- und Techniksoziologie am Institut für Sozialwissenschaften der Universität Stuttgart. Sie forscht zu den Chancen und Risiken soziotechnischer Transformationsprozesse mit einem Fokus auf die Infrastrukturentwicklung.

Anne K. Krüger leitet die Forschungsgruppe „Reorganisation von Wissenspraktiken" am Weizenbaum-Institut Berlin. In ihrer Forschung beschäftigt sie sich mit der Veränderung von Wissensproduktion und Bewertung durch Digitalisierung.

Christina Laut-Berger ist Academic Lecturer in der Mediensoziologie an der Universität Bielefeld. Ihre Forschungsschwerpunkte liegen im Bereich der Soziologie des Digitalen, der soziologischen Theorie und der Artificial Literacy.

Jan Loheit ist Kulturwissenschaftler am Berliner Institut für kitische Theorie. Er forscht im Schnittfeld von Kultur- und Sozialwissenschaften mit Schwerpunkten auf Ästhetik, Medienanthropologie und materialistischer Kulturtheorie.

Esto Mader ist Postdoc an der Humboldt-Universität zu Berlin und forscht im Bereich Diversity and Gender Equality.

Martin Meister ist wissenschaftlicher Mitarbeiter am Institut für Soziologie der Technischen Universität Berlin. Er lehrt und forscht zu Themen der Technik- und Innovationssoziologie.

Daniel Meyer ist wissenschaftlicher Projektleiter am Bundesinstitut für Bau-, Stadt- und Raumforschung in Cottbus. Er untersucht die Auswirkungen des Strukturwandels auf die Lebensverhältnisse in den Kohleausstiegsregionen.

Julio Paulos ist Forschungsdirektor am Future Cities Lab der ETH Zürich. Seine Forschung gilt den sich wandelnden Formen urbaner Expertise in ihren technischen und politischen Ausprägungen.

Anna Pillinger ist Universitätsassistentin in der Abteilung für Gesellschaftstheorie und Sozialanalysen am Institut für Soziologie der Johannes Kepler Universität Linz. Sie forscht und lehrt an der Schnittstelle von Arbeit, Technik und Geschlecht.

Bianca Prietl ist Soziologin und Professorin für Geschlechterforschung mit Schwerpunkt Digitalisierung am Zentrum Gender Studies der Universität Basel. Sie forscht zu den Verstrickungen von Technik, Wissen und Macht, zuletzt mit Fokus auf digitale Datentechnologien.

Julia Reuter ist Professorin für Erziehungs- und Kultursoziologie an der Universität zu Köln. Sie forscht aktuell zu Bildungsungleichheit sowie ausgewählten Fragen der Hochschulforschung.

Simone Rödder ist Professorin fur Soziologie, insbesondere Wissenschaftskommunikation und Museumsentwicklung, an der Universität Hamburg und Zentrumsleitung am Leibniz-Institut zur Analyse des Biodiversitatswandels LIB, Bonn/Hamburg. Ihre Forschungsschwerpunkte sind Wissenschaftssoziologie, Wissenschaftskommunikation, Organisationssoziologie und Interaktionssoziologie.

Philip Roth ist Postdoktorand für Digitalität & Soziale Transformation an der TH Köln. In seiner Forschung beschäftigt er sich aus soziologischer Perspektive mit Zusammenarbeit, Digitalisierung und Ungleichheit.

Dirk Scheer ist Principal Investigator am Institut für Technikfolgenforschung und Systemanalyse des Karlsruher Institut für Technologie. Er forscht zu Fragen sozialwissenschaftlicher Energieforschung (Akzeptanz, Governance, Wissenstransfer).

Sarah Schönbauer ist Postdoktorandin am Department of Science, Technology and Society an der Technischen Universität München. Sie forscht zu akademischen Wissenskulturen im Rahmen von Umweltveränderungen.

Jan-Felix Schrape ist außerplanmäßiger Professor am Institut für Sozialwissenschaften der Universität Stuttgart. Seine Forschungsschwerpunkte liegen in der Technik-, Medien- und Organisationssoziologie sowie in der sozialwissenschaftlichen Digitalisierungsforschung.

Amelie Schreck ist wissenschaftliche Mitarbeiterin am Institut für Sozialwissenschaften und im Exzellenzcluster „Integrative Computational Design and Construction for Transformative Architecture" (IntCDC) der Universität Stuttgart. Sie forscht zu Chancen und Risiken der Mensch-Maschine-Interaktion mit einem Fokus auf Architektur und Bauen.

Julia Valeska Schröder ist wissenschaftliche Mitarbeiterin am Institut für Europäische Ethnologie der Humboldt Universität Berlin und arbeitet mit Perspektiven der Science and Technology Studies an der Schnittstelle von digitaler und politischer Anthropologie.

Cornelius Schubert ist Professor für Wissenschafts- und Techniksoziologie an der Technischen Universität Dortmund. Er forscht an den Schnittstellen von Technik-, Innovations- und Medizinsoziologie sowie zur Weiterentwicklung qualitativer Methoden.

Julia Schubert ist Postdoktorandin am Institut für Soziologie der Goethe Universität Frankfurt. Sie forscht und lehrt im Bereich der Wissenschafts- und Technikforschung, insbesondere zum Verhältnis von Wissenschaft und Politik sowie zu wissenschaftlicher Expertise. Empirisch hat sie vor allem zu Geschichte und Politik der Klimawissenschaften gearbeitet.

Ingo Schulz-Schaeffer ist Professor für Technik- und Innovationssoziologie an der Technischen Universität Berlin. Er verbindet empirische Forschungen über Technikentwicklung und -nutzung mit grundlegenden Fragen der techniksoziologischen Theorie.

Mariana Schütt ist Soziologin an der Friedrich-Schiller-Universtität Jena. Sie forscht zu Affekt- und Emotionstheorie, zur politischen Ökonomie des digitalen Kapitalismus, Psychoanalyse und Medienanthropologie.

David Seibt ist Assistenzprofessor am Institut für Soziologie der Johannes Kepler Universität Linz. Er forscht zu den gesellschaftlichen Auswirkungen der Digitalisierung.

Ariane Sept ist Professorin für Raumsoziologie und leitet den Forschungsbereich Soziologie am Institut für Raumplanung der TU Wien. Sie arbeitet zu aktuellen Fragestellungen auf verschiedenen räumlichen Ebenen und der methodischen Weiterentwicklung raumbezogener Sozialforschung.

Franziska Sörgel ist Postdoktorandin und Habilitandin am Institut für Technikfolgenabschätzung und Systemanalyse (ITAS) am KIT. Ihre Forschung bewegt sich an der Schnittstelle von Science and Technology Studies, Technikfolgenabschätzung sowie der Analyse von Wissensproduktion, Wirkung und gesellschaftlichen Aushandlungsprozessen.

Niels Taubert ist Soziologe und leitet die Arbeitsgruppe Bibliometrie an der Universität Bielefeld. Er forscht zu Prozessen der offenen Wissensproduktion innerhalb und außerhalb der Wissenschaft.

Ronja Trischler ist Akademische Rätin a.Z. am Institut für Soziologie der Technischen Universität Dortmund. Sie lehrt und forscht zu Technik, Medien und Kultur in digitalen Gesellschaften sowie Praxistheorien und qualitativen Methoden.

Jan-Peter Voß ist Gastprofessor am Lehrstuhl Technik & Gesellschaft sowie Ko-Sprecher des Aktivitätsfeldes Wissenschaft & Demokratie am Human Technology Centre (HumTec) der RWTH Aachen. Er forscht zur Verschränkung von politischen, epistemischen und ästhetischen Praktiken in Innovations- und Governanceprozessen, insbesondere zur technikwissenschaftlichen Konstruktion von Politikinstrumenten und Demokratiemodellen und zu performativen politischen Repräsentationspraktiken in partizipativen, für „die Gesellschaft" geöffneten Prozessen der Wissensproduktion.

Jutta Weber ist Technikforscherin und Professorin für Mediensoziologie an der Universität Paderborn. Sie forscht u.a. zu Drohnen, Robotern und Künstlicher Intelligenz aus kritischer Perspektive.

Kevin Wiggert ist Doktorand am Institut für Soziologie der Technischen Universität Berlin. In seiner Doktorarbeit forscht er zum Einfluss maschinellen Lernens auf die Ordnungen klinischen Wissens.

Michael M. Zwick ist Research Fellow am Lehrstuhl für Technik- und Umweltsoziologie der Universität Stuttgart. Er befasst sich schwerpunktmäßig mit qualitativen und quantitativen Methoden der empirischen Sozialforschung sowie Fragestellungen der Technik- und Umweltsoziologie einschließlich der Risikoforschung.

Register

https://doi.org/10.1515/9783112245897-037

www.ingramcontent.com/pod-product-compliance
Lightning Source LLC
Chambersburg PA
CBHW020834260726
48654CB00023B/6

* 9 7 8 3 1 1 2 2 4 5 8 8 0 *